说字解词

主　　　编　白乐桑(Joël Bellassen)
副　主　编　崔建新(Cuī Jiànxīn)
特约撰稿人　刘嘉玲(Liú Jiālíng)
编　著　者　白乐桑　崔建新　刘嘉玲
　　　　　　张文贤　李宇凤

北京大学出版社
北　京

图书在版编目(CIP)数据

说字解词/白乐桑主编. —北京:北京大学出版社,2002.6
ISBN 7-301-05637-0

Ⅰ.说… Ⅱ.白… Ⅲ.对外汉语教学-教材 Ⅳ.H195.4

中国版本图书馆 CIP 数据核字(2002)第 033118 号

书　　　名：说字解词
著作责任者：白乐桑　主编
责 任 编 辑：胡双宝
标 准 书 号：ISBN 7-301-05637-0/H·0750
出　版　者：北京大学出版社
地　　　址：北京市海淀区中关村北京大学校内　100871
网　　　址：http://cbs.pku.edu.cn/cbs.htm
电　　　话：发行部 62754140　编辑部 62752028
电 子 信 箱：zpup@pup.pku.edu.cn
排　版　者：北京大学印刷厂
印　刷　者：北京大学印刷厂
发　行　者：北京大学出版社
经　销　者：新华书店
　　　　　　787 毫米×1092 毫米　16 开本　26.75 印张　504 千字
　　　　　　2002 年 6 月第一版　2006 年 12 月第二次印刷
定　　　价：70.00 元

目　录

序 …………………………………………… 吕必松(1)

中文前言 …………………………………… 白乐桑(2)

英文前言 ……………………………………………(5)

法文前言 ……………………………………………(6)

德文前言 ……………………………………………(7)

日文前言 ……………………………………………(8)

韩文前言 ……………………………………………(9)

体例说明 ……………………………………………(10)

200字表 ……………………………………………(11)

400字表 ……………………………………………(12)

900字表 ……………………………………………(13)

音序索引 ……………………………………………(14)

笔画索引 ……………………………………………(20)

正　　文 ……………………………………………(1)

后　　记 …………………………………… 崔建新(394)

白乐桑(Joël Belassen),男,1973年至1975年在北京语言学院、北京大学学习汉语。现为法国巴黎东方语言文化学院教授(博导),法国教育部汉语总督学。主要致力于汉语语言文字教学法的研究。发表著作、论文多部(篇)。

崔建新(Cui Jianxin),男,37岁,南开大学汉语言文化学院教授。1996年至1998年受国家教委公派至法国巴黎第七大学任教。在现代汉语及方言、民族语、对外汉语教学方面都有著述。

刘嘉玲(Lui Jialing),女,1979年至1995年,任教于香港中文大学中国语文演习所,1997年至1999年任教于法国巴黎第七大学东亚学院,1999年至今,在巴黎阿尔萨斯学校教授汉语,著有散文集、汉语教材等。

序

  在第二语言教学中，我们不赞成完全排斥学生的母语或媒介语，但是希望把学生的母语或媒介语的使用降到最低限度。不完全排斥母语或媒介语，是为了不影响学生对目的语的理解，尽可能少用母语或媒介语，是为了帮助学生尽快学会用目的语思维。尽可能少用母语或媒介语，就意味着要用目的语解释目的语。通常感到棘手的是，不容易用学生学过的词语解释新的词语。白乐桑和崔建新等编著的《说字解词》给我们提供了很好的范例。该书的目的是迅速提高学生的口头表达能力，办法是对同一个词语分三种程度用汉语进行解释。分三种程度解释，就是对同一个词语分别在200、400和900个最常用字的范围内选择相关的词语进行解释。例如：

  城市 chéngshì 200 有很多人、很多家、很多车的大地方。
           400 市民住的地方。这是一个地区，里面有很多从事工商、文化等工作的人口，有成片的高楼，又平又长的马路，一个连一个的商店，它常常是这一地带很多方面的中心。
           900 以工商业为主或政治、经济、文化的中心地区。区别于"乡下"的地方。

  《说字解词》对词语的解释不求全面和精确，与词典的解词方法完全不同。但是这种解释词语的方法非常实用，并不会引起对所解释的词语的误解。我们说它实用，是指对同一个词语分阶段直接用汉语进行解释，不但可以加快培养学生用目的语思维的能力，而且可以有计划地引导学生复习学过的词语。通过分阶段复习，学生掌握的词语会像滚雪球那样越积越多。采用这种方法，还可以激发学生的成就感和自信心。

  学习第二语言，要注重练习。对于重要的语言点，练习的程序要包括理解、模仿、巩固、扩展和运用这样几个步骤。《说字解词》分程度解释词语的方法，实际上是对这几个教学步骤的综合运用。这种方法显然有助于迅速提高学生的口头表达能力。

  以上是我学习《说字解词》的体会。此书是作者的又一项创新，借此机会，向作者表示衷心的祝贺！

吕必松
2001年10月

前　言

目前,世界各地的汉语教学都在迅速发展,汉语教学作为一门独立学科逐渐获得了应有的地位,汉语学生人数达到有史以来的最高峰,教师队伍不断增长并更专业化,汉语的实用价值越来越受到各行各业的重视。但是,正如笔者曾说的那样,汉语教学处于一种危机状态:"无论在语言学和教学理论方面,在教材的编写原则方面甚至在课程设置方面,不承认中国文字的特殊性以及不正确处理中国文字和语言特有的关系,正是汉语教学危机的根源。"[①] 更明确地说,这一危机是一种增长危机,教学理论与实践有时跟不上汉语教学的发展和需求。最突出的表现有两个:一个是字与词之间的关系,另一个是口语教学。要正确处理这两个问题,就要注意汉语语言文字的特殊性。胡双宝先生说:"应该给汉字在对外汉语教学中应有地位。"[②] 吕必松先生指出:"汉语教学的路子应当有别于使用拼音文字的语言的教学路子。长期以来,我们的对外汉语教学所采用的教学路子,基本上是印欧系语言教学的路子。"[③]

笔者曾编过一本以字为本的初级汉语教材[④],算作为处理汉语教材中字与词之间冲突的抛砖引玉之作。20 世纪初,一股西方思潮视汉字为原始的、过时的、模棱两可、使人糊涂的文字。受上述潮流影响的中文课本依据西方语言教材的模式,采取模仿方法:重词而轻字,造成无视汉字使用频率、汉字的复现率、汉字的字义、汉字的来龙去脉以及字的手写体。谁都会承认,这一路子势必对掌握汉字的多义性产生消极影响。

本文介绍以力求解决第二个问题(口语教学)为目标的一种新型教材。

外语这门学科,令人立即联想到口语和参与发言。可事实上,口语表达和熟练的程度,因这门学科的本质、课堂运作的条件或种种心理因素,遇到很多困难。

另外,这一学科处于一种很特殊的位置,其独特之处在于它是教学的媒介,同时也是教学目标。这一点和语文教学有相似之处,区别在于对外语的语音辨别能

[①] 白乐桑:"汉语教材中的文、语领土之争:是合并,还是自主,抑或分离?"《第五届国际汉语教学讨论会论文选》,北京大学出版社,1997。
[②] 胡双宝:《汉语·汉字·汉文化》,北京大学出版社,1998,第 73 页。
[③] 吕必松:"汉字教学与汉语教学",《汉字与汉字教学研究论文选》,北京大学出版社,1999。
[④] Méthode d'Initiation à langue et à l'écriture chinoise,(《汉语语言文字启蒙》),La Compagnie,1989。《汉语语言文字启蒙》,英文版为 A key for Chinese Speech and Writing,华语教学出版社,1997。

力比对母语的低得多,在学习上造成不同程度的障碍。

这门学科的另一特征在于,对学生而言,非常的不自然。尤其在课堂的环境中,由于根本没有说外语的必要性,更增添了这种不自然的感觉,口语训练被视为一种人造的活动。当学生不自然的感觉消失,表达时更投入,才可以在课堂上建立起沟通。无论是初、中、高级班,都应该想方设法使学生用外语交谈,不然这一不自然的感觉就会更重了。不管是教何种外语,母语主要限制于辅助语言或文法评论。

有时,学生参与发言来改正同学的错误或发表个人意见,但主要还是回答老师的问题。和学生之间交换意见的时间相比,老师和学生的交流占大多数,而和学生发言的时间相比,老师发言的时间占多数。侵占学生发言,最常发生,也是最有害的情况是,凭借学生的措词。老师习惯性地取代学生,将他未回答完的问题说完。换句话说,当老师一明白学生到底想说什么的时候,他就代替学生说下去。由于老师不适时地介入,学生的发言经常是不完整的。

教师对学生期望的口语程度的确定,有时感到为难。口语评估标准的模糊,使学生不知依据何种标准判断他们的能力。

总之,对口语感兴趣是明显的,课堂上的口语练习平时也不少。可由于对口语特性的认识不足,由于很难进行科学的、有特定进度的、围绕一定内容的口语表达教学,所以甚至可以说:上口语课时只是做口语练习、口语训练,而真正的口语教学事实上是没有的。

我们编写《说字解词》这部书的意图是设计一种既是字词兼顾的,同时也是有助于初级汉语学生尽早提高口语表达能力的教材。以下介绍本书的编写原则与总体设计。

外语教学过程中,教师和学生所面临的最大问题之一在于怎样缩小"消极词汇"与"积极词汇"之间的差距,即怎样使能被动理解的词汇变成能够主动活用的词汇。汉语教学过程中,教师和学生所面临的最大问题之一在于怎样正确处理语和文之间的冲突与矛盾;这一矛盾源于汉语中的语言教学单位不止一个:既有词(口头语言的语言教学单位),也有字(书语的语言教学单位)。

这一冲突中的一个表现是汉语口语教材,因常有一定量的生词,又因中国文字是非拼音化文字,就"变质"而成为阅读教材了。学生使用口语教材时,就像沿着一条河走:一碰到生字,就只好从"语"岸过桥到"文"岸,再回到"语"岸,并这样继续下去。忽视了这一点,也就是汉语口语教学危机原因所在。

编写这本书的目的在于应付解决这两个问题。基本渠道及其教学效用为:

(一) 用已学过的字解释词汇,本着一种"模糊逻辑"的原则,以汉语解释汉语,在实行直接法教学的同时,使学生在词汇量上循序渐进。这本书的使用使师生能达到口语教学中最基本目标,即营造一个语言环境,并让学生留在这一环境之内。这样,老师可以顺利地、有效率地组织口语教学。

(二) 读起来,使已学过的汉字重复出现,循环往复,用所掌握词汇来做中文释义,以便提高学生的认字能力,提高他们掌握字义的水平以及掌握字词的组合规律。

这本书是一本边缘书,既是教材,也是工具书;既是以直接法教学为原则的口语(口头训练)教材,也是借用词典形式的基础工具书;既着眼于"语",也离不开"文"。

不足之处,请各位同仁指正。

白乐桑[Joël BELLASSEN]

PREFACE

Oral statement (i.e. questioning, explanation, viewpoints statement, emotions statement etc) is one of the most important capabilities that every language learners make their very best attempt to master. However, this kind of capability is the most difficult one to learn and to teach. Where does the question lay? Differing from other studies, its purpose is not memorizing specific learning contents or applying certain rules, but using appropriate tools to reach capability cultivation.
This is the first book to provide a systematic tool for language learners to practise their oral statement in a standardized mode:
1) The best method to enhance foreign language capability is to try to shake off the habit of using mother language as a learning aid and to use learning language amid the practice. Thus, the attempt of this book is to use Chinese language what the learners have mastered to explain new Chinese vocabulary. Then the oral statement capability could be amply brought into play like a rolling snowball kneading vocabulary which have been learned before together. The learned words appear recurrently bringing refreshment to the learners.
2) Considering the uniqueness of Chinese characters, it is unavoidable to become a text comprehensive practice when the original writing teaching tool of oral practice comes across with the new vocabulary. This changes the attribute of oral practice. Therefore, with the consideration of learners of various levels towards the most frequently used vocabulary, this book provides learners with a vocabulary of three levels of explanations. They are learners with 200- character capability, 400-character capability and 900-character capability.

Example:
飞机 fēijī

　　A 在天上行走的车。坐上后,北京到法国要十个小时。

　　B 里面可以坐人、放东西的长长的飞行物。比如,我们可以坐着它从北京到法国。

　　C 飞行的交通工具。

Let us name the above explanations as "definitions".
The learners repetitively recite these "definitions", ultimately they will:
- mount to several necessary staircases and raise learners' oral statement level step by step.
- exercise these definitions to brush up vocabulary learned before.

The teachers use these "definitions" could:
- play the riddle-guessing game, shade the vocabulary and let the learners speak the vocabulary through textual explanations.
- create a kind of Chinese language environment.

POURQUOI UN TEL OUVRAGE? COMMENT L'UTILISER?

L'expression orale (interroger, donner un avis, expliquer quelque chose, exprimer un jugement ou un sentiment, etc.) est l'une des compétences les plus importantes que cherche à maîtriser un apprenant en langue vivante. Mais c'est en même temps l'une des plus difficiles à apprendre… et à enseigner. Pourquoi? Parce que il s'agit là, non pas de contenus bien définis à mémoriser ou de règles à appliquer, mais de savoir-faire.
Ce livre propose et délimite, pour la première fois de façon systématique, ce qui peut servir de support à l'expression orale.
- La meilleure façon d'élever son niveau en langue étrangère étant de la pratiquer sans avoir sans cesse recours à sa langue maternelle, l'idée a été d'expliquer plusieurs mots chinois en chinois de niveau élémentaire. Cela permet de libérer l'expression orale, et de brasser, de «recycler», de réactiver le vocabulaire déjà appris.
- Compte tenu de la nature particulière de l'écriture chinoise, un support pédagogique écrit servant initialement à des exercices d'oral se transformera irrémédiablement en *exercice de compréhension écrite* pour peu qu'il comporte des caractères inconnus. Et l'exercice d'oral s'en trouvera alors dénaturé. C'est pourquoi le présent ouvrage a conçu trois explications d'un mot donné, selon la progression de l'apprenant dans la connaissance des caractères les plus fréquents. Les trois seuils de caractères ainsi définis sont de : 200, 400 et 900.

Ex.: 飞机 fēijī
A 在天上行走的车。坐上后,北京到法国要十个小时。
B 里面可以坐人、放东西的长长的飞行物。比如,我们可以坐着它从北京到法国。
C 飞行的交通工具。

Grâce à ces «définitions» lues à haute voix de façon répétées, un apprenant pourra ainsi:
- gravir les marches qui lui manquaient pour accéder à un niveau d'expression orale élémentaire;
- les utiliser pour réviser les caractères déjà appris;

Quant à l'enseignant, il pourra:
- en faire autant de devinettes de compréhension écrite, en masquant le mot-entrée.
- les employer pour créer une immersion linguistique en chinois.

WARUM DIESES LEHRBUCH? WIE BENUTZT MAN ES?

Der mündliche Ausdruck (Fragen stellen, eine Meinung äußern, etwas erkl? ren, ein Gefühl oder einen Gedanken ausdrücken usw.) ist eine der wichtigsten Kompetenzen, die der Lernende einer Fremdsprache beherrschen möchte. Gleichzeitig ist es aber auch eine der schwierigsten zu erlernen... und zu unterrichten. Warum? Weil es sich hier nicht um klar definierte, auswendig zu lernende Inhalte oder anzuwendende Regeln handelt, sondern um ein "gewu? t wie", um ein Know-how.

Dieses Buch bietet und definiert zum ersten Mal auf systematische Weise, was als pädagogisches Hilfsmittel für den mündlichen Ausdruck eingesetzt werden kann.

- Erfahrungsgemäß steigert man sein Niveau in einer Fremdsprache, wenn man nicht ständig auf seine Muttersprache zurückgreift. Daher die Idee, mehrere chinesische Wörter mit einem Basischinesisch zu erklären. Dadurch wird der mündliche Ausdruck freigesetzt, und gleichzeitig wird der schon gelernte Wortschatz sozusagen "umgerührt", in einem Recyclingprozeß wiederverwendet und erneut aktiviert.
- In Anbetracht der Besonderheit der chinesischen Schreibweise wird ein pädagogisches Unterrichtswerk, das ursprünglich für mündliche übungen eingesetzt wurde, unweigerlich als *Übung zum schriftlichen Ausdruck* herangezogen, sofern unbekannte Schriftzeichen darin enthalten sind. Das hat zur Folge, daß übungen zum mündlichen Ausdruck verfälscht werden. Das vorliegende Werk basiert auf drei Erklärungen für ein gegebenes Wort, je nach Fortschritt des Lernenden in der Kenntnis der häufigsten Schriftzeichen. Die drei dergestalt definierten "Schwellen"-in diesem Fall **200, 400** und **900**-beziehen sich auf die Häufigkeit der im Chinesischen verwendeten Schriftzeichen.

Beispiel: 飞机　fēijī
　　　　　A 在天上行走的车。坐上后，北京到法国要十个小时。
　　　　　B 里面可以坐人、放东西的长长的飞行物。比如，我们可以坐着它从北京到法国。
　　　　　C 飞行的交通工具。

Dank dieser "Definitionen", die wiederholt laut gelesen werden sollten, kann der Lernende:
- Schritt für Schritt ein Basisniveau im mündlichen Ausdruck erreichen,
- diese "Definitionen" verwenden, um die schon erlernten Schriftzeichen zu wiederholen.

Der Unterrichtende wiederum kann:
- damit ebenso viele Ratespiele zum schriftlichen Verständnis einsetzen, wobei er das Eingangswort (Eingangsbegriff) verdeckt,
- diese "Definitionen" verwenden, um den Chinesischlernenden in ein "linguistisches Bad" einzutauchen.

前書き

　口語表現（すなわち質問する、説明する、意見の発表あるいは自分の見解を述べる、感情を表現する等）は、現代の生きた言葉を学ぶ一人一人がみな苦労している最も大切な語学力の内のひとつである。ところがこれこそ一番勉強づらく、またたいへん教えにくいことである。問題は何か、語学は他の学科と違い、その勉強する目的が何か特定の事項を覚えることでなく、また一定の法則をつかいこなすことでもない。すなわち適切な手段でその語学力をのばすことである。
　本書は初めて口語表現の練習法を系統的に示し、かつまとめたものである。
外国語の一番良い上達方法は、できるだけ母国語にたよる癖をなくし、実践で使ってことである。したがって本書の意図はありとあらゆる手段で学生がすでに学んだ中国語を使って、さらに新出の単語を解説することである。こうすることで口語表現の力を十分に発揮し雪だるま式にすでに学んだ単語とひとつにあわせて、くりかえし何度もそれを思い出す事が出来るのである。
　中国文字の特殊性を考えると、従来の口語の練習法では、どうしても文字に頼った教え方になり、新出の文字が出てくると、文面上理解にとどまり、これては本来の口語の練習としての意味が失われてしまう。そこで本書はひとつの単語に3種類の語釈を設け、それぞれ学習者が最もよく接する文字に対する理解度を考慮に入れた。それを本書では２００，４００，９００と分けて表記した。
　例如：飞机 feiji
　　　A 在天上走的车。坐飞机，从法国到北京要十个小时。
　　　B 里面可以坐人、放东西的长长的飞行物。比如，我们可以坐着它从北京到法国。
　　　C 飞行的交通工具。
　本書ではかりにこうした釈義を「定義」と呼ぶ。学習者は何度も声を出してこれらの定義を朗読することにより、最終的に以下のことが可能である。
　語学習得にかかせないステップを一段ずつ登ることで口語の表現力を伸ばす。
　これらの定義をいかしてすでに習った単語を復習する。
教える側はこれがの「定義」を使って、以下のことが可能である。
　単語あてゲーム、解答をふせて学習者に本書の釈義を通じその単語をあてさせる。
　これらの「定義」を活用し、一種の中国語環境をつくる。

설 명

　구어표현(즉 질문,설명,의견이나 견해의 발표, 감정 표현등등)은 현재 살아 있는 언어를 배우고자하는 모든 사람이 가장 배우고자하는 중요한 언어능력중의 하나이다. 하지만 이런 능력은 가장 배우기 힘들뿐 아니라 가르치기도 가장 어려운 언어능력중의 하나이기도 하다. 현재 처한 문제는 다른 학문처럼 어떤 특정한 학습내용을 암기하거나 그 규칙을 응용하는 것이 아니고, 적절한 방법을 사용하여 구어능력을 양성하고자 하는 목적에 도달하는데 있다.

　이 책은 특징은 처음으로 체계적으로 구어표현의 수단을 규범화하고 그것을 제시하였다는 점이다.

　외국어수준을 높일 수 있는 가장 좋은 방법은 모국어를 통해서 외국어를 배우고자 하는 습관을 없애는 것이다. 따라서 본 교재에서는 모든 방법을 다 동원하여 학생들이 이미 배운 중국어로 새로 배우게 되는 중국어단어들을 설명하려고 시도하였다. 이런 학습방법은 마치 눈덩이가 굴러가면서 점점 커지듯이, 이미 학습한 단어들을 한데 모아 반복사용함으로써 이전에 학습한 언어들도 활력을 더하게 되어 학생들로 하여금 충분히 구어표현능력을 발휘하도록 하게 하는 방법이라고 하겠다.

　중국문자의 특수성을 고려할 때, 원래는 구어를 연습할 때 새로운 글자들을 익히기위한 수단으로 사용되었던 "쓰기"연습이 서면체언어를 이해하기위한 연습으로 변질될 가능성을 배제할 수 없다. 이렇게 하다보면 구어연습의 성질이 변질되게 된다. 그래서 이 교재는 똑같은 단어에 대하여 세가지 해석을 제시하였다. 이 세가지 해석은 학습자의 상용한자 이해수준을 고려하여 200,400,900의 세가지단계로 나누었다. 다음은 세가지 단계별로 제시한 해석방법의 예이다.

　　例如：飞机　fēijī
　　　A 在天上走的车。坐飞机，从法国到北京要十个小时。
　　　B 里面可以坐人、放东西的长长的飞行物。比如，我们可以坐着它从北京到法国。
　　　C 飞行的交通工具。

　우리는 우선 위의 단어에 대한 설명들을 "정의"라고 부르고자 한다.

　이 교재를 사용하는 학생들은 반복해서 큰소리로 이런 "정의"를 낭독함으로써 결국 언어학습에 있어서 거쳐야하는 모든 단계를 차례대로 빠짐없이 거침으로써 꾸준히 중국어 수준을 향상시킬수 있으며, 동시에 이러한 정의를 이용해서 이미 배운 한자들을 반복해서 학습할 수 있게된다.

　이 교재를 사용하는 선생님들은 이러한 "정의"를 사용함으로써 수수께끼놀이를 학습방법으로 사용할 수 있다. 즉 학생들로 하여금 단어들을 가리고 서면으로 되어 있는 "정의" 로만 단어를 맞추도록 연습을 시킬 수 있다. 그리고 이러한 "정의"를 통해서 중국어로 중국어를 습득하는 새로운 언어환경을 창조할 수 있다.

体例说明

此教材中每个词条都拥有由浅入深的三层解释。每项解释都根据所掌握的、最低限度的字来组词,造句。

此教材以来自笔者主编的"汉语语言文字启蒙"教材(《字》教材)的 900 最高频字为基准。900 最高频字这一总基准分成三个基准(200 字、400 字、900 字),而这三个基准构成一种螺旋式的教学词典。

∗ 代表以 200 最高频率字为基准(《字》教材第一册 1—9 课的字)。

✳ 代表以 400 最高频率字为基准(《字》教材第一册 9—18 课的字)。

✤ 代表以 200 最高频率字为基准(《字》教材第一至第二册所有的字)。

城市	chéngshì	200	有很多人、很多房子、很多车的大地方。
		400	市民住的地方。这是一个地区,里面有很多从事工商、文化等工作的人口,有成片的高楼,又平又长的马路,一个连一个的商店,它常常是这一地带很多方面的中心。
		900	以工商业为主或政治、经济、文化的中心地区。区别于"乡下"的地方。
冬天	dōngtiān	200	中国一年中的十月、十一月、十二月,天很凉。
		400	一年中从立冬到立春的三个月时间,最冷的时候。
		900	一年四季里最冷的季节。

200 字表

a 爱
b 八百班半报杯北本边不
c 茶长车吃川春
d 大到道的得地第点东冬懂都多
e 儿二
f 法饭方飞
g 个工馆贵国过
h 还孩海汉好喝和河黑很红后候湖花话画欢黄回会火
j 机几家间见江教叫今近惊京久酒九
k 开看课可孔口筷快
l 来老了乐里凉两零六
m 马买么没美们民名
n 哪那南男能你念年女
p 朋票
q 七期千前去
r 人认日
s 三色山上少谁什生声师十识时是书水说四岁
t 他她题天田听同图
w 外完万王文问我无五
x 西喜下现想小写行星姓学
y 阳样要也一以用有友语远月
z 在再怎张这正知只中重子自字走最昨坐作

400 字表

	A	B	C	D	E	F	G	H	I	J	K	L	M	N	O	P	Q	R	S	T
1	啊	爱	安	八	把	吧	白	百	班	办	半	包	报	杯	北	本	比	笔	边	便
2	遍	别	病	不	才	菜	茶	差	长	常	场	唱	车	成	城	吃	出	处	川	春
3	次	从	错	打	大	带	当	到	道	的	得	等	底	地	第	点	电	店	丁	定
4	冬	东	懂	动	都	对	多	饿	儿	二	发	法	饭	方	房	放	飞	非	分	份
5	风	夫	服	父	干	刚	钢	高	告	哥	歌	个	给	跟	更	工	公	共	古	关
6	馆	光	广	贵	国	果	过	还	孩	海	汉	好	喝	和	河	黑	很	红	后	候
7	湖	虎	花	化	画	话	欢	黄	回	会	活	火	机	鸡	几	己	家	间	见	江
8	讲	饺	叫	教	今	金	近	进	京	九	久	酒	旧	就	觉	开	看	可	课	刻
9	孔	口	块	快	筷	来	老	乐	了	累	冷	离	李	里	立	连	凉	两	辆	〇
10	零	六	龙	楼	路	马	吗	买	卖	慢	忙	毛	么	没	每	美	门	们	梦	米
11	面	民	名	明	母	拿	哪	那	男	南	难	脑	呢	能	你	年	念	鸟	您	牛
12	女	旁	朋	皮	片	票	平	七	期	骑	走	起	汽	千	前	钱	亲	轻	请	秋
13	区	去	然	让	热	人	认	日	肉	如	三	色	山	商	上	少	谁	身	什	升
14	生	声	师	十	时	识	始	市	事	是	室	收	手	书	水	睡	说	思	四	诉
15	算	虽	岁	所	他	它	她	太	疼	提	题	体	天	田	听	同	头	图	外	完
16	晚	万	王	往	忘	为	位	文	问	我	无	五	午	物	西	息	喜	下	先	现
17	香	想	像	小	校	些	鞋	写	谢	心	新	信	星	行	醒	兴	姓	休	学	呀
18	言	羊	阳	样	要	药	也	夜	一	衣	医	以	意	因	音	影	硬	用	友	有
19	又	鱼	语	雨	元	园	远	院	月	再	在	早	怎	站	张	找	这	着	真	正
20	知	只	中	钟	种	重	主	住	祝	庄	子	字	自	走	租	最	昨	作	坐	做

900 字表

A B C D E F G H I J K L M N O P Q R S T U V W X Y Z A' B' C' D'

1 啊 爱 安 暗 按 八 把 爸 吧 白 百 拜 班 般 板 办 半 帮 包 保 抱 报 爆 杯 北 备 背 被 木 鼻
2 比 笔 必 避 边 变 便 遍 辩 标 表 别 并 病 补 不 部 布 步 才 材 采 彩 菜 参 草 层 曾 茶 查
3 察 差 产 长 常 场 厂 唱 车 彻 称 成 城 承 程 吃 冲 虫 出 初 除 楚 处 川 穿 传 船 窗 床 创
4 春 词 此 次 从 村 存 错 达 答 打 大 带 代 待 单 但 淡 蛋 当 党 导 到 道 的 得 灯 等 低 底
5 地 弟 第 点 典 电 店 调 掉 丁 定 东 冬 懂 动 都 独 读 度 短 段 断 队 对 多 朵 躲 饿 儿 而
6 耳 二 发 乏 法 反 饭 范 方 防 房 访 放 飞 非 费 分 坟 份 风 封 夫 服 福 府 父 妇 复 副 富
7 该 改 概 敢 感 干 刚 钢 高 搞 告 哥 歌 革 格 隔 个 各 给 根 跟 更 工 公 功 共 狗 构 够 姑
8 古 骨 固 故 顾 瓜 刮 挂 怪 关 观 官 馆 管 惯 光 广 规 鬼 贵 国 果 过 还 孩 海 害 含 汉 好
9 号 喝 合 何 和 河 黑 很 恨 红 后 候 呼 忽 胡 湖 虎 户 互 护 花 华 化 划 画 话 怀 坏 欢 环
10 换 黄 回 会 婚 活 火 或 货 获 机 鸡 积 基 及 极 级 急 集 几 己 计 纪 技 记 济 际 季 济 继
11 寄 加 家 假 价 架 间 简 见 件 建 健 江 将 讲 交 角 饺 脚 叫 较 教 接 街 阶 节 结 解 姐 介
12 界 斤 今 金 仅 紧 尽 近 进 京 经 惊 精 景 静 境 究 九 久 酒 旧 救 就 居 局 举 句 拒 具 剧
13 据 决 觉 绝 军 开 看 考 靠 科 可 刻 客 课 肯 空 孔 口 哭 苦 块 快 筷 况 困 拉 来 浪 劳 老
14 乐 了 累 类 冷 离 礼 李 里 理 力 历 立 丽 利 例 连 联 脸 练 凉 两 辆 亮 谅 量 疗 料 烈 林
15 ○ 零 领 另 留 流 六 龙 楼 路 旅 虑 论 落 妈 马 吗 买 卖 满 慢 忙 毛 么 没 每 美 门 们 猛
16 梦 迷 米 密 面 民 名 明 命 某 母 木 目 拿 哪 那 男 南 难 脑 闹 呢 内 能 你 年 念 娘 鸟 您
17 牛 农 弄 怒 女 暖 怕 排 派 判 旁 跑 培 朋 皮 篇 片 票 漂 品 平 评 破 普 七 期 齐 其 奇 骑
18 起 气 汽 器 千 前 钱 强 墙 桥 巧 切 且 亲 青 轻 清 情 请 庆 穷 秋 求 球 区 取 去 趣 全 缺
19 却 确 然 让 扰 热 人 认 任 日 容 肉 如 入 三 色 杀 山 善 商 伤 上 少 绍 蛇 设 社 谁 身 深
20 什 神 甚 升 生 声 省 师 诗 十 时 识 实 食 使 始 史 士 示 世 市 式 势 事 试 视 是 适 室 收
21 手 守 首 受 书 舒 熟 数 术 树 双 水 睡 顺 说 司 私 思 死 四 似 送 诉 算 虽 随 岁 碎 所 索
22 他 它 她 台 太 态 谈 特 疼 提 题 体 替 天 田 条 铁 听 庭 停 通 同 统 痛 头 突 图 土 团 推
23 托 外 完 玩 晚 碗 万 王 往 忘 望 为 围 委 卫 位 味 温 文 闻 问 我 屋 无 五 午 武 舞 务 物
24 西 希 析 息 习 洗 喜 系 细 下 吓 夏 先 鲜 显 现 线 限 乡 相 香 想 响 向 项 象 像 消 小 校
25 效 笑 些 鞋 写 谢 心 新 信 星 行 形 醒 兴 幸 性 姓 休 修 需 许 续 选 学 雪 血 寻 牙 呀 言
26 研 颜 眼 演 验 阳 羊 养 样 要 药 爷 也 业 叶 夜 一 衣 医 依 疑 已 以 义 艺 忆 议 易 意 因
27 阴 音 印 应 英 影 映 硬 用 优 由 油 友 又 右 于 鱼 与 雨 语 育 欲 遇 元 园 员 原 圆 远
28 院 愿 约 月 越 云 运 杂 在 再 咱 早 造 则 怎 增 展 站 张 章 丈 招 找 照 者 这 着 真 诊 正
29 整 证 政 之 支 知 织 直 值 职 止 只 指 纸 至 志 制 治 致 中 终 钟 种 众 重 州 周 洲 竹 主
30 助 住 注 祝 著 专 转 庄 装 壮 准 资 子 仔 自 字 总 走 租 足 族 组 嘴 最 昨 左 作 坐 座 做

音序索引

标 * 号的是多音字。

A			bao		bing		差*	31	chuan		dai	
	a	1	包	9	并	20	chan		川	41	大*	51
啊		1	保	9	病	21	产	31	穿	41	代	51
	ai		报	10		bu	chang		传*	41	带	51
爱		1	抱	11	不*	21	长*	32	船	42	待	52
	an		爆	11	补	23	常	32		chuang		dan
安		1		bei	不*	23	厂	33	窗	42	单	52
按		2	杯	11	布	25	场	33	床	43	但	53
暗		3	北	11	步	26	唱	33	创	43	淡	53
			备	12	部	26		che		chun		蛋	53
B			背	12		C	车	33	春	43		dang
	ba		被	13		cai	彻	34		ci	当*	53
八		4		ben	才	27		cheng	词	44	党	54
把		4	本	13	材	27	称	34	此	44	当	55
爸		4		bi	采	27	成	34	次	45		dao
吧		4	鼻	14	彩	27	承	36		cong	导	55
	bai		比	14	菜	28	城	36	从	45	到	55
白		5	笔	15		can	程	36		cun	道	56
百		6	必	15	参	28		chi	村	45		de
拜		6	避	16		cao	吃	36	存	46	地*	56
	ban			bian	草	28		chong		cuo	的*	56
班		7	边	16		ceng	冲	37	错	46	得	56
般		7	变	16	层	29	虫	37				dei
板		7	便	17	曾	29	重*	38	D		得*	57
办		8	遍	18		cha		chu		da		deng
半		8	辩	18	茶	30	出	38			灯	57
	bang			biao	查	30	初	40	达	46	等	57
帮		8	标	18	察	31	除	40	答	47		di
			表	19	差*	29	处*	40	打	47	低	57
				bie			楚	41	大*	48	的*	58
			别	20			处*	41			底	58

地*	58			封	78	跟	89	guo		hu	
弟	59				fu	geng		国	103	呼	115
第	59	**E**		夫	78	更	89	果	104	忽	116
	dian		e	服	78	gong		过	105	胡	116
典	59	饿	67	福	79	工	90			湖	117
点	59		er	父	79	公	91			虎	117
电	59	儿	68	妇	79	功	93	**H**		互	117
店	61	而	68	复	79	共	93			户	117
	diao	耳	68	副	80		gou		hai	护	118
调*	61	二	68	富	81	狗	94	还*	106		hua
掉	61				G	构	94	孩	106	花	118
	ding		**F**		gai	够	94	海	106	划*	119
丁	62		fa	该	81		gu	害	107	华	119
定	62	发*	69	改	81	姑	94		han	化	120
	dong	乏	70	概	82	古	95	含	107	划*	120
东	62	法	70		gan	骨	96	汉	107	画	120
冬	63	发	71	干*	83	固	96		hang	话	121
懂	63		fan	敢	83	故	96	行*	108		huai
动	63	反	71	感	83	顾	96		hao	怀	121
	dou	饭	72	干*	84		gua	好*	108	坏	121
都*	64	范	72		gang	瓜	97	号	109		huan
	du		fang	刚	84	刮	97	好	109	欢	121
都*	64	方	72	钢	85	挂	97		he	还*	122
独	64	防	73		gao		guai	喝*	110	环	122
读	64	房	74	高	85	怪	98	合	110	换	122
度	65	访	74	搞	86		guan	何	111		huang
	duan	放	74	告	86	关	98	和	112	黄	123
短	65		fei		ge	观	99	河	112		hui
段	65	飞	75	哥	86	官	99	喝*	113	回	123
断	65	非	75	歌	86	馆	99		hei	会*	124
	dui	费	75	革	87	管	100	黑	113		huo
队	66		fen	格	87	惯	100		hen	活	125
对	66	分*	76	隔	87		guang	很	114	火	126
	duo	坟	77	个	88	光	100	恨	114	或	126
多	67	分*	77	各	88	广	101		hong	货	127
朵	67	份	77		gei		gui	红	114	获	127
躲	67		feng	给	89	规	102		hou		
		风	77		gen	鬼	102	后	114		
				根	89	贵	103	候	115		

J		jiang		精	152	kao		lao		料	183
		江	140	景	153	考	163	劳	172	lie	
ji		将	140	敬	153	靠	163	老	173	烈	183
		讲	140	静	153	ke		le		lin	
几*	127	jiao		境	154	科	164	乐*	174	林	184
机	127	交	141	jiu		可	164	了*	175	ling	
鸡	128	教*	142	究	154	刻	165	lei		〇	184
积	128	角*	142	九	154	客	165	累*	175	零	184
基	129	饺	142	久	154	课	166	类	175	领	184
及	129	脚	142	酒	154	ken		累	175	另	185
级	129	叫	143	旧	155	肯	167	leng		liu	
极	130	觉	143	救	155	kong		冷	175	留	185
急	130	较	143	就	155	空*	167	li		流	186
集	131	教	143	ju		孔	167	离	176	六	186
几*	131	jie		居	155	空	168	礼	176	long	
己	131	阶	144	局	156	kou		李	177	龙	187
计	131	结*	144	举	156	口	168	里	177	lou	
记	132	接	144	句	156	ku		理	177	楼	187
纪	133	街	145	拒	157	哭	169	力	178	lu	
技	133	节	146	具	157	苦	169	历	178	路	187
季	133	结*	146	剧	157	kuai		立	179	lü	
济	134	姐	147	据	157	会*	170	利	179	旅	187
继	134	解	147	jue		块	170	例	180	虑	188
寄	134	介	147	决	157	快	170	lian		lun	
jia		界	148	角*	158	筷	170	连	180	论	188
加	135	jin		觉*	158	kuang		联	181	luo	
家	136	斤	148	绝	158	况	171	脸	181	落	188
假*	136	今	148	jun		kun		练	181		
价	137	金	148	军	159	困	171	liang		**M**	
架	137	仅	149					凉	182	ma	
假*	137	尽*	149					量*	182	妈	189
jian		紧	149	**K**		**L**		两	182	马	189
间*	138	尽*	150	kai		la		亮	182	吗	190
简	138	进	150	开	159	拉	171	谅	182	mai	
见	139	近	151	kan		lai		辆	182	买	190
件	139			看	161	来	172	量*	182	卖	190
间*	139	jing		kang		lang		liao		man	
建	139	京	151	康	162	浪	172	疗	183		
健	140	经	151					了*	183	满	190
		惊	152								

慢	191					nü		pu		庆	229	ru	
	mang		**N**	女	209	普	217		qiong	如	240
忙	191				nuan			穷	229	入	240
	mao		na	暖	209				qiu		
毛	191	拿	201			**Q**		秋	230	**S**
	me	哪	201		**P**		qi	求	230	
么	192	那	201			七	217	球	230	san
	mei		nan		pa	期	217		qu	三	240
没*	192	男	202	怕	210	齐	217	区	231		se
每	193	南	202		pai	其	218	取	231	色	241
美	193	难	203	排	210	奇	218	去	231		sha
	men		nao	派	211	骑	219	趣	232	杀	241
门	194	脑	204		pan	起	219		quan		shan
们	194	闹	204	判	211	气	220	全	232	山	241
	meng		ne		pang	汽	221		que	善	242
猛	194	呢	204	旁	212	器	221	缺	233		shang
梦	194		nei		pao		qian	却	233	伤	242
	mi	内	204	跑	212	千	222	确	233	商	242
迷	195		neng		pei	前	222			上	243
米	195	能	205	培	212	钱	223		**R**		shao
密	195		ni		peng		qiang			少	244
	mian	你	206	朋	212	强*	223		ran	绍	245
面	196		nian		pi	墙	224	然	233		she
	min	年	206	皮	213	强*	224		rang	蛇	245
民	197	念	207		pian		qiao	让	234	设	245
	ming		niang	片*	213	桥	224		rao	社	245
名	197	娘	207	篇	213	巧	224	扰	234		shei
明	198		niao	片*	213		qie		re	谁	246
命	199	鸟	207		piao	切*	224	热	234		shen
	mo		nin	漂*	214	且	225		ren	身	246
没*	199	您	207	票	214	切*	225	人	235	深	247
	mou		niu	漂*	214		qin	认	237	什	247
某	199	牛	207		pin	亲	225	任	237	神	248
	mu		nong	品	214		qing		ri	甚	248
母	200	农	208		ping	青	226	日	238		sheng
木	200	弄	208	平	214	轻	226		rong	升	248
目	200		nu	评	215	清	227	容	239	生	249
					po	情	228		rou	声	250
		怒	209	破	216	请	228	肉	239	省	250

shi		shuang			273	tui		午	302	像	315
师	251	双	264	太	274	推	288	武	302	xiao	
诗	251	shui		态		tuo		舞	303	消	315
十	252	水	264	谈		托	289	务	303	小	316
石	252	睡	265	特	274			物	303	校	318
时	252	shun		te		W				效	318
识	253	顺	265	疼	275	wai		X		笑	318
实	253	shuo		提		外	290	xi		xie	
食	254	说	266	题	275	wan		西	304	些	319
史	254	si		体	276	完	291	希	304	鞋	319
使	255	司	267	替	277	玩	291	析	305	写	319
始	255	私	267		278	晚	292	息	305	谢	319
士	255	思	268	ti		碗	292	习	305	xin	
示	255	死	268	天	278	万	292	洗	305	心	320
世	255	四	269	田	279	wang		喜	306	新	320
市	256	似*	269	tiao		王	293	系	306	信	321
式	256	song		条	280	往	293	细	307	xing	
似*	256	送	269	调*	280	忘	294	xia		星	322
势	256	su		铁		望	294	下	307	行*	323
事	257	诉	270	tie	281	wei		吓	309	形	323
试	257	suan		ting		为*	294	夏	309	醒	324
视	258	算	270	听	281	围	294	xian		兴	324
是	258	sui		庭	282	委	295	先	309	幸	324
适	258	虽	271	停	282	卫	295	鲜	309	性	325
室	259	随	271	tong		为*	295	显	310	姓	325
		岁	271	通	283	位	296	现	310	xiu	
shou		碎	271	同	284	味	296	限	311	休	326
收	259	suo		统	285	wen		线	311	修	326
手	260	所	271	痛	285	温	296	xiang		xu	
守	260	索	272			文	297	乡	312	需	326
首	261			tou		闻	298	相*	312	许	327
受	261	T		头	285	问	298	香	313	续	327
shu		ta		tu		wo		响	314	xuan	
书	262	他	272	突	286	我	299	想	314	选	327
舒	263	它	272	图	286	wu		向	314	xue	
熟	263	她	272	土	286	屋	299	项	314	学	328
数*	263	tai		tuan		无	299	相*	314	雪	329
术	263	台	273	团	287	五	301	象	315	血	329
树	263										
数*	264										

	xun					zen		直	369	转*	382
寻	330	疑	338	雨	349	怎	359	值	369	传*	383
		已	338	语	349		zeng	职	370	转*	383
	Y	以	338	育	350	增	359	止	370		zhuang
		一*	339	欲	350		zhan	只*	370	庄	383
	ya	义	340	遇	350	展	359	纸	370	装	384
呀	330	艺	340		yuan	站	360	指	371	壮	384
牙	330	忆	341	元	351		zhang	至	372		zhun
	yan	议	341	园	351	张	360	志	372	准	385
言	330	易	341	员	351	章	360	制	372		zi
研	330	意	341	原	351	长*	360	治	373	资	385
颜	331		yin	圆	352	丈	361	致	373	子	386
眼	331	因	342	远	352		zhao		zhong	仔	386
演	332	阴	342	院	353	招	361	中*	373	自	386
验	332	音	343	愿	353	着*	362	终	376	字	388
	yang	印	343		yue	找	362	钟	376		zong
羊	332		ying	约	353	照	362	种*	376	总	388
阳	333	应*	343	月	353		zhe	中*	377		zou
养	333	英	344	乐*	354	者	363	众	377	走	389
样	333	影	344	越	354	这	363	种*	377		zu
	yao	应*	344		yun	着*	363	重	377	租	390
要*	334	映	345	云	355		zhen		zhou	足	390
药	334	硬	345	运	355	真	363	州	377	族	390
要*	334		yong			诊	364	周	378	组	390
	ye	用	345		Z		zheng	洲	378		zui
爷	335		you			正*	364		zhu	嘴	390
也	335	优	346		za	整	364	竹	378	最	391
业	335	由	346	杂	356	正*	365	主	379		zuo
叶	335	油	346		zai	证	366	助	380	昨	391
夜	335	友	347	再	356	政	367	住	380	作*	391
	yi	有	347	在	357		zhi	注	381	左	391
一*	336	又	348		zan	之	367	祝	381	作*	392
衣	336	右	348	咱	357	支	368	著	381	坐	392
医	337		yu		zao	只*	368		zhuan	座	393
依	337	于	349	早	357	知	368	专	382	做	393
一*	337	鱼	349	造	358	织	369				
		与	349	则	358						

笔画索引

本索引根据1997年中国国家语言工作委员会和新闻出版总署发布的《现代汉语通用字笔顺规范》编制。

一至二画		工	90	马	189	[竖起]		乏	70	正	364
		才	27	乡	312	止	370	公	91		365
一	336	下	307			少	244	月	353	功	93
	337	丈	261	**四画**		日	238	风	77	去	231
	339	大	48	[横起]		中	373			世	255
〇	184		51	王	293		377	[点起]		古	95
二	68	与	349	开	159	内	204	六	186	节	146
十	252	万	292	夫	78	水	264	文	297	本	13
丁	62	上	243	天	278	见	139	方	72	术	263
厂	33	小	316	元	351			火	126	可	164
七	217	口	168	无	299	[撇起]		为	294	左	391
八	4	山	241	云	355	手	260		295	石	252
人	235	千	222	专	282	午	302	忆	341	右	348
入	240	川	41	艺	340	牛	207	计	131	布	25
儿	68	个	88	木	200	毛	191	认	237	龙	187
九	154	么	192	五	301	气	220	户	117	平	214
几	127	久	154	支	368	升	248	心	320	东	62
	131	及	129	不	21	长	32				
了	175	广	101		23	什	360	[折起]		[竖起]	
	183	门	194	太	273	片	247	孔	167	北	11
力	178	义	340	区	231	化	213	队	66	业	335
又	348	之	367	历	178	仅	120	办	8	旧	155
		已	338	友	347	斤	149	以	338	目	200
三画		己	131	车	33	反	148	双	264	且	225
		卫	240	牙	295	介	71	书	262	叶	335
三	240	子	386	比	330	父	147			号	109
干	83	也	335	互	14	从	79	**五画**		电	59
	84	女	209	切	117	今	45	[横起]		田	279
于	349	飞	75		224	分	148	示	255	由	346
士	255	习	305		225		76	打	47	只	368
土	286						77	巧	224		370

史	254	[折起]		至	372	后	114	字	388	远	352
叫	143	司	267	[竖起]		行	108	安	1	运	355
另	185	民	197	此	44		323	讲	140	技	133
四	269	出	38	师	251	全	232	军	159	坏	121
[撇起]		加	135	光	100	会	124	许	327	扰	234
生	249	皮	213	当	53		170	论	188	拒	157
代	51	边	16		55	杀	241	农	208	找	362
们	194	发	69	早	357	合	110	设	245	坟	77
白	5		71	吓	309	众	377	访	74	护	118
仔	386	对	66	虫	37	爷	335	[折起]		走	389
他	272	台	273	团	287	创	43	寻	330	志	372
用	345	母	200	同	284	朵	67	那	201	块	170
瓜	97			吃	36	杂	356	尽	149	声	250
印	343	六画		因	342	各	88		150	报	10
乐	174	[横起]		吗	190	名	197	导	55	把	4
	354	式	256	岁	271	多	67	阳	333	却	233
句	156	动	63	回	123	色	241	收	259	花	118
外	290	考	163	则	358	[点起]		阶	144	劳	172
处	40	托	289	刚	84	壮	384	阴	342	材	27
	41	老	173	肉	239	冲	37	防	73	村	45
冬	63	地	56	[撇起]		庄	383	如	240	极	130
鸟	207		58	年	206	庆	229	妇	79	李	177
务	303	场	33	先	309	齐	217	好	108	求	230
包	9	耳	68	竹	378	交	141		109	更	89
[点起]		共	93	传	41	次	45	她	272	两	182
主	379	机	127		383	衣	336	妈	189	医	337
市	256	过	105	休	326	产	31	观	99	还	106
立	179	再	356	优	346	决	157	欢	121		122
半	8	西	304	件	139	问	298	买	190	来	172
头	285	在	357	任	237	羊	332	红	114	连	180
汉	107	百	6	伤	242	并	20	约	353	[竖起]	
它	272	有	347	价	137	关	98	级	129	步	26
写	319	存	46	份	77	米	195	纪	133	时	252
让	234	而	68	华	119	灯	57			助	380
礼	176	达	46	自	386	州	377	七画		里	177
记	132	死	268	血	329	江	140	[横起]		园	351
必	15	成	34	向	314	忙	191	弄	208	围	294
议	341	划	119	似	256	兴	324	形	323	呀	330
			120		269	守	260	进	150	男	202

足	390	况	171	表	19	易	341	底	58	细	307
困	171	冷	178	规	102	典	59	放	74	织	369
员	351	这	363	者	363	固	96	刻	165	终	376
听	281	判	211	势	256	呼	115	育	350	绍	245
吧	4	间	138	抱	11	呢	204	闹	204	经	151
别	20		139	拉	171	图	286	单	52		
[撇起]		弟	59	幸	324	[撇起]		法	70	**九画**	
告	86	汽	221	招	361	制	372	河	112	[横起]	
我	299	没	192	其	218	知	368	油	346	春	43
利	179		199	取	231	刮	97	注	381	帮	8
私	267	怀	121	苦	169	物	303	治	373	挂	97
每	193	快	170	英	344	和	112	性	325	封	78
体	277	完	291	范	72	季	133	怕	216	项	314
何	111	究	154	直	369	委	295	怪	98	城	36
但	53	穷	229	林	184	使	255	学	323	政	367
作	391	证	366	杯	11	例	180	定	62	指	371
低	77	评	215	析	305	依	337	官	99	按	2
你	206	补	23	板	7	的	56	空	167	某	199
住	380	初	40	构	94		58		168	甚	248
位	296	社	245	或	126	往	293	实	253	革	87
身	246	识	253	画	120	所	271	诗	251	带	51
货	127	诉	270	事	257	金	148	试	257	草	28
近	151	诊	364	卖	190	命	199	房	74	茶	30
彻	34	词	44	雨	349	爸	4	视	258	故	96
希	304	[折起]		奇	218	采	27	话	121	胡	116
坐	392	层	29	态	274	受	261	该	81	南	202
含	107	局	156	转	382	念	207	[折起]		药	334
角	142	张	360		383	朋	212	建	139	标	18
	158	改	81	到	55	服	78	居	155	查	30
条	280	鸡	128	[竖起]		周	378	承	36	相	312
饭	72	纸	370	非	78	鱼	349	限	311		314
系	306			肯	167	忽	116	姑	94	树	263
[点起]		**八画**		些	319	狗	94	姐	147	要	334
言	330	[横起]		虎	117	备	12	姓	325	面	196
床	43	玩	291	具	157	[点起]		始	255	研	330
疗	183	环	122	果	104	变	16	参	28	轻	226
忘	294	武	302	味	296	京	151	线	311	[竖起]	
应	343	青	226	国	103	店	61	练	181	背	12
	344	现	310	明	198	夜	335	组	390	点	59

省	250	食	254	[折起]		紧	149	料	183	接	144
是	258	独	64	屋	299	党	54	酒	154	据	157
显	310	急	130	费	75	哭	169	消	315	职	370
映	345	饺	142	孩	106	圆	352	海	106	梦	194
星	322	[点起]		除	40	[撇起]		流	186	基	129
昨	391	将	140	院	353	钱	223	浪	172	救	155
贵	103	亮	182	架	137	铁	281	害	107	著	381
界	148	度	65	怒	209	缺	233	家	136	黄	123
思	268	庭	282	结	144	特	274	容	239	菜	28
虽	271	亲	225		146	造	385	请	228	票	214
咱	357	音	343	给	89	租	390	读	64	副	80
响	314	闻	298	绝	158	积	128	被	13	雪	329
哪	201	差	29	统	285	称	34	课	166	辆	182
骨	96		31			笔	15	谁	246	[竖起]	
[撇起]		养	333	十画		笑	318	调	61	常	32
钟	376	美	193	[横起]		值	369		280	眼	331
钢	85	送	269	班	7	候	115	谅	182	晚	292
拜	6	类	178	起	219	健	140	谈	274	蛇	245
看	161	迷	195	都	64	息	305	[折起]		累	175
怎	359	前	222	换	122	般	7	展	359	唱	33
选	327	首	261	热	234	拿	201	剧	157	啊	1
适	258	恨	114	获	127	爱	1	通	283	[撇起]	
香	313	总	388	真	363	脑	204	娘	207	第	59
种	376	洗	305	桥	224	留	185	能	205	做	393
	377	活	125	格	87	饿	67	难	203	您	207
秋	230	派	211	校	318	[点起]		验	332	停	282
科	164	济	134	样	333	高	85	继	134	假	136
重	38	洲	378	根	89	准	385				137
	377	举	156	索	272	座	393	十一画		得	56
复	79	觉	143	哥	86	病	21	[横起]			57
段	65		158	夏	309	疼	275	球	230	船	42
便	17	室	259	破	216	效	318	理	177	舒	263
顺	265	突	286	原	351	离	176	起	219	欲	350
修	326	穿	41	烈	183	资	385	排	216	彩	27
保	9	客	165	顾	96	凉	182	掉	61	领	184
信	321	语	349	较	143	站	360	推	288	脚	142
鬼	102	神	248	致	373	部	26	教	142	脸	181
待	52	说	266	[竖起]		旁	212	培	143	象	315
很	114			虑	188	旅	187		212	够	94

猛	194	越	354	痛	285	[竖起]		疑	338	嘴	390
馆	99	喜	306	善	242	睡	265	[撇起]		器	221
[点起]		提	275	普	218	暖	209	舞	303	辩	18
康	162	期	217	湖	117	暗	3	靠	163	避	16
章	360	联	181	温	296	路	187	算	270		
商	242	敬	153	道	56	跟	89	管	100	十八画	
族	390	硬	345	曾	29	照	362	鼻	14	爆	11
望	294	确	233	富	81	[撇起]		鲜	309		
着	362	[竖起]		窗	42	错	46	[点起]			
	363	最	391	遍	18	简	138	漂	214		
断	65	量	182	谢	319	筷	170	精	152		
清	227	遇	350	[折起]		像	315	演	332		
淡	53	景	153	隔	87	躲	67	慢	191		
深	247	跑	212	强	223	[点起]		察	31		
情	228	喝	110		224	新	320				
惊	152		113			意	341	十五画			
惯	100	黑	113	十三画		满	190	趣	232		
寄	134	[撇起]		[横起]		数	263	增	359		
密	195	短	65	搞	86		264	鞋	319		
[折起]		程	36	楼	187	福	79	题	276		
敢	83	等	57	楚	41			影	344		
随	271	答	47	想	314	十四画		篇	213		
蛋	53	集	131	落	188	[横起]		熟	263		
续	327	街	145	概	82	静	153	颜	331		
骑	219	解	147	感	83	墙	224	懂	63		
		然	233	碎	271	境	154				
十二画		[点起]		碗	291	歌	86	十六画			
[横起]		装	384	零	184	愿	353	整	364		
替	278	就	155			需	326	醒	324		

A

a

啊　＊1.ā,有人说了什么,听的人懂了。2.á,有人说了什么,听的人没听懂,不知道说了什么话。　※问问题和回别人问话时发出的一种声音。共有四声。1.第一声时,觉得意外,看到美好事物时发出的声音。2.第二声时,说明没听明白、不信,要人把话再说一遍。3.第三声时,想不到、不信什么事时发出的声音。4.第四声时,(1)别人问话,你同意了,就说"啊"。(2)说明明白过来了。　✽问别人问题或回答别人问题时发出的声音。

ai

爱 ài　＊喜欢。很喜欢什么的想法。　※1.对人、事物很喜欢。2.常常发生一种行为,常常做。　✽1.非常喜欢(人、事物)。2.经常做。

爱国 àiguó　＊很喜欢本国。　※热爱自己的国家和人民。　✽热爱自己的国家和人民。

爱国主义 àiguózhǔyì　＊爱本国的想法。　※热爱自己国家和人民的思想。　✽指全心全意热爱国家并为国家尽心尽力的思想。

爱好 àihào　＊很喜欢作。　※1.喜欢常常做什么事。2.非常喜欢做的事。　✽非常喜欢做、经常做的事。

爱护 àihù　＊非常关心(比如小孩、年轻人、学生等);看重,让什么东西一直好好的。　✽喜爱,重视并加以保护。

爱情 àiqíng　＊男女间的爱。　※男人和女人间爱对方的心意。男女爱着对方,想要在一起,他们之间就有"爱情"。　✽男女相爱的感情。

爱人 àirén　＊一家男女两个人。男人是女人的爱人,女人也是男人的爱人。　※一家中有父亲和母亲两口子,父亲是母亲的爱人,母亲也是父亲的爱人。

an

安 ān　＊1.什么问题都没有的样子。2.一个地方本来没有这个东西,有人作点什么,这个地方有了这个东西。这个东西大多是大的、重的。这个人作的,叫"安"。　※1.平安,安定。2.把东西放在一定的地方不动。　✽1.安全。2.往一个东西上或在一个地方上装一个东西。

安定 āndìng　＊一个国家,一个地方没有什么问题。　※生活等平安、正常。　✽生活等安全、平定。

安放 ānfàng ✳ 见"安2"。 ✳ 把东西放在一定的地方不动。 ✳ 使物体处于一定的地方。

安分 ānfèn ✳ 人不做不好的。 ✳ 本分,用大家公认的活法生活、做事,不做不法的事。 ✳ 老实,守本分。

安好 ānhǎo ✳ 平安无事。 ✳ 平安。

安家落户 ān jiā luò hù ✳ 有了家,住下来,不再走。 ✳ 在一个地方长期住下。 ✳ 在家乡以外的地方建立家并长久住下。

安静 ānjìng ✳ 没有声儿。 ✳ 没有什么声音。 ✳ 没有声音,平静。

安排 ānpái ✳ 有前有后地作工作、过生活;叫(一个人、很多人)去作一工作。 ✳ 1.分先后做事儿。2.让人做什么事。 ✳ 有条理,分先后地处理。

安全 ānquán ✳ 平安。 ✳ 不出事故。

安设 ānshè ✳ 作点什么,叫一个地方有要用的东西,这东西多用来作大的、重的工作。 ✳ 把东西一一放在一定的地方。 ✳ 安装设立。

安身 ānshēn ✳ 好好过日子,在一个地方住和过日子,多用在不得不这样、日子不好过时。 ✳ 不得不在一个地方住和生活。 ✳ 在某地居住和生活(多指不好的环境)。

安神 ānshén ✳ 让心里安定。 ✳ 使心神安定。

安生 ānshēng ✳ 过的是好日子,没有问题。 ✳ 1.生活安定。2.小孩不生事,很听话。 ✳ 1.生活安定。2.安静。

安睡 ānshuì ✳ 睡得很好。 ✳ 安静地睡觉。

安息 ānxī ✳ 不在人间了。 ✳ 1.睡。2.人离开人间的一种好听的说法。 ✳ 1.安静地休息,多指入睡。2.对死者表示怀念的用语。

安心 ānxīn ✳ 想没有问题。 ✳ 心中安定,没有分心的事。 ✳ 心情安定。

安装 ānzhuāng ✳ 把东西安到一定的地方、一定的物体上。 ✳ 把机器等物体固定在一个地方。

按 àn ✳ 有一个东西、想法等,人们用它作样本,来作要作的,这叫"按"。 ✳ 1.用手往下做的一种动作。2.用手往下做动作。 ✳ 1.用手向下用力做的动作。2.用手向下做动作。3.就是"按照"。

按理 ànlǐ ✳ 大家都会这么想。 ✳ 用大家共同的意见、公认的看法。 ✳ 按照道理。

按期 ànqī ✳ 不过时间,说好什么时间,是什么时间。 ✳ 在一定的时期里,不早也不晚于一个时间。 ✳ 按照指定的期限。

按时 ànshí ✳ 说什么时候到,是什么时候到。 ✳ 在一定的时间里,不早也不晚;说什么时候就什么时候。 ✳ 准时。

按说 ànshuō　✽ 大多是(这样的)，大多要(这样)。　✽ 从大家公认的看法、已有的事物来说(一个事、一个问题)。　✽ 依照事实或情理来说。

按照 ànzhào　✽ 本来有个东西(不一定是看得见的，也可以是想法)。要作什么的时候，用它来看作得好不好，这个"看"叫"按照"。　✽ 用(一定的方法等)。　✽ 根据。

暗 àn　✽ 黑黑的样子。　✽ 黑，不明，看不太出什么东西。　✽ 光线不足，不亮。是"明"的反义词。

暗暗 ànàn　✽ 不在人前，人们看不见；自个儿这么想，可是不说。　✽ (想法等)在心里，不让别人知道的样子。　✽ 暗地里，不表现出来。

暗淡 àndàn　✽ 有点儿黑，色儿不多。　✽ 没有很多光，看起来不光明。　✽ (光或色)很暗；不光明。

暗地里 àndìlǐ　✽ 不在人前地(de)。人们看不见地(de)。　✽ 不让别人知道，在别人不知道的地方(做什么事)。　✽ 就是"背地里"，不公开地。

暗害 ànhài　✽ 不公开地对人做不好的事，让人不再活下去。　✽ 不公开地暗中杀害或伤害。

暗含着 ànhánzhe　✽ (东西、话语等)中间有，可是一下子看不到，不能懂。　✽ 没有明白地说出；话里面有……。　✽ 做事或说话包含某种意思但不明着说出来。

暗号 ànhào　✽ 用东西、说话等方法叫我们的人懂得我们的想法，这东西、说的话等叫"暗号"。　✽ 别人不知道的有意思的声音、动作等。　✽ 相互约定的机密信号(利用声音，动作等)。

暗示 ànshì　✽ 不说话，用作什么的方法来叫一个人知道，只有这个人懂得他的想法。　✽ 不明白地说出。　✽ 不明白地表示意思，而用某些言语或举动使人领会。

暗事 ànshì　✽ 不光明正大的事。　✽ 不光明正大的事。

暗室 ànshì　✽ 没有外来光的房间，不让光进来的黑房间。　✽ 有防止光线照进来的设备的房间。

暗喜 ànxǐ　✽ 要他人不知道的快乐。自个儿快乐，不让他人知道。　✽ 心里高兴，不体现在脸上，不让人知道。　✽ 暗自高兴。

暗想 ànxiǎng　✽ 自个儿想。　✽ 在心中思想，不说出来。　✽ 表面不被人注意，私下想某事。

暗指 ànzhǐ　✽ 说的话、作的文看来说的是这儿，可说的是那儿，这个作法叫"暗指"。　✽ 不把意思体现在字面上，不明白说出。　✽ 不明白表示意思，而用某些言语指出(某人或某事)。

暗中 ànzhōng ✳ 人们看不见地(作……)。 ✳ 不公开地。 ❊ 1. 黑暗之中。2. 跟"背地里"、"暗地里"同义。

暗自 ànzì ✳ 不要他人知道。自个儿(想,作,欢喜等……)。 ✳ 自个儿,不让别人知道。 ❊ 不公开地,不让别人知道,只有自己知道。

B

ba

八 bā ✳ 七多一是八,九少一是八。 ✳ 两个四就是八。中国人喜欢这个字。 ❊ 七加一就是八。

八成 bāchéng ✳ 可能。 ✳ 十分之八;多半儿,差不多。 ❊ 十分之八;多半儿;大概。

八方 bāfāng ✳ 东、西、南、北、东北、东南、西南、西北,也用来说一个个地方。 ✳ 东、西、南、北、东南、东北、西南、西北;到处,每个地方。 ❊ 东、西、南、北、东南、东北、西南、西北;周围的很多地方;各个方面。

八月 bāyuè ✳ 七月以后是八月,九月以前是八月。 ✳ 一年有十二个月,当中的第八个月份是八月。这时的中国到处都很热。 ❊ 一年中的第八个月份。

把 bǎ ✳ 1. 一个有一定语法意思的字,后面要跟着人、事物的名字。2. 用手拿住不放。3. 看(门)。4. 从后面用两手拿住小孩让他大小便。 ❊ 1. 汉语里的一个词,表示对跟在它后面的人、事物怎么样了。2. 用手拿住。

把关 bǎguān ✳ 看(kān)住关口,看(kàn)哪些人、哪些东西可以进出和不可以进出。 ❊ 看(kān)住。守住关口等重要的地方,决定哪些人、哪些东西可以进出。

把势 bǎshì ✳ 有一种才能的人,在这个方面他是老手。 ❊ 1. 是"技术"的一种口头说法。2. 武术。

把守 bǎshǒu ✳ 一个人在一个重要的地方,他的工作是不叫他人过去。这工作叫"把守"。 ✳ 看住很重要的地方,不让别人过去。 ❊ 守卫(重要的地方)。

爸 bà ✳ 一个男人有了孩子后,他是孩子的"爸"。 ✳ 口语中的说的"父亲"。 ❊ "爸爸"的简称。

爸爸 bàba ✳ 一个男人,他有了孩子后,他是孩子的"爸爸"。 ✳ 口语中说的父亲。 ❊ 父亲。是儿女对父亲的称呼。

吧 ba ✳ 用在要说的话的最后,可以说"走吧"、"去吧",说的是可以作,叫人那么作。 ✳ 说明语气的字,有同意、认可、问对方意见、让人做事儿的意思。 ❊ 语气词。表示同意、建议等意思。

bai

白 bái　＊不黑。　✻1.跟米饭一样的色儿,和"黑"对立。2.没放上什么东西的,本来什么样就是什么样。3.做事没有用的。　❋1.和"黑"对立的色。2.没有效果。

白白 báibái　＊用在"走、去、来、等"等前边,可以说"我白白去了一回"、"我们白白等了一天",作了什么,可是没用。　✻没有用;不起作用。　❋白费,没有效果。

白班 báibān　＊白天上的班。　✻白天工作的班次。　❋白天工作的班次。

白菜 báicài　＊一种可吃的田间作物,从上到下都是白的,花有点儿黄,有很多种,是中国北方冬天最常吃的菜。　❋一种菜,中国北方人在冬天经常吃。

白费 báifèi　＊用了东西,作了点什么,可是没有什么作用。　✻白白用去,没有得到什么好处。　❋不起作用。

白话 báihuà　＊中国人现在说的好懂的话。　✻写在书面上的现在人们说的汉语。　❋1.是现代汉语普通话的书面形式。跟"文言"相对。2.不能实现或没有根据的话。

白话文 báihuàwén　＊用好懂的话写的"文",和中国过去用只用在作文中的话写的"文"不同。　✻用白话写的书信等。　❋用白话(现代汉语的书面形式)写成的文章。

白酒 báijiǔ　＊30°—60°的酒,色儿和水一样。这酒人们不能喝很多。　✻用米、果子等做成的跟水差不多的东西,无色,人们高兴时喝,请朋友的时候喝,生气时也喝。喝完,身子又红又热。　❋没有色,和水差不多的、度数高的那种酒。

白马王子 báimǎ wángzǐ　＊很好看的男人,美男子。　✻(女子)想像中可以成亲的完美的年轻男子。　❋指少女心目中理想的青年男子。

白面 báimiàn　＊可以用来做面包的白色的面。　❋用来做面包的白色的面。

白面书生 báimiàn shūshēng　✻年轻的读书人。　❋年轻的读书人。也指脸色白的读书人。

白人 báirén　＊西方国家的人。　✻白种人,比如法国人、美国人。　❋指白种人,世界三大人种之一。这种人长得很白,鼻子较高。英国人、法国人、美国人大多是白人。

白日 bárì　＊天没有黑的时候。　✻太阳;白天。　❋1.太阳。2.白天。

白日做梦 bárì zuòmèng　＊在想不能作到的东西。　✻一点儿也不能实现;如同白天做的梦一样不可能成为真的。　❋形容根本不可能实现的想法。

白色 báisè　✻"黑"色的对立面。　❋1.白的颜色。2.指"反动"。

白手起家 báishǒu qǐjiā　✻ 开始什么也没有,可后来立起了家,干成了大事。　❋ 开始立业时,没有钱物,后来干成了大事。

白天 báitiān　✻ 天没有黑的时候。　✽ 从天发白到天黑这十几个小时的时间。　❋ 从天亮到天黑的这段时间。

白眼 báiyǎn　✻ 小看人的作法、样子。　✽ 看人时不好好看,看不起人的一种样子。　❋ 眼睛向上或向旁边看,是看不起人的一种表情。

白字 báizì　✻ 写错、读错的字。　❋ 写错或读错的字。也称"别字"。

百 bǎi　✻ 九十九和一百零一中间是一百。　✽ 十个十是一百。　❋ 十个十为百。

百般 bǎibān　✻ 各种各样。　❋ 1.多种多样。2.形容采用多种方法。

百发百中 bǎi fā bǎi zhòng　✻ 没有作得不好的。　✽ 意思是每次都把事儿做得很好,没有不成的时候。　❋ 每次都能把事情做好。

百分之百 bǎifēn zhībǎi　✻ 所有的,都。　❋ 全部。

百分之一 bǎifēn zhīyī　✻ 一百个中的一个。　✽ 一百份中只有一份是这样,说明很少很少。　❋ 在两个数的比例关系中,一百个当中有一个。

百花齐放 bǎihuā qífàng　✻ 很多花都开了,也可以说有很多想法、说法、作法。　✽ 各种花同时开放。也比作谁都可以说自己的意见。　❋ 1.各种花同时开放。2.指不同风格的艺术作品自由发展。

百货大楼 bǎihuò dàlóu　✻ 卖东西的大商场,上下有很多地方,各种东西都有。　❋ 过去是以卖衣服、日用品为主的商业大楼。现在也卖食品、家电什么的。

百年 bǎinián　✻ 1.一个人的一生。2.很长很长的时间。　✽ 很长时期;人的一生。　❋ 1.指很长时间。2.人的一生。

百年大计 bǎinián dàjì　✻ 长远地看,要作好的工作。　✽ 很长远的做法和想法;国家为一个长远的时期所做的打算。　❋ 具有长远好处的计划或办法。

百思不解 bǎi sī bù jiě　✻ 很长时间去想,还是不懂。　✽ 怎么也想不明白。　❋ 反复思考了,但还是不能理解。

百闻不如一见 bǎiwén bùrú yíjiàn　✻ 听到再多也没有看到的好。　✽ 听到一百次也不如见到一次,说明亲自看到的更可信。　❋ 听一百次不如亲眼见一次。表示看到的比听说的更可靠。

百姓 bǎixìng　✻ 人民。口语中常说的。　❋ 人民(和做官的相区别)。

拜 bài　✻ 1.会见(比自己地位高、学问好的人)。2.(民间)和一定的人成为师生、亲人等的作法。　❋ 1.一种对神,对地位高的人或老人表示的礼节。2.见面行礼表示祝愿。

拜别 bàibié　✻ 和……说再见。　✽ (书面语)告别(自己的师长)。　❋ 行礼告别。

拜访 bàifǎng　＊去一个地方看人，问他好。　※到别人的地方去看他、问候他。　✼有礼节的客气的访问。

拜会 bàihuì　＊会见（人）。　※到别人的地方去跟他见面、去看人、打电话，问候他。　✼拜访会见（多用于外交方面）。

拜年 bàinián　＊过中国年的时候去人家问好。　※过年的时候对人说新年快乐等。　✼见面行礼，向人祝愿新年或春节好。

拜师 bàishī　＊认人作老师。　※认老师，做他的学生。　✼举行一定的形式，认对方为老师。

拜天地 bài tiāndì　＊叫天和地看见一个男人和一个女人有了他们两人的家，这是中国才有的方法。　※中国男女成亲时很多人在场的一种活动，说明有天和地看到这事儿、认可这事儿。　✼举行婚礼时，男方和女方一起先后向天地、父母行礼，然后男女双方对拜。

拜托 bàituō　＊叫人作（自个儿想要做的）。　※请别人办事。　✼请人办事时的客气说法。

ban

班 bān　＊几个学生听课、看书、学东西的一个地方。　※为了工作，为了学习，把一些人放在一起活动，就成了班。　✼"种"、"样"的同义词。

班车 bānchē　＊到了时间才开的车，它天天去的地方都一样，开的时间也一样。　※在一定时间里开行的车辆（比如火车、公共汽车等），开往一定的地方。　✼有固定路线并安排定时间开的车。

班次 bāncì　＊车什么时候开，去什么地方等。　※1.（火车、汽车等）开出的车次。2.学校里分的班。　✼1.学校里按班级排出来的先后。2.定时来往的火车、飞机、公共汽车等的次数。

班机 bānjī　＊到了时间开的飞到一个地方的飞机。　※在一定时间里飞行的飞机，飞往一定的地方。　✼有固定飞行线路并排定时间起飞、运行的飞机。

班级 bānjí　＊学校把学生分成的班。　✼学校里的年级和班的总称。

班长 bānzhǎng　＊一个班里工作最多的人。　※一个班里的头儿；一个班的带头人。　✼帮助老师管理全班工作的学生，是班里的头儿。

班组 bānzǔ　＊把很多人分开，几个人、十几个人为一个班组。　✼根据工作需要组成的较小的单位。

般 bān　＊样子。　※种，样。　✼样，种类。

板 bǎn　＊长方的成片的东西。　✼片形的较硬的物体。

板子 bǎnzǐ　✳ 1.长方的成片的东西。2.旧时打人用的东西。　❁ 较长的成片形的硬物,一般是木头的或者铁的。

办 bàn　✳ 作。　✵ 1.做事。2.很多地买进。　❁ 1.做,干事。2.办理,如"办喜事"。3.一次买进很多,如办货。

办不到 bànbúdào　✳ 没有法子作到。　✵ 做不到,干不成。　❁ 做不成。

办法 bànfǎ　✳ 怎样去作。　✵ 办事的方法;让问题不再出现的方法。　❁ 解决问题的方法。

办公室 bàngōngshì　✳ 办公的房间;进行工作的地方。　❁ 办公用的房间。

办理 bànlǐ　✳ 做一定的事。　❁ 处理(事物)。

办事 bànshì　✳ 作要作的。　✵ 做事。　❁ 干事情。

办事处 bànshìchù　✳ 一种做事的地方、机关。　❁ 设在外地,代表派出的省、市、机关等部门处理事务的一种机构的名称。

半 bàn　✳ 1.一半儿。两个一半是一个。2.在……中间。　❁ 两份中的一份为一半儿。　❈ 1.二分之一。2.在……中间,如:半路上。

半斤八两 bànjīn bāliǎng　✳ 两方看来一样。　✵ 几十年以前中国的一斤是十六两,半斤就是八两,后来是说两个东西一样,没有什么不同。　❁ 旧制一斤合十六两,半斤合八两。形容两者一样,没有分别。

半天 bàntiān　✳ 1.一天的一半儿。2.很长时间。　✵ 白天的一半,四到六个小时,有时是说时间很长,如"我等了你半天"。　❁ 1.白天的一半。2.指相当长的一段时间。

半夜 bànyè　✳ 一天里零点前后的时间。　✵ 一夜的一半,夜里十二点钟前后。　❁ 夜里十二点钟左右。

bang

帮 bāng　✳ 有人有问题的话,我去作点什么,他不再有问题,是我"帮"他。　✵ 1.东西的两边。2.为别人做事。3.民间在一起的很多人成为一帮。他们为了共同想法可能用同样的方法做事。　❁ 1.帮助。2.指某些集团或组织。3.量词,用于人。

帮忙 bāngmáng　✳ (口语)同"帮助"。　✵ 给别人做事,让人不再为难。　❁ 帮助别人做事。

帮手 bāngshǒu　✳ 帮人工作的人。　✵ 做一事以一人为主,和这个人一起做这事的人叫帮手。　❁ 帮助工作的人。

帮助 bāngzhù　✳ 我要作什么,自个儿作不了、作不好,有人来作点什么,我作他也作,后来,作好了,来的人作的是"帮助"。　✵ 为别人做事,让这个人做这事好做一些。　✽ 替人出力出主意,或者在物力上、精神上使对方得到好处。

bao

包 bāo　＊ 1. 一个东西有东南西北四个边儿,这四个边都到中间来叫"包"。2. 里边有东西的,里边可以有东西的。　✲ 里边可放日常用物,还能带在身上的东西。有些包有带子,可以提。最好的是用皮做的。　✽ 里面可以放东西的东西,差不多人人都有。

包办 bāobàn　＊ 一个人都做了。　✲ 1. 一个人、一定的人做到底、完成一事。2. 一种不好的做事方法,本来是要和有关的人一起做的事,后来一个人做了;不民主,不让旁人说话。　✽ 1. 一手办理;单独管。2. 不和有关的人商量、合作,独自作主办理。

包车 bāochē　✲ 1. 定期给一定的人用的车,用的人要给钱。2. 定期给人钱,用人的车。　✽ 1. 定期租用车辆。2. 个人、团体等定期租用的人力车、机动车。3. 司机等几个人共同管一辆公共汽车、电车的使用、保管等任务。

包含 bāohán　＊ 里边有。　✲ 里面有。　✽ 内部有(东西或某种思想,感情)。

包机 bāojī　✲ 一定时期只给一定的人坐的飞机;给人钱,在一定时期一定的个人坐的飞机。　✽ 1. 定期租用飞机。2. 定期租用的飞机。

包装 bāozhuāng　✲ 作工作,叫"东西"好看点儿,也可以用来说人。　✲ 包在所卖的东西的外面的东西,为不受风雨,更为了好看。　✽ 1. 在商品外面用纸等包上或把商品装在某物内,然后再卖。2. 用来包商品的东西,如纸等。

包子 bāozi　✲ 中国一种很有名的吃的东西,多用发好的白面做皮,里边放肉和菜,做成后放水汽上,差不多二十分钟就可以吃了。　✽ 一种吃的东西,外面是用白面做的,里边有肉、菜等。

保 bǎo　＊ 作点工作,叫(人、东西等)没有问题、都完好。　✲ 让人、物平安,不出不好的事。　✽ 保护,保卫,保证。

保安 bǎo'ān　✲ 1. 让……平安,如让房子不着(zháo)火等。2. 让人、文书等平安的人。　✽ 1. 保卫安全。2. 特指保护工人安全,防止发生事故。3. 也指保卫工作人员、房屋和其它东西安全的一种人。

保不住 bǎobúzhù　＊ 有可能。　✲ 1. 可能。2. 不能和以前一样。　✽ 1. 可能。2. 不能留住原来的情况。

保存 bǎocún　＊ 叫一个地方,人长久地有一东西、一样子、一作法等。　✲ 让东西和以前一样,不让它没有了。　✽ 使事物、意义、作风等长期存在。

保管 bǎoguǎn　＊ 1. 看(kān)东西。2. 作什么时不会有问题的。　✲ 1. 有能力,一定能。2. 看着,不让别人拿走　✽ 1. 向对方表示完全可以做好,保证。

2. 保存管理。

保护 bǎohù ＊叫(东西、人等)好好的、没问题。 ✻让人、物很平安,不出事。 ✱尽力管好,使(人或动物等)不受伤害。

保健 bǎojiàn ＊叫人好好的。 ✻让身体没有毛病。 ✱保护健康。

保留 bǎoliú ＊不多不少,和很久以前一样。 ✻不拿出去,一直放在开始的地方。 ✱1. 把老的事物或原来就有的东西保存下来。2. 留下,不拿出来。3. 表示不同意一种做法或意见。

保密 bǎomì ✻不让别人知道。 ✱保守重要的不让人知道的事情。

保全 bǎoquán ＊叫……不少一点儿。 ✻让……什么都不少,完好。 ✱1. 保住,使不受伤害。2. 保护机器设备,使正常使用。

保守 bǎoshǒu ＊喜欢作以前人作的。 ✻1. 思想跟不上,行为、作法太老、太旧。2. 让……不给人知道、完好、不少什么。 ✱1. 保留某情况,使它不受外界影响。2. 停止在某种情况,不求发展。

保送 bǎosòng ✻国家、机关、学校等出钱让人们出去上学。 ✱由国家、机关、学校等介绍表现好的人去学习。

保卫 bǎowèi ✻让国家等安好。 ✱用力量保护、防守。

保温 bǎowēn ✻让热的东西过一些时间还热着。 ✱使温度固定,不使热量放出去。

保修 bǎoxiū ＊买了一个东西,在几个月、几年的时间里有了问题,不能用了,可以去买的地方,叫这里的人作点工作,叫这东西还能用。 ✻卖东西的地方在一定时期里做一些事,让卖出去的东西出事后又能正常工作。 ✱1. 保养修理。2. 某些售出的商品在一定期限内可以得到修理,不用另外给钱。

保养 bǎoyǎng ＊作工作,叫车、人等在很长时间里都很好。 ✻用办法让人身、物体正常、完好。 ✱1. 保护调养(身体)。2. 保护修理。

保育员 bǎoyùyuán ＊看小孩是他们的工作。 ✻看小孩的人。 ✱在七岁以下的孩子的学校或机构管孩子的工作人员。

保证 bǎozhèng ＊说一不二,说到做到。 ✻一定做到。 ✱表示确实肯定做到某事或达到某要求。

保重 bǎozhòng ✻对别人说的关心的话,要他看好自己的身体,别生病。 ✱(希望别人)注意身体。

报 bào ＊天天叫人看的东西,上边写的多是最近才有的。中国有《人民日报》。 ✻用文字报道最新信息、让人知道百姓意见的东西。有的是每天一份,有的是几天一份。 ✱告诉人们新闻的纸。

报答 bàodá ✻用一定的方法做一些事谢谢对自己做过好事的人。 ✱用实际行动来表示感谢。

报到 bàodào　＊说"我来了"。　＊说自己来到工作地点了；到工作的地方去报名。　✽报告自己已经到来。

报道 bàodào　＊1. 说出新近发生的事。2. 一种文体，说明新近发生的事。　✽通过报纸、杂志、收音机、电视等，把新闻告诉人们。

报复 bàofù　＊别人对自己说了不好的话，做了不好的事，所以自己也对那个人做不好的事。　✽用同样厉害的行动反对伤害过自己的人。

报告 bàogào　＊对上、下说明一些意见，用在公事上。　✽把事情或意见正式告诉上级或下级。

报考 bàokǎo　＊报名后做题让人看看自己的才能和知识，为了以后能从事一定的工作、上学。　✽报名参加某学校招生的考试。

报名 bàomíng　＊写上本人的名字。　＊把自己的名字上报给自己的头儿、机关等，说明自己有意做什么事。有人是为了找个好的、更好的工作。　✽把自己的名字等告诉给有关的人、机关等，说明自己的目的。

报纸 bàozhǐ　＊报。　＊报道国家和国外大事的日报等，意思跟"报"一样。　✽以新闻为主要内容的定期发行的数张纸，每天发行的是"日报"。

抱 bào　＊1. 用手和上面的身体包住。2. 第一次得到（儿子等）。3. 心里有（想法等）。　✽心里存着（想法、意见）。

爆 bào　＊东西一下子分开，往四面很快地飞出。　✽由于内部力量使某物体破坏，内部的东西突然剧烈放出。

爆发 bàofā　＊火山里边水一样的红色的东西到火山外边来，叫爆发。　＊在不长的时间里发作、发生。　✽1. 火山内部的东西突然剧烈放出。2.（力量、感情、情况等）突然发作。

爆竹 bàozhú　＊中国人过新年的时候放的一种东西。　✽用纸把火药包起来，点火后爆发并且发出声音，多用于喜庆事。

bei

杯 bēi　＊1. 喝水用的东西。2. 一杯茶。　＊和"一、二……"这些字一起用在"水、酒"前面的字，说明"水、酒"的多少。　✽放在"一、二"等数字后边，"水、酒"等字的前边，说明"水、酒"的多少。

杯子 bēizi　＊喝水用的东西。　＊里边可放茶、水、酒等物的东西，不大、不高也不重，样子很多，人们生活中离不开它。　✽用来放水、酒等东西，人们喝水、喝酒时都用它。

北 běi　＊四个主要方位中的一个，早上面对太阳时很多人不能写字的手那边；

对着南面的那面。　✽ 四个主要方向之一,和"南"相对。

北方 běifāng　✽ 同"北"。　✽ 北,在中国黄河一带和它北边的地区。　✽ 1. 北。2. 指中国黄河一带和它以北的地区。

北海 běihǎi　✽ 北京的一个有名的地方。　✽ 北京一个公园的名字,离天安门广场不远。　✽ 北京的一个公园。

北极 běijí　✽ 大地最北边的地方。　✽ 地球的北半球的最高点。

北京 Běijīng　✽ 中国最重要、最有名的地方。　✽ 中国的都市,在北方,天安门广场所在地,是中国人民向往的地方。　✽ 中国的首都。

北京人 Běijīngrén　✽ 在北京过日子的人。　✽ 出生和生活在北京的人。　✽ 出生而且生长在北京的人。

北温带 běiwēndài　✽ 在北边,中国大多是在"北温带"。　✽ 人们把大地分成很多带,北面中间那一片叫北温带,这一带气候不太冷也不太热。　✽ 北半球的气候较温和的地带。

备 bèi　✽ 1. 一样都不少,要有的都有了。2. 有。3. 让……有。　✽ 1. "准备"的简称。2. "防备"的简称。3. "设备"的简称。4. 表示完全。

备课 bèikè　✽ 上课前老师为上好这次课所做的工作。　✽ 教师在上课前准备讲课内容。

备用 bèiyòng　✽ 现在不用,以后用。　✽ 现在不用,以后用的。　✽ 准备好以便随时使用。

背 bèi　✽ 不看书就能说出来书中写的是什么。　✽ 1. 身体主干后面靠上的部分。2. 不用看,只根据记忆说出读过的文字。

背包 bèibāo　✽ 外出时放在身后用来放衣服等的包。　✽ 行军或外出时放在背上的包。

背地里 bèidìlǐ　✽ 叫人不知道的。　✽ 不当面;说和他有关的事的时候,不让他知道。　✽ 私下;不当面。

背后 bèihòu　✽ 人看得见他前边的一方,看不见他后边的一方,这一方叫背后。　✽ 后面;不是面对面的。　✽ 1. 后面。2. 不当面。

背景 bèijǐng　✽ 1. 对人、事等起作用的事和东西等。2. 相片里、图画里主体事物后面的那些事物。　✽ 1. 舞台、电影、戏剧等的布景。2. 历史环境或现实情况。

背离 bèilí　✽ 1. 离开。2. 跟……不一样。　✽ 1. 离开。2. 不按照(制度、原则等)做。

背面 bèimiàn　✽ 有一张画儿,只有一边有图画,一边没有,没有的一边是画儿的背面。　✽ 正面的对立面。　✽ 1. 物体上跟"正面"相反的一面。2. 指某些动物的背部。3. 情况或环境。

背被本　　　　　　　　　　　　　　　　　　　　　　　　　　　　　　13

背人 bèirén　＊1. 想叫人不知道。2. 叫人看不到。　＊1. 没有人,人看不到。
2. 不乐意让人知道所做的事。　✲1. 不愿让人知道。2. 没有人或人看不到。

背心 bèixīn　＊一种很小的上衣,热天时,人们家里家外上身只有它,不再带别
的。　✲只穿在身体主干部分的上衣。

背信 bèixìn　＊两个人说好了作什么,可是中间有一个人不去作,作的和说好的
不一样。　＊没有信用;说了不算,做不到。　✲不守信用。

背影 bèiyǐng　＊人后边的样子。　＊光下人身体后面的主干的样子。　✲人体
的背面形象。

背着 bèizhe　＊不叫人知道。　＊不让人知道。　✲不让别人看见地;保密地。

被 bèi　＊语法用字,用来说明主语让别的东西怎么样了。　✲用在句子中,表示
主语是动作的对象。

被动 bèidòng　＊不是我要这么作的,是有人叫我这么作的。　＊不主动发生。
✲受外力推动而行动。是"主动"的反义词。

被告 bèigào　＊在法院,别人告自己,自己是被告,也叫被告人。　＊在民事或
法院中被告发的有问题的人。

被害 bèihài　＊别人做了对自己不好的事;一个人让人给打了,直到离开人间,也
叫被害。　＊被别人暗算、伤害、杀死等。

被子 bèizi　＊睡时在身体上面不让人冷着的东西。　✲睡觉时放在身上保暖的
东西。

ben

本 běn　＊1. 一本书。2. "我的"、"自个儿的"。　＊1. 和"一、二、三……"这些字
一起用在"书"前的字,说明"书"的多少。2. 本来。　✲1. 放在"一、二、三"等数
字后面,"书、字典"等名词前边,说明它们的数量。2. 本来,根本。

本部 běnbù　＊(学校、机关等)最主要的那一份。　✲(学校、机构等)主要的部
分。

本地 běndì　＊这地方。　＊当地;在一个地方说这个地方叫"本地"。　✲人、
物所在的地区。

本分 běnfèn　＊1. 做自己的身份要自己做的事。2. 从自己的身份来看,自己要
做到的事。　✲1. 本身应做的事或应尽的义务。2. 安于所处的地位或环境。

本国 běnguó　＊自己的国家。　✲自己的国家。

本来 běnlái　＊1. 开始就有的。2. 起先,先前。3. 当然,就这样。　✲1. 就是这
样。2. 以前就有的。

本领 běnlǐng　＊才能。　✲1. 能力。2. 具有某种专门技术的能力。

本能 běnnéng　✽ 自然生成,不学就会的本事。　✽ 天生的,不学就会的本领。
本人 běnrén　✽ 说话人跟别人说自己。　✽ 对别人称自己。
本色 běnsè　✽ 本有的样子。　✽ 本来的色儿;本来的样子。　✽ 1.本来的颜色。2.本来的样子。
本身 běnshēn　✽ 本人。　✽ 自身,自己;不是别人、别的事物。　✽ 自身;事物的本体。
本事 běnshi　✽ 才能。　✽ 本领。
本性 běnxìng　✽ 一个人天生有的。　✽ 本来就有的和别的东西不一样的地方。　✽ 原来就有的固定的特性。
本文 běnwén　✽ 这个作文。　✽ 1.本篇文章。2.原文(区别于"注解"等)。
本义 běnyì　✽ 本来的意思。　✽ 一个词本来的意义。
本月 běnyuè　✽ 这个月。　✽ 现在的这个月。　✽ 目前的这个月。
本子 běnzi　✽ 写字用的,用和书一样的东西作的。　✽ 用来写字画图、大小跟书差不多的东西。　✽ 用来写字、画画、写笔记的东西。

bi

鼻 bí　✽ 动物口上边的那个东西,可以进气,也可以出气。　✽ "鼻子"的简称。
鼻孔 bíkǒng　✽ 口上边的那个东西的两个孔儿。　✽ 口上那个东西所带有的可以进出气的两个小孔。　✽ 鼻部的与外面通气的孔道。
鼻音 bíyīn　✽ 发音时,口上的那个东西也起作用,气体通过它时发出的声音。　✽ 发音时通过鼻子发出的音。
鼻子 bízi　✽ 口上边的那个东西。　✽ 口语中用,同"鼻"。　✽ 脸部的器官,有闻气味的功能。
比 bǐ　✽ 看看一样不一样。　✽ 把两个以上的事物放在一起看它们的差别。　✽ 把事物放在一起看看有什么地方相同、不同。
比方说 bǐfāngshuō　✽ 比如;用一两个事儿来说明讲话人的意见时说的话。　✽ 举例子。
比较 bǐjiào　✽ 看看哪个好,哪个不好,哪个大,哪个小……　✽ 1.两物对比起来看,一个好些的这种样子。2.把两个东西放在一起比一比。　✽ 1.对同类事物进行程度的区别。2."比"的同义词。3.副词,表示具有一定程度。
比例 bǐlì　✽ 1.这一个比等于那一个比。2.把一和三比,得出一是三的三分之一,这就叫"比例"。　✽ 两在数量之间的大小关系,确定其中一个是另一个的几分之几。
比如 bǐrú　✽ 为了更好地说明一种主题、说法,讲话人要提出一些事物,这时他先说“比如”，然后才说事儿、名字什么的。 ✽ 举例。

比一比 bǐyībǐ ＊ 看看一样不一样。 ✳ 把不同的事物放在一起比一下。 ✽ 把不同的事物放在一起看有什么相同、不同，哪个好等。

比值 bǐzhí ✳ 两个事物多少的比。 ✽ 两数相比所得的值。

笔 bǐ ＊ 人用来写字的东西。 ✳ 人做的用来写字画图的工具(jù)。 ✽ 画图、写字时用的东西，有很多种。

笔画 bǐhuà ＊ 一个字有几画。 ✳ 汉字中的一点一直等都是笔画。 ✽ 组成汉字的点、直等。

笔记 bǐjì ＊ 一边听，一边看，一边写下来的东西。 ✳ 上课时写下来的文字，是课上讲到的主要的东西；自己学的时候写下的心得等也叫“笔记”。 ✽ 听课、听报告或读书时所记下来或者写下来的材料。

笔记本 bǐjìběn ＊ 一边听一边写的时候用的本子。 ✳ 用来在上面写字的本子。 ✽ 记笔记的本子。

笔架 bǐjià ✳ 用来放笔的东西。 ✽ 用竹、木、铁等材料制成的放笔的架子。

笔名 bǐmíng ＊ 写“文”时用的名字。 ✳ 作家写作时用的别名，不是本名。 ✽ 作家写文章时用的名字，不是大名。

笔试 bǐshì ✳ 这是一种让人们写出自己的认识和才能，以便有机会上学、工作的用人方法，它让人用笔写出对问题的看法、意见等。 ✽ 写出所问内容来的考试。与“口试”相对。

笔顺 bǐshùn ＊ 汉字的写法。 ✳ 写字时每一笔的先后。 ✽ 汉字笔画书写时的固定的先后安排。

笔算 bǐsuàn ✳ 用笔算出大小多少。 ✽ 用笔写出来计算。

笔直 bǐzhí ✳ 样子像笔那样的。 ✽ 非常直。

必 bì ✳ 一定。 ✽ 必定；必然；必得。

必不可少 bì bù kě shǎo ✳ 很重要，不能少的，不能没有。 ✽ 一定不能缺少。

必得 bìděi ✳ 一定要的。 ✽ 一定要。

必定 bìdìng ✳ 一定。 ✽ 副词。1. 表示判断确实，一定会发生或实现。2. 表示意志和决心。

必然 bìrán ＊ 会这样。 ✳ 一定这样的。 ✽ 从事情的道理上看是确定不变的。

必然性 bìránxìng ✳ 事物一定会怎么样。 ✽ 指事物发展、变化的必然的形势。

必修课 bìxiūkè ＊ 不能不学的课。 ✳ 学生一定要学的课。 ✽ 学生按照学校要求而必得(děi)学的课程。

必需 bìxū ✳ 一定要有的，不可少的。 ✽ 一定需要具备的。

必需品 bìxūpǐn ✱ 不能没有的东西。 ✲ 生活上不可少的东西,比如吃的、衣服等。 ❋ 生活上必不可少的物品。

必要 bìyào ✱ 不能不要。 ✲ 不可少的,非这样不可的。 ❋ 不可缺少;非得(děi)如此。

必由之路 bì yóu zhī lù ✱ 不可以不走的地方。 ✲ 一定要走的路,只有这样,才能去要去的地方,得到想要的东西。 ❋ 一定要经过的路。

避 bì ✱ 想办法离开不好的事,别让它发生在自己身上。 ❋ 1. 故意离开。2. 防止。

避风 bìfēng ✱ 不让风到一个地方和人的身上;风到不了的平和、安好的地方。 ❋ 避开风。

避开 bìkāi ✱ 有意不让人看见,不到那一个地方。 ❋ 设法远离。

避难 bìnàn ✱ 很不好的事发生了,自己离开这个地方,不让不好的事来到自己头上。 ❋ 避开天然的或人为的重大伤害。

避雨 bìyǔ ✱ 到一个地方去,不叫天上下来的水到"我"这里。 ✲ 用一定方法不让天上下的水到自己身上。 ❋ 避开雨。

bian

边 biān ✱ 不是中间。 ✲ 1. 物体的最外面。2. 旁边,近旁。3. 两地连在一起的地方。 ❋ 1. 物体最外面的部分。2. 和一物体靠得最近的地方。3. 边界。

边际 biānjì ✱ 边上,不是中间。 ✲ 很大一片地方的边儿。 ❋ (地区或空间等的)界限。

边界 biānjiè ✱ 国家跟国家连在一起的地方,这个地方的一边是一个国家,那一边就是别的国家。 ❋ 指地区与地区之间或者国家与国家之间的界线。也称"边境"。

边境 biānjìng ✱ 国家跟国家连起来的土地,是两国的"边境"。 ❋ 靠近边界的地方。

边远 biānyuǎn ✱ 很远的(地方)。 ✲ 远离中心的,非常远的。 ❋ 1. 靠近边界的。2. 远离中心地区的。

变 biàn ✱ 人和事跟以前不一样。 ❋ 人、事物跟从前不一样了,出现了新情况。

变成 biànchéng ✱ 和以前不一样,现在的样子是…… ✲ 一种事物成为别的事物。 ❋ 通过一个过程,由一种变化为另一种。

变调 biàndiào ✱ 字和字连起来说的时候,四声和以前不一样,比如第三声成了第二声。 ❋ 声调有变化。

变动 biàndòng　✽ 人、事物（所处的地方、身份等）和以前不同，可是没有从一事物成为别的事物。　✽ 1. 与"改变"同义。2. 变化（多指社会现象）。

变革 biàngé　✽ 让事物和以前不一样，事物有了大的不同，成了别的事物。　✽ 改变事物的本性（多指社会制度）。

变更 biàngēng　✽ 和以前不同，可能只是当中的一个小成分不同了，也可能用差不多的东西放在本来有的事物的位子上。　✽ 改变和变动。

变化 biànhuà　✽（一个东西）和以前不一样了。　✽ 事物在一些方面和以前不一样。　✽ 事物在根本方面产生新的情况。

变换 biànhuàn　✽ 本来用这个东西（方法、色儿等），后来用那个东西，用的不一样了，叫变换。　✽ 事物外在的样子、里面的东西和以前不一样。　✽ 事物的一种形式或内容被另一种代替。

变色 biànsè　✽ 东西的色和以前不一样。也用来说人生气时，面色跟以前不同了。　✽ 1. 改变颜色。2. 改变脸色（指生气或紧张）。

变色龙 biànsèlóng　✽ 一种能让自己身体的色儿一会这样一会儿那样的动物。　✽ 1. 一种能随时变成不同的保护色的动物。2. 形容在政治上善于变化的不实在的人。

变态 biàntài　✽ 样子和大家都不一样的。　✽ 不正常的。　✽ 1. 某些动物在个体发育过程中发生的样子的变化。2. 指人的不正常的样子。

变通 biàntōng　✽ 这个方法不行，用那个方法也可以，这么作叫变通。　✽ 事物不同，做不同的行动，用不同的方法。　✽ 依据不同情况作有利于自己的变动。

变相 biànxiàng　✽ 叫人不好认，叫人一下子看不到他。　✽（不好的事）在一些不重要的方面和本来不一样，可是里面的不好的东西还是老样子。　✽ 内容不变，而形式与原来不同（多指坏事）。

变样 biànyàng　✽ 样子和以前不同了。　✽ 样子和本来的不一样了。　✽ 样子和原来不一样了。

变种 biànzhǒng　✽ 早期生物学上物种以下的种别的说法。　✽ 1. 生育的物种中产生跟一般不同的个体。2. 形容变相地保留错的或反动的思想、行动。

便 biàn　✽ 1. 就。2. 方便，便利，用起来、作起来不觉得难。　✽ 1. 是"方便"的同义词。2. 是"就"的同义词，但没有"只"的意思。

便饭 biànfàn　✽ 日常吃的饭。　✽ 平常吃的饭，做起来不难。

便服 biànfú　✽ 日常的衣服。　✽ 日常穿的衣服。

便利 biànlì　✽ 用来好用的。　✽ 用和行动起来非常方便的。　✽ 方便，容易。

便鞋 biànxié　✽ 一种很方便的鞋，不用鞋带子。　✽ 轻便的鞋。

便于 biànyú　✽ 好（怎么作、作什么）。　✽ 很方便地做一种事。　✽ 比较容易

(做某事)。

遍 biàn ✻ 1.到处。2.一个动作从开始到完为一遍。 ✱ 1.处处;到处。2.从开始到最后为止是一遍。

遍地 biàndì ✻ 这个地方有,那个地方也有。很多地方都有。 ✱ 到处,处处。 ✱ 到处,每个地方。

遍身 biànshēn ✻ 身上到处是。 ✱ 身上都是。

辩 biàn ✻ 两方对话中,用一种方法说明自己的意思是对的。 ✱ 辩解;辩论。

辩白 biànbái ✻ 和大家说很多话,要他们懂自个儿的想法没问题。 ✱ 说明一个事本来的样子,让别人说自己的不好的话没有作用。 ✱ 极力说明事实真相。

辩护 biànhù ✻ 为了自己、别人的好处,用已有的事、公认的观点说明一定的看法、行为是对的,错处不是那么多。 ✱ 提出理由说明某种见解或行为是正确合理的,从而保护自己或别人。

辩解 biànjiě ✻ 对别人认为不好的行为进行说明,让别人信服。 ✱ 当别人指自己的见解或行为有错时,自己加以辩护和说明。

辩论 biànlùn ✻ 用人们认为可以的事、公认的观点进行说明。 ✱ 双方各用一定的理由为自己辩解,并指出对方的问题。

辩难 biànnàn ✻ 用不好说明的问题问别人。 ✱ 为反对对方的见解而用难解答的问题向对方提问。

辩证 biànzhèng ✻ 问题有两方,一方是正的(好),一方和他不一样,看问题时两方都看到。 ✱ 1.认真地思想和分别。2.能看到事物好坏两个方面的。 ✱ 对不同事物加以区别、分析、证实和说明。

辩证法 biànzhèngfǎ ✻ 看问题的方法,要看到好的一方,也要看到不好的一方。 ✱ 一种学说,能从事物的好坏两方面看问题,认为事物不老是前进,也不老是走在后面,前进是前进,只是前进中会出现难题。 ✱ 关于事物内部对立面的关系的发展变化的学说。

biao

标 biāo ✻ 1.写上(好认)。2.作得最好的。 ✱ 1.用文字、别的事物说明。2.文字说明、图画等用来让人明白的东西。 ✱ 1.用文字或其他事物表明。2.事物的次要部分或表面。

标本 biāoběn ✻ 学的时候用的生物和非生物体。 ✱ 1.为学习或研究时参考用的动物(不是活的),花草(不是新鲜的)等的原样。2.指同类事物中可以作为代表的事物。3.医学上指原来化验或研究的血等。

标兵 biāobīng ✻ 作工作作得最好的人,是一个工作的标兵。 ✱ 工作出色,可以让大家学的人。 ✽ 1. 用来标志某种界线的人。2. 指可以做样板的人或单位。

标点 biāodiǎn * " ，。；？ ！"都是标点。 ✳ 书面上用来分开话语的东西。 ✽ 在书写中的各种记号。有句号、问号等标点。

标记 biāojì * 写上，画上……叫人看见。 ✳ 画、写在事物上的可以用来回想的东西。 ✽ 记号。

标价 biāojià ✳ 说明一样东西要多少钱的东西。 ✽ 商品上写着的价格。

标明 biāomíng ✳ 做出一些动作、说出一些话、写出一些文字让人知道。 ✽ 用记号、文字使人知道。

标题 biāotí * 写在作文最上边的话，说这个作文大都写了什么。 ✳ 文中开始最上面的一行话语，常常用来说明文中的主要意思，字不多，几个到十几个。 ✽ 标明文章内容的简短语句。

标语 biāoyǔ ✳ 用很少文字写出的让大家做一定的事的话语。 ✽ 用简短文字写出的口号。

标志 biāozhì ✳ 用来说明一种事物的一种东西，只要这种东西在，就有这种事物在。 ✽ 1. 表明特点的记号。2. 表明某种特点。

标致 biāozhì ✳ 长得很好看(多用在女子身上)。 ✽ 脸部、身材美丽(多指女子)。

标准 biāozhǔn ✳ 一种事物，别的事物要跟它比才知道好不好，这种事物就叫"标准"。 ✽ 1. 评定事物的准则。2. 本身合于准则，可以让同类事物比较的事物。

标准时间 biāozhǔn shíjiān ✳ 打比方说，北京东八区的时间就是中国每处认同的时间。 ✽ 一个国家各地共同使用的时刻。

表 biǎo * 可以叫人知道时间的东西。 ✳ 1. 外面。2. 把思想说出来。3. 说明时间的东西，很小，可以带在身上。 ✽ 1. 把思想感情显示出来；表示。2. 计时的器具，与钟的功能一样，但一般比钟小。

表白 biǎobái * 说的话。 ✳ 一再地说，对人说明自己的意思。 ✽ 向人说明自己的意思。

表达 biǎodá * 说…… ✳ 说明(意思、心意等)。 ✽ 表示(思想、感情)。

表格 biǎogé ✳ 画在一个地方用来写一、二、三……这些字和文字的方东西。 ✽ 分类画成格子的纸，分别在格子里写上文字或数字。

表决 biǎojué ✳ 在大会上大家用一定方法说明自己同意不同意，然后把事定下来，这种行为叫"表决"。 ✽ 会议上通过举手等方式做出决定。

表面 biǎomiàn ✳ 1. 外面。2. 一些不重要的方面。 ✽ 1. 物体跟外界相连的部分。2. 外在的现象。

表明 biǎomíng　✳ 说明；可以看得出来，让人明白。　✽ 表示清楚。

表情 biǎoqíng　✳ 人头正面看得见的样子，从它别人可以知道这个人的想法。　✽ 表现在面部或举动上的思想感情。

表示 biǎoshì　✳ 用言语行为等说明自己的看法。　✽ 用语言行为显出思想、感情、态度。

表态 biǎotài　✳ 说出我的这个问题，作这工作的想法。　✽ 说明自己对一事物的看法。　✽ 表示态度。

表现 biǎoxiàn　✳ 大家都能看到的。　✽ 1. 行为动作。2. 用一定方法说明自己在一些方面很好。　✽ 用行为或作风表示出来。

表演 biǎoyǎn　✳ 1. 做一些可以让人来学的动作。2. 做一些动作给人看。　✽ 把舞、戏剧、杂技等表现出来。

bie

别 bié　✳ 1. 不要。2. 这一个以外的。　✽ 1. 不让人做什么，"不要"的意思。2. 提到的这个以外，在说过的以外。　✽ 1. 不要，不可以（做）。2. 另外的。

别的 biéde　✳ 同"别"。　✽ 说过的人和事以外的人和事。　✽ 另外的（人、事等）。

别管 biéguǎn　✳ 不要说，不要作。　✽ 不要说；一话语有 A 和 B 两个成分，"别管"用在 A 开头，说明"就算 A 有所不同，B 还是 B"。　✽ 不必在乎。

别具一格 biéjùyìgé　✳ 和别的不一样，这种不同处是好的、有意思的、新的。　✽ 另有一种风格，与一般的不同。

别名 biémíng　✳ 人、事物的一种常用名字以外的名字，不用在所有地方。　✽ 事物或人的正式名字以外的名字。

别人 biérén　✳ 人家，外人。　✽ 自己以外的人，一个人以外的人。　✽ 称自己以外的人为"别人"。

别致 biézhì　✳ 很不同的，很好。　✽ 很新的，和别的不同的，可爱、让人喜欢的。　✽ 新奇，与一般的不同。

别字 biézì　✳ 不是要用这个字的地方用了这个字。这个字本来是有的，用在这里，这个字是别字。　✽ 写错、说错的字。　✽ 写错或读错的字，也称"白字"。

bing

并 bìng　✳ 两个东西放在一起。　✽ 1. 是"并且"的意思。2. 两种或两种以上的事物同时存在或同时进行。3. 在表示相反意见时加强语气。

并不 bìngbù　＊不是。　＊和听说的人想的不一样。　＊是"不"的意思，"并"字用来加强语气。

并存 bìngcún　＊同时都在。　＊同时有两种东西在一起。　＊同时存在。

并非 bìngfēi　＊不是。　＊（书面语）不是，和以前不一样。　＊是"并不是"的意思。

并进 bìngjìn　＊同时走。　＊一块儿前进。　＊不分先后，同时进行。

并举 bìngjǔ　＊不分先后，同时办。　＊不分先后，同时举办。

并立 bìnglì　＊都在。　＊同时有两种事物。　＊同时存在。

并且 bìngqiě　＊也，还。　＊把两个差不多，有共同点的事物连在一起说。　＊连词。1.表示两个动作同时进行或先后进行。2.表示进一步的意思。

并行 bìngxíng　＊同走。　＊1.在一起行走。2.同时行动。　＊1.并排行走。2.同时实行。

并重 bìngzhòng　＊同样都很重要。　＊两个事物一样重要。　＊同等重视。

病 bìng　＊人身体和别的生物体发生了不正常的现象。比如：头疼。　＊身体感到不舒服、难受，身体内出现了不正常的情况。

病房 bìngfáng　＊医院里病人住的房间。　＊医院里病人住的房间。

病故 bìnggù　＊因为病离开了人间。　＊因病而死。

病号 bìnghào　＊人不好了，那这个人是"病号"。　＊学校、机关等的病人。　＊指部队、学校、机关等集体中的病人。

病假 bìngjià　＊人不好时，不去工作、上学，在家。　＊因为有病，医院给的用来休息的时间。　＊因为生病请的假。

病历 bìnglì　＊医院用的一种本子，每个病人一份，上面写着病人得的病和看病的方法，跟病人的病有关的一些方面。　＊医疗部门所记的每个病人的病情、诊断及医治方法。

病人 bìngrén　＊人不好了，那这个人是"病人"。　＊生病的人；身体有毛病的人。　＊生病的人；接受治疗的人。

bu

不必 búbì　＊可以不用。　＊不一定；可以不。　＊不需要。

不便 búbiàn　＊不好作什么。　＊不方便。　＊不方便，不合适。

不错 búcuò　＊很好；是这样。　＊1.还可以，马马虎虎。2.对。　＊1.还可以。2.正确。

不但……而且…… búdàn...érqiě...　＊不只……还……　＊有这一方面，也有那一方面。　＊先以"不但"说一个意思，再以"而且"说一个与前者密切相关的进一步的意思。

不当 búdàng ✽ 有些地方不好。 ✽ (用的或做的等)不合适。

不动产 búdòngchǎn ✽ 家和家里的东西。 ✽ 土地、房子和土地房子不可分离的东西。 ✽ 不能活动的产业,如土地、房屋。

不断 búduàn ✽ 常常。 ✽ 连接着不停。

不够 búgòu ✽ 比要的少一些。 ✽ 表示在数量上或程度上比所要求的差。

不顾 búgù ✽ 想也不想;不听。 ✽ 1. 不去想(有不好的事会发生)。2. 他人的事不放在心上。 ✽ 1. 不照顾。2. 不管。

不贵 búguì ✽ 买一样儿东西,花的钱跟很多商店比不多。 ✽ 买东西时不用花很多钱。

不过 búguò ✽ 可是。 ✽ 但是。

不见 bújiàn ✽ 1. 不来见人。2. 没有看见。 ✽ 1. 不见面。2. 东西没有了。 ✽ 1. 不见面。2. 不在了,找不到。

不见得 bújiàndé ✽ 可能不是这样,不一定。 ✽ 不一定(常用于表示自己的意见)。

不利 búlì ✽ 没有好处,不方便。 ✽ 没有好处。

不料 búliào ✽ 没有想到。 ✽ 没有想到。 ✽ 事先没想到。

不论 búlùn ✽ 一话语有 A 和 B 两个成分,"不论"用在 A 中,说明 A 怎么样有所不同,B 还是 B。 ✽ 连词,表示尽管条件或情况不同,但结果不变,是"无论","不管"的同义词。

不顺 búshùn ✽ 前后不能连起来;办事不如意。 ✽ 1. 不顺从。2. 不顺利。

不像话 bú xiàng huà ✽ 口语中说的,不好。 ✽ 言语行为很不对。 ✽ 1. 不合乎道理或情理。2. 坏得无法形容。

不像样子 bú xiàng yàngzi ✽ 口语中说的,不好。 ✽ 很差,没有一定的水平。 ✽ 人所表现出来的形象或事物显出的样子很差。不能接受。

不幸 búxìng ✽ 日子过得很不好。 ✽ 发生了不好的事;发生在人身上的不好的事。 ✽ 不幸运;使人伤心,难过。

不要脸 bú yào liǎn ✽ 做不可以做的事,明知道自己错了还要做,自己也不认为有什么不好,不想面子的事。 ✽ 不顾体面;不觉得难为情。

不用 búyòng ✽ 可以不作。 ✽ 本来就不是非这样不可,不要。 ✽ 不必。

不在 búzài ✽ (一个地方)没有(这人、东西)。 ✽ 1. 在一处找不到要见的人,可以说:"这个人不在。"2. 有时是说人没了,意为人没气了。 ✽ 1. 不存在。2. 指人死了。

不在乎 búzàihū ✽ 不放在心上。 ✽ 不放在心上,没有什么关系。

不在话下 bú zài huà xià ❊ 办事不难,一点也不成问题。 ❊ 指事情很小,不值得说、不用说。

不至于 bú zhìyú ❊ 不会是那样。 ❊ 不会到这种样子。 ❊ 表示不会达到某种程度。

不做声 bú zuò shēng ❊ 没有说话。 ❊ 不说话,不出声。 ❊ 不出声;不说话;没有反应。

补 bǔ ❊ 叫……不少。 ❊ 让一种东西完好;让一个都不少,一点儿都不少。 ❊ 1.加上材料,修理坏了的地方。2.加上某些人或某些事,以达到完全或完整的目的。3.补养。

补考 bǔkǎo ❊ 作题作的不好再作一回,叫"补考"。 ❊ 因为头一次没过,再一次让老师问自己问题看看自己学得行不行。 ❊ 对因故没参加考试的或考试不及格的人另外举行的考试。

补课 bǔkè ❊ 再上课。 ❊ 在本来有的课以外,再学、再教课。 ❊ 把没有学的课补上。

补品 bǔpǐn ❊ 用来吃和喝的对身体有好处的东西。 ❊ 补养身体的食品或药品。

补习 bǔxí ❊ 多上课。 ❊ 用课外时间,学没有学到的知识。 ❊ 为了补足某种知识,在工作时间外或在课外学习。

补牙 bǔyá ❊ 用一定方法让口中那些不好的白色的硬东西好起来。 ❊ 把牙缺少的部分补上。

补药 bǔyào ❊ 对身体有好处的,不吃也可以的药。 ❊ 补养身体的药物。

补语 bǔyǔ ❊ "吃得好""长得好看"中"得"字后边的是"得"字前边的"吃""长"的补语。 ❊ 话语的一种成分,用在动作成分的后面,用来说明怎么样等问题。 ❊ 动词或形容词后边的一种加以补足的部分。

补助 bǔzhù ❊ (国家等)给人钱让人在生活上更好。 ❊ 从经济方面帮助(多指机构、集体对个人)。

补足 bǔzú ❊ 不再少了。 ❊ 让……完好,让……不少什么。 ❊ 补上某数目,使不缺少。

不 bù ❊ 跟"没"的作用差不多,可用法不一样。 ❊ 放在动词、形容词前面,表示和原句的意思相反。

不安 bù'ān ❊ 不安定。 ❊ 不安心;不安定。

不比 bùbǐ ❊ 不同。 ❊ 比不上;跟……不同。 ❊ 不同于。

不曾 bùcéng ❊ 没有……过。 ❊ 从来没有。 ❊ 是"曾经"相反的意思;没有。如:我不曾去过上海。

不常 bùcháng　✽ 很少作什么。　✽ 有时,很少出现的。　✽ 不经常,有时候出现。

不成 bùchéng　✽ 不行。　✽ 不行;不可以。　✽ 不行。

不都 bùdōu　✽ 有几个不(这样)。　✽ 有些。　✽ 不是全部。

不敢当 bùgǎndāng　✽ 在别人说自己好话时的回话,说明自己当不起这些好话。　✽ 客气话,是在对方招待自己或对方说自己的优点时说的。

不管 bùguǎn　✽ 人要作什么,叫他作去,怎么都行。　✽ 一话语有A和B两个成分,"不管"用在A中,说明A怎么样有所不同,B还是B。　✽ 无论。

不光 bùguāng　✽ 不只是。　✽ 有……,也有别的事物。　✽ 不但,不仅。

不好过 bù hǎo guò　✽ 生活上难处多,日子难过。　✽ 生活不顺心。

不好说 bù hǎo shuō　✽ 没有法子说。　✽ 难说,说起来有难处。　✽ 不容易说出来。

不好意思 bùhǎoyìsī　✽ 见生人时不大方的样子。不好作什么。　✽ 1.做错了事和见生人时心中不安,面有红色。2.因有面子,不便、不想做什么事。　✽ 觉得难为情。

不合 bùhé　✽ 1.两方不和。2.不可以。　✽ 不合适(某要求、某事)。

不及 bùjí　✽ 不如,比不上。　✽ 1.不如;比不上。2.来不及。

不仅 bùjǐn　✽ 不只是。　✽ ……是这样,别的也是这样。　✽ 1.是"不但"、"不光"的同义词。2.表示超出某个数量或范围。是"不止"的同义词。

不解 bùjiě　✽ 不明白。　✽ 不能理解。

不久 bùjiǔ　✽ 没有多长时间。　✽ 离一个时期、离一件事发生的时间不远。　✽ 时间不长。

不可思议 bùkě sīyì　✽ 不可以想像,不能明白。　✽ 不能想像。

不劳而获 bù láo ér huò　✽ 不工作也可以得到。　✽ 自己不工作就得到别人的成果和好处。　✽ 不通过劳动而能有所收获。

不了了之 bù liǎo liǎo zhī　✽ 叫没作好的,没说懂的在一边,不去想他,这样过去了,叫不了了之。　✽ 没有做完就不做了,放在一边不去想它。　✽ 该办的事情没办完,就不去管它,就算完事了。

不满 bùmǎn　✽ 对人、物不喜欢,不高兴。　✽ 不满意。

不然 bùrán　✽ 不这样的话。　✽ 不这样的话。

不如 bùrú　✽ 没有……那样(好)。　✽ 前面提到的人、事物比不上后面所说的人、事物。　✽ 比不上。

不三不四 bù sān bù sì　✽ 不是那个样子。　✽ 为人不正的;不像样子,没什么水平的。　✽ 不好的;不正的。

不声不响 bù shēng bù xiǎng　＊人作什么以前不说一声,人家也不知道。　＊没有什么声音,不让人知道。　✻没有声音,不使人知道。

不时 bùshí　＊时时,时常。　✻1.时时;经常不断的。2.随时。

不识 bù shí　＊不知道看的字是什么。　＊不认识,看不明白。　✻不认识;看不清。

不识字 bù shí zì　＊不认识字。　＊不认识文字,就是没有文化。　✻不认识字,文化水平低。

不通 bùtōng　＊走不过去。　＊1.前后不能说明白。2.路过不去。　✻1.不能穿过。2.不了解。3.不通顺。

不同 bùtóng　＊不一样。　＊不一样。　✻不一样,有差别。

不相上下 bù xiāng shàng xià　＊看来两个一样。　＊分不出高下,两个差不多。　✻分不出高低,形容相等。

不许 bùxǔ　＊不可以;不让(做什么)。　✻不准。

不一 bùyī　＊不同,不一样。　✻1.不相同。2.书信用语,表示不能一一具体说。

不一定 bùyīdìng　＊没最后定下来。　✻也许;可能。

不一会 bùyīhuì　＊不长的时间。　✻经过很短的时间。

不一样 bùyīyàng　＊不同。　✻不同,有差别。

不由自主 bù yóu zì zhǔ　＊没那么想时那么作了,不想那么作,可是那么作了。　＊不能自主。　✻由不得自己做主。

不怎么样 bù zěnmeyàng　＊不好。　＊平平常常,不好。　✻不太好。

不知不觉 bù zhī bù jué　＊一点儿都不知道。　＊没有意识到。　✻没有注意、没有感觉地。

不知所以 bù zhī suǒ yǐ　＊不知道怎么会这样。　＊不知道为什么。　✻不知道实在的原因。

不值一提 bù zhí yī tí　＊很不重要,不用说了。　＊说明事小、人不重要,用不着提。　✻不值得谈到;没有价值或意义。

不止 bùzhǐ　＊比……还要大,还要多;不只。　✻1.不停止。2.表示超出某个数目或范围。与"不仅"同义。

不足 bùzú　＊很少。　＊1.不可以,不能。2.东西比要的少。　✻1.不够。2.不值得。3.不可以,不可能。

不足道 bùzúdào　＊不重要。　✻不值得说。

布 bù　＊最常用的做衣服的东西,色儿有多种多样,毛的最贵。　✻做衣服的主要材料。

布菜 bùcài　＊把菜分给来一起吃饭的人。　✻把菜分给在座的客人们。

布道 bùdào ※ 说服别人信自己信的教。 ✻ 信教的人讲教义。
布店 bùdiàn ※ 卖做衣服的东西的地方。 ✻ 卖布的商店。
布告 bùgào ※ 用来告知别人信息的东西,常放在一个地方的高处让大家看。 ✻ 告诉大家事情的文件。布告一般都挂在外面,大家可以看见。
布景 bùjǐng ※ 唱歌的地方在人后面那些好看的东西。 ✻ 舞台等处所设的景物。
布局 bùjú ※ 把要用的成分安放在一起所用的方法(多用于作文、作画等)。 ✻ 全面安排(多指作文、画画等)。
布料 bùliào ※ 做衣服的东西,同"布"(bù)。 ✻ 布的原料。
布满 bùmǎn ※ 到处都是;到处都出现。 ✻ 到处都是;到处都有。
布面 bùmiàn ※ 衣服的外面儿。 ✻ 布的正面。
布票 bùpiào ※ 买做衣服的东西时用的一种票儿,中国1978年以前用过,它的作用是一家人只能买票上定下的那么一些。 ✻ 买布时交出的票。中国某时期,买布时一定要给布票。
布片 bùpiàn ※ 小块的"布"(bù),是一大块布做完衣服后出现的小边、小块儿。 ✻ 零碎的小块的布。
布头 bùtóu ※ 做衣服后的一些小片片儿。 ✻ 为做衣服等,在一大块布上取下需要的部分,其他不需要的那小部分叫"布头"。
布鞋 bùxié ※ 一种鞋,用做衣服的东西做鞋面儿。 ✻ 用布制成的鞋。
步 bù ※ 人走一下叫"一步"。 ※ 走路时,人用来走路的东西着地一次为"一步"。 ✻ 1.脚步。2.事物发展进程中所分的段落。
步调 bùdiào ※ 行走时的快慢,也可说明进行一种活动的方法、快慢、先后等。 ✻ 1.行走时脚步的大小快慢。2.形容进行某种活动的方式、快慢等。
步行 bùxíng ※ 走。 ※ 到一个地方,不骑车子,也不坐车,只用人体走路的东西前进,叫"步行"。 ✻ 走着去。
步子 bùzi ※ 人走的那一下有多长。 ※ 行走时走一下儿的大小。 ✻ 人的脚步。
部 bù ※ 一种机关的名字。 ✻ 1.部分,部位。2.某些机关里按业务而分类的单位。
部队 bùduì ※ 用来打别人的许多人所成的一体,常常是国家才可以有"部队"。 ✻ 军队的通称。
部分 bùfèn ※ 一个大东西里的小东西。 ※ 事物中的一些。 ✻ 整体里的一些个体。
部落 bùluò ※ 古时许多同种的人在一起就成了"部落","部落"中大家都是亲人。 ✳ 由一些血统近的人结合成的较大的集体。

部门 bùmén ✳ 国家办事机关,办不同的事儿有不同的部门。 ✳ 组成某一整体的部分或单位。

部首 bùshǒu ✳ "字"中的东西,可以在一个"字"的不同的地方。 ✳ 汉字的一种成分,从它可看出字意,有的在左,有的在右,有的在上,有的在下。 ✳ 字典,词典中根据汉字形体的某些组成部分所分的门类。

部位 bùwèi ✳ 事物本身的一块儿地方。 ✳ 一般指人的身体各部所处的地方。

部下 bùxià ✳ 机关中一些不很重要的人物,处在上等人物以下。 ✳ 下级。

部长 bùzhǎng ✳ 国家有些机关的最重要的人物。 ✳ 指一个部的最高领导。

C

cai

才 cái ✳ 1.有"学问"。2.不久前。 ✳ 以前不长时间,事儿刚发生。 ✳ 表示不久以前。

才华 cáihuá ✳ 有"学问"。 ✳ 一个人做事的本事和知识。 ✳ 指文学、艺术等方面的出色才能。

才能 cáinéng ✳ 知识和才干。 ✳ 知识和能力。

材 cái ✳ 东西。 ✳ 用来做东西的东西,用来办事的东西。 ✳ 1.可以直接造成产品的东西。2.有才能的人。

材料 cáiliào ✳ 用来作东西的东西。 ✳ 可以用来做成事物的东西。 ✳ 1.与"材1"同义。2.比作适于做某事情的人。

采 cǎi ✳ 1.开发;把本来分开的东西收到一起,把在地下、别的事物中的东西提出来。2.从一些差不多一样的东西中拿出一两个。 ✳ 1.与"取"同义。一般指取花、果、叶子等。2.到处找并集在一起。3.选取。

采访 cǎifǎng ✳ 到不同地方问人问题,以后写在书上、报上,叫人看。 ✳ (写报道的人)问有关的人一定的事,然后写下来。 ✳ 一般是指记者到处找并打听新闻,访问当事人。

采集 cǎijí ✳ 拿来放在一起。 ✳ (把材料、东西等)集在一起。

采取 cǎiqǔ ✳ 用(方法)。 ✳ 用(一种方法等)。 ✳ 选出并进行。如:采取友好的态度。

采用 cǎiyòng ✳ 用(方法、说法等)。 ✳ 在一些东西中拿出一个好用的来用。 ✳ 认为合适并使用。如:采用新技术。

彩 cǎi ✳ 很多色儿。 ✳ 东西的多种色儿(不是黑的,也不是白的)。 ✳ 多种颜色,不是黑白的。

彩电 cǎidiàn ✳ 一种家用的东西,用电,打开后,可以看到活动的画面。 ✳ "彩色电视"的简称。

彩票 cǎipiào ✳ 一种票,用它有时可以意外地得到一大笔钱和东西。 ✳ 买的一种票,票上有号,如果公布的号与自己票上的号一样,就可以得到钱。

彩色 cǎisè ✳ 很多色儿。 ✳ 不是黑色也不是白色的色儿。 ✳ 是"彩"的同义词。如"彩色电视、彩色封面"。

菜 cài ✳ 和饭一起吃,叫饭好吃点儿的东西。 ✳ 1. 生长在园子里的作物,有的可生吃,也可用火做,然后跟饭一起吃,人的身体离不开它们。2. 做好了的下酒下饭的鱼、牛羊肉、鸡等东西,常常跟饭一起吃。 ✳ 人们每天吃的副食品,它们原来是长在地上的。

菜单 càidān ✳ 用来点菜的东西,上面写着菜的名字。 ✳ 饭馆里写着菜名的单子,人们依照此单点菜。

菜花 càihuā ✳ 有花儿的样子的吃的东西。 ✳ 一种常见的生长在田间的家用菜。 ✳ 一种像花的白色的菜。

can

参 cān ✳ 进去,成为一分子。 ✳ 1. 参加。2. 参考。

参观 cānguān ✳ 去一个地方看什么东西学学。 ✳ 到有名的地方去看一看和学一下。 ✳ 到现场去观察(事物、景色等)。

参加 cānjiā ✳ 到里边去和大家一样做。 ✳ 和别人一起成为中间的一分子。 ✳ 1. 加入(某种组织或活动)。2. 提出(意见)。

参看 cānkàn ✳ 看书时有时也要看一看别的有关的书、文,这种行为叫参看。 ✳ 1. 读一篇文章时看另一篇。2. 写在文章后面的用语,指示读者看了这一篇以后再看其他有关部分。

参考 cānkǎo ✳ 看(他人怎么作,大家要我怎么作,我再想好的方法来作)。 ✳ 为了学和教等去看有关的东西。 ✳ 为了学习或研究而查到的有关的资料。

参与 cānyù ✳ 做事的时候,自己也在当中。 ✳ 参加(事务的计划、处理等)。

参照 cānzhào ✳ 看(他人怎么作,大家要我怎么作,我大多这么作)。 ✳ 办事时学用他人的方法、意见等。 ✳ 参考并依照(方法、经验等)。

cao

草 cǎo ✳ 地上哪儿都长的东西。 ✳ 一种长在地上的东西,跟作物差不多,可不是人种的,是自己长的,不高,现在城市里有很多。 ✳ 长在地上的可见的细小的绿色的生物。在田地里、花园里、城市的路旁到处都可以见到。它冬天变黄，春天又自己绿了。

草包 cǎobāo ✻ 没有用的人。 ✻ 没有才能的人，做事常出错的人。 ✻ 用来指无能的人。

草草了事 cǎocǎo liǎoshì ✻ 很快作完，大多作得不好。 ✻ 很快地、很不认真就做完了。 ✻ 急急忙忙地不认真地把事做完。

草地 cǎodì ✻ 长着一种很小的跟作物差不多的东西的一片地方。 ✻ 长着草的大片的地方。

草书 cǎoshū ✻ 中国字的一种写法，写得很快，有的字很多人不认识，看不懂。 ✻ 汉字的一种字体，很不好认。 ✻ 汉字的一种字体，特点是笔画相连，写起来快。

草图 cǎotú ✻ 很快画完的图，重要的东西都画下来了。 ✻ 大体上的图。 ✻ 初步画出的工程设计图。

草鞋 cǎoxié ✻ 鞋子的一种，用草做成的。 ✻ 用草制作的鞋。

草写 cǎoxiě ✻ 汉字的一种写法，很不好认出来。 ✻ 1.草书的另一名称。2.字母的手写体。

草药 cǎoyào ✻ 用田地作物做的药。 ✻ 中医所用的以自然生长的草、叶等做的药材。

草原 cǎoyuán ✻ 长着那种很小作物的大片地方，上面有羊、牛、马等。 ✻ 到处生长杂草的、气候较干的大片土地，这里常常养着成群的牛羊。

草字头 cǎozìtóu ✻ 汉字的一种成分，写成"艹"的样子。 ✻ 一些汉字的部首是"艹"，这个部首叫"草字头"。

ceng

层 céng ✻ 高楼等事物的上下分别，从下往上可分多层。 ✻ 1.重复的事物的一部分。2.量词。如：三层楼。

层次 céngcì ✻ 说话、作文等的先后。 ✻ 1.大小、等级的高低区别。2.说话、作文内容的先后安排。

层次分明 céngcì fēnmíng ✻ 先后一看就能看出来。 ✻ 说话、作文内容的各部分前后安排和连接很清楚。

曾 céng ✻ 以前有过。 ✻ 曾经。

曾经 céngjīng ✻ 从前有过、做过。 ✻ 副词，表示以前有过某种情况或行为。

cha

差 chā ✻ 不同。 ✻ 差别。

差别 chābié　✻ 不一样。　✻ 两种事物的不同,几种事物的不同。　✻ 名词,指形式上或内容上的不同。

差错 chācuò　✻ 不对的地方。　✻ 1. 错了的事。2. 意外的变化。

茶 chá　✻ 中国人爱喝的东西。　✻ 生长在中国南方的一种很重要的山间作物,可拿来放在开水中做成喝的东西,有红茶、花茶等,中国茶很有名。　✻ 一种用树叶做成的饮料。

茶杯 chábēi　✻ 喝茶用的东西。　✻ 放茶水的杯子,有很多样子。　✻ 喝茶的杯子。

茶点 chádiǎn　✻ 喝茶水的时候吃的东西。　✻ 茶水和小点心。　✻ 茶水和点心。

茶馆 cháguǎn　✻ 喝茶的时候去的地方。　✻ 生意人开的让人们花钱喝茶谈话的场所。　✻ 人们去喝茶的地方,那里有坐位。

茶花 cháhuā　✻ 山茶的花,很好看,在中国南方非常有名。　✻ 山茶的花。

茶话会 cháhuàhuì　✻ 有茶喝有东西吃的会,大家在这说说话。　✻ 很多人在一起开会,会上有茶水和点心。　✻ 准备有茶点的集会。

茶几 chájī　✻ 家里用的东西,上边可以有茶杯、茶点等。　✻ 人坐下来后,前面可放茶杯、点心等物的家什。样子很多,都不高。　✻ 放茶碗、茶点的小家具。

茶具 chájù　✻ 喝茶时用的东西。　✻ 用来放茶水、喝茶的东西。　✻ 喝茶的用具。

茶水 cháshuǐ　✻ 也叫茶,自己喝以外,还可以给行人和到家中的外人喝。有热茶和凉茶。　✻ 茶或者水。

茶碗 cháwǎn　✻ 喝茶要用东西。　✻ 用来喝茶的东西的一种,样子跟吃饭用的东西差不多。　✻ 喝茶用的碗。

茶叶 cháyè　✻ 同"茶"。　✻ 喝茶前放进水中的东西,同"茶"。　✻ 经过加工的茶树的叶子,喝茶时放水里的就是。

查 chá　✻ 一遍又一遍地认真看。　✻ 调查;查找;边找边看。如:查户口,查字典。

查办 chábàn　✻ 加以处分。　✻ 查清楚情况并加以处理。

查点 chádiǎn　✻ 一个一个地看共有多少个,有没有少一个。　✻ 察看数目是多少。

查对 cháduì　✻ 为了没有错,认真地看。　✻ 按照正确的查看某材料,看有没有错。

查封 cháfēng　✻ 因为出了事,把物体都看好,不准动用。　✻ 查对之后用封条封住,不准再动用。

查察差产

查看 chákàn　✲ 一再地看。　✲ 对事物的有关方面认真地看。　✲ 观察事物存在的情况。

查考 chákǎo　✲ 用种种办法看明白事物的本来的样子。　✲ 调查研究,弄清事实。

查收 cháshōu　✲ 认真看过后,觉得没什么问题后收下。　✲ 查看后收下。

查问 cháwèn　✲ 一再地问。　✲ 为了什么事认真地问。　✲ 调查并且问对方。

查找 cházhǎo　✲ 看,想看到(要的)。　✲ 认真地找。　✲ 查。

察 chá　✲ 认真地看。　✲ 仔细看。

察觉 chájué　✲ 知道了……东西。　✲ 看出来。　✲ 是"发觉"、"看出来"的意思。

察看 chákàn　✲ 好好地看,很小的地方都可看到。　✲ 为知道事物认真地看。　✲ 为了了解情况而仔细看。

差 chà　✲ 不好。　✲ 不如,比……少。　✲ 不好,不够标准。

差不多 chàbùduō　✲ 有点儿不一样的地方。　✲ 1.两种东西没什么差别,近处很多。2.快要做成什么事了。　✲ 相似,相近。

差得多 chàdeduō　✲ 不一样的地方很多。　✲ 两种东西有很大的不同。　✲ 比较之下,相当不如对方。

差点儿 chàdiǎnr　✲ 很可能会怎么样,可是没有这样。　✲ 1.一个人、一种东西跟别的人、东西比,有点儿次,不如别的;比不上。2.事儿快做成了,可最后没做成。　✲ 几乎。

chan

产 chǎn　✲ 生(孩子);做(东西)。　✲ 1.生产。2.出产。3.产品。4.产业。

产地 chǎndì　✲ 作什么东西,长什么东西的地方,是这个东西的产地。　✲ 出一种东西的地方。　✲ 物品出产的地方。

产妇 chǎnfù　✲ 正在生孩子、生了孩子的女人。　✲ 生孩子时和生孩子后一些时间中的女人。　✲ 要生孩子或刚生孩子的妇女。

产假 chǎnjià　✲ 女人生孩子时不工作的日子。　✲ 工作的女人在生孩子前后用来休息的时间。　✲ 产妇生孩子之后的假期。

产科 chǎnkē　✲ 在看病的地方,一个女人生孩子的处所。　✲ 医院中专为产妇所设的一科。

产量 chǎnliàng　✲ 一个东西作了多少。　✲ 所出东西的多少。　✲ 产品的总数量。

产品 chǎnpǐn　✲ 所出的东西。　✲ 生产出来的物品。

产生 chǎnshēng　✻ 从一种事物中出来新的事物。　✻ 1. 在已有的事物中造成新的事物。2. 出现。

产物 chǎnwù　✻ 所出现的事物和后果。　✻ 在一定条件下产生的事物或结果。

产业 chǎnyè　✻ 1. 旧时土地、房子等。2. 和工人有关的。　✻ 一般指土地、房屋、工厂等私有的东西。

产值 chǎnzhí　✻ 在一定时间中所有东西能卖的钱的多少。　✻ 在一个时期内全部产品或某一产品的总的价值量。

chang

长 cháng　✻ 1. 两个点中间不小。2. 长处。3. 在一方面做得很出色。　✻ 两点之间离得比较远。

长安 Cháng'ān　✻ 中国过去一个很有名的地方,在今天中国的西边。　✻ 中国的古都名,在现在的西安。　✻ 中国古代的一个城市。

长城 Chángchéng　✻ 就是万里长城,很古老,有上千年的时间了。在中国的北方,起自中国西边,东到大海。　✻ 中国有名的又长又大的城墙。

长程 chángchéng　✻ 很远的。　✻ 很长的路。　✻ 路程远的。

长处 chángchù　✻ 一个人的好处,做事的才能。　✻ 优点;特长。

长度 chángdù　✻ 有多长。　✻ 两点间离多远,一个东西有多长。　✻ 两点之间的长短。

长短 chángduǎn　✻ 有多长。　✻ 1. 两点间离多远。2. 意外发生的不好的事(如离开人间等)。3. 是非、好坏。　✻ 是"长度"的同义词。

长江 Chángjiāng　✻ 中国最长最大的江。　✻ 河名,在南方,是中国最长的河。起自西边山区,东从上海进入东海。　✻ 中国最长的河,经过青海、四川、湖北,过南京,到上海。

长久 chángjiǔ　✻ 很长的时间。　✻ 时间长远。指很长时间;长远。

长跑 chángpǎo　✻ 长时间地很快地前行很长的路。　✻ 看谁跑得快的一种形式。长跑指跑的长度很长。

长篇小说 chángpiān xiǎoshuō　✻ 很长的小说,人物很多,事很多。　✻ 文长,情节复杂,人物较多的小说。

长期 chángqī　✻ 长时间。　✻ 长时期。

长远 chángyuǎn　✻ 时间很久。　✻ 以后很长的时间。　✻ 时间很长。

常 cháng　✻ 1. 时常,不是有时的。2. 平常。　✻ 常常

常常 chángcháng　✻ 不只一次地发生一些事儿;这次跟下次当中的时间不长。　✻ (事情的发生)很多次,而且时间相离不久。

常厂场唱车

常规 chángguī　✽ 大家大都是那么做的。　✽ 正常、常用的作法和动作的先后等。　✽ 通常的做法。

常见 chángjiàn　✽ 不少见的；老是见到，叫人看了不会吃惊。　✽ 常常见到的；不难看到的。　✽ 常常见到。

常情 chángqíng　✽ 人人都可以这样想的。　✽ 大家都会有的想法。　✽ 一般的情理。

常用 chángyòng　✽ 老用到。　✽ 生活中常常用的。　✽ 经常使用。

厂 chǎng　✽ 一个地方，工人在那里工作。　✽ 做工的地方。　✽ 工厂。

厂家 chǎngjiā　✽ 让别人在自己所办商店等地方做工的人。　✽ 指工厂。

厂商 chǎngshāng　✽ 个人所有的做工的地方和商店等。　✽ 工厂和商店(多指私人的)。

厂长 chǎngzhǎng　✽ 厂里的头儿，让工人怎样进行工作的人。　✽ 工厂的最高领导人。

厂子 chǎngzi　✽ 见"厂"。　✽ 1.做工的地方。2.很大的一个地方，可以进行活动。　✽ "工厂"的口头表达形式。

场 chǎng　✽ 广大一点的地方，人们可在这里进行一些公共活动，比如谈话、休息、快走等。　✽ 适应某种需要的比较大的地方。

场地 chǎngdì　✽ 地方，多用来作一个工作。　✽ 用来活动的一定处所。　✽ 空地。

场合 chǎnghé　✽ 作什么的地方。　✽ 事物发生时所在的一定的时间、地点和有关的事物等。　✽ 一定的时间、地点、情况。

场所 chǎngsuǒ　✽ 活动的处所。　✽ 活动的地方。

唱 chàng　✽ 1.口中发出乐音。2.大声叫，如鸡在唱。　✽ 口中发出(音乐)。

唱词 chàngcí　✽ 用来唱的(不是用来说的)话语。　✽ 剧中唱的词句。

唱段 chàngduàn　✽ 唱出来的连在一起的东西。　✽ 戏剧中所唱的一段完整的部分。

唱歌 chànggē　✽ 用唱的方法发出一些乐音。　✽ 依照音乐唱出歌词。

唱机 chàngjī　✽ 用电起动后能让唱片发出种种乐音的机子。　✽ 放音乐的机器。

唱片 chàngpiān　✽ 一种放在唱机上用电后可以发出好听的声音的片子。　✽ 放在唱机里把声音放出来的东西。

che

车 chē　✽ 上面和里面可以坐人、放东西的能在地上行进的物。有的用人、牛、马带动,有的用电起动。 ✳ 在路上走的运人运东西的工具。

车次 chēcì ✳ 车什么时候开,去哪里。 ✳ 火车和汽车行车的先后。 ✳ 火车、公共汽车等行车的班次。

车费 chēfèi ✳ 坐车要交的钱。 ✳ 坐车应交的钱。

车夫 chēfū ✳ 会让马、牛很好地带动车子前行的人;以车带人和东西得到钱来生活的人。 ✳ 推车、拉车或开车的人。就是司机。

车辆 chēliàng ✳ 很多种的车,所有的车在一起叫车辆,一种车不能叫车辆。 ✳ 各种车的总称。

车票 chēpiào ✳ 上车前买,上车时用的票。 ✳ 为了上车买到的、上面写有钱的多少、去处、开车时间等的小方片儿。 ✳ 坐车用的票。

车水马龙 chē shuǐ mǎ lóng ✳ 很多车和人。 ✳ 路上车非常多,跟水一样。 ✳ 车很多,像流水,像舞龙。

车站 chēzhàn ✳ 可以上下车的地方。 ✳ 放汽车、火车的地方,是人们上下车的场所。 ✳ 公用的车所停的地方。

车照 chēzhào ✳ 行车人所有的可以行车的一种文字说明。 ✳ 准许开车的证明。

彻 chè ✳ 从开始到最后都(这样)。 ✳ 指一头向另一头,全部通过。如:彻夜。

彻底 chèdǐ ✳ 所有的都。 ✳ 一直到底,很深。

彻夜 chèyè ✳ 一天里无日的时候。 ✳ 一夜。 ✳ 整夜。

cheng

称 chēng ✳ 1.叫,叫做。2.名字。3.说,只用在"连声称好"、"称快"这样的说法中。 ✳ 1.叫,叫做。2."名称"的简称。

称号 chēnghào ✳ 给人和物的美好的名字。 ✳ 给某人、某单位、某事物的名称(多指好的名称)。

称呼 chēnghū ✳ 叫什么;叫。 ✳ 1.叫。2.见面时用的名字等。 ✳ 1."叫"的同义词。2.当面招呼时用的名称。

称说 chēngshuō ✳ 说名字。 ✳ 说话的时候叫出来的名字。 ✳ 说话时叫出事物的名字。

称作 chēngzuò ✳ 把……叫做…… ✳ 是"叫做"的同义词。

成 chéng ✳ 1.把事儿做好了。2.完成。3.成为。4.成果;成就。5.生物生长到一定样子的时候。6.回答同意时说"成"。 ✳ 成为。

成本 chéngběn ✳ 做成一种东西所用的本钱;做一种东西要用的所有的钱。 ✳ 生产一种产品所需要的钱。

成才 chéngcái ✻ 一个人长大了,是一个有用的人。 ✸ 成为有才能、有用的人。 ✲ 成为有才能、有用的人。

成都 Chéngdū ✻ 中国四川最重要的地方。 ✸ 四川最重要的一个城市。 ✲ 四川的省会。

成对 chéngduì ✻ 两个两个地。 ✸ 是"成双"或"成为一对"的意思。

成分 chéngfèn ✻ 一种物体本身里面有的分子。 ✸ 构成某物的各种东西。

成功 chénggōng ✻ 作到了。 ✸ 得到了想要的成果。 ✲ 得到料想的好结果。

成果 chéngguǒ ✻ 工作后所得到的有用的好东西。 ✲ 工作或事业的收获。

成家 chéngjiā ✻ 有一个爱人了,两人走到一个家里了。 ✸ 和男人(女人)住在一起,开始有家的生活。 ✲ 1.(男人)结婚。2.成为专家。

成家立业 chéngjiā lìyè ✻ 有了家和工作。 ✸ 立起了自己的家,有了自己的工作。 ✲ 指结了婚,并有了一定的职业或建立某事业。

成见 chéngjiàn ✻ 以前有的不好的看法,现在还有。 ✸ 对人和物有了一种看法,时间过去了,可这种看法一直没什么不同,所以这种看法可能不太好也不公正。 ✲ 对人或物的一种由来已久的看法,多是不太好、不公正的。

成就 chéngjiù ✻ 一个人工作后,得到的好的东西。 ✸ 工作上不小的成果。 ✲ 事业上所得到的成果。事业上的成功。

成立 chénglì ✻ 以前没有的机关、学会等现在开始有。 ✲ 建立。

成名 chéngmíng ✻ 有了名。 ✸ 因为有了成就就有了名声。 ✲ 因某种成就而有了名。

成年人 chéngniánrén ✻ 十八岁以上的人。 ✸ 十八岁以上的人。 ✲ 发育成熟的人。一般指十八岁以上的人。

成人 chéngrén ✻ 1.成年的人。2.小孩长成大人。 ✲ 人发育成熟。

成熟 chéngshú ✻ 长得有用了。 ✸ 1.长成了,如水果等长到可以吃了。2.已经很好了;时机到了。 ✲ 1.果实熟了。2.到了完善的程度。

成为 chéngwéi ✻ (本来不是,现在)是。 ✸ 本来不是,可是现在是(一事物、一种样子等),这种活动叫"成为"。 ✲ 变成。

成文 chéngwén ✻ 1.现成的文字。2.成为书面的,用文字定下来的。 ✲ 现成的文章。

成效 chéngxiào ✻ 对事物所起的作用。 ✲ 产生好的效果。

成语 chéngyǔ ✻ 人们长时间用后定下来的有四个字的语言成分。 ✲ 固定的词组或短语。

成员 chéngyuán ✻ 人。工会里边的人叫工会成员。 ✸ 一些人在一起成为一体,当中的人叫"成员",一家中的一个人是这个家的"成员"。 ✲ 集体或家庭的组成的人员。

承 chéng　＊1. 从下往上所作的一种动作。2. 跟着前面的做下去。3. 跟别人定好了要为别人做事。　＊1. 接着。2."承当"的简单说法。

承办 chéngbàn　＊同意做一事,同意办一个会。　＊接受并办理。

承当 chéngdāng　＊1. 做。2. 说可以。　＊接受并认真做。

承认 chéngrèn　＊我作了,我说是我作的;他人叫我作工作说"好",认同。　＊同意,认可。　＊表示肯定,同意。

承受 chéngshòu　＊让不好的事发生在自己身上,什么都不能做。　＊接受;受到了。

城 chéng　＊有很多人和车的地方。　＊古时在地上立起来的高高的、长长的能分开里外的四方物,人们生活、工作在里面,外面可能是河水、田地。现在就是有不少人口住的大一些的地方。　＊1. 城墙。2. 城市。

城里 chénglǐ　＊有很多人和车的地方。　＊城的里面,住着成千上万的人。　＊城市里面。

城墙 chéngqiáng　＊古代的城外面和城里面中间又高又大的东西,不让对方进入。　＊为防守而建在城市四周的高大的墙。

城市 chéngshì　＊有很多人、很多家、很多车的大地方。　＊市民住的地方。这是一个地区,里面有很多从事工商、文化等工作的人口,有成片的高楼,又平又长的马路,一个连一个的商店,它常常是这一地带很多方面的中心。　＊以工商业为主或政治、经济、文化的中心的地区。区别于"乡下"的地方。

城乡 chéngxiāng　＊城里和城外。　＊"城市和乡下"的简称。

程 chéng　＊1.(走过的、要走的)道路。2. 定好的(办事的)先后时间。3. 公认的作法。　＊1. 一定的格式,一定的标准。2. 事情进行的先后各段。

程度 chéngdù　＊文化、知识、才能等方面的水平。　＊1. 文化、教育知识、能力等的水平。2. 事物变化所达到的情况。

程度补语 chéngdù bǔyǔ　＊一话语中,用在说明动作、样子的成分后面,说明到底怎么样的成分。　＊表示程度的补语。

程式 chéngshì　＊大家都用的不会有什么不同的方法作一工作。　＊办事时所跟从的一定的方法、时间的先后。　＊一定的格式。

程式化 chéngshìhuà　＊老是一个样。　＊做起事来跟从的一定的方法、路子。　＊表示按照事物程式进行的情况。

chi

吃 chī　＊把饭等东西放到口里后,一点点地往下进到身体里,不再觉得饿。

吃冲虫

✽ 把食物放到嘴里。

吃饭 chīfàn　＊人人天天要作的,饭到口中。　＊早上、中午、晚上的时候,人们觉得饿去吃东西。　✽把饭吃下去。

吃惊 chījīng　＊看到没有想到的事很快地发生了,这时的样子叫"吃惊"。　✽没想到事情发生了,这时会"吃惊"。

吃苦 chīkǔ　＊很能工作、能干重活。　✽经常困难,劳苦。

吃力 chīlì　＊很不方便,要做很多工作才能办到的。　✽1.费力。2.累。

吃香 chīxiāng　＊人们都很喜欢的。　＊(口语)大家都很喜欢的;得到头儿、大家喜欢的。　✽1.受重视。2.人们乐意接受的。

chong

冲 chōng　＊在上边的水到下边的东西上来,在上边的人(车、飞机)很快地开到下边来。　＊1.把开水放进一些吃的东西中。2.上边的人、车、飞机等很快地下来。　✽1.重要的地方。2.把开水等倒下去。3.很快地向某个方向跑。

冲茶 chōngchá　＊人叫开水到茶里。　＊先放茶,再放进开水。　✽把开水倒在茶上。

冲淡 chōngdàn　＊叫很多水到里边,色儿很重的不再重了。　＊放很多水,让本来的东西有所不同。　✽1.在某一流动物体中加入另一种物体而使原来的流动物体的成分变小。2.使环境、感情等的作用变小。

冲动 chōngdòng　＊一个人一想到什么,马上去作,可见这人很冲动。　＊一时间非常想做什么事的想法。　✽感情特别强烈,而理性的制约作用不够的心理现象。

冲破 chōngpò　＊用种种办法从一个看得见、看不见的东西里面出来。　✽突破某种情况、限制等。

冲天 chōngtiān　＊觉得好到了天上(不好到了天上),说明非常好(非常不好)。　✽冲向天空。形容感情强烈。

冲突 chōngtū　＊不和。　＊发生不和,打起来。　✽指双方不和,对立。

冲洗 chōngxǐ　＊用水把东西上不想要的东西去了。　✽1.用水冲,使一些物体表面的东西去掉。2.使照相后的片子显出形象。

虫 chóng　＊地里长的东西上的东西,它吃长(zhǎng)的东西,很不好。　＊很小很小的动物。有的能飞,有的不能飞,有的是长长的,大都对人不好。　✽一般指很小的动物。

虫害 chónghài　＊一些动物所带来的对人不好的事。　✽某些虫子使农作物、草木受害的现象。

虫子 chóngzi　✳ [口]虫。　✤ 一种很小的动物,生长在其他动物上面,有的能飞,有的不能飞,有的是长长的。　✲ "虫"的口头表达。

重复 chóngfù　✳ 一下又一下地(作)。　✤ 再一次(做、说)。　✲ 1.(相同的东西)又一次出现。2.又一次做(相同的事情)。

重新 chóngxīn　✤ 再一次从头开始。　✲ 1.再一次。2.表示从头再一次开始。

重演 chóngyǎn　✤ 再一次做出做过的动作给人看。　✲ 重新演出。形容相同的事再次出现。

chu

出 chū　✳ 到外边。　✤ 1.从里边到外边去;从一个地方到别的地方。2.来到,如出场。3.往外拿,如出主意。4.发生,如出事了。5.发出,如出气。　✲ 从里面向外面,"进"的反义词。

出差 chūchāi　✳ 到外地工作、开会。　✤ 到外地办公事。　✲ 旅行到外地办理公事。

出产 chūchǎn　✤ 天然生长和人工做出。　✲ 天然生长或人工生产。

出厂 chūchǎng　✤ 把做出来的东西拿到外面去卖。　✲ 产品运出工厂。

出场 chūchǎng　✳ 走到他人看得见的地方。　✤ 走出来到做动作给人看、唱歌给人听的场所。　✲ 1.演员上台表演。2.运动员进入场地。

出发 chūfā　✳ 走,去一个地方。　✤ 离开开始所在的地方到别的地方去。　✲ 从原来的地方到别的地方去。

出国 chūguó　✳ 到外国去。　✤ 离开本国去别的国家。　✲ 离开本国到外国去。

出汗 chūhàn　✤ 很热的时候,身体上出一种水分。　✲ 人或动物以表皮排出的可流动的物体,从而把物体的热量放出。

出乎意料 chūhū yìliào　✤ 人们没有想到的。　✲ 对发生的事儿没有想到。✲ 与事先所想的情况、结果相反。与"出人意料"同义。

出境 chūjìng　✤ 离开一个国家;从一个国家出去。　✲ 离开国境或边界。

出口 chūkǒu　✤ 1.把本国、本地区的东西卖到别的国家、地区。2.出去的门口。　✲ 1.出去的门口。2.把本国或本地的货物运出去。

出力 chūlì　✤ 拿出身体里和头脑里的东西来做一个事。　✲ 拿出力量。

出路 chūlù　✤ 1.往外和往前的道路。2.做好事物的方法。　✲ 1.通向外面的路。2.形容生存或发展的路。

出门 chūmén　✳ 到外边去,走到家外边去。　✤ 外出,离开家去别的地方。　✲ 1.不在家。2.旅行。

出面 chūmiàn　✳ 去见人说话,叫问题没有了。　✤ 个人、机关站出来说话做事,

出

让问题不再是问题;个人、机关站出来为一些事说话。 ✸ 以一个人或一个集体的名义(做某件事)。

出名 chūmíng　＊ 有了名。　✳ 有人因工作等很出色,有人因干了不好的事让大家都知道了;有名。　✸ 有名,周知。

出品 chūpǐn　＊ 从做东西的场所等里面所出来的东西。　✸ 制造出来产品。

出奇 chūqí　＊ 叫人吃惊,不平常。　✸ 特别;不平常。

出气 chūqì　＊ 自己不高兴,就对别的人、物做一些动作,让自己不那么不高兴,这种活动叫"出气"。　✸ 把心里的不满说出来。

出去 chūqù　＊ 到外边去。　✳ 1.从里面到外面去。2.用在动词后,指动作从里向外离开说话的人。　✸ 从里面到外面去。

出人意料 chū rén yì liào　＊ 叫人没有想到。　✳ 让人没有想到。　✸ 与"出乎意料"同义。不在人的意料之内。

出入 chūrù　＊ 出去和进来;(两事物)不一样的地方。　✸ 1.是"出来进去"的意思。2.(数目、内容等)不一致。

出入证 chūrùzhèng　＊ 能够让人出去和进来的有文字说明的东西。　✸ 出境或入境的证明。

出色 chūsè　＊ 非常好,比平常的好很多。　✸ 比一般的、普通的好,指特别好。

出身 chūshēn　＊ 1.个人早期做过的工作。2.因为父母的地位、工作等自己才有的身份。　✸ 指个人早期的经历或由家庭情况所决定的身份。一个人的家庭情况和家庭地位。

出生 chūshēng　＊ 生下来。　✳ 子体从母体中分离出来;孩子从母亲身体中出来。　✸ 从母亲身上分离出来,来到世上。

出声 chūshēng　＊ 发出声音。　✸ 发出声音。

出事 chūshì　＊ 发生了意想不到的事儿。　✸ 发生不好的事。

出世 chūshì　＊ 出生。　✸ 1.出生。2.产生。3.问世。4.离开普通人生活的地方,不管国家和社会的问题,只考虑自己的事。

出土 chūtǔ　＊ 地下的很久以前的人和东西,现在的人叫这东西到地上来,叫出土。　✳ 把文物等从地下拿出来。　✸ (古物等)从地下发现并拿出来。

出院 chūyuàn　＊ 病好了从医院出来。　✸ (住院的病人)离开医院。

出诊 chūzhěn　＊ 医生到医院以外的地方去给病人看病。　✸ 医生离开医院或他自己看病的地方而到病人家里去给病人治病。

出众 chūzhòng　＊ 很好,和他人很不一样。　✳ 非常好的;比别的好的。　✸ 越出一般人。形容某人了不起。

出租汽车 chūzū qìchē　＊ 在外边可以要到的汽车,坐这车可以去要去、想去的地方。 ✳ 人们有事外出时有时从街上叫来、有时在路旁叫住的小车,用的时间不同,路的远近不同,给开车人的钱多少也不一样。 ✳ 按开车的时间长短和路程远近收费的汽车。

初 chū ✳ 1. 开始。2. 第一。 ✳ 开始的;初级的。

初步 chūbù ✳ 开始的,不是最后的。 ✳ 开始阶段的。

初次 chūcì ✳ 第一回。 ✳ 第一次。 ✳ 第一次。

初等 chūděng ✳ 不是很好的;不是很高的。 ✳ 初级。

初冬 chūdōng ✳ 刚刚进冬天的时候。 ✳ 冬天开始的那段时间。

初期 chūqī ✳ 刚开始的时间。 ✳ 开始的时期。

初学 chūxué ✳ 学了还不久。 ✳ 刚开始学。 ✳ 指刚开始学。

初一 chūyī ✳ 1. 中国年、月的第一天。2. 中学的第一年。 ✳ 1. 一个月的第一天。2. 中学的第一年。 ✳ 1. 初中一年级。2. 农历一个月的第一天,特别指农历新年的第一天。

初中 chūzhōng ✳ 中学的前三年。 ✳ 中学,十三岁到十六岁的学生上的学。 ✳ 初级中学的简称。

除 chú ✳ 不要,叫……没有。 ✳ 去了,让不想要的不在里面。 ✳ 1. 去掉。2. 不算在内。

除非 chúfēi ✳ 要是没有,不是。 ✳ "除非A,才B"说明只有A这样,B才会发生。 ✳ 表示一定要有的一个条件。相当于"只有"。

除了……以外 chúle...yǐwài ✳ 不把……算在里面。 ✳ 1. 表示所说的不算在内。2. 表示在所提到的之外,还有别的。

除去 chúqù ✳ 不把……算在里面。 ✳ 是"去掉"的意思。

除夕 chúxī ✳ 一年的最后一天。 ✳ 一年当中最后一天的晚上。 ✳ 一年的最后一天的晚上。

处 chǔ ✳ 在一个地方。 ✳ 1.(书面语)住。2. 跟别的人一起生活;来往。3. 办。4. 地方,场所。 ✳ 1. 存;住。2. 是地方的意思。

处分 chǔfèn ✳ 对做了不好的事的人所进行的一种让他不快的行动。 ✳ 对做错事或做坏事的人进行正式的处理。

处境 chǔjìng ✳ 所处的时、地,大多是不好的。 ✳ 所处的境况。

处理 chǔlǐ ✳ 作什么,叫问题不是问题。 ✳ 办、做事儿。 ✳ 1. 安排(事物)。2. 解决(问题)。

处女 chǔnǚ ✳ 1. 没有做过爱的女子。2. 第一次的。 ✳ 1. 没有发生过性行为的女子。2. 比作第一次。

处世 chǔshì ✳ 生活中跟人来往,也就是生活。 ✳ 1. 对人对事的根本态度。

2. 在社会上活动,跟人往来。

处事 chǔshì ✳ (一个人常用的)办事(方法)。 ✢ 处理事物。

处于 chǔyú ✳ 在。 ✳ 在(一种地方)。 ✢ 在(某种地位或情况)。

楚 Chǔ ✳ 很久以前在中国南方的一个国家(在现在的湖北)。 ✳ 1. 很疼。 2. 地名。3. 中国古时候的国名,在今长江中间一带。 ✢ "楚国"。是中国古代的一个国家。

楚国 Chǔguó ✳ 中国南方很久以前的一个国家。 ✳ 中国古时候的国名,在今长江中间那一地区。 ✢ 存在于孔子生活的时期的一个国家。中国古代的国名。

处 chù ✳ 一个地方。 ✳ 机关里办事的地方。 ✢ 机关组织中比局小比科大的部门。

处处 chùchù ✳ 在不同地方都…… ✳ 每个地方,每个方面。 ✢ 到处;各个地方。

处所 chùsuǒ ✳ 地方。 ✢ 是"地方"的意思。

处长 chùzhǎng ✳ 在一个叫做"处"的办事机关主事的人。 ✢ 一个"处"的最高领导人。

chuan

川 chuān ✳ 水,大河。 ✳ 1. 古时叫河水为川。2. 平地。 ✢ 1. 河流。2. 平地。3. 指中国的四川省。

川菜 chuāncài ✳ 四川很有名的吃的东西。 ✳ 1. 中国一个叫"四川"的地方的菜。2. 中国其他地方做的吃起来和四川做的一样的菜。 ✢ 四川菜(四川是中国的一个省)。

川剧 Chuānjù ✳ 中国一个叫"四川"的地方有的一种唱的东西,不是四川民歌。 ✢ 四川省的地方剧。

穿 chuān ✳ 把衣服用在身体上;让身体进到衣服里。 ✢ 1. 把衣服包在身上或把鞋包在脚上。2. 通过(孔、空地等)。

穿着 chuānzhuó ✳ 衣着(zhuó),身体上的衣服。 ✢ 指穿在身上的衣服、鞋等。

传 chuán ✳ 一种事物从一方到一方,次第进行下去。 ✢ 由一方交给另一方。

传达 chuándá ✳ 叫人知道上边人的想法,上边的人要下边的人作什么。 ✳ 把一方的意思告诉别的人。 ✢ 把一方的意思告诉另一方。

传单 chuándān ✳ 为告诉别人自己的意思写的许多张意思一样的文字。 ✢ 印成单张的向外发的纸片。为的是公开某消息,让大家都知道。

传导 chuándǎo ✳ (热、电等)从物体的一方到下一方。 ✢ 1. 由物体的一部分传到另一部分。如:热或电的传导。2. 由人体的一部分传到另一部分。如:神经的传导。

传教 chuánjiào　＊把自己信的教里的学说告知别人让他们也信。　＊讲教义,说服人信教。

传奇 chuánqí　＊人们中间说来说去的一些不平常的事。　＊指情节离奇或人物行为越出平常情况的故事。

传热 chuánrè　＊一种事物可以让热从一个地方到别的地方。　＊传导热量。

传说 chuánshuō　＊人们口头上的和一些人、事有关的说法(多是有关古时候的人、事)。　＊1.间接听说。2.人们口头流传的关于某人某事的说法。

传统 chuántǒng　＊过去的东西,过去的人这么作,现在人也这么作。　＊(文化、思想等)前人给后人的做事的方法。　＊从过去传下来的思想、作风、习惯、艺术等,一代一代祖传的,有一定特点的思想、艺术等。

传闻 chuánwén　＊听到的。　＊一些人说给别人的事。　＊1.间接听到。2.间接流传的事情。

传真 chuánzhēn　＊1.画家画人物的样子。2.用光电方法,把图片、文字、书信等很快地发到很远的地方。　＊利用光电作用,通过机器把照片、图表、书信等内容由一个地方传到另一个地方。

船 chuán　＊水上走的东西,人可以坐上过河。　＊人们用来在河、海中行路的一种东西。　＊水上主要的交通工具。

船夫 chuánfū　＊在水上走的东西里工作的人。　＊人们用来在河、海中行路的一种东西叫"船",开小船的人叫"船夫"。　＊在船上工作的人。

船员 chuányuán　＊在水上走的东西里工作的人。　＊在河、海中用来行路的东西上工作的许多人。　＊在利用机器推动的船上工作的人。

船长 chuánzhǎng　＊在河、海中用来行路的东西上主事的人。　＊船上的总领导人。

船只 chuánzhī　＊见"船"。　＊在河、海中用来行路的东西的叫法。　＊各种船的总称。

chuang

窗 chuāng　＊在自个儿家里可以看到外边东西的东西。　＊房子四面开的大孔,可不是门。　＊"窗户"的简称。

窗户 chuānghu　＊见"窗"。　＊房子四面开出的用来进出光、气、风的大方孔。　＊在墙上安装的通气、入光的部分。

窗口 chuāngkǒu　＊见"窗"。　＊房子正面、后面开出的用来进出光、气、风的大方孔;别的物体上用来进出的东西。　＊1.窗户。2.卖票处或挂号处的窗形的口。

床 chuáng ✳ 可在上面睡觉的人工做的家用物体。 ✳ 人们睡觉的家具。

床单 chuángdān ✳ 平放在人睡觉的东西上的一种可拿上拿下的东西。 ✳ 放在床上的长方形的布。

床位 chuángwèi ✳ 医院等地方的睡房中给人在上面睡觉的地方。 ✳ 医院、车船或单位里为人们设的床。

创 chuàng ✳ 作一个没有过的东西。 ✳ 开始做,第一次做。 ✳ 开始做。

创办 chuàngbàn ✳ 开始办(学校等)。 ✳ 开始办。

创见 chuàngjiàn ✳ 以前没有过的作法、想法。 ✳ 新的、和别人不一样的看法。 ✳ 独到的见解。

创建 chuàngjiàn ✳ 让……成立,如新成立学校等。 ✳ 第一次建立。

创举 chuàngjǔ ✳ 从来没有过的行动、行为。 ✳ 从来没有的举动或事业。

创立 chuànglì ✳ 第一次成立。 ✳ 初次建立。

创设 chuàngshè ✳ 让一个事的进行成为可能,开始做。 ✳ 1.创办。2.创造。

创始人 chuàngshǐrén ✳ 作一个东西的第一个人。 ✳ 第一次做的人。 ✳ 首先创造及建立的人。

创新 chuàngxīn ✳ 作以前没有作过的。不要旧的,做出新的。 ✳ 排除旧的,创造新的。

创业 chuàngyè ✳ 开始做大事。 ✳ 创办事业。

创造 chuàngzào ✳ 作人们以前都没有作过的。 ✳ 想出新方法、新看法,做出新的东西。 ✳ 想出新办法,建立新理论,做出新成就。

创作 chuàngzuò ✳ 写(文、小说)什么的。 ✳ 写文学方面的东西,画画儿,作音乐等。 ✳ 1.创造文艺作品。2.指文艺作品。

chun

春 chūn ✳ 中国一年中的一、二、三月,花开的时候。 ✳ 1.一年分为四个时期,春为第一个时期,就是一年的头三个月。2.男女欢爱的想法,如春心。 ✳ 1.春天。2.比作生机。

春季 chūnjì ✳ 见"春"。 ✳ 一年的前三个月。 ✳ 一年的第一季,天气暖和。中国习惯指立春到立夏的三个月时间。

春节 Chūnjié ✳ 中国人过的"中国年"。 ✳ 中国一年的第一天和以后的几天。 ✳ 农历正月初一,中国传统的大节日。

春联 chūnlián ✳ 过"中国年"时人们在家前可以看到的上下写的好话。 ✳ 一年的第一天写在门边上的字,多是说明新年的美好的想法的话。 ✳ 春节时门上贴的对联。

春秋 chūnqiū　✳ 很久以前中国的一个时期（前722—前476），这也是一个书名，这本书说的是这个时期。　✳ 1. 一年的一种叫法。2. 岁月的别名。3. 春天和秋天。　✿ 1. 经过孔子修改的重要历史著作。2. 指中国的一个时代（公元前722—公元前476）。

春天 chūntiān　✳ 中国一年里的一月、二月、三月，花开的时候。　✳ 一年的头三个月，见"春"。　✿ 春季，气候不冷不热，在一年中的二、三、四月。

ci

词 cí　✳ 一个名字是一个词。词有时是一个字，有时是两三个、四五个字。　✳ 1. 中国文学的一种，可以唱。2. 语言的一种成分，有一定的写法、意思和声音，人们用它来跟人说话，有时是一个字、两个字，有时是几个字。　✿ 语言里最小的可以自由运用的单位。

词典 cídiǎn　✳ 用来教人认字的书，里边说字的用法。　✳ 收叫做"词"（cí）的这种语言成分，对"词"的发音、写法、意思等进行说明的一种书。　✿ 收集词并加以讲解的供人查看参考的工具书。

词句 cíjù　✳ 话语、言语。　✿ 词和句子的总称。

词类 cílèi　✳ 一种语言成分，因用法、意思不同分出的东西。　✿ 对词的分类；词分动词、名词、代词等。

词头 cítóu　✳ 一种语言成分，用在前面，只能跟别的语言成分一起用。　✿ 加在词的主要部分前面的构词成分。

词形 cíxíng　✳ 一种语言成分，跟别的语言成分外在不同，如声音、写法等。　✿ 词的形式。

词性 cíxìng　✳ 用以说明这种语言成分和别的语言成分的不同。　✿ 词的特点。根据词性可以把词分成几类。如"看"是动词，"我"是代词。

词语 cíyǔ　✳ 话和语。　✳ 一个字、几个字放一起就成了词语。　✿ 词和短语的总称。

词组 cízǔ　✳ 几个最小的语言成分连在一起的长一点的语言成分。　✿ 短语。

此 cǐ　✳ 这，这个。　✳ 这，这个。　✿ 代词"这"的书面语。

此地 cǐdì　✳ 这里，这地方。　✳ 这个地方。　✿ "这个地方"的书面语。

此后 cǐhòu　✳ 这以后。　✳ 从这个时候往后。　✿ 从此以后。

此刻 cǐkè　✳ 这时候。　✳ 这个时候。　✿ 这个时刻。

此时 cǐshí　✳ 这时候。　✳ 这个时候。　✿ "这个时候"的书面语。

此外 cǐwài　✳ 这以外还有。　✳ 这个事以外。　✿ 指除了以上所说的事物或情形之外的。

此致 cǐzhì ✳ 有的文书里最后写"此致",说的是"这样,我写它叫你看"。 ✳ 这里给你……,书信中常用的话,放在最后。 ✸ 用在写信的最后部分,放在表示致意或祝愿的词之前。

次 cì ✳ 1.回。2.第二。3.不好的。 ✳ 1.用法跟"一回"的"回"差不多。2.第二位的。 3.等第,等次。4.用起来差的。 ✸ 1.事物排出来的先后。2.排在第二的。 3.不合标准的产品。4.量词,用于反复出现或可能反复出现的事情。

次等 cìděng ✳ 不很好的,第二好的。 ✳ 不是头等的,比最好的差一点。 ✸ 第二等。

次货 cìhuò ✳ 不好的东西。 ✳ 卖的不太好的东西。 ✸ 不太好的货物。

次品 cìpǐn ✳ 不大好的东西。 ✳ 比好东西差一点的东西。 ✸ 不合标准的产品。

次要 cìyào ✳ 不重要。 ✳ 不是最重要的;第二位的。 ✸ 比较不重要。

cong

从 cóng ✳ 1.拿一个地方作起点,后面跟名词。2.跟从,跟在别人后面行动。3.从事。4.跟着的人。5.次要的,如主从。 ✸ 1.介词,起于,"从……"表示"拿……做起点"。2.介词,表示经过。3.从过去到现在(都没有)。

从此 cóngcǐ ✳ 从这以后。 ✸ 从此时起。

从而 cóng'ér ✸ 连词,是"因此就"的意思。

从来 cónglái ✳ ……到现在。 ✳ 从过去到现在。 ✸ 从过去到现在。

从前 cóngqián ✳ 以前,过去。 ✳ 以前;过去的时候,不是现在。 ✸ 指过去的时候。

从容 cóngróng ✳ 1.不很快地作什么的样子。2.(时间)多。 ✳ 样子平和,不忙。 ✸ 不急不忙。

从事 cóngshì ✳ 作(什么工作)。 ✳ 干什么事。 ✸ 全力进行某种事业。

从头 cóngtóu ✳ 从开始起。 ✸ 1.从最初(做)。2.重新(做)。

从小 cóngxiǎo ✳ 小时候(以来)。 ✳ 打小的时候起。 ✸ 从年纪小的时候。

cun

村 cūn ✳ 离城市远的种地的人住的地方。 ✸ "村子"的简称。

村长 cūnzhǎng ✳ 一个村里说话最有用的人。 ✳ 种地的人在一起住的地方中主事的人。 ✸ 村里的最高领导人。

村庄 cūnzhuāng　✸ 种地的人在一起住的地方。　✸ 农民居住的地方。是"村子"的同义词。

村子 cūnzi　✸ 远离城市,种地的人在一起住的地方。　✸ 是"村庄"的同义词。

存 cún　✸ 把钱、东西等放着不用。　✸ 1.存在;生存。2.保存;留。

存车处 cúnchēchù　✸ 放车子的地方。　✸ 存放车辆的地方。

存放 cúnfàng　✸ 叫不用的东西都在一个地方。　✸ 把东西放在一个地方不动。　✸ 寄存;把东西短时间地让别人保管。

存货 cúnhuò　✸ 一时没人买的东西。　✸ 商店里放着的还没卖出去的东西。　✸ 积存的货物。

存钱 cúnqián　✸ 把钱放着不花,以后再用。　✸ 1.积存钱。2.积存的钱。

存衣处 cúnyīchù　✸ 商店、车站等场所放衣服的地方。　✸ 某些公共场所存放衣服的地方。

存在 cúnzài　✸ 有,是,在。　✸ 有。事物放在一定的时间和一定的场所里。　✸ 事物在时间和空间里不断保留着。

cuo

错 cuò　✸ 不好。　✸ 不对,不对的地方。　✸ 1.安排办事的时间让它们不冲突。2.不正确。

错爱 cuò'ài　✸ 喜欢。你喜欢我,可是我本来不可爱,也没什么好的,你爱我是错爱。　✸ 爱了不可爱的人,爱错了人,用来谢谢对方看重自己。　✸ 客气话,表示感谢对方的爱护、重视。

错别字 cuòbiézì　✸ 字没有写好,用这个字的地方用了那个字,叫别字,写了本来没有的字,叫错字。错字和别字叫错别字。　✸ 写错的字,错写成了别的字。　✸ 写错的字和错写的字。

错车 cuòchē　✸ 两辆火车、汽车、电车等走在一起时为了让路分开行进。　✸ 为了让路,火车、汽车等分开行走。

错过 cuòguò　✸ 本来有的机会没有了。　✸ 没有了机会。　✸ 因为没注意等原因,没有了机会等。

错字 cuòzì　✸ 见"错别字"。　✸ 写的不对的字。　✸ 写得不正确的字。

D

da

达 dá　✸ 书面语中"到"的意思。　✸ 1.通。2.达到。

达成 dáchéng　✽ 两方得到。　✽ 两方、几方最后得到相同的意见等。　❋ 达到；得到(多指商谈后的结果)。

达到 dádào　✽ 到一个地方。　❋ "到"的意思。但多指不具体的事物或程度。

答 dá　✽ 对方提问以后,告诉对方他想知道的东西。　❋ 回答,与"问"相对。

答辩 dábiàn　✽ 面对对方提的问题,说明自己的行动、意见等。　❋ 答复别人的批评、问难,为自己的行为和论点辩护。

答复 dáfù　✽ 对方提问后对他说明。　❋ 对问题或要求给予回答。

答题 dátí　✽ 不是问的题,不是问问题。　✽ 问题问什么,就说什么。　❋ 1. 回答问题。2. 回答的问题。

打 dǎ　* 作。　✽ 1. 一种主动用手让别人觉得疼和让外物发出声音的动作。2. 做(毛衣)。3. 提。4. 手让球动起来的动作。5. 画,如打个问号。6. 做,从事,如打前站。7. 定出,如打主意。8. 买,如打酒。9. 发出,如打电话。10. 说明身体上的一些动作。　❋ 1. 把手或器具猛力放在对方身上。2. 发生与人交往的行为。3. 制作(器物、食品)。4. 举;提。5. 买。6. 定出;计算。7. 做;从事。8. 表示身体上的某些动作。9. 采取某种方式。10. 介词,从。

打包 dǎbāo　✽ 1. 把一些东西包在一起。　2. 在饭馆里吃饭时,把没有吃完的东西带回家。　❋ 1. 用纸、布等包装物品。　2. 打开包着的东西。

打抱不平 dǎ bào bù píng　✽ 看不下去,叫人不要再作不好的。　✽ 认为对一个人不公平,去为他说话。　❋ 用言语或行动帮助受到不公平对待的人。

打断 dǎduàn　✽ 一个人说话还没说完,你叫他不要说了(你说话,他不能再说下去了)叫打断。　✽ 让人先别做一事,过会儿再做。　❋ 使停止。使进行中的事物或谈话停止。

打官司 dǎ guānsī　✽ 到法院去把问题说明白。　❋ 去法院等机关进行解决事件的活动。

打火机 dǎhuǒjī　✽ 一种手拿的可以得到火种的小东西,它用电子等发火,让里面的气体着(zháo)起来,然后去点别的东西。　❋ 一种能让物体点着(zháo)的小东西,很小巧。

打架 dǎjià　✽ 因为意见不和跟别人动手。　❋ 人与人之间互相用嘴、手脚打。

打开 dǎkāi　✽ 让关着的东西不再关着;把一物体开开。　❋ 1. 拉开,解开。2. 让小的局面、范围变大。

打毛衣 dǎ máoyī　✽ 用手做毛衣。　❋ 用手工织毛衣。

打破 dǎpò　✽ 让一样东西不再是本来的好样子。　❋ 1. 破坏。2. 突破原有的限制。

打气 dǎqì　✽ 让气进到物体里面。　❋ 加力使气进入。

打球 dǎqiú ＊一种让身体好的活动，常有很多人一起进行。 ✽ 进行球类活动。

打扰 dǎrǎo ＊一个人正在作什么、想什么，你去了，他不能好好作，好好想，你打扰了他。 ＊让别人不能一心一意做事。 ✽ 用声音或行动影响别人。

打算 dǎsuàn ＊想作，有的想法。 ＊脑中的念头；有关行动的方向、方法等的想法。 ✽ 计划。

打碎 dǎsuì ＊让一个完好的东西变成许多块儿。 ✽ 有意或无意使完整的东西成为破碎的东西。

打听 dǎtīng ＊去问人，听他说。 ＊想知道什么事什么人，便去向别人问，比如打听路。 ✽ 问（消息、情况等）。

打通 dǎtōng ＊把中间的物体拿走，让一方和别的一方连在一起。 ✽ 除去一些东西，使互相连接。如：1. 把两个房间打通。2. 打通思想。

打印 dǎyìn ＊让机子上的字出现在可写字的东西上。 ✽ 1. 打字油印。2. 打字机印文件。

打印机 dǎyìnjī ＊能让机子上的字打到可写字的东西上的一种电动机子。 ✽ 一种打字机，用某种方法把字印出来。

打杂 dǎzá ＊作不重要的工作，什么都作。 ＊做零活儿，做种种不重要的事。 ✽ 不做某工作的主要部分，只做杂事。

打招呼 dǎ zhāohu ＊见到的时候问好。 ＊问一个人好，让一个人在意自己在这里。 ✽ 用语言或动作表示问候。

打字机 dǎzìjī ＊能把字打在可写字的东西上的机子，有手打机和电打机两种。 ✽ 把字等打在纸上的机子。

大 dà ＊在体和面上，一个物体比别的物体多，跟"小"对立。 ✽ 在体积、数量、强度等方面比所比对象多、强等。跟"小"相对。

大便 dàbiàn ＊肉、菜、饭等进人体里以后又从下半身出来时化作了大便。 ✽ 与"小便"相对。

大部分 dàbùfen ＊一多半。 ＊一个事物中算起来多的那些。 ✽ 大多数。

大材小用 dàcái xiǎoyòng ＊用人用的不是地方。叫可以做重要工作的人去作很不重要的工作。 ＊大东西用在小地方，把人才放错了位子，让能干的人去做小事儿。 ✽ 重要的材料用在不重要的地方。多指人事安排不合适。

大菜 dàcài ＊放在一起的很多上等菜，比如法国大菜。 ✽ 吃饭的时候后上的上等菜，是请客或大家一起吃饭时的主要的菜。

大典 dàdiǎn ＊国家进行的大的祝好的活动。 ✽ 指国家举行的重要典礼。

大队 dàduì ＊很多人在一起所成的一种同一体。 ✽ 一种下分小队的组织。也是军队中的一种组织，里面有一定的人数。

大　　　　　　　　　　　　　　　　　　　　　　　　　　　　　　　49

大而无当 dà ér wú dàng　　＊虽然大,可不能用、不好用。　✲虽然大,但是不适用。

大方 dàfāng　＊1.行(háng)家。2.买东西不想贵不贵的问题,贵也买。　※1.对钱物不大在意,不小气。2.说话、动作自然,不做作。　✲1.对钱物不计较,是"小气"的反义词。2.(言谈)自然。3.(书面语)指专家、学者。

大概 dàgài　＊有可能。　※差不多,可能。　✲1.不十分精确。2.表示有很大的可能性。是"大约"的同义词。

大哥 dàgē　＊一家中的第一个男孩子;最大的哥哥。　✲1.最大的哥哥。2.称呼年纪和自己差不多的男子。

大国 dàguó　＊地方大、人口多的国家。　✲地方大、人口多、钱物多的国家。

大汉 dàhàn　＊男人。　※身体高大的男人。　✲身材高大的男子。

大号 dàhào　＊人对外用的名字。　✲1.指衣服、鞋、机器等较大的号。2.人的正式名字。

大后年 dàhòunián　＊三年以后的那一年。　※后年以后的那一年;今年以后的第二年。　✲紧接在后年之后的一年。

大后天 dàhòutiān　＊三天以后的那一天。　※后天以后的那一天;今天以后的第二天。　✲紧接在后天之后的一天。

大会 dàhuì　＊很多人都去的重要的会。　※有很多人开的会。　✲1.国家机关等开的全体会议。2.人数众多的集会。

大家 dàjiā　＊很多人。　※一定场所里的每个人,所有的人。　✲1.一定范围所有的人。2.有名的专家。

大哭 dàkū　＊不高兴时,人面上有很多水,发出的声音也很大。　✲大声哭。

大街 dàjiē　＊人和车走的大道。　※城里主要的道路。　✲城里路面较大的较热闹的街道。

大量 dàliàng　＊很多,非常多。　✲数量很大。

大楼 dàlóu　＊有很多房间,房间又分上下的高大楼房。　✲高大的楼房。

大米 dàmǐ　＊中国南方人天天吃得最多的东西。　※一种水中田间作物的种子,白色,中国南方人把它当作最主要的饭。　✲一种水中长的作物的种子,是中国南方人的主食,白色。

大名 dàmíng　＊名字,用来问别人名字时一种好听的说法。　✲1.人的正式名字。区别于"小名"。2.很大的名声。

大脑 dànǎo　＊人用来想问题的地方。　※人的头里用来思想的地方。　✲头内部神经系统的最重要的部分。

大前年 dàqiánnián　＊三年以前的那一年。　※前年的前一年。　✲紧接在前年之前的一年。

大前天 dàqiántiān　✳ 三天以前的那一天。　✳ 前天的前一天。　✸ 紧接在前天之前的一天。

大桥 dàqiáo　✳ 人和车在上边走,可以过河的地方。　✳ 两头在河的两边,让人、车等走过河去的很大的人工物体。　✸ 长度大,桥面大的桥。

大人 dàrén　✳ 不再是小孩儿的人。　✳ 成人;人十八岁以后便成了大人。　✸ 成人。

大师 dàshī　✳ 有名的老师,工作上很有名的行(háng)家。　✳ 在一个方面有很深学问的国家名人。　✸ 在学问或艺术上做得特别好的专家、学者。

大使 dàshǐ　✳ 一个国家常住在外国只为两国友好忙活的人,两国间的事儿他都过问,也要报告给国内。　✸ 由一国派到另一国的最高级的外交代表。

大使馆 dàshǐguǎn　✳ 一个国家在外国的工作的地方。　✳ 一个国家安在外国为两国友好办事的地方。　✸ 一个国家设在另外一个国家的最高办公机关。

大体 dàtǐ　✳ 可能;就主要方面来说。　✸ 1.重要的道理。2.就多数情形或主要方面说。

大象 dàxiàng　✳ 身体最大的一种动物,很高很重,生活在热带。　✸ 动物中体形最大的一种,鼻子长,眼睛小。

大小 dàxiǎo　✳ 多大。　✳ 物体大小的样子;大到多少,小到多少。　✸ 1.大小的程度。2.或大或小,表示还能算得上。3.大的和小的。

大写 dàxiě　✳ 字母的一种写法,像 a 的大写为 A。　✸ 句首的第一个字母的写法就是大写。与"小写"相对。

大学 dàxué　✳ 不是小学、中学。　✳ 高等学校的一种。学生大体上在大学四年,便可得到学位。　✸ 进行高等教育的学校。

大学生 dàxuéshēng　✳ 大学里的学生。　✳ 高等学校里的学生。　✸ 在高等学校读书的学生。

大衣 dàyī　✳ 西方人穿的那种能包住身体的长外衣。　✸ 较长的西式外衣。

大意 dàyì　✳ 话语、作文说的是什么。　✳ 1.主要的意思。2.不小心,不太认真。　✸ 主要的意思。

大有作为 dà yǒu zuò wéi　✳ (人)在工作中会作得很好,作到他人还没有作到的。　✳ 能把所有的才能都用出来,起到很大的作用;能做出重大的成就来。　✸ 能做出重大成就。

大约 dàyuē　✳ 可能。　✳ 可能,差不多。　✸ 1.表示数目不十分精确。2.表示有很大的可能性。是"大概"、"大致"的同义词。

大致 dàzhì　✳ 大体上,差不多。　✸ 1.大体上。2.是"大概"、"大约"的意思。

大众 dàzhòng ✳ 大家。 ✳ 大家,所有人,很多人。 ✳ 一般的人,是社会的基本成员。

大众化 dàzhònghuà ✳ 大家都知道,和大家都一样的。 ✳ 让什么人跟一个地方的很多人一样;让很多人都想要,都喜欢一个事物。 ✳ 变得跟广大民众一致。

大自然 dàzìrán ✳ 不是人作的,天生的。 ✳ 人们所处的有山川大河,有花鸟果鱼,有田园风光的地方。 ✳ 自然界。

dai

大夫 dàifū ✳ 给人看病的人。 ✳ 医生;给人看病的人。

代 dài ✳ 时期;为别人做他要做,可是不能做的。 ✳ 代替。

代办 dàibàn ✳ 作他人叫作的,再在他人那儿得到什么。 ✳ 为别人做事。 ✳ 1. 代行办理。2. 以外交部长名义派到另一国家的外交代表。3. 当大使或公使不在职时,代替他们的职务的人员。

代笔 dàibǐ ✳ 为别人写。 ✳ 替别人写文章、书信等。

代表 dàibiǎo ✳ 以别人的身份为他做事。 ✳ 代替个人或集体办事或表达意见。

代表团 dàibiǎotuán ✳ 以别人的身份来做事的许多人。 ✳ 由同一类情况的代表组成团体,为的是办理或进行某事。

代词 dàicí ✳ "我、你、他、我们、你们、他们、谁、什么、哪、怎么、怎样、几、这儿、那儿……"都是代词。 ✳ 语言中的一种成分,如他、她等,第二次说到一个人时用这些字。 ✳ 代替名词、动词、形容词、数量词的词。

代价 dàijià ✳ 要作什么,得到什么,自个儿的东西也会少,这少了的东西是代价。 ✳ 为做一事、得到一事所给出的自己的东西。 ✳ 1. 取得某东西时所付的钱。 2. 指为达到某目的所费的物力或精力。

代理 dàilǐ ✳ 主人不在时,以他的身份做事的人;以别人的身份做事。 ✳ 1. 某一时期代替某人的职务。2. 受某人之托,代表此人进行某种活动。

代替 dàitì ✳ 在要用 B 的地方用 A。 ✳ 一个人不在,别的人为他做事的行为。 ✳ 由一个换另一个,而起后者所起的作用。如:我代替他去。

代言人 dàiyánrén ✳ 说话的人,他说的是他人、他那一方很多人的想法。 ✳ 以一个人的身份对大家说明这个人的想法的人。 ✳ 代表某方面发表言论的人。

代用 dàiyòng ✳ 没有想要的东西,找别的东西来用。 ✳ 用性能相同或相近的东西代替原用的东西。

带 dài ✳ 知道怎么作,认识怎么走的人作、走在他人前边。 ✳ 1. 在身上、在手上拿着。2. 连着。3. 带动,让别人跟着自己。4. 带子。5. 地带。 ✻ 1. 长条物。2. 地带。3. 随身拿着。4. 顺便做某事。5. 显出来。6. 含有。7. 连着。8. 带动。

带队 dàiduì　✻ 让很多人跟着自己去一个地方。　✻ 领队的人。

带领 dàilǐng　✻ 让别人跟着自己做事。　✻ 1. 走在前头,使后头的人跟着。2. 是"领导"的意思。

带路 dàilù　✻ 知道怎么走的人走在前边,不知道怎么走的人走在后边。　✻ 和别人一起走路,告诉别人哪个路是对的,让别人跟着自己走。　✻ 带领不认识路的人走。

待 dài　✻ 1. 面对(人等)。2. 等着。　✻ 1. 对待。2. 招待。

待人接物 dài rén jiē wù　✻ 面对别人、办事、面对东西时的样子和行为,就是生活中跟人来往。　✻ 跟人相处。

待遇 dàiyù　✻ 一个人得到的好的东西。　✻ 国家、机关给自己的可以生活的东西;对人好不好的样子。　✻ 1. 对人的情况、方式。2. 指社会地位、福利等。

dan

单 dān　✻ 一个,1、3、5……11、13……99、101　✻ 一个为单;不是成对出现的。　✻ 1. 一个。跟"双"相对。2. 奇数的。跟"双数"相对。

单车 dānchē　✻ 人坐在上边走,自行车在中国南方叫单车。　✻ (南方)自行车。　✻ 1. 单独运行的车。2.(方言)自行车。

单程 dānchéng　✻ 去了不回来。　✻ 从这里到那里,可是不再从那里回到这里的,如单程车票、机票等。　✻ 与"双程"、"来回"相对,一来或一去的行程。

单词 dāncí　✻ 语言中的一种成分,有声音和意思,比如一个名字就是一个单词。　✻ 最大的单位是"词"。区别于"词组"。

单打 dāndǎ　✻ 一个人对一个人地打。　✻ 跟"双打"相对,由一人为一方,两人对打。

单调 dāndiào　✻ 这回这样,下回还这样,没有不同。　✻ 只有一种事物,一个样子;不生动;没有意思。　✻ 简单,重复,没有变化。

单独 dāndú　✻ 一方。　✻ 自己,一个人;一方。　✻ 不跟别的合在一起。

单方 dānfāng　✻ 一方。　✻ 一个方面;一方。　✻ 与"双方"相对。

单个儿 dāngèr　✻ 一个人、东西。　✻ 是"一个"的意思。　✻ 独自一个。

单号 dānhào　✻ 1、3、5……11、13……　✻ 1、3、5、7……这样不成对的字。　✻ 数字是奇(jī)数的号。

单间 dānjiān　✻ 只有一个房间的。　✻ 仅有一间的屋子。

单但淡蛋当

单身汉 dānshēnhàn　＊ 没有女人的男子。　＊ 没有女人的成年男人。　✱ 单独生活的男人或没结婚的男人。

单位 dānwèi　＊ 很多人在一起工作的地方。　✱ 一个机关、团体或一个部门。

单一 dānyī　＊ 只有一个。　＊ 只是一种。　✱ 只有一种。

单衣 dānyī　＊ 不太冷的时候用的衣服。　✱ 只有一层的衣服。

单音节 dānyīnjié　＊ 说话时一个字的声音。　✱ 只有一个音节。与"多音节"相对。

单元 dānyuán　＊ 楼房、课本等里面的一块儿,每块儿里面的成分关连在一起。　✱ 独自成为一组的单位。

单子 dānzi　＊ 1.平放在床上的东西。2.像票一样的东西,上面可以写事、菜名等。　✱ 1.床上的布。2.记事物的纸片。

但 dàn　＊ 可是,不过。　＊ 可是。　✱ 1.只。2."但是"的简称。

但是 dànshì　＊ 可是。　＊ 可是,说明后面要说的话跟前面说到的不一样。　✱ 是"可是"的意思。常跟"虽然"、"尽管"用。

淡 dàn　＊ 色儿等不重,色儿轻。　✱ 1.气体或流动物体中所含的某种成分少。2.冷淡。

淡红 dànhóng　＊ 像火一样,可色不重的一种色儿。　✱ 颜色不深的红色。

淡季 dànjì　＊ 一样东西买的人很少,是这样东西的淡季。　＊ 市场上一种东西卖不出去的时候,就是这种东西的"淡季"。　✱ 1.生意不太多的季节。2.某种东西出产少的季节。

淡水 dànshuǐ　＊ 可以喝的水,不是海水。　＊ 能喝的水,比如江水、河水,跟海水不同。　✱ 与"海水"相对的某些河、湖里的水。

淡水鱼 dànshuǐyú　＊ 不是在海水里生长的鱼。　✱ 生活在淡水里的鱼。

蛋 dàn　＊ 一样儿东西,里边儿是黄儿,可以吃。　＊ 鸡生下来的白色的物体。　✱ 鸟、鸡等所生的长圆形的表面硬的东西。

蛋白 dànbái　＊ 鸡生下来的白色物体里的东西,不是黄色的那块儿。　✱ 蛋里的包在蛋黄周围的流动物体。

蛋黄 dànhuáng　＊ 鸡生下来的白色物体里面的黄色东西。　✱ 蛋里的黄色圆形物体。

dang

当 dāng　＊ 1.以一种身份工作;得到一种身份。2.面对着;向着。3.两方地位等差不多。4.正在那时候,那地方。　✱ 1.应当。2.面对着,向着。3.正在(那时候、那地方)。4.当做。5.任某种职务,从事某种职业。

当场 dāngchǎng　✽ 在那个时候、那个地方。　✽ 就在那个地方和那个时候。　✽ 就在那个时候和那个地方。

当初 dāngchū　✽ 以前那时候。　✽ 开始的时候,先前的时候。　✽ 起初;最初。

当代 dāngdài　✽ 现在。　✽ 现在这个时候,活着的人们生活的时候。　✽ 当前这个时代。

当地 dāngdì　✽ 人在的这个地方。　✽ 人物所在的那个地方;一个事儿发生的那个地方。　✽ 是"本地"的同义词。

当官 dāngguān　✽ 成为一个地方、一个机关主事的人。　✽ 是"做官"的同义词。

当面 dāngmiàn　✽ 在一个人前边,叫这个人看得到他(作……)。　✽ 在说话人的面前。　✽ 1. 在前面。2. 面对面。

当前 dāngqián　✽ 在说话的这个时候,说话以后的一点时间里。　✽ 现在。　✽ 目前。

当然 dāngrán　✽ 正是这样。　✽ 本来就是这样,不会有问题的。　✽ 没有疑问,一定。

当时 dāngshí　✽ 那时候。　✽ 过去发生一个事儿的时候。　✽ 某件事件发生的时候。

当务之急 dāng wù zhī jí　✽ 现在最重要的。　✽ 等着人去办的事,要人最快地去办的事。　✽ 当前急切应办的事。

当心 dāngxīn　✽ 不马虎,小心。　✽ 小心;留神。

当着 dāngzhe　✽ 叫(人)看到。　✽ 在……面前。　✽ 1. 向着;面对着;在……面前。2. 公开地;公然地。

当中 dāngzhōng　✽ 中间。　✽ 在两个和两个以上的物体中间。　✽ 之内,中间。

当做 dāngzuò　✽ 认作,看作。　✽ 把一人、一事看成……。　✽ 把……看作,看成。

党 dǎng　✽ 为了共同的思想、行动和好处走在一起的很多人所成立的东西叫"党"。　✽ 代表某个阶级或集团的政治组织。

党派 dǎngpài　✽ 不同的人有不同的思想、主张,这些人有这样的意思,那些人有那样的看法,他们分别走到一起,就出现了不同的党派。　✽ 各政党和政党中的各派别的统称。

党员 dǎngyuán　✽ 很多有共同的思想、行动和好处的人中的一个。　✽ 政党的成员。

党章 dǎngzhāng　✽ 很多有共同的思想、行动和好处的人一起写下的共同的思想和主张。　✽ 一个政党的章程。

当 dàng　✳ 是。　✳ 1. 作为,当作。2. 事儿发生的时间,如当天。　❋ 1. 合适。2. 作为,当做。3. 认为。4. 指事情发生的时间。

dao

导 dǎo　✳ 叫……可以过去。　✳ 让……从这个地方到那个地方。　❋ 1."传导"的简称。2."领导"的简称。3."导演"的简称。

导电 dǎodiàn　✳ 可以让电从这一头到那一头。　❋ 传导电流。

导火线 dǎohuǒxiàn　✳ 让火从这一头到那一头的可以点着的东西。　❋ 1. 使物体爆破的线。2. 形容直接使事件爆发的事。

导论 dǎolùn　✳ 书里最前边儿说的话。　✳ 写书、作文时写在前面的对一个问题的不太多的说明。　❋ 学术论著开头部分,是对全书的介绍和说明。是"导言"的同义词。

导热 dǎorè　✳ 可以让热从这一头到那一头。　❋ 传导热能。

导师 dǎoshī　✳ 给学生知识的人;告诉所有人思想和做事方法的人。　❋ 高等学校和研究机关中指导人学习、写作论文的人。

导线 dǎoxiàn　✳ 可以让电、热等从这一头走到那一头的长的东西。　❋ 传导电流的线。

导言 dǎoyán　✳ 书里最前边儿说的话。　✳ 在一本书前面的话,告诉人们怎么看这本书。　❋ 是"导论"的同义词。

导演 dǎoyǎn　✳ 1. 很多人在一起做动作来讲一个事,说明一种思想等给人看,有一个人告诉这些人要怎么做,这个人叫"导演"。2. 告诉别人怎么做动作好看。　❋ 1. 做导演工作的人。2. 指导如何排演戏剧或电影。

到 dào　✳ 1. 从一个点去第二个点,在第二点时行走的动作不再进行叫"到"。2. 往。　❋ 1. 到达。2. 放在动词后面,表示动作有结果。3.(想得、做得)全面、周到。

到处 dàochù　✳ 一个个地方。什么地方都是。　✳ 处处,每一个地方。　❋ 处处,各个地方。

到达 dàodá　✳ 到。　✳ 走到(一个地方)。　❋ 到了(某一地点或某一阶段)。

到底 dàodǐ　✳ 1. 本来,最少的。2. 到最后,到头来。　❋ 1. 到终点。2. 经过种种变化而最后实现的情况。

到来 dàolái　✳ 来到。　✳ 来到自己面前。　❋ 来了(多用于事物)。

到家 dàojiā　✳ 一个方面很好。　✳ 1. 走到自己的家里。2. 到高的水平。　❋ 1. 达到相当高的水平。2. 走到家里。

到手 dàoshǒu　✳ 会了,有了。　✳ 一个事物开始是自己的了;得到(一物)。

✻ 获得。

道 dào ✻ 1. 人、车走的路。2. 方法。3. 说。 ✻ 道路。

道家 dàojiā ✻ 老子的想法,他说人最好什么都不作。 ✻ 中国的一种思想,主张无为和自然。 ✻ 以老子、庄子为主要代表的一个思想派别,认为自然很好,主张清静无为。

道具 dàojù ✻ 做给人看时用的东西。 ✻ 演戏或演电影时的器物。

道理 dàolǐ ✻ 有关事物为什么这样的看法。 ✻ 1. 事物的法规。2. 事情或论点的根据。

道路 dàolù ✻ 人、车走的地方。 ✻ 地面上给人、车马行走的地方。 ✻ 地面上人或车马走的部分。

道谢 dàoxiè ✻ 用言语来谢别人。 ✻ 用言语表示感谢。

de

地 de ✻ 语法字,用在意义是动作的字前。 ✻ 用在动词前面的助词。

的 de ✻ 语法字。 ✻ 用在名词前面的助词。

……的话 … dehuà ✻ 如果。 ✻ 如果。

……的时候 … deshíhòu ✻ 一个事儿发生的时间。 ✻ ……时。

得 dé ✻ 以前手中没有的,现在有了。 ✻ 1. 得到。2. 演算产生的结果。3. 完成。4. 用在谈话要完的时候,表示同意等。

得当 dédàng ✻ 作得好,作得不多不少。 ✻ (话、事物等)出现的很是地方;在这个时候、这个地方说这样的话,办这样的事很好,有最好的作用。 ✻ (说话或做事)正合适。

得到 dédào ✻ (本来没有,现在)有了。 ✻ 拿到,以前没有的现在有了。 ✻ 获得;事物为自己所有。

得分 défēn ✻ 看了是对是错以后所给的分。 ✻ 在体育运动等活动中为比较高低而得的分数。

得了 déle ✻ 行了,好了,不要再(说、作……) ✻ 算了!行了;说明同意。 ✻ 表示不许可或同意;算了;行了。

得势 déshì ✻ 比别人好,地位在别人上面的时候,多用在不好的人身上,如小人得势。 ✻ 得到势力或地位(多指坏人)。

得体 détǐ ✻ 作得正好。 ✻ 衣服、言语等出现的很是时候,很是地方,让人觉得好;说话等都很得当,有好的作用。 ✻ (语言或行动等)合适。

得意 déyì ✻ 有了自己想要的,就很高兴。 ✻ 自我感到非常满意。

得意忘形 déyì wàngxíng ✻ 有了自己想要的,就高兴得过了头。 ✻ 形容高兴得不能制约自己。

得 de ✽ 语法字,跟在意义是动作的字后。 ✽ 用在动词后面的助词。

dei

得 děi ✽ 要。 ✽ 一定要做的;非这样不可的。 ✽ 需要。

deng

灯 dēng ✽ 有了这东西,不是白天也能叫人看东西的东西。 ✽ 晚上人们看东西时所用的发光的东西。 ✽ 照明用的发光器具。

灯光 dēngguāng ✽ 不是白天也能叫人看到东西的东西。 ✽ 人们看东西时所用的发光东西所发的光。 ✽ 电灯映出的光。

灯火 dēnghuǒ ✽ 正点着的能发光的东西。 ✽ 指亮着的灯。

灯头 dēngtóu ✽ 发光的东西的头儿,用来把它安到别的物体上。 ✽ 指接在电灯线一头的安装照明设备的器具。

等 děng ✽ 为了一个人在一个地方不走,到那个人出现才走。也可用在事上。 ✽ 等待。

等待 děngdài ✽ 要见到、得到(人、东西、时机),在一个地方不走,什么也不作。 ✽ 长时间地等自己所想的人、事物出现,不做什么事。 ✽ 不行动,直到所期望的人或事物出现。

等等 děngděng ✽ (这几个以外)还有…… ✽ 用在几个名字后面,说明还没提完;还有别的。 ✽ 表示所举的事物还没说完。

等候 děnghòu ✽ 等(人、事、物)。 ✽ 等待。

等级 děngjí ✽ 不好的、好的、很好的是三个等级。 ✽ 对事物所做出的上下、好差的分别。 ✽ 按照程度、地位等的差别而作出的区分。

等于 děngyú ✽ 这个和那个一样。 ✽ 两个事物一样,同一。 ✽ 1. 某数量与另一数量相等。2. 差不多就是。

di

低 dī ✽ 下边的。 ✽ 1. 不高。2. 下等的。3. 让头往下。 ✽ "高"的反义词。

低年级 dīniánjí ✽ 年岁小的班。 ✽ 学生在学校所处的水平不高的一班。 ✽ 学校中比较低的年级。

低三下四 dī sān xià sì ✽ 觉得自己比不上别人,说话做事都体现出这种样子,用在不喜欢的人上。 ✽ 形容没有骨气。

低声 dīshēng ✽ 小声儿。 ✽ 声音不高,小声(说话等)。 ✽ 比正常声音低的声音。

低温 dīwēn　✳有点凉。　✳不热。　✲很低的温度。是"高温"的反义词。

低音 dīyīn　✳声儿不大。　✳（乐音）声音不高。　✲发出的低的声音或音乐。

的确 díquè　✳是这样。　✳真正、真的。　✲完全确实；实在。

底 dǐ　✳一年、一个月的最后几天。　✳物体的最下边。　✲1.物体最下部。与"底子"同义。2.年或月的最后时候。3.内情。与"底子"是同义词。

底片 dǐpiān　✳一种片子,上面的图画跟活生生的事物一样,用来做这种片子的最初的看不大出真人真物的片子叫"底片"。　✲照过的或没照过的片子,但没有洗出相片来。

底下 dǐxià　✳下边。　✳1.下面。2.以后。　✲1.下面。2.以后。

底子 dǐzi　✳1.底儿。2.有关的事。3.最后的东西。4.本来的,可以作为出发点的。　✲1.物体最下部分。2.内情。

地 dì　✳1.九大行星的一个,我们和自然万物生长活动的所在。2.田地。3.地面。4.地区,如外地。5.地点,如所在地。　✲土地或人站的地方。

地步 dìbù　✳人、事物到了一定的样子,这种样子多是不好的。　✲1.处境。2.达到的程度。

地点 dìdiǎn　✳人、东西在的地方。　✳人、物所在的地方。　✲所在的地方。

地方 dìfāng　✳地上的一个区间；点,一处。　✲某一个地区,或某一个空间,或某一个部位。

地瓜 dìguā　✳（方言）一种一年生和多年生,生长在地下成块发红的作物,可以吃。　✲1.一种长在地下的东西,它的块根皮色发红或发白,肉黄白色,可以吃。2.这种东西的块根。

地名 dìmíng　✳地方的名字。　✳一个地方的名字。　✲地方的名称。

地球 dìqiú　✳有人的地方,大地,不是天。　✳我们所生活的这个行星。　✲人类生存的星球。

地区 dìqū　✳地面上很大的一片地方,上面可能有一些城市。　✲1.比较大的一片地方。2.中国省、自治区设立的按行政划分的地方。

地儿 dìr　✳口语中说的小地方。　✳人们可立可坐的地方。　✲地方。

地上 dìshàng　✳在地面上,地面上。　✲地的表面部分。

地铁 dìtiě　✳在地下边走的火车。　✳1.在地下行进的火车。2.火车在地下走的道路。　✲"地下铁道"的简称。

地图 dìtú　✳说明地面事物和现象的图,图上写着地名,带很多色儿。　✲说明地球表面的各个地方的分布情况的图。

地位 dìwèi　✳人、机关在国家、地区中所处的位子,有的高,有的低。　✲在社会关系中所处的位子。

地中海 dìzhōnghǎi　✽一个海,在法国南边。　✽黑人最多的那片地方以北的一个海,不太大,在几块大地中间。　✱一个大海,在法国南部。

地主 dìzhǔ　✽旧中国,自己有很多土地让别人种的人。他们从不去田间工作,可是很有钱,也有地位,生活自然就很好。　✱1.有土地,自己不劳动,让农民给他种地,也可以把地租给农民,靠农民的劳动生活的人。2.指住在本地的人(跟外地来的客人相对)。

弟 dì　✽同一父母所生的比自己小的男子。　✱是"弟弟"的简称。

弟弟 dìdi　✽同一父母所生的比自己小的男子。　✱假设自己是家中的一个孩子,而家中另外的比自己小的孩子他是自己的弟弟。

弟子 dìzǐ　✽旧时叫学生为"弟子"。　✱过去称学生为弟子。

第 dì　✽用在"一、二、三……"这些字前,说明事物的先后。　✱用在整数的数词前边,表示先后。

dian

典 diǎn　✽1.可让人学的样本。2.古时有名的事。3.书。　✱1.标准。2.典礼。

典范 diǎnfàn　✽可以让人学的人和事物。　✱可以作为学习的标准的人或事。

典故 diǎngù　✽当今书、文里所用的古书中的事物和话语,里面有一定的意思。　✱文章里所用的古书中的故事或词语。

典礼 diǎnlǐ　✽一个重大的会。　✱为重要的事所进行的重大的活动。　✱在重大时刻所举行的庄重的活动。

点 diǎn　✽1.汉字的一个笔画"、"。2.一天二十四小时中的一个。3.一个个地对人名、物体等。4.一定的地点。5.事物的方面。　✱1.汉字的笔画。2.小数点。3.事物的方面或部分。4.在许多人或事物中指定。5.指点。

点菜 diǎncài　✽在饭馆吃饭时向小姐说自己喜欢的要买的菜。　✱在饭店里吃饭时说明自己想要哪个菜。

点名 diǎnmíng　✽叫人的名字。　✱一些人在一起时,有一个人一个个地叫他们的名字,看是不是都来了,来了多少人。　✱按照名单一个一个地叫名字。

点明 diǎnmíng　✽明明白白地说出。　✱指出来使人知道。

点头 diǎntóu　✽说"好"、"行(xíng)"。　✱轻轻地向下动两三次自己的头,说明同意别人的意见。　✱头往下动,表示同意或打招呼。

点心 diǎnxīn　✽小吃一样的东西,不是吃饭时吃的。　✱饭前和饭后吃的一些香香的好吃的小东西。　✱一种食物,不用于解饿,一般外形小巧,多是面做的。

电 diàn　✽1.物体中的一种能,人们在生活中用它来发光、发热等。2.电报。

3. 打电报。 ✲ 一种重要的能量,开机器的时候常需要用,工作、生活都离不开它,如发光、发热、产生动力等。

电报 diànbào ✲ 用电信号发送文字、图片的写信方法。 ✲ 用电能把要说的内容传到其他地方去。

电车 diànchē ✲ 用电开动的坐人的公共汽车。 ✲ 用电能开的车。

电灯 diàndēng ✲ 用电能发出光的一种东西,能让黑的地方有光明,让人看得见。 ✲ 利用电能发光的灯。

电工 diàngōng ✲ 工作跟电有关的工人。 ✲ 1. 电工学。2. 制造、安装各种电气设备的技术工人。

电化 diànhuà ✲ 做什么工作都用电的方法。 ✲ 使用电的设备,如电视、电影、电话等。

电话 diànhuà ✲ 一个东西,可以叫人听到很远的地方过来的话。 ✲ 让两地的人不用见面就可以谈话的机子;用一种电让两地的人交谈的机子。 ✲ 利用电能使两个地方的人可以听到对方的声音,互相谈话的东西,主要由发话器、受话器和线路三部分组成。

电疗 diànliáo ✲ 用电能所发出的热来看病的一种方法。 ✲ 利用电的功能进行的一种物理疗法。

电流 diànliú ✲ 往一个地方动的电子叫做"电流"。 ✲ 一定方向流动的电。

电脑 diànnǎo ✲ 现在很多人都用这个东西写字。 ✲ 就是现在最常见的可以写信作文,谈天说地,听 CD,看 VCD 的电子机。 ✲ 电子计算机。

电脑化 diànnǎohuà ✲ 用电脑做一半以上的工作。 ✲ 使……信息化。

电能 diànnéng ✲ 电所有的能,可发动电机,给人光明。 ✲ 电所具有的能。

电视 diànshì ✲ 里边可以看到走来走去的人,听他们说话,样子是方的。 ✲ 用电能收到图像、声音等的一种机子,人们用它可以看到活动的画面。 ✲ 用无线电的作用显出物体影像的装备。

电视台 diànshìtái ✲ 发出图像、声音信息等的地方,它让人们看到了电视。 ✲ 传送电视节目的场所。

电台 diàntái ✲ 用电子发出信息的地方,它让我们从收音机中听到消息。 ✲ "无线电台"的简称。

电线 diànxiàn ✲ 电可以从里面通过的东西,很长。 ✲ 传送电力的导线。

电影 diànyǐng ✲ 有声、有人在里边走来走去的画。 ✲ 一种给人看的连起来的动着的图像,它是用光把做好的人、物、风光、场地连起来放在白色的物体上,看起来差不多跟真人真事一样。 ✲ 用强的灯光把照下来的东西连着放映出来的一种艺术,看起来像实在的活动。

电影院 diànyǐngyuàn　＊这是一个叫工作后的人快乐的地方,里边是黑的,只有前边不黑。　＊放电影的场所。　✽看电影的地方。

电子 diànzǐ　＊一种东西,小得看不见,所有事物里都有它,带电(这种电跟正电不同,可以中和)。　✽构成原子的一个部分,极小。

店 diàn　＊可以在那里买东西。　＊1.卖东西的地方。2.给钱才让住的地方。　✽商店;旅店。

店员 diànyuán　＊买什么东西时要问的那个人。　＊商店里卖东西的人。　✽在商店里工作的一种职员。

店主 diànzhǔ　＊买什么东西时要问的那个人,这个店是他/她的。　＊商店、饭店等店的主人。　✽商店的主人。

diao

调 diào　＊A到B的地方去,B到A的地方来。　＊1.声音和别的声音在音高上不同的地方。2.分工。　✽1.调动。2.调查。3.声音的某些或者某个特点。

调查 diàochá　＊为让事物的有关方面更明白,到现场去看一看。　✽为了了解情况而进行的活动。

调动 diàodòng　＊叫人到一个地方去(工作)。　＊1.更动,如让一个人不做现在的工作了,去做别的工作,让一些人从这个地方去那个地方。2.说一些有用的话,让一些人到一起更认真地工作。　✽1.改动。2.动员。

调度 diàodù　＊叫A作这个,B作那个,这样要作的都能作好。　＊说出让(工作、车辆等)怎样进行工作。　✽管理并安排。

调号 diàohào　＊汉语里的第一声、第二声、第三声、第四声。　＊用来说明字的音高的东西。　✽表示声调或音乐调子的号。

调换 diàohuàn　＊叫A到B那儿去,叫B到A这儿来。　＊让两个东西、事物正好到对方的位子上。　✽互换。

调子 diàozi　＊字音、音乐等的高低。　✽说话中或音乐中的高低音。

掉 diào　＊1.没有了,不见了,比以前少了。2.回过去。3.(人、事物)不自主地往下动。　✽1.是"落"的意思。2.是"不见了"的意思。

掉过儿 diàoguòr　＊正好A到B的地方,B到A的地方。　✽互相换位子。

掉色 diàoshǎi　＊色儿少了。色儿没有了。　＊在阳光、风雨等的作用下,事物本来的色儿比以前轻了。　✽颜色掉下,使原来的颜色变淡或不见了。

掉头 diàotóu　＊1.回过头。2.往不同的一方。　＊1.转过头。2.(车、船等)转向相反方向。

掉下 diàoxià　＊在上边的下来了。　＊不自主地从一个东西上、一个地方下来。

✱ 是"落下"的意思。

掉转 diàozhuǎn　✱ 往不同的一方走,如本来往北,现在往南。　✱ 改变成相反的方向。

ding

丁 dīng　✱ 很小的肉块儿、菜块儿,比如肉丁、菜丁。　✱ 食物被切成的小块。

定 dìng　✱ 1. 安好了,不让它动。2. 自己想好了做一件事。3. 和别人说好了做一件事。　✱ 固定。

定婚 dìnghūn　✱ 一男一女说好了,以后作一家人。　✱ 男女两方说好以后成亲,两方定下来成亲的事儿。　✱ 结婚前男女定婚约。

定货 dìnghuò　✱ A方和B方说好了要买B方的东西。　✱ 事先说好要买对方的东西。　✱ 约定买产品或货物。

定价 dìngjià　✱ 说好了东西有多贵。　✱ 定好的一个东西要卖的钱的多少。　✱ 规定的价格。

定居 dìngjū　✱ 在一定地方住下来。　✱ 在某一地方固定地居住下来。

定义 dìngyì　✱ 对一种事物的说明,让它能和别的事物区别开来。　✱ 对一种事物所给予的确切,简要的说明。

定于 dìngyú　✱ (书面语)双方说好在什么时间什么地方进行什么事儿。　✱ 决定在……

定语 dìngyǔ　✱ "好看的花、好吃的饭、海里的水"中,"好看、好吃、海里"叫定语。　✱ 事物名字前的成分。　✱ 名词前面的某些成分,用来说明名词所表示事物的特点、数量等。名词、代词、形容词、数量词等都可以做定语。

dong

东 dōng　✱ 不是西,不是南,也不是北的地方。　✱ 1. 四个主要方位之一,太阳升起的那一方。2. 因古时主位在东,所以东又是主人的意思。如房东。3. 东道,请人吃饭的主人。　✱ 1. 东边。2. 主人。

东北 dōngběi　✱ 中国的一个大地方,在中国的东北边。　✱ 1. 一个方位,在东和北中间。2. 中国的一个广大地区。　✱ 东和北之间的方向。

东边 dōngbiān　✱ 东。　✱ 东方,太阳升起的那边。　✱ 四个主要方向之一,太阳出来的那一边。

东部 dōngbù　✱ 地方在东边的那一块。　✱ 方向是东边的地方。

东方 dōngfāng　✱ 四个主要方位中的一个,太阳出来的一边。　✱ 地球东边的部分。

东京 Dōngjīng ✳ 日本最有名、最大的地方。 ✳ 日本的都市,也是日本最大的城市。 ✻ 日本的首都。

东西 dōngxi ✳ 人们看得见、看不见的事物,有时用来说人和动物。 ✻ 各种事物。

冬 dōng ✳ 中国一年中十月、十一月、十二月。 ✳ 冬天。 ✻ 冬天。

冬瓜 dōngguā ✳ 1. 一种作物,果子很大,可以做菜。2. 这种东西的果,果肉白色,是一种菜。 ✻ 1. 一种非动物,它的叶子大,开黄花。果实长圆形,表面有毛,皮和种子可以入药。2. 这种东西的果实,是一种菜。

冬天 dōngtiān ✳ 中国一年中的十月、十一月、十二月,天很凉。 ✳ 一年中从立冬到立春的三个月时间,最冷的时候。 ✻ 一年四季里最冷的季节。

懂 dǒng ✳ 明白,知道。 ✻ 知道;了解。

懂事 dǒngshì ✳ 明白别人的事,知道怎么样做事。 ✻ 了解别人的想法或了解一般事情的道理。

动 dòng ✳ 从一处到别处。 ✻ "静"的反义词。

动词 dòngcí ✳ "去、走、看、学、买……"这样的字。 ✳ 语法上用来说明人和事物的行为、活动等的字,如走、看、写、飞等。 ✻ 表示人或事物的动作、存在、变化的词。

动画片 dònghuàpiān ✳ 里面的人和物都是人工画的电影片。 ✻ 美术片的一种,把人、物的表情、动作、变化等分段画成画,再照下来做成的。

动机 dòngjī ✳ 想法,去作什么,想要得到的东西。 ✳ 头脑中让人从事一种行为的念头。 ✻ 推动从事某种行为的想法。

动静 dòngjìng ✳ 1. 动作和说话的声音。2.(打听和看到的)有关方面。 ✻ 动作或说话的声音。

动人 dòngrén ✳ 让人心动的;打动人心的。 ✻ 感动人。

动身 dòngshēn ✳ 走。 ✳ 出发。 ✻ 出发。

动手 dòngshǒu ✳ 1. 开始做。2. 打人。 ✻ 1. 开始做。2. 指打人。

动态 dòngtài ✳ 人、东西怎么样了。 ✳ 1. 事物发生、成长等的有关方面。2. 从动的方面来看。 ✻ 1. 发展变化的情况。2. 艺术形象表现出的活动神态。

动物 dòngwù ✳ 生物的一种,多吃有机物,有心、有听觉等,身上有毛,能行动。 ✻ 生物的一大类,有神经,吃食物,有感觉,能运动。

动物园 dòngwùyuán ✳ 放着很多动物让人看的公园。 ✻ 有很多种动物的公园。

动员 dòngyuán ✳ 叫大家去作。 ✳ 发动人进行什么活动。1. 发动人参加某活动。2. 国家让军队从和平到非和平中。

动作 dōngzuò　❋ 1. 身体从上到下的活动。2. 身体上头、手等的活动。3. 行动起来，活动。　✣ 全身或身体一部分的活动。

dou

都 dōu　❋ 没有一个不……　❋ 所有的，一个不少的。　✣ 表示"一切"的意思。
都不 dōubù　❋ 没有一个。　✣ 完全不。

du

都 dū　❋ 大城市。　✣ 首都，国家政府所在的城市。
独 dú　❋ 1. 一个。2. 年老没有儿子的人。3. 只。4. 只关心自己不关心别人。　✣ 1. 一个。2. 一个人。3. 年老没有儿子的人。4. 自私，容不得人。
独唱 dúchàng　❋ 一个人唱歌儿。　✣ 单独一个人唱歌。与"合唱"相对。
独到 dúdào　❋ 很不同的，和大家不同的。　❋ 和别的不同（多是好的）。　✣ 与众不同。
独立 dúlì　❋ 在生活等方面可以自主办事。　✣ 不依靠（别人、别的组织、别的国家等）。
独立自主 dúlì zìzhǔ　❋ 不听他人的。　❋ 自己说了算，可以自立。　✣ （国家、民族、政党等）不受外来力量制约，自己做主行动。
独身 dúshēn　❋ 一个人，没有爱人、孩子。　❋ 不成家的。　✣ 1. 单人。2. 不结婚的。
独生女 dúshēngnǚ　❋ 家里只有一个女儿时，她是独生女。　❋ 两口子只有一个女孩，这个女儿叫"独生女"。　✣ 仅有的一个女儿。
独生子 dúshēngzǐ　❋ 家里只有一个儿子时，他是独生子。　❋ 两口子只有一个男孩，这个儿子叫"独生子"。　✣ 仅有的一个儿子。
独特 dútè　❋ 没有和他一样的。　❋ 别的事物所没有的（多是好的方面）。　✣ 独有的；特别的。
独一无二 dú yī wú èr　❋ 只有这样一个，再没有第二个。　❋ 只有这一个，没有第二个。　✣ 仅仅有一个，没有第二个。
独子 dúzǐ　❋ 家里只有的一个儿子。　❋ 父母只有的一个儿子。　✣ 是"独生子"的同义词。
读 dú　❋ 用口念文字。　❋ 1. 看着文字发出声音。2. 看（书、报）。3. 上学。4. 怎样发一个字的音。　✣ 1. 看（文章）。2. 是"念"的同义词。
读本 dúběn　❋ 课本。　❋ 课本（多是语文、文学课本）。　✣ 是"课本"的同义词。
读书 dúshū　❋ 念书。　❋ 看着书本，出声、不出声地学。　✣ 1. 看着书本，出声地或不出声地读。2. 指学习功课。3. 上学。

读物 dúwù　＊ 书、报、画报什么的。　✽ 可以用来看和听的带有文字的东西,如书、报等。　✽ 人们看的书、报、画报、杂志等。

读音 dúyīn　＊ 字的念法。　✽ 一个字或一个词的发音。

读者 dúzhě　＊ 看书的人。　✽ 指看书的人。

度 dù　＊ 1. 过。2. 事物所到的点。　✽ 1. 程度。2. 度过。

度过 dùguò　＊ 过。　＊ 过了(多少时间)。　✽ 过(指时间)。

度假 dùjià　＊ 一年中的一个时期不工作。　✽ 用一些日子来休息,不工作也不上学,还可能去喜欢的、有名的地方看看。　✽ 过假期。

度日如年 dù rì rú nián　＊ 过一天就像过一年,说明很不快乐,很难过,所以觉得日子过得太慢。　✽ 形容过日子很难。

duan

短 duǎn　＊ 1. 不长。2. 少了。3. 不好的地方,跟"长处"对立。　✽ "长"的反义词。

短程 duǎnchéng　＊ (火车、汽车等)走不长的路;坐这种车买的车票等。　✽ 不长的路。

短处 duǎnchù　＊ 一个人做的不对、不好的地方。　✽ 缺点。

短工 duǎngōng　＊ 时间不长的一样儿工作。　✽ 不能长时间做一种工作的人;工作不定的人。　✽ 不是长期干这种活的人。

短命 duǎnmìng　＊ 活的时间不长。　✽ 活的时间相当短。是"长命"的反义词。

短期 duǎnqī　＊ 不长时间,时间不长的。　＊ 时间不长的。　✽ 指时间不长。

短语 duǎnyǔ　＊ 还没有成为话语的成分,有几个字,没有语气。　✽ 词组。

段 duàn　＊ 一个很长的东西当中的一块儿。　✽ 1. 量词。2. 是"段落"的同义词。

段落 duànluò　＊ 很长的文字因意思不同分开来,文中就出现了段落。　✽ 一篇文章根据内容划分成的部分。

断 duàn　＊ 1. 事物从中间分开。2. 不再做,不再有。　✽ 1. 长形的东西分成两段或几段。2. 断定。3. 使停止。

断定 duàndìng　＊ 从事物的有关方面得出一种说法。　✽ 下结论。

断绝 duànjué　＊ 不再和人你来我去了。　＊ 不再和人来往。　✽ 使原有的关系完全不存在。

断气 duànqì　＊ 说人"过去了"。　＊ 人没有了最后一点气息,离开人间。　✽ 人或动物的气息断绝了。是"死"的意思。

断然 duànrán　✳ 一点儿也不想后果会怎样，没有过多地想，就定下做什么。
✲ 态度非常肯定。

断送 duànsòng　✳ 没有了(前进的道路)；让……不能再活。　✲ 指生命停止了或没有前程了。

断言 duànyán　✳ 一点问题也没有地说出意见。　✲ 十分肯定地说。

dui

队 duì　✳ 1. 行(háng)。2. 做同样事的一行(háng)人所成的一体。　✲ 1. 人或动物排成一行的较长的形式。2. 量词。

队员 duìyuán　✳ 做同样事的一些人中的个体。　✲ 队里的成员。

队长 duìzhǎng　✳ 做同样事的一些人中的头儿。　✲ 一个队里的领导人。

对 duì　✳ 好的。　✲ 1. 把两种东西放在一起找出它们的同点和不同点。2. 没错，很好。3. 向(xiàng)着，面向(xiàng)着。　✲ 1. 正确。2. 向着。

对岸 duì'àn　✳ 河、海……的那一边。　✲ 江、河、湖、海等的那一边。　✲ 河、湖等有大片水的地方互相对着的两岸互称"对岸"。

对比 duìbǐ　✳ 两个东西在一个地方，看谁好谁不好，谁长谁不长……　✲ 两种事物放在一起比，看它们哪儿同，哪儿不同。　✲ (两种事物)相对比较。

对不起 duìbùqǐ　✳ 作得不好时说的话。　✲ 觉得做了对别人不好的事才向别人说的话，请人别在意。　✲ 向别人表示自己做得不对、不好。

对待 duìdài　✳ 用一定的方法对人、事物。　✲ 以某种态度或行为对人或对事。

对方 duìfāng　✳ 跟行为的主体处在对面的一方，比如跟你说话的人可以叫"对方"。　✲ 与某方处于相对地位的一方。

对过 duìguò　✳ 那边儿。　✲ (口语)过了马路跟自己房子对着的那一边；对面。
✲ 在街道、河流等的一边称另一边为"对过"。也称"对面"。

对话 duìhuà　✳ 人和人说话。　✲ 两个人在一起谈话。两方人马对着谈话。
✲ 两个或两个以上的人相互之间的谈话。

对口 duìkǒu　✳ 学什么，工作时也作什么叫"对口"。　✲ 所做的工作正好用得上自己所学过的东西。　✲ 1. 两方有紧密的联系，工作内容一致。2. 合口味。

对立 duìlì　✳ 两种事物(也可以是一种事物中的两个方面)处得不和；两方意见不一样。　✲ 两者之间完全相反，相互不容许对方存在。

对联 duìlián　✳ 过年时在门两边的一对文字，字一样多，说明高兴、祝好等。
✲ 分别写在两张纸上的两行意思相关的句子。一般放在墙上或窗上等地方。中国人过新年的时候喜欢在门口的两边上放"对联"。

对面 duìmiàn　✳ 1. 对过儿。2. 正前方。3. 面面相对。　✲ 在某人或某物的正前方。

对象 duìxiàng　＊男朋友的女朋友,女朋友的男朋友。　✱1.做事、想事时所面对的人和事物。2.成家以前的男朋友、女朋友。　❋行动或思考时作为目标的人或事物。

对应 duìyìng　＊作用等和别的一个一样。　❋与某种情况相适应的。

对于 duìyú　＊言语中说到一个有关的事物、对象时用的说法。　❋介词,用以说明对象或事物的关系者。如:对于新同学。

duo

多 duō　＊1.不少。2.过分。　❋1.数量很大,"少"的反义词。 2.问程度,如:"那个东西有多大?"

多半儿 duōbànr　＊可能。　❋1.大部分。2.大概。

多么 duōme　＊1.怎么。2.很、太。3.多。　❋1.问程度。如:这儿离那儿有多么远? 2.表示程度高。如:多么难!

多面手 duōmiànshǒu　＊能作很多,什么都会作。　❋一个人会做很多事,很有本事。　❋指具有很多技能的人。

多少 duōshao　＊用于问事物有几个。　❋问数量。

多谢 duōxiè　＊人家叫你得到什么时,你说的话。　❋非常地谢谢。　❋表示很感谢。

多样化 duōyànghuà　＊叫工作有不同的样子。　❋让事物花样很多,不只一种。　❋转变成多种多样的情况。

朵 duǒ　＊跟"个"的意思、用法差不多,可是只用在花、跟花一样的东西上。　❋(花或云的)量词。

躲 duǒ　＊不让一个东西到自己身上;不让别人见到自己。　❋把身体放在别人看不见的地方。

躲开 duǒkāi　＊走开,叫人看不见了。走开,不叫不好的东西到自个儿这里。　❋离开;自己让开,让人、物等过去。　❋避开;让别人看不到。

躲雨 duǒyǔ　＊天上下来的水是雨,下雨时走到没雨的地方,叫躲雨。　❋不让雨水下到自己身上。　❋避雨;不让雨落到身上。

E

e

饿 è　＊很久没有吃饭,很想吃饭。　❋身体里没有什么东西了,想吃东西。

✻ 觉得需要吃东西。

饿死 èsǐ ✻ 因为没饭吃、不吃饭,最后不能活了。 ✻ 1. 因饿而死。2. 形容饿极了。

er

儿 ér ✻ 一个家里的男孩子。 ✻ 1. 一家中父母的男孩子。2. 小孩子。3. 年轻男子。 ✻ 1. 小孩子。2. 年轻的人(多指青年男子)。3. 儿子。

儿歌 érgē ✻ 给小孩子写的、让小孩子唱的歌儿。 ✻ 为孩子创作的,适合孩子唱的歌。

儿科 érkē ✻ 医院中为小孩看病的地方。 ✻ 医院中为孩子治病的一科。

儿女 érnǚ ✻ 儿子和女儿。 ✻ 儿子和女儿。 ✻ 1. 子女。2. 男女。

儿子 érzi ✻ 家里的男孩子。 ✻ 一家中父母的男孩子。 ✻ 家庭中的男孩子。

而 ér ✻ 用来把两个成分连起来的语法字。 ✻ 1. 而且。2. 可是。3. 有推理作用,表示进一步的意思。

而后 érhòu ✻（书面语）以后,然后。 ✻ 是"以后"、"然后"的意思。

而今 érjīn ✻（书面语）现在。 ✻ 如今。

而况 érkuàng ✻（书面语）说明比前面的更怎么样,用在话的开头。 ✻ 何况。

而且 érqiě ✻ 还有。 ✻ 也,还。 ✻ 连词,表示进一步。

而已 éryǐ ✻ 不过是这样。 ✻ 说明事物不过这样。 ✻ 是"算了"的意思。常用在句子的最后面。

耳 ěr ✻ 人用来听声的。 ✻ 头两边用来听声音的东西。 ✻ 是"耳朵"的简称。

耳边 ěrbiān ✻ 头两边用来听声音的东西的边上。 ✻ 1. 耳朵旁边。2. 表示听到什么。如:耳边响起了这个声音。

耳朵 ěrduǒ ✻ 见"耳"。 ✻ 头两边用来听声音的东西。 ✻ 听觉器官。

耳机 ěrjī ✻ 放在头上用来收听声音的小东西。为的是不让别人听见,只给自己听。 ✻ 受话器。

耳生 ěrshēng ✻ 以前没有听到过。 ✻ 看起来没有听过。 ✻ 是"耳熟"的反义词。听着不熟,好像以前没有听到过。

耳熟 ěrshú ✻ 听到过,知道。 ✻ 听过很多次,一听就知道。 ✻ 曾经听过所以听起来觉得很熟。

耳语 ěryǔ ✻ 在"耳(ěr)"边小声说话。 ✻ 用口对着别人头上用来听话的东西小声说话,只能让对方听见。 ✻ 接近别人耳朵小声说话。

二 èr ✻ "三"中少一个是二。 ✻ 一跟一的和就是二。 ✻ 数目,是一加一的总和。

二哥 èrgē ＊生我的男人和女人的第二个儿子。 ＊第二大的哥哥;大哥下面的哥哥。 ✽家庭中的第二个哥哥。

二胡 èrhú ＊中国一种能够发出好听声音的乐体。 ✽中国的一种民间乐器。

二月 èryuè ＊一年的第二个月,过了一月是二月,过了二月是三月。 ＊一年中的第二个月份。这时,天还冷着呢。 ✽一月之后的那个月。

F

fa

发 fā ＊1.送出。2.机关、工厂分给大家东西。3.生。4.出来。5.因得到很多钱物,生活比以前好多了。 ✽1.送出。2.产生。3.表达。

发白 fābái ＊白了。 ＊有点白了。 ✽接近白色,变得有些白了。

发表 fābiǎo ＊为了对大家说明,出一种文告等,公开告诉大家。 ✽1.向公众表达(意见)。2.在报上、书上等地方印发文章、画儿、歌儿等。

发布 fābù ＊(书面语)公开说出新近发生的重大的事等。 ✽(把新闻、指示等)正式告诉大家。

发出 fāchū ＊说出(声音等);让(声音等)出来。 ✽1.发出(声音、疑问等)。2.发表;发布。

发达 fādá ＊事物到了很高、很好的时候。 ✽1.事物发展得很好。2.让事物很好地发展。

发动 fādòng ＊1.让……开始。2.让……行动起来。3.让(一些机子)工作。 ✽1.使开始。2.使行动起来。

发放 fāfàng ＊(国家、机关)把钱、东西等分给大家。 ✽(政府、机构等)把钱或物资发给需要的人。

发给 fāgěi ＊分给别人东西等。 ✽送给;交给。

发光 fāguāng ＊光从物体中出来,让人看到。 ✽1.发出光亮。2.有光亮的。

发红 fāhóng ＊是红色的。 ＊看起来有些红的样子。 ✽接近红色;显出红色。

发话 fāhuà ＊开始说话。 ✽1.口头上提出。2.生气地说出话。

发火 fāhuǒ ＊非常生气。 ✽1.开始点火。2.发怒。

发货 fāhuò ＊把所要卖的东西给买方发出去。 ✽把货物送出去。

发明 fāmíng ＊作以前没有的东西。 ＊做出以前没有的新东西。 ✽1.创造(新的事物或方法)。2.创造出的新事物或方法。

发难 fānàn ＊1.用一定的行动和方法难住对方。2.开始一场重大的跟国家作对的活动。 ✲ 1. 反复提问,辩论(多指学术研究)。2. 发动反对当局的行动。

发怒 fānù ✲ 很生气。 ✲ 因极生气而表现的声音、举动。

发票 fāpiào ✲ 商店、饭店等收钱的地方开出的写明收了多少钱的东西。 ✲ 商店等地方开的说明收了多少钱的单子。

发生 fāshēng ✲ 以前没有的事儿出现了。 ✲ 原来没有的事情出现了。

发送 fāsòng ✲ 把信息、东西发出去。 ✲ 1. 发出(无线电信号)。2. 送出(文件、旅客等)。

发现 fāxiàn ✲ 看到。 ✲ 发觉;看到、找到前人不知道的事物。 ✲ 1. 看到或找到前人没有看到的事物。2. 开始知道(以前没有注意到的事情)。

发笑 fāxiào ✲ 很高兴地发出声音;可笑。 ✲ 笑起来。

发行 fāxíng ✲ 把新做的钱、电影,新出的书报等向全体人民公开出来,给他们看,给他们用。 ✲ 发出新印的钱、新印的书报或新制成的电影等。

发言 fāyán ✲ 开会时说话。 ✲ 在大会上讲话。 ✲ 发表意见。

发音 fāyīn ✲ 发出语音、乐音和声音。 ✲ 发出语音或乐音,也指发出声音。

发育 fāyù ✲ 在生长。 ✲ 生物在成长。 ✲ 生物体在成熟之前,机能构造发生变化。

发展 fāzhǎn ✲ 事物从小到大、从少到多、从后往前。 ✲ 事情由小到大,由低级到高级,由简单到复杂的变化。

乏 fá ✲ 少。 ✲ 少,没有。 ✲ 缺少。

乏味儿 fáwèir ✲ 不是有声有色的。 ✲ 人、物等没有生气,让人觉得没意思,不能让人高兴。 ✲ 没有趣味。

法 fǎ ✲ 国家定下来的、人民认可的成文字的东西,这个国家的人民都要这样做。 ✲ 1. 国家的各种规则的总称。2. 方法。3. 标准。4."法国"的简称。

法官 fǎguān ✲ 在法院工作的人。 ✲ 法院里问当事人事儿的人。 ✲ 法院中的一种高级行政人员。

法国 fǎguó ✲ 一个国家,这里的红酒很有名。 ✲ 以法语为母语的一个西方国家,在地中海西边,跟中国很友好。 ✲ 西方的一个位于西班牙北部的国家。

法国人 fǎguórén ✲ 在法国的人,法国人有五千八百万。 ✲ 生活在法国的人民。 ✲ 法国的居民。

法庭 fǎtíng ✲ 法院所立的问当事人事儿的机关。 ✲ 法院所设的对有问题的人进行处理的地方。

法文 fǎwén ✲ 法国人写的字。 ✲ 法国人写在书面上的本地语言。 ✲ 法语或法国的文字。

法学 fǎxué ✲ 有关国家和法的学问。 ✲ 研究国家或国法的学科。

法语 fǎyǔ　＊法国人说的本国话。　＊法国人说的本地语言。　✳法国及其它某些国家使用的语言。

法院 fǎyuàn　＊用法来办事的国家机关,它让不好的人得到处分。　✳一个依法办事的国家机关。

法则 fǎzé　＊1.国家和地方的法。2.可以让人学的人和事物。3.事物间的常常起作用的现象。　✳1.法规。2.事物之间本来的内在联系。

法制 fǎzhì　＊用法来让人们做事。　✳由政府最高机关建立的依法治理国家的制度。

法中 Fǎ-Zhōng　＊法国和中国。　＊法国和中国。　✳法国与中国。

法子 fǎzi　＊（口语）方法、办法。　✳（口语）方法。

发 fà　＊头发,人头上生长的毛。　✳"头发"的简称。

fan

反 fǎn　＊不正。　＊跟"正"对用。　✳1.相反。"正"的反义词。2.反对。

反常 fǎncháng　＊和以前不同。　＊和正常的不同;不正常。　✳与正常情况不同。

反动 fǎndòng　＊1.思想和行动上不上进的。2.跟……对立的作用。　✳1.在思想上或行动上反对进步、反对革命。2.相反的作用。

反对 fǎnduì　＊和人们的想法不一样。　＊不同意。　✳极不同意。

反而 fǎn'ér　＊用来说明和上文意思不一样;跟想的、常见的不一样。　✳连词,表示与上文说的意思相反。

反复 fǎnfù　＊一再,作了一回再作一回。　✳1.一遍又一遍。2.一会儿这样,一会儿那样,不定。　✳一遍又一遍,多次重复。

反感 fǎngǎn　＊很不喜欢。　＊对……很不喜欢。　✳反对或不满的感觉。

反话 fǎnhuà　＊想说"不好"时,说的是"好得很",这可看作说反话。　＊有意说的和自己真正意思不一样的话。　✳故意说的跟自己真正意思相反的话。

反面 fǎnmiàn　＊和事物的正面对着的那一面。　✳1."正面"的反义词。2.事情、问题的完全不同的另一面。

反问 fǎnwèn　＊1.对问话的人发问。2.用问的语气说明和字面不同的意思。　✳1.反过来对提问的人发问。2.用疑问语气表达与字面相反的意义。

反响 fǎnxiǎng　＊作用。　＊事物出现后所发生的很大的作用。　✳反应。

反义词 fǎnyìcí　＊"大"和"小","外边"和"里边","来"和"去"……　＊意思对立的两个字什么的,如"对"跟"错"意思对立,是反义词。　✳意义互相完全相反的一组词。

反应 fǎnyìng ＊1.有机体有外来作用时所带来的有关活动。2.为病人医病时,病人出现的有关现象。 ✲1.生物受到作用而产生的相应的活动。2.由于某事影响而产生的意见、态度或行为。

反映 fǎnyìng ＊1.说明(在事物现象后面的东西)。2.把有关意见说给有关机关。 ✲1.反照,比作把客观事物的真实情况表现出来。2.把情况、意见等告诉上级或有关部门。

反正 fǎnzhèng ＊怎么作都一样。 ＊1.用来说明就算怎么样,后果也不会有区别。2.说明认定的语气。 ✲1.表示无论这样或那样,结果没有区别。2.表示肯定的语气。

反作用 fǎnzuòyòng ＊1.不好的作用。2.A作用在B上,B也作用在A上,叫B的反作用。 ＊如果"A"作用到"B"上,"B"对"A"也起一定的作用,"B"对"A"的作用就叫"反作用"。 ✲相反的作用。

饭 fàn ＊人们天天吃的。 ＊1.每天定时用火、电做好了的米、面等吃的东西。2.就是大米饭。 ✲1.每天按时吃的食物。2."米饭"的简称。

饭菜 fàncài ＊人们天天吃的。 ＊饭和菜;下饭的菜。 ✲"饭和菜"的总称。

饭店 fàndiàn ＊收钱后让人住进去的大楼和场馆。 ＊1.较大而且设备较好的旅馆。2.饭馆。

饭馆 fànguǎn ＊在家外边可以坐下吃饭的地方。 ＊卖饭和菜给人吃的小店。 ✲卖给人们饭吃的地方。

饭量 fànliàng ＊能吃多少。 ＊所吃、能吃的饭的多少。 ✲一个人一次能吃的食物的多少。

饭碗 fànwǎn ＊吃饭时要用的东西。 ＊饭好了以后,把它放在这种东西里。 ✲吃饭用的碗。

范 fàn ＊好样子,可以让别人来学。 ✲可以当作好的例子的。

范例 fànlì ＊很好的样子。 ＊可以让人学的人和事。 ✲可以作为学习的标准的事例。

fang

方 fāng ＊1.方位,如东方。2.方面,如对方。3.地方,如远方。 ✲1.四个角都是90°的四边形或六个面都是方形的六面体。2.方向。3.方面。4.地方。

方便 fāngbiàn ＊行动起来、用起来不觉得有难处。 ✲不感觉困难,容易达到目的。

方法 fāngfǎ ＊作什么的法子。 ＊1.让思想、言语、行动等方面没有问题的好路子;2.分开事物先后主次的意见。 ✲关于解决思想、说话、行动等问题的办法。

方法论 fāngfǎlùn　　✳ 方法的学说。　　❋ 和方法有关的学说。　　✲ 1. 关于认识世界、改造世界的根本方法的学说。2. 在某门具体学科上所采用的方法的总和。

方块 fāngkuài　　✳ 样子是方的东西。　　❋ 四四方方的样子。　　✲ 方形的不太大的东西。

方块字 fāngkuàizì　　✳ 说的是汉字。　　❋ 汉字,因每个汉字都是方的。　　✲ 指汉字。因为每个汉字一般是方形的,所以汉字也叫"方块字"。

方面 fāngmiàn　　❋ 对立的和没有主次的几个人、几个事物中的一个,叫方面。　　✲ 就几个或几个事物之一说,叫方面。

方式 fāngshì　　✳ 作什么、说什么时用的法子,说法、作法什么的。　　❋ 说话、做事所用的方法。　　✲ 说话、做事所采取的方法和形式。

方位 fāngwèi　　✳ 1. 东、南、西、北等。2. 东、南、西、北等和所在的地方。　　✲ 方向或所处的地方。

方向 fāngxiàng　　✳ 这一方,那一边,哪一方,哪一边。　　❋ 东、南、西、北等。　　✲ 1. 指东、西、南、北等。2. 前进的目标。

方形 fāngxíng　　✳ 方的样子。　　❋ 四方的样子。　　✲ 四个角都是90°的四边形。

方言 fāngyán　　✳ 地方话,汉语有七大"方言"。　　❋ 一种语言下在不同地区所说的有区别的话,比如汉语下面有北方方言、广东方言等。　　✲ 一种语言中跟普通话有区别的、只在一个地区使用的话。

方圆 fāngyuán　　✳ 1. 一块地方四边加在一起有多长,用来说明地方的大小。2. 一个地点和它四面的地方。　　✲ 1. 周围。2. 周围的长度。3. 方形和圆形。比作一定的标准和规则。

方志 fāngzhì　　✳ 写着和一个地方有关的事的书。　　❋ 记某一地方的地理、历史、习惯等情况的书。

防 fáng　　✳ 想法儿叫不好的不来。作什么,叫不好的不来。　　❋ 1. 对一个人很不信后就做出这种行为。2. 为了不让不好的事发生,先做一些事。　　✲ 1. 防备。2. 防守。

防备 fángbèi　　✳ 为了不让不好的事发生,先做一些事。　　❋ 做好准备,以避开受害的情况。

防护 fánghù　　✳ 不让不好的事发生。　　❋ 防备和保护。

防火 fánghuǒ　　✳ 不叫火点开来。　　❋ 想办法不让着火。　　✲ 防止火的破坏。

防空 fángkōng　　✳ 为了不让跟自己作对的人从天上对自己做不好的事,要用一些方法做一些事,叫"防空"。　　✲ 军事上为防备空中的破坏活动所采取的行动。

防守 fángshǒu　　✳ 看住一个地方,不让对方进去。　　✲ 防备和守卫。

防水 fángshuǐ ＊不叫水到里边来。 ✳不让水进来。 ✽防止水进入而造成破坏。

防止 fángzhǐ ✳想办法不让不好的事发生。 ✽事先设法制止。

房 fáng ＊人可以在里边的地方。 ✳房子;人做的用来住人、放东西的地方。 ✽“房子”的简单说法。

房东 fángdōng ✳外人所住的房子的主人,也就是出租房子的人。 ✽把房子租出去的人。

房间 fángjiān ✳房子内分成的每个小间。 ✽房子内隔开的各个部分。是“屋子”的同义词。

房子 fángzi ＊见“房”。 ✳大小一定的给人住的、放东西的地方。 ✽有墙、门、窗,是人们居住、工作或活动的地方。

房租 fángzū ✳租房子花的钱。 ✽租房的钱。

访 fǎng ＊去看人,说问题。 ✳到对方所在地去问有关的问题。 ✽1. 访问。2. 调查。

访问 fǎngwèn ＊去看人,问他有没有问题,问他好不好。 ✳到对方所在地去看他,跟他说话。 ✽有目的地去看望人。

访友 fǎngyǒu ＊去看朋友。 ✳去看朋友。 ✽拜访朋友。

放 fàng ＊叫(东西)在(什么地方)。 ✳1. 让一个东西处在一定的地方。2. 在一定时间不再学习、工作,如放学、放工。3. 让牛羊在地里吃和活动,如放牛。4. 发出,如放热。5. 用火点,如放花。 ✽使东西处于一定的地方。

放大 fàngdà ✳让图片、声音、作用等更大一些。 ✽使图像、声音、功能等变大。

放火 fànghuǒ ✳有意用火,让房子等着起来不能再用。 ✽有意使火产生破坏性。

放开 fàngkāi ✳1. 放手。2. 打开。 ✽1. 打开。2. 使不停留在一个小的范围里。

放假 fàngjià ✳在一定的时间里不工作、不上学。 ✽在规定的日期停止工作或学习。

放牛 fàngniú ✳把牛带到一片地上去吃东西、喝水、走动。 ✽让牛吃草、活动。

放手 fàngshǒu ✳1. 放开拿东西的手。2. 开始不做事,开始不过问。 ✽1. 放开手。2. 解除限制。

放心 fàngxīn ✳心里很安定,不为什么事儿思来想去。 ✽心情安定,没有挂念。

放学 fàngxué ＊下学,不上课了。 ✳学校里一天、半天课完以后,学生回家。

放飞非费

✽ 学校里一天的课程已经学完,学生回家。

放映 fàngyìng　✽ 把电影等放出来给人们看。　✽ 利用强光把图片或影片上的形象照出来。

fei

飞 fēi　✽ 1. 生物在天上活动。2. 人做的东西在天上行动。　✽ 1. 鸟、虫、飞机等在空中的活动。2. 利用动力在空中活动。3. 形容很快。4. 意外地。

飞机 fēijī　✽ 在天上行走的车。坐上后,北京到法国要十个小时。　✽ 里面可以坐人、放东西的长长的飞行物。比如,我们可以坐着它从北京到法国。　✽ 飞行的交通工具。

飞机场 fēijīchǎng　✽ 上飞机、下飞机的地方。　✽ 放飞机的地方。　✽ 停飞机或飞机起飞的地方。

飞来 fēilái　✽ 飞着往说话人过来;往一个点飞近。　✽ 飞向说话人。

飞去 fēijù　✽ 离开说话人往远处飞。　✽ 从说话人处飞走。

飞舞 fēiwǔ　✽ 飞来飞去。　✽ 在天上上下左右前后地飞。　✽ 在空中飞,像一种舞。

飞行 fēixíng　✽ 在天上飞。　✽ 飞机等在天上行进。　✽ 飞机等在空中行进。

飞行员 fēixíngyuán　✽ 开飞机的人。　✽ 开飞机的人。

非 fēi　✽ 不。　✽ 不,不是。　✽ 1. 不对(跟"是"相对)。2. 不合于。3. 反对。4. 不是。

非……不可 fēi...bùkě　✽ 不这样作不行。　✽ 一定要这样。　✽ 表示"必得"。

非常 fēicháng　✽ 很。　✽ 1. 不平常的。2. 十分,很。　✽ 1. 不平常的。2. 十分;极。

非得 fēiděi　✽ 不这样作不行。　✽ 一定。　✽ 必得;一定要。

非法 fēifǎ　✽ 不法,法不让做的。　✽ 不合法。

非同小可 fēi tóng xiǎo kě　✽ 事物非常重要,不可以把它看轻。　✽ 形容事情重要。

非洲 Fēizhōu　✽ 地中海南边有很多黑人的地方。　✽ 我们生活的天体上的七大块中的一块,上面生活的大多是黑人。　✽ 世界上的七大洲之一。很多黑色人种住在那里。

费 fèi　✽ 花、用。　✽ 1. 所花的钱等。2. 花的钱等太多。　✽ 花费。

费解 fèijiě　✽ 不能理解。　✽ 很难明白。　✽ (文章的词句、说的话)不好懂。

费力 fèilì　✽ 要做很多工作。　✽ 花费力量。

费钱 fèiqián　✽ 要用很多钱(用来买东西的东西)。　✽ 花钱太多。　✽ 钱用得多。是"省钱"的反义词。

费事 fèishì ✳ 不好作,要很多时间的。 ✳ 很难做,要很多工作和时间。 ✳ 事情复杂,不容易办。

费心 fèixīn ✳ 花心思,常用在请别人为自己做事时。 ✳ 花费心神(多用于请人帮助时所说的客气话)。

费用 fèiyòng ✳ 买东西用去的票子。 ✳ 办事、买东西等所花的钱。 ✳ 花费的钱;开支。

fen

分 fēn ✳ 1. 让一个事物化成几块儿。2. 让连在一起的事物离开。3. 区别开。4. 发给。5. 上头让做一种工作。 ✳ 使整体事物变成几部分。

分辨 fēnbiàn ✳ 分别,把一样的东西从很多东西中分出来。 ✳ 辨别。

分别 fēnbié ✳ 1. 对不同事物的所有不同点在认识上进行区别。2. 离别。 ✳ 1. 离别。2. 区分开。3. 不同。4. 分头;各自。

分布 fēnbù ✳ 这里那里都有。 ✳ 处在一定的地区的许多地方。 ✳ 分在一定的地区内。

分店 fēndiàn ✳ 一个商店分出来的店。 ✳ 一个商店分设的店。

分割 fēngē ✳ 把连在一起的东西分开。 ✳ 把整体或有联系的东西分开。

分工 fēngōng ✳ 分别从事有关可又不同的工作。 ✳ 分别从事各种不同的而又互相有关系的工作。

分会 fēnhuì ✳ 小的会。 ✳ 一个大团(tuán)体下分在不同地区的小团体。 ✳ 大会下分出来的小会。

分机 fēnjī ✳ 从一个电话分出来的几个子机。 ✳ 通过总机来接通的电话。与"总机"相对。

分开 fēnkāi ✳ 叫人、东西不在一个地方。 ✳ 人和人、事物和事物不再在一起。 ✳ 使人或事物不在一起。

分类 fēnlèi ✳ 一事物有一些和别的事物不同的地方,从这些不同出发把它们分开。 ✳ 根据事物的特点分放在某一类。

分明 fēnmíng ✳ 大家都能看到的。 ✳ 就是这样的,不用多说的。 ✳ 清楚。

分清 fēnqīng ✳ 让事物区别开来。 ✳ 分辨清楚。

分手 fēnshǒu ✳ 男女朋友不再是朋友;AB 在一个地方,A 去南边,B 不去南边,A 和 B 分手了。 ✳ 别离,分开。 ✳ 人与人分开。

分数 fēnshù ✳ 1. 几分之几。2. 说明一个学生学得怎么样时所给的分。 ✳ 在学习或体育活动中所记的分儿的数字。

分析 fēnxī　✳ 把一个事物、一种现象等分成几个方面,再来看它们的不同点和关连处。　✿ 把一件事分成几个简单的组成部分,找出它们之间的相互关系。

分支 fēnzhī　✳ 从主体中分出来的几个方面。　✿ 从一个整体分出来的部分。

分钟 fēnzhōng　✳ 一个小时的1/60。　✳ 一小时有六十分钟。　✿ 一小时的六十分之一是一分钟。

坟 fén　✳ 小山一样的地儿,不在人间的人在里边。　✳ 人离开人间以后,放在地下,上面放一些土,比旁边的地面高一些,高出的地方叫"坟"。　✿ 地里放死人的地方。

分量 fēnliàng　✳ 一个东西有多重;一人、一事物有多重要。　✿ 重量;重要性。

份 fèn　✳ 一个物体分开后的每个个体。　✿ 份儿。

份儿 fènr　✳ 一个物体分开后的每个个体。　✿ 整体里的一部分。

份儿饭 fènrfàn　✳ 1.一份儿一份儿卖的饭。2.分成份儿吃的饭,一份儿里面有菜和米饭。　✿ 按份儿卖的饭。

feng

风 fēng　✳ 跟地面大体平行的活动着的气体。有时大,有时小。　✿ 跟地面平行的空气流动。

风度 fēngdù　✳ 人的好样子。　✳ 美好的行为、动作。　✿ 人的美好的举止。

风格 fēnggé　✳ 1.作风。2.文学等的和别的不同的地方。　✿ 作风;特点。

风光 fēngguāng　✳ 一定地区的山水花鸟、楼馆场所和风雨等自然现象,都是人们喜欢看的。　✿ 风景;景象。

风和日丽 fēng hé rì lì　✳ 自然风光很好,天气很好,太阳光很好。　✿ 指天气好,风暖和,太阳美丽。

风景 fēngjǐng　✳ 一个地方好看的山、水、花等自然的东西。　✿ 一定地区内的山水、花草树木、房屋等所形成的给人观看的景象。

风浪 fēnglàng　✳ 1.水面上的风和水。2.很难的事。　✿ 水上的风和突出的水形。

风流 fēngliú　✳ 1.有才学的。2.跟男女间的不好的行为有关的。　✿ 1.有成就有风度的。2.指与男女情爱有关的。

风气 fēngqì　✳ 大家共同的爱好。　✿ 社会上或某集体中流行的爱好或习惯。

风情 fēngqíng　✳ 1.有关风的大小、方向(xiàng)的信息。2.(书面语)人的言谈、行动。3.体现出来的男欢女爱,多用在不好的意思上。　✿ 1.风向、风力的情况。2.指风土人情。

风趣 fēngqù　✳ 说话、作文等很有意思。　✿ 具有可笑的趣味(多指话和文章)。

风土 fēngtǔ　❋ 一个地方所有的土地、山川、气候等自然的东西和人们生活的样子、方法等。　✱ 指一个地方特有的自然环境和人民的生活习惯。

风味儿 fēngwèir　❋ 一个地方有名的吃的东西。　❋ 别的事物没有的，一种事物所有的方面。　✱ 事物的特色(多指地方色彩)。

风行一时 fēngxíngyīshí　❋ 一个人、一个东西在一个时期里很有名。　❋ 一时间一种事物时兴，很多人都买和喜欢。　✱ 流行一个时期。

风衣 fēngyī　❋ 一种不让风进到人体里的长外衣。　✱ 刮风时常穿的一种比较长的外衣。

风云人物 fēngyún rénwù　❋ 一个时期里作用大、很有名的人。　❋ 一定时间、一定地方里言语行动会发生很大作用的人。　✱ 指在社会上很出名、很有影响的人。

封 fēng　❋ 1.关上,不让打开。2.分给(国土等)。3.意思、用法同"个",用在书信上。　✱ 1.紧紧地合上。2.量词。

封存 fēngcún　❋ 放在一定的地方,不让人动,以便不让不好的事发生。　✱ 封起来保存。

封底 fēngdǐ　❋ 书最后边的皮儿。　✱ 书的背面。与"封面"相对。

封建 fēngjiàn　❋ 思想、行为等很旧,不想新的事物。　✱ 1.一种政治制度,国王把土地分给下面的人,让他们在这土地上建国。2.有封建色彩的。

封面 fēngmiàn　❋ 书前面的皮儿。　✱ 指书皮上印着书名及作者名字等的一页。与"封底"相对。

fu

夫 fū　❋ 长大了的男人。　❋ 成年男人。　✱ 成年男子。

夫妇 fūfù　❋ 一男一女有了一个家,男的是女人的爱人,女的也是男人的爱人。　❋ 成亲的一对男女。　✱ 丈夫和他的夫人。

夫人 fūrén　❋ 1.女人。2.男人的爱人。　❋ 男人的爱人。　✱ 称呼一般人的太太。在外交场合常用。

服 fú　❋ 1.衣服。2.信服,觉得一个人很能干,认为他了不起。3.吃药。　✱ 1.服从;信服。2.衣服。3.穿(衣服)。4.吃(药)。

服从 fúcóng　❋ 1.听从。2.听别人的话,还跟着去做。　✱ 听某人的话。

服气 fúqì　❋ 从心里认为对方做得很好,自己比不上;服人家。　✱ 完全信服。

服务 fúwù　❋ 为大家、别人的好处进行工作。　✱ 为别人或为集体的好处或为某种事业工作。

服务员 fúwùyuán　✽ 机关、饭店等处出面给人干活的人。　❋ 服务行业中招待客人的工作人员。

服药 fúyào　✽ 吃药。　❋ 吃药。

服装 fúzhuāng　✽ 所有衣物。　❋ 衣服、鞋等的总称。

福 fú　✽ 常常有好事发生,生活得如意。　❋ 幸福。

福利 fúlì　✽ 生活上得到的好处。　❋ 1.生活上的好处。特指对职工生活上的照顾。2.使生活上得到好处。

福气 fúqì　✽ 一生中一定有好事发生,叫"有福气"。　❋ 指得到幸福生活的命运。

父 fù　✽ 父亲。　❋ 父亲。

父母 fùmǔ　✽ 父亲和母亲。　❋ 父亲和母亲。

父亲 fùqīn　✽ 有子女的男子是子女的父亲。　❋ 有子女的男人是子女的父亲。也叫"爸爸"。

父系 fùxì　✽ 1.和父亲这一面有关的亲人。2.父子前后连在一起的。　❋ 亲人关系中父亲方面的。

父子 fùzǐ　✽ 父亲和儿子。　❋ 父亲和儿子。

妇 fù　✽ 有了男人的女人。　✽ 1.成年女子。2.成家的女子。3.男子的对象。　❋ 1.妇女。2."夫妇"中的女方。

妇科 fùkē　✽ 医院中给成年女子看病的地方。　❋ 医院里专门给妇女看病的科室。

妇女 fùnǚ　✽ 长大后的女人,都在三四十以上。　✽ 成年女子。　❋ 成年女子的通称。

复 fù　✽ 1.再一次。2.回到本来的样子。3.回别人的话、信等。　❋ 1.重复。2.反复。3.再;又。

复本 fùběn　✽ 第一本以外的、里边都一样的第二本。　✽ 第一本以外的同一本书的本子。　❋ 与原书或原文件相同的另外的书、文件。

复发 fùfā　✽ (不好的)再来。　✽ 1.再一次发生。2.又生了和以前一样的病。　❋ (得过的病)再次发作。

复古 fùgǔ　✽ 又回到过去,用古时候的思想、方法等办事。　❋ 再现古代的制度、习惯、观念等。

复合词 fùhécí　✽ 一种语言成分,它里面有两个以上的成分,每一个成分有一定的意思。　❋ 两个以上不同意义的语言单位所构成的词。

复合元音 fùhé yuányīn　✽ 两个和两个以上的元音在一起成为的一个元音。　❋ 两个和两个以上的元音在一起成为的一个元音。

复活 fùhuó　✷ 又活了过来。　✹ 1. 死了又活过来。2. 使死了的再活过来。

复活节 fùhuójié　✷ 春分后第一个月明以后的第一个星期日。西方一些教会的重要日子。　✹ 某些教会纪念他们最高的神曾经复活的节日,是春分后第一次月圆之后的第一个星期日。

复旧 fùjiù　✷ 和过去一样,想再和过去一样。　✹ 回到以前的样子。　✹ 使旧的习惯、观念、制度、样子等再现。

复句 fùjù　✷ 语法上能分成两个和两个以上小片话语的话语。　✹ 语法上用的术语,是由两个或两个以上分句组成的句子。

复课 fùkè　✷ 再去上课。　✹ 又重新回来上课。　✹ 停课以后再开始上课。

复习 fùxí　✷ 再学学过的东西。　✹ 把学过的东西再学一次,以便不忘。　✹ 重复学习已经学过的东西。

复写 fùxiě　✷ 再写。写一回,上下有两个、三个一样的。这一方法叫复写。　✹ 一种书写方法,一次可以写出很多。　✹ 把一张专用纸放在两张普通纸之间写字(这样一次可以写出同样的两三份)。

复信 fùxìn　✷ 给对方回信。　✹ 答复来信。

复姓 fùxìng　✷ 有两三个字的姓。　✹ 不只一个字的姓。　✹ 不止一个字的姓。

复学 fùxué　✷ 再去上学。　✹ 休学以后再回来上学。　✹ 停学一段时期之后再重新上学。

复印 fùyìn　✷ 用一种机子再出一些和样本一样的文字、图画等。　✹ 照原样重印。

复杂 fùzá　✷ 关连很多,很难看明白。　✹（事物的种类、情况)多而杂。

复制 fùzhì　✷ 再作一个一样的。　✹ 再做一个和本来的东西一样的。　✹ 照原样的再制作。

副 fù　✷ 第二的,不重要的。　✹ 1. 第二位的。2. 主要的东西上连带的。3. 跟……一样,多用在名字和事物上。　✹ 居第二位的。与"正"相对。

副本 fùběn　✷ 正本以外的本子。　✹ 最早写的文书以外的本子。　✹ 文件或文书正式的一份以外的其它本。与"正本"相对。

副产品 fùchǎnpǐn　✷ 作一个东西的同时出来的东西。　✹ 做主要东西时,连带着出来的东西。　✹ 制造物品时产生的不是主要的产品。

副词 fùcí　✷ 中文的"再、不、也"是副词。　✹ 如"再、只、很、更、不、也、还"等这些字。　✹ 形容或限制动词及形容词的词。表示范围、程度等。

副食 fùshí　✷ 吃饭时和饭一同吃的东西。　✹ 饭以外吃的东西。　✹ 不是面、米等主要食品。如:菜、肉、鱼等。与"主食"相对。

副手 fùshǒu　✷ 一定地方最主事的人,因为自己工作很多,所找的在自己下面,在别人上面干活的人。　✽ 助手。

副题 fùtí　✽ 写在文、书等正题下边和旁边作为说明的一行字。　✽ 加在文章或新闻等的标题旁边或下边的小标题。也称"副标题"。

副业 fùyè　✽ 一个好工作以外的工作。　✽ 主要工作以外的活儿。　✽ 主要职业或事业以外的工作。

副院长 fù yuànzhǎng　✽ 分工做院中一些事的院长,常不只一个。　✽ 分工做院中的事的院长,常不只一个。

副作用 fù zuòyòng　✽ 一个好东西有好的作用,可是也有一点不好的作用。这不好的作用叫副作用。　✽ 跟着主要作用出现的连带的不好的作用。　✽ 随着主要作用而发生的不好的作用。

富 fù　✽ 有票子,可以买很多东西的(人、国家)。　✽ 钱物很多。能买得起贵东西的。　✽ 1.(国家、集体、个人)钱、东西多。2. 多。3."穷"的反面。

富贵 fùguì　✽ 有钱有地位。　✽ 指又有钱又有地位的。

富强 fùqiáng　✽ (国家)有很多很多的好东西,人们吃的喝的都好。　✽ 国家有钱,人民生活得好。　✽ (国家)出产的东西多,力量强大。

富人 fùrén　✽ 有票子、可以买很多东西的人。　✽ 很有钱的人。　✽ 有钱的人。"穷人"的反面。

富有 fùyǒu　✽ 有票子、可以买很多东西的。　✽ 1. 有很多东西。2. 有很多(多用在好的方面)。　✽ 1. 有大量的钱。2. 有很多。

富足 fùzú　✽ 生活等方面用的东西很多;有钱有物,不少什么。　✽ 富有,足够。

G

gai

该 gāi　✽ 得(děi)。　✽ 1. 当。2. 当是。3. 说明一种可能。4. 少别人钱,要还别人。5. 提到上文说过的人、事物时用。　✽ 1. 应当。2. 指前面所说的。3. 就应当这样。4. 应当给人的事物还没有给。

该死 gāisǐ　✽ 口语中说的,是自个儿很不喜欢他人,很不快乐。　✽ 如果自己非常不喜欢的话,可以说他(它)"该死"。　✽ 表示生气或非常不喜欢的话。

改 gǎi　✽ 叫现在的和以前的不同。　✽ 让衣服等和本来的不一样,比本来的更好、更得当。　✽ 1. 改变。2. 改正。

改变 gǎibiàn　✽ 叫现在的和以前的不同。　✽ 1. 更动。2. 事物等发生和以前不一样的事。　✽ 1. 改换;更动。2. 事物发生明显的差别。

改掉 gǎidiào　✽ 叫现在的和以前的不一样,叫不好的作法不再有。　✽ 把不好的毛病去了。 ✸ 改变而取消。

改动 gǎidòng　✸ 叫现在的和以前的不一样。　✸ 让文字等和开始时的样子不同。　✸ 变动(文字、安排等)。

改革 gǎigé　✸ 让事物中旧的、不好的成为新的、好些的。　✸ 把事物中旧的部分改成新的,以适应新的需要。

改观 gǎiguān　✸ 叫(样子)和以前不同。　✸ 不再是以前的样子,让事物出现了新样子。　✸ 改变原来的样子,出现新的面目。

改行 gǎiháng　✸ 工作不一样了。不作和现在一样的工作了。　✸ 不再做以前的工作,从事新的工作。　✸ 不再从事原来的行业,而从事新的行业。

改换 gǎihuàn　✸ 不要老的(人、东西),再上一个。　✸ 用一个别的。　✸ 改掉原来的,换成另外的。

改进 gǎijìn　✸ 叫……还要好一点。　✸ 用新的方法,让它有所前进。　✸ 改变旧有的情况,使有所进步。

改期 gǎiqī　✸ 和以前说好的时间不同了。　✸ 把定好的日期更动一下。　✸ 改变日期。

改日 gǎirì　✸ 不再是说好的那一天。　✸ 因有别的事,做事时不再是定好的日子。　✸ 跟"改天"是同义词。

改善 gǎishàn　✸ 叫……好一点儿。　✸ 让……比以前更好一些。　✸ 改变原有的情况,使更好些。

改天 gǎitiān　✸ 今天不行,以后(再去作……)。　✸ 找别的日子,以后再说。　✸ 指以后的某一天(离说话时不很远)。

改写 gǎixiě　✸ 叫文字和以前写的不一样。　✸ 对错的和不太好的地方重写。　✸ 1. 修改。2. 根据原著重写。

改用 gǎiyòng　✸ 以前用A,现在不用A了,用B。　✸ 以前用这一个,现在用别的一个。　✸ 不用原来的而换另一种。

改正 gǎizhèng　✸ 让不对的地方对。　✸ 把不对的改为正确的。

概 gài　✸ 大体上。　✸ 1. 神情。2. 大概。3.(书面语)景象。

概况 gàikuàng　✸ 大体上的事,大体上的样子。　✸ 大概的情况。

概论 gàilùn　✸ 书面上对一学问做大体上的说明。　✸ 总结性的讲解和分析(多用于书名)。

概念 gàiniàn　✸ 人们认识事物得出一定成果以后给的名字,可以用来区别一个一个的事物。　✸ 人类在认识过程中,把感觉到的事物的共同特点加以总结和分析,就成为概念。

概要 gàiyào　✸ 书、文中重要的东西。　✸ 用不多的字对书、文的重要看法所做

干敢感

的大体说明。 ✼ 重要内容的大概(多用于书名)。

gan

干 gān ✼ 1.没有水分,水分很少。2.不用水的。3.做成的干的可吃的东西,如肉干。4.白,无用的。如干等。 ✼ 没有水分或水分很少。

干杯 gānbēi ✼ 喝完酒杯里的酒。 ✼ 请别人喝完杯中的酒,多是在高兴的时候这样做。 ✼ 喝干杯子里的酒。祝酒时常说"干杯"。

干果 gānguǒ ✼ 吃的东西。里边不再有什么水。 ✼ 干了的水果;没有水分的水果。 ✼ 弄干的水果。

干冷 gānlěng ✼ 天气很干又十分冷。 ✼ 干而冷。

干扰 gānrǎo ✼ 一个人在工作时,他人在他前后走来走去,大声说话……,他不能好好学、工作,这就是干扰。 ✼ 用不好的方法,让人、事物等不能正常工作。 ✼ 打扰;使受到不好的影响。

干热 gānrè ✼ 天气很干又十分热。 ✼ 干而热。

干笑 gānxiào ✼ 本来不高兴,可是在面子上还是做出高兴时的样子。 ✼ 不想笑而假装笑。

敢 gǎn ✼ 不想什么后果,不想身体怎么样,就有信心去做。 ✼ 不怕做某种事。

敢情 gǎnqing ✼ 1.说明发现新的事物的有关方面。2.说明很明白、不难看出、很可信。 ✼ (方言)表示发现原来没有发现的情况。

敢是 gǎnshì ✼ 可能是,大体上是。 ✼ (方言)大概是。

敢作敢为 gǎn zuò gǎn wéi ✼ 有信心能够去做一种、几种事。 ✼ 表示有志气,不顾一切地去做某事。

感 gǎn ✼ 觉得,认为。 ✼ 1.觉得。2.感动。3.对别人的好意怀有谢意。4.情感;感想。

感到 gǎndào ✼ 有……想法。 ✼ 觉得。 ✼ 心里觉得。

感动 gǎndòng ✼ 外在的东西、他人作的什么叫(人)有爱、喜欢、快乐……的想法。 ✼ 外在的事物等对人的思想、意识等起作用,人的思想、意识就有所动。 ✼ 思想感情受外界影响而产生同情、冲动等。

感官 gǎnguān ✼ 身体上可以知觉外在信息的地方。 ✼ 感觉器官的简称。

感化 gǎnhuà ✼ 用行动、言语等让思想、行为不好的人好起来。 ✼ 用行动或善意使人的思想、行为慢慢向好的方向变化。

感觉 gǎnjué ✼ 觉得;觉到的东西。 ✼ 与"觉得"同义。但"感觉"可以做名词,而"觉得"不可。

感情 gǎnqíng ✼ 爱,喜欢,快乐……都是感情。 ✼ 人和人间的心意等。

✻ 1. 对外界影响的比较强的心理反应。2. 对人或事物关心、喜爱的心情。

感情用事 gǎnqíng yòngshì　✻ 想到什么作什么。那时还没想好,只想到一点,这样的作法叫感情用事。　✻ 一时兴起,想干什么就干什么,想怎么干就怎么干,不想后果。　✻ 不冷静思考,以个人的感觉或一时的感情冲动处理事情。

感人 gǎnrén　✻ 叫人有爱,喜欢,快乐,不快乐……的想法。　✻ 让人觉得生动和产生同样的知觉、心意等。　✻ 使人很感动。

感伤 gǎnshāng　✻ 因为什么东西带动了心里的想法,所以心里觉得不好过、不高兴。　✻ 外在事物引起心里悲伤、伤感的情感。

感受 gǎnshòu　✻ 想到的。　✻ 对事物和所发生的事儿的看法、想法。　✻ 由于看到或听到外界事物而产生的思想反应。

感想 gǎnxiǎng　✻ 听到、看到什么以后,想到的东西。　✻ 对外面事物的思想上的认识。　✻ 1. 受到影响。2. 体会。

感谢 gǎnxiè　✻ 用说话、作什么叫人知道,"你"作了"我"的,"我"很喜欢。　✻ 用言语和行动来说明自己的谢意。　✻ 是接受好处或帮助后用语言或行动向对方所做的表示。

感性 gǎnxìng　✻ 从身体知觉得到的,不是从思想上得到的。　✻ 指感觉、知觉等心理活动的。与"理性"相对。

感知 gǎnzhī　✻ 事物在人头脑中的认识。　✻ 感觉并知道。

干 gàn　✻ 作。　✻ 1. 做,作。2. 从事。3. 能干。4. 事物的主体。　✻ 1. 做(事)。2. 能干;有能力的。3. 从事。

干部 gànbù　✻ 在国家机关这些地方做一定工作,处在中上等地位的头儿们。　✻ 指国家机关、军队、人民团体中的中上等地位的人员。

干活儿 gànhuó　✻ 作工作。　✻ 做事,可是用脑方面的工作很少这样说。　✻ 做体力工作。

干吗 gànmá　✻ 干什么? 做什么?　✻ 是"干什么"或"为什么"的口头说法。

干事 gànshì　✻ 作工作,作一样儿工作的人。　✻ 1. 专门做一种事的人。2. 做事。　✻ 管具体事务的人员。

gang

刚 gāng　✻ 以前的一小会儿。　✻ 1. 正好,不大不小。2. 事儿发生在不长时间以前;3. 行动做完的时间不长。　✻ 副词。表示行动或情况发生在很短的时间以前。

刚才 gāngcái　✻ 以前的一小会儿。　✻ 刚过去不长的时间。　✻ 刚过去不久的时间。

刚刚 gānggāng　✹ 以前的一小会儿。　✶ 1. 刚过去不长时间。2. 不多不少,正好。　✽ 表示差不多达到某种程度。

刚好 gānghǎo　✹ 正好。　✶ 正好。　✽ 正好。

刚强 gāngqiáng　✹ 知道不好作,还是要去作;作了很多都作不好,还要去作。这样的人很刚强。　✶ 做好一事时所有的一种意念不动的样子。　✽（性格、意志）很强,不怕困难。

钢 gāng　✹ 生活中一种常用的非常硬的东西,可用来做飞机、小车儿、自行车、房子等,雨水也不能把它怎么样。　✶ 一种重要的工业材料,含有较多的铁的成分。

钢笔 gāngbǐ　✹ 用来写字的东西,里边用有色儿的水。　✶ 笔头用钢片儿、金片儿等做成的笔,里面可以放带色儿的水儿,写字用。　✽ 笔头用钢等材料制成的笔。

gao

高 gāo　✹ 1. 从下往上离地面远。2. 在平常水平以上。3. 位子在上的。4. 中国的一个姓(Gāo)。　✶ 离地面远。是"低"的反义词。

高大 gāodà　✹ 大,上到下也很长。　✶ 又高又大。　✽（人或楼房等）又高又大。

高低 gāodī　✹ 上到下有多长。　✶ 1. 一个事物有多高。2.（两个事物、人的）高下,轻重。　✽ 1. 高度。2. 指（技术等）水平。3. 无论如何。如:他高低不答应。

高地 gāodì　✹ 很高的一块地方。　✶ 高出的土地。

高度 gāodù　✹ 1.（人、东西）最上边到最下边有多长。2. 很。　✶ 一个事物有多高。　✽ 指高低的程度。

高干子弟 gāogàn zǐdì　✹ 国家机关等中做一定工作的、地位高的头儿们的孩子。　✶ 指做领导工作或管理工作的高级干部的子女。

高贵 gāoguì　✹ 1. 到一定生活水平的。2. 有一定地位的。　✶ 1. 做人达到很高水平的。2. 极贵重的。3. 指地位高,生活条件优越的。

高级 gāojí　✹ 很好的。有时也可能很贵。　✶ 东西比正常水平更好的。　✽ 1.（阶级、级别等）达到一定程度的。2.（水平）越过一般的。

高价 gāojià　✹ 东西要用很多票子的。　✶ 东西卖得贵的;要花多钱的。　✽ 高出一般的价格。

高见 gāojiàn　✹ 用来说他人的好想法。　✶ 高明的看法。　✽ 正确、有远见的看法。

高楼 gāolóu　✳ 高大的楼房,上下有很多房间。　✲ 高的楼房。
高明 gāomíng　✳ 看法和想法很好,和他人不同。　✲（人)很有看法,看问题时,比平常水平高出很多的。　✲ 1.看法、技术等高于一般人的。2.看法、技术等高于一般人的人。
高升 gāoshēng　✳ 1.地位从低往高提升。2.东西从低处往高处升起。　✲ 职位由低向高升。
高声 gāoshēng　✳ 大声地。　✲ 很大的声音。　✲ 提高声音;大声。
高温 gāowēn　✳ 很热。　✲ 较高的温度。
高兴 gāoxìng　✳ 欢喜,快乐。　✲ 快乐,欢快。　✲ 快乐。
高中 gāozhōng　✳ 就是高等中学,在中国是中学生活的最后三年。　✲ 高级中学的简称。
搞 gǎo　✳ 作。　✲ 做,干,办。　✲ 1.做,干,从事。2.想办法得到。3.让别人吃苦头。
搞对象 gǎo duìxiàng　✳ 女的和男朋友,男的和女朋友老在一道吃、喝、作什么的。　✲ 男女间处朋友,以期成为两口子。　✲ 人们称交男朋友或女朋友为"搞对象"。
搞鬼 gǎoguǐ　✳ 别人不知道的时候用不好的方法做不正当的事。　✲ 暗中使用手段(做不好的事)。
告 gào　✳ 把事儿说给人听。　✲ 1.把事情说给别人听。2.表明;说明。3.为某事而请求。
告别 gàobié　✳ 说"再见"、"以后见"。　✲ 用说话的方法告诉别人自己要走了。　✲ 离别,分手。
告急 gàojí　✳ 说一个地方很不好了,叫人快去想个法子。　✲ 自己一时有难处时,告诉别人快来为自己做事。　✲ 报告情况紧急,请求帮助。
告诉 gàosù　✳ 和人说,叫人知道。　✲ 把事说给人,让人知道。　✲ 把事情说给别人,使人知道。

ge

哥 gē　✳ 哥哥;同父母、年岁比自己大的男子。　✲ 与"哥哥"同义。
哥哥 gēge　✳ 同父母(有时是只同父,只同母)、年岁比自己大的男子。　✲ 与自己同父母的年纪比自己大的男人。
哥们儿 gēmenr　✳ 男的用来说和自个儿很好的男的朋友。　✲ 哥哥和弟弟们;用在很好的朋友间,带有亲热的口气。　✲ 用于男的朋友之间,表示关系亲密。
歌 gē　✳ 1.给人唱的作品(pǐn)。2.唱。　✲ 唱出的音乐。

歌唱 gēchàng　＊用口来唱歌；从口里发出一个又一个动听的乐音。　✳ 唱；口中发出乐音。

歌唱家 gēchàngjiā　＊以歌唱为工作,唱歌唱得出色的人。　✳ 工作是唱歌,唱得好的人。

歌词 gēcí　＊歌里的话。　✳ 指歌中的词句。

歌剧 gējù　＊一种在人前面以唱为主(有唱、有跳、有说等)给人看的活动,常常在一定的地方进行。　✳ 有诗歌、音乐、舞的剧,以歌唱为主要表演形式。

歌儿 gēr　＊歌子,给人唱的作品(pǐn)。　✳ 是"歌"的同义词。

歌手 gēshǒu　＊歌儿唱得好的人。　✳ 专门唱歌的人。

歌舞 gēwǔ　＊唱歌时带有动作。大家高兴时进行的活动中常有歌舞。　✳ 歌和舞的合称。

革 gé　＊1.人做的没有毛的动物的皮。2.发生新的事。3.让他离开本来在的地方,不让他做本来做着的事。4.姓。　✳ 1.除掉毛并加过工的动物的皮。2.改变。

革命 gémìng　＊1.不得不为别人干活儿,可是自己生活得很不好的人、对国家很有意见,很想不要旧的机关等,立起新的,看时机做出大的行动。2.有这样想法的。3.和以前很不一样的做法。　✳ 破坏旧制度及旧生产关系,建立新制度及新生产关系。

格 gé　＊方的样子。　✳ 1.所画的方的东西。2.(东西的)样子、大小等。3.一种语法上的说法,如果从这个字的后面可以看出它和别的字在语法上是怎样的,这种语言就有格。汉语中没有格。　✳ 1.格子。2.规格。3.风格。

格格不入 gé gé bú rù　＊跟(人、物)不和,跟别人、他物对立。　✳ 完全合不来；完全不合适。

格式 géshì　＊书、文的一个样子,大家写的都一样。　＊作表、作文时要有的一定的样子。　✳ 一定的规格、式样。

格外 géwài　＊很。　＊1.非常。2.在说过的以外的。　✳ 1.表示越出平常。2.另外。

隔 gé　＊开作两边,一边一个。　＊1.不能来往；中间分开。2.(这儿)离(那儿有多远)；(这时)离(那时有多久)　✳ 1.隔断。2.间隔。

隔断 géduàn　＊叫这边到不了那边。　＊让两个事物中间分开,不能在一起。　✳ 使断绝。

隔开 gékāi　＊叫这边不能到那边去。　＊不让两人、两事物在一起。　✳ 使完全分开。

隔离 gélí　＊要一个人和大家走开,不能在一个地方。　＊不让人(有时是动物)

在一起,让他们(它们)不能来往。 ✲ 1.使断绝往来。2.使有病的和健康的完全分开,使健康的不受病的影响。

个 gè ✲ 一个人,一个杯子,一个问题。 ✲ 和"一、二、三……"在一起用在很多事物的名字前说明多少的字。 ✲ 1.最常用的量词。2.单独的。

个别 gèbié ✲ 一个两个的,不跟多个人、事物在一起的个体。 ✲ 1.单个;各个。2.少有。

个儿 gèr ✲ 同"个子"。 ✲ 身体、物体的大小。 ✲ 1.身体或物体的大小。2.指一个个的人或物。

个人 gèrén ✲ 一个人,自个儿。 ✲ 一个人,跟"大家"对着说。 ✲ 1.一个人。跟"集体"相对。2.自称。

个人主义 gèrénzhǔyì ✲ 只想个人、不想他人的想法。 ✲ 从个人出发,把个人的好处放在第一位,不去想别人会怎么样,以个人为中心的思想。 ✲ 一切从个人出发,把个人的好处放在集体的好处之上,只顾自己,不顾别人的思想体系。它的表现形式是多方面的,比如自由主义、本位主义等。

个体 gètǐ ✲ 一个物体、一个人。 ✲ 1.单个的人或生物。2.个体户。

个体户 gètǐhù ✲ 自己做生意的个人。 ✲ 个体管理的农民或工商业者。

个性 gèxìng ✲ 一个人、事物和别的人、事物所不同的地方,每个人都有自己的个性。 ✲ 1.一个人的比较固定的特性。2.事物的特性,它是相对于别的事物来说的。

个子 gèzi ✲ 个儿。人的大小,可不是说他多大年岁。 ✲ 人身的高和不高,也用来说动物身体的大小。 ✲ 个儿(指人或动物)。

各 gè ✲ 一个一个的。 ✲ 1.不只一个。2.不只一人、一物同做一事,同有一点。 ✲ 每个。

各得其所 gè dé qí suǒ ✲ 一个个的人都到了他的地方,作他的工作。他到这地方,作这工作最好。 ✲ 个人、事物有了对它自己来说好的去处。 ✲ 每个人或每件事都得到合适的安排。

各个 gègè ✲ 1.每个。2.所有的个体。 ✲ 是"每个"的意思。

各色 gèsè ✲ 很多种。 ✲ 1.各种各样。2.(方言)特别(不是好的意思)。

各式各样 gèshì gèyàng ✲ 很多不同的样子。 ✲ 各种各样。

各行其是 gè xíng qí shì ✲ 每个人做自己认为对的事,不关心别人的意见。 ✲ 各自按照自己以为对的去做。

各种各样 gèzhǒng gèyàng ✲ 很多不同的样子。 ✲ 很多种、很多样子。 ✲ 各式各样。

给根跟更 89

gei

给 gěi　✳ 让对方从自己这儿得到一些东西。　❋ 使对方得到（某些东西）。

给以 gěiyǐ　✳ 给（后面只说所给的事物）。　❋ 是"给"的意思。

gen

根 gēn　✳ 花长(zhǎng)在地下的那样东西。　✳ 长着的物体在地下面（有的在水中）的那一块儿。　❋ 1.所种的东西一般长在土里的部分。2.事物的本原。

根本 gēnběn　✳ 最重要的。　✳ 1.事物最主要的、重要的方面。2.主要的、重要的。3.从来。4.从开始到最后（都没有）。　❋ 1.事物最重要的部分。2.重要的；主要的。3.本来；从来。

根据 gēnjù　✳ 一事物出现的前提。　❋ 1.按照；把某事物作为结论的前提。2.作为根本的事物。

跟 gēn　✳ 和；走在他人后边。　✳ 和，同。　❋ 和；与。

跟前 gēnqián　✳ 前边不远。说话人前边儿。　✳ 1.身边。2.快要到的时间。　❋ 身边。如：他跟前没有子女。

跟随 gēnsuí　✳ 走在他人后边，他走哪儿，"我"去哪儿。　✳ 1.跟着。2.跟着的人。　❋ 1.跟着，随从。2.指随从人员。

跟着 gēnzhe　✳ 走在……的后边。　✳ 在行动的人后面也向同一方位行动。　❋ 在后面很快地向一个方向或一个目标行动。

geng

更 gēng　✳ 1.从一个位子上拿下旧东西放上新东西。2.旧时一夜分成五更，每更差不多两小时。　❋ 改。

更替 gēngtì　✳ 不要老的，再上一个。　✳ 把旧的拿下，放上别的。　❋ 替换。

更新 gēngxīn　✳ 不要过去的东西、样子。　✳ 把旧的去了，来新的。　❋ 除去旧的，换成新的。

更衣室 gēngyīshì　✳ 人们从身上拿下旧衣，再用新衣服的公用房间。　❋ 公用的换衣服的地方。

更易 gēngyì　✳ 旧的去了，让跟它不一样的东西出现。　❋ 改动。

更正 gēngzhèng　✳ 把说的、写的不对的地方再说对、写对。　❋ 改正已发表的谈话或文章中的错处。

更好 gènghǎo　✳ 本来是好的，现在还要好。　✳ 本来就不错，现在比开始还好。　❋ 比原来的程度还高。

更加 gèngjiā　✳ 比本来的多、好、美等，也用来说比本来的少、不好等。　❋ 表示程度上又深了一层或数量上进一步多了(或少了)。

gong

工 gōng　✳ 1.工作。2.工人。　✱ 1.工作;生产劳动。2.工人。3.工程。

工厂 gōngchǎng　✳ 一个地方,工人在那里作工。　✱ 有工人,有车间,做东西的场所。　❋ 进行工业生产活动的单位。

工场 gōngchǎng　✳ 工人工作的地方,这地方的人作东西不用大机子。　✱ 手工工人在一起做活儿的场所。　❋ 手工业者集在一起生产的场所。

工程 gōngchéng　✳ 要用人用时间用钱的、又大又难的工作,比如开路就是一个工程。　❋ 1.用较大较复杂的设备来进行的工作。2.要用很多的人力和物力的工作。

工程师 gōngchéngshī　✳ 对一些学问上、工作才能上处在中等地位的一种人的叫法(老师在外),他们能自己完成一种难一些的工作。　❋ 专门技术人员的职务名称之一。

工夫 gōngfu　✳ 时间,时候。　✱ 1.所用的时间。2.休息的时间。3.本事。　❋ 时间。如:今天我没有工夫。

工会 gōnghuì　✳ 可看作工人们的家。　✱ 工人们的团体,它为工人说话办事。　❋ 工人参加的组织。

工具 gōngjù　✳ 作工用的东西。　✱ 用来干活的东西都可叫做工具。　❋ 进行生产或修理时使用的器具。

工人 gōngrén　✳ 作工的人。　✱ 干活儿的人;为了生活,主要用手不大用脑进行工作的人。　❋ 从事体力劳动的人。

工时 gōngshí　✳ 工人工作的时间。　✱ 工人工作一小时为一个工时。　❋ 工人工作一小时为一工时。

工业 gōngyè　✳ 这是一种非常重要的工作,国家、人民没法离开它,这就是让自然的和半自然的东西成为人们生活所要的东西。如果没有它,人们就回到了古时候的生活。　❋ 对各种东西进行加工的生产部门。

工业部 gōngyèbù　✳ 国家有关工业的一个机关。　❋ 管理工业的部门。

工艺 gōngyì　✳ 作东西的方法。　✱ 1.让自然和半自然的东西成为有用物体的工作、方法等。2.手工方面的。　❋ 把原材料或半成品加工成产品的工作、方法及技术。

工资 gōngzī　✳ 工作以后得的票子。　✱ 看时间多长,工作多少给工作的人的钱。　❋ 按期发的工钱。

工作 gōngzuò　✳ 从事体脑活动以生活。　❋ 从事体力劳动或脑力劳动。

工作人员 gōngzuò rényuán ＊作工作的人。 ＊干大小活儿的人。 ✽指从事某种工作的人。

工作者 gōngzuòzhě ＊工作的人。 ＊工作的人。 ✽从事某种工作的人。

工作证 gōngzuòzhèng ＊用来说明一个人在哪儿工作的小本本儿。 ✽表示一个人在某单位工作的证件。

公 gōng ＊国家的,大家的。 ＊1.东西是国家、机关和大家的。2.动物不可以生子的。3.公事。4.公平,公正。5.让事儿公开。6.共同的,大家认同的。 ✽1.国家的或集体的。与"私"相对。2.共同的。3.使……公开。4.公平;公正。5.公事;国家的或集体的事。

公安 gōng'ān ＊为城市百姓平安无事去工作的人。 ✽社会整体的治安。

公安局 gōng'ānjú ＊公安办公的地方。 ✽管公安的部门。

公报 gōnggào ＊大家都可以看到的说重要的东西的文。 ＊公开的文告,让大家都知道一事物的东西。 ✽公开发表的关于重大会议的决议、军事行动的进行等的正式文告。

公布 gōngbù ＊和大家说,叫大家知道。 ＊公开告诉大家一些事。 ✽(政府机关的法规、文告,团体的通知)公开发布,使大家知道。

公道 gōngdào ＊公平。 ✽公平;合理。

公法 gōngfǎ ＊西方法学中跟国家有关的法。 ✽与国家事情有关的法。

公费 gōngfèi ＊国家的票子,个人用时叫公费。 ＊国家给钱的。 ✽由国家或团体出的费用。

公分 gōngfēn ＊放在"一、二、三……"后说明物体长(cháng)多少。一百公分是一米。 ✽一种长度单位,一百公分是一米长。

公告 gōnggào ＊国家、地方对公民说的话,往往写成文字。 ✽1.通告。2.政府或机关团体等向公众发出的通告。

公公 gōnggong ＊这是一个男人,他儿子的女人叫他是"公公"。 ＊男子和女子成为一家后,女子叫男子的父亲"公公"。 ✽丈夫的父亲。

公共汽车 gōnggòng qìchē ＊大家谁都可以坐的车。 ＊大家外出时坐的长长的汽车,有一定的方向(xiàng)、时间和车站,人们上车时要买票。 ✽人们买票可以坐的汽车,有固定的路线和停车站。

公关 gōngguān ＊大家、个人等在公民和别人的活动中的关连。 ✽"公共关系"的简称,指团体或个人在社会活动中的相互关系。

公鸡 gōngjī ＊早上,天刚发白就叫的鸡。 ✽不是生蛋的鸡。与"母鸡"相对。

公家 gōngjiā ＊不是个人的,是大家的。 ＊国家、机关、团(tuán)体等,跟"个人"对着说。 ✽与"私人"相对,指国家、机关、团体。

公斤 gōngjīn　✳ 放在"一、二、三……"后说明物体重多少。一公斤为二十两。　✳ 一公斤等于两斤。

公开 gōngkāi　✳ 有什么和大家说,东西叫大家看。　✳ 让人和事儿面对大家。　✳ 面向大家,让大家知道。

公里 gōnglǐ　✳ 放在"一、二、三……"后说明路长。一千米为一公里。　✳ 一种长度单位,合一千米长。

公历 gōnglì　✳ 看今天是哪一年哪一月的哪一日的方法。　✳ 每个国家都用的算年、月、日的方法。　✳ 阳历,是现在国际上通用的历法。一年365天,分为十二个月,一、三、五、七、八、十、十二月为大月,每月31天,四、六、九、十一月为小月,每月30天,二月是28天。

公路 gōnglù　✳ 人和车都可以在上边走的东西。　✳ 车辆走的路。　✳ 市区以外的通行各种车辆的大路。

公民 gōngmín　✳ 国家人民中的一个个人。　✳ 一个国家所有的人。　✳ 是国家的人民中的一员。如:他是中国公民。

公牛 gōngniú　✳ 不能生小牛的牛。　✳ 不会生小牛的牛。与"母牛"相对。

公平 gōngpíng　✳ 人人都一样的。　✳ 办事公正,不向(xiàng)着哪一方。　✳ 处理事情合情合理,不向着哪一方。

公认 gōngrèn　✳ 大家都这样想、这样看。　✳ 大家都认为。　✳ 大家一致认为。

公社 gōngshè　✳ 过去,人们在一起工作、生活的一种地方。　✳ 一种制度或一种组织的形式,在那里,人们共同生产,共同消费。法国1871年有过"公社"。

公式 gōngshì　✳ 可用在同种事物上的方法。　✳ 1. 表示各个数量之间的关系的式子。2. 方式,方法。

公事 gōngshì　✳ 不是个人要作的,是大家的。　✳ 国家、机关、百姓的事,不是个人的事。　✳ 公家的事。与"私事"相对。

公文 gōngwén　✳ 一样文书,不是个人和个人间用的。　✳ 机关间往来用的写出来的东西。　✳ 机关相互往来联系事务的文件。

公务 gōngwù　✳ 和国家、机关、大家有关的工作上的事。　✳ 关于国家或集体的事务。

公用 gōngyòng　✳ 大家都可以用的。　✳ 大家共同用的,不是为个人用的。　✳ 大家共同使用。

公有制 gōngyǒuzhì　✳ 一个国家最重要的东西都是大家的。　✳ 工厂、机子、地等东西为公共所有叫公有制。有的国家是,比如中国;有的不是,比如美国。　✳ 所有制的一种,生产用的东西是公共所有的。

公元 gōngyuán　✳ 每个国家都可用的算年的方法。　✳ 国际通用的公历的纪元。

公园 gōngyuán　✲ 人们可以休息、慢走、看书的公共园地,常常是好看的地方。
✽ 人们玩儿和休息时去的公共的园林。

公章 gōngzhāng　✲ 机关、学校等公家用的上面刻有它们名字的像茶杯口那样的硬东西。　✽ 机关、团体使用的印。

公子 gōngzǐ　✲ 一个地方说话有用的人的儿子。　✲ 地位高的人的儿子。
✽ 1. 过去称官人或有钱人家的儿子为公子。2. 客气地、有礼地称别人的儿子。

功 gōng　✲ 为人民做的大好事,跟"过"对用。　✽ 1. 功劳。2. 技术和技术修养。

功夫 gōngfū　✲ 作……能作得有多好;时间,时候。　✲ 同"工夫"。　✽ 本领;学问、艺术等达到的程度。

功课 gōngkè　✲ 学生回家要学的课。　✲ 1. 学生学的知识。2. 老师要学生回家做的有关课上所学知识的事。　✽ 学生按规定学习的知识技能。

功劳 gōngláo　✲ 对国家、大家做的好事,给百姓带来好处的行为。　✽ 对事业所做的成就。

功利 gōnglì　✲ 1. 作用和好处。2. 一些人想得到的名位和钱物。　✽ 1. 功效和好处。2. 有名有利的。

功能 gōngnéng　✲ 有什么用。　✲ 事物所有的好的作用。　✽ 事物或方法显出的有利的作用。

功用 gōngyòng　✲ 东西能用的地方。　✲ 作用;用处。　✽ 功能;用处。

共 gòng　✲ 都有的。　✲ 1. 一样的,共同有的。2. 在一起。3. 一共。　✽ 1. 相同的;共同具有的。2. 一齐。3. 一共;合起来计算。

共产党 gòngchǎndǎng　✲ 先进的工人等成立的,为人间平等、提高老百姓生活水平工作的人的一体。　✽ 主张实现共产主义的党。

共产主义 gòngchǎnzhǔyì　✲ 一个想法,说到时候人人能作自己想作的,作得最好的,得到自己想要的。　✲ 人间最美好的一种思想。到了"共产主义",东西会很多,想要什么有什么,人们思想很好,人跟人没有差别,东西共同所有。　✽ 主张实行公有制,取消多种社会差别的思想体系。

共和国 gònghéguó　✲ 中国和法国这样的国家都是共和国。　✲ 用共和体的国家。　✽ 定期由选举产生国家元首和国家重要机关的国家。

共识 gòngshí　✲ 大家都一样的想法。　✲ 共同的认识、想法、看法。　✽ 共同的认识。

共事 gòngshì　✲ 和人一道工作。　✲ 在一起工作。　✽ 在一起做事。

共同 gòngtóng　✲ 大家的,人人都有的。　✲ 大家一起(做);为大家所有的;大家都有的。　✽ 大家都具有的。

共性 gòngxìng　✳ 不同事物共同的地方。　✳ 指不同事物所具有的普遍性。

gou

狗 gǒu　✳ 一种可爱的动物,是人们的朋友,可以看家,爱吃肉。　✳ 动物,听觉、闻气味的感觉灵敏。

狗腿子 gǒutuǐzi　✳（口语）在不好的人的手下,给不好的人办事的人。　✳ 指跟在有势力的坏人后面干坏事的人。

构 gòu　✳ 每个成分很好地放在一起,成为一个物体。　✳ 1. 构造。2. 组合。

构成 gòuchéng　✳ 每个成分很好地放在一起,成为一个物体。　✳ 组合成为;造成。

构思 gòusī　✳ 想（一张画要怎么画,作文要怎么写……）。　✳ 画图、写作、做东西时用心思。　✳ 形成的想法。

构图 gòutú　✳ 想怎么画好一张画儿。　✳ 先有一定的思想,然后把每个成分很好地放在一起,成为一个画面。　✳ 画画儿时根据要求把要表现的形象组织起来,构成完整的画。

构想 gòuxiǎng　✳ 画图、写作以前想（怎样画、怎样写）。　✳ 1. 画图、写作、做东西时用心思。2. 想法。　✳ 做文章或制作艺术品时所运用的心思。

构造 gòuzào　✳ 大东西里有多少小东西,小东西都在哪儿。　✳ 物体每个成分间有机地放在一起。　✳ 每个部分的安排、组织及相互关系。

够 gòu　✳ 正好和人要的一样多,不用再多了。　✳ 1. 到了一个点,不少了。2.（用手等）到很难到的地方去拿来。　✳ 1. 数量上可以满足需要。2. 达到某一点或某一程度。

够本 gòuběn　✳ 1. 买卖得到的钱和花的钱差不多。2. 得到的和没得到的差不多,自己没少什么。　✳ 在买卖中,得到了相当于本钱的那部分钱,叫够本。也形容做事得到了某些所希望的。

够了 gòule　✳ 不再多要了（用在口语中）。　✳ 到头儿了,不能再多了。　✳ 表示不再需要了。

够朋友 gòu péngyou　✳ 是说朋友的心意到了,没什么可说的;做了朋友能做的事。　✳ 对朋友够义气。

gu

姑 gū　✳ 对和父亲同一父母的女子的叫法。　✳ 就是"姑姑"。"姑母"的简称。

姑姑 gūgū　✳ 对和父亲同一父母的女子的叫法。　✳ 一个人把与父亲同父母的女子称为"姑姑"。

姑父 gūfù　✻ 姑姑的男人。和"姑"成亲的男子。　❋ 姑母的丈夫。

姑妈 gūmā　✻ 1. 同"姑姑"。2. 对有了男人的、和父亲同一父母的女子的叫法。　❋ "姑母"的口头表达。

姑母 gūmǔ　✻ 1. 同"姑姑"。2. 对和父亲同一父母的女子的叫法。　❋ 父亲的姐姐或父亲的同父母的比他小的女子。

姑娘 gūniang　✻ 女孩子,少(shào)女。　✻ 还没男人的年轻女子。　❋ 没有结婚的女子。

古 gǔ　✻ 很久以前的。　✻ 很久时间比如几百年以前的,过去的,跟"今"对着用。　❋ 古时。与"今"相对。

古板 gǔbǎn　✻ 思想、作风旧,不活,少新意,老是一个样子。　❋ (思想、作风)守旧;少变化。

古城 gǔchéng　✻ 古老的城市。　❋ 古老的城市。

古代 gǔdài　✻ 很久远的过去。　✻ 离现在很远的时期,很久以前的时间。　❋ 离现代较远的时代。区别于"近代"、"现代"。

古典 gǔdiǎn　✻ 过去的、以前的好东西。　✻ 古时就有,现在人们还知道的,在一定时期认为是真正的、好的东西。　❋ 古代流传下来的在一定时期被认为是典范的。

古怪 gǔguài　✻ 行为、想法不平常,让人觉得有问题。　❋ 与一般情况不同,使人觉得奇怪。

古今中外 gǔ jīn zhōng wài　✻ 过去、现在,中国、外国。　✻ 从过去到现在,从中国到外国,也就是时时、处处。　❋ 从古时到现在,从中国国内到国外。也就是说,所有的时代,所有的地方。

古老 gǔlǎo　✻ 过去,很久以前的。　✻ 走过了久远时间的。　❋ 经历了长久年代的。

古老肉 gǔlǎoròu　✻ 一种中国菜,里面主要是肉,很好吃。　❋ 一种用做中国菜的方法所做的肉。

古色古香 gǔsègǔxiāng　✻ 有过去的样子,很好看。　✻ 房子、家什带有古时候的色儿和样子。　❋ 形容富于古典色彩。

古诗 gǔshī　✻ 文学上古人写的,字的多少一定的,上下分行的东西。字用的不多,可意思不少。　❋ 古代的诗歌。

古时 gǔshí　✻ 几百年前的时候。　✻ 过去几百年的时间,过去几百年的日子。　❋ 过去离现代较远的时代。

古书 gǔshū　✻ 过去的老书。　✻ 古时候的书。　❋ 古代用文言文写成的书。

古文 gǔwén　✻ 过去老书上写的话。　✻ 五四以前的文言文。　❋ 古代的文字或文章。

骨 gǔ　✻ 人、动物体里白色的硬东西。　✻ "骨头"的简称。

骨干 gǔgàn　✻ 起主要作用的人、事物。　✻ 1. 人或动物的长骨的中间部分。2. 形容在总体中起主要作用的人或事物。

骨架 gǔjià　✻ 骨块儿连在一起所成的样子,可比作能让物体立起来的里面的硬的东西。　✻ 骨头架子。

骨科 gǔkē　✻ 医院里给人看身体里白色的硬东西有无毛病的地方。　✻ 医院里医治骨病的地方。

骨气 gǔqì　✻ 对不好的事不服的作风和样子。　✻ 刚强的气概。

骨肉 gǔròu　✻ 儿女和生下他们的男女。　✻ 1. 父母子女等亲人。2. 像亲人一样不可分。　✻ 指父母子女等亲人。

骨头 gǔtóu　✻ 人、动物体里白色的硬东西。　✻ 人或一些动物内的硬的组织。

骨子里 gǔzilǐ　✻ 心里,脑子里。　✻ 内心里。

固 gù　✻ 1. 硬、不能活动的。2. 很难让他不这样想,不这样做。　✻ 1. 结实。2. 硬。3. 固定。4. 本来;原来。

固定 gùdìng　✻ 1. 不可动的。2. 不让动。　✻ 1. 不变动或不动的。与"流动"相对。2. 使……不动。

固体 gùtǐ　✻ 不是水那样的、看得见的东西都是固体。　✻ 有一定立方的、硬的物体,比如钢,成块儿的干(gān)东西在平常的时候都是固体。　✻ 不流动的物体。

固有 gùyǒu　✻ 本来有的。　✻ 本来就有的,不是外来的;本来就是自己所有的。　✻ 本来就有。

故 gù　✻ 以前的。　✻ 1. 旧的,以前的。2. 朋友。3. 有意。4. 所以。5. 没有活着的(人)。　✻ 1. 事故。2. 原因。3. 故意;有意。4. 所以。5. 原来的;从前的;旧的。6. 朋友;友情。7. (人)死。

故此 gùcǐ　✻ 所以。　✻ 因此。

故而 gùér　✻ 所以。　✻ 因而。

故旧 gùjiù　✻ 过去的朋友。　✻ 旧友;老朋友。　✻ 旧友。

故居 gùjū　✻ 人们过去的家。　✻ 过去住过的房子。　✻ 曾居住过的房子。

故事 gùshì　✻ 小说里写的人和东西。　✻ 讲给人听的有意思的事,可以是真的,也可以不是真的。　✻ 真实的事情或想像出来的事,一般都很生动。

故乡 gùxiāng　✻ 以前的家在的地方。　✻ 出生、长时间住过的地方。　✻ 家乡。

故意 gùyì　✻ 想到了,想好了那么作。　✻ 有意地。　✻ 有意识地(那样做)。

顾 gù　✻ 回过来看。　✻ 1. 回头看。2. 把心思放在一个方面。3. 在商店、饭馆等地方,买东西、要人为自己做事的人。 ✱ 1. 看,转过头看。2. 注意;照管。

顾客 gùkè ✱ 来买东西的人。 ✱ 在商店、饭馆等地方,买东西、要人为自己做事的人。 ✱ 商店或服务行业称来买东西的或要求服务的人为"顾客"。

顾虑 gùlǜ ✱ 作什么以前的想法(可能作不好,他人不喜欢……),有了这想法,他可能不去作了。 ✱ 想到会对自己、对人、对事儿不好,不能说出自己的本意,不能干自己想干的事。 ✱ 怕有不利的情况发生而不敢直说或行动。

顾名思义 gùmíngsīyì ✱ 看到名字,马上想到说的是什么。 ✱ 看到名字就会想到意思。 ✱ 看到名称就联想到它的意义。

顾问 gùwèn ✱ 在一方面有很多知识,别人有问题可以问的人;不出面主事儿,可是给人出主意的有本事的人。 ✱ 用某方面的专门知识为个人或机关提意见的。

gua

瓜 guā ✱ 一种田间作物,花多是黄色,果子可以吃,有多种,有的里面多水,也有子儿,比如西瓜是一种瓜。 ✱ 1. 是农作物。叶子长得像手,花多是黄色,果实可以吃。瓜的种类很多,如:西瓜,南瓜,冬瓜,黄瓜等。2. 这种东西的果实。

瓜分 guāfēn ✱ 把大的东西一块块地分成小的,多用来说分地方。 ✱ 像切瓜一样地分成几块。多指把领土分成几部分,各自据为己有。

瓜田李下 guātián lǐxià ✱ 让人觉得会有问题出现的地方。 ✱ 经过瓜田,不要提鞋,要不有人怀疑拿瓜;走过李树下,不要举手,要不有人怀疑拿李子。后来比作容易让人怀疑的地方。

瓜子脸 guāzǐliǎn ✱ 一种人面的样子,头的前面有点儿长,上边比下边大一些。 ✱ 脸形像瓜子一样。

瓜子儿 guāzǐr ✱ 一样吃的东西,很小很小。 ✱ 瓜的种子,吃起来很香。 ✱ 瓜的种子,特指做熟的可以吃的西瓜子、南瓜子。

刮 guā ✱ 用快的硬片片儿把物体面上的毛等东西去了。 ✱ 1. 使某种硬的在一个物体表面动,把这个物体的一部分去掉。2.(风)流动。

刮风 guāfēng ✱ 有风,风在动。 ✱ 使风流动。

刮脸 guāliǎn ✱ 用快的硬片片儿把人面上长出的毛去了。 ✱ 把脸上的胡子刮掉。

挂 guà ✱ 把物体的上方连在一个定点上。 ✱ 把物体固定在某处的一点或几点。

挂彩 guàcǎi ✱ 人、物体打在身体上,红色的东西从身体里出来了。 ✱ 1. 挂起彩带等,表示庆祝。2. 指军人受伤。

挂号 guàhào ✽ 去一处办事,为了定下先后,要先去拿个小票儿,比如去医院看病要做的第一个事就是挂号。 ✽ 1. 为确定某情况而排上号数。如:看病要先挂号。2. 寄重要的信时,要求给收据的寄信的方法。

挂面 guàmiàn ✽ 干干的,长长的,用面做的吃的东西。 ✽ 特制的面条。

挂名 guàmíng ✽ 一个人不作什么,可是写上他(她)的名字。 ✽ 只写上个名字,不做工作。 ✽ 有个名义,但不做具体工作。

挂念 guàniàn ✽ 想念。 ✽ 因想念所以放心不下。 ✽ 因想念而放心不下。

挂图 guàtú ✽ 大的图。 ✽ 从上到下放在一个地方看的可拿上拿下的大图。 ✽ 挂起来看的大的地图、图画等,教学中常用到。

guai

怪 guài ✽ 不多见的,和大家很不同的,叫人吃惊的。 ✽ 1. 觉得和平常不一样。2. 很。 ✽ 1. 奇怪。2. 很,非常。

怪不得 guàibùde ✽ 知道是怎么了,不吃惊。 ✽ 明白了事为什么会发生。 ✽ 表示明白了原因后而不再觉得奇怪。

怪话 guàihuà ✽ 和平常说的不一样的话,人们不能明白。 ✽ 1. 古怪的话。2. 无原则的话。

怪物 guàiwù ✽ 叫人吃惊的东西,样子很少见;和大家很不同的人。 ✽ 让人觉得和同种的很不一样的人、物。 ✽ 奇怪的人或动物。

guan

关 guān ✽ 1. 让门等不再开着,跟"开"对着用。2. 让用电气起动的机子不再动。不让电气工作。3. 因生意不好,商店等不再开。4. 放在里面不让出来。5. 东西出口和进口的地方。 ✽ 使开着的物体合起来。

关爱 guān'ài ✽ 又关心又爱。 ✽ 关怀爱护。

关怀 guānhuái ✽ 关心。 ✽ 是"关心"的同义词。

关节 guānjié ✽ 人、动物身上块儿和块儿连着的地方。 ✽ 骨头之间互相连接的地方。

关口 guānkǒu ✽ 1. 来往时一定要过的地方。2. 重要的地方;关头。 ✽ 1. 来往必得经过的地方。2. 重要的所在,紧要关头。

关连 guānlián ✽ 事物间发生作用,谁也离不开谁。 ✽ 关联。

关联 guānlián ✽ 关连。 ✽ 事物相互之间发生影响。

关切 guānqiè ✽ 关心,让人觉得可亲。 ✽ 亲切,关心。

关系 guānxì ✽ 事物间的作用和关连。 ✽ 1. 事物之间相互作用的情况。2. 人

关观官馆

与人或人与事物之间的某种联系。

关心 guānxīn　＊把人、事物常放在心上。　＊很重视和爱护(某人或某事)。

关于 guānyú　＊和……有关。　＊介词,用以提出某种事物或行为的关系。如:关于学汉语。

关照 guānzhào　＊关心(别人),为别人做事。　＊关心照顾。

关注 guānzhù　＊对事物非常关心,认为重要。　＊关心重视。

观 guān　＊1.看。2.对事物的看法、认识。3.样子。　＊1.看。2.对事物的认识或看法。

观察 guānchá　＊好好儿看。　＊认真看。　＊仔细察看。

观察家 guāncházì　＊他的工作是看,说问题在哪里。　＊一种人,他们的工作就是对国家大事说出自己的看法,报上常见。　＊政治评论家。

观点 guāndiǎn　＊想法,看法,认识。　＊1.看事物时所处的位子、对事物的看法。2.从一些人的好处出发,对事物、问题的看法。　＊观察事物时所采取的态度。

观光 guānguāng　＊去外地看山和水。　＊看外国、外地好看的地方、东西等。　＊参观外国或外地的景物等。

观看 guānkàn　＊用时间看地方、活动等。　＊参观;特意地看。

观念 guānniàn　＊1.思想。2.事物在人脑里的样子。　＊1.思想意识。2.客观事物在人脑中留下的形象。

观望 guānwàng　＊看一看四方,看一看再说作还是不作,怎么作好。　＊在一旁看发生的事儿,不知道怎么办,也不主动想怎么办。　＊1.怀着不能下决定的态度观察事物的发展。2.张望;向四周或远处看。

观众 guānzhòng　＊看人家作的人。　＊看别人活动的人。　＊看表演的人。

官 guān　＊一个地方说话最有用的人。　＊1.为国家办事、能主事的人。2.公家的。3.公共的,公用的。　＊1.器官。2.经过任命的有较高等级的公职人员。

官方 guānfāng　＊国家、机关方面。　＊政府方面。

官话 guānhuà　＊说汉语的人都能听懂的中国北方话。　＊普通话的旧称。

官气 guānqì　＊当头儿的不关心大家,只知道让别人去做的工作作风。　＊自以为地位比别人高而显出做官的作风。

官员 guānyuán　＊同"官"。　＊国家机关中说话有用、有一定地位的人。　＊经过任命的有一定职务的政府人员(多指外交人员)。

馆 guǎn　＊1.出门在外的人住的房所。2.一些商店的名字。3.可进行文体活动的场所。　＊1.招待旅客住的房屋。2.某些服务性商店的名字。3.进行文体活动的场所。4. 一个国家在另一个国家办理外交的人员所在的地方。

馆长 guǎnzhǎng　✻ 一种文体活动场所的头儿。　✻ 图书馆、文化馆、天文馆等地方的最高领导人。

馆子 guǎnzi　✻ 见"饭馆"。　✻ 卖饭、酒的地方。　✻ "饭馆"的口头表达。

管 guǎn　✻ 1. 看着,为了工作能正常进行。2. 做一个方面的工作。3. 长长的、中间有孔的东西,水、气等可以从中间过。4. 过问。5. 一定能做成。6.（口语）把（和"叫"一起用）,比如：大家都管他叫小王。　✻ 1. 管理。2. 管子。

管保 guǎnbǎo　✻ 觉得能做成,很有信心；一定。　✻ 保证。

管见 guǎnjiàn　✻ 用来说自个儿看到的、知道的很少,"我"想的可能不是很好。　✻ 用来说明认识等不广,看到的方面少,说的不一定对。　✻ 说自己的见识不够,客气话。

管理 guǎnlǐ　✻ 1. 为了工作能正常进行所做的事。2. 看着（人、动物）,让他做什么,不让他做什么。　✻ 当某种职务以保证某种工作顺利进行的活动。

管事 guǎnshì　✻ 1. 让工作正常进行的人。2. 说作"管事儿"时,意思是起作用。　✻ 1. 管理事物。2. 管用。

管用 guǎnyòng　✻ 好用,有用。　✻ 起作用,有用。　✻ 有效,起作用。

管子 guǎnzi　✻ 长长的、中间有孔的东西,水、气等可以从中间过。　✻ 圆而细长的中间空的东西。

惯 guàn　✻ 老是一个样儿。　✻ 1. 常这样做。2. 看到（子女）有不好的做法、作风,可是不说他（她）,还让他（她）那样做。　✻ 1."习惯"的简称。2. 放任（子女）。

惯例 guànlì　✻ 大家都知道的过去的作法。　✻ 以前都是这样做的做法。　✻ 一向的做法；常规。

惯性 guànxìng　✻ 过去这样,现在这样,以后还这样。　✻ 物体到不走的时候还走,比如开着的车不让它走了,它还要走,就是因为有惯性。　✻ 物体保留着自身原有的运动方式或静止方式的特点。比如动着的汽车不能马上停下来,静止的物体不受外力的作用不动都是因为"惯性"的作用。

惯用语 guànyòngyǔ　✻ 常在一起用的几个字,人们常一起说出这几个字,字面的意思和里面的意思多不一样。　✻ 习惯在一起使用的词组成"惯用语",它们有固定的意义和用法。

guang

光 guāng　✻ 日光叫我们白天看得见人、东西；月光叫我们不是白天的时候也看得见人、东西。　✻ 太阳、火、电等发出的,让人能看见物体的那种东西。　✻ 指照在物体上,使人能看见物体的那种东西。

光彩 guāngcǎi　✳ 1. 色好看,有光。2. 因为做了对国家、人民有好处的事,让人觉得高兴、了不起。　✶ 颜色和光。

光顾 guānggù　✳ 想花钱的人来到,商家见到很高兴。　✶ 商店等服务单位客气地称客人到来为"光顾"。

光景 guāngjǐng　✳ 1. 山和水。2. 时间和那时看到的东西。3. 日子过得怎么样。✳ 1. 在一定时光让人看的美的事物。2. 一定的时间、地点、事物的样子。3. 用在时间、多少等字的后面,意思是可能、左右、差不多。　✶ 1. 时光景物。2. 境况。

光亮 guāngliàng　✳ 叫人们什么都看得见的东西。白天的"日"、黑天的"月"都有光亮。　✳ 光很多,很明。　✶ 1. 明亮。2. 亮光。

光明 guāngmíng　✳ 1. 同"光"。2. 可以叫人看到的,不只想着"我"个人的。✳ 1. 因为光很多,很明。2. (做事)不为自己的好处着想。3. 对的、在前进的道路上的(事物)。　✶ 1. 亮光。2. 明亮;发光的。

光明正大 guāngmíng zhèngdà　✳ 没有什么见不得人的。　✳ 公开自己的行为,做事不为自己的好处着想,不有意对别人做不好的事,做的事大家都看得明白、让人信,让人觉得对。　✶ 形容行为正派。

光学 guāngxué　✳ 跟光、光的发生、光跟别的事物间的作用等有关的学问。✶ 物理学的一个分支,是研究光的科学。

光阴 guāngyīn　✳ 说的是时间。　✳ 1. 时间。2. (方言)日子。　✶ 1. 时间。2. 日子。

广 guǎng　✳ 地面很大。　✶ (面积)很大。

广场 guǎngchǎng　✳ 可以有很多人的大的地方。　✳ 城市里很大的一片场地,常有人在这里休息和进行文体活动。　✶ 很大的场地,特指城市中的一片大的场地。

广大 guǎngdà　✳ 地很大。　✳ 1. 地面非常大。2. 人很多。　✶ 1. (面积、空间)很大。2. (人数)很多。

广东 Guǎngdōng　✳ 中国的一个地方。　✳ 中国南方的一个地名,是中国对外开放最早的地区。　✶ 中国东南部的一个省,西面和广西相连,省会在广州,气候温暖,出产鲜花,靠近海边,是改革开放较早的地区,是最早的外商出资的地方。

广告 guǎnggào　✳ 一种商家常用的方法,为了让更多的人知道这种东西、更多的人买这种东西,在报上等地方出现的和这种东西有关的话、画面等叫广告。✶ 向公众介绍商品、服务内容或文体节目的一种方式。电视里常见到"广告"。

广西 Guǎngxī　＊中国的一个地方。　＊中国南方一个地名,东连广东。山水美,水果多。　✽中国东南部的一个省,在广东西面。

广义 guǎngyì　＊所包的面儿多、广的说法就是广义的说法。　✽范围较大的定义。

广州 Guǎngzhōu　＊中国南方有名的大地方。　＊中国南方的一个城市,是广东最重要的城市。　✽中国南方的一个城市,广东省的省会。

gui

规 guī　＊1.画图的一种东西,用它可以画出太阳一样的东西。2.让人听从。3.打主意,想以后怎么做。4.大家都认可的做法。　✽1.画圆形的工具。2.打主意;计划。

规定 guīdìng　＊一个地方叫人怎样做、做什么的文字。　＊对事物做出的和方法、样子、多少等有关的主张,人们要这样做。　✽对某一事物做出方式、方法或数量的决定。

规范 guīfàn　＊定下来的、写下来的人们都认为对的主张,大家都要这样去做。　✽习惯的或明文规定的标准。

规格 guīgé　＊定下来的事物的大小、轻重等。　✽产品好坏的标准,比如一定的大小、轻重、性能等。

规划 guīhuà　＊长远的打算。　✽比较全面的长远的发展计划。

规则 guīzé　＊和人民的生活有关的、定出来要大家都这样去做的一种法。　✽规定出来的要大家共同去做的制度或章程。

规章 guīzhāng　＊定下来的办事时要这样做的成文字的东西。　✽规则章程。

鬼 guǐ　＊有人说人不在了以后,还有一个看不见的"人",叫"鬼"。　✽1.一些人所说的人没了以后所成的东西。2.说人的不好听的话。3.不光明,不想让别人知道的。4.不可告人的打算、做法。5.很不好的。　✽1.迷信的人所说的人死后到地下所变成的样子。2.不可告人的打算。

鬼怪 guǐguài　＊1.人们想像出来的人不能活以后所成的东西,能对人有不好的行为。2.把很不好的人比作鬼怪。　✽鬼之类的怪物。

鬼话 guǐhuà　＊不是真的、不能让人信的话。　✽假话。

鬼脸 guǐliǎn　＊1.小孩儿喜欢的一种东西,可以放在头前,看起来是别的面孔。2.有意做出来的让人高兴的有意思的面孔。　✽1.用纸等做的假面具。2.故意做出的可笑的表情。

鬼子 guǐzi　＊对不好的外国人的不好的叫法。　＊打中国的外国人叫鬼子,这种叫法很不好听。　✽对和中国打的外国人的不友好的称呼。

贵 guì　✳ 买东西时要钱多,比平常的高。　❋ 价格高。

贵国 guìguó　✳ 你们国家。　✳ 看重对方,很友好地说跟对方有关的事物就用"贵",这里是"您的国家"。　❋ 是"您的国家"的意思。是客气地、有礼地称对方的国家。

贵校 guìxiào　✳ 您的学校。　❋ 是"您的学校"的意思。是客气地、有礼貌地称对方的学校。

贵姓 guìxìng　✳ 人们见面时用的问话,就是"您姓什么"。　❋ 客气地有礼地问对方姓什么。

贵重 guìzhòng　✳ 很重要,用很多票子得到的。　✳ 能卖很多钱。　❋ 1. 价值很高。2. 值得重视。

贵州 Guìzhōu　✳ 中国西南的一个地方。　✳ 中国南方的一个地名,南连广西,山很多。　❋ 中国西南部的一个省份,与四川、云南相连。在四川南面,云南东面,少数民族众多。它的省会是贵阳。

贵族 guìzú　✳ 古时身份、地位很高的人。　❋ 某种国家的统治阶级的上层,他们能做一些下层的人不能做的事。

guo

国 guójiā　✳ 国家。　✳ 1. 国家。2. 在一国内最好的,如国手。3. 中国的。　❋ 1. 国家。2. 代表国家的。3. 在一个国家里最好的。4. 指本国的。

国宝 guóbǎo　✳ 1. 国家最贵重的东西。2. 给国家做了很多大事的人。　❋ 1. 国家的值钱的东西。2. 对国家有特别的价值的人。

国产 guóchǎn　✳ 本国作的,不是外国作的。　✳ 本国出的。　❋ 本国生产的。

国度 guódù　✳ 国家(多就国家地区来说)。　❋ 指国家。

国歌 guógē　✳ 国家定下来的对外能说明是本国的歌儿。　❋ 一个国家正式定下来代表本国的歌。

国画 guóhuà　✳ 中国画儿。　✳ 就是中国画儿,跟西方画儿对着用。　❋ 中国传统的画。

国货 guóhuò　✳ 本国的东西,不是外国的。　✳ 本国出的东西。　❋ 本国制造的工业品。

国际 guójì　✳ 国家和国家间。　✳ 1. 国家间。2. 和每个国家有关的。　❋ 1. 世界各国之间。2. 与世界各国有关的。

国家 guójiā　✳ 有地有人有自个儿的话的一个个大小不同的地方,中国是一个国家,法国也是一个国家。　✳ 地图上,地方连着地方,每个地方都有一定的人口,有自己的语言,跟连着的地区地位平等,这每一块儿地方就是一个国家。　❋ 有元首、有政府、有人民、有军队的一个整个的地区。

国境 guójìng　＊ 两个国家间的地方。国家的"边"。　＊ 1. 一个国家里的所有地方。2. 一个国家的地方的边儿上；一国跟他国连着的地方。　＊ 一个国家的边境。

国民 guómín　＊ 一个国家的人民。　＊ 一个国家的公民。　＊ 一个国家的人民。

国民党 guómíndǎng　＊ 中国 1912 年 8 月成立的一个团(tuán)体。　＊ 1912 年在中国建立的一个政党，1949 年以前曾经统治中国。

国内 guónèi　＊ 国家里边。　＊ 本国里。　＊ 本国以内。

国情 guóqíng　＊ 一个国家现在怎么样。　＊ 和一个国家有关的人口、文化等方面的信息。　＊ 国家的情况和特点。

国庆节 guóqìngjié　＊ 中国的国庆节是十月一日，法国国庆节是七月十四日。　＊ 国家成立的日子。　＊ 开国纪念日。

国事 guóshì　＊ 国家里要作的重要的东西。　＊ 国家大事。　＊ 国家大事。

国书 guóshū　＊ 一个国家最重要的人给别的国家最重要的人写的文书。　＊ 一个国家元首为他的大使给某国家元首写的文件，有了"国书"以后，大使才能得到国际法所给的地位。

国土 guótǔ　＊ 一个国家有的地。　＊ 一个国家所有的地方。　＊ 国家的领土。

国外 guówài　＊ 说的不是本国，是本国以外。　＊ 本国以外的国家。　＊ 一个国家以外的地方。

国王 guówáng　＊ 国家的王。　＊ 古时一些国家地位最高的人，老百姓都要听他的话。　＊ 某些传统国家的元首。

国务院 guówùyuàn　＊ 中国的一个很重要的地方。　＊ 中国"人大"以外的最高国家机关，在北京。　＊ 中国最高国家政府机关，它对全国人民代表大会报告工作。

国有 guóyǒu　＊ 国家的。　＊ 国家所有的。　＊ 国家所有。

国语 guóyǔ　＊ 本国人民都用的语言。　＊ 本国人民共同使用的语言。

果 guǒ　＊ 长在地上的东西，开花后会有果，可以吃。　＊ 1. 一些作物花里面有种子的那一小块儿。2. 水果。　＊ 水果。

果断 guǒduàn　＊ 定事儿定得快，想什么就马上去做。　＊ 有决断，不顾虑。

果然 guǒrán　＊ 是这样的，和说的、想到的一样。　＊ 发生的和所说所想的一样。　＊ 副词，表示事实说的或所料的一致。

果实 guǒshí　＊ 地上长的开花后有的东西，很多可以吃。　＊ 一些作物长成后生出的果子，有的可以吃，也比作工作后得到的成果。　＊ 1. 所种的东西的花最后结果,成为"果实",有的可以吃。水果就是果实。2. 成果。

果树 guǒshù　✻ 能长出水果的作物,常活很多年。　✽ 能得到水果的树木。

果园 guǒyuán　✻ 长有很多果子的地方。　✻ 种有水果的园子。　✽ 种果树的较大的地方。

过 guò　✻ 1. 从一个地点到别的地点,从一个时间到别的时间。2. 生活。　✽ 经过某个时间或空间。

过不去 guòbuqù　✻ 1. 不能走过。2. 为难,作对;有意做一些事让别人不好生活。3. 过意不去,不好意思。　✽ 1. 通不过。2. 为难。

过程 guòchéng　✻ 事物进行时从开始到最后所走过的路。　✽ 事情进行或事物发展所经过的每一段。

过得去 guòdeqù　✻ 还可以。　✻ 1. 能走过去。2. (生活)不太难。3. 说得过去;还可以。4. 过意得去(多用在和本来的意思不一样的话里)。　✽ 1. 通得过。2. 感到"还可以"。

过度 guòdù　✻ 多到不好了。　✻ 比所要的多、大。　✽ 越过适当的限度。

过分 guòfèn　✻ 多到不好了。　✻ 说话、做事过了最上边和最下边的水平,往往是不好的方面。　✽ (说话、做事)越过了一定的程度或限度。

过关 guòguān　✻ 过关口,多比作所作所为没有问题。　✽ 通过关口。

过后 guòhòu　✻ 这以后。　✻ 1. 以后;往后。2. 后来。　✽ 以后;后来。

过活 guòhuó　✻ 过日子。　✻ 生活;过日子。　✽ 过日子。

过火 guòhuǒ　✻ 1. 言语、行为过分。2. 饭做的时间太长了。　✽ (说话、做事等)越过了适当的限度。是"过分"的意思。

过节 guòjié　✻ 大家都很快乐地过一个日子。　✻ 在一定的日子里进行让人欢快的活动。　✽ 欢度节日。

过来 guòlái　✻ 到说话人这儿来。　✻ 从一个地方走到说话人所在的地方。　✽ 1. 用在动词后面,表示来到自己的地方。2. 从一个地方向自己的地方来。如:船过来了。

过虑 guòlǜ　✻ 办事时想的太多,想到不用想的事。　✽ 过分思虑,顾虑不该顾虑的事。

过目 guòmù　✻ 看一下写的东西。　✻ 看一遍上面的名字、钱的多少、日期前后等对不对。　✽ 看一遍。

过年 guònián　✻ 年年都要过的大日子,这几天大家都很快乐。　✻ 1. 在新年元月一日、大年三十进行让人欢快的活动。2. 过了新年。3. 过了大年三十。　✽ 中国在新年或春节期间的庆祝活动。

过去 guòqù　✻ 以前的时候。　✻ 现在以前的时间。　✽ 以前的时期。与"现在"对照。

过日子 guòrìzi　✳ 工作、吃饭、上学……都可看作"过日子"。　✲ 生活；过活。
❋ 生活；过活。

过时 guòshí　✳ 现在人们不喜欢、不要了。　✲ 1.过了一定的时间。2.以前时兴现在不再时兴。　❋ 过去流行,但现在已经不流行了。

过头 guòtóu　✳ 多到不好了。　✲ 过分。　❋ 越过限度。

过往 guòwǎng　✳ 有来有去。　✲ 1.来去。2.来往。　❋ 1.来去。2.来往；交往。

过问 guòwèn　✳ 问一下儿人、东西怎么样了。　✲ 就一事说出自己的意思,关心一下什么事。　❋ 参加意见；表示关心。

过眼 guòyǎn　✳ 同"过目"。　✲ 看一遍。　❋ 过目。

过于 guòyú　✳ 过分；太。　❋ 副词,表示程度或数量过分。

H

hai

还 hái　✳ 和过去一样地（作）。没有不……　✲ 1.现象跟过去一样。2.动作跟以前一样在进行。　❋ 副词。1.表示现象继续存在或动作继续进行。2.表示在某种程度上有所增加或在某个范围之外有所补加。3.用在形容词前,表示程度上算过得去（一般往好的方面说）。

还是 háishì　✳ 1.还。2.用在问话里：两个以上的事儿,在每个事儿前用"还是",问你要做哪个。　❋ 或是（用在问句里）。

孩 hái　✳ 年岁很小,没有长大的人。　✲ 孩子。　❋ 孩子。

孩子 háizi　✳ 同"孩"。　✲ 大人的儿女、女儿。　❋ 1.子女。2.没有成年的人。

孩子王 háiziwáng　✳ 说的是老师。　✲ 孩子们的头儿,有时是带孩子们的老师。
❋ 孩子当中的首领。

海 hǎi　✳ 很大的水地,可不是江、河、湖。　✲ 1.地面上很多河走到一处所成的一大片水就是海。2.大地以外成片的深水。　❋ 1.大地的有很多的水的部分。2.连成一大片的很多同类事物。3.大的（器物或容量等）。

海边 hǎibiān　✳ 海的边上。　✲ 海水和地面连在一起的那一块儿。　❋ "海岸"的同义词。

海关 hǎiguān　✳ 去一个国家时要过这个地方。　✲ 这是国家机关。人和物进入别的国家时要先到的地方。在这里,人们要报告自己所带的有关东西。　❋ 出入国境时要经过的国家机关。

海军 hǎijūn　＊在海上为国家平安无事、不让外国人非法进来的人。　✲在海上活动的军队。

海量 hǎiliàng　＊喝酒能喝很多。　✳1.能喝很多酒。2.对人的过错不在意。　✲1.指很大的酒量。2.宽大的度量,容易原谅人。

海南 Hǎinán　＊中国南方海里边的一个地方,四面都有水。　✳中国的一个地名,在中国最南边的南海中,风光很美。　✲中国南方的四面环水的一个省。

海难 hǎinàn　＊海上走的里边有人的东西到海里去了,人不在了。　✳在海上意外发生的让人很心疼的、不好的事。比如人坐的东西到了海底再也不能动了,上面的人也就不能活了。　✲船在海上出事。

海味 hǎiwèi　＊海里出的能吃的东西,大多是很贵的。　✲海里出产的食物。

海鲜 hǎixiān　＊海里的能吃的东西。　✳可以吃的刚从海里打出来的鱼等东西。　✲食用的海中动物。

海运 hǎiyùn　＊在海上让东西从一个地方到别的地方。　✲通过海上交通把物资由一个地方运到另一个地方。

害 hài　＊不好的。　✳1.有不好的方面。2.生病。　✲1.害处。2.有害的。3.使受害。

害处 hàichù　＊对人、事物不好的方面。　✲坏处,对人或事物不利的方面。

害鸟 hàiniǎo　＊吃作物等的果子、种子等的鸟。　✲有害的鸟。

害怕 hàipà　＊面对难处和意想不到的事儿,心里不安,身体发冷。　✲遇到问题心中不安,很紧张。是"怕"的同义词。

害人 hàirén　＊对人做不好的事。　✲伤害人,对人做不好的事情。

han

含 hán　＊里边有。　✳1.东西放在口里,不出来也不进去。2.包在里面。3.带有一些意思、想法,可是不都说出来。　✲1.把固体的东西放在嘴里。2.含有。

含有 hányǒu　＊里边有。　✳里面有。　✲包容在内。

含义 hányì　＊话语、文……里边有的想法。　✳(话等)里面的意思。　✲所包含的意义。

汉 hàn　＊1.中国最多的一种人的叫法,就是汉人。2.男子。　✲1.汉代。2.汉族。

汉代 Hàndài　＊中国很久以前一个叫"汉"的时期。　✳中国从公元前206年到公元220年的一个时期。　✲中国古时候的一个时代,存在于公元前206年到公元220年。

汉人 hànrén　＊中国最多的一样人。　✳中国黄色人种中人最多的一种人,他们说汉语。　✲ 1. 汉代的人。2. 汉族人。

汉文 hànwén　✲ 中国人说的和写的东西。　✲ 中国汉人的文字。　✲ 汉语和汉字的总称。

汉学 hànxué　✲ 中国的学问。　✲ 外国人说的有关中国的学问。　✲ 外国人指研究中国的文化、历史、语言、文字等方面的学问。

汉学家 hànxuéjiā　✲ 有很多中国学问的外国人。　✲ 在有关中国的知识方面知道很多、以汉学为工作对象的外国人。　✲ 研究汉学而有成就的人。

汉语 hànyǔ　✲ 中文,中国人说的话。　✲ 汉人的语言,是中国最主要的语言。　✲ 汉族的语言。中国的主要语言。普通话是现代汉语的标准语。

汉字 hànzì　✲ 中文用的字。　✲ 汉人用的文字。　✲ 中国字。一个汉字代表一个音节。

汉族 Hànzú　✲ 中国的汉人。　✲ 中国人口最多的一种人,在中国每个地方都有。　✲ 中国人口最多的一个民族,分布在中国各地。

hang

行 háng　✲ 很多人做买卖的地方。　✲ 工商业中的类别。也指职业。

行话 hánghuà　✲ 工作上的用语,不作这一工作的人可能听不懂。　✲ 只有做同一种工作的人才能明白的话,外行人不一定懂。　✲ 每个行业的专门用语。

行家 hángjiā　✲ 在一方面学问很大,工作出色的人。　✲ 内行(háng)的人。

行业 hángyè　✲ 用来说种种不同的工作。　✲ 工商业中的类别。

hao

好 hǎo　✲ 1. 没有什么问题的,让人喜欢的。2. 友爱。3. 身体的病没了。4. 回答别人,说明同意。　✲ 使人满意的。

好比 hǎobǐ　✲ A 同 B 一样。　✲ 用来说明跟以下所说的话的意思一样;比如。　✲ 如同;像。

好不 hǎobù　✲ 放在"古老、平安、好看"这种语言成分前,说明一种很重的语气,跟"多么"一样。　✲ 是"多么"的意思。

好不好 hǎo bu hǎo　✲ 可不可以,行不行。　✲ 问别人的话,就是"可以吗?""行不行?"　✲ 用在一句话末,问人家同意不同意。

好吃 hǎochī　✲ 吃起来很香、很好,让人喜欢。　✲ 味道好,吃着满意。

好处 hǎochu　✲ 好的地方。　✲ 1. 对人、事物的好的方面。2. 让人有所得又觉得高兴的事物。　✲ 对人或事物有利的方面。是"坏处"的反义词。

好多 hǎoduō　✲ 口语中说的"很多"。　✲ (口语)很多。　✲ 许多。

好感 hǎogǎn　　❋ 对人、对事觉得喜欢。　❋ 对人或事物满意或喜欢的心情。

好汉 hǎohàn　　❋ 好男人。　❋ 有作为的好男人。　❋ 很有男子汉气概的男人。

好好先生 hǎohǎo xiānsheng　　❋ 什么他都说"好",不会说和他人不一样的看法,没有个人的想法。这样的人叫作"好好先生"。　❋ 对人和气,不问是什么,什么都说好,只想平安无事的人。　❋ 跟人很和气,不讲原则,只求保全自己。

好久 hǎojiǔ　　❋ 很长时间。　❋ 很长时间。　❋ 许久。

好看 hǎokàn　　❋ 看着很美;看起来好。　❋ 美丽,看着满意。

好容易 hǎoróngyì　　❋ 很难,做了很长时间才做成一事。　❋ 同"好不容易",表示经过很长时间的工作终于做到了。

好使 hǎoshǐ　　❋ 好用。　❋ 好用。　❋ 好用,容易用。

好事 hǎoshì　　❋ 对人有好处的事;让人高兴的事。　❋ 1. 好事情;有好处的事情。2. 喜庆事。

好手 hǎoshǒu　　❋ 作一样儿工作很会作的人。　❋ 在一方面能干得出色的人。　❋ 能力很强的人。

好受 hǎoshòu　　❋ 好过。　❋ 觉得身心轻快。　❋ 感到舒服,快乐。

好说 hǎoshuō　　❋ 不难让人同意;和人说起来不难。　❋ 表示同意或容易商量。

好玩儿 hǎowánr　　❋ 让人觉得有意思。　❋ 有趣。

好像 hǎoxiàng　　❋ 看起来"A"跟"B"差不多。　❋ 有些像。

好笑 hǎoxiào　　❋ 言语、行为让人觉得有乐子。　❋ "可笑"的同义词。

好写 hǎoxiě　　❋ 不难写。　❋ 容易写;写着很顺手。

好学 hǎoxué　　❋ 不难学。　❋ 容易学会某种知识或技术。

好意 hǎoyì　　❋ 对他人的好的想法。　❋ 对别人的好心意。　❋ 善意;好的心意。

好意思 hǎoyìsī　　❋ 做了不好的事,心里不觉得不安。常和"不"连用。　❋ 不怕难为情。

好在 hǎozài　　❋ 做成一事儿现有的得便的方面。　❋ 表示有某种有利的条件或情况。

好转 hǎozhuǎn　　❋ 一点一点儿地好了。　❋ 以前不太好,现在好一些。　❋ 向好的方向转变。

号 hào　　❋ 1. 用来说明一事物和别的事物不同的有差别的字。2. 名以外又起的字。3. 商店。4. 种。5. 说明等次。6. 用来说明一个月里的日子。　❋ 1. 标上记号。2. 表示等级、大小等。

好 hào　　❋ 喜欢。　❋ 1. 喜欢,喜爱。2. 常发生什么事。　❋ 1. 喜爱。2. 常容易(发生某种事情)。

好客 hàokè　　❋ 对来到自己家的人很热心,想为他多做一些事。　❋ 乐于接待客人。

好奇 hàoqí ❋ 很喜欢去看没有见过的、不一样的东西。 ❋ 对自己还不明白的事物觉得很新、有意思。 ❋ 对某事物新奇而感兴趣。

好奇心 hàoqíxīn ❋ 喜欢去看很多没见过的,不一样的东西的想法。 ❋ 有想知道自己还不明白的新事物的这种想法。 ❋ 好奇的心理。

好强 hàoqiáng ❋ "我"作什么都要好过他人,有这样想法的人很"好强"。 ❋ 不想比别人差,常想比别人好。 ❋ 很要强的性格。

好事 hàoshì ❋ 喜欢多事。 ❋ 喜欢管别人的事。

he

喝 hē ❋ 让水从口中进到人体里。 ❋ 把水、酒之类可以流动的东西放进嘴里。

喝西北风 hē xīběifēng ❋ 用来说没有东西吃。 ❋ 什么吃的东西也没有。 ❋ 形容没有东西吃。

合 hé ❋ 1. 关上。2. 到一起。3. 一共。4. 和……所说、所想的一样。5. 所有的。 ❋ 1. 是"关上"的意思。2. 结合在一起。3. 是"适合"的意思。

合不来 hébùlái ❋ 作什么都不能在一道。在一道大家都不快乐。 ❋ 喜好不同,不能共处。 ❋ 性情不合,不能相处。

合唱 héchàng ❋ 多人在一起唱。 ❋ 由一些人分成几个声部,共同演唱一首歌。

合成 héchéng ❋ 1. 让几个分体成为一体;让几个东西成为一个东西。2. 用化学的方法,让成分不难看出来的东西成为成分难看出来的东西。 ❋ 1. 由部分组合成整体。2. 通过化学反应使成分比较简单的变成成分复杂的东西。

合成词 héchéngcí ❋ 一种语言成分,里面有两三个字。 ❋ 由两个以上的最小的语言单位构成的词。

合得来 hédélái ❋ 能在一道,在一道很快乐。 ❋ 因喜好、想法一样,能在一起共处。 ❋ 性情相合,能够相处。

合法 héfǎ ❋ 做事跟法里写的一样,行为没离开法。 ❋ 合乎规定。

合法化 héfǎhuà ❋ 让事在国家定的法下进行。 ❋ 使成为合法的情况的。

合格 hégé ❋ 好(的),可以了(的)。 ❋ 1. 学过后过关了。2. 事物跟想要的一样,不比想要的差。 ❋ 合乎标准。

合乎 héhū ❋ 和……一样。 ❋ 适合于。

合家 héjiā ❋ 一家,一家人。 ❋ 家里所有的人。 ❋ "全家"的同义词。

合金 héjīn ❋ 用化学的方法让几种"金"在一起成为一种东西,这种东西比开始的那几种都硬。 ❋ 由几种易导电、易传热的物体合成的东西。

合理 hélǐ ＊好的,大家都想"这样好"的。 ＊事本来就是这样的,和人们共同的、大家都认为对的想法、做法一样。 ✽合乎道理。

合流 héliú ＊两方走到一个道儿上来,江、河走到一个河道里。 ＊1.很多河走到一处。2.在思想上、行动上和大家一样。 ✽1.(河流)会合在一起。2.形容在思想上或行动上近于一致。

合龙 hélóng ＊在水边做工从两边开始,最后在中间连在一起。 ✽修建桥等工程时,由工程长度的两头动工,最后在中间接合。

合情合理 hé qíng hé lǐ ＊事本来就是这样的;和人们共同的、大家都认为对的想法、做法一样。 ✽合乎情理。

合身 héshēn ＊(衣服)大小跟身体一样,不大不小。 ✽(衣服)适合身材。

合适 héshì ＊可以,很好。 ＊正好;不多不少,不大不小。 ✽合乎实际情况或客观要求。

合算 hésuàn ＊作后得到的还可以。 ＊用的人、东西少,可是得到的多。 ✽所费的人力物力较少而收效较大。

合同 hétóng ＊两方说好这方作什么、怎么作,那方作什么、怎么作以后,写下的文字。 ＊两方面、几方面在办事的时候为了说明谁干什么、谁不干什么、怎么干等写下来的文字。 ✽双方或几方在办理某事时所定的共同照着做的条文。

合演 héyǎn ＊两方、几方共同做动作、唱歌等,让大家看。 ✽共同演出。

合意 héyì ＊得到的和想的一样。 ＊中意;和自己所想要的一样。 ✽合乎心意。

合影 héyǐng ＊几个人用机子到了一张画儿上。 ＊几个人在一起让一种机子给他们做图片。 ✽几个人合在一起照相。

合约 héyuē ＊同"合同"。 ＊两方面、几方面在办事的时候为了说明谁干什么、谁不干什么、怎么干等写下来的文字。 ✽两方或多方共同定下的合作办事的条约。

合资 hézī ＊两方、几方共同出钱办事。 ✽双方或几方共同出资金。

合作 hézuò ＊两方、几方走到一起共同做事。 ✽互相帮助共同尽力做某事或完成某任务。

合作社 hézuòshè ＊中国几十年以前出现的一种事物,那里的人都是种地的,你有难事时我给你做,我有难事时你给我做,现在没有了。 ✽劳动人民根据互助合作的原则建立的一种经济组织。

何 hé ＊谁,什么,怎么。 ＊1.什么。2.哪里。3.姓。 ✽"什么"的书面语。

何必 hébì ＊不用。 ✽用反问的语气表示"不必"。

何不 hébù ＊怎么不? ＊为什么不。 ✽"为什么不"的书面语。

何处 héchù　＊什么地方。　＊哪里；什么地方。　✲"什么地方"的书面语。同"何地"。

何等 héděng　＊多么。　＊1.什么样的。2.不平常；多么。　✲与"什么样的"同义。常用于加强语气。

何地 hédì　＊什么地方？哪里？　＊什么地方。　✲"什么地方"的书面语。同"何处"。

何况 hékuàng　＊还有。　＊更不用说。　✲连词。表示更进一步的意思。

何去何从 hé qù hé cóng　＊在大事上想好做不做,怎么做。　✲指在重大问题上采取什么态度。

何如 hérú　＊怎么样。　＊1.怎么样。2.怎样的。3.不如。　✲（书面语）1.怎么样。2.怎样的。

何时 héshí　＊什么时候。　＊什么时候。　✲是"什么时候"的书面语。

何以 héyǐ　＊怎么。　＊1.（书面语）用什么。2.为什么。　✲是书面语。1.用什么。2.为什么。

何在 hézài　＊在什么地方。　＊（书面语）在哪里。　✲是"在哪里"的书面语。

和 hé　＊跟。　✲跟,与。

和好 héhǎo　＊1.对对方友爱。2.两方不再打了,开始对对方友爱。　✲1.友爱。2.发生冲突后,相互重新好起来。

和解 héjiě　＊两个人和好了。　＊开始打在一起的两方不再打了；和好。　✲不再相互对立,和好了。

和平 hépíng　＊大家都有好日子过。　＊人和人、国和国处得很好,平安无事,谁也不去打别人。　✲1.没有武力冲突的情况。2.平静。

和气 héqì　＊对别人不打不叫,说话亲热,很友好。　✲1.态度温和。2.感情好的关系。

和约 héyuē　＊本来打在一起的两方写下来的有关以后和好的成文字的东西。　✲在一起打的双方定下的关于和好,建立和平关系的条约。

河 hé　＊往一个地方走动的长长的水,有的是水道。　✲天然的或人工的大水道。

河北 Héběi　＊中国北方的一个地方,在黄河以北。　＊中国的一个地名,在中国北方,离北京很近。长城从它的东边直到大海。　✲中国北方的一个省,靠近北京市。在黄河以北。

河口 hékǒu　＊河水进大海的地方。　✲河流流入大海、大湖或其他河流的地方。

河南 Hénán　＊中国的一个地方,在黄河南边,河北的南边。　＊中国一地名,在

河喝黑

河北南边,有很多古物。 ✽ 中国北方的一个省,靠近河北,在黄河以南。

河山 héshān ✽ 国家的一个个地方。 ✽ 一个国家所有的地方。 ✽ 指国家的领土。

河流 héliú ✽ 江和河。 ✽ 地面上的自然地往一个地方走动的长长的水。 ✽ 地球表面较大的天然水流的统称。

喝彩 hècǎi ✽ 大声叫好。 ✽ 人看后大声叫好。 ✽ 大声叫好。

hei

黑 hēi ✽ 天上无日、看不见什么时,那样的色儿。 ✽ 1.色的一种,跟"白"对立,正如中国人头发的色儿。2.非法的。3.心不好。4.无光。 ✽ 色很暗,是"白"的反义词。

黑暗 hēi'àn ✽ 1.四方没有光,只有黑色。2.用来比人们生活的地方很不好,不好的人主事。 ✽ 1.没有光。2.(社会情况)落后;(统治势力)厉害。

黑白 hēibái ✽ 好的和不好的。 ✽ 1.黑色和白色。2.有时比作对错、是非。 ✽ 1.黑色和白色。如:黑白电视。2.是与非;好与坏。

黑板 hēibǎn ✽ 上课时老师写字叫学生看的地方。 ✽ 可以在上面写字的黑色的平面物体,学校的教室里有这种东西。 ✽ 可以在上面写字的黑色平板。教室里都有黑板。

黑道 hēidào ✽ 1.晚上没有光的路。2.不正当的、非法的行为。 ✽ 1.夜里没有亮光的路。2.指不正当或非法的行为。

黑的 hēide ✽ 黑色的。 ✽ 一种颜色没有光线时,看到的就是黑色。

黑话 hēihuà ✽ 不好的人用的别人听不懂的话。 ✽ 坏人之间使用的暗语。

黑货 hēihuò ✽ 不是好道上来的东西。 ✽ 用不正当的行为得到的可是不可以买卖的东西。 ✽ 非法而来的货物。

黑客 hēikè ✽ 非法进到电脑,让电脑不能正常工作的人。 ✽ 非法进入他人电脑的人。

黑龙江 Hēilóngjiāng ✽ 中国的一个地方,在东北。 ✽ 中国的一个地名,在中国东北。冬天的冰灯很有名。 ✽ 中国东北最大的一个省,冬天非常冷。

黑钱 hēiqián ✽ 不是正道上来的票子。 ✽ 用不正当的行为得到的钱。 ✽ 通过非法手段得来的钱。

黑人 Hēirén ✽ 这是一个人种,皮色是黑的,主要生活在非洲(zhōu)。 ✽ 指黑色人种的人。

黑色 hēisè ✽ 黑的色儿。 ✽ 跟"白"对着说的一种色。 ✽ 黑的颜色。

黑市 hēishì ✽ 非法的市场。 ✽ 暗中进行不合法的买卖的市场。

黑手 hēishǒu　✳ 在别人不知道的时候对人家进行不好的活动的人。　❊ 形容暗中做坏事的人或势力。

黑心 hēixīn　✳ 让人有难(nàn)，对人很不好的心思和手法。　❊ 怀着害人的坏心。

黑夜 hēiyè　✳ 夜晚，夜里。　❊ 夜晚。是"白天"的反义词。

hen

很 hěn　✳ 非常，十分。　❊ 副词，表示程度相当高。

恨 hèn　✳ 不喜欢。　✳ 从心里不喜欢。　❊ "爱"的反义词，非常不喜欢。

恨不得 hènbùdé　✳ 非常想要。　❊ 急切希望(实现某事)。

hong

红 hóng　✳ 火一样的色儿。　❊ 色的一种，比如肉是红的。中国人有喜事时好(hào)用红色。　❊ 1. 像鲜血的颜色。2. 表示成功或受人重视。

红茶 hóngchá　✳ 一种茶，黑色，茶水发红。　❊ 茶叶的一大类。放在开水中茶色变红。

红灯 hóngdēng　✳ 开车时，看见这个东西，车不能走。　❊ 人做的可以发光的红色明体。　❊ 显出红色的交通信号灯。

红军 Hóngjūn　✳ 中国从1927到1937年为人民东行西进，南上北下两万五千里的很多好人，他们头上都有红五星。　❊ 1927年到1937年中国共产党领导的革命军队。

红人 hóngrén　✳ 现在谁、什么地方的人都喜欢的人，很走红的人。　❊ 位子在上面的人喜欢的人；头儿所喜欢的人。　❊ 受信任的吃香的人。

红色 hóngsè　✳ 红的色儿。　✳ 色的一种，见"红"。　❊ 红的颜色。

红十字 hóngshízì　✳ 红色的"十"字，这里是"红十字会"团(tuán)体的名字。它里面有很多国家的人在一起为平民百姓做好事。　❊ 一种国际团体，它的目的是救济受难的人，它的标志是红色的"十"字。

红血球 hóngxuěqiú　✳ 一种人体成分，很小，红色，对人体的作用很大，可以让带病的东西不能活下去。　❊ 人体血中的成分，很小，红色。

hou

后 hòu　✳ 过了现在。不是在前的。　❊ 1. 看得见的那一方为"前"，"前"的对立方向(xiàng)是"后"。2. 晚的，跟"前""先"对着用。3. 不是前面，也不是中间的地方。如有三个人从南往北面往南站着，那我们可以说第一个人在前，第二个人在中，第三个人在后。　❊ 1. 在背面的。2. 将来的。

后边 hòubiān　＊后面,跟"前边"对着用。　✻后面。

后代 hòudài　＊孩子和他们孩子的孩子们。　✻一个时期以后的时期,下一时期。　❋1.某一时代以后的时代。2.一个人的儿女或儿女的儿女,都是这个人的后代。

后果 hòuguǒ　＊前面的事发生以后,因为它出现了别的不好的事。　✻最后的结果(多用于坏的方面)。

后记 hòujì　＊书中正文后写的不长的文字。　✻写在书等后面的一些话,说一些有关这本书怎么完成的事。　❋写在书或文章后面的短文。

后来 hòulái　＊过去一时间以后的时间,跟"起先"等对着说。　❋1.指在过去某一时间之后的时间。2.后到的,后成长起来的。

后门 hòumén　＊1.家后边的、人来去要走的地方。2.不是正道的。　✻1.房子、院子等后面的门。2.办事时用不正当的方法叫"走后门"。　❋1.房子或院子等后面的门。2.形容走不正当的门路。如:走后门。

后面 hòumiàn　＊后边。　✻后边。　❋空间或位子靠后的部分。与"前面"相对。

后年 hòunián　＊过了明年的明年。两年以后。　✻明年后面的那一年;跟着明年来的那一年。　❋"明年"之后的一年是"后年"。

后人 hòurén　＊后来的人。一家人的孩子和他们孩子的孩子。　✻以后的人。　❋后代的人。

后生 hòushēng　＊1.年轻的男子。2.年轻。　❋(方言)1.青年男子。2.年轻。

后世 hòushì　＊孩子和他们孩子的孩子们。　✻1.一时期以后的时期。2.子女和子女的孩子。　❋后代。

后事 hòushì　＊1.以后的事。2.一个人离开人间以后别人要办的事。　❋1.以后的事情。2.为死了的人料理的事情。

后天 hòutiān　＊过了明天的明天。　✻明天后面的第一天;明天完了就是后天。　❋"明天"之后的一天是"后天"。

后者 hòuzhě　＊后面的那个。　❋后面的。与"前者"相对。

候 hòu　＊等。　❋1.等待。2.问候。

候车室 hòuchēshì　＊人们上车以前去的可坐的地方。　✻人们等车时用的房间。　❋等候上车的房间。

候机室 hòujīshì　＊人们上飞机以前去的可以坐的地方。　✻人们等飞机时用的房间。　❋等候上飞机的房间。

hu

呼 hū　＊口叫。　❋1.生物体让身体里的气体从口中出来。2.大声叫。3.叫。

✲ 大声叫。

呼叫 hūjiào　✲ 口叫。　✲ 叫对方。　✲ 1.电台上用呼号叫对方。2.同"呼"。

呼应 hūyìng　✲ 这个人叫那个人,那个人听到以后有回音。　✲ 一呼一应,互相联系或照应。

忽 hū　✲ 1.很快。2.不看重。　✲ 1.认为不重要。2.一会儿。3.十万忽是一米。　✲ 1.忽然。2.不注意。

忽……忽…… hū...hū...　✲ 一会儿(这样),一会儿(那样)。　✲ 一会儿……一会儿。　✲ 一会儿这样,一会儿那样;忽而……忽而……

忽地 hūdì　✲ 马上。一下子……　✲ 来得快又没想到。　✲ 突然。

忽而 hū'ér　✲ 一会儿(怎么样)。　✲ 来得快,一会儿这样,一会儿那样。　✲ 忽然。

忽冷忽热 hū lěng hū rè　✲ 一时这样,一时那样;一时好,一时不好;一会儿很凉,一会儿一点都不凉。　✲ 一会儿冷,一会儿热。　✲ 一会儿冷一会热。

忽然 hūrán　✲ 很快地,一下子……　✲ 来得快又没想到。　✲ 形容来得很快又出乎意料。

忽然间 hūránjiān　✲ 很快地,一下子……　✲ 不长的时间。　✲ 与"忽然"同义。

忽视 hūshì　✲ 小看。看他不重要。　✲ 认为不重要。　✲ 不重视。

胡 hú　✲ 1.古时中国北方和西方比汉人少的一种人。2.来自国外的。3.男人口边长的毛。4.(书面语)为什么。5.用来说明人所做的行为不好。6.姓。　✲ 1.姓。2.随便;任意。

胡话 húhuà　✲ 头脑出问题时说的话,人病得很重时也会说"胡话"。　✲ 神志不清时说的话。

胡来 húlái　✲ 想也不想地去作(作得大多不好)。　✲ 想怎么做就怎么做,不去想对不对。　✲ 1.不按规程,任意做。2.胡闹,胡作非为。

胡闹 húnào　✲ 事出无因,人所做的行为不好,做得不文明,不得体。　✲ 行动没有道理。也称"胡来"。

胡说 húshuō　✲ 本来不是这样的,可是要这样说。　✲ 还不知道对不对、是不是这样就说出来的话,多半是不好的话。　✲ 没有根据或没有道理地随便说。

胡说八道 hú shuō bā dào　✲ 同"胡说"。　✲ 还不知道对不对、是不是这样就说出来的话,多半是不好的话。　✲ 与"胡说"同义。

胡同 hútòng　✲ 北京的小道儿。　✲ 房子跟房子中间的小路。　✲ 比较细小的街道。

胡言 húyán　✲ (书)"胡说"。　✲ 还不知道对不对、是不是这样就说出来的话,多半是不好的话。　✲ (书)胡说八道。

胡子 húzi ❋ 男人"口"边儿上有的黑东西。 ❋ 男人口四边长的毛。 ❋ 嘴周围长的毛。

湖 hú ❋ 水地,不过不是海,不是江,也不是河。 ❋ 地面上出现的很大一片水,比如公园里的水。 ❋ 被土地围着的一大片比较深的水。

湖北 Húběi ❋ 中国长江北边的一个地方,在河南的南边。 ❋ 中国的一个地方,有很多城市,在这里可看长江风光。 ❋ 中国中南部的一个省,在一个有名的大湖以北。

湖南 Húnán ❋ 中国长江南边的一个地方。在湖北的南边。 ❋ 中国的一个地方,有很多城市,在湖北的南边,出鱼出米。 ❋ 中国中南部的一个省,在一个有名的大湖以南。

虎 hǔ ❋ 山里一种很大的动物,毛黄色,间有黑色。以吃动物过活,也吃人。中国最有名的是东北虎。 ❋ 一种很猛的动物,黄色的毛上有黑色。

虎年 hǔnián ❋ 一九八六年,一九九八年,二〇一〇年……,十二年有一个虎年。 ❋ 用虎来算人出生的那一年。中国一共有十二种动物可以算人出生的年份,虎是一种,每十二年有一次虎年。 ❋ 中国人用指定的十二种动物代表连续的十二年,这样的十二年不断地连续着。"虎"就是这十二种动物之一。如果某一年该是"虎",就是"虎年"。

互 hù ❋ 你怎样对别人,别人就怎样对你。 ❋ 互相。

互补 hùbǔ ❋ 你少了这个,多了那个,我正好多了这个,少了那个,我们在一道什么也不少了。 ❋ 一事物的这方面不好,可是别的事物这方面好,就用别的事物;一事物的这方面好,可是别的事物这方面不好,就用这一事物。 ❋ 互相补足。

互不 hùbù ❋ 两方都不。 ❋ 两方面都不。 ❋ 互相不。

互利 hùlì ❋ 对两方面都有好处。 ❋ 对双方都有利。

互让 hùràng ❋ 两方面都让一些,让对方得到一些好处。 ❋ 互相把有利的让给对方。

互通 hùtōng ❋ 这儿的可以到那儿去,那儿的也可以到这儿来。 ❋ 你给我这样的东西,我给你那样的东西,两方都得到自己想要的东西。 ❋ 互相交换。

互相 hùxiāng ❋ 以你对我的方法对你。 ❋ 副词,表示双方或多方之间同样对待的关系。

互助 hùzhù ❋ 你有难处时,我为你做事,我有难事时,你为我做事。 ❋ 互相帮助。

户 hù ❋ 1.门。2.人家;住在那里的人。3.门第;家里的地位和文化水平高不高。 ❋ 1.门。2.人家;住户 3.门第。

户口 hùkǒu　✳ 住在那里的人家和人口。　✲ 住户和人口。
护 hù　✳ 让不好的事远离。　✲ 保护。
护城河 hùchénghé　✳ 人工做的城边上的河,有不让不好的人进城的作用。
✲ 人工修的围着城墙的起保护城市作用的河。
护理 hùlǐ　✳ 在病人身边长时间看病人、关心病人的生活等。　✲ 帮助医生治疗并照料病人。
护理人员 hùlǐrényuán　✳ 在病人身边长时间看病人、关心病人生活的人。
✲ 做护理工作的人。
护士 hùshì　✳ 医院里在一定时间里常看病人、给药送饭的人。　✲ 医疗机构中的护理人员。
护送 hùsòng　✳ 和(谁,什么东西)一道去,叫人、东西什么的好好的,没有问题。
✳ 为了一路平安,跟在旁边一起前往。　✲ 为了保护某人跟着他前往(多指用武装保护)。
护卫 hùwèi　✳ 1.跟在旁边,不让不好的人走近。2.跟在旁边,给人平安的人。
✲ 保护,保卫。
护照 hùzhào　✳ 到国外去要的小本本儿,上边写了你是哪国人。　✲ 本国发的用来说明出国的人身份的东西。　✲ 国家主管机关发给出国的人的证件。

hua

花 huā　✳ 地上长的很好看的东西。有很多很好看的色儿。　✲ 1.春天到秋天,从地里生长出的一种东西,过一定时间开放后,有各种色儿,样子也很多,大都好看,常常买来送给病人和有喜事的人。热天时,花种很多,天冷后只能在房间里才能看到。2.用去时间、钱等。　✲ 1.种在地上的美丽的生物,有各种颜色,有的有香味。2.用。用钱,用时间等。
花茶 huāchá　✳ 中国北方人爱喝的茶。　✲ 一种里边放进花香的茶。　✲ 用某些鲜花制成的绿茶。
花朵 huāduǒ　✳ 开的花。　✲ 花的总称。
花花公子 huāhuā gōngzǐ　✳ 只知道吃、喝、乐,有很多女朋友的男人。　✲ 家里有钱,只知道吃、喝、欢乐的没好事做的孩子。　✲ 指富贵家庭的只知吃喝玩乐的儿子。
花环 huāhuán　✳ 很多花儿作的东西。　✲ 许多花连在一起成为一种中间有一个大孔的东西。　✲ 用花做的圆环。
花篮 huālán　✳ 可以提起的东西,里边放有很多花,十分好看,人们常把它送给有喜事的朋友、机关,比如商店、饭店开张时就有朋友送它以祝生意红火。

花划华

✽ 1. 装着鲜花的一种物件。2. 一种美观的可以放东西的物品。

花脸 huāliǎn　　✽ 人的面孔上画上不同的色,有黑,有白,有红,比如黑头是花脸的一种。　　✽ 京剧中角色,演刚强的男性人物。

花钱 huāqián　　✽ 买东西时要作的。用票子买东西。　　✽ 用钱买东西。　　✽ 用钱;费钱。

花生 huāshēng　　✽ 长在地下的一种果实(shí),不大,外面包有黄色的硬皮,不可吃,里面的吃起来很香。　　✽ 一种天然的果实,小而香。

花生油 huāshēngyóu　　✽ 用花生做出来的,跟水差不多的东西,做菜的时候用,很香。　　✽ 用花生米制成的食用油。

花园 huāyuán　　✽ 有很多花的地方。　　✽ 种有很多花的园地,人们可以在里边休息、看花、说话。　　✽ 种着花和树的场所,人们可以在那儿玩儿和休息。有的花园是公共的,有的花园是私人的。

划 huá　　✽ 1. 为了让物体在水里走,人在它上面用手等对水做的动作。2. 用一个硬东西把别的东西分开。3. 打算。　　✽ 1. 推水前进。2. 合算。

划不来 huábulái　　✽ 花很多时间作了以后得到的不多。用票子用得多了。　　✽ 做的多得到的少;不上算。　　✽ 不值得。是"划得来"的反义词。

划船 huáchuán　　✽ 叫水上有人的东西在水上走。　　✽ 人让一种在水面上来往的东西走,对它所做的动作。　　✽ 用动作使船在水里走。

划得来 huádelái　　✽ 花很多时间作了以后得到的也多。用票子用得少,得到的东西多、好。　　✽ 得到的比做的多;上算。　　✽ 合算,值得。

划算 huásuàn　　✽ 1. 算一算。2. 上算,做得来;做完后,自己只会比开始好,不会少什么。　　✽ 1. 计算。2. 合算,值得。

华 huá　　✽ 说的是中国。　　✽ 1. 中国。2. 汉(语)。3. 时光。4. (头发)花白。5. 出现在太阳、月四边的光。6. (书面语)用来说跟对方有关的事物。　　✽ 1. 光彩。2. 指中国。

华北 Huáběi　　✽ 中国的北方,有北京、河北、山西。　　✽ 中国北边的地方,有河北、山西、北京等地。　　✽ 指中国北部河北、山西、北京市等一带地区。

华表 huábiǎo　　✽ 北京天安门前立着的很高很硬的白色东西,上面刻着龙什么的,很好看。　　✽ 古代华丽的楼前的石制的很高的东西,上面刻着龙等各种图形。

华而不实 huá ér bù shí　　✽ 好看,可是不中用、没有用。　　✽ 只开花,没有果。比作外面好看,里面没什么。　　✽ 只开花不结果。形容外表好看而内容空。

华丽 huálì　　✽ 衣服等好看、有光、不平常的。　　✽ 美丽而有光彩。

华人 Huárén　　✽ 中国人。在外国的中国人。　　✽ 中国人,在外国的中国人。

✤ 指中国人。

华文 huáwén　✤ 中文。　✤ 中文,海外人常这么说。　✤ 指中文。

华语 huáyǔ　✤ 汉语。　✤ 汉语。　✤ 与"汉语"同义。

化 huà　✤ 物体着热后,样子跟以前不同,有点跟水一样了。　✤ 1.变化。2.消化。

化工厂 huàgōngchǎng　✤ 用化学方法出东西的有厂房有车间的地方。　✤ 化学工业的工厂。

化合物 huàhéwù　✤ 不同种成分在一起所成的一种化学上的东西。　✤ 由不同的小单位的物体合成的物体。

化名 huàmíng　✤ 第二个名字,不用、不叫大家知道第一个名字。　✤ 为了让人不知道真的名字所用的名字。　✤ 为了使人不知道自己的真名而用的假名。

化学 huàxué　✤ 看物体里面有什么成分,成分和成分放一起怎样生出新东西的学问。　✤ 是自然科学的基本学科之一,研究事物是怎么样构成的。

化学所 huàxuésuǒ　✤ 从事化学工作的地方。　✤ 研究化学的机构。

化验 huàyàn　✤ 用化学方法看物体里面有什么成分,看它是什么样的。　✤ 用物理或化学的方法查东西的成分等。

化装 huàzhuāng　✤ 叫人看起来不是他了,他人不认得他了。　✤ 为了让大家看起来跟真的一样,人们对人、物所进行的工作。　✤ 改变衣着(zhuó)、面容。

划 huà　✤ 划分。

划分 huàfēn　✤ 1.把一个大东西分成几个小东西。2.区分。　✤ 1.把整体分成几部分。2.区分。

划清 huàqīng　✤ 区分开了;分明白了。　✤ 划分清楚。

划时代 huàshídài　✤ 和过去很不一样。　✤ 让新的时期开始的(多作定语);很不平常的。　✤ 开创新时代。

画 huà　✤ 1.用笔和别的东西做图。2.用笔和别的东西做出来的图。　✤ 1.动词,用笔之类的东西做出图形。2.名词,用笔之类的东西做出的图形。

画报 huàbào　✤ 画儿多字少的书。　✤ 以图画为主的书报。　✤ 有图画或相片的杂志或报纸。

画画 huàhuà　✤ 用笔和别的东西做图。　✤ 画图形。

画家 huàjiā　✤ 很会画画儿的人。　✤ 画儿画得很好的人;工作是做画儿的人。　✤ 把画儿画成艺术品的人。

画儿 huàr　✤ 可看的画。　✤ 用笔和别的东西做出来的图。　✤ 画成的艺术性的图形。

画室 huàshì　✤ 画家作画的地方。　✤ 画家画画儿用的房间。　✤ 用于画画儿的房间。

画图 huàtú　＊1.画。2.画儿。　＊1.画画儿。2.画出来的图。　✲1.画图形(指图样、地图等)。2.所画的图。

画像 huàxiàng　＊画下来的人的样子。　＊1.把人的样子画下来。2.画成的人的样子。　✲1.画人像。2.画成的人像。

话 huà　＊人说出来的,让别人明白意思的声音。　✲说出来的能表达思想的声音。

话剧 huàjù　＊有人物、场地,主要用对话和动作来说一些事、给大家看的活动。　✲用对话和动作来表演的剧。

话说 huàshuō　＊说;讲(旧小说中开头用到的一个说法)。　✲说,讲。

话题 huàtí　＊说话的中心主题。　✲谈话的中心。

话语 huàyǔ　＊言语;说的话。　✲言语。

huai

怀 huái　＊人上身前面的那一块儿,心在它里边。　✲1.身体正前方的部分。2.心怀。3.思念。4.心里存有。

怀抱 huáibào　＊用手让物体在上身中间前面的地方。　✲1.抱在怀里。2.心里存有。也称"怀"。

怀表 huáibiǎo　＊放在衣服里近身的用来知道时间的东西。　✲装在衣服里使用的表。

怀恨 huáihèn　＊很不喜欢。　＊心里太不喜欢。　✲记恨。

怀旧 huáijiù　＊很想过去;老爱想以前,想以前都是好的。　＊想念过去的事和过去有来往的人。　✲怀念过去的事和以前来往的人。

怀念 huáiniàn　＊想念。　＊思念过去的事和过去有交往的人。　✲思念。

怀想 huáixiǎng　＊想念过去。　✲怀念。

怀疑 huáiyí　＊不大信。　✲不很相信。

坏 huài　＊不好。　＊不好。跟"好"对着说。　✲"好"的反义词。

坏处 huàichù　＊不好的地方。　＊人、事物不好的地方。　✲跟"好处"相对。

坏分子 huàifènzǐ　＊很不好的人。　＊做不好的事的人。　✲坏人。

坏人 huàirén　＊不好的人。　＊不好的人。　✲对国家、人民做不好的事的人。

坏事 huàishì　＊不好的事。　✲"好事"的反义词。

huan

欢 huān　＊快乐。　＊1.高兴,快乐。2.喜爱。　✲高兴,快活。

欢呼 huānhū　＊欢乐地大声说。　＊高兴地大声叫。　✲欢乐地呼叫。

欢乐 huānlè　＊很多人一同欢喜。　＊多人在一起快乐；高兴的样子。　✲快乐（多指集体的）。

欢送 huānsòng　＊一些人在一起开会，高兴地看着别人离开去新的地方。　✲高兴地送别（多用于集会方式）。

欢天喜地 huān tiān xǐ dì　＊很快乐。　＊用来说明非常高兴。　✲形容非常欢喜。

欢喜 huānxǐ　＊快乐的样子。　＊1.高兴；快乐。2.喜爱；喜欢。　✲1.高兴，快乐。2.喜爱。

欢心 huānxīn　＊欢喜，喜欢。　＊对人、事物喜爱的心思。　✲欢喜的心情。

还 huán　＊1.用完别人的东西再给回那个人。2.再回到开始的地方。3.回报别人对自己的行动。　✲1."回"的意思。回到原来的地方或原来的情况。2.把某人的东西给回某人。

环 huán　＊1.一种样子跟太阳一样、中间有孔的东西。2.关连着的许多事物中的一个。3.把一个东西包在中间。　✲1.圆形的东西，中间是空的。2.包围。

环抱 huánbào　＊一个地方在山、水……中间。　＊让一个东西在中间，别的东西在四边包着（多用来说自然事物）。　✲围在一个东西四周（多用于自然景物）。

环顾 huángù　＊看四方。　＊四方都看。　✲向四方观望。

环境 huánjìng　＊1.离中心近的四面八方。2.离中心近的四方怎么样。　✲1.周围的地方。2.周围的情况和条件。

环视 huánshì　＊看这边，看那边；看四方。　＊四方都看看。　✲是"环顾"的同义词。向四方看。

环行 huánxíng　＊在四方走一遍；走完以后又回到开始出发的地方。　✲围着一个圆形走。如：环行公路。

换 huàn　＊给人东西的同时又从他那里得到别的东西；你给我东西，我给你东西。　✲1.给人东西的同时从那个人那里取得别的东西。2.变换。

换班 huànbān　＊同一个时间里，有人下班，有人上班作那个人的工作。　＊一些工人到一定时间不工作了，别的工人开始做他刚才做的工作，每天都这样。　✲（工作人员）按时替换上班。

换车 huànchē　＊在一个地方下车，再上不同的车。　＊走的中间不坐这辆车了，坐别的车再往前走。　✲转车。

换工 huàngōng　＊你作我作的工作，我作你作的工作。　＊你做我的工作，我做你的工作。　✲互相换着干活。

换句话说 huàn jù huà shuō ✳ 再用一个说法的话，也可以这么说。 ✲ 为了说得更明白，用别的话还说同样的意思。 ✱ 是"也就是说"的意思。

换钱 huànqián ✳ 1.拿出一种钱，得到别的多少一样的钱。比如给别人零钱，得到多少一样的大票子叫"换钱"。2.把东西卖出得到钱。 ✱ 1.整钱和零钱互换。2.把一国的钱换成另一国的钱。

huang

黄 huáng ✳ 色的一种，中国人的皮色就是黄的。 ✱ 黄色。鸡蛋里的中间球形部分是黄色。

黄瓜 huángguā ✳ 可生吃的长东西，里边有不少的水。 ✲ 一种菜，它的花是小的、黄色的，然后成为长的、里面有水有子的东西，可以生吃，还可以热着吃。 ✱ 一种黄绿色的长条形的瓜。

黄河 Huánghé ✳ 中国的第二大河。 ✲ 中国的第二大河，因色黄得名，在北方。 ✱ 中国的第二条大河。中国古老的文化开始于黄河两岸。

黄金 huángjīn ✳ 很贵的黄色的东西。 ✲ 1.金子。2.非常难得的。 ✱ 金的通称。

黄金时代 huángjīn shídài ✳ 国家、人生最好的时期。 ✲ 1.文化、生活等最好的时期。2.人一生中最难得的时期。 ✱ 1.指政治、经济或文化的最发达的一个时期。2.指人生中最有价值的时期。

黄酒 huángjiǔ ✳ 中国南方人好喝的酒。 ✲ 用米做成的黄色的酒，可放在菜中，让菜香美。 ✱ 用米做的一种中国酒，黄色。

黄色 huángsè ✳ 黄的色儿。 ✲ 一种色，跟中国人的皮色差不多。 ✱ 黄的颜色。

hui

回 huí ✳ 走了以后再来。 ✲ 1.从到的地方又往出发的地方走。2.人站着往后头看。3.回答，回报。 ✱ 1.从别处到原来的地方。2.答复。3.事物、动作的次数。

回报 huíbào ✳ 1.回话说事儿办得怎么样了。2.因为自己有难处时别人为自己做了事，以后也为别人做事。3.别人对自己做了不好的事，也对他做不好的事。 ✱ 1.报告。2.报答。3.报复。

回避 huíbì ✳ 不想看到，也不想叫人看到。 ✲ 1.让开；有意离开，让人看不见。2.法院里的人因为和这事儿有关连，在办这事儿时有意离开。 ✱ 躲开。

回答 huídá ✳ 你问人家，人家说出你要听的话。 ✲ 在对话中对提出的问题进行说明。 ✳ 对问题给以讲解,说出意见。

回复 huífù ✳ 1.(多用在书面语)对提出的问题进行说明。2. 样子又和以前的一样了。 ✳ 1. 答复。2. 变回了原来的样子。

回顾 huígù ✳ 回过头来想、看(过去的事)。 ✳ 回过头来看;回想。

回绝 huíjué ✳ 说不要。 ✳ 告诉对方不行,不能做对方要自己做的事。 ✳ 答复对方表示拒绝。

回来 huílái ✳ 走了以后再来老地方。 ✳ 从别处又到以前的老地方来。 ✳ 从别处来到原来的地方。

回升 huíshēng ✳ 下去以后再上行。 ✳ 下来后又上升。 ✳ 下落以后又往上升。

回声 huíshēng ✳ 回音;声音发出以后再回来又听到的声音。 ✳ 声音传出遇到某种物体时,此声音又被传了回来。

回收 huíshōu ✳ 把用过的、不要的东西(多是旧的)收回来再用。 ✳ 把旧的物品收回利用。

回头 huítóu ✳ 1. 让头面对后方。2. 回来。3. 知道错了。4. 等一会儿,过一个时间以后。 ✳ 1. 把头转向后方。2. 重新做人。3. 指过一会儿或过一段时间。如:回头见。

回响 huíxiǎng ✳ 回声。 ✳ 1. 回声。2. 问大家的意见后,大家都同意那样做。 ✳ 1. 回声。2. 响应。

回想 huíxiǎng ✳ 再想,想过去了的。 ✳ 想过去的事。 ✳ 想(过去的事)。

回忆 huíyì ✳ 回想,想过去了的。 ✳ 回想(过去)。 ✳ 是"回想"的同义词。

回音 huíyī ✳ 回声。 ✳ 1. 声音发出以后又回来,再次听到的声音。2. 回话。问别人以后,这个人说出的自己的意见。 ✳ 1. 回声。2. 回信或回答。

回应 huíyìng ✳ 叫他时,他听到了就有"回应"。 ✳ 回答,答应。

回族 Huízú ✳ 中国的一种人,比汉人少,主要在河北、河南、北京、山东等地,信回教,只吃牛肉、羊肉。 ✳ 中国少数民族之一,主要在河北、河南、北京、山东等地,信回教,只吃牛肉、羊肉。

会 huì ✳ 知道怎么样,怎么作。 ✳ 1. 在一定时间里,为了做一些工作,有多人来到一起。2. 一些人在长时间里为共同想法进行工作成立的团(tuán)体。3. 学习以后,懂得怎样做和有能力做。4. 见面。5. 主要的城市,如都(dū)会。6. 懂得。7. 有可能做到。 ✳ 1. 理解;懂得。2. 人与人为某种目的集合在一起的情况。3. 熟习。4. 表示懂得怎样做或有能力做(多半指需要学习的事情)。5. 表示有可能实现。6. 见面。7. 合在一起。8. 主要的城市,如省会。

会场 huìchǎng ✳ 人们开会的地方。 ✳ 开会的地方、场所。 ✳ 开会的场所。

会费 huìfèi　＊到一个会里去,要给的票子。　＊要开会的人出的钱。　✱会员按期向所在大会组织交的钱。

会合 huìhé　＊（人）到一个地方去见他人。　＊两方、多方从不同的地方来到一起。　✱会集到一起。

会话 huìhuà　＊（学外语时）和人说的话。　＊对话。在学习别的语言的时候,两个和两个以上的人在一起说话。　✱对话(多用于学语言时)。

会见 huìjiàn　＊和人见一见,说说话。　＊1.国家机关的人在对外往来中跟重要的人见面。2.跟别人见面。　✱与别人相见。

会客 huìkè　＊见来的外人。　＊和来的人、到这儿办事的人见面。　✱和来访的客人见面。

会面 huìmiàn　＊见人。　＊见面。　✱是"见面"的同义词。

会期 huìqī　＊什么时候开会的日期;要开多少时间。　＊开会的日子。　✱1.开会的日期。2.开会的天数。

会谈 huìtán　＊人们坐下说话。　＊两方、多方在一起说话,就同一个事说出自己的意见。　✱双方或多方共同商谈。

会议 huìyì　＊人们开的会。　＊一些人为了有共同的想法在一起开会,说出自己的意见。　✱有组织有领导地商谈事情的集会。

会意 huìyì　＊他人没有说,可是知道了他的想法。　＊1.明白别人没有明说的意思。2.(汉字)六书中的一种,"会意"是说这个汉字每个成分的意思放在一起就是这个汉字的意思。　✱是汉字中的一类。一个字的整体的意义是由这个字各个部分的意义合成的。

会员 huìyuán　＊一个会里的人。　＊一些会里的人。　✱某些组织的成员。

会长 huìzhǎng　＊会里最重要的人。　＊会里位子最高、最重要的人。　✱一个组织的首领。

会诊 huìzhěn　＊因为一个医生很难说明白病人的病是怎么回事,几个医生在一起开会共同看病人得的是什么病。　＊几个医生共同来断定疑难的病。

huo

活 huó　＊过日子。有人活得好,有人活得不好。　＊1.作物能生长,动物心在动,我们就可以说它们在活着。2.活动。3.生动,有意思。　✱生存;有生命。与"死"相对。

活动 huódòng　＊为了一种想法,大家在一起干的事。　✱为达到某种目的而采取的行动。

活动家 huódòngjiā　＊在公共场所活动很多、起很大作用的人,这样的人能办一些大事。 ✱ 在政治生活或社会生活中积极活动并有影响力的人。

活该 huógāi ✱ 下场就是这样，一点儿也不过分。 ✱ 表示应该这样，一点儿也不值得同情。

活力 huólì ✱ 有生机。 ✱ 事物很有生气的样子。 ✱ 很强的生命力。

活命 huómìng ✱ 还能活下去。 ✱ 生命,性命。

活儿 huór ✱ 口语中说的工作。 ✱ 工作,多为车间、田地、饭馆等场所里的。
✱ 1. 工作（一般指体力的）。2. 产品;制成品。

活生生 huóshēngshēng ✱ 有生机的。 ✱ 发生在面前的,发生在生活中的。
✱ 1. 实际生活中的。2. 在活着的情况下。

火 huǒ ✱ 1. 物体着(zháo)起来时发出的光和热。2. 火样的红色。3. 一下子生气了。4. 生意好。 ✱ 加热物体时用的有光和热量的东西。

火车 huǒchē ✱ 一种用机车带着飞快前行的长长的车,它不能在公路上走。
✱ 一种重要的交通工具,在铁路上走。

火车头 huǒchētóu ✱ 火车的最前边。 ✱ 火车最前面、带火车前行的机车。
✱ 1. 火车最前的部分。2. 起领导作用的人或事物。

火车站 huǒchēzhàn ✱ 可以上火车、下火车的地方。 ✱ 人们带东西上下火车的地方;火车出发的地方;放火车的场所。 ✱ 火车集中并开向各个地方的站。

火候 huǒhòu ✱ 火的大小和用火的时间。 ✱ 1. 所用的火力大小和时间长短。2. 比作重要的时机。3. 比作修养程度深不深。

火花 huǒhuā ✱ 火点儿。 ✱ 大火里飞出来的小火点。 ✱ 火发出很亮的像小星星的物体。

火鸡 huǒjī ✱ 一种个儿很大的红鸡。西方人常在十二月二十五日吃,中国人不怎么吃。 ✱ 一种很大的鸡,西方人在十二月二十五日一般都吃火鸡。

火山 huǒshān ✱ 这是一种山,时有火一样的东西从上面很快地出来。 ✱ 总是有地下的非常热的东西爆发出来的高地。

火山口 huǒshānkǒu ✱ 火山的最上边有火的地方。 ✱ 火山中间最高处出火的地方。 ✱ 火山上爆发出地下热的东西的地方。

火药 huǒyào ✱ 可以一下子发出很多热和很大声音的黑面儿,它会让立着的大楼一下子不见了。 ✱ 一种可以爆发的产品。是中国人发明的。

或 huò ✱ 1. 可能。2. 要么。3.（书面语）有的人。4.（书面语）有点儿。
✱ 1. 或许。2. 或者。

或然 huòrán ✱ 有可能可是不一定。 ✱ 有可能而不一定。

或许 huòxǔ ✱ 可能。 ✱ 可能;不一定。 ✱ 也许。

或者 huòzhě ✱ A、B 两方中要一方。 ✱ 1. 可能。2. 要么,两方中要一方。

货获几机

✱ 表示从中选一个或几个。如：你去或者他去都行。

货 huò　＊ 东西。　※ 1.过去用来说钱。2.要卖的东西。3.说人不好时难听的话。　✱ 1.钱。2.商品。3.指人（不好听的话）。

货车 huòchē　＊ 不是坐人的车，上边有人们可以买的东西的车。　※ 一种车辆，主要用来放东西。　✱ 主要用来装运货物的车辆。

货机 huòjī　＊ 不是坐人的飞机，上边有人们可以买的东西的飞机。　※ 主要用来把东西从一个地方带到别的地方的飞机。　✱ 主要用来装运货物的飞机。

货品 huòpǐn　＊ 东西。　※ 要卖的东西。　✱ 货物的品种。

货色 huòsè　＊ 人们要买的东西的好和不好。　※ 1.要卖的东西。2.用来说人、思想等（不好）。　✱ 1.货物（的品种或等级）。2.指人或思想、言论、作品等（多指坏的）。

货物 huòwù　＊ 人们买来要用的东西。　※ 商店等地方卖的东西。　✱ 用来出卖的物品。

获 huò　＊ 得到。　※ 1.拿到；拿住。2.得到。3.作物长好后收起来。　✱ 1.获得。2.获取。

获得 huòdé　※ 用一定方法得到。　✱ 得到（多用于不具体的事物）。

获取 huòqǔ　※ 用一定方法得到；拿到。　✱ 取得。

获准 huòzhǔn　＊ 上边说"可以作"了。　※ （要去做一个事儿）得到同意。　✱ 得到准许。

J

jī

几 jī　＊ 常说"茶几"，家里常用的小家什，有一个平面，用别的东西立在地上，跟地面平行，上面可以放茶杯等。　✱ 高度很低的小桌。

几乎 jīhū　＊ 1.差不多。2.差点儿。　✱ 接近于；差点儿。

机 jī　＊ 1.人们工作时用的一种能自己动的东西。2.飞机。3.机会。4.重要的事。5.心思。6.生活机能。7.能很快跟着事的不同用不同的方法去做。　✱ 1.机器。用零件装成的，能运转的物体。是生产工具。2.飞机。3.有重要关系的环节。4.机会；时机。5.生活机能。6.重要的事务。7.心思；念头。8.能跟着事物的变化很快变化的。

机场 jīchǎng　＊ 飞机要"走"的地方，人们上下飞机的地方。　※ 飞机起飞、下来的地方。人们上下飞机的场所。　✱ 飞机起飞，落下，停放的场地。

机动 jīdòng　＊ 用机子什么的叫车子走的。　※ 1.用机子开动的。2.能很快跟着事的不同用不同的方法去做。 ✱1.利用机器开动的。2.根据事物的变化改变做法。

机构 jīgòu ✱1.机子中的一块块儿东西。2.机关等工作的地方。 ✱1.机器内部构造。2.一般指机关、团体或其它单位。

机关 jīguān ✱作国家工作的地方。 ✱1.机子中最重要的那一块儿。2.用机子起作用的。3.办事的地方。 ✱国家办理事物的部门。

机会 jīhuì ✱最好的时候,时机。 ✱做一件事最好的时候。 ✱时机。正好的时候。

机密 jīmì ✱不能和人说的很重要的东西,只能有很少人知道。 ✱1.非常重要的不能告诉别人的。2.非常重要的不能告诉别人的事。 ✱重要的,不要被人知道的。

机票 jīpiào ✱坐飞机用的票。 ✱花钱买的用来说明可以坐飞机的东西。 ✱坐飞机应买的票。

机器 jīqì ✱大机子。 ✱人们工作时用的能自己动的东西,用它可以花的时间少、工作得又快又好。 ✱由零件组成,能运转能变换能量或能产生有用的东西。

机遇 jīyù ✱多用来说好时机。 ✱时机,机会。 ✱时机(多指有利的)。

机制 jīzhì ✱1.用机子做的。2.机子的成分是怎样的和为什么能这样工作。3.有机体是怎样的、它的作用和它们间的关连。 ✱1.机器构造和工作原理。2.工作系统的组织。

鸡 jī ✱一种在地上行走的小动物,身上有毛,不会飞,它的肉可以做成很多菜,人们常吃。公的常常在早上叫。 ✱一种动物,会飞,但飞不高。母鸡会生蛋。

鸡蛋 jīdàn ✱鸡所下的可以吃的东西,里面有黄儿。 ✱母鸡生的蛋,人们常吃。

鸡丁 jīdīng ✱小块儿的鸡肉。 ✱把鸡肉切成的小块。用于做菜吃。

积 jī ✱一点儿一点儿地多了再多。 ✱1.让东西从少到多。2.长时间慢慢地成为(这样)。 ✱积累,积存。

积存 jīcún ✱把事物放在一起,让它慢慢地从少到多;把东西一次一次地放起来,从少到多,从小到大。 ✱一点儿一点儿地留存。

积极 jījí ✱很想作的。 ✱1.正面的。2.热心的;上进的。 ✱1.正面的。2.热心主动地。

积极性 jījíxìng ✱想有所作为的思想和做法;办事有主动的想法和做法。 ✱进取向上,尽力工作的思想和表现。

积木 jīmù ✱小孩儿有的一种东西,是一些色、大小不同的小块儿,把不同的小块儿放在一起可以成为不同的东西。 ✽ 一种玩具,有大大小小的不都相同的木块,可以组成很多种立体图形。

积少成多 jī shǎo chéng duō ＊很少到很多。 ✲少的在一起慢慢成为多的。 ✽ 经常积存一小部分,最后就会变得很多。

基 jī ＊1.事物的起点。2.起头的。 ✽ 起头的;根本的。

基本 jīběn ＊1.主要的。2.大体上。 ✽ 1.根本。2.主要的。

基本功 jīběngōng ＊从事一种工作一定要有的知识、本事。 ✽ 最基本的技能。

基本上 jīběnshàng ＊大多是这样的。 ✲1.主要地。2.大体上。 ✽ 1.主要地。2.大体上。

基层 jīcéng ＊下边的。 ✲做一种工作时最底下的那些场所,它和人们的关连最近。 ✽ 各组织中最低的一层。

基地 jīdì ＊作为一种活动、工作的起点的地区。 ✽ 作为某种事业的最开头的地区。

基点 jīdiǎn ＊1.中心,重点。2.作为一种活动的起点的地方。 ✽ 1.作为开展某种活动的最基本的地方。2.根本。

基调 jīdiào ＊1.(音乐中)最主要的音。2.主要的看法。 ✽ 1.音乐作品中的主要的调。2.基本观点。

基建 jījiàn ＊和所有人民有关的、对人民的生活有重大作用的工作。 ✽ 基本建设。

基金 jījīn ＊为兴办一种大事等用在一定工作上的作为底子的钱。 ✽ 为兴办或发展某种事业而积的资金。

基因 jīyīn ＊生物体里和"孩子会成为什么样子"这一问题有关的成分。 ✽ 生物体传下去的基本单位。

及 jí ＊1.到。2.和。 ✲1.到。2.比得上。3.和。 ✽ 1.达到。2.比得上。3.相当于"和",但"及"后面所提的是较次要的。

及格 jígé ＊所得的分到了不能再少的那一点,刚好可以过。 ✽ (考试)达到规定最低标准。

及时 jíshí ＊正是时候。 ✲1.正是时候;正是要用到的时候出现了。2.事出现后马上就去做。 ✽ 1.适合需要。2.马上。

及时雨 jíshíyǔ ＊人、东西来得正是时候。 ✲1.下的正是时候的雨。2.在重要时刻出现的人、事。 ✽ 1.指在农作物需要雨水时下的雨。2.形容能解决紧急需要的人或事物。

级 jí ＊1.分出来的高等、中等、下等……这些等叫"级"。2.学校里因为学的东西、学的时间的不同分成的班。学生每年都升级。 ✽ 1.等级。2.年级。

级别 jíbié ✳ 区分出来的高等、中等、下等。 ✳ 等级的区别。

极 jí ✳ 1. 最高点;头。2. 到最高点。3. 最高的。4. 很。5. 我们生活的这个天体的南北两头。 ✳ 最终的;最高的。

极大 jídà ✳ 很大。 ✳ 比很大还大,大到最高点。 ✳ 非常大,大到了极点,最大的。

极点 jídiǎn ✳ 最……的。 ✳ 不能再比它高的点。 ✳ 程度上不能再越过的界限。

极度 jídù ✳ 很,最。 ✳ 1. 十分。2. 最高点。 ✳ 1. 程度很深的。2. 极点。

……极了 jíle ✳ ……很,……最。 ✳ 很;非常。 ✳ 是"非常"的意思,表示达到很好、很好的程度。

极力 jílì ✳ 用了很多方法,很想作到。 ✳ 想了所有的办法,做了所有能做的。 ✳ 用尽一切力量。

极其 jíqí ✳ 非常。 ✳ 书面语,是"非常"的意思。

极少 jíshǎo ✳ 少到快没有了。 ✳ 非常非常少。 ✳ 非常少。

极为 jíwéi ✳ 到最高点;到头。 ✳ 书面语,与"极其"同义。

极小 jíxiǎo ✳ 小到快没有了。 ✳ 非常非常小。 ✳ 非常小。

极早 jízǎo ✳ 很早;能早就早。 ✳ 非常早。

急 jí ✳ 1. 因为想马上做所以不安。2. 事儿让人觉得不安。3. 快。4. 别人、大家有难处时,立刻为他做事。5. 要人马上去做的事。 ✳ 1. 着急。2. 易发火。

急电 jídiàn ✳ 要快发和快给收信人的电报。 ✳ 需要马上传送的电报。

急件 jíjiàn ✳ 要很快让收信人拿到的信。 ✳ 需要马上发送的紧急文件。

急进 jíjìn ✳ 很快地到上边、前边去。 ✳ 想快点前进。 ✳ 急于改革或前进。

急救 jíjiù ✳ 因为病人没想到就病得很重了,医生马上来给他医病。 ✳ 对得了急性病或受重伤的人进行紧急救治。

急剧 jíjù ✳ 很快地。 ✳ 非常快,非常紧急。形容变化得很厉害。

急忙 jímáng ✳ 很快地。 ✳ 心里不安,行动比正常的动作快。 ✳ 心里着急,行动加快。

急切 jíqiè ✳ 马上,很想再快点。 ✳ 不能再等,非常想要…… ✳ 1. 心里很急。2. 急忙地。

急行军 jíxíngjūn ✳ 很快地走。 ✳ 国家间打的时候,因为有一定的工作要马上去做,打对方的那些人很快地走。 ✳ 部队有紧急任务时快步前行。

急性病 jíxìngbìng ✳ 1. 来得快、没想到很快就很重的病。2. 不想现在怎样,只想早点办成事的毛病。 ✳ 1. 发病急剧,病情变化很快,较重的病。2. 表示不顾客观实际,急于求成的毛病。

急性子 jíxìngzi　＊有的人作什么都想马上作好,想到马上要去作,这样的人是急性子。　＊1.不想现在怎样,只想早点办成事。2.不想现在怎样,只想早点办成事的人。　＊性子很急,办事时想很快达到目的的人。

急需 jíxū　＊马上要的,马上要。　＊紧急需要。

急用 jíyòng　＊马上要用的;马上要用。　＊紧急需用(多指金钱方面)。

急于 jíyú　＊很想马上去(作……)。　＊想要马上让想着的事成为真的。　＊要想马上实现。

急诊室 jízhěnshì　＊因为病人的病来得快,没想到马上就病得很重了,医生立刻来给他医病的房间。　＊医治突然发作的重病的医务室。

集 jí　＊多人、多样东西来到一地。　＊1.人、物到一起。2.定期的、场所放在外面的市场。3.同种文字在一起所成的东西。　＊1.集合。2.集市。

集成 jíchéng　＊同种文字在一起。　＊同类著作会集在一起(多用于书名)。

集合 jíhé　＊1.以前不在一起的人、物走到一起。2.让以前不在一起的人、物到一起。　＊很多人会合在一起。

集会 jíhuì　＊很多人来到一地开会。　＊大家在一起开会。　＊很多人集合在一起开会。

集结 jíjié　＊很多人一同来,要开会,要去作。　＊(用来说为了国家和别人的一些人)在一起、到同一个地方。　＊集合到一处。

集市 jíshì　＊人们买东西的地方,多在外边。　＊定期开放的、场所放在外面的市场。　＊定期买卖货物的市场。

集体 jítǐ　＊有共同的事要做的很多人在一起成为一个"集体",和"个人"对着说。　＊许多人合起来的有组织的整体。

集团 jítuán　＊为了一定的想法共同行动的一些人在一起成为一个"集团"。　＊为一定目的组织起来共同行动的团体。

集中 jízhōng　＊都到一个地方。　＊让本来没在一起的人、物到一起。　＊把分到几处的人、物或力量会集起来。

集资 jízī　＊为了做成一个事,请大家把自己的钱放在一起。　＊会集资金。

几 jǐ　＊用来问东西的多少。　＊1.问数目。(认为数目不太大)。2.表示大于一而小于十的不定的数目。

几何 jǐhé　＊学一个图的样子;多少。　＊1.(书面语)多少。2.和图的大小、样子、图间的关连等有关的学问。　＊研究空间图形的样子,大小等的学科。

几时 jǐshí　＊什么时候。　＊什么时候。　＊是"什么时候"的书面表达。

己 jǐ　＊本人。　＊自己。　＊自己。

计 jì　＊1.算。2.主意。3.打算。4.用来算时间、冷热的东西。　＊1.计算。

2. 计划。3. 计较。

计划 jìhuà　✻ 想好了怎么作。　✻ 工作、行动以前先想好怎么做。　✻ 工作或行动以前先定下的内容。

计件 jìjiàn　✻ 一个一个地看,有多少个。　✻ 工作完后算完成了多少个。
✻ 按照生产的产品的合格件数来计算。

计较 jìjiào　✻ 1. 算一算,然后比一比。2. 打算。3. 和别人有不同意见时,双方都说自己的意见,不听对方的。　✻ 计算比较。

计量 jìliàng　✻ 看看有多少。　✻ 1. 用一个知道的东西的多少、大小等和一个不知道的东西比,看一看它的多少、大小等。2. 算。　✻ 1. 度(长短,程度等)。2. 计算。

计数器 jìshùqì　✻ 用电后能自动算出多少的东西,上面可出现你要算的,有很多种,用处很广。　✻ 能自动计算数目的机器。

计算 jìsuàn　✻ 看看有多少。　✻ 1. 用一个知道的东西的多少、大小等和一个不知道的东西比,看一看它的多少、大小等。2. 打算。3. 别人不知道的时候对他做不好的事。　✻ 通过数学方法求得要得知的数。

计算机 jìsuànjī　✻ 一种机子,又叫电脑,它能自动算得很快,在人们的工作、生活中有很大用处。　✻ 1. 进行数学运算的机器。2. 电脑。

记 jì　✻ 1. 回想到学过的。2. 写。　✻ 1. 让它在脑子里,不忘。2. 写下来。3. 写下来的和事物是什么样的有关的书、文。4. 为了不忘、能再认出来等所写下来的文字、画的图等。　✻ 1. 把印象留在脑子里。2. 想起。

记得 jìde　✻ 能回想过去的人、东西。　✻ 想得起来,没有忘。　✻ 想得起来。

记功 jìgōng　✻ 把做的好事写下来,说明这样做事对,下次还要这样做。　✻ 记下功劳。

记号 jìhào　✻ 1. 叫大家看到的小东西。2. 大家都能看到的小东西。　✻ 为了不忘、能再认出来、让别人能一下就能看到等写下来的文字、画的图等。　✻ 为帮助识别或记忆而做的标记。

记恨 jìhèn　✻ 老想他人的不好,很不喜欢这个人。　✻ 把别人对自己不好的地方放在心里。　✻ 把对别人的恨记在心里。

记性 jìxing　✻ 能回想到是"有记性"(口语中)。　✻ 不忘事的本事。　✻ 记忆力。

记忆 jìyì　✻ 1. 能回想。2. 能回想到的。　✻ 1. 不忘、想起。2. 脑子里的过去事物的样子。　✻ 1. 记住或想起。2. 留在脑子里的事的印象。

记忆力 jìyìlì　✻ 不忘事的本事。　✻ 记住事物形象或事情的经过的能力。

记者 jìzhě　✻ 把问别人问题然后写报道当作自己工作的人。　✻ 采访新闻并写报道的专职人员。

记住 jìzhù ✱ 能回想到(很多过去的东西)。 ✱ 不忘,下次能再想起来。 ✱ 把事情记得很清楚。

纪 jì ✱ 1. 意思同"记",主要用在"纪念、纪元"等中。2. 古时以十二年为一纪,现在用来说更长的时间。 ✱ 把事记在脑里或写在书里。

纪念 jìniàn ✱ 1. 回想。2. 用来回想的。 ✱ 用事物、行动等说明忘不了一个人、事。 ✱ 用事物或行动对人或事表示怀念。

纪念品 jìniànpǐn ✱ 用来回想过去的东西。 ✱ 让人忘不了一个人、事的东西。 ✱ 给人留作纪念的物品。

纪要 jìyào ✱ 写下来要点的文字,有的会开会以后常要写纪要。 ✱ 记下要点的文字。

技 jì ✱ 一方面的本事。 ✱ 技能,本领。

技工 jìgōng ✱ 很能工作的工人。这工作是要学的,不是天生的。 ✱ 一方面知识非常多的工人。 ✱ 技术工人。

技能 jìnéng ✱ 作工作能不能作好,能不能作一工作。 ✱ 有这方面的知识,能做好这一工作的本事。 ✱ 运用专门技术的能力。

技巧 jìqiǎo ✱ 在这一方面有的比别人的都好的方法等。 ✱ 表示在艺术、工艺等方面的特别的技能。

技师 jìshī ✱ 在一种工作上有一定的本事,可是本事不是很高的人。 ✱ 有一定技术可是技术不太高的人,相当于初级工程师。

技术 jìshù ✱ 人所有的知识、工作方法等。 ✱ 劳动中工作中体现出来的经验,知识和技巧。

技术性 jìshùxìng ✱ 学的人能作这工作,不学的人不能作这工作,这工作有"技术性"。 ✱ 和干工作的方法、知识等有关的。 ✱ 有关技术方面的。

技术员 jìshùyuán ✱ 在比自己本事高的人的下边干能做好一定工作的人。 ✱ 技术人员的职称之一,此等级在工程师之下。

技艺 jìyì ✱ 在工作中体现出来的好的方法等。 ✱ 富于技巧性的表演艺术或手艺。

季 jì ✱ 中国一年中有不同的四季。三个月是一季。 ✱ 1. 一年分四季:春、秋、冬等,一季三个月。2. 一个时期快完的时候。3. 一季的最后一个月。4. 最小的。 ✱ 1. 一年分春,夏,秋,冬四期,每期为一季。2. 季节。

季节 jìjié ✱ 一年里不同的时期。 ✱ 一年里和别的时期不一样的时期。 ✱ 一年里的某个有特点的时期。如:农忙季节。

季度 jìdù ✱ 三个月为一季度。 ✱ 以一季为单位时称"季度"。

季风 jìfēng　✲ 冷的时候从地面到大海,热的时候从大海到地面的风。　✲ 随季节而改变风向的风。

济 jì　✲ 1.过河。2.有好处;成。　✲ 1.救济。2.(对事)有好处。

继 jì　✲ 后来的。　✲ 连着干下去。　✲ 1.继承。2.继续。3.继而。

继承 jìchéng　✲ 前人作的东西后人还作;前人有的,后人还有。　✲ 1.把要离开人间的人的钱、房子等拿过来。2.后来的人把前人的作风、文化、事儿等连着做下去。　✲ 接受前人留下来的东西。

继承人 jìchéngrén　✲ 前人的后来人。　✲ 离开人间的人生前把钱、房子等给后人,那个后人就叫继承人。　✲ 1.按法章继承东西的人。2.继承王位的人。

继而 jì'ér　✲ 跟着一个动作等后来发生的(动作、活动、事等)。　✲ 副词,表示紧随着。

继父 jìfù　✲ 生"我"的女人的第二个男人。　✲ 不是亲生父亲,后来到这个家的父亲,他是这个家本来就有的子女的继父。　✲ 妇女再婚后的丈夫是此妇女的原来的子女的继父。

继母 jìmǔ　✲ 生"我"的男人的第二个女人。　✲ 不是亲生母亲,后来到这个家的母亲,她是这个家本来就有的子女的继母。　✲ 男子再婚后的太太是此男子的原来的子女的继母。

继续 jìxù　✲ 还是在作……。　✲ 1.(活动)连下去。2.和这个事有关的后来发生的别的事。　✲ (活动)连下去。

寄 jì　✲ 1.给有关的地方钱,让他们把东西、信等发给想要给的人。2.把东西等放在别人那儿、别的地方等。3.认的(亲人),如寄母。　✲ 1.通过邮局送(信或东西等)。2.寄托。

寄存 jìcún　✲ 把东西放在别人那儿,让他看着。　✲ 寄放。

寄放 jìfàng　✲ 把东西放在别人那儿,让他看着。　✲ 把东西一时托别人保管。同"寄存"。

寄钱 jìqián　✲ 给有关的地方钱,让他们把钱发给想要给的人。　✲ 通过邮局把钱送到指定的人那里。

寄生 jìshēng　✲ 1.生活在别的生物体里才能活的生物。2.自己不干活。　✲ 1.一种生物生活在另一种生物上。2.形容不肯劳动而靠利用别人生活。

寄生虫 jìshēngchóng　✲ 1.一种动物,生活在别的生物体里才能活。2.比作自己不干活的人。　✲ 1.寄生在别的生物上的虫子。2.过着寄生生活的人。

寄托 jìtuō　✲ 1.让别人办事。2.把对以后生活的想法等放在(……身上、事物上)。　✲ 把理想,希望,感情等放在一个人身上或一种事物上。

寄信 jìxìn　✲ 给有关的机关钱,让他们把信给想要给的人。　✲ 通过邮局把信送

寄加

到指定的人那里。

寄养 jìyǎng　✳ 让别人看着自己的孩子等长大。　❋（把孩子或动物）托给别人养。

jia

加 jiā　✳ 1.把两个、两个以上的东西放在一起。2.比本来的大、多、高。3.把本来没在里面的放进去。　❋ 1.两个或几个东西合在一起。2.使数量比原来大或程度比原来高。

加班 jiābān　✳ 工作时间完了以后还上班再工作。　❋ 下班后还工作。　❋ 在规定以外加工作时间。

加车 jiāchē　✳ 人很多的时候，车里坐不下这么多人，只好再多开车。　❋ 在一定时期，本来有的公共汽车等太忙，所以又多出一些车来让人们用，多出来的那些车叫加车。　❋ 根据需要另外加的班车。

加法 jiāfǎ　✳ 算的一种方法，把两个、两个以上的东西放在一起算。　❋ 数目相加的计算方法。

加工 jiāgōng　✳ 再在作过的东西上工作，叫它好上再好。　❋ 1.把还没做好的东西做好。2.为了让做好的东西更好看所做的工作。　❋ 把原材料或半成品制成成品。

加号 jiāhào　✳ 就是"＋"，说明把两种、几种东西放在一起。　❋ 做加法时用的标记。

加剧 jiājù　✳ 比本来的更重。　❋ 加深不好的程度。

加快 jiākuài　✳ 快一点（作）。　❋（前进地）比本来地更快。　❋ 使变得更快。

加强 jiāqiáng　✳ 让它比本来的更过硬、更有用。　❋ 使更强或更有效。

加热 jiārè　✳ 用火什么的叫东西不再那么凉。　❋ 把物体放在火上等让它热。　❋ 使物体温度加高。

加入 jiārù　✳ 到里边去。　❋ 本来没在会、班等里面，进到那里面去。　❋ 1.加上。2.参加进去。

加上 jiāshàng　✳ 把一个东西放到别的东西里面、上面。　❋ 在原有的事物中再加多。

加深 jiāshēn　✳ 一个人的知识、学问、认识等比本来的更广、更多。　❋ 加大深度。

加以 jiāyǐ　✳ 1.用在说明对前面提到的事物怎么样。2.再次说明事为什么会这样。　❋ 1.表示如何对待前面所提到的事物。2.表示进一步的意思。

加油 jiāyóu　✳ 好，再快点！　❋ 1.把可以让车动起来的水一样的东西放到车里。2. 在一定场所大声说出的话，想让人们做得更好、更快。　✽ 1. 把油加多。2. 形容进一步尽力。

加油站 jiāyóuzhàn　✽ 路边常见的把可以让车动起来的水样的东西放到车里的地方。　✽ 给汽车加油的地方。

家 jiā　✽ 有时是一处房子，有时是一处房子里面的父母和儿女们。　✽ 1. 以结婚后组成的整体为基本社会单位。家里一般有父母，子女等。2. 住的地方。3. 从事某种行业或具有某种身份的人，如教育家。4. 有某种专门学识或从事某种专门活动的人，如科学家。5. 指相对几方中的一方，如娘家。6. 用在某些名词后面，表示是那一类人，如孩子家。

家教 jiājiào　✽ 在家里大人教孩子东西。到人家里去教孩子的人。　✽ 1. 父母教孩子怎样做事。2. 请别人教孩子怎样学。　✽ 家长对孩子的教育。

家具 jiājù　✽ 人们家里用的东西。　✽ 家里用的用来放东西的家什。　✽ 家庭用具。

家里人 jiālǐrén　✽ 自己家里面的人。自己人。　✽ 家人。一家之内的人。

家庭 jiātíng　✽ 一个男人、一个女人和他们的孩子是一个家庭。　✽ 父母、子女和别的共同生活在一起的亲人成为一个家庭。　✽ 以结婚的或血统关系为基本成员的社会单位。

家务 jiāwù　✽ 家里要作的。作饭什么的都是家务。　✽ 家里的活儿，比如做饭、洗衣服等。　✽ 家里的事物。如做饭、洗衣服等。

家乡 jiāxiāng　✽ 自个儿生下来的地方。　✽ 自己的家长期住的地方；自己出生的地方。　✽ 自己的家庭世代居住的地方。

家用电器 jiāyòng diànqì　✽ 日常生活用的和电有关的东西，比如收音机等。　✽ 家庭用的电的设备。

家长 jiāzhǎng　✽ 孩子的父母。　✽ 一家中为首的人。也指父母。

家族 jiāzú　✽ 大的家，下边有很多小家，里边有很多人。　✽ 跟父母有关的所有的亲人是一个家族。　✽ 以血统关系为基本成员的组织。

假 jiǎ　✽ 1. 不是真的，跟"真"对着说。2. 如果。3. 不是自己的东西，可是先用着。　✽ 不真实的。是"真"反义词。

假定 jiǎdìng　✽ 要是这样。　✽ 可能不是这样，先认定这样。　✽ 先这样认定；假如。

假发 jiǎfà　✽ 放在头上的头发。　✽ 放在自己头上的不是自己长的头发。

假话 jiǎhuà　✽ 说的本来不是这样的话。　✽ 不真的话。　✽ 不真实的话。

假如 jiǎrú　✽ 要是这样。　✽ 如果。　✽ 如果。

假山 jiǎshān　✽ 人作的山。　✽ 公园里的人工山。　✽ 园林中由人工方法用石

假价架假　　　　　　　　　　　　　　　　　　　　　　137

块造成的山。

假使 jiǎshǐ　＊要是这样。　＊如果。　✻与"假如"同义。

假托 jiǎtuō　＊1.用他人的名字（去作）。2.说没有的东西（好去作……）。
＊1.为了不做这个事,说有别的事。2.用别人的名字。　✻用不真实的理由达到拒绝做事或获取好处的做法。

假象 jiǎxiàng　＊看到的样子,不是本来的。　＊看起来是这样,可是不是这样的现象。　✻不是事实的真相,跟事物的真实情况不一样的表面现象。是"真相"的反义词。

假造 jiǎzào　＊做看起来跟真的一样的,可不是真的。　✻1.按照真的造假的。2.没有根据地说。

假装 jiǎzhuāng　＊作个什么样子,是叫人看的,本来不是这样。　＊明知道不是真的,可还有意做这种动作；有意做出来不真的动作。　✻为了不表现出真相而故意装出某种动作。

价 jià　＊买东西时两方说好的买东西的票子的多少。　＊卖东西时定好的钱的多少。　✻价格。

价格 jiàgé　＊买东西时两方说好的买东西的票子的多少。　＊卖东西时定好的钱的多少。　✻商品的价值。同"价钱"。

价目 jiàmù　＊买东西时两方说好的买东西的票子的多少。　＊写明的要卖的钱的多少。　✻标明的商品价格。

价钱 jiàqián　＊买东西时两方说好的买东西的票子的多少。　＊卖东西时定好的钱的多少。　✻（口语）价格。

价值 jiàzhí　＊贵不贵。有多大作用。　＊1.体现在要卖的东西里的工作的多少。2.好的作用。　✻1.体现在商品里的贵或不贵的程度。2.指积极的作用。

架 jià　＊1.可以用来在上面放东西的东西。2.在下边用一定的东西、方法等不让上面的东西下来。　✻1.（具体的）架子。2.量词。

架子 jiàzi　＊1.小看人的样子叫"有架子"。2.上面有一行行(háng)书的东西。＊1.可以用来在上面放东西的东西。2.比作事物、作文等每个成分关连起来的样子。3.自高自大的作风。　✻1.架空样子的放东西的器物。2.形容自高自大的作风。

假 jià　＊不上课,也不上班的时间。　＊不工作、不上学的时间。　✻假期。

假期 jiàqī　＊不上课学习、不上班工作的时候。　＊不工作、不上学的时期。中国的学校在冬天和夏天有两个长的假期。　✻按照规定或经过获准而不工作或不学习的一段时间。

jian

间 jiān ＊1.在一定的时间、地方里。2.中间。3.房间。 ✱1.中间。2.一定的时间或空间里。

简 jiǎn ＊不多的。 ✱1.不难的。2.一种古信。 ✱1.古代用来写字的竹片。2.信件。3.简单。

简报 jiǎnbào ＊字不多的文,上面的都是重要的。 ✱写得不长的报道。 ✱内容比较简要的报道。

简便 jiǎnbiàn ＊好作,好用。 ✱不难又方便的。 ✱简单方便。

简称 jiǎnchēng ＊用字很少的名字、叫法。 ✱把本来长的叫法用不长的叫法来说;从本来字多的说法所得出的字少的意思一样的说法。 ✱较复杂的名称的简化形式。

简单 jiǎndān ＊不多的。 ✱1.不难。2.不认真。 ✱1.结构单一;容易理解、使用或处理。2.(经历、能力等)平常(多用于否定式)。3.不细致;草草地。

简单化 jiǎndānhuà ＊叫不好作的好作;叫多的不再多。 ✱让事物不难。 ✱转变成简单的形式。

简短 jiǎnduǎn ＊话不长,文中字少。 ✱不长。 ✱内容简单,言词不长。

简化 jiǎnhuà ＊叫本来多的东西不再多。 ✱让难的成为不难的;让长的成为不长的。 ✱把复杂的变成简单的。

简化字 jiǎnhuàzì ＊笔画少了的汉字。 ✱经过简化的汉字。

简历 jiǎnlì ＊人看后知道你学过什么、作过什么工作的不长的文字。 ✱写出自己过去生活的不长的文字。 ✱简要的个人经历。

简练 jiǎnliàn ＊写的文字少,可是能叫人知道写了什么。 ✱意思明白,可用的字少,说的、写的又不长。 ✱用词简要,精确。

简明 jiǎnmíng ＊用的字少,可是人家都能懂的。 ✱说的、写的不难又能让人明白的。 ✱简单明白。

简体字 jiǎntǐzì ＊字画少了的汉字。 ✱汉语里后来用的笔画少的汉字。 ✱简化字。

简写 jiǎnxiě ＊字画少了的汉字的写法。 ✱汉语里后来用的笔画少的汉字的写法。 ✱指汉字简体写法。

简要 jiǎnyào ＊很少,可说的都是很重要的。 ✱说的、写的不长又能让人明白要点的。 ✱简单而重点突出。

简易 jiǎnyì ＊人们都可作的,好作的。 ✱1.不难的。2.还没做好可是可以用的。 ✱简单而容易的。

简直 jiǎnzhí ✽ 真正地;就是这样。 ✽ 副词,表示完全如此(是加强语气的表达方式)。如:简直没办法。

见 jiàn ✽ 1.看到。2.看得出。3.说明出处。4.会面。5.对事物的看法。 ✽ 1.看到。2.遇到。

见怪 jiànguài ✽ 觉得(我)不好。 ✽ 怪(自己或别人做得不好)。如:请您别见怪。

见解 jiànjiě ✽ 认识,看法。 ✽ 对事物的认识和看法。 ✽ 对事物的认识和看法。

见面 jiànmiàn ✽ 见到他人。 ✽ 1.一个人见到别的人;2.人跟人面对面走到一起。 ✽ 互相对面见到。

见识 jiànshí ✽ 知识。 ✽ 1.看看外面的事物,知道的更多。2.知识。 ✽ 见闻;知识。

见死不救 jiàn sǐ bù jiù ✽ 看到别人快不行了,可是还不为他做事,让他活下去。 ✽ 见到别人遇到紧急大难而不去帮助、解救。

见闻 jiànwén ✽ 看到的、听到的。 ✽ 见到和听到的事。 ✽ 见到和听到的事。

见习 jiànxí ✽ 工作以前,去一个地方学作这工作,同时也工作。 ✽ 刚工作的人在现场工作;新手一边学一边工作。 ✽ 指刚参加工作的人在现场实习。

见效 jiànxiào ✽ 有作用。 ✽ 一定的行动后有作用;一定的行动后起作用。 ✽ 发生效力。

件 jiàn ✽ 1.和"一、二、三……"用在一起说明个体事物的字。2.用来说可以算出来几个的事物。 ✽ 1.量词,用于个体事物。2.(件儿)指可以一一计算的事物。3.文件。

间断 jiànduàn ✽ 中间不能连上的;一会儿有,一会儿没有。 ✽ (连续的事情)中间断了,不再连接了。

间隔 jiàngé ✽ 东西中间有地方。 ✽ 1.一事物和别的事物中间的地方。2.让两事物分开、离开。 ✽ 1.隔开。2.隔开的长短。

间接 jiànjiē ✽ 从别的方面;两方、两个东西从第三个东西上发生关连。 ✽ "直接"的反义词。

建 jiàn ✽ 1.成立。2.提出。3.立起来。 ✽ 1.修建。2.成立;设立。

建成 jiànchéng ✽ 作完了。 ✽ 做完;完工。 ✽ 修建成为。

建国 jiànguó ✽ 成立国家。 ✽ 建立一个国家。

建交 jiànjiāo ✽ 和外国和好,可以你来我去了。 ✽ 国家和国家间开始认可对方后有了来往。 ✽ 建立外交关系。

建立 jiànlì ✽ 叫本来没有的有了。 ✽ 开始成立;开始有。 ✽ 1.开始成立。

2. 开始产生。

建设 jiànshè　　✽ 很多人一道作叫国家、人民好的东西。　　❋ 国家、多人一起来成立新事物。　　✿ 创立新事业。

建议 jiànyì　　✽ 想法。说出本人的想法。　　❋ 1.对上边的人、大家等提出自己的主张。2.对上边的人、大家等提出的主张。　　✿ 1.向集体或领导等提出自己的主张。2.向集体或领导等提出自己的主张。

建造 jiànzào　　✽ 让房子等从无到有；立起房子等。　　✿ 修建。

健 jiàn　　✽ 1.身体好。2.在……方面好。3.让身体好。　　✿ 强健。

健康 jiànkāng　　✽ 人没有问题。什么都很好。　　❋ 1.(人体)机能正常，没有病。2.(事物)正常。　　✿ 生理机能正常；情况正常(健康的发展)。

健美 jiànměi　　✽ 人很美，没有问题。　　❋ 身体等正常又好看。　　✿ 健康而美丽。

健全 jiànquán　　✽ 要有的都有了，什么都不少。　　❋ 1.(人)身体好，不少什么。2.(事物)完好；不少什么。3.让……完好。　　✿ 1.强健而没有缺少的部分。2.(事物)完善。

jiang

江 jiāng　　✽ 中国把南方的河叫作江。　　✿ 指大河。

江河 jiānghé　　✽ 所有的河水。　　✿ 所有的江和河统称"江河"。

江南 jiāngnán　　✽ 中国长江以南的地方。　　✿ 一般指长江以南。

江西 Jiāngxī　　✽ 地名，这里有中国最大的湖。　　❋ 中国南方的一个地名，在湖南东面。　　✿ 中国南方的一个省，离广东不远。

将 jiāng　　✽ 快要。　　❋ 1.(书面语)做(事)；带。2.拿。3.把。4.要。5.又。　　✿ 表示行为或情况在不久以后发生。

将错就错 jiāng cuò jiù cuò　　✽ 明知道事做错了，还错着做下去。　　✿ 事情已经做错，就顺着错下去。

将近 jiāngjìn　　✽ 快要到了。　　✿ 快要接近(一个数目、时间)。

将就 jiāngjiù　　✽ 不用很好，"可以"也行。不是最好的，还可以。　　❋ 不太好，可是就这样吧。　　✿ 不要求十分好，马马虎虎就算了。

将来 jiānglái　　✽ 以后的时间。　　❋ 现在以后的时间。和"过去"、"现在"对着说。　　✿ 现在之后的时间。

将要 jiāngyào　　✽ 快要。　　❋ 行为、事等不久以后就要发生。　　✿ 副词，表示行为或情况在不久以后发生。

讲 jiǎng　　✽ 1.说出来。2.说明。3.商谈。4.就一方面说。　　✿ 1.说。2.说明，讲解。

讲话 jiǎnghuà　❋ 说话,说的话。　❋ 在一些人面前说话,发言。　❋ 发言。

讲解 jiǎngjiě　❋ 说,叫人懂,叫人知道。　❋ 给大家讲明,让大家明白。　❋ 解说。

讲究 jiǎngjiū　❋ 1. 看重一个方面。2. 一事物当中有要人认真看、想的地方。　❋ 讲求,重视。

讲课 jiǎngkè　❋ 老师给学生上课。　❋ 老师给学生讲解功课。

讲理 jiǎnglǐ　❋ 说明是非;说谁对谁不对。　❋ 讲道理;按道理办事。

讲求 jiǎngqiú　❋ 看重。　❋ 认为一方面重要,然后让它成为真的。　❋ 重视,追求。

讲台 jiǎngtái　❋ 上课时教师在的地方。　❋ 教室、会场等在大家面前高出地面的东西,老师等可以站在那里讲课、讲话。　❋ 在教室或会场建的高出地面的台子。

讲义 jiǎngyì　❋ 教师教课前本人写的东西,说的是课要教什么。　❋ 老师为讲好课所写的成文的东西。　❋ 为讲课而写的教材。

讲座 jiǎngzuò　❋ 一种教学方法,比如用报告会、在报上连着讲说这方面的知识等方法进行。　❋ 一种教学形式,常利用报告会、电视等方式。

jiao

交 jiāo　❋ 1. 给;把物体给有关方面。2. 到(一个时期)。3. (时间、地区)连着。4. (国家、朋友间)往来。5. 同时发生。　❋ 1. 交给。2. 交情。3. 互相。

交班 jiāobān　❋ 你下班时,我上班,还作你的工作。　❋ 把工作给下一班,让他们再干下去。　❋ 把工作任务交给下一班。

交错 jiāocuò　❋ 物体连在一起,看起来有这样的,有那样的。　❋ 错杂。

交代 jiāodài　❋ 1. 把干着的事给下一个人。2. 把事、意见说给有关的人。　❋ 1. 把自己做的事转交给接替的人。2. 把事情向有关人说明;把做错的事向有关人讲出。

交道 jiāodào　❋ 认识以后,你来我去。　❋ 来往的事,你来我往。　❋ 指交际来往的事。

交给 jiāogěi　❋ 给;把物体给有关方面。　❋ 把事物转给某方面。

交换 jiāohuàn　❋ 两方拿出自己的东西给对方。　❋ 1. 互换。2. 买卖商品。

交货 jiāohuò　❋ 把要卖的东西给要的人,常用来说又多又大的东西。　❋ 把货物交给对方。

交际 jiāojì　❋ 人和人的往来。　❋ 社交;人与人之间的来往。

交流 jiāoliú　❋ 和人说话,叫人知道自己的想法、东西,同时也知道他人的想法、东西。国家间也可以交流。 ✳ 把自己有的给对方,对方也把他的给自己;两方都把自己的想法告诉给对方。 ✲ 两方或几方相互把自己的给别人或介绍给别人。

交情 jiāoqíng　✳ 和人友好的想法。　✳ 人和人往来时发生的那种对人友好的放在心中的东西。　✲ 人与人互相交往而发生的感情。

交谈 jiāotán　✳ 两三个人说来说去。　✳ 人们在一起说话。　✲ 与别人谈话。

交替 jiāotì　✳ 作了A,再作B;作了B,再作A……　✳ 新的来了,旧的走了。 ✲ 1. 接替。2. 替换着。

交通 jiāotōng　✳ 车辆、飞机、人等往来行走。　✲ 各种运送事业的总称。

交往 jiāowǎng　✳ 去朋友那里,朋友来我这里,是和朋友交往。　✳（人们间的）来往。　✲ 互相来往。

交响乐 jiāoxiǎngyuè　✳ 西方的一样儿声乐(yuè)。　✳ 西方音乐的一种,要有多人共同作出,能体现人们的多样的思想。它不是轻音乐。　✲ 由乐队表演的一种变化复杂的音乐。

交易 jiāoyì　✳ 人们在市场买卖东西。　✲ 指买卖商品。

交易所 jiāoyìsuǒ　✳ 进行买卖的场所。　✲ 进行商品等交易的场所。

教 jiāo　✳ 教师教学生。　✳ 把知识讲出来,让学生知道。　✲ 把知识或技能传给人。

教书 jiāoshū　✳ 教师教学生学知识。　✳ 老师教给学生知识。　✲ 教学生学习功课。

角 jiǎo　✳ 1. 牛、羊等头上长(zhǎng)出来的硬的东西。2. 长(zhǎng)得像角的东西。3. 物体两个边连着的地方。4. 两个边连起来所成的面。　✲ 1. 牛、羊等动物头上长出的硬的东西。2. 角落。

角度 jiǎodù　✳ 1. 两个边连起来所成的面的大小。2. 看问题的出发点。 ✲ 1. 角的大小。2. 看事情的出发点。

角落 jiǎoluò　✳ 人们不怎么看的很小的地方。　✳ 1. 两个平面连着的地方。2. 很难让人看到的小地方。　✲ 两面墙或像墙的东西相接处。

饺 jiǎo　✳ 饺子。　✲ 饺子的简称,如水饺。

饺子 jiǎozi　✳ 一种有名的吃的东西,用面做皮,里边用肉和菜。包好后放在开水里,十五分钟以后就可以吃了。外国人都爱吃。　✲ 半圆形的里边有食物的面食。

脚 jiǎo　✳ 人的最下方,用来行走。　✳ 1. 人、动物身体最下边用来走路的东西。2. 东西最下边的那一块儿。　✲ 人或动物的用来走路的身体最下部分。

脚步 jiǎobù　✳ 人走一下有多长。　✳ 1. 走路时一下儿所走的多长。2. 走路时身体的动作。 ✽1. 指走路时两脚之间的长度。2. 指走路时的动作。

脚跟 jiǎogēn ✽脚的最后边。 ✽身体最下边走路的那个东西的后面。 ✽脚的后部。

脚印 jiǎoyìn ✽人、动物走过以后,在地上出现的那种东西。 ✽脚走过留下的印儿。

叫 jiào ✽大声说人的名字。 ✽1. 名字是。2. 找人时,大声发出那人名字的声音。3. 让人拿来所要的东西。 ✽1. 人或动物发出的较大的声音。2. 招呼。3. 告诉某些人员(多是服务行业)送来所需的东西。

叫好 jiàohǎo ✽大声说好。 ✽看人唱的、说的、动作好时就大声说"好",说明自己很喜欢。 ✽对精彩的表演大声叫:"好!"

觉 jiào ✽从睡着到睡醒。 ✽睡的过程。

较 jiào ✽1. 比。2.(书面语)不难看出来。 ✽是"比较"的意思。

较量 jiàoliàng ✽看谁好,看谁能作…… ✽用一定的方法比本事,比谁好。 ✽比较本领或实力的高低。

教 jiào ✽主要是学校对孩子和年轻人进行的一种活动。 ✽教导;教育。

教材 jiàocái ✽教师上课用的书。 ✽和要讲的课有关的东西,比如书、图片等;老师、学生上课用的书。 ✽教科书之类的材料。

教程 jiàochéng ✽学校教的课的名字(多用在书名上)。 ✽专门学科的课程。

教导 jiàodǎo ✽教(jiāo)。 ✽(老师)教(学生怎么做)。 ✽教育和指导。

教规 jiàoguī ✽教里定下来的要信教的人做到的事。 ✽教会要求内部人按照做的规则。

教科书 jiàokēshū ✽课本。 ✽学生上课用的书。 ✽指学校上课时用的书。

教练 jiàoliàn ✽教师,可不是教念书的人,他是教你开车、开飞机的人。 ✽1. 教别人学会一种本事,比如开飞机、开汽车等。2. 从事教别人学会一种本事的人,比如教别人开飞机、开汽车等工作的人。 ✽指导别人学某种技术或动作的人,如:教打球的人。

教师 jiàoshī ✽教学生的人。 ✽老师,给学生讲知识的人。 ✽教员,从事教学工作的人员。

教室 jiàoshì ✽学生上课、学知识的地方。 ✽学校里老师教书、学生学习的房间。 ✽学校里进行教学的房间。

教条 jiàotiáo ✽1. 教里定下来的要信教的人一定要信的说法,信教的人不能去想这种说法对不对。2. 只是信不去想对不对就认同的那些说法。 ✽1. 教会中的信条。2. 只靠信某事物而不结合原则、原理或实际情况去考虑所信的是不是正确。

教学 jiàoxué ＊教知识。 ＊老师把知识教给学生。 ✤教师把知识、技能传给学生的过程。

教学法 jiàoxuéfǎ ＊教书的方法。 ＊教学的方法和办法。 ✤教学使用的方法。

教研室 jiàoyánshì ＊教师工作、开会的地方。 ＊学校等地方让老师们想教学问题的场所。 ✤研究教学问题的场所、组织。

教养 jiàoyǎng ＊会不会作人,上过多少年学,懂得多少。 ＊1.教(孩子们)怎样生活。2.对人、处事的好的做法,可以体现一个人的文化、思想等。 ✤1.教育培养。2.修养。

教育 jiàoyù ＊教(jiāo)人知识和怎样作人什么的。 ＊1.为了年轻人以后能更好地工作、生活,主要是学校进行的教他们怎么做的活动。2.说服人,让他怎么做。 ✤培养新一代的活动。

教育家 jiàoyùjiā ＊很会教(jiāo)学生、有自个儿的教学法的名人。 ＊在怎样教人知识、生活等方面很有学问的人;从事有关教人成长这方面工作有名的人。 ✤从事教育事业的有成就的人。

教育局 jiàoyùjú ＊国家成立的有关怎样教人成长的机关,它下面有很多学校。 ✤政府中较大的管教育的部门。

教员 jiàoyuán ＊教师。 ＊对教师的又一种叫法。 ✤从事教学工作的人员。

jie

阶 jiē ＊1.走上楼时用到的地上一个比一个高的东西。2.因地位等不同分出来的等。 ✤1.台阶。2.等级。

阶层 jiēcéng ＊1.在有共同的好处、地位的那些人中因钱的多少再分出来的人的等次。2.人们因为有一些共同点就成为一个阶层,比如以用脑为主的知识分子是一个阶层。 ✤1.在同一个阶级中因经济地位不同而分的层次。2.因工作内容不同而分的层次,如白领阶层。

阶段 jiēduàn ＊事物发生、进行中的一个时期。 ✤事情发展进程中所分的几个段落。

阶级 jiējí ＊人们在工作、生活中因为所处的地位不同、所有东西的不同所分出的这样一些人、那样一些人。 ✤人们在一定的社会生产体系中,由于经济地位不同而分成的集团。

结 jiē ＊长出(果子、种子)。 ✤长出果实等。

接 jiē ＊1.离得近。2.连上。3.拿住,不让它下来。 ✤1.连接。2.接受。

接班 jiēbān ＊作上一班人的工作。 ＊把上一班人的工作拿过来做下去。

接街

✱ 1. 接替上一班的工作。2. 指接替上一代人的工作,事业。

接班人 jiēbānrén　＊后来的作前人工作的人。　✲连着做上一班人的工作的人,常常比以前的年轻。　✱指接班的人。

接待 jiēdài　✲为来自己这里的人做事,比如请他喝水、给他要用到的东西等。　✱招待。

接二连三 jiē èr lián sān　＊一个一个的(地)。　✲一个刚完,别的又来了。　✱一个接着一个,形容接连不断。

接济 jiējì　＊因为别人东西少、钱少,所以给他一些东西、钱。　✱在经济上帮助别人。

接见 jiējiàn　＊上边的人会见来人。　✲(地位高的人)跟来的人见面,用在公事上。　✱跟来访的人见面。

接近 jiējìn　＊和……近了。　✲离的不远。　✱靠近。

接连 jiēlián　＊一个后还有一个,再有一个、两个……。　✲一个跟着一个;一次连着一次。　✱一次跟着一次,不间断地。

接任 jiērèn　＊后来的人作前面走了的人的工作。　✲后来的人干前面的人干过的工作。　✱接替职务。

接生 jiēshēng　＊叫孩子生下来的工作。　✲女人生小孩时,站在旁边的医生拿住小孩。　✱帮助产妇生孩子。

接收 jiēshōu　＊别人给东西时,收下。　✱1. 收到。2. 根据法令把机构或东西拿过来。

接受 jiēshòu　＊别人给东西时,拿过来,同意收下;对事物不说不行,认为可以收下来。　✱同意收入某事物,不拒绝。

接送 jiēsòng　＊为了平安,和来的人一起回;跟着出门的人一起去。　✱(把人)接来和送走。

接替 jiētì　＊后来的人作前面走了的人的工作。　✲从别人那里把工作拿过来,连着做下去。　✱是"代替"的意思。

接头 jiētóu　＊两方你见他,他见你。　✲1. 把两个物体连起来。2. 为了一个事,一个人和别的人见面。　✱1. 使两个物体接起来。2. 联系。

接着 jiēzhe　＊连着一个场面、动作后,马上有别的场面、动作。　✱1. 用手去接。2. 继续。

街 jiē　＊人走的道。　✲两旁有房子的路。　✱街道;街市。

街道 jiēdào　＊人走的道。　✲1. 两旁有房子的道路。2. 和住在那里的人有关的。　✱旁边有房屋的较大的道路。

街上 jiēshàng　＊两旁有房子的路上。　✱指在街道上。

街头 jiētóu　✻ 1. 两旁有房子的路上。2. 两旁有房子的路的头儿。　✱ 街；街上。

节 jié　✻ 快乐、欢喜的日子。　✻ 1. 物体每个成分间连着的地方。2. 让人欢快的日子。3. 能少用就少用。4. 书、文中的一块儿。　✱ 1. 物体各段间相连的地方。2. 节约。3. 节日。

节目 jiémù　✻ 为了让大家高兴、知道外面新发生的事等,给大家看的活动等,比如说唱歌就是一种节目。　✱ 文艺演出或电台传送的一个一个的题目。

节气 jiéqì　✻ 从白天、黑夜长不长等出发,在一年的时间中定出一些点,每个点叫一个节气。节气说明太阳在黄道上处在什么地方。也用来说每一点所在的那一天。　✱ 按照中国传统方法,在一年的时间中定出二十四个点,每个点叫一个节气。

节日 jiérì　✻ 叫人欢喜的日子。　✻ 1. 为了让人不忘什么事、什么人定下来的日子。2. 让人欢快有意思的日子。　✱ 国家的或传统的纪念日。

节省 jiéshěng　✻ 少用。用最少的东西作好要作的。　✻ 能少用就少用人、东西等。比如能不多花一分钱就不花。　✱ 不费掉或少费掉。是"节约"的同义词。

节约 jiéyuē　✻ 少用,同"节省"。　✻ 能少用就少用钱物等。　✱ "浪费"的反义词。"节省"的同义词。

结 jié　✻ 1. 完成。2. 发生一种关连。　✱ 1. 打结。2. 发生某种关系；结合。3. 完结；完成。

结成 jiéchéng　✻ 两方和起来成为。　✱ 结合成为。

结构 jiégòu　✻ 物体的每个成分连在一起时主体的样子。　✱ 各个组成部分的安放。

结果 jiéguǒ　✻ 作完……最后得到的。　✻ 事物过了一些时间后,在一定时间所到的最后的点、所出现的新样子。有时是成果,有时是不好的场面。　✱ 事物发展的最后情况或形式。

结果补语 jiéguǒ bǔyǔ　✻ 语法上的一种成分,说明一种行为后事物所出现的新样子。　✱ 对结果加以说明的补语。

结合 jiéhé　✻ 1. 男人和女人走到了一个家里以后生孩子。2. 和一个东西一道用。　✻ 1. 人、事物间发生很近的关连。2. 一对男女成亲。　✱ 人或事物间发生的密切联系。

结婚 jiéhūn　✻ 男人是女人的爱人了,女人是男人的爱人了,他们有了一个家。　✻ 男子和女子成亲。　✱ 男子和女子通过合法手续结合成夫妇。

结局 jiéjú　✻ 最后的样子。　✻ 事物走过一些时间后出现的最后的场面。　✱ 最终的结果,局面。

结论 jiélùn　✻ 最后的看法、认识。　✻ 1. 从前提出发想出来的最后的话。2. 对人、事物得出的最后的说法。 ✻ 对人或事物所下的最后的论断。

结业 jiéyè ✳ 学完了要学的课。 ✻ 完成了所要学的东西(多用来说学的时间不长就能学完的)。 ✻ 学业完成。

姐 jiě ✻ 1. 同父母可是比自己大的女子。2. 亲人中不同父母,可是和自己处在同样的位子上,比自己大的女子。3. 对年轻的女子的叫法。 ✻ "姐姐"的简称。

姐姐 jiějie ✻ 1. 同父母可是比自己大的女子。2. 亲人中不同父母,可是和自己处在同样的位子上,比自己大的女子。3. 对年轻的女子的叫法。 ✻ 在父母的子女中,比自己大的女子。

解 jiě ✻ 1. 分开;把东西打开。2. 说明。3. 明白。4. 去下……;不要…… 5. 大小便。 ✻ 1. 解开。2. 了解。3. 解手。4. 讲解。

解除 jiěchú ✻ 不要了。叫……没有了。 ✻ 把不想要的东西去下;让人、物不再做、不再出现;让一个人从有地位的工作上离开。 ✻ 消除。

解答 jiědá ✻ 对别人的问题进行说明。 ✻ 讲解和回答。

解饿 jiě'è ✻ 吃了以后觉得不饿。 ✻ 消除饿的感觉。

解放 jiěfàng ✻ 让人民从不好的生活中出来,过上好日子。 ✻ 1. 解除限制,得到自由或发展。2. 指除掉反动统治,让人民过上好日子。

解放军 jiěfàngjūn ✻ 只用来说中国为了让人民从不好的生活中走出来、过上好日子去和不好的人打的一些人。 ✻ 为解放人民而组织的军队。

解决 jiějué ✳ 叫问题没有了。 ✻ 让问题不再成为问题。 ✻ 处理问题使有结果。

解开 jiěkāi ✻ 把本来连在一起的东西打开。 ✻ 1. 使分开。2. 弄清楚(一个难题)。

解渴 jiěkě ✳ 喝水后不再想喝了。 ✻ 喝过后不再想喝水了,让人觉得不再口干。 ✻ 消除想喝水的欲望。

解手 jiěshǒu ✳ 喝水吃饭后,人人天天都要作的。 ✻ 去大便、去小便。 ✻ 排出大小便。

解说 jiěshuō ✳ 说后叫人懂。 ✻ 口头上说明。 ✻ 口头上说明。

解体 jiětǐ ✻ 物体分开,不再成为一体。 ✻ 物体或组织的结构分解。

解围 jiěwéi ✻ 说一些话、做一些事,让别人不再处在不好的地位。 ✻ 解除包围。

介 jiè ✻ 1. 在两个当中。2. 让别人知道。3. 放在(心里)。 ✻ 1. 在两者之间。2. 介绍。

介词 jiècí ✻ 用在说明事物、人的字前面的字,如"从、往、比、跟"等。 ✻ 用在名词或代词等前面表示方向、对象等的词。如:在、跟、把、从等都是介词。

介入 jièrù ✳ 到两方中间。 ✲ 进到两个事中间。 ❋ 进入两者之间并影响两者。

介绍 jièshào ✳ 三个人中,有一个人认识这两个人,可是这两个人谁也不认识谁,这个人叫这两个人认识,叫"介绍"。 ✲ 1.让两方认识,发生关连。2.带进(新人、新事物)。3.告诉别人,让他知道本来不知道的人、事物。 ❋ 使双方相识或发生关系;使了解。

介绍信 jièshàoxìn ✳ 叫两方认识的文字。 ✲ 为了让两方认识所写的信。 ❋ 为向对方介绍某人情况而给对方写的信。

介意 jièyì ✳ 在意;把不高兴的事放在心上。 ✲ 把不满意的事记在心上。

界 jiè ✳ 边。 ✲ 1.区分一个地方和别的地方的边。2.因为干(gàn)同一种工作等和别的人区分出来的一些人。3.大自然中动物、非动物等分开来的最大的一种。 ❋ 1.界限。2.一定的范围。

界限 jièxiàn ✲ 1.能把不同事物分开的边、地方。2.到头的地方;最高点。 ❋ 1.不同事物的分界。有人称"界线"。2.限度。

界线 jièxiàn ✳ 不能过的地方和地方中的边。 ✲ 1.把两个地区分开的边。2.能把不同事物分开的边、地方。 ❋ 1.两个地区分界的线。2.不同事物的分界。也称"界限"。

jīn

斤 jīn ✳ 放在"一、二、三……"后说明物体重多少。十两是一斤。 ❋ 一公斤的一半。

斤斤计较 jīnjīnjìjiào ✳ 有人说了他一个不好的话,他也要说人家一个不好的话;有人吃了他一回,他也要去吃人家。我们说这样的人斤斤计较。 ✲ 为了自己的好处,过分算小事、不重要的事。 ❋ 形容过分计较小的好处或无关紧要的事。

今 jīn ✲ 1.现在,这时候。2.当前的年、天、春、晚等。 ❋ 目前;现代(与"古"相对)。

今后 jīnhòu ✳ 以后。 ✲ 从今以后。 ❋ 自今之后。

今年 jīnnián ✳ 现在这一年。 ✲ 说话时的这一年。 ❋ 当今的一年。

今天 jīntiān ✳ 现在这一天。 ✲ 说话时的这一天。 ❋ 1.说话时的当天。2.目前。

金 jīn ✲ 1.钱。2.金子样的色儿。3.拿别的东西作比,以言贵重。 ❋ 1.可以导电、导热的物体。2.黄色发亮的贵重的硬物体。3.比作贵重。4.像金子的颜色。

金黄 jīnhuáng　✱ 一种色,黄又有点红,有点像金子的色。　✼ 黄中带红,像金子的颜色。

金色 jīnsè　✱ 金子一样的色。　✼ 像金子的颜色。

金鱼 jīnyú　✱ 一种给人看的很美的小鱼,有金黄的,也有红的。　✼ 身体美丽、让人观看的鱼。

金子 jīnzi　✱ 最贵的黄色的东西。　✱ 一种又黄又硬的成块儿物体,太阳下会发光,很贵,在国家市场上可以买卖,有时可以当钱用,也可做成小东西带在手上和身上,让人觉得好看。　✼ 黄色发亮的贵重的硬物体。

仅 jǐn　✱ 只。　✱ 只。　✼ 仅仅。

仅仅 jǐnjǐn　✱ 只。　✱ 只。　✼ 副词,表示限于某个范围。与"只"同义。

尽 jǐn　✱ 用完,最后。　✱ 1. 到最大点。2. 在说明方位的字的前面,跟"最"一样。3. 不能过(一个时间)。4. 让一些人、事物先。　✼ 与"尽量"同义。

尽管 jǐnguǎn　✱ 有了什么,也不会怎么样。　✱ 1. 不用想别的,放心去做。2. "尽管A……,B……"说明A是这样的,可是B……。如:尽管他不同意,我还是要买。　✼ 1. 表示不考虑别的,放心去做。如:有意见尽管提。2. 表示姑且接受,下文往往有"但是"等词。

尽快 jǐnkuài　✱ 最快地。　✱ 能快就快。　✼ 尽量加快。

尽量 jǐnliàng　✱ 能作多少作多少。　✱ 做到最好,拿出自己的最大本事。　✼ 力求达到最大限度。

尽先 jǐnxiān　✱ 放到最前面;放到最高的位子。　✼ 尽量放在优先地位。

尽早 jǐnzǎo　✱ 最快地。　✱ 能提前就提前;能早一些就早一些地。　✼ 尽可能提前。

尽着 jǐnzhe　✱ 最先让一些人、事物在前面;把一些人、事物先放到前面的位子上。　✼ 让(某事)优先做。

紧 jǐn　✱ 1. 离得非常近。2. 动作先后连着。3. 手头没钱。4. 物体很难活动。5. 让物体很难活动。　✼ 物体受到几方面的力量所表现出来的紧张的样子。

紧急 jǐnjí　✱ 一定要马上去做的。　✼ 很急的要立刻采取行动。

紧接 jǐnjiē　✱ 后边马上来的。　✱ 所发生的事、动作先后连在一起的。　✼ 马上接着下一个。

紧密 jǐnmì　✱ 人和人很近地在一道儿。　✱ 1. 离得十分近,不可分。2. 两方、几方关连在一起十分近,难以分开。　✼ 1. 十分密切,不可分开。2. 多而连续不断。

紧张 jǐnzhāng　✱ 1. 因为不想办错事、说错话等,心里不安。2. 让人心里不安。3. 因为东西等给的少,不能做好当前的事。　✼ 1. 精神处于高度紧张的情况。

2. 很紧急,不能停下来。

尽 jìn　✳ 1.完。2.到头。3.都用出。4.用所有的可能完成。5.所有的。
✸ 1.完。2.达到极点。3.全部用出。

尽力 jìnlì　✳ 用完本人的方法,作完本人能作的。　✸ 用所有可能(去做)。
✸ 用尽一切力量。

尽其所长 jìn qí suǒ cháng　✳ 叫一个人作他能作的。　✸ 让他能用出他的长处,做好他能做的。　✸ 尽力用出所有的长处。

尽情 jìnqíng　✳ 想怎么快乐怎么快乐。　✸ 自己想怎么做就怎么做,让自己很开心。　✸ 尽一切感情地(做、玩儿等)。

尽头 jìntóu　✳ 最后的一点。　✸ 最后的一点、一处。　✸ 终点。

尽心 jìnxīn　✳ 用一个个不同的方法作好。　✸ 为别人做所能做到的,想出了所能想到的。　✸ (为别人)费尽心思。

尽兴 jìnxìng　✳ 想怎么快乐,怎么快乐;想吃多少,吃多少;想说多少,说多少……　✸ 对自己喜欢做的事做到让自己觉得可以了、高兴了,不用再做了。
✸ 兴趣得到尽量满足。

尽意 jìnyì　✳ 用完了自己所有的想法,做了自己能做的。　✸ 用尽一切心意。

进 jìn　✳ 到里边来。　✸ 1.从外面来到里面。2.往前动。　✸ 1.由外面向里面("出"的反义词)。2.向前动。

进步 jìnbù　✳ 1.(人、事物等)比过去好;往前走了。2.对人、事物往前走起好作用的。　✸ 1.向前发展。2.合乎时代要求。

进城 jìnchéng　✳ 从城外到城里去。　✸ 进入城市。

进军 jìnjūn　✳ 对着要去的地方前进。　✸ 军队出发向目的地前进。

进口 jìnkǒu　✳ 一个国家买过来外国的东西。　✸ 一个国家、一个地区的东西进到别的国家和地区。　✸ 与"出口"相对。1.进入的门口。2.把外国或外地的货物运进来。

进来 jìnlái　✳ 到里边来。　✸ 从外面到里面来(说话人在里面)。　✸ 自外面向里面来。

进去 jìnqù　✳ 到里边去。　✸ 从外面到里面去(说话人在外面)。　✸ 自外面向里面去。

进入 jìnrù　✳ 到……里边来。　✸ 进到一个地方里、时期中等。　✸ 进到某个范围或某个时期。

进修 jìnxiū　✳ 学了以后再去学。　✸ 为了提高知识水平再次上学,学半年、一两年。　✸ 为了提高业务等方面的水平而进一步学习。

进修班 jìnxiūbān　✳ 给想再提高知识水平的人开的班,这些人不是在学的大学生,大多都有和所学有关的工作。 ✲ 上进修的课程的班。

进展 jìnzhǎn ✲ 作得怎么样了;工作作到哪儿了。 ✲ (事)前进;往前走。 ✲ 向前发展。

近 jìn ✲ 不远的。 ✲ 1. 离一事发生的时间不长;离一个地方路不远。2. 人跟人亲近。 ✲ 空间或时间相离很短("远"的反义词)。

近代 jìndài ✲ 不久以前的时期。 ✲ 过去的离现在不太远的时期。 ✲ 过去离现代较近的时代。

近况 jìnkuàng ✲ 最近过得怎么样。 ✲ 最近生活等方面的样子。 ✲ 最近一段时间的情况。

近路 jìnlù ✲ 近道。 ✲ 近道,走这样的路可以少花时间。 ✲ 近道。走这样的路可以少花时间。

近视眼 jìnshìyǎn ✲ 一种病,看不见远处,看书多的人常得这种病。 ✲ 一种眼病,视力不完备,只能看清近处的东西,看不清远处的。

近似 jìnsì ✲ 两方样子很近,看起来是一样的。 ✲ "A"跟"B"差不多;两方区别不大。 ✲ 相近或相像但并不相同。

jing

京 jīng ✲ 现在说的是中国的北京。 ✲ 一个国家最重要的城市,如中国的北京。 ✲ 1. 首都。2. 指北京。

京城 jīngchéng ✲ 现在说的是中国的北京。 ✲ 国家最高机关所在地,是一个国家的中心。比如"北京"是中国的京城。 ✲ 指首都。

京都 jīngdū ✲ 京城。 ✲ 是"京城"的同义词。

京剧 jīngjù ✲ 中国最有名的一种给人看的说唱的活动,主要是以北京音来唱和对话,很多外国人都喜欢。 ✲ 中国现代全国性的主要剧种之一。

经 jīng ✲ 1. 过。2. 以前的很重要的书。 ✲ 过(时间、处所、动作等)。 ✲ 1. 经过。2. 经典。

经常 jīngcháng ✲ 时时,叫人老是看见的。 ✲ 1. 平常;日常。2. 时常。 ✲ 历久不变的。是"时常","平常"的同义词。

经常化 jīngchánghuà ✲ 叫东西时时这样。 ✲ 让它成为常常发生的。 ✲ 使事物变成一种常常出现或常常进行的情况。

经典 jīngdiǎn ✲ 以前的很好、很重要的书。 ✲ 很久以来都是最好的,人们可以从中学到东西的。 ✲ 1. 指传统的具有影响力的著作。2. 指各教派讲教义的根本性著作。

经费 jīngfèi ✲ 工作的地方用来买东西时花的东西。 ✲ (机关、学校等)平常用的钱。　✳ (机关,学校等)经常支出的费用。

经过 jīngguò　✳ 过。　✳ 过(时间、处所、动作等)。　✳ 通过(处所、时间、动作等)亲身见过或做过的事。

经济 jīngjì　✳ 1.人的一种主要活动,和人民的生活、花钱有关。2.个人生活用到的(钱)。3.用少的时间、人、物得到大的成果。　✳ 1.指社会的东西生产和再生产的活动。2.个人生活用度。

经理 jīnglǐ　✳ 1.在商店、工厂等做主要工作。2.在商店、工厂等做主要工作的人。　✳ 1.计划管理。2.在商业机关具体从事商业活动的主要领导人。

经历 jīnglì　✳ 过去的日子。走过,吃过,作过……,都可看作"经历"。　✳ 1.亲身见过、做过等。2.亲身见过、做过的事。　✳ 亲身见过,做过或遇到过的。

经书 jīngshū　✳ 同"经"、"经典"。　✳ 和中国古时候的思想、事物有关的最重要的书,比如《春秋》等。　✳ 指孔子所著的经传(zhuàn),是研究中国古代历史和孔子思想的重要资料。

惊 jīng　✳ 一下子见到开始没想到的事,心里很不安。　✳ 由于突然发生某情况而精神紧张。

惊奇 jīngqí　✳ 惊,叫人没想到的。　✳ 见到一人一事觉得和平常的很不一样,很意外。　✳ 觉得很奇怪。

惊人 jīngrén　✳ 叫人吃惊的。　✳ 让人觉得和平常的很不一样,很意外。　✳ 使人吃惊。

惊吓 jīngxià　✳ 因听到意外的声音等,心里觉得很不安。　✳ 因意外的可怕的事而非常害怕。

精 jīng　✳ 1.完美;最好。2.对一方面懂很多。3.(方言)非常。　✳ 1.精制。2.精明。3.精神。

精彩 jīngcǎi　✳ 好,出色的。　✳ 出色;做得非常好。　✳ 优美;出色。

精读 jīngdú　✳ 看书看懂。　✳ (看书等)看了一遍又一遍;认真看。　✳ 反复仔细地读。

精华 jīnghuá　✳ 东西里边最重要的,最好的。　✳ 事物中最重要、最好的成分。　✳ 最重要最好的部分。

精简 jīngjiǎn　✳ 叫不能用的,不想要的没有。　✳ 把不想要的、不重要的去了,让它比本来的少一些。　✳ 去掉不必要的,只留下必要的;使变小或变简单。

精力 jīnglì　✳ 人活动时所要用到的身体里、头脑里的东西。　✳ 精神和体力。

精美 jīngměi　✳ 美好。　✳ 美好;看起来好看。　✳ 精致美好。

精密 jīngmì　✳ 一点儿不差又很好。　✳ 精确细密。

精明 jīngmíng　✳ (人)能干,想的多,又能想出很多办法的。　✳ 考虑精细,理解得快,判断得快。

精确 jīngquè　✳(时间、看法等)一点儿不差;非常对。　❋精细,准确。

精神 jīngshén　✳1.人的意识、思想活动等。2.书、文、讲话等的主要意思。3.人、动物体现出来的有生气的样子。　❋1.人的意识,思想活动。2.主要意义。

精神病 jīngshénbìng　✳人的大脑有了毛病,知觉、行为等出现了不正常的现象。　❋精神不正常的病,表现为感觉、知觉、感情、行为等不正常。

精心 jīngxīn　✳非常用心的。　❋特别用心;细心。

精意 jīngyì　✳用心的。　❋专心。

精致 jīngzhì　✳美的,作得很美。　✳做工好的。　❋精美,细致。

景 jǐng　✳好看的山水。　✳和一个地方有关的自然的、美好的东西,山、水、江、河都是景。　❋1.景致。2.情景。

景气 jǐngqì　✳一个地方出现的一片大好的现象。　❋指国家经济,社会情况好。

景色 jǐngsè　✳好山好水。　✳和一个地方有关的自然的、美好的东西,山水花鸟在一起就是景色。　❋景致,风景。

景山 Jǐngshān　✳北京的一个小山。　✳中国北京的一个小山,很美,离天安门不远有景山公园。　❋北京的一个有历史的公园,位于北海公园旁。

景物 jǐngwù　✳可以让人看的美的事物。　❋能够让人参观的风景和事物。

景象 jǐngxiàng　✳可以看到的外在的东西。　✳现象;样子。　❋所显出的情况。

敬 jìng　✳1.热爱。2.跟位子在下面的人对位子在上面的人那样(给东西、做事)。　❋敬爱。

敬爱 jìng'ài　✳爱(对上)。　✳认为他好、热爱他。　❋敬重热爱。

敬而远之 jìng ér yuǎn zhī　✳觉得好可是不想走近,意在不想和什么人来往。　❋表示敬重,但不愿意接近。

敬老院 jìnglǎoyuàn　✳老年人的家,他们在那里过日子。不过不是本来的家。　✳公家办的,可以让老人长期住和生活的地方。　❋养老院。

敬礼 jìnglǐ　✳立正,让手高高地在头的上方。　❋立正,举手行礼。

敬意 jìngyì　✳热爱的心意。　❋敬重的心意。

敬祝 jìngzhù　✳想让人很好时开头所说的话语,它后面是好的词语。　❋敬重地祝愿。

静 jìng　✳没有声儿。　✳1.安定不动(和"动"对着说)。2.没有声音。　❋1.安定不动。与"动"相对。2.没有声响。3.安静。

静候 jìnghòu　＊在那儿不说话,过一会儿见来的人。　＊不出声音地等着。　✽静心地不着急地等候。

静坐 jìngzuò　＊坐在一个地方,不说话,什么也不作,这也是一个叫人知道自己想法的方法。　＊1.不出声音地坐着。2.为了得到自己想要的,有时是因为对一个事不同意,一些人不出声音地坐在主事机关那里。　✽长时间坐在一个地方。

境 jìng　＊地方,地方的边儿。　＊1.国家和国家间连着的成片的地方、也可是边儿。2.地方。　✽1.边境。2.地区。3.境况。

境界 jìngjiè　＊1.地和地中间的边。2.事物所到的地位。　✽1.土地的界限。2.所达到的程度或所表现的情况。

境况 jìngkuàng　＊(人)现在怎么样。过得怎么样,工作怎么样。　＊事物怎么样了;事物在一定时期所出现的样子。　✽情况(多指经济方面)。

jiu

究 jiū　＊1.认真想。2.(书面语)到底。　✽仔细推求。

九 jiǔ　＊十少一是九,三个三是九。　＊三个三就是九。六和三的和。　✽数目,八加一所得。

九月 jiǔyuè　＊八月和十月中间的那个月。　＊一年中的第九个月,这时是秋天。　✽一年的第九个月。是秋天的开始。

久 jiǔ　＊长时间。　＊时间长。　✽时间相当长。

久留 jiǔliú　＊长时间在一个地方。　＊长时间地在一个地方。　✽长久停留。

酒 jiǔ　＊开车前不能喝的水那样的东西。　＊用米、果子等花很长时间做成的,样子跟水一样的,可以喝的东西。　✽用粮食、水果等食物制成的含酒精的喝的东西。

酒杯 jiǔbēi　＊喝酒用的东西。　＊喝酒用的杯子。　✽专门放酒的杯子。

酒菜 jiǔcài　＊喝酒的时候吃的东西。　＊1.酒和菜。2.喝酒时吃的菜。　✽适用于喝酒时吃的菜。

酒店 jiǔdiàn　＊吃饭、喝酒的地方。　＊人们可以买酒菜、吃、住下来的地方,有的不可以住。　✽1.酒馆的另一名称。2.较大的设备较好的旅馆。

酒鬼 jiǔguǐ　＊很喜欢喝酒,有时喝得很多的人。　＊非常喜欢喝酒,能喝很多的人。　✽酒量很大的人。

酒家 jiǔjiā　＊人们吃饭、喝酒的地方。　＊比酒店小的卖酒和菜的馆子。　✽酒馆。现多指用于酒馆的名称。

酒精 jiǔjīng　＊酒里的一种成分,它的多少能说明这种酒是什么样的酒。　✽各种酒里所含的重要成分。

酒量 jiǔliàng ✳ 喝酒一回能喝多少。 ✳ 一次能喝的酒的多少。 ✽ 一次能喝的酒的限度。

旧 jiù ✳ 用了很长时间的。 ✳ 1.过去的,过时的,不新的。2.以前的。3.老朋友。 ✽ 过去的,过时的。

旧居 jiùjū ✳ 从前住过的房子。 ✽ 从前居住过的住所。

旧历 jiùlì ✳ 中国人过去用旧历来看今天是哪一年的哪一月,哪一月的哪一日。 ✳ 算年、月、日的一种方法。平年十二个月,大月三十天,小月二十九天,一年三百五十四、三百五十五天。 ✽ 中国传统的历法。也称"农历"、"阴历"。平年12个月,大月30天,小月29天,全年354或355天(一年中哪个月大,哪个月小,年年不同)。

旧式 jiùshì ✳ 老样子。 ✳ 旧样子的、过时样子的。 ✽ 旧的,过时的式样或形式。

救 jiù ✳ 让人、物从不好的事中出来。 ✽ 帮助受难的解难。

救护 jiùhù ✳ 医生为重病人看病等,让他好起来。 ✽ 救助伤病人,使及时得到医疗。

救火 jiùhuǒ ✳ 叫火不再有。 ✳ 在着火现场做的工作,不再让火着下去。 ✽ 在发生大火的现场进行救护。

救急 jiùjí ✳ 为一下子生病、有难事的人做事,不让他再有问题。 ✽ 用钱物帮助生活上有困难的人。

救命 jiùmìng ✳ 为快要不能活的人做事,让他活下去。 ✽ 救助人的性命。

救星 jiùxīng ✳ 叫人再生的人。 ✳ 让人从难事中出来,让他活下去的人。 ✽ 帮助人离开苦难的集体或个人。是一种美称。

就 jiù ✳ 立刻,不用过多长时间。 ✽ 副词,"便"的意思。

就位 jiùwèi ✳ 到要他去的地方去。 ✳ 走到自己的位子上坐好。 ✽ 坐到自己应坐的位子上。

就要……了 jiù yào...le ✳ 马上。 ✳ 马上要做什么事,马上要发生什么事。 ✽ 将要很快发生某事。

就业 jiùyè ✳ 得到工作了。 ✳ 得到工作,开始有工作。 ✽ 得到职业。

就职 jiùzhí ✳ 去工作。 ✳ 多用来说位子高的人到位工作。 ✽ 正式到任(多指较高的职位)。

ju

居 jū ✳ 在一个地方过日子。 ✳ 1.住。2.住的地方。3.在。4.当。 ✽ 书面语。1.住。2.住处。

居功 jūgōng　✳ 认为事最后成了、办好了是自己做得好,是自己的本事。　✲ 自以为有功劳。

居留证 jūliúzhèng　✳ 在国外过日子要用的小本本。　✳ 一个国家给外国人发的说明可以在本国住的小本本儿。　❋ 说明外国人可以在某国或某地区居住停留的证件。

居民 jūmín　✳ 老百姓。　✳ 长期住在一个地方的人。　❋ 固定住在一个地方的人。

居然 jūrán　✳ 说话人没想到会有这个样子时,说"居然"。　✳ 1.用来说明没想到。2.(书面语)用来说明事很明白。　❋ 表示出乎意料。

居住 jūzhù　✳ 长时间在一个地方过,有一个家。　✳ 长期地住在一个地方。　❋ 较长时期地住在一个地方。

局 jú　✳ 一个工作的地方。　✳ 1.打球时,几个来回后有一定比分叫一局,几局为一场。2.一个时期事物的样子。3.一种机关,从工作来区分的,不算大也不算小。4.办一些事的机关。5.一些商店的名字。　❋ 1.机关里比部小,比处大的组织单位。2.局面。

局部 júbù　✳ 一个小的地方,大地方(东西)中一个小地方(东西)。　✳ 一个地区、一个事物中的一块儿,不是所有的。　❋ 非全体。

局面 júmiàn　✳ 一地的样子。　✳ 一个时期事物出现的样子。　❋ 一个时期内的情况。

局势 júshì　✳ 一地的样子。　✳ 国家大事等在一个时期进行到什么样子了。　❋ (政治、军事等)一个时期内的发展情况。

举 jǔ　✳ 叫东西到上边。　✳ 1.用手拿着让东西往上升。2.行动。3.兴起,起。4.提出。　❋ 往上托。

举办 jǔbàn　✳ 进行(活动);办(事)。　❋ 举行(活动),办理(事业)。

举杯 jǔbēi　✳ 拿起杯子,让杯子升高。　❋ 举起杯子。祝酒时举杯。

举动 jǔdòng　✳ 作、行走、吃喝,都是举动。　✳ 动作;行动。　❋ 动作;行动。

举例 jǔlì　✳ 比如说;说明一个看法时,拿出一个事儿来。　❋ 提出例子来。

举手 jǔshǒu　✳ 有问题的时候、说明同意的时候等,让手升过头。　❋ 把手举起来。

举行 jǔxíng　✳ 开(会)。　✳ 进行(活动)。　❋ 进行(集会等)。

句 jù　✳ 1.能说出一个意思,有一定语气等的语法成分。句和句在一起就成了"文"。在书面上最后用"。"说明。2.用在"一、二、三……"的后面,说明话的多少。　❋ 1.句子。2.量词。

句法 jùfǎ　✳ 语法，和怎样说出话有关的学问。　✱1. 句子的结构方式。2. 语法中研究词组和句子的部分。

句号 jùhào　✳ 说完了话，在书中写时用的"。"。　✳ 有一定意思的话说完了，在书面上就用"。"来说明。　✱ 表示写完一个句子的标点。

句子 jùzi　✳ 能说出一个意思，有一定语气等的语法成分。在书面上最后用"。"说明。　✱ 用词和词组构成的能表达完整意思的语言单位。

拒 jù　✳ 1. 不要；不同意。2. 不让进到里面。　✱ 1. 制止对方的力量。2. 拒绝。

拒绝 jùjué　✳ 不要，不认可。　✳ 别人给东西时不要；不同意别人的意见等。　✱ 绝对不接受。

具 jù　✳ 1. 干活时用的东西。2.（书面语）才干；才能。3. 有。4.（书面语）办。　✱ 1. 用具。2. 具有。

具备 jùbèi　✳ 要有的都有了。　✳ 有，可它后面不可出现"水、牛、山、花"这种可以看得见的事物。　✱ 具有；齐备。

具体 jùtǐ　✳ 1. 看得见的，拿得到的；方方面面都说到了，不难让人明白。2. 一定的。　✱ 细节方面很明确的。

具有 jùyǒu　✳ 有。　✳ 有，它后面出现的是看不见的事物。　✱ 有（多用于不具体的事物）。

剧 jù　✳ 在人面前给人看的一种活动，有对话、歌唱、动作等。　✱ 1. 是通过演员表演的一种艺术。2. 猛烈。

剧本 jùběn　✳ 一种本子、书，里面有人物对话、歌唱等。　✱ 剧的作品。

剧场 jùchǎng　✳ 进行说唱等活动的地方。　✱ 表演和观看话剧或舞剧的地方。也称"剧院"。

剧情 jùqíng　✳ 剧是给人看的，有对话、歌唱、动作的一种活动。剧中的事就是剧情。　✱ 剧的情节。

剧团 jùtuán　✳ 能进行歌唱等活动的一些人所成的一体。　✱ 表演剧的团体。

剧院 jùyuàn　✳ 进行歌唱等活动的场所　✱ 与"剧场"同义。

据 jù　✳ 1. 为……所有。2. 可以用做说明的事物。　✱ 1. 根据。2. 作为证明的事物。

据点 jùdiǎn　✳ 为了行动方便，和对手打时，长期活动的地方。　✱ 军队行动时所依据的地点。

据说 jùshuō　✳ 听说。　✳ 听别人说。　✱ 根据别人说的或根据传说。

jue

决 jué　✳ 1. 定下来。2. 一定。3. 定下来谁是第一，谁是第二。4. 不让他活了。

❋ 1. 决定。2. 一定。3. 最后决定能不能成功的。

决定 juédìng ＊ 想要。想好了要作……。想好了的,说好了的。 ※ 1. 对怎么行动做出主张。2. 做出主张的事。3. 对一事物成为别的事物起主要作用。 ❋ 对如何行动做出主张。

决断 juéduàn ＊ 拿主意,定下来怎么做。 ❋ 1. 拿定主意。2. 决定事情的果断作风。如:这个人很决断。

决口 juékǒu ＊ 河开了一个口子。 ※ 河水很大,走得很快,河的两边出现口子,水出去了。 ❋ (河边)被水冲出缺口。

决心 juéxīn ＊ 要作……的想法。 ※ 1. 一定要做什么事的想法。2. 一心一意(去做)。 ❋ 1. 一定要去做……的很强的意志。2. 一心一意地,不可改变地。

决议 juéyì ＊ 会上大家说好了的"要作什么,怎么作"的文字。 ※ 开会后大家用写票等方法说明都同意的写在书面上的意见。 ❋ 经过一定会议最后通过的决定。

角 jué ＊ 1. 和对手打。2. 小说等中的人物。 ❋ 1. 角色。2. 主要演员。

角色 juésè ＊ 小说、电影等中的人物。 ❋ 1. 演员在剧中,电影中等所演的人物。2. 形容生活中某种类的人物。

觉 jué ＊ 人、动物在看、听、吃等以后生出一种想法。 ❋ 人或动物对外面的情况的感受。

觉察 juéchá ＊ 看见,知道了。 ※ 发觉;看出来。 ❋ 从某些现象中发现。

觉得 juédé ＊ 有想法。 ※ 人在看、听、吃以后生出一种想法。 ❋ 1. 产生某种感觉。2. 认为。

绝 jué ＊ 1. 没有了。2. 最后的。 ※ 1. 一点儿都没有了。2. 没有出路的。3. 没有人能比得上的。4. 最。5. 不再来往。 ❋ 1. 断绝。2. 尽头。3. 绝对。

绝笔 juébǐ ＊ 一生中最后写的文字,作的画儿。 ※ 1. 离开人间以前最后写的文字、所作的字画。2. (书面语)最好的文、字画,以后不会再有。 ❋ 人死以前所写的文字或所作的字画。

绝大多数 jué dà duōshù ＊ 一大半以上的。 ※ 比一半多出很多。 ❋ 在比例上极大的一部分。

绝代 juédài ＊ 以前没有过那样(好)的。 ※ 当前只有这一个,没有第二个的。 ❋ 当代仅有的,没有能够相比的。

绝对 juéduì ＊ 1. 一定。2. 最。 ❋ "相对"的反义词;没有任何条件的。

绝交 juéjiāo ＊ 和朋友不再是朋友了。 ※ (朋友、国家间)不再交往。 ❋ 断绝关系。

绝境 juéjìng ＊ 没有道儿可走的地方。 ※ 1. 不能知道外边事物的地方。2. 没有出路的地方。 ✸ 1.没有出路的境地。2.与外界断绝来往的境地。

绝路 juélù ✱ 没有道儿可走的地方。 ✲ 没有了出路;活路没有了。 ✸ 走不通的路;死路。

绝密 juémì ✱ 很重要的,外人都不可以知道的。 ✲ 很重要又一定不能告诉别人的;一定不能让别人知道的。 ✸ 极其机密;一定不能告诉别人的(文件、消息等)。

绝食 juéshí ✱ 不再吃饭了。 ✲ 因为不同意一个事、不想活了等,就不吃饭。 ✸ 自我决定断绝吃喝。

绝望 juéwàng ✱ 想也得不到,不再想了。 ✲ 心里想开始要得到的一点也不可能得到了,不可能成为真的了。 ✸ 完全没有希望。

jun

军 jūn ✱ 国家间打的时候所用到的人们。 ✸ 军队。

军队 jūnduì ✱ 国家都有的叫一个国家没有问题的很多人。 ✲ 国家间打时所用到的成为一体的人们。 ✸ 为政治目的服务的武装组织。

军服 jūnfú ✱ 国家间打时打人的人们用的衣服。 ✸ 军人穿的服装。

军官 jūnguān ✱ 国家间打时所用到的人们的大小头儿,军官也分不同的等。 ✸ 军队中排长以上的干部。

军号 jūnhào ✱ 让国家间打时所用到的人们前进时用的东西,一听到人用它发出的声音,他们就前进等。过去用的多。 ✸ 军用的一种传达简单消息的能响的器物。

军民 jūnmín ✱ 国家间打时所用到的人们和不去打的老百姓。 ✸ 军队和人民。

军情 jūnqíng ✱ 国家间打时发生的事。 ✸ 军事情报。

军人 jūnrén ✱ 国家用的一样儿人,不是百姓,做什么都得(děi)听国家的话。 ✲ 国家间打时所用到的人们。 ✸ 在军中服务的人。

军事 jūnshì ✱ 国家间打时,和怎样打有关的事。 ✸ 与军队活动有关的事情。

军校 jūnxiào ✱ 国家间打时所用到的人们所上的学校。 ✸ 专门培养军官的学校。

军用 jūnyòng ✱ 国家间打时所用到的(东西等)。 ✸ 军事上使用的。

K

kai

开 kāi ✱ 1.水到100℃时。2.人叫火车、飞机走。 ✲ 1.让关着的东西不再关着;把关着的东西打开。跟"关"对着用。2. 发动机车等。3. 起始。4. 一个一个地写出,如开药方。5. 水非常热。 ✻ 1. 使关着的东西打开。2. 使连着的东西分开。3. 举行(会议等)。

开办 kāibàn　✻ 成立(工厂、学校、商店、医院等)。 ✻ 建立(工厂、学校、商店、医院等)。

开采 kāicǎi　✻ 用电机把地下有用的东西拿出来,以便让它们以后在人们的生活中起作用。 ✻ 取出(地下有使用价值的东西)。

开场 kāichǎng　✻ 活动开始。 ✻ 1. 演出开始。2. 形容一段活动开始。

开车 kāichē　✻ 用车,叫车走。 ✻ 发动车辆,让它前行,有时让它往后走。 ✻ 开动机动车。

开除 kāichú　✻ 人作得不好,他工作的地方不要他了。 ✻ 因为做错了事,机关、学校等不让那个人再工作、上学了,也就是不要他了。 ✻ 将成员除名使他离开集体。

开创 kāichuàng　✻ 作还没有人作过的。 ✻ 开始成立。 ✻ 开始建立。

开动 kāidòng　✻ 1.(车辆)开行;(电机等)开始工作。2. 前进;往前走。 ✻ (车辆)开行;(机器)运转。

开发 kāifā　✻ 1. 以大自然里的东西为对象进行工作,让从来没有人用过的东西可以开始用。2. 发现人才等。 ✻ 1. 在山、树林等自然环境里劳动,以利用大自然。2. 发现人才、技术等。

开饭 kāifàn　✻ 叫大家吃饭。 ✻ 把饭菜拿出来,大家要开始吃。 ✻ 把饭菜做好,准备吃。

开放 kāifàng　✻ 把一个地方打开,人们可以想进就进,想出就出。 ✻ 1. 解除限制;不关门。2. 性格乐观,快活。3.(花)开了。

开工 kāigōng　✻ 开始工作。 ✻ 开始生产或修建。

开关 kāiguān　✻ 电门;让物体有电没电的东西。 ✻ 电器让电路接通或隔断的设备。

开花 kāihuā　✻ 原来收在一起的花儿开放了,有的会放出香气。 ✻ 生出花朵。

开会 kāihuì　✻ 一些人来到一起说一些事。 ✻ 人们集合在一起议事,联欢,听报告等。

开口 kāikǒu　✻ 张口说话。 ✻ 把口张开说话。 ✻ 张开嘴说话。

开明 kāimíng　✻ 思想开放,能很快有新思想,能跟着新事物前进的。 ✻ 指人思想开通,不保守。

开门 kāimén　✻ 把关着的门打开。 ✻ 把关着的门打开。

开设 kāishè　✻ 1. 成立(工厂、商店等)。2. 学校可以给学生上(什么课)。 ✻ 设

开看

立(工厂、商店等)。

开始 kāishǐ　＊过去没作，现在作了。　✳1.从头儿做起，从一点做起。2.着手进行。　✲从某一点起；事情的开头。

开水 kāishuǐ　＊凉水用火后，过一会儿可说作"开水"，中国人喝开水。　✳热到100℃的水。　✲加热直到有小浪花出现的水。

开通 kāitōng　＊1.道可以走人走车了。2.想得开。　✳1.让本来关着的打开。2.思想能跟得上现在的想法。3.开始用。　✲1.(思想)不守旧。2.交通等线路开始使用。

开头 kāitóu　＊不是最后。　✳1.事物、现象、行动等开始发生。2.让事物、现象、行动等开始发生。3.(说成儿化的"开头儿")开始的时刻。　✲1.事物、现象等最初发生。2.开始的时刻或阶段。

开玩笑 kāi wánxiào　＊说叫人乐的话。　✳1.用言语、行动等拿人开心。2.(对……事)不认真。　✲说出或做出可笑的事，让人开心或拿人开心。

开学 kāixué　＊学年的第一天到了。　✳学校的老师、学生休息一些天以后，再次开始上课。　✲学期开始。

开眼 kāiyǎn　＊见到没怎么见过的东西后，长了见识。　✳看到美好的事物、新的现象等，长了见识。　✲看到美好或新奇的事物，增加了知识。

开演 kāiyǎn　＊电影等开始进行，大家可以看了。　✳开始演出。

开夜车 kāi yèchē　＊零点以后还在工作，有时到第二天。　✳因为白天时间不多，在夜里学习、工作得非常晚。　✲由于时间紧，在夜里工作或学习。

开展 kāizhǎn　＊去作工作。　✳让活动、事物等从小到大进行下去。　✲由小向大发展；展开。

开张 kāizhāng　＊商店第一次开始卖东西。　✳商店等设立后开始营业。

开支 kāizhī　＊1.拿出(钱)。2.拿出的钱。　✲花的费用。

kan

看 kān　＊在人、东西很近的地方，叫他们没有问题。　✳看着人、东西，不让出事。　✲1.守护照料。2.注视，看管。

看管 kānguǎn　＊看(kān)人、看(kān)东西。　✳看着，不让做过错事的人再做错事；看着东西，不让它有问题。　✲看守；照管。

看护 kānhù　＊看(kān)人。　✳1.看着，不让不好的事物离近。2.在病人身边长时间看病人、关心病人的生活等。　✲看管和护理。

看门 kānmén　＊看(kàn)谁可以到里边去，谁不可以。　✳在门口站着、坐着，不让无关的人进楼和院子里面。　✲为了不让不好的人进来、发生不好的事等守护和照顾门户。

看守 kānshǒu　✻ 1. 看着不让东西少了、人走了。2. 看着不让做过错事的人再做错事。　✻ 守卫、照料、管理。

看 kàn　✻ 1. 一种动作,要见到人和物。2. 请大夫找病因开药。3. 想,以为。4. 小心。　✻ 1. 视线遇到人或物。2. 访问。

看病 kànbìng　✻ 1. 身体不好后去看医生、吃药什么的。2. 医生给病人找病因,开药方。　✻ 1. 医生给病人治病 2. 病人找医生诊断病情。

看待 kàndài　✻ 怎样看……　✻ 把思想、行动等放在人、物上。　✻ 对待。

看法 kànfǎ　✻ 认识,想法。　✻ 对事物的认识、意见。　✻ 对客观事物所抱的见解。

看见 kànjiàn　✻ 看到。　✻ 看到。　✻ "看到"的意思。

看看 kànkàn　✻ 看一下儿。　✻ 看一下儿。　✻ 1. 看一眼。2. 试一试。

看来 kànlái　✻ 看起来,看一些现象后觉得(事物会怎么样)。　✻ "好像"的意思。

看破 kànpò　✻ 看到很多,知道了里边是怎样的。　✻ 看明白(所有的事)。　✻ 看穿。

看情况 kàn qíngkuàng　✻ 看看怎么样,到时候再说。　✻ 看看事儿是怎么样的,再定下来怎么做。　✻ 根据具体情况(来做出决定或拿出主意)。

看书 kànshū　✻ 看书中的文字。念书。　✻ 看书上的文字;学。　✻ 是"读书"的同义词。

看完 kànwán　✻ 看过了。　✻ 看东西的动作完成了。　✻ 完成了所要看的。

看望 kànwàng　✻ 去看人。　✻ 到亲友处问候他们,关心他们的日常生活。　✻ 到老一代人或亲友处问候起居情况。

看相 kànxiàng　✻ 看一个人的样子,知道他以后会怎么样。　✻ 看人长的样子后想出他的一生怎么样,是好还是不好。　✻ 观察人的面相,骨,手等来断定人的命运。

看中 kànzhòng　✻ 看过以后,觉得和自己想要的一样;看上。　✻ 经过观察,感觉合心意。

看重 kànzhòng　✻ 看得很重要。　✻ 很看得起;看得很重要。　✻ 很看得起;看得很重要。

看准 kànzhǔn　✻ 看好了;看中(zhòng)。　✻ 对准;看准确。

kang

康 kāng　✻ 1. 没有毛病,身体好。2. (书面语)很多。　✻ 健康。

kao

考 kǎo ✲ 1. 给对方提出问题,看他的知识、水平等怎么样。2. 用一定的方法看（一定的人的行动、活动等）。 ❀ 1. 提出难解的问题让对方回答。2. 考试。

考察 kǎochá ✲ 1. 到现场用一定的方法看行动、活动等怎么样。2. 认真地看。 ❀ 1. 实地观察。2. 仔细深刻地观察。

考古 kǎogǔ ✲ 看很久以前的东西,看他们是什么时候的,作什么用的,什么人用的,看以前的人怎么过日子。 ✲ 1. 看古时候的东西去想当时的场面。2. 和古时候的东西、事物、人物有关的学问。 ❀ 根据古代留下来的东西研究古代历史。

考究 kǎojiū ✲ 1. 看一看,想一想。2. 认为一方面很重要。3. 美好;好看。 ❀ 1. 研究。2. 讲究。3. 精美。

考虑 kǎolǜ ✲ 想得很多。想想……。 ✲ 想问题,以便知道怎么办。 ❀ 思考问题以便做出决定。

考取 kǎoqǔ ✲ 做出对方提出的问题后,做得不错,到了人家定下的水平,就可以进（学校、机关等）。 ❀ 参加考试并被取上。同"考上"。

考上 kǎoshàng ✲ 做出对方提出的问题后,做得不错,到了人家定下的水平,就可以进（学校、机关等）。 ❀ 参加考试并被接收。

考生 kǎoshēng ✲ 可以进学校以前做学校出的题的学生。 ❀ 参加考试的学生。

考试 kǎoshì ✲ 学期中老师要知道学生学得好不好的一个方法,是很多学生最不想作的。 ✲ 用口头、书面提问的方法看学生知识的多少,水平高不高等。 ❀ 通过书面或口头提问的方式看学生的知识和技能怎么样。

考题 kǎotí ✲ 教师要问学生的问题。 ✲ 给学生出的题,是为了看他知识的多少、水平高不高等。 ❀ 考试的题目。

考验 kǎoyàn ✲ 用事、行动等来看（是不是好,是不是对）。 ❀ 通过具体事情或困难环境来查看（是不是正确或意志变不变）。

靠 kào ✲ 1. 坐着、站着时让身体不离开别的人、东西。2.（物体）因为有别的东西才能立着。3. 离近。 ❀ 1. 人坐着或站着时,身体的一部分重量由别的人或物支着。2. 物体的一部分重量由其它东西支着。3. 靠近。4. 接上。5. 依靠。

靠边 kàobiān ✲ 去一边,在一边。 ✲ 1. 走到边上,到旁边。2. 不让一个人干一定的事了,就说让他靠边站。 ❀ 靠到旁边,靠近某一边。

靠不住 kàobuzhù ✲ 把事给他做,不能让人放心,他就"靠不住"。 ❀ 不可靠;不可以相信。是"靠得住"的反义词语。

靠得住 kàodezhù　✲ 可以信；把事给他做，能让人放心，他就"靠得住"　✽ 可靠；可以相信。是"靠不住"的反义词语。

靠近 kàojìn　✲ 一方走近一方。　✲ 1. 两方离得近。2. 往一定的地方走，让两方离近。　✽ 1. 相互间离得很近。2. 向一定目标运动使相离得近。

靠山 kàoshān　✲ 人作什么，有问题时去问的重要的人。　✲ 有难事、不知道怎么办时可以找的人、机关等。　✽ 形容可以依靠的有力量的人或集体。

ke

科 kē　✲ 1. 区分非同种的学问时用到的字。2. 因为工作的不同分出的办事的地方。3. 生物学上把同种的生物再往下分后得到"科"。　✽ 学术或业务的类别。

科技 kējì　✲ 从生活、工作中得出的能让人民生活得更好的方法、学问等。　✽ 科学和技术。

科教片 kējiàopiān　✲ 和教人怎么做，告诉别人事物怎么回事有关的片子。　✽ 科学教育影片的简称。

科学 kēxué　✲ 人间的知识和学问。　✲ 和自然等有关的一点也没错儿的知识和学问，人生没法儿离开它。　✽ 1. 反映自然，社会等的客观情况的分科的知识体系。2. 合乎科学的。

科学家 kēxuéjiā　✲ 有知识、有学问的名人。　✲ 从事和自然问题有关的工作、有一定成就、学问很大的人。　✽ 从事自然科学研究的有一定成就的人。

科学院 kēxuéyuàn　✲ 一样地方，有很大学问的人在那里作学问。　✲ 从事问题工作的大机关，里边都是知识水平非常高的行(háng)家。　✽ 从事科学研究的较大的机关。

科研 kēyán　✲ 一样工作，是作学问。　✲ 想问题怎么办；想种种办法，找出事物里看不见的有用的东西，为以后能把事做得更好所进行的工作。　✽ 科学研究。

可 kě　✲ 可以，行。　✲ 1. 能。2. 是，对。3. 可是。4. 一种让语气更重的说法。　✽ 1. 表示同意。2. 表示可能，与"可以"意思相同。3. 表示值得。

可爱 kě'ài　✲ 叫人喜欢的。　✲ 让人喜爱。　✽ 使人喜爱。

可不是 kěbushì　✲ 答话，用问的方法来说"就是"的意思，语气更重。　✽ 表示非常同意对方的话。

可不是吗 kěbushìma　✲ 就是啊。　✽ 加强语气的表达方式，与"当然"、"就是"同义。

可贵 kěguì　✲ 叫人看重的。很好的。　✲ 人们认为很好，很重要，所以很看重。　✽ 值得重视，有价值。

可恨 kěhèn　✲ 让人很不喜欢的。　✽ 使人恨。

可靠 kěkào　✳ 可信的；把事给他做，能让人放心，他就"可靠"。　✿ 可以相信和依靠的。

可可 kěkě　✳ 生长在热带地区的一种作物，它的果子有红色的，也有黄色的，里面的种子加热以后做成的面儿可以放进水里喝。　✿ 一种树。可用此树的种子制成喝的东西。

可口 kěkǒu　✳ 吃的东西好吃，喝的东西好喝。　✳ 1.吃喝起来觉得好。2.吃喝起来冷热正好。　✿ 吃起来觉得味道很好。

可口可乐 kěkǒukělè　✳ 美国的可以喝的黑色的东西。　✳ 美国人发明的一种汽水，色发黑，差不多到处都卖。　✿ 一种汽水，深红色，很多人都爱喝。

可能 kěnéng　✳ 能；想法等可以成为真的。　✿ 1.表示可能实现。2.也许。

可能补语 kěnéng bǔyǔ　✳ 语法书里的一个说法。　✳ 放在说明动作的字的后面，说明可能的语法成分。　✿ 说明某言行或某情况的可能性的补语。

可怕 kěpà　✳ 让人觉得心中很不安，难以走进的。　✿ 使人害怕。

可取 kěqǔ　✳ 可以要，可以用的。　✳ 因为有好的地方，所以可以拿来用，可以学的。　✿ 可以接受；值得学习。

可是 kěshì　✳ 不过。　✳ 1.常和"虽然"在一起用，不过。2.真是。　✿ 连词，表示要说的与前面所说的意思不同。

可喜 kěxǐ　✳ 叫大家快乐的。　✳ 让人高兴的。　✿ 使人欢喜。

可笑 kěxiào　✳ 话、东西叫人乐。　✳ 让人发出欢喜声音的，让人的面孔做出欢快样子的，常用来说明一些行为、思想不太正常的。　✿ 1.让人笑话。2.引人发笑。

可以 kěyǐ　✳ 能，行(xíng)。　✳ 1.可能，能。2.行，好。3.不错，还好，差不多。　✿ 1.表示可能或能够。2.表示许可。

刻 kè　✳ 1.十五分钟为一刻。2.用钢等做成的东西在硬物上深深地写字画图。3.时间。4.对人不热心。　✿ 1.在计时间上，以十五分钟为一刻。2.用硬物在物品上做出图画或文字。

刻苦 kèkǔ　✳ 花很多时间学很多，作很多。　✳ 能花很多时间、认真地(学、做)。　✿ 很能吃苦。

刻字 kèzì　✳ 用硬物把字刻在别的硬物上。　✿ 把字刻在物品上。

客 kè　✳ 到我家来的外人。　✳ 1.(跟"主"对着用)来的外人。2.住在外地。3.对到很多地方从事一种活动的人的叫法。4.在人的意识以外的。　✿ 客人。与"主"相对。

客车 kèchē　✳ 坐人的火车什么的，一样车。　✳ 路上走的让人从一个地方到别的地方坐的车辆，有火车，也有汽车。　✿ 运送旅客的车辆。区别于"货车"。

客店 kèdiàn　✽ 让人花钱住的小地方，里面有一些房间。　❋ 较小的设备简单的旅馆。

客饭 kèfàn　✽ 叫外边来的人吃的饭。　❋ 1. 机关等地为来的外人开的饭。2. 火车等处卖的饭，是一份儿一份儿地卖。　❋ 1. 机关、团体里给来的客人开的饭。2. 火车、饭店等处论"份儿"卖的饭。

客观 kèguān　✽ 看问题只看见到的，不是想的，是本来就有的。　❋ 1. 在人的意识以外的。2. 谈认识时就看事物本来的样子，不放上个人的想法。　❋ 事物本来的面目，不依靠主观意识存在。与"主观"相对。

客户 kèhù　✽ 1. 过去对外地来的住家的叫法。2. 来往的商人。　❋ 来往的主顾；客商。

客家话 kèjiāhuà　✽ 中国南方的一个地方话。　❋ 广西、广东、江西、湖南等地一些人说的方言。说"客家话"的人很久以前是北方的汉人，后来才到了南方。　❋ 广东一带的一种方言。

客气 kèqi　✽ 1. 让别人的好处等在前，把自己的放在后面。2. 因为想着让别人在先，把自己放在后面所说的话、做的动作。　❋ 待人有礼，让着别人。

客人 kèrén　✽ 来的外人。　✽ （请）来的外人。　❋ 1. 被请来受招待的人。2. 旅客。3. 客商。

客体 kètǐ　✽ ……以外的人、东西。　❋ 1. 主体以外的事物。2. 主体所对的对象。　❋ 指主体以外的客观事物。与"主体"相对。

课 kè　✽ 上学时边听边学的东西。　❋ 1. 一定时间内的分块儿教学。2. 老师教、学生学的多种多样的事物，如语文课、汉语课等。3. 一本教学用书因所花时间不同、方面不同分成多块儿，一块儿为一课。　❋ 1. 教学的时间单位。2. 教材里相对完整的段落。

课本 kèběn　✽ 上学要用、要看的书。　✽ 老师教学，学生上课时用的书。　❋ 教科书。

课表 kèbiǎo　✽ 上学的时间、上什么课都写在这个上边。　✽ 写着学生什么时候上什么课的东西。　❋ 安排出来的学校教学的科目和进程的时间。

课程 kèchéng　✽ 学校给学生定出的什么时候上什么课、上多少课。　❋ 学校教学的科目和进程。

课时 kèshí　✽ 上一回课上多少时间。　✽ 学时；上一次课的时间。　❋ 一节课的时间。

课文 kèwén　✽ 上学要念、要学的课本中有很多课文。　✽ 上课用书中的正文。　❋ 教科书中各课的文章。

ken

肯 kěn ✱ 认可。 ✳ 1.同意。2.(方言)时常。 ✿ 表示愿意。

肯定 kěndìng ✱ 是这样的。 ✳ 1.认为事物是这样的。2.正面的。3.一定。4.定下来。 ✿ 一定;确定。

肯节儿 kěnjiér ✱ 重要的时刻。 ✿ 决定性的时刻。

kong

空 kōng ✱ 里边什么也没有。 ✳ 1.里面没有东西。2.天上。3.白白地;没有用的。 ✿ 不包含什么;里面没有东西或内容。

空话 kōnghuà ✱ 没有用的话。 ✳ 不可能成为真事儿的话;没什么用的话。 ✿ 没有内容的或不现实的话。

空间 kōngjiān ✱ 两个东西中间的地方。 ✳ 物体所用去的地方。 ✿ 东西存在的一种客观形式。

空军 kōngjūn ✳ 国家间打的时候,在天上开着飞机打的那些人。 ✿ 在空中活动的军队。

空气 kōngqì ✱ 这东西看不见,可没有了,你我他都不会生在人间。 ✳ 我们生活的这个天体上的自然气体。 ✿ 构成地球周围的大气的气体。

空前 kōngqián ✱ 以前没有过。 ✳ 以前所没有过的;以前从来没有发生过的。 ✿ 以前所没有的。

空谈 kōngtán ✱ 说了话,不去作。 ✳ 只说不做,没有行动。 ✿ 1.只有言论,没有实际行动。2.不合乎实际的言论。

空调 kōngtiáo ✱ 叫一个地方凉下来的大"机"。 ✳ 1.让气体的冷热等和自己想要的一样。2.能让气体的冷热等和自己想要的一样的电机,人们在热天的时候要用它。 ✿ 1.空气调节,调节房子、船等内部的空气温度等。2.指有调节空气功能的机器。

空想 kōngxiǎng ✱ 在想不可能有、不会有的东西。 ✳ 1.只想不做。2.不可能做到的想法。 ✿ 没有根据或不切实际的想法。

空运 kōngyùn ✱ 用飞机叫人、东西到一个地方去。 ✳ 在空中用飞机让东西从一个地方到别的地方。 ✿ 指用飞机运东西的交通。

空中客车 kōngzhōng kèchē ✱ 大飞机。 ✳ 飞机的一种,让人从一个地方到别的地方。 ✿ 一种运送旅客的飞机。

孔 kǒng ✱ 中国的一个姓。 ✳ 中国的一个姓。 ✿ 1.中国姓之一。2.东西上的眼儿。

孔子 Kǒngzǐ　＊中国过去、现在都很有名的一个人。他很有学问,他的学说很重要。　＊中国春秋时期一位最有名的思想家,山东人,他有三千多学生,有名的就有七十二位。　✲中国春秋时代的大思想家。

空 kòng　＊1.没有人用的,里面少东西的。2.还没用到的地方、时间。　✲1.使……空。2.没有被利用或里面少东西。3.空子;没被利用的时间或空间。

空白 kòngbái　＊1.还没写字的地方。2.以前到现在都没有过。　＊还没有用到的地方,没写上字的地方。　✲(书上、画上等)没有被利用的部分。

空子 kòngzi　＊好机会(说不好的人)。　＊1.还没有用到的地方、时间。2.可用的机会(多用来说做不好的事的)。　✲1.还没有被利用的地方或时间。2.可行的机会(多指做坏事)。

kou

口 kǒu　＊人用来吃饭、说话的东西。　＊1.人和动物身上用来吃东西和发声的地方。2.进出要走过的地方。3.关口。4.放在"人"前,说人的多少。5.人口。　✲1.嘴。2.人或物的表面上破开了的地方。3.口味。4.人口。5.容器通外面的地方。6.量词。

口才 kǒucái　＊很会说话,叫人爱听是"有口才"。　＊说话的才能。　✲说话的才能。

口传 kǒuchuán　＊用口说,叫人听到。　＊口头上告诉。　✲口头教,把技术或艺术传给别人。

口服 kǒufú　＊用口吃下、喝下。　＊1.药从口中吃下去。2.口头上信服。　✲(把药)放进嘴里吃。

口号 kǒuhào　＊很多人一同叫的不长的话。　＊用来口头上说的让大家都这样去做的不长的话。　✲为某种目的而口头呼叫的简短句子。

口红 kǒuhóng　＊女人用在口上的东西。以前大多是红色,现在的色儿还要多。　＊女人用在口上的红色的东西。　✲可以放在嘴的外表部分的红色物品,能使嘴部漂亮,女人常用。

口技 kǒujì　＊人学着"说"的东西、他人的声。　＊一种给人听、给人看的活动,用口发很多种声音,听起来跟真的、自然的声音一样。　✲杂技的一种,运用口部发音技巧来学各种声音。

口角 kǒujué　＊两个人不和时说的不好听的话。　＊因为意见不一样,很不友好地,双方分别大声说出自己的想法,让对方心服口服;用口打。　✲人与人之间因意见不和而产生的口头冲突。

口试 kǒushì　＊学期中老师要知道学生学得怎么样时用的口问的方法。　✲用口头问问题来看学生知识、水平怎么样，学生当面告诉问的人自己的认识。

✿ 口头回答问题的考试。

口水 kǒushuǐ ＊ 口里的水。 ※ 口里跟水差不多的东西，想吃东西时就多起来。

✿ 从嘴里产生的水，作用是使嘴里觉得不干，还有部分消化作用。

口算 kǒusuàn ＊ 不用写，想一想，说出多少。 ※ 边心里算边说出是多少。

✿ 心里一边算，嘴里一边说出算的结果。

口头 kǒutóu ＊ 用话语的。 ※ 用说话、不是用动作来说明的，和“思想、行动、书面”对着说。 ✿ 用说话的方式来表达的。

口味 kǒuwèi ※ 1. 人吃东西时觉得怎么样，好吃还是不好吃。2. 人对饭菜的爱好。 ✿ 1. 食物的味道。2. 个人对味道的爱好。

口音 kǒuyīn ＊ 不同地方的人说话，大家听了知道他是哪儿的人，他话中能叫人知道他是哪儿的人的东西，叫口音。话里有地方的说法。 ※ 1. 说话的声音。2. 说话时带的地方音。 ✿ 1. 说话的声音。2. 说话时带有方音。

口语 kǒuyǔ ※ 人们平常说话时用的语言，跟书面语对用。 ✿ 说话时使用的语言。与“书面语”相对。

ku

哭 kū ＊ 很不快乐时作的样子，有时口中有声。 ※ 人心中、人身体非常不快时，从面孔上下来跟水差不多的东西，口中有时还发出声音。 ✿ 因难过或感情冲动而眼里出水，有时还发出声音。

哭声 kūshēng ＊ 不快乐时作的，有水、有声。 ※ 人哭（见“哭”kū）时，发出的声音。 ✿ 哭的声音。

苦 kǔ ※ 1. 觉得跟吃黄连一样，很不好吃。2. 难过。 ✿ 1. 像黄连的味道。2. 难受。

苦处 kǔchù ＊ 不好过的，不好说的。 ※ 所有过的难过的事。 ✿ 所受的苦。

苦干 kǔgàn ＊ 很好、很多地工作，不去想本人快乐不快乐。 ※ 花很长时间、用种种办法、用所有可能做到的去做。 ✿ 专心尽力地干。

苦瓜 kǔguā ※ 一种菜，开黄花，它的果子是长的，吃起来和黄连差不多。 ✿ 一种一年生草本生物，开黄花。果实长圆形，表面有突起，熟的时候是黄色，有苦味，可以做菜。

苦力 kǔlì ＊ 工人。 ※ 干重活的工人。 ✿ 出卖力气给外国人干重活的人。

苦难 kǔnàn ＊ 很不好过的。 ※ 让人身体上、心里都觉得非常难过的事。

✿ 身体或精神感到很不好受。

苦痛 kǔtòng ※ 身体、思想上觉得难过的。 ✿ 身体、思想上的苦难。

苦头 kǔtóu　＊叫人不快乐的。　＊发生的叫人不快的事。　❋1.不幸。2.一种味道,(吃起来)跟黄连一样。

苦味 kǔwèi　＊(吃起来)跟黄连一样。　＊苦的味道。

苦笑 kǔxiào　＊不能不作出快乐的样子。　＊心里不高兴,面子上还做出高兴的样子。　❋心情不好时强笑。

苦心 kǔxīn　＊1.用在一些事上的很多的心思。2.用了很多心思。　❋在某事上用尽心思和精力。

kuai

会计 kuàijì　＊1.和算钱有多少、看钱的进出对错有关的工作。2.从事和算钱、对钱有关的工作的人。　❋1.在机构中计算收支情况并制作各种报表等。2.做会计工作的人。

块 kuài　＊1.成团的东西。2.和"一、二、三……"在一起用在钱、成片的东西上,说明多少。　❋1.把某些较硬的东西分成的各个小部分。2.量词。

快 kuài　＊1.走路、办事和车到一地时用的时间少,跟"慢"对用。2.就要。3.说话明了。4.高兴。　❋1.走路、做事、说话等费的时间短。是"慢"的反义词。2.将要。3.高兴。

快板儿 kuàibǎnr　＊一种说唱活动,常常是说一个事,话说得很快,说的人拿着两块儿长方成片的小东西边说边打。　❋用手打小竹板并讲得很快的一种表演形式。

快步 kuàibù　＊走得很快,很快地(走)。　＊走得很快。　❋走路走得快,费的时间很短。

快车 kuàichē　＊开得很快、用时间少的火车。　＊中间小站不站,从出发到最后一站花时间少的火车、汽车。　❋全程行程时间较短的火车或汽车。

快感 kuàigǎn　＊自个儿想自个儿很自在、很快乐。　＊心里觉得高兴,身体觉得非常自在,跟过电一样。　❋高兴的感觉。

快活 kuàihuó　＊很快乐的样子。　＊快乐,高兴。　❋快乐的心情。

快乐 kuàilè　＊欢快。　＊人觉得欢快、高兴。　❋感到幸福或满意。

快要 kuàiyào　＊作什么的时间很近了。　＊在离说话时很近的时间里要发生什么事儿。　❋"将要"、"就要"的同义词。

筷 kuài　＊中国人吃饭时用的东西。长的,两个一道用。　＊筷子。　❋"筷子"的简称。

筷子 kuàizi　＊中国人吃饭用的东西。长的,两个一道用。　＊中国人吃饭时用来拿住饭菜和别的物体的长东西。西方人不怎么会用。　❋用木、竹等制成的细

kuang

况 kuàng　✲ 1. 样子。2. 比方。3. 不用说。　❋ 1. 情况。2. 况且。

kun

困 kùn　✲ 1. 零点以后，人们都会"困"。2. 不好作的。3. 想去外边去不了。
✲ 1. 有难事，不知道怎么办。2. 想休息，想睡的；身体很累的一种样子。
❋ 1. 限制在一带范围里。2. 困难。3. 累。4. 想睡觉。

困乏 kùnfá　✲ 东西少，不好作什么。　✲ 想休息、想睡。　❋ 1. 累。2.（经济、生活）困难。

困境 kùnjìng　✲ 不好的时候、地方。　✲ 所处的不好过的场面。　❋ 困难的处境。

困苦 kùnkǔ　✲ 日子很不好过的。　✲（生活上）不好过的，很难活下去的。
❋（生活）困难，很苦。

困难 kùnnan　✲ 日子不好过，不好作什么。　✲ 1. 事儿不好进行的。2. 没钱，不好过的。　❋ 1. 事情复杂，不好办。2. 穷，日子不好过。

L

la

拉 lā　✲ 1. 让物体往自己在的地方动，跟着自己动。2. 让物体长一些。3. 这方连起那方。　❋ 向自己所在的方向用力。

拉丁文 lādīngwén　✲ 西方以前用的一样儿文字。　✲ 古时候罗(luó)马人用的字母。　❋ 古代意大利首都所使用的文字。

拉丁字母 lādīng zìmǔ　✲ 一种字母，比如法文字母。　❋ 拉丁文所使用的字母。英文、法文都采用拉丁字母。

拉关系 lā guānxì　✲ 想和一个人好，以后用这个人得到什么。　✲ 为了一定的好处，想办法跟不太认识的人往近处(chù)处(chǔ)，跟老朋友一样。　❋ 有目的地跟关系较远的人接近，使有某种关系。

拉货 lāhuò　✲ 用车让要卖的东西从一个地方到别的地方。　❋ 用车来运送货物。

拉拉队 lālāduì　✲ 叫好儿的人们。　✲ 别人比的时候，为了让他们做得更好在旁边大声叫的一些人。　❋ 在运动会上比高低时，在旁边给运动员加油的人们。

拉买卖 lā mǎimài　✳ 叫人来买自家的东西。想办法让本来不想买自己东西的人也来买。　✱ 为了生意更好所进行的活动，招生意。

lai

来 lái　✳ 走到一个地方。　✱ 1.从别的地方到说话人所在的地方,正对着"去"的方位。2.一个时间(时、分不可)以后；现在以后。3.(问题、事儿等)发生；来到。4.做一个动作,比如说"打、干、做、下、吃"等等时,在有上下文时,可用这个字。5.放"得"后,说明可能；放"不"后,说明不可能。　✱ 从别的地方到说话人所在的地方。跟"去"相对。

来不及 láibují　✳ 时间不多了,时间过了。　✱ 时间少,不能做到。　✱ 因时间短而无法顾到。

来得及 láidejí　✳ 还有时间。　✱ 还有时间,能做到。　✱ "来不及"的反义词；时间不算短可以做到。

来历 láilì　✳ 以前是作什么的。　✱ 人、事物过去所有的事。　✱ 人或事物的历史背景。

来往 láiwǎng　✳ 来和去,和人有来有去。　✱ 人和人你来我往。　✱ 交际上的来和去。

来信 láixìn　✱ 1.从别处发来信、带来信。2.从别处发来的信、带来的信。　✱ 1.寄信来或送信来。2.寄来或送来的信。

来者不拒 láizhě bùjù　✳ 谁都可以来这里。　✱ 来的都要。　✱ 对来的什么人或物都不拒绝。

来之不易 lái zhī bù yì　✳ 不好得到。要得到什么东西要作很多。　✱ 有过很难的事以后才得到。　✱ 指获取某物的过程是困难的。

lang

浪 làng　✳ 有风时,江、湖、海上所起的不平的水面。　✱ 1.江、湖、海上高低不平的水面。2.(人)无节制。

浪费 làngfèi　✳ 东西、票子用多了,作了可以不作的。　✱ 对人、物、时间等用得不当。　✱ 对人力、东西、时间等用得不当。是"节约"的反义词。

浪子 làngzǐ　✳ 不作什么,天天在外边走这走那儿不回家的人。　✱ 不干正事的年轻人。　✱ 不务正业的青年人。

lao

劳 láo　✳ 1.干活。2.干活的人。　✱ 1.劳动。2.劳苦。3.功劳。

劳保 láobǎo　✳ 为了让不好的事远离干活的人所做的好事。　✱ 劳动保护。

劳动 láodòng　✳ 作工作。　✳ 干活，工作。　❋ 1. 人类进行各种创造的活动。2. 指体力劳动。

劳动力 láodònglì　✳ 人能工作的多少。　❋ 人的劳动能力。

劳动者 láodòngzhě　✳ 作工作的人。　✳ 工作的人。　❋ 靠自己的工作生活的人，有时专指从事体力劳动的人。

劳工 láogōng　✳ 工人。　✳ 工人。　❋ 1. 工人。2. 被拉去做苦工的人。

劳苦 láokǔ　✳ 工作得很多很多。　✳ 干得很累。　❋ 又劳累又吃苦。

劳累 láolèi　✳ 工作很多、过多。　✳ 1. 因为干得很多，所以觉得身心累。2. 让别人累（用在要别人做事时）。　❋ 由于过度劳动而感到不舒服。

老 lǎo　✳ 年岁不小了，很大。　✳ 1. 年岁大，时间长，跟"少"对用。2. 旧的。3. 长久。4. 时常。5. 很。　❋ 1. 年纪大（跟"少"相对）。2. 时间久的。

老百姓 lǎobǎixìng　✳ 大家中的一个个人。　✳ 人民，生活中的平常人。　❋ 人民；居民。

老板 lǎobǎn　✳ 工作中说话最有用和最重要的人。　✳ 本来是说个体开办的饭店、商场等场所的主人，现在用得很广，公家的也可以这么说。　❋ 指工商业中用自己的资本开公司，工厂或服务性的单位的人。

老大 lǎodà　✳ 家里最大的孩子，最大的。　✳ 家中最大的孩子。　❋ 一家里排行第一的孩子。

老大娘 lǎodàniáng　✳ 孩子叫年老的女人。　✳ 孩子和年轻人用它来叫年老的女人。　❋ 孩子和年轻人对六十以上的妇女的敬称。与"老大爷"对应。

老大爷 lǎodàyé　✳ 孩子叫年老的男人。　✳ 孩子和年轻人用它来叫年老的男人。　❋ 孩子和年轻人对六十以上的男人的敬称。与"老大娘"对应。

老二 lǎo'èr　✳ 同父母生的第二大的孩子。　❋ 一家里排行第二的孩子。

老虎 lǎohǔ　✳ 山上能吃人的，大家说是山中的王，黑黄色。　✳ 山里出没的一种大动物，有的毛是黄色，有的毛是黑黄色，吃人和别的动物。　❋ 虎的通常的名称。

老化 lǎohuà　✳ 老了，快不能用了。　✳ 1. 一些东西在光、热、气的作用下比以前硬了，不再好用。2. 知识等过时。　❋ 人或物品或知识变老的情况。

老家 lǎojiā　✳ 生自个儿的地方和以前的家。　✳ 在外边成家的人叫自己出生和以前住过的地方为老家。　❋ 在外面成立了家的人称自己出生和长大的地方为老家。

老练 lǎoliàn　✳ 作得很多后很会作。　✳ 干事一点也不生，知道得很多，办事时有办法，知道怎么去做。　❋ 经验多，很有办法。

老年 lǎonián　✳ 六七十岁以上的年岁。　✳ 六七十岁以上的年岁。　❋ 六七十年以上的年纪。

老年人 lǎoniánrén ✽ 年岁很大的人。 ✽ 年岁在六七十以上的人。 ✽ 年纪大的人。区别于青年人、中年人。

老人 lǎorén ✽ 六七十岁以上的人。 ✽ 1.老年人。2.年岁大了的父母和父母的父母。 ✽ 指上了年纪的人。

老人家 lǎorénjiā ✽ 年少(shào)的人叫老人时的好听的说法。 ✽ 亲近地叫年老的人。 ✽ 有礼地称呼老人。

老师 lǎoshī ✽ 教学生学知识的人。 ✽ 教人知识、文化的人。 ✽ 有礼地称呼教师。

老实 lǎoshí ✽ 1.小孩听话。2.人很好。 ✽ 1.说真话。2.不有意找事和别人打的。 ✽ 指按规定和习惯做人,不做利用别人或对人不利的事。

老手 lǎoshǒu ✽ 对一方面知道得很多,办事时有办法,知道怎么去做的人。 ✽ (～儿)对于某种事情很有经验的人。

老头儿 lǎotóur ✽ 叫老年男人时的说法。 ✽ 对年老男子的一种亲热叫法。 ✽ 1.亲热地称呼年老的男人。2.不够客气地称呼年老的男人。

老头儿乐 lǎotóurlè ✽ 能让人身体觉得快乐的一种东西,老人常用。它长长的,用的时候拿着它在身体上手到不了的地方来回地动。 ✽ 一种能使人后背感到舒服的器具。

老外 lǎowài ✽ 说的是外国人。 ✽ 1.外国人。2.外行(háng),对一行当的知识不懂。 ✽ 民间称外国人为老外。

老王 lǎowáng ✽ 叫姓王的人。 ✽ 对上了年岁的一个姓王的人的亲近叫法。 ✽ 称呼比自己大的朋友、同事、同学等,在对方的姓前面加上"老"字。比如此人姓王,就称他"老王"。

老乡 lǎoxiāng ✽ 同一个地方来的人。 ✽ 1.老家是同一个地方的人。2.见到不知道名字的种地的人,叫他为"老乡"。 ✽ 称自己家乡的人。

老相识 lǎoxiāngshí ✽ 认识了很长时间的人。 ✽ 很早以前就认识的人。 ✽ 相互认识很久的人。

老爷 lǎoyé ✽ 过去在地主家干活的人叫男主人为"老爷"。 ✽ 旧社会对当官的人的称呼。

老子 Lǎozǐ ✽ 中国道家的第一人。 ✽ 中国春秋时期一位有名的道家人物、思想家。 ✽ 中国古代道家思想的代表人物。

老字号 lǎozìhào ✽ 很久以前就有的商店名字。 ✽ 开设年代久的商店。

le

乐 lè ✽ 快乐时口中有声,面有喜色。 ✽ 1.快乐,快活。2.高兴得发出声音

3. 让人快乐的事儿。　✼ 1. 指快乐,高兴。2. 笑。

乐观 lèguān　✼ 很快乐,有问题时也看问题好的一方。　✼ 活得快乐,对事物的进行有信心。　✼ 精神上常感到快乐,对事物发展很有信心。

乐趣 lèqù　✼ 叫人快乐,叫人想去作。　✼ 让人觉得高兴的意思。　✼ 使人感到快乐,有兴趣去做的事。

乐意 lèyì　✼ 想作,喜欢作。　✼ 高兴地、想这样做。　✼ 1. 很愿意。2. 满意。

乐园 lèyuán　✼ 最好的、叫人快乐的地方。　✼ 快乐的园地;让人快乐的好地方。
✼ 1. 快乐的园地。2. 指天上的理想世界。

了 le　✼ 用来说"时"的语法上的字,用在现在以前。　✼ 汉语语法中很重要的一个字,说明动作的完成、新事物的出现等。　✼ 助词。1. 表示动作或变化已经完成。2. 表示变化或出现新的情况。

lei

累积 lěijī　✼ 一点儿一点儿地多起来,后来会很多。　✼ 一个又一个地放在已有的上面,让它比本来的多。　✼ 一层一层地增加。

类 lèi　✼ 样儿。　✼ 1. 有共同点的事物,人们就把他们算作一类。2. 有共同的地方;看起来跟……差不多。　✼ 种类。

类比 lèibǐ　✼ 因为两种事物在一点上有一些共同点,就想到它们在别的方面也有共同的地方。　✼ 一种推理方法,根据两种事物在某些特点上差不多,做出它们在别的特点上也差不多的结论。

类别 lèibié　✼ 不同样儿的。一样一样儿的。　✼ 不同事物所成的不同的种;因为种不同做出的区别。　✼ 按照种类的不同而做出的区别。

类似 lèisì　✼ 样子什么的都很近,可是不都一样。　✼ 差不多;看起来跟……差不多。　✼ 大致相像。

类推 lèituī　✼ 一样的人会有一样的作法。这个人和那个人一样,知道这个人爱喝茶,得到那个人也爱喝茶。这样看问题的方法叫类推。　✼ 因为知道一事物怎么样,想到同种的别的事物也会怎么样。　✼ 比照某一事物的道理推出与它同类的其他事物的道理。

累 lèi　✼ 干了很多工作后身体想要休息。　✼ 觉得没有精神,没有力气。

leng

冷 lěng　✼ 和冬天一样的凉。　✼ 1. 天气很凉,很凉,跟"热"对用。2. 东西凉。3. 少见的,如冷字。4. 不热心,不和气。　✼ 温度低。是"热"的反义词。

冷淡 lěngdàn　✼ 不很喜欢。　✼ 不亲热;不关心。　✼ 不热闹;不热情。

冷静 lěngjìng ✳ 1.人少,声音小。2.人处事不忙不火,好好地想后再去做。 ✲ 1.人少而安静。2.不感情用事。

冷清 lěngqīng ✳ 没有人,也没有声。 ✳ 人很少,没有什么声音。 ✲ 形容环境或景物冷落。

冷食 lěngshí ✳ 凉的吃的东西。 ✳ 凉着吃的东西。 ✲ 凉的食品。

冷笑 lěngxiào ✳ 一边想着不好的想法,一边乐。 ✳ 面子上做出高兴的样子,可是有不以为然、没有办法、看不起等意思。 ✲ 不满意地或生气地或不以为然地笑。

冷遇 lěngyù ✳ 人来了的时候,不喜欢见,不多说话。 ✳ 对人不亲热。 ✲ 不热情的待遇。

li

离 lí ✳ 1.分离,离开,分别。2.两地中间。3.少,如离不了。 ✲ 在空间或时间上相隔。

离别 líbié ✳ 两人走开,谁也见不到谁了。 ✳ 长久地跟认识的人、地方分开;对一个人、一个地方告别。 ✲ 比较长久地和熟人或熟的地方分开。

离婚 líhūn ✳ 男女不再爱,不再是一家人了。 ✳ 本来是一家子的男人和女人分手,不再是一家人。 ✲ 依照法定的手续解除结婚的关系。

离间 líjiàn ✳ 在中间叫他人不好、不和。 ✳ 从中说不好的话,做不好的事,让两方不和。 ✲ 介入,使人与人之间不团结。

离开 líkāi ✳ 跟人、物、地方分开。 ✲ 1.与人、物或地方分开。2.在时间或空间上相隔。

离奇 líqí ✳ 很少见到的。 ✳ (发生的事)不平常;意外,没想到。 ✲ 特别奇怪。

离职 lízhí ✳ 不在一个地方工作了。 ✳ 离开工作的地方,不再回来。 ✲ 离开自己的职位。

礼 lǐ ✳ 1.生活中很久以来大家共同这样做的事。2.说明对对方热爱的言语、动作。3.为了说明自己的心意给别人的东西。 ✲ 1.有社会习惯形成的大家都按照做的形式。如:婚礼。2.表示重视别人的言行。3.礼物。

礼拜天 lǐbàitiān ✳ (口语)星期日。 ✳ 用在口语中,星期日。 ✲ 也称"星期日";休息的日子。

礼拜一 lǐbàiyī ✳ (口语)星期一。 ✳ 用在口语中,星期一。 ✲ 也称"星期一"。

礼服 lǐfú ✳ 有重大活动时用的衣服。 ✲ 在结婚、晚会等重要场合穿的服装。

礼花 lǐhuā ✱ 很多火花。在天上，很美。没有"日"的时候最好看。 ✱ 在有重大活动时放的让人看的有很多种色儿的很好看的火花，常在广场上放"礼花"。 ✿ 举行庆祝典礼时在天空放的美丽的火光。

礼教 lǐjiào ✱ 教人能作什么，不能作什么。以前的人都是这么作的。 ✱ 过去不让人的思想、行为等放开的说法和做法。 ✿ 旧的限制人的思想、行动的礼节。

礼节 lǐjié ✱ 见人的方法，见人时要作的。 ✱ 说明自己热爱对方的大家常用的做法。 ✿ 社会上表示重视、祝愿、伤感之类的惯用的做法和形式。

礼品 lǐpǐn ✱ 为了说明爱意、谢意等给对方的东西。 ✿ 是"礼物"的同义词。

礼物 lǐwù ✱ 为了说明爱意、谢意等给对方的东西。 ✿ 送给人的物品。

李 Lǐ ✱ 中国人一个的姓。 ✱ 中国的一个姓。 ✿ 中国的一个姓。

李白 Lǐ Bái ✱ 一千二百多年前中国很有名的人。 ✱ 中国古时名文学家，四川人。 ✿ 中国古代最有名的诗人之一。

里 lǐ ✱ 不是外。 ✱ 1.里面，跟"外"对用。2.放在"这、那、哪"等字后边说明地点。 ✿ 在一定的时间、空间或某种范围以内。是"外"的反义词。

里边 lǐbiān ✱ 同"里"。 ✱ 一定的时间、地点里。 ✿ 同"里"，在一定的时间、地点里。是"外边"的反义词。

里面 lǐmiàn ✱ 里边。 ✱ 里边。 ✿ 是"里边"的同义词。

里头 lǐtóu ✱ 里边。 ✱ 里边，口语中最常用。 ✿ 是"里边"的意思，口语中常用。

里屋 lǐwū ✱ 一个家的里边的一间。 ✱ 里间；连着的几间房子中最里面的那间。 ✿ 指里面的屋子。也称"里间"。

理 lǐ ✱ 1.物体上的自然的道。2.为了让工作正常进行所做的工作。3.和自然、人等有关的对的知识。4.和自然有关的学问。5.对别人的言语行动说出意见。 ✿ 1.整理。2.管理。3.办理。4.道理。

理发 lǐfà ✱ 叫人最上边的东西（中国人是黑色的）少、不长(cháng)。 ✱ 用一定方法让头发不跟以前那么长，比以前好看。 ✿ 弄短并修整头发。

理发店 lǐfàdiàn ✱ 叫人最上边的东西（中国人是黑色的）少、不长(cháng)的地方。 ✱ 让头发比以前好看、比以前少的地方。 ✿ 人们去理发的地方。也称"理发馆"。

理发馆 lǐfàguǎn ✱ 叫人最上边的东西（中国人是黑色的）少、不长(cháng)的地方。 ✱ 让头发比以前好看、比以前少的地方。 ✿ 见"理发店"。

理发员 lǐfàyuán ✱ 叫人最上边的东西（中国人是黑色的）少、不长(cháng)的人。 ✱ 能让头发比以前少、比以前好看的人，做这种工作的人。 ✿ 在理发店给顾客理发的人。

理会 lǐhuì　✳ 1. 懂,想到。2. 问一问。　✳ 1. 懂,知道。2. 过问。　✳ 1. 领会。2. 注意。

理解 lǐjiě　✳ 懂了。　✳ 懂;明白。　✳ 懂;了解。

理科 lǐkē　✳ 教学上把化学、生物等课都算作理科。　✳ 教学上对物理、化学、数学、生物等学科的统称。与"文科"相对应。

理论 lǐlùn　✳ 说一样东西的看法、学说。　✳ 人们从活动中得出来的和自然、人有关的知识。　✳ 关于自然界和社会的知识的有系统的结论。

理事 lǐshì　✳ 学会里工作的人。　✳ 在一些人成立的团(tuán)体中,常为大家说话、办事的人。　✳ 代表团体行使职务或处理事情的人。

理想 lǐxiǎng　✳ 人人都要想的"长(zhǎng)大了要做什么"这样的问题。　✳ 1. 以后最想做的事;对以后可能发生的好事的想像。2. 和想的一样。　✳ 对将来事物的想像或希望。

理想主义 lǐxiǎngzhǔyì　✳ 只想最好的,只要最好的。　✳ 把事想得很完美的一种思想。　✳ 把事物想像得完美并合乎理想的思想体系。

理性 lǐxìng　✳ 1. 不是知觉活动的,是和想这种说法对不对,想别的有共同点的事物会怎么样有关的活动的。2. 能认真想有关方面的事,能想好再去做的本事。　✳ 指用大脑冷静思考,推理的活动。与"感性"相对。

理由 lǐyóu　✳ 这样作、那样作时是怎么想的,想要得到什么。　✳ 事为什么这样做、那样做。　✳ 事情之所以这样做或那样做的道理。

力 lì　✳ 1. 物体间给对方的作用;让物体从动到不动,从不动到动都有"力"的作用。2. 体能;本事。3. 只用来说体能。4. 做自己能做到的。　✳ 1. 物体间的相互作用,是使物体运动或发生形变的原因。2. 力量。3. 尽力。

力量 lìliàng　✳ 1. 能做的事的多少;体能。2. 作用。　✳ 1. 力气。2. 能力。3. 事物所产生的作用。

力气 lìqì　✳ 人做事的体能。　✳ 指人或动物本身的体力。

力求 lìqiú　✳ 能做多少做多少;能做成什么样就做成什么样。　✳ 极力要达到(目的)。

力所能及 lì suǒ néng jí　✳ 自个儿能作到的。　✳ 自己所能办到的。　✳ 自己能力所能办到的。

力图 lìtú　✳ 想作到。　✳ 能想成什么样就想成什么样,能做多少就做多少。　✳ 极力打算。

力学 lìxué　✳ 一个学问。　✳ 和对物体发生作用,让物体活动有关的学问。　✳ 自然科学里的一门学科,研究物体为什么运动和它的应用。

历 lì　✳ 1. 见过、做过的事。2. 过去的每个、每次。3. 算年、月、日的方法。4. 写着年、月、日的书等。 ✽ 1. 经历。2. 历史。

历程 lìchéng　＊ 过去作过的、走过的。　✲ 一个事物所走过的路。　✽ 经历的过程。

历代 lìdài　＊ 以前的一个个时期。　✲ 一个国家过去的每个时期。　✽ 1. 过去的、划分的每个大的时代。2. 经历的每个时期。

历法 lìfǎ　＊ 看一年中日期的方法。　✲ 用年、月、日算时间的方法。主要有三种：分别从太阳、月、太阳和月的活动来算。　✽ 用年、月、日计算时间的方法。

历来 lìlái　＊ 过去到现在都。　✲ 从来。　✽ 是"一向"的意思。

历年 lìnián　＊ 近几年都。　✲ 过去多少年；以往每年。　✽ 以往每年。

历史 lìshǐ　＊ 1.（自然和人的）过去的事。2. 和自然、人的过去的事有关的学问。　✽ 自然界和人类社会的发展过程。

立 lì　＊ 1. 站立。让物体上下放好。2. 做出，定出。3. 马上。　✽ 1. 站。2. 建立。3. 存在；生存。4. 马上。

立场 lìchǎng　＊ 本人的想法。　✲ 一个人认识问题（也可在办事时）所处的地位和所有的意见。　✽ 认识，处理问题时所处的地位和所抱的态度。

立冬 lìdōng　＊ 要到冬天了。　✲ 中国冬天开始的那一天，有时是十一月七日，有时是十一月八日。　✽ 按中国节气算，冬天开始的第一天被称为"立冬"。

立功 lìgōng　＊ 做出对国家、人民都有好处的大事。　✽ 建立功劳。

立刻 lìkè　＊ 马上。　✲ 马上，说话后很近的时间。　✽ 表示紧接着的某个时刻。是"马上"的同义词。

立体声 lìtǐshēng　✲ 让人听起来觉得来自所有地方、自己就在中间的声音。　✽ 使人感到声音分布在空间的那种声音。

利 lì　＊ 1. 方便；事物进行的正常。2. 好处。3. 得到的本金以外的钱。4. 让……有好处。　✽ 1. 利息。2. 有利。3. 好处。

利害 lìhài　＊ 好的地方和不好的地方。　✲ 好的方面和不好的方面。　✽ 好处与坏处。

利落 lìluò　＊ 作得快。　✲ 1. 言语、动作快。2.（办）完。　✽ 1.（语言、动作）很活气，很快，很巧。2. 完结。

利息 lìxī　＊ 用了他人的钱（买东西时要用的），还他时要多给的钱叫利息。　✲ 得到的本金以外的钱。　✽ 在银行存钱所得到的本金以外的钱。

利用 lìyòng　＊ 1. 用方法叫人、东西作。　✲ 叫人、东西有用。　✽ 1. 让事物、人起作用。2. 用一定的方法让人、事物为自己做事。　✽ 1. 使事物或人发出效能。2. 用手段使人或事物为自己服务。

利于 lìyú　✲ 对人、事物有好处。　✽ 对某人或某事物有好处。

例 lì　✳ 用……作样子。　✲ 1.用来说明一种说法的事物。2.从前有过的事,后来又出现了和它差不多的事,那么前面发生的那个事就是"例"。3.和一种现象有关的事。4.大家定下来的和一个事有关的一个一个主张。　❋ "例子"的简称。

例假 lìjià　✳ 年年不上班、不上学的日子。　✲ 1.每年都不工作、不上学的日子。2.女子每二十八天前后一次的正常的出红现象,每次三到七天。　❋ 1.依照规定放的假。2.月经或月经期。

例句 lìjù　✳ 用来说明一种说法给人看的一两个题。　❋ 举例来说明问题的句子。

例如 lìrú　✳ 比如;打比方。　❋ 是"比如"的同义词。

例题 lìtí　✳ 为了说明一种说法提出的问题。　❋ 说明某一定理时用来做例子的问题。

例外 lìwài　✳ 大多都这样,有一个不同的叫例外。　✲ 1.在正常的说法以外。2.在正常的说法以外的事、现象。　❋ 在一般的情况,规定之外。

例子 lìzǐ　✳ 用来说明一种看法的公认的话、事物。　❋ 用来帮助说明或证明某种情况或说法的事物。

lian

连 lián　✳ 一个长的物体分开后又成为一体。　❋ 1.连接。2.连续。

连词 liáncí　✳ 用在话跟话中间的字,他们把人所说的意思有关的话连起来。比如"和、可是、因为、如果"等。　❋ 连接词,词组或句子的词。比如:"和、如果、因为、但是"。

连带 liándài　✳ 1.(事物间)关连。2.一个事发生了,别的事也跟着发生了。　❋ 互相关联。

连……都 lián…dōu　✳ 就是……也。　❋ 表示强调某个词或某个词组,"甚至"的意思。如:连小学生都懂。

连环画 liánhuánhuà　✳ 小孩爱看的画儿书。　❋ 为了说明一个事所画的、连的一些画,也有文字说明,小孩爱看。　❋ 按故事情节连续排的许多画。一般每个画都有文字说明。

连接 liánjiē　✳ 两个东西和在一起。　✲ 1.(事物间)连着。2.让事物连起来。　❋ (事物)互相接上。

连忙 liánmáng　✳ 很快地(de)。　✲ 马上;立刻。　❋ 急忙;马上。

连年 liánnián　✳ 一年一年的很多年。　✲ 连着很多年。　❋ 接连许多年。

连篇 liánpiān　✳ 很多文书连在一起;一些文字连着别的一些文字;说明谈一个

连联脸练

事的时候用了很多文字,看起来很长。 ✽ 1.(文字)一篇接着一篇。2. 整篇文章里都是。

连日 liánrì ✽ 一天一天的。 ✽ 连着几天。 ✽ 接连几天。

连声 liánshēng ✽ 很多声,一声一声地(de)。 ✽ 一声连着一声。 ✽ 一声接着一声。

连续 liánxù ✽ 一个再一个。 ✽ 一个连着一个。 ✽ 不断地一个接着一个。

连夜 liányè ✽ 1. 当天夜里(就做)。2. 连着几夜。 ✽ 1. 当天夜里。2. 接连几夜。

联 lián ✽ 和……在一道。 ✽ 1. 在一起,不分开。2. 一起的,在一起,共同。 ✽ 1. 联结;结合。2. 对联。

联合 liánhé ✽ 1. 把两方、几方连在一起,不分开。2. 一起的,在一起,共同。 ✽ 结合在一起。

联合国 liánhéguó ✽ 1945年成立的很多国家的共同体,有美国、法国、中国等,主要是为了国家间的和平。 ✽ 1945年成立的国际组织,总部设在美国。主要机构有联合国大会、安全理事会等。主要是为了国际和平与安全,发展国际友好关系等。

联欢 liánhuān ✽ 大家在一个地方一同欢乐。 ✽ 大家在一起欢乐;大家在一起欢乐的活动。 ✽ 为了庆祝或加强团结,大家快乐地一起活动。

联结 liánjié ✽ 叫一人和他人一道来作。 ✽ 让一人一事跟他人他事连在一起。 ✽ 结合(在一起)。

联系 liánxì ✽ 让一人一事跟他人他事有关连。 ✽ 相互接上关系。

联系人 liánxìrén ✽ 让两方发生关连的人。 ✽ 要联系上的人。

联想 liánxiǎng ✽ 从一个人、事物想到和他有关的别的人、别的事物。 ✽ 由于某人或某事而想起其他的人或事。

脸 liǎn ✽ 人长(zhǎng)的样子。 ✽ 头的前面。面孔。 ✽ 头的前部。脸上有眼睛、鼻子、嘴。

脸色 liǎnsè ✽ 人的气色,身体好的时候有点儿红,生病的时候有点儿黄、白。 ✽ 1. 脸的颜色。2. 脸上的表情。

练 liàn ✽ 多多地作。 ✽ 为了学会,多次做同样的事。 ✽ 练习。

练功 liàngōng ✽ 一种身体活动,可做出好看的动作,能打人,也能让身体好。 ✽ 练习功夫。

练习 liànxí ✽ 1. 课后的问题;2. 作了再作,学了再学。 ✽ 为了学会,多次学。 ✽ 1. 反复学习,以求熟练。2. 为了学习效果好而安排的作业等。

练习本 liànxíběn ✽ 学生作题用的那样的本子。 ✽ 学生做题时用的那种本子。　✻ 做练习所使用的本子。

练习题 liànxítí　✻ 课后学生作的题。　✻ 为了学会,多次做的题。　✻ 要做的练习中的题目。

练字 liànzì　✻ 一天一天地(de)写字,学会写好看的字。　✻ 为了写好,多次写字。　✻ 练习写字。

liang

凉 liáng　✻ 有时义同"冷",有时不是很冷,比如"天有点冷"是"天凉"。　✻ 温度较低;天气较冷(比"冷"的程度小)。

凉快 liángkuài　✻ 人不觉得热。　✻ 感觉凉、舒适。

凉水 liángshuǐ　✻ 生水,不热的水。　✻ 温度低的水。

凉鞋 liángxié　✻ 热天里让人不觉得热的鞋,大多可看见它里边走路的那块肉体。　✻ 夏天穿的通风的鞋。

量 liáng　✻ 看看有多长。　✻ 用一种东西看看事物有多大,有多长等。　✻ 用作为标准的东西来确定事去的长短、大小、多少等。

两 liǎng　✻ 二。　✻ 二,可用法跟"二"不都一样。　✻ 是数目"二"的意思,一般只用于量词前面。

两旁 liǎngpáng　✻ 两边。　✻ 两边儿。　✻ 左右两边。

两万 liǎngwàn　✻ 二十个一千。　✻ 数字,等于二十个一千。

亮 liàng　✻ (五到七点)天不再黑了。　✻ 光很多。　✻ 1. 光线强。2. 发光。3. (声音)强。

亮光 liàngguāng　✻ 叫地方不再黑的东西(有的不是人作的)。　✻ 黑夜里的一点光。　✻ 1. 黑暗中的一点光或一道光。2. 物体表面反映的光。

谅 liàng　✻ 认为不好,不过不说不好。　✻ 1. 原谅。2. 料想。

谅解 liàngjiě　✻ 想了以后懂了人家,不再说人家不好。　✻ 认为不好,不过不说不好。　✻ 了解实情后原谅或消除意见。

辆 liàng　✻ 一个车说作一"辆"车。　✻ 放在"一、二、三……"后再一起用在车前,说明车的多少。　✻ 量词,用于车。

量 liàng　✻ 东西的多少。　✻ 事物的大小、多少。　✻ 1. 数量。2. 能容的或能受的限度。

量词 liàngcí　✻ "一个人","走一回"中的"个""回"是量词。汉语里在"一、二、三、四","这、那、哪"后边和名字前边用的字。　✻ 汉语中话语的一种成分,放在"一、二、三……"后,放在"车、书、人……"前,说明"车、书、人……"的字。　✻ 表示人、事物或动物的单位的词。

liao

疗 liáo ✳ 用一定的方法让人的病好起来。 ✳ 医治。

疗养 liáoyǎng ✳ 为了让病好起来,长期休息。 ✳ 在特设的医疗机构进行以休养为主的治疗。

疗养院 liáoyǎngyuàn ✳ 为了让病好起来,长期休息的场所,多在美好的地方。 ✳ 专用于疗养的医疗机构。

了不得 liǎobudé ✳ 很能。 ✳ 很好,太好了。 ✳ 1. 很突出。2. 表示情况很不好,没法办。

了不起 liǎobuqǐ ✳ 说人作什么很好时这么说。 ✳ 不平常的,很好。 ✳ (优点)突出。

了解 liǎojiě ✳ 知道的多。 ✳ 1. 知道。2. 为了知道一人一事的本来样子,去问有关的人。 ✳ 1. 知道得很清楚。2. 调查。

料 liào ✳ 1. 用来作东西的东西。2. 想。 ✳ 用来做东西的东西。 ✳ 1. 材料。2. 料想。

料到 liàodào ✳ 以前想到了。 ✳ 在事发前就想到了。 ✳ 事先已经想到。

料酒 liàojiǔ ✳ 作饭用的一样儿酒。 ✳ 做菜用的黄酒。 ✳ 做菜时当作料用的酒。

料理 liàolǐ ✳ 办(后事等)。 ✳ 办理或处理。

料想 liàoxiǎng ✳ 想以后的事。 ✳ 事先考虑(将来的事)。

料子 liàozi ✳ 做衣服的东西,有的人用的多,有的人用的少。 ✳ 织品;衣料;布。

lie

烈 liè ✳ 1. 火儿很大,人性子好发火。2. 酒对人的作用很大的。 ✳ 1. 强烈。2. 为正义而死的。

烈度 lièdù ✳ 因为地里面大动起来,地面上的东西不好了,不好的东西多,烈度就大,烈度分十二等。 ✳ 强烈的程度。

烈风 lièfēng ✳ 很大的风。 ✳ 1. 强烈的风。2. 指九级风。

烈火 lièhuǒ ✳ 很大的火。 ✳ 很大的火。 ✳ 极大的火。

烈士 lièshì ✳ 为了别人、国家等拿出自己人生、没能活下来的人。 ✳ 为正义事业而死的人。

烈性酒 lièxìngjiǔ ✳ 一种酒,喝多后头脑不明白。 ✳ 酒精度高的,使人喝后感到很热的酒。

lin

林 lín　✱ 成片的长大以后可以在它下面凉快的作物,有的是人工的,有的是自然的,林中有很多动物。　✲ 一片树。

林区 línqū　✱ 有"林"的广大地方。　✲ 成片树林的地区。

ling

〇 líng　✱ 同"零"。　✲ 数的空位,多用于数字中间。

零 líng　✱ 什么也没有。　✲ 1.一个也没有。2.个位和百位、十位和千位中间的那位,如没有从"一"到"九"中的一个字,就写作0。　✲ 1.表示没有数量。2.与"0"同义。

零件 língjiàn　✱ 机子上的一个个小东西。　✲ 很多小的东西放在一起做成大的东西,这小的东西叫"零件",比如机子是把每个零件放在一起做成的。　✲ 可以用来装成机器或工具等的单个制件。

零碎 língsuì　✱ 很小的东西。　✲ 很小的,一点儿一点儿的。　✲ 细小的,不完整的。

零碎活儿 língsuì huór　✱ 不是大的工作,不是天天都有的工作。　✲ 很小的活儿。　✲ 零碎的工作。

零星 língxīng　✱ 不多,少的。　✲ 不多,很少的。　✲ 零碎的;少量的。

领 lǐng　✱ 带着别人干。　✲ 1.带。2.接受。3.带领。4.了解(意思)。

领带 lǐngdài　✱ 西方男人用的叫人好看的长长的东西。　✲ 常和西服在一起用到的长带子,放在上衣最上边儿。　✲ 穿西装时系(jì)在上衣领子上的带子。

领导 lǐngdǎo　✱ 很多人上边的那个人。　✲ 1.带着(别人干……)。2.带着别人做事的人。　✲ 1.带领人们向一定方向前进。2.任领导的人。

领队 lǐngduì　✱ 带着一些人干什么事的人。　✲ 1.带领一队人。2.带领某队的人。

领海 lǐnghǎi　✱ 一个国家旁边的海,还(hái)是这个国家的地方。　✲ 一个国家边界地区的海,是该国领土的组成部分。

领会 lǐnghuì　✱ 学后,看后懂了。　✲ 知道;懂得;看得多,明白了。　✲ 了解事物并有所体会。

领教 lǐngjiào　✱ 自己不会,懂得不多时,请别人告诉自己。　✲ 1.请教。2.接受人的教导时说的客气话。

领空 lǐngkōng　✱ 一个国家的天。　✲ 一个国家海面、地面上头本国飞机行走的地方。这个国家同意后,外国飞机才能进来。　✲ 一个国家的地面上或水面上的空间,是该国领土的组成部分。

领路 lǐnglù　✽ 在他人的前边走。　✽ 带别人走路。　✽ 是"带路"的同义词。

领情 lǐngqíng　✽ 人家说我好,我懂得人家的想法。　✽ 心里谢谢别人的好意。
✽ 接受礼物或好意时心怀感谢的情意。

领取 lǐngqǔ　✽ 去人家那里得到东西。　✽ 拿别人发给的东西。　✽ 取回发给的东西。

领事 lǐngshì　✽ 作为本国的发言人,住在外国,主要办本国在外国的事的人。
✽ 由一国政府派到外国某一城市或地区的外交官员。

领头 lǐngtóu　✽ 第一个作,再叫人家作的人。　✽ 带头;做事做在别人前面。
✽ 是"带头"的同义词。

领土 lǐngtǔ　✽ 一个国家所有的地方,用多大、多长等说明。　✽ 领海、领空、领水等,都是一个国家的领土的组成部分。

领先 lǐngxiān　✽ 走在前边,作在前边。　✽ 1.共同前进时走在最前面。2.本事、水平等处在最前面。　✽ 1.共同前进时走在最前面的。2.形容处于最高的水平或处于成就最好的地位。

领子 lǐngzi　✽ 上衣最上面头下的那块儿。　✽ 一些上衣的接近头下部的部分。

另 lìng　✽ 别的;这个、这些以外。　✽ 别的;另外。

另外 lìngwài　✽ 别的;这个、这些以外。　✽ 此外。

另眼相看 lìng yǎn xiāng kàn　✽ 用和以前不一样的看法来看。　✽ 和平常不一样地看。　✽ 用另一种眼光看待。

liu

留 liú　✽ 放在一个地方,不拿走。　✽ 1.停止在某一处所或地位上不动。2.保留。

留给 liúgěi　✽ 自己不要,给别人。　✽ 使(事物)留下来给别人。

留级 liújí　✽ 因为学得不好,去年在这个班,今年到了别的班,还学去年的东西,没升班。　✽ 学生因考试不能通过而留在原来的年级。是"升班"的反义词。

留空 liúkòng　✽ 中间有个地方,可没有人、东西。　✽ 留下空白不写东西。

留念 liúniàn　✽ 很久以后还叫人想的。　✽ 有时是给一样东西,为了想起过去的事等,比如要离开的时候,给别人一样东西。　✽ 留下作为纪念。

留情 liúqíng　✽ 本来不好,不过不说他不好,放过他,给他新的做好事的机会。
✽ 由于照顾情面而原谅。

留神 liúshén　✽ 多想一下。　✽ 小心,别大意。　✽ 注意;小心。

留下 liúxià　✽ 不走开。　✽ 东西不带走,放在那里。　✽ 1.保留下来。2.停留在原处。

留心 liúxīn ✲ 把心思放在一个事儿上;想着干什么。 ✲ 很用心,很注意。

留学 liúxué ✲ 去外国学知识。 ✲ 去别的国家上学。 ✲ 留居外国学习或研究。

留学生 liúxuéshēng ✲ 到外国上学的学生。 ✲ 去别的国家上学的学生。 ✲ 留居外国学习或研究的学生。

留意 liúyì ✲ 在意;想着。 ✲ 注意并记在心里。

流 liú ✲ 水在走。 ✲ 江、河的水在走动。 ✲ 流动。

流产 liúchǎn ✲ 孩子没长好时生下来了。 ✲ 孩子不到七个月就生下来了。 ✲ 1.妇女怀的孩子在还没该生出来时就从母体中出来了。2.指精心计划的事情没有得到成功。

流传 liúchuán ✲ 叫很多人听说,叫后来人听说。 ✲ 以前的人知道的事,让现在的人也知道;别的地方的人知道的事,这个地方的人也听说了。 ✲ 由上代到下代,由一方到另一方传下来或传开。

流动 liúdòng ✲ (水)走。 ✲ 水、车和人等从一个地方到别的地方。 ✲ 指气体或某些像水的物体向一个方向动。

流放 liúfàng ✲ 中国很早的时候,让有错的人到很远很差的地方去干活。 ✲ 1.把有政治问题或其它问题的人放到边远的地方。2.把原木放到江河中让它顺着水流到别的地方。

流汗 liúhàn ✲ 很热的时候身上出的水。 ✲ 汗水从身体表面流出。

流浪 liúlàng ✲ 没有家,在外边这里走,那里走。 ✲ 没有打算,去很多地方生活,今天在这儿,明天在那儿。 ✲ 生活没有着落,到处走。

流利 liúlì ✲ 说得很好,很快。 ✲ 1.话说得又快又好。2.很快、很好。 ✲ 说得快而清楚,或写得很通顺。

流通 liútōng ✲ A地的东西到B地了。 ✲ 东西从一个地方到别的地方,有的又回来,不过经常在动。 ✲ 流转运行,不停止。

流行 liúxíng ✲ 在一个时期里很多人都喜欢的。 ✲ 一时间很多人都用、都说的。 ✲ 大范围地传布。

流行病 liúxíngbìng ✲ 在一个时期里很多人都有的问题。 ✲ 不长的时间很多人都得的一种病。 ✲ 能在较短时间里使很多人传上的病。

六 liù ✲ 五和七的中间是六。 ✲ "一"到"十"中,"五"后边离它最近的那个字,中国人喜欢这个字。 ✲ 数目,五加一等于六。

六月 liùyuè ✲ 过了五月是六月,过了六月是七月。 ✲ 一年中的第六个月份。 ✲ 一年的第六个月。天气开始热起来。

long

龙 lóng ✳ 中国人古时想像出来的一种动物,身体很长,会飞,会水,会走,会作云下雨,可是生活中没有。中国人喜欢龙。 ❋ 中国古代传说中的神奇动物,身形像蛇,但比蛇大,有角,有脚,能走,能飞,能让天上下雨。

龙脑 lóngnǎo ✳ 就是龙的脑子,是一种药名。 ❋ 龙的脑子。一种药的名称。

龙年 lóngnián ✳ 一九八八年、二〇〇〇年、二〇一二年……过十二年有一个龙年。 ✳ 中国人用十二种动物来分别说连起来的十二年,这是用龙作名字的那一年。 ❋ 如果某一年该是"龙",就是"龙年"(参看"虎年")。

lou

楼 lóu ✳ 最底下的房子上边还有房子就成了楼。 ❋ 楼房的简称。

楼房 lóufáng ✳ 房间上边又有房间,这样上下连起来立起的高房子是楼房。 ❋ 两层或两层以上的房子。

lu

路 lù ✳ 道,人、车、马都可以在上边走。 ❋ 1.道,地面上给人和车马行走的那一块儿地方。2.思想、行动的方向。3.方面,地区。4.种(zhǒng) ❋ 道路,地面上人或车马通行的部分。

路程 lùchéng ✳ 道有多远。 ✳ 所走的路有多长。 ❋ 1.物体由起点到终点所经过的路线的长度。2.指道路的远近。

路费 lùfèi ✳ 去一个地方用去的买车票的东西。 ✳ 去一个地方,在路上所花的钱。 ❋ 旅行中所用的钱。

路过 lùguò ✳ 走过(一个地方)。 ✳ 行进中走过。 ❋ 人或车马走时经过(某地)。

路上 lùshang ✳ 在去……的道上。 ✳ 1.在往来一个地方的路中。2.道路上面。 ❋ 1.道路上面。2.在走的过程中。

路线 lùxiàn ✳ 怎么去一个地方,一个地方到一个地方要走的道。 ✳ 从一个地方到别的地方所走的道路。 ❋ 从一地到另一地所经过的道路。

lü

旅 lǚ ✳ 去外地办事、看山水等。 ❋ 旅行。

旅程 lǚchéng ✳ 去一地,道有多远。 ✳ 从一个地方到别的地方出差(chāi)、看山水等所走的路。 ❋ 旅行的过程。

旅店 lǚdiàn ✳ 去别的地方的路上所住的地方。 ❋ 让旅客吃、住的饭店。

旅费 lǚfèi　＊去一个地方买车票用多少票子。　＊去别的地方吃、住、用等所花的钱。　＊"路费"的同义词。

旅馆 lǚguǎn　＊去别的地方的路上所住的小地方。　＊也称"旅店"。

旅客 lǚkè　＊坐车、坐飞机去外地的人。　＊去别的地方看山水、办事的人。　＊称旅行的人为"旅客"。

旅社 lǚshè　＊去别的地方的路上所住的小地方。　＊旅馆(多用做旅馆的名称)。

旅行 lǚxíng　＊去外边行走,远行到外地(dì)、外国。　＊为了办事、看很美的山水,从一个地方到别的地方。　＊为了参观、办事等到外地去。

旅行社 lǚxíngshè　＊一个为给去外地办事、看山水的人找好吃、住的场所、买车票等的地方。　＊专门办理各种旅行业务的服务机构。

虑 lǜ　＊想这个想那个,想了很多。　＊1.想。2.不放心。　＊1.思考。2.不痛快,不安定。

lun

论语 Lúnyǔ　＊是一本书,孔子的学生写的孔子教课时的话。　＊古书的名字,主要写的是孔子的话和做的事。　＊古书名,内容主要是写孔子的言行。

论 lùn　＊说明;说法。　＊1.分析和说明事理。2.用在句子开头,相当于"关于……"。3.学说。

论点 lùndiǎn　＊书、文的看法。　＊书、文的中心意思、看法,大多在开头出现。　＊议论中的确定意见和说明这一意见的理由。

论断 lùnduàn　＊最后说明同意还是不同意。　＊推论断定。

论据 lùnjù　＊为了说明中心意思对不对,所用的公认的事物和有水平的话语。　＊立论的根据。

论理 lùnlǐ　＊用事儿说明为什么对,为什么不对。　＊按理说。

论文 lùnwén　＊写的怎样看一个问题的很长的作文。　＊为了说明一些问题写出来的长长的文字。　＊论说或研究某种问题的文章。

论证 lùnzhèng　＊用事儿和话说明中心思想。　＊1.论说并证明。2.与"论据"同义。

luo

落 luò　＊下。　＊东西一下子从高处下来。　＊1.掉下。2.留在后面。3.留下。4.得到。5.用笔写。

落成 luòchéng　＊完工了。　＊楼房等完工。　＊(建的楼房等)完工。

落后 luòhòu　＊走在他人后边；作的没有他人好。　＊水平等不如别人；在别人后面。　✱1.行进中落在别人后面。2.停留在较低的发展水平。与"先进"相对。3.落在客观情况后面。与"进步"相对。

落花生 luòhuāshēng　＊也叫花生。　＊"花生"的一种叫法。　✱也称"花生"。外面有皮，里面是一种较硬的吃的东西。也可制油。

落空 luòkōng　＊什么都没有得到。　＊想法没做到；没有完成。　✱没有达到目的或目标。

落日 luòrì　＊要下山的"日"。　＊天快黑时在西方的太阳。　✱将要落下去时的太阳。

落实 luòshí　＊把一个工作给想好怎样做的人去做好。　✱1.(计划等)通过周密研究，使切实可行。2.使实行。

落选 luòxuǎn　＊很多人都想干，不过只要了一两个人，别的人就"落选"了。　✱没有被选上。

落叶 luòyè　＊秋天是黄色的，从花上下来的东西。秋天一到，公园的地上都是。　✱从树上落下的叶子。

M

ma

妈 mā　＊生了孩子的女人是孩子的"妈妈"。　＊生了孩子的女人，孩子叫她"妈"。　✱也称"妈妈"。

妈妈 māmā　＊生了孩子的女人是孩子的"妈妈"。　＊生了孩子的女人，孩子叫她"妈妈"。　✱称自己的母亲为"妈妈"。

马 mǎ　＊人坐在这个东西上边可以走得很快。　＊一种动物，跑得很快，头小面长，个子高大，喜欢吃田间作物，跑得很快。人可以骑，还可以干重活。古往今来，常为人所用。　✱头小，脸长的四条腿的动物，可以拉车，人也可以骑上去。

马车 mǎchē　＊用马带动行走的车，上面可坐人。　✱马拉的可以坐人的车。

马达 mǎdá　＊车上、飞机上有的叫车、飞机走的东西。　＊所有的电动机都叫"马达"，它可以让机子动。　✱电动机的总称。

马到成功 mǎ dào chéng gōng　＊一去作，马上能做到，做好。　＊人一到很快得到成果，马上办成事。　✱形容人一到就马上取得成果。

马虎 mǎhu　＊不认真的样子。　✱见"马马虎虎"。

马力 mǎlì　＊用来说明汽车等电能的大小。　✱计算单位时间里所做的功的一种单位。

马路 mǎlù　＊人、马、车都可以在上边走。　※公路。城市和近城处给车马行走的又平又广的道路。　✻1.车马走的比较大而平的道路。2.指公路。

马马虎虎 mǎmǎhūhū　＊还可以,不怎么样。　※很平常。　✻1.(做事)随便,不细心。2.刚刚达到某程度,但程度不高。

马上 mǎshàng　＊很快。　※立刻。　✻副词,是"立刻"的同义词。

吗 ma　＊用在问话后边,让对方告诉自己想知道的事情。　※助词,用在句子的最后,表示疑问。

mai

买 mǎi　＊用了票子后得到东西。　※拿钱给商人,商人把东西给你,跟"卖"对用。　✻拿钱换物品。与"卖"相对。

买卖 mǎimài　＊叫他人买"我"的东西,是作买卖。　※生意;卖东西,买东西。　✻1.生意。2.指商店。

卖 mài　＊用东西得到票子。　※你把东西给别人,别人给你钱,叫"卖",跟"买"对着说。　✻拿物品换钱。与买"相对。

卖力 màilì　＊干得很多,很认真。　✻尽量使出自己的力量。

卖弄 màinòng　＊想法儿叫人看"我"能作什么,以叫人说自个儿好。　※有意做些工作,说些话,叫人知道自己好。　✻有意显示(自己的本领)。

man

满 mǎn　＊不能再叫人、东西到里边了。　※1.不能再放进去(人、事物)的样子。2.让一个地方不能再放进去(人、事物等)。3.最后的时期到了。　✻全部装实,达到容量的极点。

满不在乎 mǎnbùzàihū　＊一点儿都不去想。　※非常不放在心上。　✻完全不放在心上。

满城风雨 mǎnchéngfēngyǔ　＊不好的东西叫很多人都知道了,哪儿的人都知道。　※事儿人人都知道后,到处都在说。　✻形容事情传遍各处,到处都在议论着。

满怀 mǎnhuái　＊有很多想法什么的。　※心中有。　✻心中装满。

满满当当 mǎnmǎndāngdāng　＊一个地方人、东西多到不能再多的样子。　※一处的东西很多,不能再多了。　✻形容很满的样子。

满面春风 mǎn miàn chūnfēng　＊很快乐的样子。　※非常高兴的样子,也说"春风满面"。　✻形容快乐的面容。

满人 Mǎnrén　※比汉人少的一种人,主要在中国的东北,河北、北京等地也有。

✤ 满族人。

满意 mǎnyì　✤ 自个儿想可以了,自认为……是好的。　✴ (人、事物等)让人觉得高兴;如意。　✺ 满足自己的愿望。

满月 mǎnyuè　✤ 孩子生下一个月的时候。　✴ 孩子出生了一个月了。　✺ 孩子出生后整整过了一个月。

满洲 Mǎnzhōu　✤ 以前中国东北的叫法。　✴ 过去叫中国东北一带为"满洲"。　✺ 旧指中国东北一带。

满足 mǎnzú　✤ 不想要现有的以外的了,不想再要好一点儿的了。　✴ 认为可以了,不用再要了。　✺ 1. 感到已经足够了。2. 使满足。

满族 Mǎnzú　✤ 比汉人少的一种人,主要在中国的东北,如黑龙江、河北、北京等地。　✴ 中国少数民族之一,主要分布中国东北、河北、北京等。

满座 mǎnzuò　✤ 再没有地方可以坐了。　✴ 一个场地里位子上坐的都是人,不能再坐了。　✺ (剧场或公共场所)座位都坐满了或按座位卖的票卖完。

慢 màn　✤ 走得、作得不快。　✴ 走路、做事儿和行车用的时间长,不快。　✺ 走路,做事,说话等费的时间长。是"快"的反义词。

慢车 mànchē　✤ 走得不快的火车。　✴ 从出发到最后一站,中间可站的小站多,行车时间长的火车。　✺ 在全程中停站较多的,行程时间较长的火车或汽车。

慢慢儿 mànmànr　✤ 一点儿一点儿地(de)……。　✴ 动作慢的样子。　✺ 形容说话或行动慢的样子。

慢性病 mànxìngbìng　✴ 不能很快好的病。　✺ 病理变化慢或不能在短期治好的病。

慢走 mànzǒu　✤ 走得不快,不要走得很快。　✴ 跟来自己住处的人告别时,请对方行走小心的话。　✺ 请对方慢慢走,小心点儿。是送客人时说的客气话。

mang

忙 máng　✤ 有很多要作的。　✴ 事多,得不到时间休息。　✺ 1. 事情多,没有时间。2. 很急地加紧做。

忙东忙西 máng dōng máng xī　✤ 作这作那,要作的很多。　✴ 一会儿忙这个,一会忙那个,非常忙。　✺ 形容事情太多,不停地忙。

忙人 mángrén　✤ 没有时间的人,有很多要作的。　✴ 工作很忙的人。　✺ 称总是很忙的人为"忙人"。

mao

毛 máo　✤ 中国钱的一种,十分为一毛。　✺ 1. 一块钱的十分之一。2. 生物的皮上所生的极细的长形的小东西。

毛笔 máobǐ ✻ 中国人书写用的东西。 ✻ 用羊毛等做的写字、画画儿的笔。 ✻ 用羊等动物的毛制成的笔,用于写书法或画画。

毛病 máobìng ✻ 不好的作法,一个地方有什么不好。 ✻ 1. 不好的经常出现的行为。2. 东西不好用。3. 工作上有问题的地方。4. 身上的病。 ✻ 1. 器物发生的问题,也比作工作上出现的问题。2. 缺点;坏习惯。

毛料 máoliào ✻ 用羊毛等做成的成片的东西,可以用来做衣服。 ✻ 用动物的毛或人造毛织成的料子。

毛线 máoxiàn ✻ 用羊毛、人工毛等做成的长长的东西,它可以打毛衣等。 ✻ 通常指用羊毛织成的线,也用来指羊毛和一起织成的线或人造毛织成的线。

毛衣 máoyī ✻ 用羊毛、牛毛等做成的上衣。 ✻ 用羊毛等做成的线织成的上衣。

毛织品 máozhīpǐn ✻ 用羊毛、人工毛所成的长东西做成的衣物。 ✻ 用毛线织成的料子或衣物。也称毛织物。

me

么 me ✻ 常用在个别字的后面,如"多么、那么"。 ✻ 处于某字之后,从而组成一个词。本身没有意义。

mei

没 méi ✻ 没有。 ✻ "没有"的简短表达。

没错 méicuò ✻ 同意对方意见时的答话,就是这样,很好,对。 ✻ 表示是正确的。

没命 méimìng ✻ 不在人间了。 ✻ 不能活了,没气了。 ✻ 1. 死了。2. 不顾一切。

没什么 méi shénme ✻ 事儿不太重要,不放在心上。 ✻ 完全没有关系。

没事 méishì ✻ 没有什么。 ✻ 1. 无事可做,有时间休息。2. 没工作。3. 没不好的事儿和意外。 ✻ 不要紧。

没有 méiyǒu ✻ 和"不"意思差不多,不过也有差别,常用在"钱、书、吃饭"等前面。 ✻ 是"有"的反义词。

没有人 méiyǒu rén ✻ 一个人也没有。 ✻ 一个人也没有。 ✻ 任何人都(没)有……

没有意思 méiyǒu yìsī ✻ 不好,叫人不想作的。 ✻ 1. 事儿让人觉得白花时间,不喜欢。2. 生活中无所事事。3. 书、电影等让人无兴头儿,看起来想睡觉。

没每美

✽ 没有趣味。

没有用 méiyǒu yòng　✽ 没有作用。　✽ 不起什么作用,没什么用处。　✽ 没有使用的价值。

每 měi　✽ 所有人、物中的一个。　✽ 指全体中的任何一个或一组。

每当 měidāng　✽ 在……的时候。　✽ 每一次。　✽ 是"每次在……"的意思。如:每当他唱歌的时候。

每年 měinián　✽ 年年,一年一年。　✽ 年年。　✽ 是"年年"的意思。

每天 měitiān　✽ 天天,一天一天。　✽ 天天,一天一天。　✽ 是"天天"的意思。

美 měi　✽ 好。　✽ 1.好看。2.让一些东西好看。3.好。4.美好的事物。5.美国。　✽ 是"美丽"的意思。

美称 měichēng　✽ 好听的名字。　✽ 让人觉得好听的叫法。　✽ 出于喜欢而这样称呼。

美观 měiguān　✽（样子）好看。　✽（样子）好看大方的。　✽（形式）好看。

美国 Měiguó　✽ 第三大国。美国在法国的西边,在中国的东边。　✽ 第三大国,是北美一个说英语的白人国家。　✽ 处在美洲北部的一个大的、比较富的国家。

美国人 měiguórén　✽ 美国的人。　✽ 住在美国的本地人。　✽ 美国人民。

美好 měihǎo　✽（看上去）好。　✽ 好,多用在生活等方面。　✽ 1.（形式）漂亮;好看。2.（指生活,愿望等）好。

美化 měihuà　✽ 叫东西看来好一点儿;说一个东西说得好一点,它本来没那么好。　✽ 用一些方法、东西让人、物更美好。　✽ 加以装点使美观或美好。

美丽 měilì　✽ 好看。　✽ 好看,让人看了高兴。　✽ 使人看了发生快感;漂亮。

美满 měimǎn　✽ 好,不少什么。　✽ 很美好,什么都不少。　✽ 美好圆满。

美名 měimíng　✽ 美好的名声。　✽ 美好的名声、名字,常常很多人都知道。　✽ 美好的名声或名称。

美女 měinǚ　✽ 好看的女人。　✽ 很美的年轻女子。　✽ 美丽的女子。

美人 měirén　✽ 好看的女人。　✽ 好看的女子。　✽ 美丽的女子。

美食 měishí　✽ 很好吃的东西。　✽ 很好吃的东西。　✽ 精美的食物。

美术 měishù　✽ 一门作画写字的学问。　✽ 1.指在一定空间内构成美感形象的艺术。2.专用来指画画。

美味 měiwèi　✽ 好吃,可口的东西。　✽ 很好吃的东西。　✽ 味道鲜美的食品。

美学 měixué　✽ 一个学问,问什么是美,美从哪里来的。　✽ 跟美有关的学问。　✽ 研究自然界、社会、艺术中的美的科学,主要是研究美的艺术等和现实的关系。

美意 měiyì　＊很好的想法（用来说别人的想法）。　✳好心意。　✲好心意。

美元 Měiyuán　＊在美国买东西时用的票子。　✳美国的钱，也叫美金。　✲在美国使用的钱叫"美元"。

美洲 Měizhōu　＊一个地方，那里有很多国家，如美国等。　✲地球上七大洲之一。美国位于美洲。

men

门 mén　＊家家都有的东西。人去家外面时，要走过的东西。　✳1.房子、车等让人进出的地方。2.物体可以开关的地方。3.样子、作用跟门差不多的。　✲1.房屋，车船或用墙围起来的地方的出入口。2.学术思想等上的派别。3.一般事物的分类。4.器物可以开关的部分。

门户 ménhù　＊1.门。2.进出一定要走的地方。　✲1.门（总称）。2.学派，派别。

门口 ménkǒu　＊家里到家外要过来过去的地方。　✳门跟前儿。　✲门前靠近门的地方。

门类 ménlèi　＊把许多有共同点的东西放在一起就成了"门类"。　✲按照事物的特点把相同的放在一起而分成的类。

门票 ménpiào　＊到里边时用的票。　✳进公园等以前买好的为了进去所要用的小票儿。　✲进入公园、电影院等地方所买的票。

门诊 ménzhěn　＊医生在医院里给不是住院的病人看病。　✲医生在医院或诊所给不需要住院的病人看病。

们 men　＊用在"你、我、他"和"朋友"这种跟人有关的成分后边，说明人在两人以上。　✲用在代词或指人的名词的后面，表示复数。

meng

猛 měng　＊1.很大。2.很快。　✲1.猛烈；急剧。2.突然。3.把力气集中地使出来。

猛烈 měngliè　＊很大，很快。　✲1.力量大。2.急剧。

猛然 měngrán　＊来得快又没想到。　✲与"忽然"、"突然"差不多。

梦 mèng　＊1.人睡了以后脑子里出现的影像活动。2.做梦。　✲睡觉时大脑皮层的某部分产生的活动。

梦话 mènghuà　＊做梦时说的话。　✲睡觉做梦时说的话。

梦见 mèngjiàn　＊做梦的时候见到。　✲指做梦时看到某景象。

梦境 mèngjìng　＊梦中所想、所看到的美的地方和东西，不是真的。　✲梦中经历的情景。常形容美好的境界,像在梦里见到的一样美。

梦想 mèngxiǎng　＊想得到的东西,想要得到什么,有的可能,有的不可能。
※1.不可能成为真事儿的想法。2.非常想。　✱空想。

mi

迷 mí　＊1.不知道怎么走了。2.很喜欢。　※1.不知道哪个是哪个了,分不出来了。2.对一人一事很喜欢。　✱1.分不清,没有了断定能力。2.迷住。

迷路 mílù　＊不知道怎么走了。　※到了一个地方,不知道怎么走了。　✱走错了路,找不到了方向。

迷人 mírén　＊很叫人喜欢的。　※1.人、东西让人很喜欢。2.让人不明白。
✱1.使人爱得不得了。2.使人看不清方向。

迷失 míshī　＊走错路,不知道怎么走;找不着要去的地方了。　✱不知道方向。

迷信 míxìn　＊1.认为人们想像出来的会飞的、长生不老的东西能为人做事,对这种说法非常信。2.不去想对不对,就对一种说法非常信。　✱没有科学根据地信(鬼、神等)。

迷住 mízhù　＊叫人喜欢到时时想。　※人、东西让你非常想,有时会让你不吃饭、不睡觉。　✱因对某人或某一事物发生特别的爱好而进入一种不能自我越出的情况。

米 mǐ　＊中国人天天吃的东西,生的是米,不生的是饭。　※1.人种的田间作物的种子去了皮以后叫米,可以做成饭吃。2.大米。3.大小跟米差不多的东西。
✱1.去掉皮之后的种子,多指可以吃的。2.一种长度单位。一千米是一公里。

米饭 mǐfàn　＊中国人天天吃的东西,生的是米,不生的叫米饭。　※用大米、小米做成的饭,常说的是大米做成的饭。　✱一般指用大米做成的饭。

米酒 mǐjiǔ　＊用黄米等做的酒。　✱用米制成的酒。

密 mì　＊1.人和人、东西和东西很近。2.不能叫他人知道。　※1.东西和东西间很近。2.不让别人知道的事。　✱1.事物间离得很近。2.关系近。3.要保密的事。

密电 mìdiàn　＊不让别人知道的电报。　✱需要保密的电报。

密度 mìdù　＊有多少,同样大的地方(东西)里边同样的东西有多少。　※一个地方的人、东西的多少。　✱指事物间的密的程度。

密封 mìfēng　＊叫东西在里边,不叫人看见。　※东西包得非常好,不让进气、进水等。　✱1.紧密关上。2.关得很紧的。

密集 mìjí　＊很多人,东西到一个地方来。　※很多的东西、人在一起。　✱数量很多地集在一起。

密件 mìjiàn　＊ 不叫人知道的文、画。　＊ 不让别人知道的信等成文字的东西。 ＊ 需要保密的信或文件。

密切 mìqiè　＊（两人）很近。　＊ 让人和人、人和事间很近。　＊ 1. 关系近。2. 使关系近。3.（对问题等）很重视,照顾得周到。

密谈 mìtán　＊ 不让别人知道的谈话。　＊ 很小心地交谈,为的是不被别人发现。

密友 mìyǒu　＊ 很要好的朋友。　＊ 非常要好的朋友。　＊ 交情特别深的朋友。

mian

面 miàn　＊ 1. 用来做面包、点心等的最主要的东西。2. 面孔,头的前半边儿。3. 用在"上、下、前"这些字后,说明方位。4. 对着。5. 当面。6. 方面。 ＊ 1."脸"的书面语。2. 用于方位词之后,表示方位。3. 某些农作物制成极细的像干(gān)土一样的东西。

面包 miànbāo　＊ 西方人天天吃的。有方的,也有长的。　＊ 西方人午饭、晚饭中最常吃的东西。先在面里放上水,和好面后,做成各种样子,有长的,有方的,放在电、火上,过二十来分钟就做得了。　＊ 食品由面加水经过加工后制成,是西方人的主食。

面包车 miànbāochē　＊ 长方面包样子的车,里面可坐不少人。　＊ 外形像长方形面包的旅行车。

面对 miànduì　＊ 和人物、事物正对着。　＊ 正面对着;正视。

面积 miànjī　＊ 大小。　＊ 平面的大小、物体的面的大小。　＊ 平面或物体表面的大小。

面具 miànjù　＊ 1. 放在头前,不让不好的东西打自己的物体。2. 放在头前,为了不让别人认出自己是谁的东西。　＊ 放在面部起保护作用或化装作用的东西。

面孔 miànkǒng　＊（人的）样子。　＊ 头的前面,长有可看、可听外物的东西。 ＊ 脸孔。

面目 miànmù　＊ 人的样子。　＊ 1. 面子。2. 头前长(zhǎng)的样子。 ＊ 1. 脸的样子。2. 指事物所表现的景象。3. 面子。

面容 miànróng　＊ 头前长(zhǎng)的样子。　＊ 脸上显现的样子。

面食 miànshí　＊ 用面做的所有的吃的东西。　＊ 用面做的食物。

面熟 miànshú　＊ 见过,有点儿认识。　＊ 看样子认识,不过说不出是谁。　＊ 看某人脸的样子,觉得很熟(但说不出是谁)。

面条 miàntiáo　＊ 长长的,在开水中要过一会儿吃的东西。　＊ 长的用面做的可以吃的东西。　＊ 用面做的细条的食品。

面向 miànxiàng　✽ 对着。　❋ 让自己的方向对着。如：面向大众。

面谢 miànxiè　✽ 当面谢谢别人。　❋ 当面感谢。

面子 miànzǐ　✽ 体面，外在的能让别人觉得自己不错的东西。　❋ 1. 物体的表面。2. 体面；表面上的光彩。3. 情面。

min

民 mín　✽ 百姓。　✽ 1. 人民；百姓。2. 一种人。3. 民间的。　❋ "人民"的简称。

民办 mínbàn　✽ 不是国家的，是个人的、大家的。　✽ 不是国家办的，是个人、大家一起办的。　❋ 1. 某集体创办（不是国家办的）。2. 私人创办的。

民歌 míngē　✽ 民间口头唱的歌，常常不知道是谁写的。不同地区有不同的歌风。　❋ 民间口头流传的歌，一般不知作者的姓名。

民间 mínjiān　✽ 人民中间，百姓中间的。　❋ 1. 指人民中间。2. 非官方的。与"官方"相对。

民众 mínzhòng　✽ 人民，老百姓。　✽ 人民。　❋ 人民大众。

民主 mínzhǔ　✽ 1. 人民可以对国家的事物说出自己的意见，提出自己的主张。2. 当头儿的办事时，不自己说了算，是请大家发言，一起想办法。　❋ 指人民可以参与国事或可以对国事自由发表意见的情况。

民族 mínzú　✽ 长期以来有共同的语言、文化、地区等的一种人，一个国家可以有很多"民族"。　❋ 具有共同语言，共同地区，共同文化等的人的共同体。

ming

名 míng　✽ 名字。人、东西的叫法儿。　✽ 1. 名字，人、事物的叫法。2. 名字叫做。3. 名声。4. 出名的，有名声的。　❋ 1. 名字或名称。2. 名字叫做。3. 出名的；有名声的。

名菜 míngcài　✽ 喝酒、吃饭时就着的有名的菜。　❋ 美味的出名的菜。

名词 míngcí　✽ 人、事物的名字用一个字、几个字来叫，这一个字、几个字就是"名词"。　❋ 表示人或事物名称的词。

名称 míngchēng　✽ 名字，叫什么。　✽ 事物的名字。　❋ 表示事物或人的集体的名字。

名单 míngdān　✽ 上边有很多名字的东西。　✽ 上面写的都是人的名字的本子。　❋ 上面写着人的名字的单子。

名贵 míngguì　✽ 有名也很贵。　✽ 有名的，花很多钱才能买到的。　❋ 著名而且值钱。

名酒 míngjiǔ　＊很有名的好酒。　＊有名的酒。　＊经过专家品味认可的有名的美酒。

名句 míngjù　＊很有名的话。　＊有名的话,很多人都学都说。　＊著名的句子或短语。

名角儿 míngjuér　＊在电影中说、唱、做、打都好,也很有名的人。很多人都知道和喜欢这样的人。　＊有名的演员。

名利 mínglì　＊个人的好名声,还能得到好多票子。　＊个人的名声、地位和好处。　＊指个人的名位和好处。

名流 míngliú　＊很有名的人。　＊非常有名的人。　＊著名的人士。

名目 míngmù　＊名字。　＊事物的名字。　＊事物的名称。

名片 míngpiàn　＊上边有人名字,写的家在什么地方,工作在什么地方。　＊跟别人见面时给对方的长方小片儿,上面有自己的名字、工作、电话号儿和住处等。　＊交际时用的介绍自己的硬纸片,上面印着姓名、职务。

名气 míngqì　＊名声;大家对一个人、一事物的看法。　＊名声。

名儿 míngr　＊名字。　＊名字。　＊(口语)名字或名称。

名人 míngrén　＊有名的人。　＊有名的人物;很多人知道的人物。　＊在社会上出名的人。

名声 míngshēng　＊大家说一个人好不好,能不能作……,最后他有了一个名声。　＊人们对一个人的看法。　＊在社会上流传的评价。

名言 míngyán　＊有名的话。　＊非常有名的话。　＊著名的话。

名义 míngyì　＊用……的名字来作什么,可说作"以……的名义"。　＊用一人一物的名字去做事。　＊做某事时用来作为依据的名称或称号。

名著 míngzhù　＊有名的书。　＊有名的书。　＊很有名的有价值的著作。

名字 míngzì　＊1.用一个、两个字跟姓在一起来叫一个人,以区分开别的人。2.用一个、几个字来说一种事物,以区分开别的事物。　＊1.用一个字或几个字来代表一个人,区别于别人的。2.用一个字或几个字来代表一种事物,区别于别种事物。

明 míng　＊看得见的;外在的;懂得。　＊1.明白。2.公开。3.对事物、现象看得懂。4.光明。　＊1.亮。是"暗"的反义词。2.清楚。3.公开。4.眼力好。5.懂得;了解。6.视觉。

明白 míngbái　＊(听人家说后)懂。　＊1.意思明了,让人好懂。2.知道。3.公开的。　＊1.内容、意思等使人容易了解;清楚;明确。2.知道;了解。3.懂道理。

明代 Míngdài　＊中国的一个时期(1368—1644)。　＊中国过去的一个时期,从

1368 年到 1644 年，定都在北京。 ✽ 中国古代处于 1368 年到 1644 年的时代。

明亮 míngliàng ＊ 光很多。 ✽ 1. 光线足。2. 发亮的。3. 明白。

明了 míngliǎo ＊ 看后懂得。 ＊ 看后非常明白；知道，懂得。 ✽ 清楚地了解。

明年 míngnián ＊ 过了今年是明年。 ＊ 今年的下一年。 ✽ 今年之后的一年。

明确 míngquè ＊ 非常明白。 ✽ 明白而确定。

明儿 míngr ＊ 明天。 ＊ 今天的下一天，也叫"明天"。 ✽ 今天的下一天。

明天 míngtiān ＊ 过了今天是明天。 ＊ 今天的下一天，也用来说不远的以后的日子。 ✽ "今天"之后的一天或"后天"之前的一天。

明显 míngxiǎn ＊ 人们不用想就能看出来、觉出来。 ✽ 清楚地表现出来。

明信片 míngxìnpiàn ＊ 一面儿是图画、一面儿可写信的硬片儿，也可以是用明信片写成的信。 ✽ 专门写信用的长方形硬纸片，寄时不用信封。

明星 míngxīng ＊ 有名的电影人、歌手等。 ✽ 称有名的演员、运动员等为"明星"。

命 mìng ＊ 生在人间的人和长(zhǎng)在地上、水里的东西都有"命"，不在了的没有"命"。 ＊ 生物体所有的活动的机能，人不能活了，也就没命了。 ✽ 1. 指派。2. 生命。

命根子 mìnggēnzi ＊ 对一个人来说最重要的人、事物。 ✽ 1. 最受重视的同一血统的比自己晚一代或几代的人。2. 形容最受重视的事。

命名 mìngmíng ＊ 起名；给它一个名字。 ✽ 给以名称。

命运 mìngyùn ＊ 1. 生和死、一生的好坏等不是人自己定的，是生前就定好的。2. 事物怎样往前走。 ✽ 1. 指人由生到死遇到的一切事情(迷信的人认为是生前就定好的)。2. 比作发展变化的走向。

mo

没落 mòluò ＊ 事物过去本来好，现在不好了，也可能要不行了。 ✽ 不景气；快完结了(指情况越来越坏)。

mou

某 mǒu ＊ 1. 一定的人、事物。2. 不定的人、事物。 ✽ 1. 指不定的人或事。2. 指一定的人或事。

某地 mǒudì ＊ 不说名字的一个地方。 ＊ 不定的地方。 ✽ 某一个地方。

某某 mǒumǒu ＊ 不说名字一个人。 ＊ 不定的人。 ✽ 用来代替别人的名字。

某些 mǒuxiē ＊ 不说名字的几个。 ＊ 说明人、事物在三个以上，不过不定。 ✽ 是"有一些"的书面语。

mu

母 mǔ　✲生人的人。　❋1.母亲。2.可生子的,跟"公"对立的一方。　✱1."母亲"的简称。2.动物中可以生产小动物的那一类,与"公"相对。

母鸡 mǔjī　✲可生鸡子儿的鸡。　✱会生蛋的鸡。

母亲 mǔqīn　✲生你、生他、生我的人。　❋有孩子的女子。　✱有子女的女子被称为"母亲",与"父亲"相对。

母系 mǔxì　✲和母亲方面有关的人。　✱1.在血统上是母亲方面的。2.母女相承的。

母校 mǔxiào　✲过去上学的地方。　❋把本人以前在那里学习过的学校叫作母校。　✱称自己曾经学习过的或完成学业的学校为"母校"。

母语 mǔyǔ　✲从小会说的话语。　❋一个人出生后最早学会的一种语言。　✱一个人最初学会的一种语言。

木 mù　✲一种长大后可以在它下面凉快的东西,去了皮儿以后就叫"木"。可它在话中不大自己用。　✱1.树木。2.木头。

木板 mùbǎn　✲"木"做成片,一块一块的叫"木板"。　✱木制的片形物体。

木材 mùcái　✲"木"成片后叫"木材",可以用来做放衣物的东西。　✱树木从地上切掉后经过初步加工的材料。

木耳 mù'ěr　✲一样可以吃的东西,黑色,中国东北的很有名。　❋黑色的,长(zhǎng)的跟头两边可以听声音的东西差不多,可以吃。　✱生长在坏了的树干上的东西,长得像耳朵,外面有密生的短毛,可以吃。

木工 mùgōng　✲以做"木"活为工作的人。　✱1.制造或修理木制的东西。2.制造或修理木制的东西的人。

木料 mùliào　✲可以用来做东西的"木材"。　✱初步加工后的有一定样子的木材。

木器 mùqì　✲家里日常用的"木头"做成的东西,比如人坐的,放衣物的。　✱用木材制造的器物。

木桥 mùqiáo　✲可以让人从水上过的路一样的东西叫"桥"(qiáo),用"木头"做的这种东西叫"木桥"。　✱用木头制造的桥。

木头 mùtóu　✲口语中把"木"叫做"木头"。　✱木材和木料的通称。

目 mù　✲用来看东西的。　❋古时说的身体上的可以看人间万物的东西。　✱眼睛。

目标 mùbiāo　✲想要去作到的。　❋对象;想要到的地方、水平等。　✱1.要找的对象。2.要达到的标准。

目的 mùdì　✳ 想要到的地点,想要得到的成果。　✲ 想要到达的地点或想要得到的结果。

目的地 mùdìdì　✳ 想要到的地方。　✳ 想要去的地方。　✲ 应到达的地点。

目光 mùguāng　✳ 见识;看到的和听到的。　✲ 1.视线。2.眼光;见识。

目前 mùqián　✳ 说话的时候。现在。　✳ 说话的时候,也可是说话前后的一些时间。　✲ 指说话的时候。

N

na

拿 ná　✳ 自己用手让东西出现在自己手里的一种动作。　✲ 用手或其他方式把东西固定或弄走。

拿给 nágěi　✳ 拿来给别人。　✲ 指把手里的东西传给别人的动作。

拿手 náshǒu　✳ 最好的,(个人)最会作的。　✳ 1.在一个方面做得很好。2.把事儿办好的信心。　✲ 善于做某种技术。

哪 nǎ　✳ 什么。　✳ 哪个,什么。　✲ 疑问代词。后面常跟量词;表示要求在几个人或几个事物中确定一个。

哪里 nǎli　✳ 什么地方。　✳ 1.问处所,也可是所有处所中的一个。2.别人说自己好时的回话。　✲ 1.问处所在什么地方。2.客气话。当对方说到听者的好处时,听者用"哪里"回答,表示自己不行。

哪儿 nǎr　✳ 哪里。　✳ 问处所,也可是所有处所中的一个,常用在口语中。　✲ 是"什么地方"的口头表达。

哪怕 nǎpà　✳ 用来把话语连起来,说明先认为一个事是对的,也会出现后一种样子。　✲ 有"不管"的意思。如:哪怕他很有本领,也不能解决这个问题。

哪些 nǎaxiē　✳ 什么东西、什么人。　✳ 什么样的(东西、人)。　✲ 问有哪几类。如:你有哪些问题。

那 nà　✳ 用法同"这",说近时用"这",说不近的人、东西时用"那"　✳ 用来说离说话人远的人、事物。　✲ 代词,指示比较远的人或事物。与"这"相对。

那边 nàbiān　✳ 说不近的地点时,用那边。　✳ 那一边,和"这边"对着说。　✲ 说话人指离他较远的地方。与"这边"相对。

那个 nàge　✳ 那一个,见"那"。　✳ 那一个,那东西。　✲ 说话时,想下文怎么说时所用的话。

那里 nàli　✳ 同"那边"。　✳ 离自己有些远的处所。　✲ 指示比较远的处所。与"这里"相对。

那么 nàme ＊那样。 ＊那样。 ❋表示顺着上文,说应有的结果。

那儿 nàr ＊那里。 ＊那里,那边儿。 ❋"那里"的口头表达。与"这儿"相对。

那些 nàxiē ＊那几个。 ＊用来说两个以上的地方、人、事物(离自己远的)。 ❋指两个以上的离自己远的人、事物。

那样 nàyàng ＊不是这样。 ＊那么做。 ❋指示方式,程度,情形等。与"这样"相对。

nan

男 nán ＊不能生孩子的人。 ＊1.不可以从自己身上生孩子的人,跟"女"对用。2.儿子。 ❋男性,是人类的两性之一,本身不能生育。跟"女"相对。

男的 nánde ＊不能生孩子的人。 ＊人有两种,"男人"和"女人",不能生孩子的人是"男的",跟"女的"对用。 ❋男性的人。

男高音 nángāoyīn ＊声乐中三种男子声音的一种,声音唱得很高,也可是唱高音的男子。 ❋1.唱的很高的声音。2.唱的声音很高的男歌手。

男孩儿 nánháir ＊不是女孩儿。 ＊年岁小的男子。 ❋指男性的孩子或儿子。

男朋友 nán péngyou ＊一个女人很好很好的男的朋友,以后两个人可能有一个家。 ＊女子的对象。 ❋指相爱的男性对象。

男人 nánrén ＊十八岁以下不会生孩子的人。 ＊成年男子。 ❋男性的成年人。

男生 nánshēng ＊男学生。 ＊男学生。 ❋指男学生。

男中音 nánzhōngyīn ＊声乐中三种男声的一种,也可以是唱中音的男子。 ❋1.唱的中等的声音。2.唱的声音为中等高低的歌手。

男子 nánzǐ ＊不会生孩子的人。 ＊男人,不能生孩子的人。 ❋指男性的人。

男子汉 nánzǐhàn ＊硬汉子,硬气的男人。 ❋刚强的男人。

南 nán ＊东、西、北以外的那边。 ＊四个主要方位中的一个,早上面对太阳时,写字的手那边。跟"北"对着的方位。 ❋"南边"的简称。

南边 nánbian ＊北边、东边、西边以外的一边。 ＊南,南方。 ❋四个主要方向之一,早上面对太阳时右手的一边。

南方 nánfāng ＊不是北方、东方和西方。 ＊中国长江一带和以南的地区。 ❋南边或南部地区。

南海 Nánhǎi ＊中国南边的海,也叫南中国海。 ＊中国南边的海,在海南的东面,是中国的。 ❋中国南部大海的名称。

南极 Nánjí ＊地上的最南点。 ＊我们生活的这个天体最南边的地点。 ❋地球的最南点。与"北极"相对应。

南极洲 Nánjízhōu　✳ 地上最南边的地方。　✲ 我们生活的这个天体最南边的那一片地方。　❋ 以南极为中心的地球上七大洲之一。

南京 Nánjīng　✳ 在长江边上,上海不远的地方。　✲ 中国有名的六大古都中的一个,在长江边上,离上海很近。　❋ 中国的一个城市,靠近上海,在上海以西。

难 nán　✳ 不好作的。　✲ 1.做起来用时非常多的。2.不大可能的。3.不方便的。4.让人不好办。　❋ 做起来或说起来费事的。是"易"的反义词。

难办 nánbàn　✳ 不好作。　✲ 不好做。用时很多,也可能不成。　❋ 很难做到或很难解决。

难产 nánchǎn　✳ 生孩子时生不下来。　✲ 1.孩子出生很难。2.工作等很难完成。　❋ 1.产妇生孩子时,孩子很难产出。2.形容著作、计划等不易完成。

难处 nánchǔ　✳ 不好作的,不好过的地方。　✲ 1.人和人很难说到一块儿。2.不好做的地方。　❋ 困难的地方。

难道 nándào　✳ 用法同"不会是……?"　✲ 用在话的开头儿,说出反问的语气。　❋ 副词,用于加强反问的口气。

难得 nándé　✳ 不好得到。　✲ 1.不好得到;不好办到。2.不常常发生的。　❋ 很难获得或办到。

难点 nándiǎn　✳ 有问题的地方,不好作、不好懂的地方。　✲ 难的地方;不好做的地方。　❋ 问题不容易解决的地方。

难度 nándù　✲ 说明工作等难的样子。　❋ 工作或技术等方面困难的程度。

难怪 nánguài　✲ 1.明白了事出有因后,在话的开头常用的一个说法。2.不应当觉得不高兴。　❋ 1.怪不得。2.不应当责怪。

难过 nánguò　✳ 不快乐,不好过。　✲ 1.非常不高兴,不好过。2.生活起来有些难。　❋ 难受,伤心的意思。

难看 nánkàn　✳ 不好看,不美。　✲ 不好看;不正常;不体面。　❋ 不美丽,看着不舒服。

难受 nánshòu　✳ 人有不快时,不大好过。　✲ 1.身体不好。2.不高兴。　❋ 1.身体不舒服。2.伤心;难过。

难听 nántīng　✳ 不好听。　✲ 1.声音听起来不好。2.言语不好。　❋ (声音)听着不舒服。

难忘 nánwàng　✳ 不会想不到的。　✲ 不能忘记的。　❋ 记忆很深刻的难以忘掉的。

难为情 nánwéiqíng　✲ 不好意思。　❋ 不好意思。

难写 nánxiě　✳ 不好写。　✲ 不好写;写起来难。　❋ 难于写的。

难学 nánxué ＊不好学。 ＊不好学;学起来难。 ✱难于学的。

nao

脑 nǎo ＊想问题的东西。 ＊在高等动物的头里边,分为前脑、中脑和后脑,动物的思想活动和身体活动都跟它有关。 ✱在人体的头部的管全身知觉、运动、记忆等活动的器官。

脑海 nǎohǎi ＊想(问题、方法……)的地方。 ＊头脑里。 ✱脑子(多指思想、记忆的器官)。

脑力 nǎolì ＊能不能想问题。 ＊人用脑做事、想问题的机能。 ✱人的记忆、理解、想像等的能力。

脑子 nǎozi ＊用来想问题的东西。 ＊1.脑。2.想问题的能力;不忘事儿的能力。3.意识。 ✱1."脑"的通常名称。2.指思考,记忆等能力。

闹 nào ＊人很多,声很大。 ＊1.声音大。2.发生(病、不好的事)。3.干、做。 ✱1.不安静。2.用语言或行动造成问题。

闹病 nàobìng ＊生病。 ✱生病。

闹市 nàoshì ＊有很多人买东西的地方。 ＊很多人买卖东西的地方。 ✱城市里经常很热闹的地方。

闹事 nàoshì ＊很多人在一起有意做不好的事。 ✱集中许多人破坏社会的安定。

闹意见 nào yìjiàn ＊两方不和。 ＊因意见不一样,人们不高兴。 ✱因意见不合而相互不满。

闹钟 nàozhōng ＊到了时间"叫"你知道什么时间的东西。 ＊想让它在什么时间发出声音它就能发出声音的钟,有了它,对好时间后,上班、上学等都不会晚。 ✱能在一定时间发出声音的钟。

ne

呢 ne ＊说明语气的字,有的是问问题,有的是说动作正在进行。 ✱助词。1.可以用在一句话的最后。2.可以用在疑问句的最后或当中。

nei

内 nèi ＊里边。 ＊里头。 ✱里头。

内部 nèibù ＊里边。 ＊里面。 ✱某一范围内。

内地 nèidì ＊处在国家里边、离海边远的地方。 ✱一国之内离国境比较远的地方。

内行 nèiháng ＊很懂行(háng),作得好的人。 ＊1.对一些事、工作知道得多、做得好,很拿手。2.对一些事、工作知道得多、做得好的人。 ✤ 对某种事情或工作有很多知识和经验。

内科 nèikē ✻ 医院里主要用药物看病的地方。 ✤ 医院中主要用药物而不用手术治疗的一科。与"外科"相对。

内情 nèiqíng ✻ 外人不知道的里边的东西。 ✤ 里边儿的事,外人不知道。 ✤ 别人不知道的内部情况。

内容 nèiróng ✻ 书、文里说的是什么。 ✤ 书、文里所写的东西。 ✤ 事物内部含有的东西或存在的情况。

内心 nèixīn ✻ 心里头。 ✤ 指心里头。

内衣 nèiyī ✻ 身上最里面的衣服。 ✤ 一般指穿在里面的和身体靠得很近的衣服。

内在 nèizài ✻ 里边的。 ✤ 事物本身所有的,和"外在"对着用。 ✤ 1.事物本身所固有的。与"外在"相对。2.存在于内心的。

neng

能 néng ✻ 可以。 ✤ 1.可以,会。2.才干,本事。3.有可能。4.有才干的。 ✤ "能够"的意思。表示具备某种能力。

能干 nénggàn ✻ 作什么都可以作得很好。 ✤ 有才能,很会办事。 ✤ 有才能,善于办事。

能够 nénggòu ✻ 能。 ✤ 可以。 ✤ 1.表示具有某种能力。2.表示在条件上许可。

能见度 néngjiàndù ✻ 能看见多远。 ✤ 能看到的最大的、最远的地方。 ✤ 人的眼力所能见到的最远或最清楚的程度。

能力 nénglì ✻ 会作什么。 ✤ 人做事的自身的才能。 ✤ 能完成某任务的主观条件。

能量 néngliàng ✻ 能作多少,里边有多少"能"。 ✤ 1.物体活动时所有的热、光、电等。2.人活动的才能。 ✤ 1.度量物体运动的一种物理量。2.形容人表现出来的活动能力。

能人 néngrén ✻ 很会作一样儿、几样儿工作的人。 ✤ 很有才能的人。 ✤ 在某方面有才能的人。

能使 néngshǐ ✻ 会用。 ✤ 可以用。

能事 néngshì ✻ 最大的才能;本事。 ✤ 在某方面具有的本领。

能手 néngshǒu ✻ 作什么作得很好的人。 ✤ 工作做得好的人。 ✤ 对某种技能很熟并做得很好的人。

能说 néngshuō　　✳ 会说。　　✳ 会说话；说得又对又好；有口才。　　✱ 很会说话。

ni

你 nǐ　　✳ 不是我、他和她。　　✳ 叫说话人的对方（一个人）。　　✱ 代词，称对方（一个人）。

你好 nǐhǎo　　✳ 见人时说的最多的问人好的话。　　✳ 见面时问候对方的话。　　✱ 向对方打招呼时的问候语。

你们 nǐmen　　✳ 不是我们和他们。　　✳ 叫不只一个人的对方；有对方在里边的一些人。　　✱ 代词。称一个人以上的对方。是"你"的复数。

你们的 nǐmende　　✳ 不是我们的和他们的。　　✳ 两个和两个人以上的对方的人、物。　　✱ 指一个人以上的对方的人或物。

nian

年 nián　　✳ 十二个月是一年，五十二个星期是一年，三百六十五天是一年。　　✳ 三百六十五天为一年。　　✱ 时间的单位。公历的一年是指地球围着太阳转了一周的时间。

年初 niánchū　　✳ 一年的一月、二月。　　✳ 一年开头的几天。　　✱ 一年开头的一些天。与"年底"相对。

年代 niándài　　✳ 一个时期，十年为一个年代。　　✱ 1.时代；时期。2.每一世纪中的每个十年是一个年代。

年底 niándǐ　　✳ 一年中的十一月、十二月。　　✳ 一年的最后几天。　　✱ 一年的最后一些天。与"年初"相对。

年画 niánhuà　　✳ 中国人过年的时候买的画。　　✳ 为了过新年画的画，常放在房子里，人们看到这样的画很高兴。　　✱ 民间过农历年时挂在墙上的喜庆的图画。

年会 niánhuì　　✳ 一年开一回的会。　　✳ 一年一次的会。　　✱ （社会团体）每年一次举行的集会。

年级 niánjí　　✳ 学校中以学了几年来分的班。　　✱ 学校根据学生学习的年限分成的班。一般小学是从一年级到六年级。

年纪 niánjì　　✳ 年岁。　　✳ 岁的大小。　　✱ 岁数。

年历 niánlì　　✳ 叫人知道现在是哪一年，哪一月，哪一天的东西。　　✳ 上面有一年的月份、星期、日期等的东西，有的上面还有画。　　✱ 印有一年的月份，星期，日期等的物品。

年年 niánnián　　✳ 一年一年的。　　✳ 每一年。　　✱ 每一年。

年轻 niánqīng　✳ 不老的,十几岁到二十几岁。　✱ 年岁不大,多为十几岁到二十几岁。　❋ 年纪不大(一般指十几岁到二十几岁)。

年轻人 niánqīngrén　✳ 不是中年人、老年人,也不是小孩子。　✱ 年岁不大的人,多为十几岁到二十几岁的人。　❋ 指处于年轻时期的人。

年岁 niánsuì　✳ 生下来多少年。　✱ 生下来多少年了。　❋ 岁数。是"年纪"的同义词。

年头 niántóu　✳ 年,时间。　✱ 1.(多少)年。2.多年的时间。3.年月。　❋ 1.年份。2.多年的时间。3.时代。4.一年的收成。

年终 niánzhōng　✳ 一年的十一月、十二月。　✱ 一年的最后。　❋ 一年的最后的时间。

念 niàn　✳ 1.看,说。2.出声。　✱ 1.大声地发出书上字的声音。2.常常地想。　❋ 看着文字发出声音。

念经 niànjīng　✱ 信教的人念他们所信的文字。　❋ 信教的人读或背经文。

念书 niànshū　✳ 学知识、看书什么的。　✱ 1.上学。2.出声地说出看的书。　❋ 与"读书"同义。

念头 niàntóu　✳ 想法。　✱ 想法。　❋ 心里的打算。

niang

娘 niáng　✳ 女的,有孩子的女人是孩子的娘,生我的女人是我的娘。　✱ (方言)母亲。　❋ 中国一些地区的人称母亲为娘。

niao

鸟 niǎo　✳ 在天上飞、也能在地上走的小东西,叫声好听,多很可爱。　✱ 一种在天上能飞,在地上会走,身上有毛的动物。有上百种。它们样子可爱,叫声动听。　❋ 两只前腿能行走,而且一般能高飞的动物。

nin

您 nín　✳ 和年岁大的人、教师……说的"你"。　✱ 对比自己年岁大、地位高的对方说的"你"。　❋ 人称代词,有礼地称对方。

niu

牛 niú　✳ 一种动物,身体高大,头上两边有一对长长的硬东西,可以在田里干活儿。它的肉可以吃,它的皮可以做成很贵的衣服、鞋等。　❋ 身体大,力气大的动物,可以种地、拉车等。

牛角 niújiǎo　✳ 牛头上很硬的两个长东西。　❋ 牛头的上部长的较硬的东西。

牛排 niúpái　＊吃的东西,外国来的,中国以前不那么吃。　＊大的牛肉片。　✱大的牛肉片,有的带骨头。

牛肉 niúròu　＊牛身上的肉。　✱牛身上的肉,做熟后味道很美。

nong

农 nóng　＊1.和种(zhòng)地有关的事。2.种地的人。　✱1.农业。2.农民。

农场 nóngchǎng　＊有很多田,很多人在那里工作的地方。　✱种地的人常年干活的地方。　✱使用机器进行农业生产的大的单位。

农村 nóngcūn　＊有很多田的地方,田里工作的人过日子的地方。　＊种地的人常年生活的地方。　✱以从事农业生产为主的人集中居住的地方。

农夫 nóngfū　＊在田里工作的人。　＊过去叫种地的男子为"农夫"。　✱过去对从事农业生产的男子的称呼。

农活 nónghuó　＊田里的工作。　＊种地的人要干的事。　✱农业生产中的工作,比如种、收作物等。

农具 nóngjù　＊用来在地里工作的东西。　＊种地、收地时要用的东西。　✱农业上使用的工具。

农历 nónglì　＊与月有关的算年、月、日的方法。平年12个月,大月30天,小月29天,一年三百五十四、三百五十五天(一年中哪一月大,哪一月小,年年不同)。　✱农业上使用的一种历法,是中国的传统历法。平年12个月,大月30天,小月29天,全年354天或355天(一年中哪个月大,哪个月小,年年不同)。

农忙 nóngmáng　＊田里的工作很多的时候。　＊地里的活儿很多,人们非常忙的时候。　✱指春、夏、秋三季农活儿忙的时节。

农民 nóngmín　＊家在田边,也在田里工作的人。　＊常年从事田间工作的人。　✱在农村从事农业生产的劳动者。

农人 nóngrén　＊农民。　＊常年种地的人。　✱是"农民"的另一种称呼。

农田 nóngtián　＊田地。　＊可在上面干活儿的一块儿、很多块儿地,可以在上面种菜、收米等。　✱种农作物的田地。

农业 nóngyè　＊和种地有关的很多人进行的一种活动。　✱种农作物及养牛羊等的生产事业。

农庄 nóngzhuāng　＊有很多田,也有在这里过日子的地方。　＊一些种地的人工作和生活的地方。　✱农民集中居住的范围内的地方。也称"村庄"。

农作物 nóngzuòwù　＊田里生长的有用的东西。　＊地里长的有用的东西,是种地的人工作的成果。　✱农业上种的各种东西,比如菜、果树。

弄 nòng　＊作。　＊做,用的很广的一种动作。　✱1.做;干;办。2.设法取得。

弄假成真 nòng jiǎ chéng zhēn ＊叫本来没有的有了。 ＊本来不是真的,做着做着就成了真的。 ✱本来是假装的,但结果却变成真事。

弄脏 nòngzāng ＊比如说白的东西不白了就是"弄脏"了。 ✱让物体上有土等就是"弄脏"了。

nu

怒 nù ＊很不快乐后有火了。 ＊很生气。 ✱生气极了。

怒冲冲 nùchōngchōng ＊不欢乐的样子。 ＊非常生气、发火的样子。 ✱形容非常生气的样子。与"怒气冲冲"同义。

怒火 nùhuǒ ＊心中生起的很大的气。 ✱形容极生气时的情感。

怒气 nùqì ＊非常不高兴。 ✱发怒的情感。

怒容 nùróng ＊很不快乐时的样子。 ＊很生气的样子。 ✱怒色。

nü

女 nǚ ＊可以生孩子的人。 ＊1.人有两种,会生孩子的人为女的。2.女儿。 ✱女性,是人类的两性之一,可以生育。与"男"相对。

女的 nǚde ＊能生孩子的人。 ＊和"男的"对用,能生孩子的人是女的。 ✱女性的人。

女儿 nǚ'ér ＊家里的女孩儿。 ＊父母的女孩子。 ✱指父母的女性的孩子。

女工 nǚgōng ＊女的工人。 ＊女的工人。 ✱女性的工人。

女孩儿 nǚháir ＊不是男孩儿。 ＊1.女儿。2.年岁小的女子。 ✱指女性的孩子或女儿。

女朋友 nǚ péngyou ＊一个男人很好很好的女的朋友,两人以后可能会有一个家。 ＊男子的对象。 ✱指相爱的女性对象。

女人 nǚrén ＊可以生孩子的人。 ＊能生孩子的成年人。 ✱女性的成年人。

女生 nǚshēng ＊女学生。 ＊正在学校学习的女孩子。 ✱指女学生。

女士 nǚshì ＊女人(不是小孩子)。 ＊对有夫的女人的一种好听的叫法。 ✱对妇女有礼的称呼。

女子 nǚzǐ ＊女人。 ＊女人。 ✱指女性的人。

女神 nǚshén ＊人们说天上的能不老的人是"神",这里边女的叫"女神"。 ＊人们想像中的一种女人,她们的样子不平常,很好看,也很有脑子,能做人不能做的事。 ✱神话传说中的女性的神,她们有超人的能力,可以长生不老。

nuan

暖 nuǎn ＊不凉。 ＊不冷也不太热。 ✱1.暖和。2.使变温暖。

暖和 nuǎnhuo　　✳ 不凉。　　✳ (气候等)不冷也不热。　　✲ (气候,环境)不冷也不太热。

暖气 nuǎnqì　　✳ 可以叫一个地方不凉的东西。　　✳ 用电、热水发出热,让房子里不冷的东西。　　✲ 利用热的水汽通过管道把热量传到室内的设备。

P

pa

怕 pà　　✳ 心里觉得自己没有本事做事,面对人,心里不安。　　✲ 1. 遇到困难心中很不安,很紧张。也称"害怕"。2. 表示放心不下。3. 表示也许。

怕人 pàrén　　✳ 不喜欢看到生人。　　✳ 1. 看见人后觉得不安。2. 让人觉得不安,想离开。　　✲ 1. 见人害怕。2. 使人害怕。

怕生 pàshēng　　✳ 不想看到不认识的人。　　✳ (小孩儿)看见不认识的人不想去见的一种想法、行动。　　✲ 认生。

怕事 pàshì　　✳ 不想给自己找是非。　　✲ 怕产生是非。

怕羞 pàxiū　　✳ 不大喜欢看到不认识的人,不大想在有很多人的时候说话。　　✳ 觉得不好意思。　　✲ 怕难为情。

pai

排 pái　　✳ 一个一个地次第站开;这样站开的样子。　　✲ 1. 一个接着一个地放。2. 排着的一行。3. 军队中连的下一级的单位。

排比 páibǐ　　✳ 写作文时的一种方法,把字一样多的句子次第放在一起。　　✲ 用几个内容相关,结构接近的句子表示强调并一层一层地深入。

排场 páichǎng　　✳ 体面;放在事物外面让人看的又大方又好的样子。　　✲ 表现在外面的体面的形式或局面。

排除 páichú　　✳ 不要多的、难的事物。　　✲ 除掉。

排队 páiduì　　✳ 后到的人在到了的人后边。　　✳ 一个人一个人地次第站开。　　✲ 一个接着一个地排成行。

排骨 páigǔ　　✳ 牛、羊等动物身体里一个一个在一起的又硬又长的带着红肉的东西。　　✲ 指食用的牛,羊等的中间某部位两旁的骨头。

排解 páijiě　　✳ 叫……没有了。　　✳ 让不快乐的、很难的事走开。　　✲ 1. 调解。2. 用某种事消除(心中不快)。

排球 páiqiú　　✳ 人们的一种活动,每方六个人,用手把"球"从上方打来打去。　　✲ 球类运动之一,球场长方形,每方六个人分别在球场的一方,是用手把球从上

排派判

空打过来打过去。

排外 páiwài　✳ 想外国、外地人不好,不要外国人、外地人在他的国家、他的地方。　✳ 不让外国、外地、外面的人跟自己在一起。　❋ 尽力除去外国、外地或本党派以外的人。

排长 páizhǎng　✳ 看(kān)国家的一些人中主点儿事的人,32个人的头儿。　❋ 军队排级单位的领导人。

派 pài　✳ 叫谁去(作……)。　✳ 立场、看法、作风一样的很多人成为一"派"。　❋ 1. 叫人去。2. 指立场、见解或作风、习气相同的一些人。3. 作风或风度。4. 安排。

派别 pàibié　✳ 很多人在一道,他们的想法一样,是一个派别。　✳ 因主张不同分出的一些人。　❋ 党内、教内或学术内部因主张不同而形成的分支或小团体。

派出所 pàichūsuǒ　✳ 中国最下面的一种公安机关,他们的工作是让百姓平安地生活。　❋ 中国公安部门之下的每个地区都有的机构。

派生 pàishēng　✳ 再生。一个生一个,再生一个。　✳ 从一个主要事物中分化出来。　❋ 从一个主要事物的发展中分化出来。

派头 pàitóu　✳ 人的好样子。　✳ 人给人看的一个好的样子。　❋ 指人的态度作风。

pan

判 pàn　✳ 1. 分开。2. 能很明白地看出(有区别)。3. 分出好不好、对不对。　❋ 1. 判别。2. 判定。3. 明显有区别。

判别 pànbié　✳ 分别(不同的地方)。　❋ 在认识上加以区别。

判处 pànchǔ　✳ 叫有重大问题的人去一个地方工作什么的,不能到外边来,有的是叫他不能再生在人间。　✳ 因为一个人做了不好的事给他处分。　❋ 法院对有重大问题的人判决某种处分。

判定 pàndìng　✳ 定下来。　❋ 判别并断定。

判断 pànduàn　✳ 想后说是不是这样。　✳ 定出是还是非。　❋ 1. 判定。2. 断定。

判决 pànjué　✳ 法院给一个人的行为所定下来的说法,可能是一种处分,也可能不是。　❋ 法院对某事做出的最后决定。

判决书 pànjuéshū　✳ 一样文书,说的是叫有重大问题的人去一个地方,作多少年的工,不能到外边来。　✳ 法院给一个人定是非时写出的文字。　❋ 法院根据判决写出的文书。

判明是非 pànmíng shìfēi ✻ 说是好还是不好。 ✻ 分出对还是不对。 ✿ 判别清楚对与错。

pang

旁 páng ✻ 1. 旁边,两边。2. 别的。 ✿ 1. 左右两边。2. 另外,其他。
旁边 pángbiān ✻ 人、物体两边很近的地方。 ✿ 左右两边,靠近的地方。
旁人 pángrén ✻ 别的人。 ✿ 其他的人,别的人。
旁听 pángtīng ✻ 1. 来开会,可只听别人发言,自己不可以在会上说意见。2. 班里学生以外的人,老师同意后,来听课。 ✿ 1. 参加会议但不能发言和参加表决。2. 非正式地随班听课。

pao

跑 pǎo ✻ 人、动物很快地前行。 ✿ 人或动物用脚很快地前进。
跑表 pǎobiǎo ✻ 用来看你走得快不快的东西。 ✿ 看人在广场上前行快慢时,能算出时间的一种东西。 ✿ 运动中用来比快慢的计时的表。
跑步 pǎobù ✻ 很快地走。 ✿ 人用身体最下面的东西很快地前进。 ✿ 按照规定的样子往前跑。
跑道 pǎodào ✻ 人、飞机在上边很快地走的长长的道儿。 ✿ 1. 飞机起飞用的路。2. 比哪一个前进得快时用的路。 ✿ 1. 在机场中设的为飞机起飞或落下时用的路。2. 运动场中设的用来比跑得快慢的路。
跑电 pǎodiàn ✻ 电从一定的电路上出来。 ✿ 电流出现在电线或电器外部的不安全的现象。
跑马场 pǎomǎchǎng ✻ 马在上边很快地走的大地方。 ✿ 比哪一个骑马骑得快的地方。 ✿ 比骑马跑得快慢的场地。
跑鞋 pǎoxié ✻ 活动时用的轻便的鞋。 ✿ 参加运动时穿的跑步的鞋。

pei

培 péi ✻ 让……成长。 ✿ 1. 为了保护墙、花木等,在根基部分放上土。2. 培养(人)。
培养 péiyǎng ✻ 教人长大。 ✿ 让人物、事物、作物成长。 ✿ 1. 培养小的生物,使它发育生长。2. 按照一定的目的长期地教育,使成长。
培育 péiyù ✻ 让小的生物成长起来。 ✿ 1. 培养小的生物。2. 培养人。

peng

朋 péng ✻ 来往多,处得好的人。 ✿ "朋友"的简称。

朋友 péngyou　✻ 有很多来往又友好的人。　❋ 1. 相互有交情的人。2. 男女间相互爱的对象。

pi

皮 pí　✻ 1. 人、生物体毛下最外面的东西。2. 包在外面的东西。　❋ 1. 人或生物表面的一层组织。2. 表面。

皮包 píbāo　✻ 里边可以有东西,不很大,到外边去时用。用皮做成的手提包等。　❋ 用皮革制的手提包。

皮蛋 pídàn　✻ 鸡等下的可以吃的东西叫"蛋",对"蛋"做一些工作后成为"皮蛋",把它外面的皮去了以后,里面是黑色的,可以吃。　❋ 一种蛋制食品,是由某些动物的蛋制成的,蛋青上有花的样子。

皮革 pígé　✻ 把牛皮、羊皮等去毛后做成的皮,可以用它做鞋、钱包、书包等。　❋ 用牛,羊等动物皮去掉毛之后所制成的熟皮。

皮毛 pímáo　✻ 带毛的动物皮。　❋ 1. 带毛的动物皮的总称。2. 形容表面知识。

皮球 píqiú　✻ 用皮做的一种玩的东西,里面有气,用手打它到地上,它可以自动起来。　❋ 一种玩儿的空心球,用手打它,它可以从地上起来。

皮鞋 píxié　✻ 用动物的皮做成的鞋。　❋ 用牛皮、羊皮等动物的皮制成的鞋。

pian

片 piānr　✻ 常儿化,用在"画片儿、唱片儿"等中。　❋ 与其他字组成词,如"照片"、"相片"等。

片子 piānzi　✻ 用来说VCD、影片、唱片等。　❋ 指影片、唱片、底片等。

篇 piān　✻ 一个作文叫一"篇"作文。　❋ 有开头,也有最后的成文的东西可说作"一篇"。　❋ 1. 完整的文章。2. 写着或印着文字的纸。3. 量词。如:一篇文章。

篇章 piānzhāng　✻ 写出的长长的文字;不太长的用文字写下来的东西。　❋ 指文章。

片 piàn　✻ 上下两个面儿很平又离得非常非常近的物体,常叫作片,如明信片、药片。　❋ 1. 量词,如"一片药"等。2. 与其它字组合成词,如"影片"、"药片"等。3. 指较大地区内划分的较小地区。4. 不全的、零星的。

片段 piànduàn　✻ 电影中、文中的一块儿。　❋ 整体当中的一段(多指文章,小说,生活,经历等)。

片刻 piànkè　✻ 不长的时间。　❋ 极短的时间。

片面 piànmiàn　✻ 看问题只看一边。　❋ 看问题只从个别方面出发的。　❋ 单方面的。与"全面"相对。

piao

漂 piāo　✽ 人、东西在水上,不到水下去。　✲ 物体在水面上,有时和风、水等一起动。　❋ 停在水面上,不下落。

漂流 piāoliú　✽ 人、东西在水上走,不知去什么地方。　✲ 水上物体和水一起往前动。　❋ 漂在水面上,随水流而动。

漂白 piǎobái　✽ 让有色的东西成为白色的。　❋ 使本色或带颜色的织物变成白色。

票 piào　✽ 上车、看电影、听音乐会时,你要拿出来给看(kān)门人看的东西,说明你花了钱、有位子。　❋ 作为证据的纸片,如"车票"、"电影票"等。

票房 piàofáng　✽ 买票的地方。　✲ 电影院、火车站等卖票的地方。　❋ 卖票处。

漂亮 piàoliàng　✽ 好看,美。　✲ 好看。　❋ 1. 美观;好看。2. 出色。

漂亮话 piàoliàng huà　✽ 好听的话,可没有行动。　✲ 好听的话。　❋ 那种只说不做的好听的话。

pin

品 pǐn　✽ 吃一点儿看看怎样,喝一点儿看看好不好。　✲ 1. 东西,比如"商品"是卖的东西。2. 种。3. 分出的等。　❋ 1. 物品。2. 等级。3. 种类。4. 分别出好坏;品评。

品格 pǐngé　✽ 人好不好。　✲ 为人好还是不好。　❋ 1. 品行;品性。2. 指文学艺术作品的风格。

品位 pǐnwèi　✽ 水平;文学作品所达到的水平。　❋ 某种东西中另一种成分的含量。

品味 pǐnwèi　✽ 看好不好吃;说人时,能看出好不好叫有品味。　❋ 1. 看好吃不好吃。2. 认真体会。3. (东西)好不好。　❋ 1. 仔细试味道。2. 仔细体会。

品行 pǐnxíng　✽ 说的、作的人好不好。　✲ 人的思想和行为。　❋ 有关做人的行为。

品性 pǐnxìng　✽ 说的、作的人好不好。　✲ 为人好还是不好。　❋ 行为作风上所表现的做人态度和性格。

品种 pǐnzhǒng　✽ 一样东西是一个品种。　✲ 种。　❋ 1. 经人工培育的具有一定经济价值的一类生物体。2. 指产品的种类。

ping

平 píng　✽ 1. 物体的面儿上没有高一点少一块儿的地方,跟不动的水面一样。

2. 公平,对谁都一样。3. 安定。4. 平声,汉语四声中的一声、二声。 �֎ 1. 表面没有高低的区别。2. 两者比较没有高低、先后;不相上下。3. 公平。4. 安定。5. 经常的;普通的。

平安 píng'ān　✲ 人间、人生没有问题,都很好。　✲ 没有不好的事发生,很正常。　✲ 没有事故,安全。

平常 píngcháng　✲ 1. 平时。2. 跟别的差不多一样;不比别的好,也不比别的差。　✲ 1. 普通,不特别。2. 平时。

平淡 píngdàn　✲ 没有什么不同的,没有什么叫人吃惊的。　✲ 平平常常,没什么让人多想多看的。　✲ 很平常,没有特别的地方。

平等 píngděng　✲ 两方(有时是几方)地位一样,谁也不比谁高。　✲ 1. 指人与人在社会上、生活中,得到相等的待遇。2. 一般指地位相等。

平地 píngdì　✲ 1. 让不平的地成为平的。2. 平的地。　✲ 1. 把土地整平。2. 平的土地。

平定 píngdìng　✲ 1. 生活等安定、正常。2. 不让不好的事再发生。　✲ 1. 安定。2. 平息。

平反 píngfǎn　✲ 本来说一个人不是好人,后来知道他是好人,再叫大家知道他是好人,这样叫平反。　✲ 把过去定错的事再说成对的。　✲ 把判错的政治结论改过来。

平方米 píngfāngmǐ　✲ 四个边都是一米的图的大小是一"平方米"。　✲ 四边都是一米长的正方形的面积,是一平方米。

平和 pínghé　✲ 不爱生气,让人觉得亲近。　✲ 1.(性情或言行)温和。2. 平静。

平静 píngjìng　✲ 没什么声儿。　✲ 没有什么不安。　✲ (心情,环境)安静,没有不安。

平面 píngmiàn　✲ 平的面儿。　✲ 一个没有高低分别的面儿。

平时 píngshí　✲ 平常的时候。　✲ 指一般的,通常的时候。

平息 píngxī　✲ 叫不好的没有了。　✲ 用一定的方法不让不好的事再发生。　✲ 1. 平静或停止。2. 用武力使情况平静下来。

平行 píngxíng　✲ 一个正方、长方平面里对着的两个边儿(有时是两个平面),什么时候也不会到一起叫作平行。　✲ 1. 等级相同的。2. 两个平面或一个平面内的两条直线或一条直线和一个平面始终不能相交,叫做平行。3. 同时进行的。

平易近人 píngyì jìn rén　✲ 对人非常好,不难和人亲近,别人喜欢和他在一起。　✲ 态度和气,使人容易接近。

评 píng　✲ 说他好不好。　✲ 比一比什么好,哪个好。　✲ 1. 评论。2. 评判。

评比 píngbǐ　✲ 看哪个好哪个不好。　✲ 比出什么好,哪个好。　✲ 通过比较评出高与低。

评定 píngdìng ✽ 说怎样、好不好。 ✽ 比一比,定下来。 ✽ 经过评判来决定。

评分 píngfēn ✽ 看怎么样、好不好。 ✽ 比一比后打分。 ✽ 根据所做的好坏来评定分数。

评价 píngjià ✽ 说哪里好、哪里不好。 ✽ 对人、事物等的看法。 ✽ 1. 评定价值高低。2. 评定的价值。

评理 pínglǐ ✽ 说好还是不好。 ✽ 两人不和时,一人出来说话,看看谁对。 ✽ 评判谁对谁错。

评论 pínglùn ✽ 说怎么好怎么不好的看法。 ✽ 对一人一事公开说出自己的看法。 ✽ 指出优点和缺点、是与非,并发表意见。

评论家 pínglùnjiā ✽ 一样儿人,他们的工作是写东西,说小说好不好,写法怎么样。 ✽ 看过以后写出看法、想法,把这个当作工作的人。 ✽ 专门在报纸、杂志等地方发表评论的有影响力的人。

评判 píngpàn ✽ 看过以后说出哪个好。 ✽ 评定是非,好坏。

评说 píngshuō ✽ 说人、东西怎么样。 ✽ 说出好和不好。 ✽ 评论;评价。

评选 píngxuǎn ✽ 大家说哪个最好。 ✽ 比一比哪个好,然后让好的出来。 ✽ 评比并选出。

评语 píngyǔ ✽ 说人、东西好还是不好的话。 ✽ 写出看过以后的看法。 ✽ 评定某人或某事的几句话。

po

破 pò ✽ 一个大块儿的东西成了几个小块儿;大块儿的东西上面有了孔,少了一块儿,不再是完好的。 ✽ 1. 完整的东西变得不完整。2. 整的换成零的。3. 使真相出来。

破产 pòchǎn ✽ 本来很好的家现在什么都没有了。 ✽ 工场、商场、饭店等一点钱也没有了。 ✽ 1. 指人的钱,产业等都没有了。2. 形容事情不成功。

破除 pòchú ✽ 叫过去的不好的(想问题的方法……)没有了。 ✽ 不要了,不再有。 ✽ 除去(原来认为好的东西)。

破费 pòfèi ✽ 说他人花票子(买东西的东西)花在自个儿这儿叫破费。 ✽ 花钱的又一说法。 ✽ 花费(时间或钱)。

破格 pògé ✽ 用不平常的作法,把不平常的人比别的人先提到高的位子上。 ✽ 打破已经定的规格的制约。

破坏 pòhuài ✽ 叫本来好的不好了。 ✽ 让好的成为不好的。 ✽ 使事物受害或变得不完整。

破例 pòlì　✽ 以前都这样,这一回不这样,叫破例。　✽ 和以前作法不一样。　✽ 打破惯例。

破碎 pòsuì　✽ 大的东西成为很多小的东西。　✽ 受破坏而成为碎块。

pu

普 pǔ　✽ 很多;各个方面都这样。　✽ 普遍;全面。

普遍 pǔbiàn　✽ 什么地方都是这样。　✽ 很多,有共同点的;很多人、很多地方都这样的。　✽ 存在的面很广,具有共同性。

普及 pǔjí　✽ 哪里都要知道、作到。　✽ 让每个人都知道。　✽ 1. 普遍地传到。2. 普遍推广。

普通 pǔtōng　✽ 什么地方都能看见、听到的。　✽ 平常的。　✽ 一般的。

普通话 pǔtōnghuà　✽ 汉语,中国人都说的话,外国人要学的中国话。　✽ 中国每个地方的人都要会说、能听懂的话,跟北京话差不多。　✽ 现代汉语的标准语,以北京语音为标准音,以典范的现代白话文著作为语法规范。

普选 pǔxuǎn　✽ 大家同意让几个人进机关为人民工作。　✽ 一种选举方式,能参加选举的公民都参加。

Q

qi

七 qī　✽ 在六和八中间的字。　✽ 比八少一就是七。　✽ 数目,六加一所得。

七月 qīyuè　✽ 在六月和八月中间的那个月。　✽ 一年中的第七个月。这时中国热起来了。　✽ 一年的第七个月,是夏天的时候。

期 qī　✽ 时期,时间。　✽ 1. 一定的时间。2. 开始定好的时间。3. 日期。　✽ 一段时期。

期待 qīdài　✽ 想要谁、什么到来。　✽ 心里想一个好事会来到,等着它。　✽ 期望;等待。

期间 qījiān　✽ 一个时期里。　✽ 一个时期里面。　✽ 在某个时期间内。

期望 qīwàng　✽ 想要的,想要他人作的。　✽ 想让以后的事物、人怎么样。　✽ 对将来的事物或人有所希望。

期限 qīxiàn　✽ 不能过的时间。　✽ 最后的时间。　✽ 1. 限定的一段时间。2. 所限定的时间的最后界线。

齐 qí　✽ 一样长,一同。　✽ 1. 同样。2. 都做好了。　✽ 1. 整齐。2. 完备。3. 一致;同样。4. 达到同样的高度。

齐备 qíbèi　✽ 要有的都有了(多说明物)。　✽ 准备齐全(多指物品)。

齐唱 qíchàng　✽ 两个以上的人同时唱。　✽ 两个以上的人同时按同一个调子一起演唱。

齐国 Qíguó　✽ 两千多年以前在中国山东的一个王国。　✽ 古时中国下面一个小国的名字。　✽ 中国古时春秋时代的一个国。

齐名 qímíng　✽ 同样有名。　✽ 有同样的名声。　✽ 有同样的名望。

齐全 qíquán　✽ 要有的东西都有了。　✽ 能有的都有了(多说明物)。　✽ 应有尽有(多指物品)。

齐心 qíxīn　✽ 大家想的都一样。　✽ 思想认识一样。　✽ 思想认识一致。

齐整 qízhěng　✽ 大小什么的都一样。　✽ 大、小、高、长等都差不多。　✽ 整齐;有条理。

其 qí　✽ 他(们),她(们),那,他(们)的,她(们)的。　✽ 1.他(它、她)的;他(她、它)们的。2.他(它、她);他(她、它)们。3.那个、那样。　✽ 书面语,用于第三人称。1.他(她,它)的,他(她,它)们的。2.他(她,它),他(她,它)们。3.那个;那样。

其次 qícì　✽ 第二。　✽ 1.第二。2.第二、次要的地位。　✽ 1.与"第二"同义。2.次要的地位。

其间 qíjiān　✽ 那个时期、时间里。　✽ 那中间。　✽ 1.其中。2.指某一段时间。

其实 qíshí　✽ 本来是下边这样的……。　✽ 说明下面所说的是真的;说真的。　✽ 副词,表示所说的是实际情况。

其他 qítā　✽ 以外的,说人时用。　✽ 别的。　✽ 1.别的人。2.别的事物,与"其它"同义。

其它 qítā　✽ 以外的,说东西时用。　✽ 别的。　✽ 另外的(用于事物)。平常多用"其他"。

其中 qízhōng　✽ 在那中间。　✽ 那里面。　✽ 指在"那里面"的某部分。

奇 qí　✽ 少见的。　✽ 少见的,非常的。　✽ 1.不见的;特别的。2.出人意料的。

奇怪 qíguài　✽ 很少见,惊人。　✽ 人觉得跟平常的不一样。　✽ 1.跟平常的不太一样,不太正常。2.难以理解。

奇观 qíguān　✽ 很少见的好看的、大的东西。　✽ 很少能见到的样子。　✽ 美丽而特别的景象。

奇特 qítè　✽ 很少见的。　✽ 跟平常的不一样,少见的。　✽ 奇怪而特别。

奇遇 qíyù　✽ 见到了很少见的人、东西。　✽ 没想到的见面(多用来说好的事)。　✽ 意外的,奇特的相遇(多指好的事)。

骑 qí ＊ 坐在马上。和在马上一样,人坐在有的东西上。 ＊ 让身体下面分开坐在动物身上和别的物体上。 ✽ 人坐在牛、马等动物身上或坐在自行车上,两条腿分别在两旁。

骑马 qímǎ ＊ 坐在马上叫马走。 ＊ 骑在马身上,让它带自己前行。 ✽ 骑在马上,使马走或跑。

起 qǐ ＊ 1. 从坐着开始往上站立。2. 离开先有的地方。3. 从下往上升,从小往大长(zhǎng)。4. 开始。5. 立房子。6. 用在"今天、这里"等以后,说明从哪时哪里开始。 ✽ 1. 离开原来所处的地方。如:起飞。2. 发生。3. 开始。4. 取(名字)。

起步 qǐbù ＊ 以前没走,现在走;以前没作,现在作。 ＊ 开始走。 ✽ 1. 开始走。2. 形容事情开始进行。

起草 qǐcǎo ＊ 写重要的东西时,要写几回,第一回写时叫起草。 ＊ 第一次写,为了第二次更好地成文。 ✽ 正式写文章前,初步写非正式的文章。

起程 qǐchéng ＊ 以前没走,现在走,去一个地方。 ＊ 上路;开始出发。 ✽ 开始出发。

起初 qǐchū ＊ 起先;开始的时候。 ✽ 与"最初"同义;起先。

起床 qǐchuáng ＊ 睡醒后起来。 ✽ 睡醒觉后下床。

起点 qǐdiǎn ＊ 开始的地方、时间。 ✽ 开始的地点或时间。

起飞 qǐfēi ＊ 飞机什么的飞上去。 ＊ 飞机等开始飞行。 ✽ (飞机等)开始向上升。

起火 qǐhuǒ ＊ 有火了;生火。 ＊ 1. 生火做饭。2. 发生火事。 ✽ 1. 着火。2. 因着急而发怒。3. 生火做饭。

起来 qǐlái ＊ 1. 醒后坐起。2. 兴起,升起等。3. 用在意为动作的字后,有时说明动作向上,如"拿起来",有时说明动作开始和做下去等,如"唱起来"。 ✽ 1. 起床。2. 由坐而站。

起立 qǐlì ＊ 站起来。 ✽ 站起来。

起名 qǐmíng ＊ 叫人有一个名字。 ＊ 给人名字。 ✽ 1. 为人取名字。2. 为事物取名字或名称。

起身 qǐshēn ＊ 动身。 ✽ 动身。

起诉书 qǐsùshū ＊ 提给法院的文书。 ✽ 向法院提交的告别人的文书。

起头 qǐtóu ＊ 1. 开始的时候。2. 开始的地方。 ✽ 开始;开头。

起先 qǐxiān ＊ 开始。 ✽ 最初;开始。

起疑 qǐyí ＊ 想可能不是这样,以前没那么想。 ＊ 开始不信。 ✽ 产生怀疑。

起义 qǐyì ＊ 因为觉得生活、国家的作法等不好,一些人,有的时候是很多人发动的跟上面的人对立的事,会和对方打起来。 ✳ 为了反对反动统治而发动武装革命。

起意 qǐyì ✳ 有了一个不大好的想法。 ✳ 有新想法(多是不好的)。 ✳ 产生某念头(多指坏的)。

起因 qǐyīn ✳ 事为什么发生。 ✳ 发生的原因。

起重机 qǐzhòngjī ✳ 人开的叫重的东西到上边的大东西。 ✳ 一种有时提起重物、有时把重物从一处动到别处的电机,有很多种。 ✳ 用于提起重物的机器,种类很多,可以用在车站、工地等。

起子 qǐzi ✳ 打开放酒、汽水的东西的工具。 ✳ 用于打开酒瓶,汽水瓶之类瓶子的小东西。

起作用 qǐ zuòyòng ✳ 有了作用。 ✳ 发生作用。 ✳ 对事物产生影响。

气 qì ✳ 哪儿都有的一样儿看不见的东西,人用口得到以生在人间。 ✳ 1. 一种看不见、拿不着、就在我们身边的物体。它一动就是风,人和生物一刻也不能没有它。2. 大自然中冷、热、雨、风等等现象。3. 让人很不高兴。发火儿。4. 说成儿化时,意为气息。 ✳ 1. 没有颜色,没有味道,看不见的可以流动的物体。空气就是一种气体。2. 指自然界的冷热、有没有太阳等现象。3. 人的作风。4. 生气。

气概 qìgài ✳ 认为能干好大事、难事的想法、行动。 ✳ 在对待重大问题时所表现的正义气势。

气功 qìgōng ✳ 中国很多人喜欢的一种用体中气让身体好的活动,从古时候就有,有动作多的,有动作少的。 ✳ 中国特有的一种健身的功夫,基本分两类,一类是静立、静坐等,另一类是用运动的方法。

气管 qìguǎn ✳ 人、动物身上用来进、出气的东西。 ✳ 人的器官之一。空气由气管进入体内。

气候 qìhòu ✳ 天儿怎么样。 ✳ 人们发现的一定地区一定时间里常出现的天气现象。 ✳ 一定地区里的四季的天气情况。

气力 qìlì ✳ 人干活的本事;能拿起很重的东西,就有气力。 ✳ 力气。

气量 qìliàng ✳ 才识高不高;不大为小事说别人,能为人着想。 ✳ 1. 能听不同意见的度量。2. 能对别人让步的度量。

气恼 qìnǎo ✳ 很生气。 ✳ 生气。

气球 qìqiú ✳ 里面有气,很轻,放手后可以飞起来的东西。 ✳ 里面含气的球,可以上升。

气势 qìshì ✳ 人、物的一种非常的样子,比如人有认为能干好大事、难事的想法、行动等。 ✳ 表现出来的某种力量和形势。

气体 qìtǐ　✳ 人间所有的气,有风时它是可以动的。　✳ 没有颜色、没有味道、看不见的流动的物体。空气就是一种气体。鼻子可以闻到的味儿。

气味 qìwèi　✳ 看不见、听不到的东西。　✳ 身上发出来的,可以觉得到的东西。　✿ 1.可以闻到的味儿。2.比作性格、志趣。

气温 qìwēn　✳ 天儿凉不凉。　✳ 说明天气冷热时所用的说法,气温高时热。　✿ 空气的温度。

气息 qìxī　✳ 出入身体的气。　✿ 1.进到人体的和从人体出来的气,就是出气和入气。2.气味。

气象台 qìxiàngtái　✳ 是看第二天和以后几天天凉不凉,好不好的工作的地方。　✳ 告诉大家天气怎么样的地方。　✿ 对大气进行研究并报告天气的机构。

汽 qì　✳ 不是气体的物体在非常热的时候成了气体,如水可以成为水汽。　✿ 水或其它有形的物体受热之后所转化成的气体。

汽车 qìchē　✳ 一样儿用机子在大道上开走的车。有的里边有很多东西,有的坐人。　✳ 用机子发动后,人在公路上、马路上开的车。样子很多,上面可以坐很多人,放很多东西。　✿ 通过某种机器的动力而能行走的交通工具,主要在公路上或马路上走。

汽水 qìshuǐ　✳ 七八月中国人喝得最多的水。可口可乐是一样儿汽水。　✳ 用一定方法把一定的气体和果香等放进水里做成的喝的东西。天热的时候人们更喜欢喝。　✿ 含有气和其它成分的好喝的水,天热的时候人们常喝,喝了以后能让人觉得凉快。

汽油 qìyóu　✳ 车走时、飞机飞时用的东西,样子和水很近。　✳ 见火就着(zháo)的水样的东西,可以用在车上发动车走起来。　✿ 开汽车使用的主要的一种油。

器 qì　✳ 用的东西。　✳ 用的东西。　✿ 1.器具。2.器官。3.度量。4.才能;人才。

器材 qìcái　✳ 能用的东西。　✳ 可以用的东西。　✿ 器具和材料。

器官 qìguān　✳ 人、动物身体上的东西,比如手、头、脑等。　✿ 构成生物体的一部分。

器具 qìjù　✳ 用的东西。　✳ 工作时和生活中用的东西。　✿ 劳动时或生活中的用具。

器物 qìwù　✳ 用的东西。　✳ 用的东西。　✿ 各种用具的统称。

器重 qìzhòng　✳ 很看重一个人。　✳ 看重;认为比自己小的人很不错就用他。　✿ (上级对下级,年长的对年轻的)看重;重视。

qian

千 qiān　＊十个一百是一千。　＊十个百为一千。　✱1. 称十个一百为一千。2. 比作很多。

千虑一得 qiān lǜ yī dé　＊想了很多,可能里边会有一个好的想法。　＊平常人的想法也有可以看重、拿来用的地方。　✱指普通人的考虑也有可取的地方。

千奇百怪 qiān qí bǎi guài　＊很多很少见、很不一样的东西。　＊和平常的很不一样,什么样的都有。　✱形容事情奇怪而多样。

千秋 qiānqiū　＊很长的时间。　✱指很长的时间。

千秋万代 qiānqiū wàndài　＊很长时间,很多年。　＊很多很多年。　✱指很长久的时间。

千万 qiānwàn　＊一定。　＊(要求别人)一定要,必得(děi)。

千真万确 qiān zhēn wàn què　＊非常真的;一定是真的。　＊十分正确。

前 qián　＊你看见的那一边是在你的前边,不是后。　＊1. 人所面向的一面,房子正门所向的一面。跟"后"对立。2. 时间较早的;过去的时间;往日的。　✱1. 处于正面的空间。与"后"相对。2. 指过去的或较早的时间。与"后"相对。

前边 qiánbiān　＊前面。　＊前面,与"后边"相对。

前程 qiánchéng　＊以后的生活、工作等。　✱1. 前面的路程。2. 前途。

前方 qiánfāng　＊前面。　✱1. 前面。2. 与对立方面武装冲突时,前面的地区叫"前方"(与"后方"相对)。

前后 qiánhòu　＊上下;前边和后边。　＊比一定的时间时早时晚一些的时间。　✱1. 某一物体的前面和后面。2. 在某一段时间内,从开始到最后。3. 比某一特定的时间早或晚一点的一段时间。

前进 qiánjìn　＊往前走。　✱向前走或向前发展。

前景 qiánjǐng　＊以后会怎么样。　＊看上去离看的人很近的东西;人、事物从今后可能会出现的样子。　✱1.(图画、舞台等)离观者最近的景物。2. 将要出现的景象。

前门 qiánmén　＊北京一个有名的地方。　＊北京一地名,在天安门广场从北往南看到的第一个门。　✱1. 位于房子正面的主门。2. 北京的一个地名,在天安门广场从北往南看到的第一个门。

前年 qiánnián　＊去年的前一年。　＊去年的前一年。　✱"去年"之前的一年是前年。

前期 qiánqī　＊以前的一个时期。一个大的时期里在前边的一个时期。　＊一个时期里前面的时间。　✱某一个时期的前一段时间。

前人 qiánrén　＊以前的人。　✲以前的人；古人。　✿古人；以前的人。

前任 qiánrèn　＊以前作同样工作的人。　✲以前做这事的人，现在不做了；以前在这个位子上的人。　✿对某一职务来说，现在任职的人是"现任"，他之前任职的人是"前任"。

前提 qiántí　＊有了这个，后边的东西会有；没有这个，后边的东西不可能有。"这个"就是前提。　✲让事物发生的前面当有的事。　✿事物发生或发展的先决条件。

前天 qiántiān　＊昨天的前一天。　✲昨天的前一天。　✿"昨天"之前的一天是前天。

前往 qiánwǎng　＊前去。到什么地方去。　✲去；前去。　✿是"前去"的同义词；去（书面语）。

前夕 qiánxī　＊1.前一天的晚上。2.事儿要发生前的时候。　✲1.前一天的晚上。2.指事情要发生的时刻。

前线 qiánxiàn　＊两国打对方时，最前面的地方。　✲指双方军队接近的地方（与"后方"相对）。

前言 qiányán　＊书、文中正文以前的话。　✲写在书前、正文前面的话。　✿1.写在书前或文章前的短文。2.前面说过的话。

前因 qiányīn　＊用来说明事为什么会发生。　✲事情的起因。

钱 qián　＊用来买东西的东西。　✲买东西时一定要用的一种票子，每个国家都不一样，比如美国用的是美元。　✿是价值的代表，用纸或硬物制成，可以买任何商品。

钱包 qiánbāo　＊里边有买东西时要用的票子的东西。　✲放钱用的小包儿。皮做的最好。　✿装钱用的小包儿。

qiang

强 qiáng　＊很大；比……大、高、好等。　✲1.力量大。2.使用强力。3.感情或意志所要求达到的程度高。4.好（多用于比较）。

强大 qiángdà　＊非常大。　✲气势大；力量大。

强调 qiángdiào　＊说了还说，以叫人看重。有重点地说。　✲着重提出；重点说出。　✿着重提出。

强攻 qiánggōng　＊很长时间很多人打一个地方。　✲集中人力打。

强固 qiánggù　＊非常硬的。　✲非常结实。

强国 qiángguó　＊很有钱的国家。　✲国力强大的国家。

强化 qiánghuà　＊让事物更大、更好、更硬。　✲加强。

强加 qiángjiā ＊用不好的办法让人一定同意。 ＊用力量使人接受某种意见或作法。

强健 qiángjiàn ＊气色好,身体好。 ＊(身体)强壮。

强烈 qiángliè ＊非常大的。 ＊极强的;力量极大的。

强人 qiángrén ＊很能、很行的人。 ＊很能干的人;能把不好干的事干好的人。 ＊强而能干的人。

强行 qiángxíng ＊叫人没法说不行,说不行也得(děi)去作。 ＊用不好的办法让人去做。 ＊用强制的方法进行。

强硬 qiángyìng ＊非常硬;不想让给别人的(作法等)。 ＊强有力的,不让步的。

强制 qiángzhì ＊用不好的办法让人一定同意。 ＊用政治或经济力量强使人服从。

强壮 qiángzhuàng ＊气色好,身体好。 ＊(身体)很结实,壮,有力气。

墙 qiáng ＊家里的四边都是墙,没有墙,也没有家。 ＊房子里的四面。 ＊用土等材料建成的外围。比如,构成房屋的周围部分就是墙。

墙报 qiángbào ＊"墙"上的报,叫大家看。 ＊机关、学校等办的可以放在房子四面上的报。 ＊机关、团体、学校等放在墙上的报。

强 qiǎng ＊心里不想做可是也去做了。 ＊使人做他自己不愿意做的事。

强求 qiǎngqiú ＊用不好的办法让别人去。 ＊不管别人愿意不愿意,硬要求。

强使 qiǎngshǐ ＊叫人作时,他不行也得(děi)去作。 ＊用不好的办法让人做事。 ＊强硬地使人做某事。

qiao

桥 qiáo ＊可以用来在河上走的人工道。 ＊用来给人、车等在水面上走的路。 ＊架在水面上或空中以便使人或车等通行的物体。

桥头 qiáotóu ＊河上人工道没在水上的两边。 ＊人、车等在水面上走的路的头儿。 ＊指桥的两头。

巧 qiǎo ＊1.很会干活。2.正好。 ＊1.反应快,技术高明。2.正好遇在某种机会上。

巧合 qiǎohé ＊正好。 ＊正好。 ＊(事情)正好相合或相同。

巧遇 qiǎoyù ＊正好见到了。 ＊正好见到,本来没想到的见面。 ＊没有约定而正巧遇见。

qie

切 qiē ＊用快快的成片的东西等把一个大的分开,让它们不再在一起。 ＊用

切且切亲

很利的硬物把物体分成几部分。

切除 qiēchú　＊不再要有问题的那一块儿。　✱用外科手术把身体上有病的部分切掉。

切断 qiēduàn　＊叫一个东西两半了。　＊一个分成两个,不在一起;让关连的东西不再关连。　✱完全切开,使分开的部分各自独立。

切开 qiēkāi　＊叫一个东西两半了。　＊用快快的成片的东西把一个分成几个。　✱用切的方法使完整的物体变成几部分。

切碎 qiēsuì　＊用快快的成片的东西让大的成为很多小的。　✱切成零片或零块。

且说 qiěshuō　＊再说。　✱旧小说中的发语词。

切 qiè　＊1.和……一样。2.亲近。　✱1.切合。2.深切。

切合 qièhé　＊正和……一样。　＊正好。　✱十分相合。

切记 qièjì　＊一定不要忘。　✱深切地记住。

切身 qièshēn　＊1.跟自己有关的。2.亲身;自己有过的。　✱1.跟自己有密切关系的。2.亲身。

切实 qièshí　＊真的去做。　✱1.合乎实际。2.实在。

qin

亲 qīn　＊1.父母和亲人。2.跟人处得很近,常有来往。3.亲自。4.口跟口对在一起,说明两人在亲热。大人对小孩喜爱时,也这样做。　✱1.关系近,感情好。2.有家庭关系或血统关系。

亲爱 qīn'ài　＊非常亲近和热爱的。　✱非常密切,感情深。

亲笔 qīnbǐ　＊一个人自个儿写的。　＊1.亲自写。2.亲自写的字。　✱1.亲自动笔写。2.指亲自写的字。

亲耳 qīn'ěr　＊本人、自个儿听到的。　＊亲自听到。　✱亲自(听到)。

亲密 qīnmì　＊人和人很要好。　＊人和人很近,处的很好。　✱人与人的关系亲近而密切。

亲切 qīnqiè　＊对人很友好。　✱形容热情而关心。

亲热 qīnrè　＊人和人很友好。　＊对人很好,很关心别人。　✱亲密热情。

亲人 qīnrén　＊父母、爱人等和自己非常亲近的人。　✱1.家庭内的成员或有直接血统的关系很近的人。2.指与自己关系亲密,感情深的人。

亲身 qīnshēn　＊自个儿(zìgěr)(去作……)。　＊自己(做)。　✱亲自;自己(做)。

亲手 qīnshǒu　＊自个儿(zìgěr)(去作……)。　＊用自己的手(做)。　✱亲自

动手。

亲眼 qīnyǎn　✱ 自个儿看到的。　✻ 不是听别人说的,是自己(看到)。　✿ 亲自(看到)。

亲友 qīnyǒu　✱ 家人,朋友。　✻ 亲人和朋友。　✿ 亲人和朋友。

亲自 qīnzì　✱ 自己(做事)。　✻ 指不靠别人,由自己去做的情况。

qing

青 qīng　✱ 1. 天的色。2. 黑色。3. 年轻。4. 年轻的人。　✻ 蓝色或绿色。

青菜 qīngcài　✱ 吃的东西。长在田里,不可生吃。　✻ 小白菜,在中国很常见,可以吃。　✿ 种的各种菜的统称。

青春 qīngchūn　✱ 二三十岁时;人不到中年的时候。　✻ 年轻的时期。　✿ 青年时期。

青海 Qīnghǎi　✱ 中国的一个地方,在西北。　✻ 中国西北一个大地区的名字,它的东南和四川连着。　✿ 中国西部的一个省,在四川西北面,与四川相连。地处高原,气候干冷。

青年 qīngnián　✱ 小孩儿以后,中老年以前的人。　✻ 1. 人从十五六岁到三十岁前后。2. 从十五六岁到三十岁前后的人。　✿ 1. 指人十五六岁到三十岁左右的阶段。2. 指青年时期的人。

青衣 qīngyī　✱ 1. 黑色的衣服。2. 一种在台上做给人看的活动(主要是唱),讲的是一个事,里面有一种人,身上是黑色的衣服,看起来是中年的、女的,叫"青衣"。　✻ 剧中角色的一种。表演青年或中年妇女女性的一种,穿青色的衣服。

青天 qīngtiān　✱ 上天。　✻ 1. 有太阳的天气。2. 用来比作有一定地位,一心为人民做事的好人。　✿ 1. 青色的天。2. 形容正直的官。

轻 qīng　✱ 1. 比重小。2. 不重要。3. 年岁小,工作少。　✻ 重量小,比重小。是"重"的反义词。

轻便 qīngbiàn　✱ 不重和好用。　✻ 因为不重,所以(拿的时候、行动的时候)方便。　✿ 1. 重量小,使用方便。2. 容易。

轻工业 qīnggōngyè　✱ 为人们做日常用的东西的一种行当。　✻ 以生产生活资料为主的工业。

轻活 qīnghuó　✱ 好作的工作。　✻ 很好干的工作。　✿ 不太费力气的活儿。

轻快 qīngkuài　✱ 快乐。　✻ 1. 心里没什么事,觉得快乐。2. (动作)方便。　✿ 1. (动作)不费力气。2. 不紧张,快乐。

轻慢 qīngmàn　✱ 小看人。　✻ 对人不好,看不起别人。　✿ 对人态度不好,看不起人。

轻清

轻巧 qīngqiǎo　　❋ 东西不重,用起来好用。　　❋ 因为很轻,所以活动方便。
✿ 1. 重量小而且用起来不费力气,轻快。如:这个小车很轻巧。2. 简单容易。

轻声 qīngshēng　　❋ 1. 说话时有些字音很轻,不长。2. 小声地说。　　✿ 说话时有些字的音很轻很短,叫做"轻声"。比如普通话中的"着、的、了"等词。

轻视 qīngshì　　❋ 小看(人、东西)。　　❋ 不重视;不放在心上;不认真(看、做)。
✿ 不重视。

轻信 qīngxìn　　❋ 没有想就认为别人说的是真的。　　✿ 轻易相信。

轻易 qīngyì　　❋ 不多想想,去作了。　　❋ 不难的;没有多想,就去做的。　　✿ 1. 简单容易。2. 随便。

清 qīng　　❋ 水中什么都看得见的。　　❋ 水底的东西都能看见时,水是"清"的。
✿ 1.(流动物体或气体)很干净,没有杂物。2. 结算。

清白 qīngbái　　❋ 人没有一点问题,没作过什么不好的。　　❋ 在为人上没有错儿的。　　✿ 1. 指不健康的很白的脸色。2. 指某人的为人或某段历史没有问题。

清除 qīngchú　　❋ (在现有的人、东西中)不要(自个儿不爱的)。　　❋ 把东西去了;不要什么东西。　　✿ 去掉。

清楚 qīngchǔ　　❋ 懂;知道得多;知道了。　　❋ 1. 事物不难让人知道。2. 对事物知道得很多。3. 知道。　　✿ 1. 事物容易让人了解。2. 对事物了解得很全面。3. 同"了解"。

清代 Qīngdài　　❋ 中国1616年到1911年这个时期。　　❋ 中国从1616年到1911年的时期。　　✿ 中国封建社会的最后一个大的时代。

清淡 qīngdàn　　❋ 色儿什么的不重、不多。　　❋ 香气不重,商店里人不多等都叫"清淡"。　　✿ 1. 颜色不深。2.(味道或气味)有一点,不重。

清官 qīngguān　　❋ 机关里不图钱,一心为人们办事的有一定地位的人。　　✿ 指公正清白的官。

清静 qīngjìng　　❋ 没有什么声儿。　　❋ 声音小,没有别的事物的声音。　　✿ (环境)安静。

清苦 qīngkǔ　　❋ (日子过得)不很好,没有很多买东西的票子。　　❋ (过去多用来说念书的人)生活很难。　　✿ (生活)穷苦。

清理 qīnglǐ　　❋ 把没用的东西都拿走,一个也不要。　　✿ 整理或处理。

清亮 qīngliàng　　❋ (水、月)色少,看得见。　　❋ 声音高,好听到。　　✿ 1. 清楚明亮。2. 明白。

清明 qīngmíng　　❋ 每年的四月四、五、六日中的一天为"清明",人们在这天想没有活着的人。　　✿ 指中国民间习惯春天去纪念死者的那个节气。

清明节 qīngmíngjié　　❋ 中国的四月五日。　　❋ 每年的四月四、五、六日中的一天为"清明节",人们在这天想没有活着的人。 ✱ 指清明时传统纪念死者的日子。

清算 qīngsuàn ✱ 一个一个地都算出来。 ✱ 1.清楚全面地计算。2.提出全部问题和错处从而做出相应的处理。

清香 qīngxiāng ✱ 香气不重的;不重的香气。 ✱ 清淡的香味。

清新 qīngxīn ✱ 1.天儿好、凉快。2.以前没有见过的样子。 ✱ 让人觉得天很凉快,大气很新。 ✱ 1.新鲜。如:空气清新。2.(风格)和以前的不一样,新式,不平常。

清早 qīngzǎo ✱ 刚刚天明的时候。 ✱ 早上天刚亮的时候。

清真 qīngzhēn ✱ 回民的,回教的。 ✱ 回教的一种教的名字。回教是世界三大教派之一,公元七世纪创建,流行于世界最大的洲的西南部和非洲北部等地,教民吃牛、羊肉。

情 qíng ✱ 一个人爱一个人,可以说这两人有"情"。 ✱ 1.对人的看法、想法。2.一个事物的样子。 ✱ 1.感情。2.爱情。3.情况。4.情理、道理。

情报 qíngbào ✱ 有关一些事的说法(多不能告诉无关的人)。 ✱ 关于某种情况的消息和报告(多指机密的)。

情感 qínggǎn ✱ 喜欢,不喜欢,快乐,吃惊…… ✱ 对一个人、一个事喜欢、不喜欢的看法、想法。 ✱ 1.对外界事物的心理反应。2.感情。

情歌 qínggē ✱ 为告诉别人自己爱他(她)所唱的歌。 ✱ 表现男女爱情的歌。

情节 qíngjié ✱ 电影、小说中一个又一个的动作、场面、小事等。 ✱ 事情的变化和经过。

情景 qíngjǐng ✱ 一个地方的样子。 ✱ (一个地方、一个事)的样子。 ✱ 情形,景象。

情况 qíngkuàng ✱ 怎么样了。 ✱ 一个事的样子。 ✱ 情形。

情理 qínglǐ ✱ 人们正常的想法。 ✱ 人的常情和事情的一般道理。

情面 qíngmiàn ✱ 个人间的面子。 ✱ 私人间的感情和面子。

情人 qíngrén ✱ 一个男人爱一个女人,一个女人爱一个男人,他(她)们是情人。 ✱ 所爱的男女中的一方。 ✱ 相爱中的男女的一方。

情事 qíngshì ✱ 现象;出现的样子。 ✱ 情况;现象。

情书 qíngshū ✱ 男女两人爱的时候写的说爱的东西。 ✱ 男女间为说爱写的信。 ✱ 男女间表示爱情的信。

情形 qíngxíng ✱ 样子。 ✱ 事物让人看到的样子。 ✱ 事物表现出来的样子。

情愿 qíngyuàn ✱ 想要(作……)。 ✱ 心里乐意去做。 ✱ 自愿。

请 qǐng ✱ 1.友好地要对方做什么事;让对方去一个地方。2.向人说明自己想

请庆穷

得到什么。 ✲ 客气地向对方表达时,在句子里加"请"字,用于希望对方做某事。

请便 qǐngbiàn ✲ 请对方自便,想做什么就做什么,想怎么做就怎么做。 ✲ 请对方按照对方自己觉得方便的情况去做。

请假 qǐngjià ✲ 想不上学、想不上班时,和上边的人说。 ✲ 因病、因事请头儿让自己在一定的时间里不工作、不上学。 ✲ 因病或因事请求准许放假一天或几天或一段时间。

请教 qǐngjiào ✲ 有问题问人。 ✲ 问别人问题。 ✲ 请求指教。

请客 qǐngkè ✲ 用票子叫人吃饭、买东西。 ✲ 请别人吃饭等。 ✲ 请人(吃饭、看电影、看剧等)。

请求 qǐngqiú ✲ 叫人去作什么。 ✲ 说明自己想干什么事,请别人让自己去做,有时是请别人给自己做。 ✲ 说明要求,希望得到满足。

请示 qǐngshì ✲ 问(上边的人)可不可以(作……)。 ✲ 问上面的人能不能去做。 ✲ (向上级)请求指示。

请问 qǐngwèn ✲ 请对方对自己的问题做出说明,让自己明白时,可开口说"请问"。 ✲ 客气的表达方式,用于请求对方回答问题。

庆 qìng ✲ 人快乐时作的。 ✲ 祝;为共同的喜事进行的一些活动。 ✲ 庆祝。

庆祝 qìngzhù ✲ 为共同的喜事进行一些活动来说明自己快乐,比如开晚会、唱歌等。 ✲ 为共同的喜事进行一些活动,表示高兴或纪念。

qiong

穷 qióng ✲ 买不了东西,没有票子。 ✲ 没有钱。 ✲ 1. 没钱。"富"的反义词。2. 穷尽。3. 用尽。

穷乏 qióngfá ✲ 什么东西都没有。 ✲ 没有钱,没有物。 ✲ 很穷,没有足够的钱。

穷尽 qióngjìn ✲ 用完、看完、作完到最后。 ✲ 没有什么东西可往外拿,没有什么事可做,到头了。 ✲ 尽头;终点。

穷苦 qióngkǔ ✲ 日子不好过,要作很多工作,可是买不了什么,想什么都贵。 ✲ 没有钱,日子不好过。 ✲ 又穷又苦。

穷困 qióngkùn ✲ 没有票子买东西。 ✲ 没有钱,生活很难。 ✲ 生活困苦,经济困难。

穷人 qióngrén ✲ 没有票子买东西的人。 ✲ 没有钱的人。 ✲ 穷苦的人。"富人"的反义词。

qiu

秋 qiū ✽ 中国年的七月、八月、九月。 ✽ 1.秋天。2.田间作物长成的月份。3.有时是一年的时间。4.有时用来说不好的时期。 ✽ 秋天。

秋季 qiūjì ✽ 中国年的七月、八月和九月。 ✽ 一年中的第三个时期,冬天以前的一些时间,不太冷也不太热。 ✽ 一年的第三季,中国习惯指立秋到立冬的三个月时间。是"秋天"的同义词。

秋千 qiūqiān ✽ 孩子们用的一种东西,坐在上面可在地面以上上下前后地动。 ✽ 是运动或玩儿的用具,能使人在空中向前动和向后动。

秋色 qiūsè ✽ 中国年中七月、八月、九月的天的样子。 ✽ 秋天的样子。 ✽ 秋天的景色。

秋收 qiūshōu ✽ 秋天把以前种的长好的发黄了的作物收回来。 ✽ 人们取得成熟的农作物的活动。

秋天 qiūtiān ✽ 一年可以分为四个时期,秋天是第三个——立秋到立冬的三个月时间,在冬天的前面。 ✽ 夏天之后的季节,是一年的第三季,天气凉快,人觉得舒服。

求 qiú ✽ 问,友好地要人作什么。 ✽ 请别人给自己东西,请别人给自己做事。 ✽ 1.请求。2.要求。3.需求。

求和 qiúhé ✽ 想和人家和好。 ✽ 请对方不要打自己,想要和平。 ✽ 要求完结对立的局面,实现和平共处。

求婚 qiúhūn ✽ 问对方能不能和自己一起成立一个家。 ✽ 一个男子请求一个女子和他结婚。

求教 qiújiào ✽ 去问问题。 ✽ 问别人问题。 ✽ 请求指教。

求亲 qiúqīn ✽ 问对方的女儿/儿子能不能和自己的儿子/女儿成家。 ✽ 男女一方的家庭向对方家庭请求结亲。

求情 qiúqíng ✽ 对对方说好话,请他放过他认为做错事的人。 ✽ 请求对方答应或原谅。

求学 qiúxué ✽ 去学知识。 ✽ 1.在学校学东西。2.想学到东西。 ✽ 1.在学校学习。2.研究学问。

求助 qiúzhù ✽ 请别人和自己一起把事做完。 ✽ 请求帮助。

球 qiú ✽ 给人们打来打去的一种里面有气的东西,皮子做的,可以两方对着打它。 ✽ 一种由中心到表面的各点的长度相等的圆形立体。

球场 qiúchǎng ✽ 人们很快地走来走去打球的场地。 ✽ 球类运动的场地。

球迷 qiúmí ✽ 以打一种皮子做的球为快乐的人;很喜欢看别人打一种皮子做的

球的人。　✱ 喜欢看球或打球而入迷的人。

球票 qiúpiào　✶ 为了进去看别人打一种皮子做的球买的票。　✱ 看球的观众入场时要买的票。

qu

区 qū　✶ 1. 地区；市下面分出来的几个地方。2. 区别；区分。　✱ 1."地区"的简称。2. 区别。

区别 qūbié　✶ 区分；把两个以上的对象放在一起比比，找出它们的不同点。　✱ 1. 动词，把两个以上的对象加以比较。是"区分"的同义词。2. 名词，两个以上的对象之间的不同之处。

区分 qūfēn　✶ 分别；把两个以上的对象放在一起看，分出它们不同的地方。　✱ 动词，是"区别"的同义词；划分。

区划 qūhuà　✶ 把地区分开以后叫"区划"。　✱ 地区的划分。

取 qǔ　✶ 拿到手中。　✱ 1. 拿到手里。2. 得到。3. 采取。

取材 qǔcái　✶ 要里边儿有用的东西。　✱ 在一个地方、一些东西中找出可以用来做东西的东西。　✱ 选取材料。

取长补短 qǔ cháng bǔ duǎn　✶ 学别人的好的地方，把自己做的不好的地方做好。　✱ 学习别人的长处，补足自己的短处。

取代 qǔdài　✶ 在他人（东西）的地方，作工作，有作用。　✱ 不用本来有的（东西、人），用别的。　✱ 排除别人或别的事情而得到那个地位。

取得 qǔdé　✶ 得到。　✱ 拿到，得到。　✱ 得到。

取经 qǔjīng　✶ 学（他人的好的作法）。　✱ 学别人的好做法。　✱ 向先进人物、单位等学习他们的经验。

取决 qǔjué　✶ 要看什么人什么事才可定下。　✱ 由某方面或某情况决定。

取暖 qǔnuǎn　✶ 用火叫自个儿不凉。　✱ 用电、火等让自己不冷。　✱ 利用热能使身体暖和。

取巧 qǔqiǎo　✶ 用好作的方法得到人家看来有问题的好东西。　✱ 找好做的方法得到不正当的好处。　✱ 用某方法取得不正当的好处或躲避困难。

取消 qǔxiāo　✶ 不要用（文字写下来的东西）了。　✱ 不要；让现有的一些成文字的东西不再有用。　✱ 使原有的制度，规章，资格等不再有效力。

取笑 qǔxiào　✶ 拿……找乐。　✱ （拿别人）开玩笑。

取信 qǔxìn　✶ 让别人信。　✱ 得到别人的信任。

去 qù　✶ 1. 从所在地到别的地方，和"来"对着说。2. 离开。3. 拿去，不要什么东西。4. 过去的时间，多用在过去的一年。　✱ 从所在的地方到别的地方。跟

"来"相对。

去处 qùchù　✱ 去的地方。　✲ 1. 去的地方。2. 场所,地方。　✺ 1. 去的地方。2. 场所。

去掉 qùdiào　✱ 不要。　✲ 不要。　✺ 除去。

去路 qùlù　✱ 前进的路;以后要走的路。　✺ 前进的路。

去年 qùnián　✱ 上一年。　✲ 今年的前一年。　✺ 今年之前的一年。

去世 qùshì　✱ 人不在人间了。　✲ 不再活着了。　✺ 指成年人死去(书面语)。

去向 qùxiàng　✱ 去哪个地方。　✲ 往哪儿走。　✺ 去的方向。

趣 qù　✱ 让人觉得有意思的。　✺ 1. 趣味。2. 有趣。3. 志趣。

趣味 qùwèi　✱ 让人觉得有意思的东西。　✺ 使人感到有意思的特性。

quan

全 quán　✱ 一个也不少。　✲ 所有的都在,不少哪一个。　✺ 1. 齐全。2. 使完整不缺。3. 整个。4. 完全。

全部 quánbù　✱ 一点儿也不少。　✲ 所有的。　✺ 各个部分的总和;整个。

全国 quánguó　✱ 一个国家里的。　✲ 一个国家所有的人、地方。　✺ 整个国家。

全集 quánjí　✱ 把一个人写的所有的东西放在一起的书。　✺ 指作者的全部著作都会在一起所成的书(多用作书名)。

全局 quánjú　✱ 一个事的所有方面。　✺ 整个局面。

全力 quánlì　✱ 用不同的方法,只要能作的都作。　✲ 做自己能做到的。　✺ 全部力量;用出全部力量。

全面 quánmiàn　✱ 什么都有、都想到、都作到。　✲ 所有的方面。　✺ 各个方面的总和。

全民 quánmín　✱ 一个国家的人民。　✲ 一个国家里所有的人民。　✺ 一个国家的全体人民。

全能 quánnéng　✱ 什么都会、都能作的人。　✲ 什么事都能做的。　✺ 在一定范围内,样样都会做。

全球 quánqiú　✱ 所有的人生活的所有地方。　✺ 整个地球;全世界。

全天候 quántiānhòu　✱ 一天二十四小时什么时候都可以。　✲ 在所有气候下都能用的、可工作的。　✺ 不受天气限制的。

全体 quántǐ　✱ 一个人都不少的。　✲ 所有的人。　✺ 1. 每个部分的总和。2. 所有的人。

全文 quánwén　✱ 从开始到最后的文字。　✺ 指文章或文件的全部文字。

全心全意 quán xīn quán yì ✳ 把所有的心思都用在上面,做自己能做的。 ✻ 用全部的精力。

que

缺 quē ✳ 少人、少东西;(人、东西)没了。 ✳ 少;没有了一些东西。 ✻ 1.缺少。2.破了的。3.该到而没到的。

缺点 quēdiǎn ✳ 作得不好的地方。 ✳ 做得不好的地方。 ✻ 不完善的地方;"优点"的反义词。

缺乏 quēfá ✳ 少,没有。 ✳ 少;想要的东西没有。 ✻ 需要的或一般应有的事物没有或不够。

缺货 quēhuò ✳ 东西少,买不到。 ✳ 商店里现在没有的东西。 ✻ 缺少的货物。

缺口 quēkǒu ✳ (东西上的)口子。 ✳ 物体上因少了一块儿所出现的小孔,小口儿。 ✻ 物体上缺掉一块而形成的空儿。

缺少 quēshǎo ✳ 同"缺"。 ✳ 没有了一些东西,不是所有的人;人、物不多。 ✻ 缺乏。

却 què ✳ 可是。 ✳ 可是。 ✻ 1.(人或动物脸向前方)向后动。2.去掉。

却步 quèbù ✳ 不想往前走了,往回走。 ✻ 因怕或不喜欢而向后动。

确 què ✳ 1.和真的事一样。2.定下来然后去做。 ✻ 合乎事实的。

确定 quèdìng ✳ 说好了这样作。 ✳ 明白地定下。 ✻ 1.明确而肯定。2.明确地定下。

确立 quèlì ✳ 把……定下;成立。 ✻ 确定地建立或树立。

确切 quèqiè ✳ 1.很对。2.和真的一样。 ✻ 1.准确。2.确实。

确认 quèrèn ✳ 认可。 ✳ 说明自己信、认为对。 ✻ 明确地认定。

确认书 quèrènshū ✳ 认可(人、东西)的文书。 ✳ 说明自己信、认为对的文字。 ✻ 经确认后写下的文书。

确实 quèshí ✳ 正是这样的。没什么问题地。 ✳ 真是这样的。 ✻ 1.真实可靠。2.副词,表示肯定。

确信 quèxìn ✳ 没什么问题地这样想。 ✳ 1.认为……很对;很信。2.确信儿,真的,定下来的说法。 ✻ 确实相信。

确诊 quèzhěn ✳ 最后定下来一个人生的是什么病。 ✻ 诊断确定。

R

ran

然 rán ✳ 1.对;不错。2.这样,那样。3.可是。 ✻ 1.对。2.这样;那样。

3. 连词,用在句子开头,表示"可是"的意思。

然而 rán'ér　＊ 可是。　✽ 与"可是"同义。

然后 ránhòu　＊ 在第一个以后。　＊ 用在一种动作、一个事儿以后,跟着的动作和事儿以前;在这以后。　✽ 连词,表示接着某种动作或情况之后。

rang

让 ràng　＊ 叫。　＊ 1. 请人做;叫人做;告诉人去做事儿。2. 把好处、方便给别人。　✽ 1. 表示指使,容许。2. 把方便或好处给别人。

让步 ràngbù　＊ 让对方走在自己前面得到他想要的,不再要自己的意见、好处。　✽ 在对立的情况下,虽然内心不愿意,但在事实上,全部或部分地同意对方的意见,或把好处给对方。

让路 rànglù　＊ 走开。在道上自个儿不走,叫人家走。　＊ 给对方让开道路,让他先走。　✽ 自己走到一旁从而使对方可以在空出来的道路上通过。

让位 ràngwèi　＊ 我不坐,叫他人坐。　＊ 把自己的位子给别人。　✽ 1. 把座位让给别人。2. 把领导职位让给别人。

让座 ràngzuò　＊ 把自己的位子让给别人去坐。　✽ 把座位让给别人坐。

rao

扰 rǎo　＊ 让别人做不成事。　✽ 使正常进行的事受到不好的影响。

re

热 rè　＊ 不凉,中国和法国的七月、八月天很热。　＊ 1. 物体内分子活动放出的一种能,它让人不再觉得"冷"和"凉"。2. 让东西不再冷、不再凉。3. 一种病,身体发热。4. 非常想得到。5. 得到很多人喜欢的。　✽ 1. 温度高。是"冷"的反义词。2. 因为生病产生的高体温。3. 很多人都喜欢的。4. 情意深。5. 形容非常想得到。

热爱 rè'ài　＊ 很喜欢(地方、人)。　＊ 非常爱;发自心中的爱。　✽ 感情热烈地爱。

热带 rèdài　＊ 一年十二个月都不是冬天的地方。　＊ 地面上最热的地带。在这里,春秋以外的白天和黑夜差不多一样长,全年都很热,下雨也很多。　✽ 地球上受到太阳的热量最多的地带,一年四季的区别很小。

热量 rèliàng　＊ 热能的多少。　✽ 由温度高的物体传到温度低的物体上的能量。

热烈 rèliè　＊ 用来说一种场面,有很多人,非常高兴,也可能都想说话、做动作。　✽ 很冲动;兴高采烈。

热人

热门 rèmén ＊大家都知道的、喜欢的。 ❋很多人喜欢的事物；大家喜欢谈的。 ✻人们很感兴趣的很流行的事物。

热闹 rènao ＊人们都很高兴,有很多人,声音很大。 ❋1.(景象)很富有生气。2.使场面富有生气,让人快乐。

热能 rènéng ＊物体着火以后放出来的能。 ❋温度高的物体所放出的能量。

热气 rèqì ＊水热时出来的气。 ❋1.热的空气。2.热烈的情形。

热情 rèqíng ＊人们很乐意干一种事的想法；对人处事很热心,不冷的样子。 ✻1.热烈的感情。2.有热情。

热水器 rèshuǐqì ＊为了让人们用到热水,用电、气等让水热的东西。 ❋利用能量使水加热的器具。

热望 rèwàng ＊很想作什么的想法。 ❋人们很想做一种事的想法。 ✻热切的希望。

热心 rèxīn ＊很乐意,有兴头儿地为人做事。 ❋有热情,有兴趣并且愿意尽力。

ren

人 rén ＊会用火、会想、会说话的你、我、他。 ❋1.能做工具、用工具,有思想,会说话的高等动物。2.每人。3.成年人。4.……种人,如工人。5.别人。6.为人。7.人的身体和意识。8.人手,人才。 ✻能制造工具并使用工具进行活动的高等动物。

人才 réncái ＊有能、有识、有用的人。 ❋1.有很多知识,又很有才干的好人。2.在一个方面做得非常出色的人。 ✻有某种特长的人。

人大 réndà ＊中国人民的一个大会。是百姓说想法、看法的地方。 ❋中国人民在北京的最高国家机关。 ✻是各级人民代表大会的简称。是人民参与国事的最高机关。

人道 réndào ＊对人很好。只要是人,都要看重。 ❋爱人、关心人、以人为中心的美好思想。 ✻爱护人的生命,关心人的幸福,尊重人的人格的道德。

人道主义 réndàozhǔyì ＊主张人道的一些人的看法,认为要爱别人、关心别人。 ✻指爱人的生命,关心人的幸福,看重人的人格的一种意识形态。

人格 réngé ❋一个人和他人区别开的所有的方面,主要是为人等方面。 ✻人的性格、风格、能力等特性的总和。

人工 réngōng ＊人作的。 ❋人为的,不是自然和天然的。 ✻人为的(区别于"自然"或"天然")。

人家 rénjia ＊1.用来说你我以外的人；别人。2.用来说一个人、一些人,意思跟

"他"、"他们"差不多。3. 用来说"我"。　✲ 1. 指别人。2. 指自己。

人间 rénjiān　✲ 人在的地方。　✲ 人们生活的这块土地。　✲ 人类社会；世界上。

人口 rénkǒu　✲ 一个国家、一个家有多少人。　✲ 住在一定地区里的人的多少，也用在家里人的多少。　✲ 居住在一定地区的人的总数。

人类 rénlèi　✲ 所有的人。　✲ 人的总称。

人力 rénlì　✲ 用人工的。　✲ 人所能做到的；用人起动的。　✲ 人的劳动力或人的力量。

人马 rénmǎ　✲ 很多人。　✲ 做一个事的人们。　✲ 1. 指军队。2. 指某个集体的人员。

人们 rénmen　✲ 大家。　✲ 一些人，很多人。　✲ 一般称许多人。

人民 rénmín　✲ 一个国家的百姓。　✲ 作为国家主体的所有百姓。　✲ 以广大的普通人为主体的社会基本成员。

人人 rénrén　✲ 大家。　✲ 每个人。　✲ 指所有的人或每个人。

人参 rénshēn　✲ 地里长(zhǎng)的可以吃的一种又白又长的东西，对人的身体很有好处，长有人的样子，主要长在中国东北的山上。　✲ 一种名贵的中药，黄白色，长得像人的样子，吃了可以补身体。

人生观 rénshēngguān　✲ 看人生后得到的认识。　✲ 一个人对人生的看法。　✲ 对待人生的看法，也就是对于人类生存的目的、价值、意义的看法和态度。人生观是由世界观决定的。

人士 rénshì　✲ 名人。　✲ 地位高、名声好的人，他说的话别人很看重。　✲ 有名望的人物。

人为 rénwéi　✲ 人作的(大多不好)。　✲ 1. 人去做。2. 人做的，有人的作用的(多用来说不好的事)。　✲ 人造成的。

人物 rénwù　✲ 有名的人；小说中的人。　✲ 1. 文学中所写的人。2. 在一个方面十分出色、不平常的人。　✲ 1. 在某方面有代表性的或有突出特点的人。2. 文学或艺术作品中所写的人。

人像 rénxiàng　✲ 画人的画儿。　✲ 做成了一个人的样子的画儿等。　✲ 刻画人体或面相的画儿等艺术品。

人性 rénxìng　✲ 人的本能。　✲ 人的天生的想法、行动。　✲ 在一定的历史条件下形成的人的本性。

人选 rénxuǎn　✲ 从很多人里找到一个最好的人去做事，这个人叫"人选"。　✲ 为一定目标选出来的人。

人员 rényuán　✲ 有工作的人。　✲ 办一个事的地方的人们。　✲ 被任有某种职务的人。

人造 rénzào　✳ 人工作好的(东西)。　✲ 人做出来的,不是天然就有的。　❋ 人工制造的,非天然的。

人之常情 rén zhī chángqíng　✳ 人人都有的想法、作法。　✲ 人们正常的想法和作法。　❋ 人们通常的想法、心情或情况、做法。

认 rèn　✳ 去看,以后知道。　✲ 1. 认识。2. 跟本来无关的人有关了,如认老师。3. 说明同意,如认可。　❋ 1. 认识。2. 跟本来没有关系的人建立某种关系。3. 表示同意;承认。

认错 rèncuò　✳ 说"是我不好"。　✲ 告诉别人错事是自己做的。　❋ 表示自己错了。

认清 rènqīng　✳ 看了后知道了。　✲ 看明白。　❋ 区分清楚。

认生 rènshēng　✳ 见到不认识的人以后不自在。　✲ 见生人以后觉得不安。　❋ (小孩子)怕见生人。

认识 rènshi　✳ 知道谁是谁、什么是什么。　✲ 看见一个人、一个事物时能知道是这个人、这个事物,不是别的。　❋ 1. 能够确定某人或某事物是这个人或是这个事物而不是别的。2. 指人的头脑对客观世界的反映。

认识论 rènshilùn　✳ 看法,说的是怎样有问题、学知识。　✲ 有关认识是什么,认识从哪里来等的学说。　❋ 关于认识世界的方法的学说。

认为 rènwéi　✳ 想(是这样的)。　✲ 对人、事物定下一种看法。　❋ 对人或事物作出确定的看法。

认真 rènzhēn　✳ 要作好,能作好,作得很好。　✲ 把所有的心思都放在一个事儿上,一点也不马虎。　❋ 细心地全心全意地对待,不马虎。

认字 rènzì　✳ 认识字,会念字,知道字。　✲ 认识字,知道字音和字意。　❋ 认识字和读书的能力。

任 rèn　✳ 1. 当、做(……人)。2. 别人要自己做完的事。　❋ 1. 当(某一职务)。2. 职务。3. 无论;不论。4. 承受。5. 任用。

任何 rènhé　✳ 每一个。　❋ 无论什么。

任教 rènjiào　✳ 在一个地方作教师教书。　✲ 在一个学校里当老师。　❋ 当教员。

任命 rènmìng　✳ 下文儿叫一个人作(一个工作)。　✲ 让一个人当(……人),让一个人做(……)事。　❋ 下指示任用。

任期 rènqī　✳ 作一个工作的时间有多长。　✲ 一个人在一个地方主事儿的时期。　❋ 所任职务的规定期限。

任务 rènwù　✳ 上头要自己办的事。　❋ 指定要做的工作。

任性 rènxìng ＊不听他人的，喜欢什么，他作什么。 ✻不想别人，自己喜欢怎样就怎样。 ✿按自己的意愿做，不听别人的，不限制自己。

任意 rènyì ＊想怎么作怎么作。 ✻哪一个都行，以自己的喜好找东西、做事。 ✿1. 不加限制，爱怎么干就怎么干。2. 没有任何条件的。

ri

日 rì ＊天。 ✻1. 白天，跟"夜"对立，从天发白到天黑的时间。2. 太阳。3. 每天，一天一天地。4. 日本。 ✿1. 指"太阳"。2. 从天亮到天黑的一段时间。3. 特指某一天。如"生日"。

日报 rìbào ＊天天见到的报。 ✻每天早上出来的报。 ✿每天早上印出来的报纸。

日本 Rìběn ＊中国东边，四边都是海的国家。 ✻国家名，在中国东边的大海中，不大，可是很先进，人的生活水平很高，东西很贵。 ✿位于中国东北方的一个国家。

日本人 rìběnrén ＊说日语、也写汉字的国家的人。 ✻生在日本、住在日本的人。 ✿指日本人民。他们也使用一部分汉字。

日常生活 rìcháng shēnghuó ＊天天过的日子(吃饭、工作、上学)。 ✻平时的生活。每天过的日子。 ✿平时的，每天过的一般的日子。

日程 rìchéng ＊这个东西叫人知道一天中作什么，什么时间作。 ✻出门的时候，想好的什么时间做什么事。 ✿按时间排定的做事计划。

日出 rìchū ＊天的一个样子。这时天不再黑了，看得见了。 ✻太阳从东方出来。 ✿早上太阳升起。

日光 rìguāng ✻太阳发出的光。 ✿太阳发出的光。

日后 rìhòu ＊今天以后，这以后。 ✻今天以后的日子。 ✿将来。

日记 rìjì ＊个人天天写的东西。 ✻每天写下的让自己不忘当天发生的事的一些文字。 ✿记下每天所遇到的事或所做的事的文字。

日历 rìlì ＊用来看今天是哪一月、哪一日的东西。 ✻告诉人们今天是几月几日，星期几的一种东西。 ✿记有年、月、日、星期、纪念日等的一种本子，一年一本，每日一张。

日期 rìqī ＊时间，日子。 ✻干一事的时间。 ✿发生某事的确定的日子。

日食 rìshí ＊天上的"日"不见了。 ✻一种天文现象，在地上看太阳，它不再有光，成了黑色。 ✿太阳光受月球运行的影响而不能照到地球上或只能局部照到地球上的现象。

日托 rìtuō ＊叫他人看(kān)孩子，天黑时，孩子再回家。 ✻白天把孩子们放在一个场所让人看着,晚上让孩子们回家。 ❋ 白天送孩子去托儿所,晚上接孩子回家。

日文 rìwén ＊ 日本语和日本文字。 ＊ 日本国的文字。 ❋ 日本的语言文字。

日夜 rìyè ＊ 一天二十四小时。 ＊ 白天和黑夜,常用来说一天。 ❋ 白天黑夜,指经过二十四小时的一整天。

日用品 rìyòngpǐn ＊ 过日子天天用的东西。 ＊ 日常生活用的东西。 ❋ 日常生活中用的物品。

日语 rìyǔ ＊ 日本人说的话。 ＊ 日本人说的话。 ❋ 日本的语言。

日子 rìzǐ ＊ 人们生活的一天又一天。 ❋ 1. 日期。2. 是"生活"的口头说法。3. 时间(指天数)。

rong

容 róng ＊ 说明一个中空的东西里能放多少东西。 ❋ 1. 包含。2. 原谅。3. 容许;让。4. 脸上的神情和气色。5. 人的面部长的样子。6. 比作事业所出现的景象。

容积 róngjī ＊ 大小。里边有多大。 ＊ 一个有底儿中空的物体里能放东西的多少。 ❋ 容器内部的体积。

容量 róngliàng ＊ 大小,里边有多大。 ＊ 一个有底儿中空的物体里能放东西的多少。 ❋ 1. 容积的大小。2. 所能容下的数量。

容器 róngqì ＊ 能放东西的东西。 ❋ 放物品的器具。

容许 róngxǔ ＊ 可以叫人去作。 ＊ 同意。 ❋ 同意某人去做某事。与"许可"同义。

容颜 róngyán ＊ 人的样子。 ＊ 人面长的样子。 ❋ 人长的样子;脸色。

容易 róngyì ＊ 很好作。 ＊ 不难。 ❋ 1. 做起来不费事的。2. 发生某种变化的可能性大。

rou

肉 ròu ＊ 人们用火后方可吃的红的东西。 ❋ 1. 人、动物体内跟皮连着的红色东西。一些动物的肉可以吃。2. 一些水果里可以吃的东西,如果肉。 ❋ 人或动物体内接近皮的部分。

肉店 ròudiàn ＊ 可以买到肉的地方。 ＊ 卖肉的商店。 ❋ 卖牛肉、羊肉等肉类的商店。

肉丁 ròudīng ＊ 很小的肉块儿。 ❋ 把肉切成的小块,用于做菜吃。

肉类 ròulèi ＊ 能吃的动物的肉,比如牛肉、羊肉等都是"肉类"。 ❋ 牛肉、羊肉等食用肉的总称。

ru

如 rú ✽ 1. 如同,同什么一样。2. 比如,在用来说明一个说法的事物前说的字。3. 比得上。4. 如果。 ✺ 1. 适合;依照。2. 表示举例。3. 如同。

如此 rúcǐ ✽ 这样的。 ✺ 这样的。 ✺ 这样的(地)。

如果 rúguǒ ✽ 要是,万一。 ✺ 用来说明一个想像的前提,开头说的两个字,意为有了什么事儿的话,就会怎么样。 ✺ 表示假设。

如何 rúhé ✽ 怎么样。 ✺ 怎么;怎么样;怎样。 ✺ 怎么、怎么样。

如今 rújīn ✽ 现在。 ✺ 到现在。 ✺ 是"现在"的同义词(指较长的一段时间)。

如期 rúqī ✽ (作什么)正好在说好的时间。 ✺ 正好在定好的时间。 ✺ 按照期限。

如实 rúshí ✽ 同真的一样。 ✺ 按照实际情况。

如同 rútóng ✽ 和……一样。 ✺ 跟……一样。 ✺ 好像。

如意 rúyì ✽ 和想的、喜欢的一样。 ✺ 用来说明一个人很高兴,因为所发生的事和他想的一样。 ✺ 合乎心意。

如愿 rúyuàn ✽ 和想的、喜欢的一样。 ✺ 跟所想的一样。 ✺ 合乎愿望。

入 rù ✽ 去里边。 ✺ 进来;进去。 ✺ 1. 是"进"的同义词。与"出"相对。2. 参加到某种组织中,成为它的一员。3. 收入。4. 合乎,如"入情入理"。

入境 rùjìng ✽ 到一个国家去。 ✺ 进一个国家的里面。 ✺ 进入国境。

入口 rùkǒu ✽ 到一个地方里边去,要走过入口。 ✺ 可以进出的地方。 ✺ 1. 进入嘴里。2. 外国或外地的货物进来,有时也指外地的货物运进本地区。3. 进到某个场地所经过的门或口。

入门 rùmén ✽ 知道一个学问中的一点知识,不再是外行(háng)了。 ✺ 可以进出的门。 ✺ 1. 初步学会。2. 指初级读物(多用作书名)。

入神 rùshén ✽ 一心想现在发生的事、做正做的事儿,忘了自己,忘了别的事。 ✺ 1. 因眼前的事物发生很大的兴趣而注意力特别集中。2. 达到很好的境地。

入手 rùshǒu ✽ 去作。 ✺ 从……开始。 ✺ 开始做;着(zhuó)手。

入学 rùxué ✽ 第一天、第一回上学。 ✺ 开始上学。 ✺ 开始进入小学或某个学校学习。

S

san

三 sān ✽ 二和四中间的字。 ✺ 比二多一就是三。 ✺ 数目,二加一所得。

三角形 sānjiǎoxíng　✱ 有三个连着的边的图。　✱ 由三条直线围成的图形。

三心二意 sān xīn èr yì　✱ 今天想这样,第二天想那样。　✱ 1. 办事拿不定主意,想不好"做还是不做"。2. 立场老是不一样,一会儿这样,一会儿那样。　✱ 1. 拿不定主意,不能决定。2. 做事不专心,想东又想西。

三月 sānyuè　✱ 二月和四月中间的那个月。　✱ 一年中的第三个月,这时刚开春,还有些冷。　✱ 一年的第三个月。天气开始暖和。

se

色 sè　✱ 红的、黑的、黄的都是色。　✱ 黑、白、黄、红等都分别是色的一种。口语中常说作 shǎir。　✱ 1. 颜色;由物体映出而通过视觉产生的印象。2. 脸上表现的神情。3. 种类。4. 情景。5. 色情。6. 物品的好坏。

色彩 sècǎi　✱ 一个个色儿。　✱ 黑、红、黄、白等色。　✱ 1. 颜色。2. 形容人的某种思想或事物的某种情调。

色情 sèqíng　✱ 叫人看的男女作爱的东西,"黄色的"。　✱ 和做爱男女有关的不好的事儿。　✱ 男方对女方或女方对男方的性的欲望。

sha

杀 shā　✱ 让一个人心不再动,头不再有。　✱ 1. 使人或动物死去。2. 消除。

杀害 shāhài　✱ 用不好的方法让一个人不能再活下去。　✱ 杀死;害死(多指为了不正当的目的)。

shan

山 shān　✱ 地面高高立起就成了山。　✱ 地面形成的高高突出的部分。

山地 shāndì　✱ 多山的地方。　✱ 1. 有很多山的地方。2. 在山上的可以种田的地。　✱ 多山的地带。

山东 Shāndōng　✱ 中国的一个地方,是孔子的老家。　✱ 中国一地名,北连河北,东为黄海。黄河从这里进海。　✱ 中国的一个省,位于河北省东南部,靠海,离北京不远。

山歌 shāngē　✱ 民间的歌,在山区等地干活时人民唱的歌,不太长,很好听。　✱ 流行在农村或山区的民间的歌。

山海关 Shānhǎiguān　✱ 中国北方的一个地方。　✱ 中国一地名,长城在东边的起点。　✱ 河北省的一个地方。是长城的东边的起点。

山河 shānhé　✱ 大山和大河,说的是国家。　✱ 大山,大河;国家的地。　✱ 大山或大河。指国家或国家的某一地区。

山脚 shānjiǎo　✱ 山下。　✱ 山底下,跟平地连着的地方。　✱ 山靠近平地的部分。

山区 shānqū　✻ 山很多的地方。　✽ 多山的地区。　✸ 山比较多的地区。

山水 shānshuǐ　✻ 有山也有水的地方。　✽ 1.从山上下来的水。2.山和水,有山有水的美地方。3.山水画。　✸ 山和水。一般指有山有水的风景。

山水画 shānshuǐhuà　✻ 中国画,有山也有水的画。　✽ 中国画的一种,画面以山、水等大自然为主。　✸ 以山水等自然风景为题材的中国画。

山西 Shānxī　✻ 中国北方的一个地方,在黄河的东边。　✽ 中国一地名,在河北的西边,河南的北边。这里做的面有意思。　✸ 中国的一个省份。位于河北省的西部。

善 shàn　✻ 人好。　✽ 1.心地好。2.友好,和好。3.办好,做好。4.在一方面做得好。5.好好地。　✸ 1.心地好;善良。2.友好;和好。3.善于。4.善行;善事。5.良好。6.弄好;办好。7.容易;易于(多用于消极方面)。8.好好地。

善事 shànshì　✻ 心地好的人做的好事。　✸ 对人关怀及帮助的好事。

善心 shànxīn　✻ 人很好,可以说他有"善心"。　✽ 好的心地。　✸ 好心。

善于 shànyú　✻ 在……上很会作。　✽ 在……方面做得好。　✸ 在某方面有特长。

shang

伤 shāng　✻ 让人的身心不再好,如皮上出现口子。　✸ 1.人体或动物体的某部分受害。2.伤害。3.伤心。

伤风 shāngfēng　✻ 一种因冷、风大、累等得的常见病,比如头发(fā)热等。　✸ 因着(zháo)凉而得的病。

伤感 shānggǎn　✻ 因为看到一些事、物,想起有关的事,觉得不高兴。　✸ 因遇到、想起某事而感到伤心。

伤害 shānghài　✻ 让人、动物的身心不再完好。　✸ 使身体或思想感情受害。

伤口 shāngkǒu　✻ 人、动物的身心不再完好的地方。　✸ 受伤破了的地方。

伤人 shāngrén　✻ 叫人不好过。　✽ 让人的身心不再完好。　✸ 使人受到伤害。

伤天害理 shāng tiān hài lǐ　✻ 没有人道,作了很不好的。　✽ 做很不好的事。　✸ 指做事不讲人道,没有人性。

伤心 shāngxīn　✻ 不快乐,不欢喜。　✽ 因为有不好的事,心里不高兴。　✸ 因遇到不幸或不如意的事情而心里难过。

商 shāng　✻ 1.商事,从事买卖东西的活动。2.两个以上的人定事的时候谈自己的意见,让对方知道,然后定下来怎么做。　✸ 1."商业"的简称。2."商人"的简称。3.除法运算得出的结果。

商标 shāngbiāo　＊买的东西上都有的文字、小图,大家看了知道是哪里作的。　＊用文字、图等来说明一个要卖的东西用什么做成的。　✲一种商品表面或包装上的标志。

商场 shāngchǎng　＊有很多人、很多东西,人们可以买东西的地方。　＊1.很多卖不同东西的商店连在一起所成的市场。2.很大的、卖多种东西的商店。　✲集中在一个空间或几个相连的空间内的由各种商店所组成的面积较大的市场。

商店 shāngdiàn　＊人们去买东西的地方。　＊在房子里卖东西的场所。　✲在室内卖商品的场所。

商界 shāngjiè　＊从事买卖东西这种工作的很多人。　✲指商业界。

商量 shāngliang　＊几个人说一说怎么作。　＊几个人在一起说来说去,共同定一个事。　✲交换意见。

商品 shāngpǐn　＊人们买的东西。　＊用来买卖的东西。　✲指市场上买卖的物品。

商人 shāngrén　＊叫人来买东西的人。　＊买卖东西,从中得到钱和别的好处的人。　✲通过买卖商品来取利的人。

商谈 shāngtán　＊大家说一说。　＊几个人口头说一个事,定下来怎么做。　✲口头商量。

商业 shāngyè　＊买卖东西的活动。　✲以买卖方式使商品流通的经济活动。

商议 shāngyì　＊大家说一说。　＊几个人分别说,共同定一个事。　✲几个人商量,为了取得一致的意见。

上 shàng　＊上边。上去。　＊1.在高处的,跟"下"对着。2.地位、等次高的。3.时间在前的。4.上面。5.从离地面近处到离地面远处。6.到,去。7.前进。8.出场。9.把一个东西安在别的东西上。10.到一定时间开始工作、学习。　✲1.位于高处的。2.由低处到高处。3.时间在前面的。4.等级高的。

上班 shàngbān　＊到一个地点去工作。　＊在一定的时间到一定的工作地点去工作。　✲在固定的时间到工作地点工作。

上半 shàngbàn　＊前一半。　✲前一半。

上边 shàngbian　＊不是下边的那边。　＊上面。有时意思是"头儿"。　✲1.处于较高的地方。2.物体的表面。如:墙上边有一张画。

上层 shàngcéng　＊上边。　＊下面以上的地方。　✲上面的一层或几层(多指机构或组织)。如:上层领导。

上次 shàngcì　＊前一回。　＊前一次,这次以前的那次。　✲离目前最近的已经重复发生过的某情况的时间。

上当 shàngdàng　　✱ 别人说的话不是真的,可自己信了,还因为这些发生了对自己不好的事儿。　✿ 由于对方的坏行为而使自己受到不利的影响。

上等 shàngděng　　✱ 最好的。　✱ 等次好的,水平高的。　✿ 等级高的,水平高的。

上海 Shànghǎi　　✱ 在中国的东海边,一个最有名的大地方。　✱ 中国第一大城市,在长江进海口的边上。　✿ 中国东南部的一个靠近海的商业大城市。

上级 shàngjí　　✱ 很多人上边的那个人。　✱ 同一机关中地位比自己高、比自己主事的人。　✿ 同一组织系统中等级较高的组织或人员。

上集 shàngjí　　✱ 一本书有两小本的话,那前一小本书是上集。　✱ 把一本书,一个电影分成两半儿,前一半儿叫"上集"。　✿ 较长的著作或作品分成两大部分或三大部分,第一部分称"上集"。与"下集"相对。

上课 shàngkè　　✱ 听课,教课。　✱ 教师讲课;学生听课。　✿ 教师讲课或学生听课。

上空 shàngkōng　　✱ 天上。　✱ 一定地点上面的天。　✿ 指一定地点上面的天空。

上路 shànglù　　✱ 1. 马上走。2. 去作。　✱ 开始走;出发。　✿ 动身。

上马 shàngmǎ　　✱ 开始做一个大的工作,比如做楼房、场馆等。　✿ 1. 骑到马上去。2. 形容开始较大的工程或工作。

上任 shàngrèn　　✱ 1. 开始做新的工作。2. 以前做这个工作的人。　✿ 开始做某职务的工作。

上市 shàngshì　　✱ 一个东西开始拿出去卖。　✿ (货物)开始在市场上卖。

上台 shàngtái　　✱ 1. 站到高点儿的地方上去(讲课、讲话等)。2. 开始做主要工作。　✿ 1. 到舞台或讲台上去。2. 形容开始任某官职或当政。

上午 shàngwǔ　　✱ 一天的八点到十二点。　✱ 半夜十二点到正午十二点的时间,也是早上到正午十二点的时间。　✿ 指从清早到正午十二点的一段时间。

上下文 shàngxiàwén　　✱ 话语的前边和后边的话。　✱ 文中、话中跟一个字关连的上文和下文。　✿ 指文章或说话中与某一句(或某一段)相连的前一部分或后一部分。

上学 shàngxué　　✱ 上课,念书。　✱ 1. 到学校学。2. 开始到小学学。　✿ 在固定的时间到学校去学习。

上衣 shàngyī　　✱ 上半身的衣服。　✿ 上身穿的衣服。

上映 shàngyìng　　✱ 一个新的影片开始在影院给人看。　✿ (电影)放映。

shao

少 shǎo　　✱ 不多。　✿ 数量很小。"多"的反义词。

少见 shǎojiàn　　✳ 很少见到，见得不多。　　✳ 很少见到。　　✻ 难得见到。

少量 shǎoliàng　　✳ 不大多的。　　✳ 不多的几个。　　✻ 数量很少。

少时 shǎoshí　　✳ 不长的时间。　　✳ 不多的时间。　　✻ 相当短的时间。

少数 shǎoshù　　✳ 不多的。　　✳ 不多的几个。　　✻ 数量少，是"多数"的反义词。

少许 shǎoxǔ　　✳ 很少的。　　✳ 一点儿；不多。　　✻（书面语）少量；一点儿。

少年 shàonián　　✳ 十五岁以下的人。　　✳ 从十到十五六岁这个时期的人。　　✻ 青年时期之前的时候，大约从十岁到十五岁的时期。

少女 shàonǚ　　✳ 十几岁、还没有爱人的女子。　　✳ 从十到十六岁这个时期的女人。　　✻ 年轻的没结婚的女子。

少爷 shàoyé　　✳ 过去为人干活的人叫主人家的儿子为"少爷"。　　✻ 1.用人称主人的儿子为少爷。2.客气地称别人的儿子为少爷。

绍 shào　　✳ 把以前的文化、知识、作风等学下来。　　✻ 1.指绍兴。2.继续；继承。

绍兴 Shàoxīng　　✳ 中国东南方的一个地方。那里的黄酒很好，很有名。　　✳ 中国上海南边的一个地方。　　✻ 中国东南部的一个城市。

绍兴酒 Shàoxīngjiǔ　　✳ 也叫黄酒。最好不喝凉的，作饭时用也可以。　　✳ 中国的一个叫绍兴的地方做的黄酒。　　✻ 绍兴出产的黄酒。

she

蛇 shé　　✳ 生在山中的很长的东西。　　✳ 一种跟龙一样、很长、不能站起来的动物，它的肉可以吃。　　✻ 身体圆而细长的没有脚的动物。

蛇肉 shéròu　　✳ 一种长的跟龙一样、不能站起来的动物的肉，可吃。　　✻ 蛇的肉，可以食用。

设 shè　　✳ 1.成立。2.给前提。3.想（办法）。　　✻ 1.设立。2.计划。3.假设。4.（书面语）假如。

设备 shèbèi　　✳ 做……时要用到的东西（多是机子、房子等）。　　✻ 进行某工作所需要的各个东西的整体。

设法 shèfǎ　　✳ 想方法（去作）。　　✳ 想办法。　　✻ 与"想办法"同义。

设计 shèjì　　✳ 开始工作以前，想出方法、画出图。　　✻ 在正式做某事前，根据一定的要求，先制定方法、图样等。

设身处地 shè shēn chǔ dì　　✳ 想想他人怎么样、怎么作。　　✳ 想像自己处在别人的地位。　　✻ 设想自己处在别人的地位或境遇中。

设想 shèxiǎng　　✳ 想。　　✳ 1.想像。2.着想，为……想。　　✻ 1.想像；假想。2.着想。

社 shè　　✳ 许多人在一起的共同体。　　✻ 1.共同生活或工作的一种集体组织。

2. 某些服务性单位。

社会 shèhuì　✽ 因为在共同的地方生活，人们在一起就成了"社会"。　✽ 在一定经济文化条件下构成的人的整体。

社会地位 shèhuì dìwèi　✽ 一个人在所有人当中的地位。　✽ 在社会关系中所处的地位。

社会关系 shèhuì guānxi　✽ 和一个人有关的人、事。　✽ 1. 人们在社会活动中相互结成的关系。如，经济关系，政治关系都是社会关系。2. 个人的亲人朋友关系。

社会科学 shèhuì kēxué　✽ 和人文有关的学问。　✽ 研究各种社会现象的科学，其中有教育学、政治经济学、法学、历史学、文艺学等。

社会制度 shèhuì zhìdù　✽ 国家让人这样做、不那样做的法定下来的东西，不同的国家有不同的制度。　✽ 社会的经济、政治等制度的总称。

社会主义 shèhuìzhǔyì　✽ 人民当家做主，人人平等，国家的东西是大家的等这样的想法、做法。中国是社会主义国家。　✽ 是共产主义的初级阶段，主张实行全民所有制和集体所有制。

社交 shèjiāo　✽ 和人在一起的活动；人们间的来往。　✽ 指社会上人与人之间的实际往来。

社论 shèlùn　✽ 报上写出自己对当前国家大事看法的文字。　✽ 报社或杂志社以本社的名义发表的评论当前重大问题的文章。

shei

谁 shéi　✽ 什么人，哪个人。　✽ 用在问话中，意为"哪个人"。　✽ 疑问代词，问人，问"哪个人"、"什么人"等。"谁"可以指一个人或几个人。

谁的 shéide　✽ 哪个人的。　✽ 什么人的。　✽ 用于问谁是某物的主人。

shen

身 shēn　✽ 1. 身体。一个人从上到下，一个动物从前到后所有的东西。2. 自己；本身。3. 物体中间那一块儿。　✽ 1. 身体。2. 指生命。3. 自己；本身。4. 人的品格和修养。5. 物体的中部或主要部分。

身边 shēnbiān　✽ 和人很近的边上。　✽ 身体的近旁。　✽ 1. 身体的近旁。2. 指身上。

身材 shēncái　✽ 个子的大小、样子。　✽ 身体的大小、轻重等。　✽ 身体的大小等。如：身材高大。

身份 shēnfèn　✽ 作什么工作的。　✽ 身份。自身所处的地位。　✽ 自身所处的社会地位。

身旁 shēnpáng　＊和人很近的边上。　＊身体的旁边。　✲在靠近某人的地方。

身上 shēnshàng　＊1.身体上。2.跟在身旁。　✲1.身体上。2.随身(所带)。如:他身上没带钱。

身体 shēntǐ　＊人和动物的身子。　✲1.一个人或一个动物的生理组织的整体。2.指一个人的健康情况。

深 shēn　＊从地面往下很长。地下离地面远。　✲1.由上到下或由外到里离得远。2.深度。3.不容易懂。如:这本书很深。4.(关系)密切,感情(多)。5.深入;深刻。6.离开始的时间很久。7.很,十分。

深长 shēncháng　＊1.从地面往下很长。2.话语意多,有意思。　✲(意思)深刻而有意味。

深度 shēndù　＊(水)上到下有多长。　✲1.说明一个东西从地面往下有多长。2.书等难不难。✲指"有多深"的程度。

深红 shēnhóng　＊很红的色儿。　✲比红更红的一种色。　✲红得很厉害。与"淡红"相对。

深化 shēnhuà　＊在同一事上做得更多。　✲(认识等)向更深的阶段发展。

深交 shēnjiāo　＊认识很久了,两人很要好。　✲和一个人来往很多,对他知道得多,二人就成了深交。　✲1.很深的交情。2.交往密。

深刻 shēnkè　＊很能说明问题的。　✲1.达到事物或问题的根本的地方的。2.内心感受程度很大的。

深切 shēnqiè　＊真、亲、好的。　✲深刻而实在。

深情 shēnqíng　＊很多的爱。　✲很深的感情。

深入 shēnrù　＊想到很里边的地方去。　＊到事物的中心。　✲1.由外向里,达到事物内部或中心。2.深刻。

深思 shēnsī　＊想得很多。　＊多次地想。　✲深刻地思考。

深信 shēnxìn　＊很信。　✲非常相信。

深夜 shēnyè　＊零点以后。　＊晚上很晚的时候,半夜(零点)以后。　✲指夜里十二点以后。

深远 shēnyuǎn　＊远大,很远。　＊长远。　✲(影响或意义)深刻而长远。

什 shén　＊见"什么"。　✲处于"么"字之前,从而组成"什么"一词。"什"一般不可以单独用。

什么 shénme　＊在问话中用来问人、问事。　✲1.疑问代词,问人或事物。2.表示不确定的事物。3.表示不满意。4.表示不同意对方说的某一句话。

什么时候儿 shénme shíhòur　＊在问话中用来问时间。　✲疑问代词,用于问时间。

神 shén　✳ 听说有很多神,他们不是人,是人想的;人们说他们长生不老,会飞,能作很多人作不了的。　✳ 人们想像出来的,比人能干的,可以长生不老的人物。　✱ 迷信或信教的人称天地万物的创造者、统治者为神。也指能力、品行好的人死后的精神体。

神话 shénhuà　✳ 听说的很久以前的说法。　✳ 人们想像出来的,和天上的人物有关的事。　✱ 1.关于神或神化了的古代人物的故事。2.不可能有的事。

神经 shénjīng　✳ 1.人身上的,能让人想、活动的那些小的东西。2.不正常。　✱ 人体或动物体内的指导语言行动或思考的组织。

神经病 shénjīngbìng　✳ 一种病,得了这种病后,人就不能正常活动。　✱ 1.精神病。2.神经系统的组织、机能发生的病变。

神奇 shénqí　✳ 惊人的。　✳ 非常不一样(多用来说让人感到有意思的新事物)。　✱ 非常奇特。

神气 shénqì　✳ 1.在面上能看到的样子。2.得意、高兴的样子。　✱ 1.表情。2.显出很得意的样子。

神情 shénqíng　✳ 人的样子。　✳ 面孔的样子,可以从面孔看出心里的活动。　✱ 人脸上所显出的内心活动。

神色 shénsè　✳ 人的样子。　✳ 面孔的样子。　✱ 人脸上所表现出的内心活动;神情。

神州 Shénzhōu　✳ 说的是中国。　✳ 以前人们对"中国"的叫法。　✱ 指中国。

甚 shèn　✳ 很。　✳ 很,太。　✱ 很,极。

甚而 shèn'ér　✳ 提出更能说明问题的事。　✱ 甚至。

甚至 shènzhì　✳ 提出更能说明问题的事。　✱ 连词,提出突出的事例(有更深一层的意思)。

sheng

升 shēng　✳ 下方到上方。上行(xíng)。　✳ 1.从不高的地方上到高的地方。2.地位、等次提高。　✱ 1.由低向高而动。2.(等级)提高。

升级 shēngjí　✳ 学生一年升一级。　✳ 进到比本来的水平高的班,学生每年都"升级"。　✱ 由较低的等级或班级升到较高的等级或班级。

升天 shēngtiān　✳ 1.上天了。2.不在人间了。　✳ 飞到天上。　✱ 1.升上天空。2.称人死了为"升天"。

升学 shēngxué　✳ 小学学完了到中学,中学学完了到大学叫"升学"。　✳ 从小学到中学,从中学到大学等进到再提高水平的学校。　✱ 由低一级学校进入高一级学校。

生 shēng ＊孩子来到人间的时候。 ✽1.子体从母体中出来。2.生长,从小到大。3.活;活的。4.生平。5.发生。6.没有用火做过的。7.没见过面的;不认识的。8.上学的人。 ❋1.生育、生长或生存的意思。2.具有生命力的;活的。3.产生;发生。4.果实没有成熟的。5.没有进一步加工的。6.学习的人;学生。

生病 shēngbìng ＊身体不好了;身体开始疼。 ❋(人体或动物体)得病。

生菜 shēngcài ＊田里长的一样吃的东西,可生吃,中国人吃得不多,西方人喜欢吃。 ✽1.没有用火做过的菜。2.一种家常菜,常常生着吃。西方人乐意把它和肉放在面包中吃。 ❋一种绿色的菜的名字。一般可以生着吃。

生产 shēngchǎn ＊1.生孩子。2.人们做出生活用的东西。 ❋1.生孩子。2.人们使用工具来创造生产资料和生活资料。可做动词,也可做名词。

生词 shēngcí ＊没学过的字。 ✽人们不懂的字。 ❋不认识或不理解的词。

生动 shēngdòng ＊能动人的。 ❋具有活力,能感动人的。

生孩子 shēng háizi ＊女人叫孩子来到人间。 ✽小孩儿从母亲身体中出来。 ❋生育。

生活 shēnghuó ＊人们过的日子,过日子。 ✽1.人、生物为了活着所进行的种种活动。2.进行种种活动。 ❋1.动词,指人或生物为了生存和发展而进行的各种活动。2.名词,衣食住行等方面的情况。

生火 shēnghuǒ ＊点上火。 ✽让火开始着(zháo)起来。 ❋点起比较大的火来。

生机 shēngjī ＊生的机会,好了的可能。 ✽1.活着的机会。2.活着的样子。 ❋1.生存的机会。2.活力。

生计 shēngjì ＊想法儿过日子。 ✽生活;生活的办法。 ❋1.使生活继续下去的方法。2.生活。

生理 shēnglǐ ＊机体有的活动和机能。 ❋生命活动和体内各器官的机能。

生路 shēnglù ＊能够生下去的方法、道儿。 ✽活下去的方法。 ❋说话或生存的路。

生命 shēngmìng ＊生、能走、能说、能看、能听……的人有生命。没有生命的人不在人间了。 ✽生物体所有的活动机能。 ❋生物体所具有的活动能力。

生怕 shēngpà ＊很不放心。 ❋相当怕。

生平 shēngpíng ＊一个人的一生。 ✽1.一个人的一生;一个人生活的所有时间。2.有生以来。 ❋一生的整个过程。

生气 shēngqì ＊不快乐了。 ✽不高兴了;发火儿。 ❋因不合心意而感到不快乐。

生人 shēngrén　✳ 不认识的人,没有见过的人。　✳ (人)出生。　✳ 不认识的人。

生日 shēngrì　✳ (人)生下来的那一天。　✳ 人出生的日子。　✳ 出生的日子。也是每年满周岁的那一天。

生肉 shēngròu　✳ 还没用电和火做过的肉。　✳ 没有经过做熟的过程的肉。

生手 shēngshǒu　✳ 没有作过这个工作,不会作这个工作的人。　✳ 刚刚工作,对工作还不太懂的人。　✳ 对新工作不熟的人。

生死 shēngsǐ　✳ 在人间和不在人间。　✳ 活着和不活着。　✳ 生存和死掉。

生物 shēngwù　✳ 人、马、花……是生物。　✳ 机体内有活动能的物体。　✳ 自然界中具有生长、发育等能力的物体。

生物学 shēngwùxué　✳ 跟生物有关的学问。　✳ 研究生物的学科。

生意 shēngyì　✳ 人买东西。想法儿叫人买东西。　✳ 买卖,商人卖给别人东西。　✳ 指商业活动、商业情况等。

生育 shēngyù　✳ 生孩子。　✳ 生孩子。　✳ 与"生孩子"同义。

生字 shēngzì　✳ 不认识的字,没有学过的字。　✳ 没学过的字,不认识的字。　✳ 不曾认识的字。

声 shēng　✳ 人能听到的。　✳ 1. 声音。2. 发出声音。3. 名声。4. 声母。　✳ 1."声音"的简称。2. 字音的高低调子。

声调 shēngdiào　✳ 字中有的。汉语里有四声。　✳ 汉字的音高和轻重等。　✳ 1. 音调。2. 字调。

声名 shēngmíng　✳ 名声。　✳ 名声;人们的看法。　✳ 名声。

声明 shēngmíng　✳ 和大家说,叫大家都知道。　✳ 1. 公开说明自己的意见。2. 一种文告。　✳ 公开表示态度或说明事实。

声势 shēngshì　✳ 事物让很多人都知道、都看出来的东西。　✳ 气势和力量。

声望 shēngwàng　✳ 很好的名声。　✳ 大家对一个人的好看法。　✳ 很好很大的名声。

声学 shēngxué　✳ 跟声音有关的学问。　✳ 研究与声有关的学科。

声音 shēngyīn　✳ 人能听到的。　✳ 一种物体打别的物体,便发出了人们听得见的声音。　✳ 物体所发出的通过听觉所产生的印象。是视觉感受不到的。

省 shěng　✳ 1. 少用票子。2. 大地方,一个国家有很多省。　✳ 1. 比城市大的地区。2. 少花钱。　✳ 1."费"的反义词。2. 省掉。3. 省份。

省得 shěngde　✳ 不用(去作……)。　✳ 不会让……发生。　✳ 不使发生(不好的)情况。

省掉 shěngdiào　✳ 不要;没有了……　✳ 不要不重要的,不再要了。　✳ 除掉,去掉。

省份 shěngfèn ＊大地方。一个国家有很多省份。 ＊比城市大的地方,不和地名连用。 ✽行政区的划分单位。

省会 shěnghuì ＊省里最重要的地方。 ＊几个城市中的中心,最重要的城市。 ✽省的行政机关所在地,通常是全省的经济文化中心。

省钱 shěngqián ＊会过日子,不用很多票子。 ＊少花钱。 ✽节约用钱。

省事 shěngshì ＊不用多花时间的。 ＊方便。 ✽是"费事"的反义词。

省心 shěngxīn ＊不用多想。 ＊不用多想、多干。 ✽少费心。

shi

师 shī ＊教书的人。 ＊教别人知识的人。 ✽老师;教给别人知识的人。

师范 shīfàn ＊1.一种学校,学生从里面出来后成为教师。2.别人都学的人。 ✽1.师范学校的简称。2.培养教师的。

师范学校 shīfàn xuéxiào ＊这里的学生以后多是教师。 ＊一种学校,学生没上高中就可以上,学完出来后能成为教师。 ✽专门培养师资的学院。

师范学院 shīfàn xuéyuàn ＊这里的学生以后多是教师。 ＊上完高中进的学校,出来要当老师。 ✽上完高中后上的高等学校,出来要当老师。

师生 shīshēng ＊老师和学生。 ＊老师和学生。 ✽老师和学生。

师长 shīzhǎng ＊老师。 ＊老师。 ✽对老师的敬称。

师资 shīzī ＊可以作教师的人。 ＊可以当老师的人才。 ✽指可以当老师的人才。

诗 shī ＊文体的一种,一行字不多,有几行,长(cháng)的有很多行,可以说出很多意思,说出生活、想法等,念起来很好听,常常不用来唱。 ✽文学作品表现形式的一种。

诗词 shīcí ＊可以唱和不可以唱的"诗"都是"诗词"。 ✽古代诗歌的主体部分。

诗歌 shīgē ＊文体的一种,一行字不多,有几行,长(cháng)的有很多行,可以说出很多意思,说出生活、想法等,念起来很好听,常常不用来唱。 ✽各种诗的形式的总称。

诗集 shījí ＊一种书,把"一行字不多,有几行,长(cháng)的有很多行,可以说出很多意思,说出生活、想法等,念起来很好听,常常不用来唱的东西"放在一起的书。 ✽由一个人或许多人的诗集合在一起所成的书。

诗人 shīrén ＊写"一行字不多,有几行,长的有很多行,可以说出很多意思,说出生活、想法等,念起来很好听,常常不用来唱"的东西的人。 ✽专门写诗的作家。

十 shí　✳ 九多一是十,九和十一中间的字。　✳ 1. 比九再多一个就是十。2. 也用来说到了最高点。　✳ 数目,九加一所得。

十分 shífēn　✳ 很。　✳ 很,非常。　✳ 副词,"很"的意思。

十月 shíyuè　✳ 九月以后是十月,过了十月是十一月。天气从这时冷起来了。　✳ 一年中的第十个月。　✳ 一年的第十个月,是秋天的一个月。

十字路口 shízìlùkǒu　✳ 东南西北四方都走车、走人,样子是"十"的道口。　✳ 如"十"字一样的路口。　✳ 两条道路相交所形成的角都是九十度的地方。

十足 shízú　✳ 很,很多。　✳ 很,非常。　✳ 十分,足够,百分之百。

石 shí　✳ 山上的东西,上边不能长(zhǎng)东西。　✳ 山上有的很硬的东西,上面不可以长东西。　✳ 1. 石头。2. 指石刻。

石刻 shíkè　✳ 1. 山上有的很硬的东西上写的字、画的图儿等。2. 上面有文字、画儿的硬东西。　✳ 刻有文字、图画等的石制品,也指上面刻的文字、图画。

石头 shítóu　✳ 山上的东西,上边不可以长(zhǎng)东西。　✳ 山上有的一块块很硬的东西。　✳ 构成地面的比土硬得多的物体。

石像 shíxiàng　✳ 用山上很硬的一块块的东西做的人、动物等。　✳ 在石头上刻的人像。

石油 shíyóu　✳ 飞机、火车有了这个东西能飞、能走。和水很近,黑色。　✳ 黑色的水一样的东西,能着火。　✳ 一种流动物体。在工业上有重要的作用。比如,汽油就是从石油里提取出来的。

时 shí　✳ 时间,……的时候。　✳ 1. 时间;时候。2. 当前;现在。3. 时机。4. 时常　✳ 1. 指比较长的一段时间。2. 规定的时间。3. 季节。4. 当前;现在。5. 时机。6. 时常。

时差 shíchā　✳ 国家和国家间时间的不同,法国是十点,中国是十六点。　✳ 不同时区间的时间差别。　✳ 地球上不同时区的时间差别。

时常 shícháng　✳ 很多时候都。　✳ 常常;多次。　✳ 经常。

时代 shídài　✳ 一定的时间,往往几年、几十年。　✳ 1. 指历史上根据经济、政治、文化等情况而划分的某个时期。2. 指个人生命中的某个时期。

时而 shí'ér　✳ 不定时地一遍遍发生;一会儿(这样),一会儿(那样)。　✳ 1. 不定时地重复发生。如:时而下雨。2. 交替发生。如:他时而念诗,时而唱歌。

时光 shíguāng　✳ 时间。　✳ 时间。　✳ (书面语)……的一段时期,有一定特点的一段时期,如美好时光,少年时光。

时候 shíhòu　✳ 时间里的一个点。　✳ 1. 时间里的一点。2. 有起点和最后一点

时识实

的一块儿时间。 ✽ 1. 有起点和终点的一段时间。2. 时间里的某一点。

时机 shíjī ✽ 好机会。 ✽ 机会(多是好的)。 ✽ 多指有利的客观条件。

时间 shíjiān ✽ 时候,时期。 ✽ 1. 人们平常说的过去、现在和以后都是时间。2. 同"时候"。 ✽ 1. 时候。2. 在生活中、工作中固定的或特定的时候。比如：上课的时间、开会的时间。

时量补语 shíliàng bǔyǔ ✽ "学了两天"、"想了一小时"……中"两天""一小时"是"时量补语"。 ✽ 说明动作时间长不长的语法成分。 ✽ 表示时间长短的补语。

时刻 shíkè ✽ 时间,老是。 ✽ 1. 时是六十分,刻是十五分,它们在一起意思是时间。2. 每时每刻,常常。 ✽ 时间的某一点。

时期 shíqī ✽ 几年到几十年的时间。 ✽ 几年的时间；十几年的时间；几十年的时间。 ✽ 一段时间(一般指具有某种特点的一段时间)。

时时 shíshí ✽ 很多时候都。 ✽ 常常。 ✽ 是"常常"的意思。

时事 shíshì ✽ 刚发生的重要的事。 ✽ 目前的国内外大事。

识 shí ✽ 认识。 ✽ 1. 认识。2. 见识；知识。 ✽ 1. 认识。2. 见识；知识。

识别 shíbié ✽ 认认后知道是什么。 ✽ 看出来。 ✽ 根据不同事物的特点加以区别。

识破 shípò ✽ 看出别人心里想什么,从外面就可以知道里面的。 ✽ 看穿(别人内心保密的事)。

识字 shízì ✽ 认识文字。 ✽ 认识文字；懂得汉字。 ✽ 认识文字；读书。

实 shí ✽ 看得见,有大小的,中间没口子的。 ✽ 1. 物体中间不空,也有东西。2. 真。3. 种子。 ✽ 1. 内部完全是满的。2. 真实。3. 事实。4. 果实。

实词 shící ✽ 本身有意思的一个字、几个字,比如"书、书包、骑"等。 ✽ 汉语中意义比较具体的词。动词、名词、数词、量词、代词都是实词。

实话 shíhuà ✽ 真话。 ✽ 真实的话。

实际 shíjì ✽ 1. 真的事物。2. 真有的。 ✽ 1. 客观存在的事物或情况。2. 实在的,实有的；具体的。3. 合乎事实的。

实况 shíkuàng ✽ 那个时候的样子。 ✽ 事物发生所在的当时的场面等。 ✽ 事情进行时的实际情况。

实力 shílì ✽ (人)有什么知识,能作什么。 ✽ 所有的真水平。 ✽ 实在的力量。

实物 shíwù ✽ 看得见的东西。 ✽ 真有的东西。 ✽ 实际应用的东西,真实的东西。

实习 shíxí ✽ 学生不在大学学,去一个地方一边工作一边学,学怎么工作,怎么用他学过的知识。 ✽ 把学的用到工作中,看看能不能做、做得怎么样。 ✽ 把学到的理论知识拿到实际工作中去用,以培养实际工作能力。

实现 shíxiàn ✽ 想法作到了。 ✽ 让想法等成为真的。 ✽ 使成为事实。

实心 shíxīn ✽ 中间有东西的(看得见的,看不见的)。 ✽ 1.真心真意。2.物体当中有东西的。 ✽ 1.真心,实在。2.物体内部不是空的。

实行 shíxíng ✽ 作,用。 ✽ 用行动来完成。 ✽ 用行动来实现(计划、规定等)。

实验室 shíyànshì ✽ 为了看看物体是不是真的所从事的活动的一定场所。 ✽ 为了看科学理论或假设对不对时工作的地方。

实用 shíyòng ✽ 好用的,有用的。 ✽ 有用的,生活、教学上可以用的。 ✽ 1.实际使用。2.有实际使用价值的。

实在 shízài ✽ (工作、活儿)地道,不马虎,认真。 ✽ 1.的确。2.对人真心,不作假;真实。3.不马虎。

实质 shízhì ✽ 事物本身有的,最重要的,可是从外面看不出来的东西。 ✽ 事物本来的面目。

食 shí ✽ 吃。 ✽ 吃。 ✽ 1.吃。2.专指吃饭。3.食物。4.食用或调味用的。

食品 shípǐn ✽ 吃的东西。 ✽ 吃的东西。 ✽ 商店卖的经过加工的食物。

食品店 shípǐndiàn ✽ 一个地方,在那儿可买吃的东西。 ✽ 卖吃的东西的地方。 ✽ 卖食品的商店。

食物 shíwù ✽ 吃的东西。 ✽ 吃的东西。 ✽ 可以解除"饿"的东西。

食用 shíyòng ✽ 可以用来吃的。 ✽ 可以吃的。 ✽ 1.做食物用。2.可以吃的。

食欲 shíyù ✽ 想不想吃,是"有没有食欲"。 ✽ 要吃东西的想法。 ✽ 人或动物进食的需求。

食指 shízhǐ ✽ 右手手心往上,从右边看第二个可以活动的东西。 ✽ 中指旁边的手指,但不是无名指。

史 shǐ ✽ 以前的事。 ✽ 历史。

史料 shǐliào ✽ 写的是过去是怎样的很多文字。 ✽ 以前写下来的书面的东西。 ✽ 历史资料。

史诗 shǐshī ✽ 写的是过去是怎样的一种文字。 ✽ 和以前的人、事有关的,每行字少可意思多的文体。 ✽ 讲有名人物或重大历史事件的长诗。

史实 shǐshí ✽ 过去是怎样的。 ✽ 以前发生的真的事。 ✽ 历史事实。

史书 shǐshū ✽ 过去写的书。写过去的书。 ✽ 以前写的书。 ✽ 记历史的书。

史无前例 shǐ wú qián lì ✽ 以前没有见过的。 ✽ 以前从没有发生过这样的事。

史使始士示世

✻ 历史上从来没有过的。

史学 shǐxué ＊ 说"过去是怎样"的一个学问。 ＊ 以以前的事、人为对象的知识。 ✻ 以人类历史为研究对象的科学。

使 shǐ ＊ 用。 ＊ 让;叫;用。 ✻ 1. 让;叫;致使。2. 使用。3. 支使,派(人)去(做……)。

使不得 shǐbudé ＊ 不能用,不能这样。 ＊ 1. 不能用。2. 不行,不可以。 ✻ 1. 不能使用。2. 是"不行"的意思,但语气比较强。

使得 shǐdé ＊ 能用;可以。 ＊ 1. 能用。2. 行,可以。3.(想法、事物)有了一定的后果。 ✻（意图、计划、事物）带来一定的结果。

使馆 shǐguǎn ＊ 一个国家在外国的一个地方。 ＊ 外国在本国的办公机关。 ✻ 外交使节在某国家的办公机关。

使命 shǐmìng ＊ 让人办事的做法。 ✻ 派人办事的命令,多比作重大的事。

使用 shǐyòng ＊ 用。 ＊ 用。 ✻ 使人员、器物、资金等为某种目的服务。

使者 shǐzhě ＊ 听别人的话办事的人(现在多用来说办国家间大事的人)。 ✻ 带着使命去办事的人(多指外交人员)。

始 shǐ ＊ 起头儿,开头儿。 ✻ 最初,起头。

始终 shǐzhōng ＊ 到最后还和以前一样地。 ＊ 从开始到最后。 ✻ 指从开始到最后。

士 shì ＊ 过去念书的人。 ＊ 过去用来说没成家的男子和念书的人。 ✻ 1. 封建时代称读书人。2. 军人。3. 指某些种类的技术人员。4. 对人的美称。

士大夫 shìdàfū ＊ 过去的念书人。 ＊ 用来说过去的念书人。 ✻ 封建时代指作官阶层。也指封建时代指还没有作官的读书人。

示 shì ＊ 把东西拿出来让人看。 ✻ 1. 把事物指出来使人知道。2. 表示。

示范 shìfàn ＊ 作样子,教人怎么作。 ＊ 教给大家怎么做。 ✻ 做出某种可以让大家学习的典范。

示意 shìyì ＊ 教怎么作。 ＊ 用话、动作等说明意思。 ✻ 用表情、言行或图形表示意思。

示意图 shìyìtú ＊ 教怎么作的图。 ＊ 为了说明难学、难懂的事画的图。 ✻ 为了说明内容较复杂的事物而制成较简单的图。

世 shì ＊ 一个很长的时间。 ＊ 人的一生。 ✻ 1. 人的一生。2. 世界。3. 时代。4. 世交的关系。

世代 shìdài ＊ 大人到小孩儿,这样好多年,好多回。 ＊ 很多年。 ✻ 从某人的父亲的父亲到他父亲再到他儿子这样的好几代。

世道 shìdào ＊ 人间的样子。 ＊ 人们所生活的这个人间怎么样。 ✻ 指社会情况,社会风气。

世纪 shìjì ✱ 一百年。 ✱ 一百年为一"世纪"。 ✽ 计算年代的单位,一百年为一世纪。

世界 shìjiè ✱ 人们在的地方叫"世界",这里边有很多国家。 ✽ 1. 人、自然和人间所有的东西在一起就叫"世界"。2. 所有地方。3. 风气。4. 人的一种活动用的地方。 ✽ 1. 自然界和人类社会的一切事物的总和。2. 地球上所有的地方。3. 指社会形势,社会风气。4. 人的某种活动范围。

世界语 shìjièyǔ ✱ "人工语",可是没有人用,很少人会说。 ✽ 1887年发明的一种语言,语法不难,所有国家都可以用。 ✽ 指1887年一位专家创造的语法比较简单的语言,他希望这种人工语言能够世界通用。

世面 shìmiàn ✱ 方方面面的事。 ✽ 社会上各个方面的情况。

世上 shìshàng ✱ 有人的地方都叫"世上"。 ✽ 人生活的地方。 ✽ 世界上;社会上。

市 shì ✱ 中国的北京、上海、南京,日本的东京都是市。 ✽ 1. 市场。公开作生意的场地。2. 城市。人口多,有工商,有文化的大地方。 ✽ 1. 市场。2. 城市。

市场 shìchǎng ✱ 外面叫人买东西的地方。 ✽ 买卖东西的公共场所。 ✽ 商品交易的场所。

市民 shìmín ✱ 人民,老百姓。 ✽ 城市里住的人。 ✽ 城市居民。

市区 shìqū ✱ 城市里的地区。 ✽ 在城市范围内的地区。

市容 shìróng ✱ 一个地方的样子怎么样。 ✽ 城市的样子。 ✽ 城市的基本样子。

市长 shìzhǎng ✱ 市里说话最有用、最重要的人。 ✽ 一个城市中地位最高的人物;一个城市的第一把手。 ✽ 一个城市的最高领导。

市中心 shìzhōngxīn ✱ 城市的中心地区。 ✽ 城市里最重要最热闹的地区。

式 shì ✱ 样子。 ✽ 样子。 ✽ 1. 样式。2. 典礼。

式样 shìyàng ✱ 人作的东西的样子。 ✽ 衣服等的样子。 ✽ 人造的物体的样子。

……似的 …shìde ✱ ……的样子。 ✽ 像……的样子。 ✽ 跟……一样。

势 shì ✱ 样子。 ✽ 事物的样子。 ✽ 1. 势力。2. 形势。

势必 shìbì ✱ 很可能,不得不…… ✽ 一定会怎样。 ✽ 根据形势推想必然会怎样。

势力 shìlì ✱ 国家在很多方面所处的好、不好的样子。 ✽ 指政治、经济、军事等方面的力量。

势能 shìnéng ✱ 物体因为所处和以前不一样了所生的能,比如物体从高处下来时所有的能。　✻ 相互作用的物体由于某种情况而具有的能。

事 shì　✻ 人作的不同的"工作"都可以叫作"事"。　✻ 1. 人间和大自然中的所有现象和活动。2. 工作。　✻ 1. 事情。2. 事故。3. 职业；工作。4. 从事。

事变 shìbiàn　✻ 人们没有想到的很快发生的重大的事儿，比如1937年发生的"七七事变"。　✻ 1. 突然发生重大的政治或军事性事件。2. 政治、军事方面的重大变化。3. 指事物的变化。

事故 shìgù　✻ 所发生的没有想到的不好的事。　✻ 意外发生的不幸事情。

事件 shìjiàn　✻ 发生的不平常的大事。　✻ 历史上或社会上发生的不平常的大事情。

事例 shìlì　✻ 别人可以学的事。　✻ 具有代表性的可以做例子的事情。

事情 shìqíng　✻ 人作的"工作"都叫"事情"。　✻ 所有的活动、现象。　✻ 1. 人类生活中的一切活动或所遇到的一切社会现象。2. 职业；工作。

事实 shìshí　✻ 人作的，人没作的都是"事实"。　✻ 事物的真的方面。　✻ 事情的真实情况。

事物 shìwù　✻ 东西(人以外)。　✻ 所有的物体和现象。　✻ 指客观存在的一切物体和现象。

事先 shìxiān　✻ 在这以前。　✻ 事发生以前。　✻ 事情发生之前。

事项 shìxiàng　✻ 事物的所有方面。　✻ 事情的项目。

事业 shìyè　✻ 一生作的很重要的工作。　✻ 人所从事的对国家、他人有重大作用的活动。　✻ 人所从事的具有一定目标的比较重大的经常性活动。

试 shì　✻ 作一下，看怎么样。　✻ 真地做事以前先做一遍，看怎么样。　✻ 1. 试验。2. 考试。

试点 shìdiǎn　✻ 在一个小地方用一下一个方法什么的，看看好不好。　✻ 真做一个工作以前，先找一个地方做做看，这个地方叫试点。　✻ 正式进行某工作之前先做小范围的试验，以便取得经验。

试题 shìtí　✻ 教师要学生作的问题。　✻ 为了看学的怎么样出的题，做完这些题后可以打出分来。　✻ 考题。

试图 shìtú　✻ 想要……。　✻ 想；打算。　✻ 打算。

试想 shìxiǎng　✻ 想一想，想想看(要是……)。　✻ 想一想。　✻ 试着想想。

试验 shìyàn　✻ 作一下，看看是不是和想的一样。　✻ 为了看一个东西好不好所从事的活动。　✻ 为了察看某事的结果或某物体的性能而从事的某种活动。

试验田 shìyàntián　✻ 一种田地，先在上面种一些东西，如果好，就再种在别的田地里。　✻ 用于试种某种作物，试用某种生产方法的田地。

试用 shìyòng　✻ 用一下，看看怎么样。　✻ 真用以前，先用一用看看行不行。

✽ 在正式使用前,先试一个时期,看看合适不合适。

试制 shìzhì ✽ 作来看看行不行。 ✽ 先做一做,如果好,再做更多的。 ✽ 试着制作。

视 shì ✽ 看。 ✽ 1."看"的书面语。2. 看待。3. 考察。

视察 shìchá ✽ 看看。 ✽ 上边的人到下边看看工作干得怎么样。 ✽ 察看。

视而不见 shì ér bú jiàn ✽ 看了,可什么也没有看见。 ✽ 不关心,看着也当作没看见。 ✽ 尽管用眼睛看,却什么也看不见。指不重视或不注意。

视觉 shìjué ✽ 人能看到物体就有"视觉"。 ✽ 眼睛对物体影像所产生的感觉。

视力 shìlì ✽ 看得好不好。能不能看见。 ✽ 看后区别物体的水平。 ✽ 在一定范围内眼睛识别物体形象的能力。

视听 shìtīng ✽ 看的和听的。 ✽ 看和听都有。 ✽ 指看和听。

视线 shìxiàn ✽ 往四面看时,所能看到的东西都在"视线"里。 ✽ 1. 眼睛与所看的东西之间的假想的直线。2. 注意力。

是 shì ✽ 1. 对。2. 连着前后两个事物的字,有时说明它们的同一,有时是后面的说明前面的。 ✽ 1. 是"正确"的意思。2. 用于联系两种事物,表明两者一样或后者说明前者。

是不是 shì bu shì ✽ 你不能认可什么时问人的话。 ✽ 当你不能认定一个事物时问别人的话。 ✽ 用在一句话最后部分,以提问形式要求对方回答"对"或"不对"。与"是吗?"同义。

是的 shìde ✽ 是这样的。 ✽ 说明"对",表示认同,认可。 ✽ 对对方的提问给以肯定的回答。

是非 shìfēi ✽ 好的和不好的。 ✽ 事物本身的对和不对。 ✽ 事理的"对与错"。

是吗 shìmā ✽ 同"是不是"。 ✽ 问别人问题时说的话,意为"是不是这样"。 ✽ 与"是不是?"同义。

适 shì ✽ 1. 正好。2. 去,往。 ✽ 1. 适合。2. 正巧。3. 舒服。

适当 shìdāng ✽ 正好。 ✽ 和要的差不多。 ✽ 合适。

适度 shìdù ✽ 不大不小,正好。 ✽ 不大不小,不多不少,正好。 ✽ 程度适当。

适合 shìhé ✽ 可以,在一道很好。 ✽ 和想要的差不多。 ✽ 合乎(实际情况或客观要求)。

适口 shìkǒu ✽ 好吃。 ✽ 吃东西时,口中觉得很好。 ✽ 适合口味。

适量 shìliàng ✽ 不多不少。 ✽ 不多不少,正好。 ✽ 数量合适。

适时 shìshí ✽ 正是时候。 ✽ 时候差不多,不早也不晚。 ✽ 适合当时的需要。

适意 shìyì ✽ 和人想要的一样。 ✽ 心里觉得很好。 ✽ 觉得舒服。

适应 shìyìng　＊可以。　＊现有的和能做到的差不多。　✻适合（客观条件或需要）。

适用 shìyòng　＊有用,好用。　＊能用;用起来很好。　✻适合使用。

适中 shìzhōng　＊不多不少,不大不小,正好。　＊不太多,也不是太少。　✻不是太过,也不是不及;正好。

室 shì　＊1.房子中的一间。2.机关、工场、学校等里面分出来的工作场所。　✻1.屋子。2.机关、工厂、学校等内部的工作单位。如:办公室,图书室。

shou

收 shōu　＊1.把外面的事物拿到里面;把分开的事物放到一起。2.要回本来是自己的东西。3.别人给你东西时,你拿了过来,这就是收。4.工作不再进行,如收工。　✻取得或接受某事物。

收成 shōuchéng　＊得到的田里长(zhǎng)的东西。　＊秋天收起来的地上种的东西的多少。　✻所种的农作物熟了时的收获情况。

收到 shōudào　＊别人给的、发出的东西自己得到了。　✻取得了或接受了某事物。

收工 shōugōng　＊作完工作回家了。　＊不干活了。　✻劳动完结。

收回 shōuhuí　＊再要回来。　＊把发出去的东西再要回来。　✻把发出去或借出去的东西取回来。

收获 shōuhuò　＊得到的,学到的。　＊1.地上种的作物长成了,收起来。2.心得;学到的东西。　✻1.取得成熟的农作物。2.形容做事的心得、成果等。

收集 shōují　＊把一些分开的东西都放在一起。　✻把事物放在一起。

收据 shōujù　＊买了东西以后得到的小票儿,你可以知道你花了多少票子。　＊收到钱、东西后写给对方的文字。　✻收到钱或东西后写给对方的字据。

收看 shōukàn　＊打开机子看。　＊拿过来看。　✻看(电视节目)。

收留 shōuliú　＊叫(他人,没有家的人)在"我"家里。　＊收下很难再生活的人,让他活下去。　✻接收并帮助(需要特别帮助的人)。

收买 shōumǎi　＊"买人",叫他人听"我"的。　＊1.从多处买进。2.给别人好处(有时是钱),让他为自己做事。　✻1.从各处收集并买进来。2.用钱或其它好处使对方满意,从而利用对方。

收取 shōuqǔ　＊拿来收下。　✻交来或取来收下。

收入 shōurù　＊工作得到的买东西时用的票子。　＊1.收进来。2.收进来的钱,也可只用来说钱。　✻指所收进来的钱,跟"支出"相对。

收听 shōutīng　＊打开机子听。　＊听收音机等。　✻听(收音机、电视机等)。

收音机 shōuyīnjī　✸ 一个时间里可以听到人在报道什么的机子。　✸ 可以发出很多声音,如念报声和歌声的机子,它可以让人们知道很多新信息。　✸ 通过无线电设备的作用而发出声音的机器。

手 shǒu　✸ 人用来写字、画画、吃饭。人人都有两个手。　✸ 1. 人体上身前能作出拿、提、包、放、画、写等动作的那两只(zhī)东西。2. 拿着,如人手一个。3. 亲手,如手写。4. 在一个方面出色的人,如歌手。　✸ 人体的能拿东西的部分。

手表 shǒubiǎo　✸ 时时可以看时间的东西。　✸ 带在手上,可以看时间的东西。　✸ 放在手后部与身体某部相接的地方用来看时间的表。

手段 shǒuduàn　✸ 用的方法;不好的作法。　✸ 1. 方法。2. 不正当、不好的方法。　✸ 1. 为达到某种目的而采取的具体方法。2. 特指不正当的方法。

手法 shǒufǎ　✸ 写作方法;作法。　✸ (文学作品等的)方法。　✸ 1. (艺术品或文艺作品的)技巧。2. 手段。

手工 shǒugōng　✸ 用手做的。　✸ 靠手的技能作出的工作。

手工业 shǒugōngyè　✸ 只用手来做东西,这一行叫"手工业"。　✸ 只靠手或只用简单的工具从事生产的工业。

手脚 shǒujiǎo　✸ 1. 动作。2. 做手脚,是说在人后做不正当的行动。　✸ 1. 指动作。2. 暗中采取的不正当的行动。

手球 shǒuqiú　✸ 两方(每方七人)只能用手打的一种里面有气,外面是皮的东西。　✸ 1. 球类运动项目之一,用手打球。2. 这类运动中使用的球。

手势 shǒushì　✸ 说明意思时用手做的动作。　✸ 表达意思时用手所做的样子。

手术 shǒushù　✸ 医生在病人身上去一些不好的东西,让皮、肉再长在一起等,以便让病人好起来。　✸ 医生用医疗器具在病人身体上进行切除等治疗。

手提包 shǒutíbāo　✸ 可用手提的包。　✸ 用布、皮等材料制成的放东西的包,一般用手提。

手下留情 shǒu xià liú qíng　✸ 下手的时候不过分。　✸ 请求对方下手时留点儿情面。

手续 shǒuxù　✸ 办一个事的时候要到很多地方,到每个地方都是一道"手续"。　✸ (办事)一步接着一步的总过程。

手艺 shǒuyì　✸ 做手工的人的水平。　✸ 手工业工人的技术。

手纸 shǒuzhǐ　✸ 大便时用的让下身无便的东西。　✸ 解手时使用的纸。

手指 shǒuzhǐ　✸ 每只手上的长(cháng)东西。　✸ 人手前部的五个分支。

守 shǒu　✸ 看(kān)。　✸ 看着不让别人进来。　✸ 1. 防守。2. 守候。3. 按照去做。

守法 shǒufǎ　✸ 知法,不作不法的。　✸ 国家的法怎样说,人就怎样做。　✸ 按

守首受

照法令做。

守旧 shǒujiù ✳ 只喜欢过去,只想以前的好,不喜欢现在的。 ✳ 老用以前的说法做事,不想用新的。 ✽ 总是用过时的看法或做法而不愿意改变。

守门 shǒumén ✳ 看门,不让别的人、东西进来。 ✽ 1. 看守门户。2. 指球类运动中守卫球门。

守势 shǒushì ✳ 不主动打别人,只是等对方来了再说。 ✽ 防卫对方打过来的形势或设备。

守岁 shǒusuì ✳ 一家人过中国年。时间是中国年的最后一天天黑后。 ✽ 一年最后的那天,一晚上不睡。 ✽ 在农历三十晚上不睡,直到天亮。

守卫 shǒuwèi ✳ 看(kān)。 ✳ 看着,不让不好的人进来。 ✽ 防守保卫。

守信 shǒuxìn ✳ 说什么作什么。 ✳ 讲信用;说了就去做。 ✽ 讲信用。

守则 shǒuzé ✳ 要人作到的写下来的文字。 ✳ 机关、学校等定出的让大家都这样去做的成文字的东西,谁不这样做,谁就有问题了。 ✽ 共同依照规则去做。

首 shǒu ✳ 第一。 ✳ 1. 第一;最高的。2. 头儿;主事的人。 ✽ 1. 头。2. 第一,最高的。3. 首领。4. 首先。

首创 shǒuchuàng ✳ 第一个作。 ✳ 最早做出来。 ✽ 首先创造;创始。

首次 shǒucì ✳ 第一回。 ✳ 第一次。 ✽ 第一次,书面常用。

首都 shǒudū ✳ 一个国家最重要的地方,中国的首都是北京。 ✳ 一个城市,是国家的中心,国家机关所在地。 ✽ 国家最高政治机关所在地,是全国的政治中心。

首领 shǒulǐng ✳ 一个地儿最重要的人。 ✳ 头儿;主事的人。 ✽ 指某些集团的领导人。

首脑 shǒunǎo ✳ 一个国家最最重要的人。 ✳ 位子高的人、机关等。 ✽ 为首的(人或机关)。

首先 shǒuxiān ✳ 第一。 ✳ 1. 最先;最早。2. 第一(要一一说出事物时)。 ✽ 1. 最先;最早。2. 第一(用于举出事项时)。

首相 shǒuxiàng ✳ 一个国家第二重要的人。 ✳ 一些国家中位子比第一把手差一点儿的人。 ✽ 有些国家称中央政府首脑为首相。

首要 shǒuyào ✳ 最重要的。 ✳ 最重要的。 ✽ 最重要的。

首长 shǒuzhǎng ✳ 一个地方很重要的上边的人。 ✳ 机关中位子很高的头儿。 ✽ 政府或军队中的高级领导人。

受 shòu ✳ 得(dé)到。 ✳ 得到;收到。 ✽ 1. 接受。2. 受到(多指不好的事情)。

受不了 shòubuliǎo ✳ 不能再做、不能再生活下去了。 ✽ 感到太过分,不能接受。

受害 shòuhài ✻ 不好的人对好人做不好的事,好人就"受害"。 ✻ 受到伤害或杀害等。

受话机 shòuhuàjī ✻ 能听到很远的人说话的机子。 ✻ 一种可以从中听到对方话语的机子,跟电话差不多。 ✻ 电话机等的一个部件,能把电流变成声音。

受惊 shòujīng ✻ 事发生后的时间不长,心里觉得不安。 ✻ 突然遇到不好的事而害怕。

受苦 shòukǔ ✻ 生活得很难。 ✻ 受到困苦。

受气 shòuqì ✻ 别人看不起,很难过。 ✻ 受到别人不公平的对待。

受伤 shòushāng ✻ 身体、物体等因人打和意外的事儿出现了不好的地方,叫"受伤"。 ✻ 身体的某部分被破坏。

shu

书 shū ✻ 人们喜欢看的一本本的东西。上边有文字、画儿…… ✻ 1. 成本的文字,跟课本一样的东西。2. 写字,书写。3. 书信。 ✻ 1. 写字;书写。2. 字体。3. 书信。4. 文件。5. 由一些张纸加工成本子的著作。

书包 shūbāo ✻ 学生上学用的东西,里边有书、写字用的东西什么的。 ✻ 学生上学时放书的包儿。 ✻ 主要为学生上学时装书、文具等而制成的提包。

书店 shūdiàn ✻ 可以买书的地方。 ✻ 卖书的房子等地方。 ✻ 卖书及文具等的商店。

书法 shūfǎ ✻ 写好字的方法和学问。 ✻ 一种把字写得很美的方法和学问。 ✻ 文字的书写艺术,特别指用毛笔写汉字的艺术。

书法家 shūfǎjiā ✻ 书法很好的人。 ✻ 书法非常出色的人。 ✻ 具有写书法的技能的人。

书房 shūfáng ✻ 家中念书、写字的地方。 ✻ 念书写字的房间。 ✻ 一般指家中读书写字的房间。

书记 shūjì ✻ 1. 做思想工作的带头人。2. 过去叫办文书、做书写工作的人为"书记"。 ✻ 1. 党、团等组织中的主要领导人。2. 旧指办理文书的人员。

书架 shūjià ✻ 上边有很多书的东西。 ✻ 可以把书一本一本放在上面的立着的东西。 ✻ 放书用的架子。

书评 shūpíng ✻ 说一本书好不好的文字、话语。 ✻ 说一本书好还是不好,这样的文字叫"书评"。 ✻ 对一本书的评论。

书写 shūxiě ✻ 好好地写。 ✻ 认真地写字。 ✻ "写"的书面语,用做名词或动词。

舒 shū　✳ 1. 慢慢放开。2. 慢。　✺ 展开；解开。

舒服 shūfu　✳ 日子好过。　✺ 生活得很高兴，身体上、思想上都觉得很自在。
✾ 1. 身体或精神上感到快乐，不紧张。2. 能使身体或精神感到快乐的。

舒适 shūshì　✳ 好过。　✺ 活得很自在、很美。　✾ 感到舒服、安静，对自己很合适。

舒心 shūxīn　✳ 心里很高兴。　✾ 心情舒服；适意。

舒展 shūzhǎn　✳ 张开的样子。　✺ 自然地打开、放开。　✾ 1. 展开。2. 舒适。

舒张 shūzhāng　✳ 自然地放开。　✾ 人体组织由紧张变为不紧张的情形。

熟 shú　✳ 1. 不生。2. 认识很久了。　✺ 1. 果子等长成了。2. 热到可以吃了。
3. 知道得非常多的。4. 做过很多次的。　✾ 1. 作物完全长成。与"生"相对。
2. 因常见或常用而知道得清楚。3. 做某种工作时间久了，很有经验。4. 程度深。

熟菜 shúcài　✳ 用火作过的，可以马上吃的东西。　✺ 放在火上热后做成的菜。
✾ 已经做好的菜，多指论斤、论个、论份地在门市零星出售的。

熟客 shúkè　✳ 认识的人。　✺ 常到一个地方的人。　✾ 常来的客人。

熟练 shúliàn　✳ 作得很多后很会作。　✺ 工作、动作等因为常做，所以很会做。
✾ 工作或动作等因常做而做得顺手，有经验。

熟人 shúrén　✳ 认识了很久的人。　✺ 认识时间很长，对他知道很多的人。
✾ 认识而且关系很近的人。

熟识 shúshí　✳ 认识了很长时间。　✺ 对人、事物知道得非常多。　✾ 1. 对某人认识较久。2. 对某事物了解得很清楚、很深。

熟手 shúshǒu　✳ 很会作一样儿工作的人。　✺ 很会做这种工作的人。　✾ 对某工作很熟的人。

熟思 shúsī　✳ 一再地想。　✺ 再三地想；想了又想。　✾ 周到地考虑。

熟习 shúxí　✳ 对工作等懂得很多。　✾ (对某种技术或学问)学习得很熟练或了解得很深刻。

数 shǔ　✳ 说一，二，三……看有多少。　✺ 1. 看看有多少个。2. 算起来、比起来。
3. 一个一个地说出来(多用于不好的地方)。　✾ 1. 查点(数目)。2. 计算(比较)起来最突出的。

数数 shǔ shù　✳ 说一，二，三……　✺ 看看有多少个。　✾ 计算一下。

术 shù　✳ 方法。　✾ 1. 技术，技艺。2. 艺术。3. 方法。

术语 shùyǔ　✳ 只在一门学问中用的话语。　✾ 专门学科中的专门用语。

树 shù　✳ 地上长的、下到上很长的东西，没水的地方少有。　✺ 长大后可以在它下面凉快的一种生物，可它不是动物。　✾ 1. 有根有叶的生物，可以做木头。
2. 种。3. 建立。

树立 shùlì ✳ 立起来(好的人、事)。 ✳ 建立(多用于不具体的好的事情)。

树林 shùlín ✳ 有很多"树"的地方。 ✳ 很多的长大后可以在它下面凉快的树在一起就成了"树林"。 ✳ 成片成长的很多树木。也称"树林子"。

树木 shùmù ✳ 同"树"。 ✳ 所有的长大后可以在它下面凉快的都是"树木"。 ✳ 树的总称。

树叶 shùyè ✳ 树上成片儿的东西,有风它就动。 ✳ 生长在树上的叶子,多半儿是绿色的,是树进行光合作用的器官。

数 shù ✳ "一,二,三,十,百,千,万……"都是数。 ✳ 用来说明事物的多少。 ✳ 数目。

数量 shùliàng ✳ 有多少。 ✳ 事物的多少,有几个。 ✳ 事物的多少。

数目 shùmù ✳ 一,二,三…… ✳ 用来说明事物的多少。 ✳ 通过一定的单位而表现出的事物的多少。

数学 shùxué ✳ 和多少有关的一门学问。 ✳ 研究现实世界数量关系和空间形式等的科学。

数字 shùzì ✳ 写下东西是多少的文字。 ✳ 说明事物的多少的文字。 ✳ 表示数目的文字。

shuang

双 shuāng ✳ 两个。 ✳ 两个。 ✳ 两个(多指对称的两个)。与"单"相对。

双边 shuāngbiān ✳ 两边。两个方面。 ✳ 1.由两个方面参加的。2.特指由两个国家参加的。

双重 shuāngchóng ✳ 两方面。 ✳ 两层;两方面(多用于非具体事物)。

双打 shuāngdǎ ✳ 有两方,一方有两个人一道儿作,最后看哪方好。 ✳ 两边都有两个人对打。 ✳ 某些球类运动的一种方式,每组两个人,与别的组对打。

双方 shuāngfāng ✳ 两方。 ✳ 两方。 ✳ 在某一件事情上相对的两个人或两个集体。

双关语 shuāngguānyǔ ✳ 字面上看起来有一个意思,可里面还有一个意思。 ✳ 一句话表面是一个意思,暗中却是另一个意思,同时包含两个意思。

双亲 shuāngqīn ✳ 生下"我"的男人和女人。 ✳ 父亲和母亲。 ✳ 指父亲和母亲两个亲人。

双手 shuāngshǒu ✳ 两只手。 ✳ 两只手。 ✳ 两只手,是一双,叫"双手"。

shui

水 shuǐ ✳ 人天天要喝的没色儿的东西。 ✳ 人活着就离不开的一种看得见的无色明体,江河湖海都是水。 ✽ 无色、无味的流动的物体,在零度时变成固体。

水产 shuǐchǎn ✶ 水里生的能吃的东西。 ✵ 海、河、湖里的鱼、海带等可以吃的东西。 ✽ 海里、河里等水里的人们能吃的生物等。

水道 shuǐdào ✶ 水上的道儿,在水上走的坐人的东西可以走的道儿。 ✵ 1. 水走的路。2. 从水上走时用的路。 ✽ 1. 水流的路线。2. 水路。

水管 shuǐguǎn ✶ 里边有水的长长的东西。 ✵ 一种长的东西,水可以从里面过。 ✽ 水可以在里面流动的管子。

水果 shuǐguǒ ✵ 花开后包有种子的那些东西,里面水分不少,对身体很好,所以人常吃。 ✽ 可以吃的含水较多的果实的统称。

水饺 shuǐjiǎo ✶ 中国有名的好吃的东西。要下在开水里。 ✵ 要下在水里的饺子,见"饺子"(jiǎozǐ)。 ✽ 用开水做熟的饺子。

水流 shuǐliú ✶ 在走的水。 ✵ 动着的水。 ✽ 1. 江、河等的统称。2. 流动的水。

水牛 shuǐniú ✵ 一种爱在水里活动的牛。 ✽ 牛的一种,生活在中国南方,夏天喜欢在水中。

水平 shuǐpíng ✵ 在生活、文化、思想、知识等方面所有的高度(dù)。 ✽ 1. 与水面平行的方向。2. 生产、生活、文化、思想、艺术等方面所达到的高度。

水手 shuǐshǒu ✶ 在江、河、海里作水上工作的人。 ✵ 从事水上工作的人,常常出海下水。 ✽ 在船上工作的普通船员。

水准 shuǐzhǔn ✵ 水平。 ✽ 1. 地球各部分的水平面。2. 水平;在生产、生活、政治、思想、文化、艺术、技术、业务等方面所达到的高度。

睡 shuì ✶ 天黑后人们天天要作的。 ✵ 就是"睡觉"。 ✽ 睡觉。

睡觉 shuìjiào ✶ 同"睡"。 ✵ 人生中最常见的一种让大脑不再活动的休息方法,常常在晚上,白天也有,比如中国人喜欢中午睡一会儿。 ✽ 人休息时,大脑基本停止活动的那段时间的生理现象。

睡着 shuìzháo ✵ 睡觉以后的样子,这时不大会知道外面发生的事,也听不到声音。 ✽ 人进入睡梦中。

shun

顺 shùn ✶ 没有问题的。 ✵ 1. 往同一个地方走。2. 事物的发生和本来的想法一样。 ✽ 1. 向着同一个方向。2. 依着自然情势(动)。3. 使方向一致;使有条理。4. 顺便。5. 顺从。6. 如意。

顺便 shùnbiàn ✵ 做一个事的时候,很方便地又做别的事。 ✽ 利用做某事的方便(做另一事)。

顺从 shùncóng　✱ 听人的话。　✱ 听别人的,别人怎么说就怎么做。　✱ 依照别人的意思,不反对。

顺当 shùndāng　✱ 作什么时都没有问题。　✱ 还可以,不难办成。　✱（口语）顺利。

顺耳 shùn'ěr　✱ 很爱听,很好听。　✱（话）和人的心意一样。　✱（话）合乎心意,听着舒服。

顺风 shùnfēng　✱ 1. 风往哪儿走,车、人等也往哪儿走,这样,走起来可以快一些。2. 人外出时,想让人平安时说的话。　✱ 1. 船、飞机等行进的方向与风向相同。2. 祝人旅行顺利。

顺口 shùnkǒu　✱ 随口。　✱ 1. 念得很快、很好。2. 没有多想就说出。　✱ 1.（词句）念着流利。2. 没经过考虑（说出,唱出）。

顺利 shùnlì　✱ 工作时没有问题的。　✱ 事、工作进行得很好。　✱ 在事物的发展中或工作的进行中没有遇到什么困难。

顺路 shùnlù　✱ 做一个事的时候,很方便地又做别的事；去一个地方,当中很方便地又去了别处。　✱ 1. 顺着所走的路线（到另一处）。2.（道路）走着方便。

顺手 shùnshǒu　✱ 没有一点问题,好作。　✱ 1. 事办得很好。2. 做一个事的时候,很方便地又做别的事。　✱ 1. 做事没有遇到困难；顺利。2. 随手。

顺水 shùnshuǐ　✱ 水走哪方,人走哪方,人和水走的一样。　✱ 水往哪儿走,就跟着往哪儿走。　✱ 船运行的方向跟水流的方向一致。

顺心 shùnxīn　✱ 很欢喜,和想要的一样。　✱ 和人的心意一样。　✱ 合乎心意。

顺眼 shùnyǎn　✱ 看上去好的。　✱ 看着高兴；看着不难看。　✱ 看着舒服。

顺着 shùnzhe　✱ A 听 B 的话,就是 A 顺着 B。　✱ 这个往哪儿走,那个和它一样,跟着。　✱ 依着某一方向动。

shuo

说 shuō　✱ 用话叫大家知道自个儿的想法。　✱ 1. 用话来告诉别人自己的意思。2. 主张。3. 意思上是。　✱ 用话来表达意思。

说法 shuōfǎ　✱ 怎么说的方法。看法,想法；说怎么会这样。　✱ 意见。　✱ 意见,见解。

说服 shuōfú　✱ 想办法让对方同意自己的看法。　✱ 用强有力的理由使对方同意从而改变原先的见解。

说话 shuōhuà　✱ 同"说"。　✱ 用语言说明意思。　✱ 用语言表达意思。

说理 shuōlǐ　✱ 要人认可自己说的和作的。　✱ 说明为什么这样,为什么不那样。　✱ 1. 说明道理。2. 讲理。

说明 shuōmíng　＊用话叫人知道怎么了。　＊1. 让别人明白是怎么一回事。2. 让别人明白的话。　✹1. 把意义说明白的话。2. 证明。

说完 shuōwán　＊没有话可说了。　＊想说的都说了；不再说了，没有可说的了。✹完结所要说的话。

说文解字 Shuō wén jiě zì　＊近两千年以前写的中国第一本说汉字的书。＊中国汉时写的一本和汉字有关的书,很有名。　✹中国上历史上著名的解说文字的字典。

si

司 sī　＊做,干主要工作。　✹1. 管。2. 部一级机关里的一个部门。

司法 sīfǎ　＊法院做和民事有关的事。　✹指某机关或法院依照规定进行判决等工作。

司机 sījī　＊工作是开车的人。　＊在车上,能开走车的人。　✹开火车、汽车、电车等交通工具的人。

私 sī　＊个人的。　＊1. 个人,个人的。2. 只想自己。3. 不想让别人知道的。✹1. 个人的或为了个人的。与"公"相对。2. 自私。3. 不公开的;暗暗地。

私产 sīchǎn　＊个人的东西。　＊个人的东西。　✹私人的钱或物。

私房 sīfáng　＊家里个人的票子和东西。个人的家。　＊1. 家里个人的钱。2. 不想让外人知道的。　✹1. 家庭成员个人所有的钱或物。2. 不愿让外人知道的。3. 个人的房屋、房产。

私货 sīhuò　＊个人买卖的东西,国家不同意这样做。　✹不合法运送的货物。

私交 sījiāo　＊不是在工作的地方认识的。个人的朋友,不是大家的。　＊个人间的来往。　✹私人之间的交情。

私立 sīlì　＊不是国家的,是个人的。　＊个人办的。　✹1. 私人设立(用于学校、医院等)。2. 私人设立的。

私利 sīlì　＊一个人得到的好儿。　＊个人的好处。　✹私人方面的好处。

私情 sīqíng　＊个人和个人的,男女间的爱。　＊1. 个人的来往。2. 男女间和爱有关的事(多是不正当的)。　✹1. 私人的交情。2. 个人与个人之间的。如:私人关系。3. 男女之间的不公开的不太正当的感情。

私人 sīrén　＊个人的。　＊1. 个人的。2. 个人和个人间的。　✹个人的,不是公家的。

私生活 sīshēnghuó　＊自个儿过的日子。　＊个人生活(主要用来说在日常生活中的作风)。　✹个人生活(主要指人在日常生活中的表现、作风)。

私生子 sīshēngzǐ　＊非法在一起的男女所生的子女。　✹没有结婚的男女非法同居所生的孩子。

私事 sīshì ＊ 个人的(问题、要作的)。 ✳ 个人的事。 ✺ 个人的事。与"公事"相对。

私下 sīxià ＊ 在人后边,不叫大家知道。 ✳ 不让别人知道的;不公开的。 ✺ 背地里。

私下里 sīxiàlǐ ＊ 在人后边,不叫大家知道。 ✳ 不让别人知道的;不公开的。 ✺ 私下。

私心 sīxīn ＊ 不想大家,不想他人。 ✳ 1.个人心里。2.为自己想的念头。 ✺ 为自己打算的念头。

私有 sīyǒu ＊ 个人有的,不是大家的。 ✳ 个人所有。 ✺ 私人所有。

私自 sīzì ＊ 没和大家说,个人去(作……)。 ✳ 不让别人知道,自己干。 ✺ 背着别人,自己做(不合乎规章制度的事)。

思 sī ＊ 想。想念。 ✳ 1.想;2.思念,想念。 ✺ "思考"、"思念"或"想"的意思。

思考 sīkǎo ＊ 好好地想问题。 ✳ 认真想问题,这是脑子所进行的一种思想活动。 ✺ 脑子里进行比较深刻、周到的思想活动。

思路 sīlù ＊ 想问题的方法。 ✳ 想问题的方法。 ✺ 思考的线索。

思虑 sīlǜ ＊ 想很多问题。 ✳ 认真地想很多问题。 ✺ 思索考虑。

思索 sīsuǒ ＊ 想问题想很多。 ✳ 用心想问题,找办法。 ✺ 思考,找原因,以解决问题。

思想 sīxiǎng ✳ 1.出现在脑中的念头儿,想法;2.意识。 ✺ 客观存在反映在人的大脑中,经过大脑活动而产生的结果。

思想家 sīxiǎngjiā ✳ 对事物认识很不平常的名人。 ✺ 对客观现实的认识有自己的见解并能成体系的人。

死 sǐ ＊ 不在人间了。 ✳ 1.不再活着。2.(高兴等)到了最高点。3.不活动。4.不能过。 ✺ 1.生命没有了。与"活"、"在"相对。2.不顾生命地。3.表示达到极点。4.不可调和地。5.不能通过。6.固定;死板。

死板 sǐbǎn ＊ 只知道这样,不知道那样。 ✳ 不生动;不活。 ✺ 1.不生动。2.(办事)不会变通。

死党 sǐdǎng ✳ 1.很多不好的人在一起所成的。2.为了别人,可以自己不活的人,用在不好的人上。 ✺ 1.为某人或某集团出死力的人。2.不肯改变的反动集团。

死活 sǐhuó ＊ 1.怎么样都(不……)。2.会怎么样,会不在人间。 ✳ 活得下去活不下去;认定一个事儿就去做;一定。 ✺ 1.生死命运。如:他不管别人的死活。2.(口语)无论如何。如:他死活不同意。

死记 sǐjì ✳ 不讲方法地往脑子里放知识。 ❀ 死板地记忆。

死路 sǐlù ✳ 不能走的道儿。 ✳ 走不过去的路。 ❀ 走不通的路。

死去 sǐqù ✳ 不在人间了。 ✳ 不再活着。 ❀ 死过去;离开了世界。

死人 sǐrén ✳ 不在人间了的人。 ✳ 不再活着的人。 ❀ 生命停止了的人。

死心 sǐxīn ✳ 以后什么也不想了。不再要了。 ✳ 不再有念头,不再有想法,事物怎么样就怎么样了。 ❀ 不再寄托希望。

四 sì ✳ 三多一是四,三和五中间的字。 ✳ 一跟三的和。中国人不大爱这个字。 ❀ 数目,三加一所得。

四川 Sìchuān ✳ 中国西南的一个地方,人很多。 ✳ 中国西南的一个地方,中心城市在成都。四川菜叫川菜,是中国一大名菜。 ❀ 中国西南部的一个省。长江流经此省。

四季 sìjì ✳ 一年里的四个不同时期,三个月是一季。 ✳ 春、秋、冬等一年所分出的四大块儿。 ❀ 指春、夏、秋、冬四个季节。

四人帮 Sìrénbāng ✳ 四个人(在一道,他们作不好的)。 ✳ 在中国从1966到1976年对国家、人民干了很不好的事的四个人。 ❀ 1.四个人组成的集团,一般不干好事。2.中国"文化大革命"期间由江青等四人组成的集团。

四声 sìshēng ✳ 汉语的字有四个不同的声。 ✳ 汉字音有的高、有的不高,共有四种念法,分别叫作一声、二声、三声、四声。 ❀ 普通话所包含的四个声调,正式名称叫阴平、阳平、上(shǎng)声、去声。

四书 Sìshū ✳ 中国很久以前很有名、很重要的四本书,过去的文人都要学。 ✳ 对中国古时候四本书的叫法,《大学》是它们中的一本。"四书"对中国人来说很重要。 ❀ 中国古代著名的《大学》、《论(lún)语》等四种著作。

四月 sìyuè ✳ 过了三月是四月,四月以后是五月。 ✳ 一年中的第四个月。这时春天来了。 ❀ 一年的第四个月,是春季的一个月。

似 sì ✳ 跟……差不多。 ❀ 1.像,如同。2.似乎。

似乎 sìhū ✳ 可能是。 ✳ 看起来是。 ❀ 好像。

似是而非 sìshìérfēi ✳ 看上去是这样,可不是这样。 ✳ 看起来对,可是不对。 ❀ 好像对,但实际上并不对。

song

送 sòng ✳ 1.把东西拿去给人。2.跟离去的人一起走一段路。 ❀ 1.把东西运去或拿去给人。2.白给人家,不要钱。3.和要离去的人一起走一段路。

送别 sòngbié ✳ 和他一起到他要出发的地方,比如车站,然后和他说再见。

✽ 送行。

送给 sònggěi　✽ 把东西给人。　✽（把礼物等）给别人。

送还 sònghuán　✽ 同"还(huán)"。　✽ 把东西还给别人。　✽ 把东西拿去还给别人。

送礼 sònglǐ　✽（因为谢别人等）把自己的东西给别人。　✽ 送给人礼物。

送信 sòngxìn　✽ 把信拿到信要到的地方。　✽ 把信或消息传给别人。

送行 sòngxíng　✽ 看朋友走,和朋友说再见。　✽ 和一个人一起到他要出发的地方,比如车站,然后和他说再见,看他离开。　✽ 1.到远行的人出发的地方与他告别。2.设酒食请客以示送别。

su

诉 sù　✽ 1.说给别人听。2.上告。　✽ 1.告诉别人(一些情况)。说给人听。2.认为某人有坏行为而向有关机关上告(向国家机关、司法机关告发)。

诉苦 sùkǔ　✽ 说他个人过得怎么不好。　✽ 对别人说自己觉得很难的事。　✽ 向别人说自己的苦处或苦难。

诉说 sùshuō　✽ 说想说的很多话。　✽ 说出心里的话。　✽ 带着感情地说。

suan

算 suàn　✽ 说、想、作"五个十是多少？三和八的和是多少？"这样的问题。　✽ 1.买卖东西时,用"一、二、三……十"和"百、千、万"一起来说明花多少,进多少。2.要做什么的想法。3.算了,不再作了,意为"放下吧,别想它了"。　✽ 1.计算数目。2.是"当做"的意思。3.计划。4.不再计较。5.总算。

算法 suànfǎ　✽ 算的方法。　✽ 指数学中的计算方法。

算计 suànjì　✽ 想个法子去作不好的。　✽ 脑中多次想怎么办才好；事先想会发生什么。　✽ 1.计算。2.考虑。3.暗中害别人。

算了 suànle　✽ 好了,行了,不说了。　✽ 不再做了；不再想了。　✽ 不再计较。

算命 suànmìng　✽ 看生日什么的,说以后日子过得好不好。　✽ 从生日看人的一生,告诉别人他以后的生活怎么样。　✽ 按照人的出生日期、时间等推算人的命运。一般地说,算命是一种迷信。

算术 suànshù　✽ 一种学问,用"一、二、三……"这些字来算世上事物的多少等。　✽ 数学的初等部分,一般是小学学习的,只研究记数法、自然数和分数四则运算以及关于数的特性的基础知识。

算数 suànshù　✽ 1.说明到……才可以。2.说了就要去做。　✽ 说了话有效力。

sui

虽 suī　✳ 虽然。　✲ 是"虽然"的简单的说法。

虽然 suīrán　✳ 下面常跟"可是"成对地用,意为:认为A事是真的,可B事不会因为A事就不成立。　✲ 连词,用在上半句,表示认为上半句所说的是事实,但下半句所说的并不因上半句的事实而不成立。

随 suí　✳ 走在后边。　✲ 1. 跟在后边。2. 跟……走的路一样。3. 想怎样就怎样。　✲ 1. 跟着。2. 顺从。3. 顺便。

随便 suíbiàn　✳ 怎么样都可以。　✲ 不认真;怎么方便就怎样做。　✲ 1. 怎么方便就怎么做,不多考虑。2. 无论。3. 不在范围、数量等方面加以限制。

随从 suícóng　✳ 走在人后,听人的话、去作什么的人。　✲ 听别人的话,跟着别人干的人;听别人的话,跟着别人干。　✲ 1. 跟着并服从。2. 随从人员。

随地 suídì　✳ 做事时不想在什么地方。　✲ 不管什么地方。

随和 suíhé　✳ 和谁都很好,好说话。　✲ 让人觉得可亲、和气、好说话。　✲ 和气,不固守自己的见解。

随后 suíhòu　✳ 在后边不远的地方,(时间)不久以后。　✲ 一个动作完了以后,从这以后。　✲ 紧接着。

随口 suíkǒu　✳ 说话的时候没有想。　✲ 没认真想就说出。　✲ 没经过考虑,随便说出。

随身 suíshēn　✳ 带在身上;跟在身边。　✲ 带在身边或跟在身边。

随时 suíshí　✳ 什么时候都……　✲ 1. 不想什么时候(就做)。2. 有可能的时候(就做)。　✲ 1. 不管什么时候;经常。2. 有需要或有可能的时候(就做)。

随手 suíshǒu　✳ 做出一个动作的时候,很方便地又用手做别的事。　✲ 顺便(做某事)。

随意 suíyì　✳ 没有好好想地去做。　✲ 自己怎么想就怎么去做。　✲ 按照自己的意思。

岁 suì　✳ 一年是一岁。　✲ 1. 年。2. 放在"一、二……"后说明年岁的多少。　✲ 1. "年"的书面表达。2. 表示年纪的单位。

岁数 suìshù　✳ 用来说明一个人有多大。　✲ 年纪。

岁月 suìyuè　✳ 时间,日子。　✲ 日子。　✲ 时代;日子。

碎 suì　✳ 一个大块儿的东西成为一些小块儿,不再完好。　✲ 1. 完整的东西破成零片零块儿。2. 零星,不完整。

suo

所 suǒ　✳ 地方。　✲ 1. 处所。2. 用作机关等办事地方的名字。　✲ 1. 处所。

2.量词(房屋、学校等)。3.助词,表示中心词是受事。如:我所认识的人。4.用作机关或其它办事地方的名称。

所以 suǒyǐ　＊说明因果的成分,常跟前面的"因为"一起用。　✳表示原因、结果的关系的连词。

所有 suǒyǒu　＊一个不少的。　✳1.一个也不少,都算在里面。2.有的东西。　✳是"一切","全部"的意思。

所有的 suǒyǒude　＊一个个。　✳每一个。C全部的人或事物。

所有制 suǒyǒuzhì　＊所有的东西怎么分给人民,不同的国家可以有不同的"所有制"。　✳指生产资料是私有的或是公有的或是集体所有的等等情况的制度。

索 suǒ　＊要(东西)。　✳不好的人跟人要(东西),不大自个儿用。　✳1.细长结实的系(jì)东西用的物体。2.到处找。

索道 suǒdào　＊用这个东西可以不用走上山,不是在地上的道儿。　✳一种两地间的路,可是不在地面上,常常在两个山头间有"索道",让人从高处下来,有时让人从这个山到那个山。　✳用铁索等在两地之间架起的空中通道。通常用来运东西、人。

索取 suǒqǔ　＊要自个儿想的东西。　✳跟别人要好处;说出想得到什么东西。　✳向别人要(东西)。

索性 suǒxìng　＊不再想了,一下子想好了就去做。　✳副词,表示不再多想,直接简单地(采取行动)。如:这件事太难做,他索性不做了。

T

ta

他 tā　＊三个人中,不是我,也不是你。你、我以外的第三人。　✳1.自己和对方以外的一个人。2.别一方面和地方。3.别的。　✳1.代词,称自己和对方以外的某一个人。2.指别的一方面或其他的地方。3.用在动词和数量词之间,没有实在意义。4.另外的,其他的。

他们 tāmén　＊我们、你们以外的男人们。　✳自己和对方以外的一些男人。　✳代词,称自己和对方以外的一个以上的人。

它 tā　＊这里说的是东西"他"。　✳人以外的事物。　✳代词,称人以外的事物或动物。

它们 tāmén　＊人以外的一些事物。　✳代词,称人以外的一些事物或动物。

她 tā　＊女的"他"。　✳自己和对方以外的一个女人。　✳1.代词,称自己和对方以外的某一个女人。2.用以称自己喜爱的事物。

她们 tāmen　✳ 女的"他们"。　✳ 自己和对方以外的一些女人。　✳ 代词,称自己和对方以外的一个以上的女人。

tai

台 tái　✳ 人工的又平又高的东西,站在上面可以看远处。　✳ 1. 修建的平而高的一块地方,以便在上面远望。2. 量词。3. 公共场合室内外高出地面便于讲话或表演的设备。4. 某些做座子用的器物。

台北 Táiběi　✳ 中国东南方的一个地方,三边有水。　✳ 中国东南的一个大城市,在东海和南海中间的地上。　✳ 中国台湾(wān)省的省会,这个省四面环水。

台灯 táidēng　✳ 放在写字的地方等处可以发光的东西。晚上、房子里有点儿黑的时候用它。　✳ 放在写字台上有座的电灯。

台风 táifēng　✳ 一种从海上发起的大风,同时有大雨,所到的地方,给人带来很多大问题。　✳ 一种极强烈的风,从太平洋西部来,到地面后会造成极大的破坏。

台阶 táijiē　✳ 可以用来上下的东西,多在大门前。人上下山、上下楼时都要走的。　✳ 人们可以一级一级上下的物体。很多大门前造有台阶。

台湾 Táiwān　✳ 中国东南方的一个大的地方,四边有水。　✳ 中国东南方在海中的一个地方,它本来就是中国的,可是那里有一些人老想离开中国。　✳ 中国东南部四面环水的一个省。

太 tài　✳ (大小什么的)过了不能过的一个点。　✳ 1. 过分,过了一定的水平。2. 高,大。3. 身份最高的。　✳ 1. 中国古代学说中指地球及其它一切天体的本原。2. 副词。(1)表示程度过分。(2)表示程度极高。

太极 tàijí　✳ 中国很久以前就有的思想,认为"太极"是事物本来的东西。　✳ 中国古代指世界的本原,为原始的一团气。

太空 tàikōng　✳ 天上,很远的地方。　✳ 地面以上很高的地方。　✳ 极高的天空。

太平 tàipíng　✳ 人间没有问题。　✳ 用来说明人们生活得很好,很平安。　✳ 社会平安。

太平天国 Tàipíngtiānguó　✳ 1851年,平民百姓起来在中国南京成立的国家,它的最高人物是天王,还有东王、西王、南王、北王等。时间不长就没有了。　✳ 中国历史上最大的一次农民起义(1851—1864)。1851年在广西起义,1853年在天京(现在的南京)定都,建立国家,最后没成功。

太太 tàitai　✳ 有爱人的女人。　✳ 对有爱人的女人的一种叫法。　✳ 1. 对已婚妇女的称呼(一般带丈夫的姓,如:王太太)。2. 称某人的爱人,有时也称自己的爱人。

太阳 tàiyáng　＊ 天上的日。　＊ 1. 天上的一个大星体,自身能发光发热,地上的人和物都离不开它。2. 阳光。　✽ 是天体的一个星,非常热。地球围着太阳转,并从太阳那里得到光和热。

态 tài　＊ 对事物的看法。　✽ 1. 形态。2. 态度。

态度 tàidù　＊ 看法。　＊ 人们对事物的看法。　✽ 1. 人说话或做动作时的神情。2. 对人对事的看法和在语言行动上的表现。

tan

谈 tán　＊ 和人说话。　＊ 1. 说。2. 所说的话。　✽ 1.（跟别人）说话或商量。2. 所说的话。

谈虎色变 tán hǔ sè biàn　＊ 虎,是黄黑色的,能吃人;谈到老虎,人们的样子不好看了。　＊ 用来说明一说到不好的事,面孔就出现不正常的样子。　✽ 形容提到可怕的事情连脸色都变了。

谈话 tánhuà　＊ 和谁说话。　＊ 两个人、很多人在一起说话。　✽ 1. 在一起说话。2. 用谈话形式发表意见(多为政治性的)。

谈论 tánlùn　＊ 说(一个话题、问题……)　＊ 用说话的方法说明人对事物的看法。　✽ 向别人谈自己对人、事物的看法。

谈判 tánpàn　＊ 两方说他们同有的问题。　＊ 有关方面在一起为大问题说来说去,都想对自己有好处,如果他们的观点都一样了,最后常常写出一个文字上的东西,让大家这样去做。　✽ 有关方面对有待解决的重大问题进行会谈。

谈天 tántiān　＊ 什么都说,说不重要的话。　＊ 不认真地说,想说什么就说什么(多在没事儿可做的时候)。　✽ 随便谈话。

谈心 tánxīn　＊ 和朋友说自己的想法。　＊ 跟别人说心里话。　✽ 谈心里话。

te

特 tè　＊ 很。　＊ 1.（书面语）只。2.（比平常的）好、快等,很。　✽ 1. 特别。2. 特地。

特别 tèbié　＊ 很。很不一样的。　＊ 跟别的不一样。　✽ 1. 与众不同,不普通。2. 格外。3. 特地。

特产 tèchǎn　＊ 一个地方很有名的东西,这样儿东西只有这个地方有。　＊ 跟别的地方不一样的、有名的东西。　✽ 某地或某国特有的,也指某地或某国特有的著名产品。

特长 tècháng　✳ 一个人很会做的，做得很好的。　✶ 跟别人不一样的本事；在一个或一些方面，能做别人不能做的，比别人做得好。　✼ 特别善于做的技能或特有的经验。

特出 tèchū　✳ 不一样的。　✶ 跟别的非常不一样的。　✼ 格外突出，特别出众。

特此 tècǐ　✶ 书面用语用在公文、信等最后，说明为一个事有意地公告等。　✼ 书面语，是"特别在这里"的意思。

特等 tèděng　✳ 非常好的，跟别的不同的；最高的，最好的。　✼ 等级最高的。

特地 tèdì　✳ 为了自己的一个想法，有意地（做一个事）。　✼ 副词，表示专为某事（而做）。

特点 tèdiǎn　✳ 很重要的不同的地方。　✶ 人、物所有的和别的事物不一样的地方。　✼ 人或事物所具有的独特地方。

特级 tèjí　✳ 最好的。　✶ 最好的，最高等的。　✼ 越出一般等级的；特别高的等级。

特技 tèjì　✳ 非常高难的动作，比如骑马、开飞机时做的让人们看的不平常的动作。　✼ 1. 武术、马术、开飞机等方面的独特技能。2. 电影用语，指制作特别效果的技巧。

特色 tèsè　✳ 很不一样的地方。　✶ 一事物和别的事物不一样的地方，一提起这点，人们就知道是它。　✼ 事物所表现的独特的风采、风格等。

特务 tèwù　✳ 一种从不公开做非法的事，只会在下面干让对手不快的事的人。　✼ 被指定暗地从事收集机密情报等活动的人。

特性 tèxìng　✳ 一物体和别的不一样的地方。　✼ 某人或某物所特有的本性。

特意 tèyì　✳ 非常认真地、有意地做一个事。　✼ 1. 特地。2. 特别的心意。

特约 tèyuē　✳ 非常看重一个人，认为这个人很重要，有意地请这个人做事。　✼ 特地约请或约定。

特制 tèzhì　✳ 为了一个事有意地做出来一个东西。　✼ 特地制造。

teng

疼 téng　✳ 1. 人、动物因生病觉得很难过。2. 心爱。　✼ 因生病或受伤等而引起的难受的感觉。

疼爱 téng'ài　✳ 很喜爱。　✶ 关心，喜爱。　✼ 关心喜爱。

疼痛 téngtòng　✳ 疼，人、动物因生病觉得难过。　✼ 病、创伤等引起的难受的感觉。

ti

提 tí　✳ 说到。　✶ 1. 手往下拿着有带子的东西，有时是让事物从下往上动。

2. 说明;说起,说到。 ✻ 1. 手在自由下落的样子时拿着(某物)。2. 使事物由下往上升。3.“谈起”、“谈到”的意思。

提出 tíchū ＊ 和人说自个儿的想法。 ✳ 说出自己的意见、看法。 ✻ 把问题讲出来(让人注意)。

提高 tígāo ＊ 叫……上去。 ✳ 让水平等方面比以前高。 ✻ 使地位,程度,水平,数量等方面比原来高。

提价 tíjià ＊ 叫东西贵了。 ✳ 让一种东西比以前花钱多。 ✻ 使价格比原来的高。

提名 tímíng ＊ 说到人的名字。 ✳ 提出人的姓名给大家。 ✻ 在评选或选举前提出有可能当选的人或事物的名称。

提前 tíqián ＊ 在说好的时间以前。 ✳ 做完一事的时间比以前定的早。 ✻ 改变原定的时间,并比原定的时间早。

提亲 tíqīn ＊ 去女人家里说要和她作一家人。 ✳ 女方对男方,男方对女方提出成亲的事。 ✻ 受男家或女家的请求,向对方提议结婚。

提取 tíqǔ ✳ 1. 把存起来的钱、物等拿出来。2. 用化学等方法把想要的东西提出来。 ✻ 1. 取出存放或应得的钱或物。2. 经过物理、化学等作用,从一种东西中取得另一种东西。

提升 tíshēng ＊ 叫在下的到上边去。 ✳ 1. 提高(地位)等。2. 把物体提到高处。 ✻ 1. 用机器把东西升高。2. 提高(地位)。

提示 tíshì ＊ 说一下,叫人能想到。 ✳ 把对方没想到的、想不到的提出来,以便让他说出所有有关的东西。 ✻ 把重要的一点或几点提出来,使对方在回答或思考时得到帮助。

提问 tíwèn ＊ 问学生问题。 ✳ 教师向学生提出问题来问。 ✻ 提出问题来问(多指教师对学生的情况)。

提醒 tíxǐng ＊ 说一声,叫人能想到。 ✳ 从旁告诉人要做什么,让人想起来。 ✻ 使对方注意,不要忘记。

提议 tíyì ＊ 说一下个人的看法。 ✳ 1. 大家在一起就一定问题提出自己的想法、主意。2. 提出来的想法。 ✻ 1. 商量问题时提出自己的主张,让大家谈论。2. 商量问题时提出的主张。

提早 tízǎo ＊ 快一点儿。在说好的时间以前。 ✳ 做完一事的时间比以前早。 ✻ 提前。

题 tí ＊ 问题。 ✳ 1. 话题,问题。2. 写上。 ✻ 1. 名词,题目。2. 写上。

题材 tícái ＊ 写的、画的是什么。 ✳ 文中所写的生活中的事、现象等。 ✻ 构成文学或艺术作品的材料,也就是作品中具体写到的生活事件或生活现象。

题词 tící　＊名人写下来的不长的文字。　＊为了不忘什么事写下来的不长的话。　✲写一段话表示纪念等意义。

题目 tímù　＊作文上边第一行(háng)不长的话。　＊1.写在作文上面、和主题有关的不长的话。2.老师要学生做的问题。　✲1.代表文章的总的意思的短小的词句。2.练习时或考试时要求回答的问题。

题字 tízì　＊名人在画上、报上写字。　＊为了不忘发生的事儿,请人在一些地方写上字,常常是名人给写。　✲为留纪念而写上字;为留纪念而写上的字。可做动词或名词。

体 tǐ　＊1.身体。2.物体。3.文字的书写样子。4.亲身体会。　✲身体。

体格 tǐgé　＊人体的成长水平和有没有病的样子。　✲1.人体发育情况及健康情况。2.人或动物的体形。

体会 tǐhuì　＊见了后、作过以后想到、得到什么。　＊1.从活动中得知别人的思想,得出自己的想法。2.从活动中知道的别人的想法和自己得出的认识。　✲体验并感受到。

体积 tǐjī　＊用的地方大小。　＊物体本身长、高等三方面立体的大小。　✲物体在空间中的大小。

体力 tǐlì　＊人体活动时能用的身体里面看不见的东西。　✲人体活动时所能放出的能量。

体谅 tǐliàng　＊懂(他人的想法,作法)。　＊处在别人的地位、立场为人着想。　✲设身处地地为别人着想而能给以谅解。

体面 tǐmiàn　＊样子好看。　＊1.身份。2.(样子)好看,美。3.有面子。　✲1.身份。2.光彩。3.(样子)好看。

体态 tǐtài　＊人的样子。　＊身体的动作、样子等。　✲身体的形态;人的体形。

体贴 tǐtiē　＊从思想、行动等方方面面关心别人。　✲细心地想别人的心情和处境,关心、照顾别人。

体温 tǐwēn　＊人体的冷热。　✲身体的温度。

体温计 tǐwēnjì　＊用来得知人体冷热的又小又长的东西。　✲量体温用的温度计,也称"体温表"。

体系 tǐxì　＊很多有关的事物(有时是事物的很多成分)在一起所成的里面有关连的一体。　＊某些有关事物或某些意识互相联系而构成的一个整体。

体现 tǐxiàn　＊可以看到的。叫人可以看到。　＊让人从一事物上看到、明白(一定现象等)。　✲在某一事物上具体表现出来。

体验 tǐyàn　＊本人去作,过(……日子)。　＊从活动中认识事物;亲身体会。　✲亲身经历。

体育 tǐyù　✳ 一种工作,教学生种种身体活动,告诉他们怎样才能让身体好,少生病。　❋ 通过参加各种运动来增强体力的教育。

体育界 tǐyùjiè　✳ 从事身体活动方面工作的人们和比身体活动水平的人们在一起所成的工作方面的一体。　❋ 指体育运动范围的社会成员的总体。

体制 tǐzhì　✳ 1. 国家定好的有关人们可以做什么,不可以做什么,怎么做的大法。2. 文体的样子。　❋ 1. 各机关单位的组织制度。2. 文体的格局。

体重 tǐzhòng　✳ 重不重。(人)有多重,是他(她)的体重。　✲ 身体的轻重。　❋ 身体的重量。

替 tì　✳ 1. 从一个位子上拿下现有物体,放上新物体;到别人的位子上,做别人要做的事。2. 为了(别人)。　❋ 代替。

替代 tìdài　✳ A 到 B 的地方上,有 B 的作用。　✲ 1. 站在别人的位子上,做别人做的事。2. 一事物放在别的事物的位子上起作用。　❋ 与"代替"同义。

替换 tìhuàn　✳ 同"替代"。　✲ 把新人、新事物放在老人、老事物所在的地方。　❋ (用新的)把原来的调换下来。

tian

天 tiān　✳ 地的最上方。日、月、星星都在那里。　✲ 1. 二十四小时为一天。2. 人头上面雨下来的广大地方。3. 天气。4. 天然的,天生的。5. 自然。　❋ 1. 天空的简称。2. 从天亮到天黑的二十四小时的时间。是"日"的同义词。3. 一天里的某一段时间。4. 季节。5. 天气。6. 天然的,天生的。7. 迷信的人指神所住的地方。8. 迷信的人指统治自然界的神。

天安门 Tiān'ānmén　✳ 北京最有名的、人们都知道的地方。　✲ 北京的一个城门,人们都知道的"天安门广场"就是因它得名的。　❋ 北京中心地区的最有名的大广场。

天边 tiānbiān　✳ 很远的地方,天的边上。　✲ 1. 很远、很远的地方。2. 看得见的天的最远处。　❋ 极远的地方。

天才 tiāncái　✳ 学得不多,可是学得很好的人。　✲ 1. 有很高的想像水平和才能,看什么很快就懂,跟大家不一样。2. 有天才的人。　❋ 1. 极高程度的创造力,想像力。2. 有天才的人。

天地 tiāndì　✳ 天和地。　✲ 1. 天和地。2. 人们活动的区间。　❋ 1. 指天和地,世界。2. 形容人活动的范围。

天国 tiānguó　✳ 天上的国家。不在了的人去的地方。　✲ 1. 信教的人死后想去的地方。2. 有时用来说平安美好的地方。　❋ 1. 信教的人称神所治理的国。2. 人们所说的理想世界。

天空 tiānkōng　＊上天。　＊日、月、星等天体所在的广大的地方。　✱地球上面高处的广大空间。

天命 tiānmìng　＊人过得怎么样,都说是天说好的,叫"天命"。　＊1. 上天定好的,有关一个人能活多久,有多少钱,明天会怎么样等东西。2. 上天的意思、主意。　✱1. 上天的意志。2. 上天主管下的人的命运。

天气 tiānqì　＊天儿怎么样。　＊一定地区一定时间里大气中出现的种种气象的样子,比如冷、热、风、雨等。　✱在一定的较大的范围内及一定时间内的自然界的温度、风、云等情况。

天桥 tiānqiáo　＊1. 北京的一个地名。2. 天桥在有很多车的道上,过天桥可以走到那一边去。　＊公路等道路上面为了让人平安走过才做出来的又高又长的物体。　✱上空架设的桥,桥下面可能有铁路或马路等。

天然 tiānrán　＊天生的,不是人作的。　＊自然生成的,自然就有的。　✱自然存在的;自然产生的。与"人造"相对。

天上 tiānshàng　＊日、月在的地方。　＊人头上广大的地方。　✱日、月、星等天体所在的广大空间。是"天空"的同义词。

天生 tiānshēng　＊生下来的时候自个儿有的。　＊天然生成的,生下来就有的。　✱自然地由身体内部生成。

天使 tiānshǐ　＊天上下来的很美的人,天上下来的叫人有好东西的人。　＊信教的人认为她是把上天的信息带到人间的人,多是孩子、少女,能飞行。　✱指天上派来的可以给人好运的使者。

天天 tiāntiān　＊一天、一天、再一天……　＊每一天。　✱与"每天"同义。

天文 tiānwén　＊日、月、星的知识。　＊日、月、星等天体在天上活动的种种现象。　✱日、月、星等天体在天空分布、运行等现象。

天真 tiānzhēn　＊可爱,和小孩子一样。　＊1. 心里怎么想就怎么做,行动起来不做作,常常用来说小孩。2. 把问题想的一点不难,轻信。　✱性情直,没有做作,像孩子那样简单。

天主教 tiānzhǔjiào　＊西方的一种教,明时来到中国。　✱相信天上有神的一种社会意识形态,认为天主是神的最高代表,明代传(chuán)入中国。

天子 tiānzǐ　＊过去国家里最重要、说话最有用的人,他说他是上天的儿子,叫"天子"。　＊旧时用来说国王。　✱天的儿子,指国王。

田 tián　＊地。上边生长(zhǎng)可以吃的东西。　＊田地。　✱田地。

田地 tiándì　＊花儿什么的生长的大地方。　＊作物生长的地方。　✱种农作物的土地。

田鸡 tiánjī　＊一种在水中和田间生活的生物体,头小身子大,身上有三道白,公的在晚上叫声很大。对作物很有好处。 ✽ 生活在水中或靠近水的地方的动物，通常是绿色。

田间 tiánjiān ＊ 田地里。 ✻ 1. 田地里。2. 种地的人生活、工作的地方。 ✽ 田地里。

田园 tiányuán ＊ 有田的地方，有家，大多很美。 ✻ 作物和水果生长的地方；以种作物、水果为生的人们生活的地方。 ✽ 指农村。

tiao

条 tiáo ✻ 1. 长(cháng)长的东西。2. 长的样子。3. 跟"个、次"一样的语言成分，用在长长的东西上。 ✽ 1. 细长的物体。2. 条理；层次。3. 量词。

条件 tiáojiàn ✻ 1. 对事物发生、成长有作用的种种看见、看不见的东西。2. 为了什么事提出来的要别人做到的事。 ✽ 1. 影响事物发生、存在、发展的成分。2. 为某事而提出的要求或定出的标准。3. 情况。

条理 tiáolǐ ✻ 思想、文字中不同成分安放的先后；工作、生活中做种种事的先后。 ✽ 思想、言语、文字等的层次或生活、工作的一项一项的安排情况。

条例 tiáolì ✻ 国家、地方定好、写下来要人做到的东西。 ✽ 法规方面的文件或团体制定的章程。

条目 tiáomù ✻ 把定好的让人做到的事儿分一一写下来，每一个就是一个条目。 ✽ 规章、条约等的项目。

条文 tiáowén ✻ 对定好、写下来的法分别说明的文书。 ✽ 法规、章程等的分条说明的文字。

条约 tiáoyuē ＊ 大家说好了以后，写下来的文字，要大家都作到。 ✻ 国家和国家间定下来的有关方方面面交往的文书。 ✽ 国家与国家之间共同写的并共同照着(zhe)去做的文书。

条子 tiáozi ＊ 有字的小东西，叫人知道什么。 ✻ 1. 写有字的为了让人知道一定事儿的小片片儿。2. 长长的东西。 ✽ 1. 细而长的东西。2. 便条。

调 tiáo ✻ 1. 一事物和他事物放在一起很好。2. 让一事物和他事物放在一起很好。3. 让对立两方和好。4. 带来，让……发生。 ✽ 1. 各种事物的相互影响显得很合适。2. 使各种事物的相互影响显得合适。

调和 tiáohé ✻ 1. 一事物和他事物放在一起很好。2. 让一事物和他事物放在一起很好。3. 同意做本来不想做的事(常用在"不"后面)。 ✽ 1. 调得适当。2. 让步(多用在"不"、"不可"后面)。3. 排解疑难，使对立的双方重新和好。

调节 tiáojié ✻ 为了……，让事物的一定方面有所不同。 ✽ 从数量上或程度上调整；使适合要求。

调解 tiáojiě　✳ 作中间人,叫大家和好。　✳ 让对立两方和好。　✱ 使对立的双方消除不和。

调皮 tiáopí　✳ 多用来说小孩儿。　✳ 1.(小孩子)不听话,不过很天真、可爱。2. 很难让他听话的,不怎么让人喜爱。　✱ 1. 爱玩儿爱闹,不听话。2. 指做事不老实。

调情 tiáoqíng　✳ 男女作爱前作的。　✳ 男女间跟爱有关的不认真的活动。
✱ 男女之间用某些方法来使对方情爱发作。

调整 tiáozhěng　✳ 进行一些工作,让现在跟以前的不同,以起到更大的作用。
✱ 改变原来的情况,使适应新的客观环境和要求,起到更大的作用。

tie

铁 tiě　✳ 1. 一种非常硬的物体,钢就是从它当中提出来的。2. 说明一事物很硬。3. 说明定下来了,很难有所不同。4. 放在"了心"前,共同说明打定主意干什么。
✱ 1. 发亮的硬的物体,在工业上用处很广。2. 形容很硬。3. 形容十分确定。

铁板 tiěbǎn　✳ 用铁做成的平平的成片的东西。　✱ 铁制的板子。

铁道 tiědào　✳ 火车走的道儿。　✳ 用来让火车在上面前行的道路。　✱ 铁路。

铁饭碗 tiěfànwǎn　✳ 不会没有工作,作多少都一样的工作。　✳ 用来比作一个不动的工作。干上了就可以干到底,有饭吃,让人安定。　✱ 形容职业、职位可以保得住,绝对没有问题。

铁路 tiělù　✳ 火车走的道儿。　✳ 火车前进的道路。　✱ 火车在上面运行的道路。

铁器 tiěqì　✳ 一种铁做成的可以手拿着(zhe)用的东西。　✱ 用铁做的器具。

铁桥 tiěqiáo　✳ 一种铁做的路,它在水上,可以让车、人走过。　✱ 用铁制造的桥。

铁证 tiězhèng　✳ 一事物一定能说明别的事物是真的,那这一事物就是铁证。
✱ 指确定的没有任何疑问的证据。

ting

听 tīng　✳ 他人和你说话时,你要作的。　✳ 1. 一种动作,它的对象是声音。2. 听从别人的主张。　✱ 用耳朵接受声音。

听到 tīngdào　✳ 听后知道有"声"了。　✳ 听见。　✱ 接受了某声音。听见。

听话 tīnghuà　✳ 听从老人、地位高的人说的话。　✱ 依照家长或领导的意思行动。

听见 tīngjiàn　✳ 听到。　✳ 听到。　✱ 听到。

听觉 tīngjué　✻ 人对声音的知觉。　✻ 声音在耳朵里产生的感觉。

听力 tīnglì　✻ 听得到听不到,听得好不好。　✻ 一个人听声音的本事。　✻ 耳朵接受并区别声音的能力。

听取 tīngqǔ　✻ 听人家的话,用他的方法。　✻ 听(意见、报告等),从中得到新的信息等。　✻ 听(意见、反映、报告等)。

听任 tīngrèn　✻ 他人要怎样,听他人的。　✻ (书面语)不关心,不说,人家爱干什么就干什么。　✻ 让别人愿意怎样就怎样;由它去吧。

听说 tīngshuō　✻ 听人说;听人说的。　✻ 听人说。　✻ 据别人说。指消息不一定确实。

听写 tīngxiě　✻ 一边听人说,一边写,不能看书。　✻ 语文教法的一种,老师念,学生写。　✻ 是练习学生听力和写作能力的教学方法,由老师说,学生立刻写下来,然后老师看学生写得对不对。

听众 tīngzhòng　✻ 听人说话的人。　✻ 听音乐、讲话等的人。　✻ 听讲演、音乐或听收音机的人。

庭 tíng　✻ 1.正房前的院子。2.一个地方,一个人可以在这儿告诉大家谁好谁不好、谁对谁错,最后得出一个说法,不好的人得到处分。　✻ 1.法庭。2.正房前的院子。

庭院 tíngyuàn　✻ 家外面的地方(也是这个家的)。　✻ 正房前的院子,也可以是所有的院子。　✻ 房屋前的院子。

停 tíng　✻ (本来开的车)不开了。　✻ 1.本来动的东西不动了。2.人到一个地方后,不走了。3.把车等放在一个地方。4.得当。　✻ 1.停止。2.停留。3.停放。

停车 tíngchē　✻ 车不走了。　✻ 1.车辆不动了。2.把车辆放在一定的地方。　✻ 1.停放车辆。2.停止开车。3.机器停止工作。

停车场 tíngchēchǎng　✻ 车不走的时候在那儿。　✻ 用来放车辆的场所。　✻ 停放汽车的场地。

停当 tíngdàng　✻ 要用的都有了;做完。　✻ 齐备;完成。

停放 tíngfàng　✻ (车不开时),叫(车)在一个地方。　✻ 把车辆等放在一个地方,时间不长。　✻ 短时间存放(车辆等)。

停工 tínggōng　✻ 不工作了。　✻ 不做工作了。　✻ 停止工作。

停火 tínghuǒ　✻ 不再和对方作对,不再跟对方打。　✻ 停止武装冲突。

停留 tíngliú　✻ 一定时间里不再前进。　✻ 短时间内不继续前进。

停业 tíngyè　✻ 可以买东西的地方不工作了。　✻ 1.商店、饭店等不开门,时间不长。2.商店、饭店等一定时间后都关门。　✻ 1.(短时间)不继续开业。2.关

停通

门;再也不开业。

停职 tíngzhí　　✽ 不叫一个人再上班了。　　✽ 一种处分,现在不让一个人工作了,过些时候可能再让他工作。　　✽ 在一段时间里解除职位,是一种处分。

停止 tíngzhǐ　　✽ 完了,不作了。　　✽ 不再动了;不再进行。　　✽ 不再继续进行,不再运动。

tong

通 tōng　　✽ 1. 可以过。2. 让东西中间可以过。3. 有路可以去。4. 把事物连起来,人和人来往。5. 让人知道。6. 懂得。7. 很懂一定事物的人。8. (主意)没毛病;可行。　　✽ 1. 可以穿过。2. 连接;相来往。3. 传达;使知道。4. 有路到达。

通报 tōngbào　　✽ 叫大家都知道。　　✽ 1. 上面的机关用书面的方法告知下面的机关。2. 上面的机关告知下面机关的文字的东西。3. 为报道一门学问上的新成果所发行的成文字的东西。　　✽ 1. 上级机关用书面形式通告下级机关各种事情或这种通告的文件。2. 报道科学研究情况的杂志。

通病 tōngbìng　　✽ 很多人都有的问题。　　✽ 大家都有的毛病。　　✽ 一般都有的缺点。

通常 tōngcháng　　✽ 多见的。　　✽ 常常。　　✽ 一般;平常。

通车 tōngchē　　✽ 人、车可以走过去。　　✽ 1. 有车往来。2. 公路、火车走的路开始行车。　　✽ 1. 铁路或公路修通,开始行车。2. 有车辆往来。

通道 tōngdào　　✽ 人、车可以走的地方。　　✽ 物体可以过去的道路;往来的大路。　　✽ 往来的大道;通路。

通电 tōngdiàn　　✽ 1. 让电能过去。2. 用电报把有关国家、社会的重大主张告知有关方面,同时公开出来。3. 公开出来的有关国家、社会的重大主张的电报。　　✽ 1. 把政治主张等用电报形式传给有关方面,同时公开发表。2. 公开发表政治主张的电报。3. 使电流通过。

通风 tōngfēng　　✽ 1. 让风能过去。2. 让人知道一定的信息。3. 说明一个不大的地方里能让风过去,有新的气体进来。　　✽ 1. 空气流通。2. 暗地里告诉消息。

通告 tōnggào　　✽ 1. 让大家都知道。2. 能让大家都知道的一些事的文告。　　✽ 1. 普遍通知。2. 普遍通知的文告。

通过 tōngguò　　✽ 1. 大家都认可了。2. 过去。　　✽ 1. 从这一头到那一头,走过。2. 法定的那么多人都同意一个主张,这个主张就定下来,大家都这么做。3. 用人、事物作为一种方法来做什么事。4. 让有关的一些人、一些事得到同意。　　✽ 1. 穿过。2. 决议等经过法定人数同意而成立。

通明 tōngmíng　　✽ 十分光明。　　✽ 十分明亮。

通气 tōngqì ✳ 1. 让风能过去。2. 这个人让那个人知道一些事，那个人又让这个人知道一些事。 ✿ 1. 使空气流通。2. 互通消息。

通顺 tōngshùn ✳ 说明作文等没有语法上、意思上的毛病。 ✿ (文章)没有前后关系上或语法上的毛病。

通信 tōngxìn ✳ 写信给别人。 ✿ 互相写信，用书信通消息。

通行 tōngxíng ✳ (人、车)可以走过去。 ✳ 1. 行人、车马等可以行走。2. 到处都可以用。 ✿ 1. (行人、车马等)在交通线上通过。2. 流通；在一定范围内普遍适用。

通知 tōngzhī ✳ 1. 把一事告知别人。2. 把一事告知别人用的文书、信等。 ✿ 1. 把事情告诉人知道。2. 通知事项的文书或口信。

同 tóng ✳ 一样。 ✳ 1. 一样。2. 跟……一样。3. 共同，一起从事。4. 跟，如：同他说话。 ✿ 1. 相同；一样。2. 跟……相同。3. 共同；一齐(从事)

同行 tóngháng ✳ 作同一样工作的人。 ✳ 1. 工作一样。2. 干同一种工作的人。 ✿ 1. 行业相同。2. 行业相同的人。

同居 tóngjū ✳ 男女两个人在一个家中过。 ✳ 1. 同住在一起。2. 还没成亲的一对男女住在一起。 ✿ 男女没有结婚，但生活在一起。

同类 tónglèi ✳ 同样的。 ✳ 同一种。 ✿ 类别相同。

同期 tóngqī ✳ 同一个时期。 ✳ 同一时期。 ✿ 同一个时期。

同情 tóngqíng ✳ 有和一个人一样的想法，懂他的想法、作法。 ✳ 1. 知道了发生在别人身上的不好的事，就如同自己也有同样的事。2. 同意别人的行动。 ✿ 1. 别人发生不幸时，自己在感情上有同样的感受。2. 理解并且同意别人的行动。

同时 tóngshí ✳ 同一时候，同一时间。 ✳ 同一个时间。 ✿ 指一件以上的事或一个以上的动作发生在同一个时候。

同事 tóngshì ✳ 一道工作的人。 ✳ 在同一个地方一起工作的人。 ✿ 1. 动词，在同一单位工作。2. 名词，和自己在同一单位工作的人。

同乡 tóngxiāng ✳ 同一个地方来的人(在外地时说的)。 ✳ 来自同一个地方的人(在外地时用)。 ✿ 自己家乡的人(在外地时说)。

同学 tóngxué ✳ 同在一个班里的学生。 ✳ 在同一个学校、同一个班学知识的人。 ✿ 1. 动词，在同一学校学习。2. 名词，和自己在同一学校学习的人。3. 称呼学生。

同义词 tóngyìcí ✳ (语言学上)意思都一样和差不多一样的几个最小的语言成分。 ✿ 意义相同或相近的词。

同意 tóngyì ✳ 听到的想法和自个儿的一样，听后说"行！好！" ✳ 对别人的主张说出一样的意见；认可。 ✽ 对某种主张表示相同的意见。

同志 tóngzhì ✲ 中国人可以叫中国人"同志"，外国人不行。 ✽ 1. 中国公民间常用的叫法。2. 有共同梦想，做同一大事的人。 ✽ 志同道合的人。

统 tǒng ✲ 1. 有关的事物连在一起。2. 把有关的事物放在一起来做，来想。 ✽ 1. 事物之间相联系的关系。2. 总起来；全部。

统称 tǒngchēng ✲ 都叫同一个名字。教师和学生统称师生。 ✽ 1. 把两个不同的事物放在一起来叫。2. 两个不同事物连在一起的叫法。 ✽ 总的名称；总起来叫。

统一 tǒngyī ✲ 1. 有关成分连成一体；不一样的意见成为一样的意见。2. 一事物中多种成分都同一的样子；一些人中每个人的想法都同一的样子。 ✽ 1. 部分联合成为整体；不一致的达到一致。2. 使一致的。3. 一致的；整体的；单一的。

统治 tǒngzhì ✲ 1. 有很高地位的人让别人做什么、不做什么。2. 一事物对他事物起着非常大的作用。 ✽ 用势力管制国家和地区。

痛 tòng ✲ 1.（身体）疼。2. 心里不高兴；难过。3. 非常非常地。 ✽ 1. 创伤等引起的难受的感觉。2. 伤心。3. 尽情地。

痛恨 tònghèn ✲ 非常非常不喜欢。 ✽ 很深切地恨。

痛苦 tòngkǔ ✲ 一点儿也不欢乐，很不好过。 ✽ 心里难过得很；身体非常疼。 ✽ 身体或精神感到非常难受。

痛快 tòngkuài ✲ 1. 高兴。2. 自己想做多少就做多少，想吃多少就吃多少，想说什么就说什么，心里没有觉得不快。 ✽ 1. 舒服；高兴。2. 尽兴。

痛心 tòngxīn ✲ 心里非常非常难过。 ✽ 非常伤心。

tou

头 tóu ✲ 人的最上边的东西，想问题的地方。 ✽ 1. 人身体最上边的那一块儿；动物身体最前边的那一块儿。2. 头发和头发的样子。3. 一事的起点和最后一点。4. 打头的，第一位的。 ✽ 人或动物的长着口、鼻、眼等器官的部分。

头等 tóuděng ✲ 第一，最好的。 ✽ 最高的；最好的。 ✽ 第一等；最高的。

头脑 tóunǎo ✲ 人想问题的地方。 ✽ 说一个人办事时有思想有方法，就是有头脑。 ✽ 指头部的思考、记忆等能力。

头儿 tóur ✲ "长"(zhǎng)，在工作中，人上边儿的人。 ✽ 一个地方主事的人，只用在口语里。 ✽ 称某单位或某集体的领导人，是口头上的说法。

头痛 tóutòng ✲ 头疼。 ✽ 头部疼。

头子 tóuzi ✲ 带头干事的人，主事的人，这是一种不好的叫法。 ✽ 对坏人的首领的称呼。

tu

突 tū ✱ 1.很快地往前动。2.很快的,没想到的。3.比旁的东西高。
✲ 1.突然。2.冲进或冲出,向前冲。3.高于周围。

突变 tūbiàn ✱ 一下子和以前不一样。 ✱ 一事物很快地成为别的事物,人们都没想到,事儿很快出现了不同的样子。 ✲ 突然的变化。

突出 tūchū ✱ 很不一样的,好很多的。 ✱ 在同种事物中跟别的很不一样的;比别的事物好很多。 ✲ 1.冲出。2.越出一般。

突破 tūpò ✱ 1.走过(难关);比以前多。2.为了走出一个让多人包起来的地方,用出所有本事,想办法走出去。 ✲ 1.冲破;打破(困难、界线等)。2.集中力量向一点反攻或进攻,打开缺口。

突起 tūqǐ ✱ 1.不期然地发生;不期然地很快地兴起。2.比旁的东西高出很多。3.生病的生物体上长起包什么的。 ✲ 突然发生。

突然 tūrán ✱ 没想到地,一下子来到地。 ✱ 在不长的时间里意外地发生。
✲ 出乎意外;忽然。

突围 tūwéi ✱ 一些人让对立方人马活动在很小的地方里,不让出来,可对立方为了能活下去,想出多种方法出去。 ✲ 突破包围。

图 tú ✱ 画儿。 ✱ 画出来的东西。 ✲ 用画表现出来的形象。

图画 túhuà ✱ 图和画儿。 ✱ 用笔在平面上画出来的事物的样子。 ✲ 用线条或颜色构成的图形。

图片 túpiàn ✱ 图画。 ✱ 用来说明一事物的图画、照片等。 ✲ 图画、照片等的总称。

图书 túshū ✱ 图画和书,也可以只是书。 ✲ 各种书的总称。

图书馆 túshūguǎn ✱ 看书的地方,那里有很多书。 ✱ 有很多书给人看的公共场所。现在还可以在这里用电脑。 ✲ 收集、整理图书材料用以给别人看和参考的机构。

土 tǔ ✱ 田地里的东西。 ✱ 1.田里、地面很常见的那种不硬的东西,种子放里面,可以生长出作物。2.国家、个人的地。3.本地的;一定地区的。4.民间做东西的方法、做东西的人和做出来的东西等。5.不开化的,跟不上新事物的。
✲ 1.地球表面的一层由细小物体组成的东西(海水部分除外)。2.土地。3.民间用的生产技术和有关设备、产品、人员等(区别于"洋")。

土布 tǔbù ✱ 手工做的可以做成衣服的东西。 ✲ 农村人工生产的一种布。

土产 tǔchǎn ✱ 一个地方有的东西。 ✱ 1.一定地方生长的、做的。2.一定地方做出来的、生长出来的有名的东西。 ✲ 1.当地的特产。2.某地出产的。

土团

土地 tǔdì　✳ 一个国家的地方。　✱ 1. 田地。2. 一个国家所有的地方。❋ 1. 田地。2. 领土。

土法 tǔfǎ　✳ 民间前人用的方法。　✱ 民间常用的方法。　❋ 民间长期用的方法。

土方 tǔfāng　✱ 1. 一立方米的土为一土方。2. 说作"土方儿",民间多用的、医药书上没写的药方。　❋ 民间流行的,不见于医药专著,不算正式医药的药方。

土改 tǔgǎi　✱ 中国的一个重大活动,把地主的地拿来,分给种田的人。　❋ 中国解放初期在农村进行的土地改革,没(mò)收地主的土地和生产资料,公平合理地分给农民。

土工 tǔgōng　✳ 种地的人到城里做的工作。　❋ 从事把地上的土取出一部分的工作的工人。

土话 tǔhuà　✳ 地方话。本地话。　✱ 小地方的人们用的方言;不同地方的人们说的本地话。　❋ 小地区使用的方言。也称"土语"。

土货 tǔhuò　✳ 一个地方的东西。　✱ 一个地方长出的、做出的本地才有的东西。❋ 土产的物品。

土块 tǔkuài　✱ 一块块的土(见"土"tǔ1)。　❋ 成块的土。

土里土气 tǔlǐtǔqì　✳ (人)很土,看来和很久以前的人一样。　✱ 跟不上新事物的,看样子是种地的,不是城里的。　❋ 1. 不流行的;过时的(风格或式样)。2. (人)跟不上时代。

土木工程 tǔmù gōngchéng　✳ 立房子、开新路等工作叫土木工程。　❋ 房屋、道路、桥等工程的统称。

土生土长 tǔ shēng tǔ zhǎng　✳ 人在一个地方长大。　✱ 当地生长起来的。❋ 一直在当地生长。

土性 tǔxìng　✳ 田地能给它上面生长的东西多少有用成分(如水分),这就叫土性。　❋ 土给与所种的作物养分、水分的性能。

土语 tǔyǔ　✳ 地方话。　✱ 小地区的人们用的方言;不同地方的人们说的本地话。　❋ 是"土话"的同义词。

tuan

团 tuán　✱ 1. 用手把东西做成不方的样子。2. 很多人来到一处。3. 干差不多一样工作、活动的很多人成为一体。　❋ 1. 圆形的。2. 球形的。3. 饰成球形。4. 会合在一起。5. 工作或活动的集体。

团结 tuánjié　✳ 大家都很友好地一同作什么。　✱ 1. 很多有同样爱好的人为了共同的好处(chù)处(chǔ)在一起。2. 友好、和好。　❋ 1. 人们联合在一起。

2. 友好。

团体 tuántǐ　✽ 很多有同样爱好(hào)的人在一道。　✽ 有共同梦想、爱好等的人在一起成为一体。　✽ 有共同的目的、志趣的人所组成的集体。

团圆 tuányuán　✽（父子、成过亲的男女等）从前不在一起,现在重新见面了。　✽（分离的家人）重新会合在一起。

团长 tuánzhǎng　✽ 一种头儿,比师长小的主事的人。　✽ 一团人的首领。

tui

推 tuī　✽ 1. 用手让东西往外动。2. 让给人吃的又生又硬的东西成为小的,去皮。3. 让东西的面儿没有了。4. 让事物更大、更广、更好。5. 从知道的事物想到、发现别的事物;从一方面想到别的方面。6. 让给别人。7. 自己不做,叫别人做。　✽ 1. 向外用力使物体或人顺着力的方向动。2. 使事物开展。3. 根据已经知道的事实断定其他,从某方面的情况想到其他情况。4. 让给别人。5. 推委、推托。6. 推选、推举。7. 让时间推后。

推出 tuīchū　✽ 拿出(新东西)。　✽ 介绍和推动新事物。

推动 tuīdòng　✽ 让事物前进;让工作开始。　✽ 使事物前进,使工作展开。

推断 tuīduàn　✽ 想(是怎样来的)。　✽ 从知道的想到、发现还没到来的新的问题、事物、后果、成果等。　✽ 根据已经知道的来想像不知道的事。与"推想"同义。

推广 tuīguǎng　✽ 叫大家都知道一样东西、想法、作法。　✽ 让一事物在更广大的地方起作用。　✽ 使事物或工作的使用范围或起作用范围加大。

推进 tuījìn　✽ 叫工作前行(xíng)。　✽ 让工作前进。　✽ 1. 推动工作,使前进。2.(和对方开火的军队)前进。

推举 tuījǔ　✽ 说一个人的名字,叫他去作重要的工作。　✽ 因为一个人很好、才干不错,大家就让他当头儿等。　✽ 与"推选"同义。

推开 tuīkāi　✽ 叫人、东西到一边去。　✽ 用手往前把东西分开。　✽ 向前推,使物体或人远离自己。

推理 tuīlǐ　✽ 知道A,想到B。　✽ 想问题的一种方法,从脑子里有了的东西想出新东西。　✽ 由一个或几个已知的判断推出结论的过程。

推论 tuīlùn　✽ 想问题的一个方法。　✽ 用语言体现出来的推理这种想问题的方法。　✽ 1. 用语言形式进行推理。2. 用语言形式表达出来的推理。

推却 tuīquè　✽ 不要,说"不行"。　✽ 别人请你做什么时,你不同意;别人给你什么时,你不要。　✽ 表示拒绝。

推让 tuīràng　✽ 不要(好的工作,好的名声……),叫他人得到。　✽ 当别人给你什么好处、好地位时,你不要;让给别人。 ✻ 由于客气等好意而不肯接受(职位或好处等)。

推算 tuīsuàn ✳ 从有了的信息算出有关的东西。 ✻ 1. 根据已知的数计算出有关的数。2. 推想;推断。

推土机 tuītǔjī ✳ 能让场地比以前平的一种用钢等做的高大的车,开新路时要用的。 ✻ 用于平整土地的机器(修路、建房时会用到)。

推托 tuītuō ✳ 不同意,可是不明白地说出来,找个说法不做。 ✻ 故意找个理由拒绝。

推想 tuīxiǎng ✳ 知道了A,去想B。 ✳ 从知道的想像出还不知道的。 ✻ 推断。

推行 tuīxíng ✳ 叫大家都知道后,都那么作、那么想。 ✳ 让一事在很多地方都做;让办法等广为人知。 ✻ 普遍实行;推广(经验、办法等)。

tuo

托 tuō ✳ 1. 手心往上拿着东西。2. 一事物和别的事物放在一起,让别的事物看起来更好、更明白。3. 让别人为自己做什么。4. 不同意,可是不明白说出来。5. 因别人而(ér)得到好处。6. (托儿)物体下面的从下往上对物体起作用的不让它下来的东西。 ✻ 1. 用手心部分把东西举起来。2. 寄托。3. 委托。4. 依靠。5. 推托。

托辞 tuōcí ✳ 1. 不喜欢做什么,找个说法不做。2. 找到的说法。 ✻ 1. 故意找理由不去做某事。2. 为了不去做某事找到的理由。

托儿所 tuō'érsuǒ ✳ 很小的孩子不在家时去的地方,在这个地方有人看(kān)他们。 ✳ 父母上班后,把还没上学的小孩子放在一定的地方,请别人看(kān),让别人去过问他的生活等,这个地方叫托儿所。 ✻ 照管和教养三岁以下的小孩子的处所。

托人情 tuō rénqíng ✳ 请人为自己说话,以便得到好处;请人为自己办事。 ✻ 请人代自己说情。

托生 tuōshēng ✳ 人、高等动物不在了以后,以一种不同的样子再次出现,这不一定是真的。 ✻ 指人或高等动物(多指家养的)死后转生世间。

托运 tuōyùn ✳ 给钱后,把行李等东西给一定的人、地方,请他们把它带到要去的地方。 ✻ 委托运送(行李货物等)。

托子 tuōzi ✳ 物体下面的从下往上对物体起作用的不让它下来的东西。 ✻ 某些物体下面的能支住上面的物体的部分。

W

wai

外 wài ✳ 外边。 ✱ 1. 外边,外边的。2. 自己所在地以外的。3. 外国,外国的。4. 以外,如两天外。 ❋ 越出某一范围。与"内"、"里"相对。

外边 wàibian ✳ 在外的地方。 ✱ 跟"里面"对立,外面,在一定事物以外。 ❋ 越出某一范围的地方。如:院子外边。

外表 wàibiǎo ✳ 在外边看得见的样子。 ✱ 一事物外在的样子。 ❋ 表面。

外国 wàiguó ✳ 本国以外的国家。 ✱ 本国以外的国家。 ❋ 指本国以外的国家。

外国人 wàiguórén ✳ 不是本国人,是外边国家的人。 ✱ 别的国家的人。 ❋ 指本国以外的人。

外行 wàiháng ✳ 不懂这样儿工作的人。 ✱ 1. 对一种事物、一种工作不懂。2. 外行的人。 ❋ 对某种事情或某种工作不了解或没有经验。

外号 wàihào ✳ 同学、朋友叫的正名以外的名字。 ✱ 一个人大名、小名以外的名字,常常是同事、同学给起的。 ❋ 人的本名以外,别人根据此人的特点给他起的名字(大多含有亲切,开玩笑等意味)。

外交 wàijiāo ✳ 国家间方方面面的往来,如跟别的国家一起开会,进行文化往来。 ❋ 有关国家在国际关系方面的活动,如参加国际组织和会议,跟别的国家互派使节,进行谈判,定条约等。

外界 wàijiè ✳ 外边。 ✱ 一定事物以外的地方;一定的人以外的人。 ❋ 某物体以外的空间或某集体以外的社会。

外科 wàikē ✳ 医院里的一种病室,手病、皮病都在这里看。头疼、发热不在这里看。 ❋ 医院中主要以手术治疗的一科。与"内科"相对。

外面 wàimian ✳ 外边。 ✱ 1. 事物外在的一面。2. 外边。 ❋ 是"外边"的同义词。

外省 wàishěng ✳ 自己所在的一个大地区以外的地区,这个地区比国家小,比城市大。 ❋ 称本省以外的省份为外省。

外头 wàitou ✳ 口语中说的"外边"。 ✱ 外边儿,口语中常用。 ❋ 越出某一范围的地方。是"外边"的口语表达。

外文 wàiwén ✳ 外国语、外国文字。 ✱ 外国的语言、文字。 ❋ 外国的语言或文字。

外因 wàiyīn ✳ 让事物发生的外在起因。 ❋ 事物变化、发展的外在原因。

外语 wàiyǔ ＊不是本国话,是外国话。 ※别国的语言。 ✻外国语言的总称。

wan

完 wán ＊没有了。 ※1.做成了。2.没有了。 ✻1."用尽了"、"没有了"的意思。2.完结。3.完成。

完备 wánbèi ＊要有的都有了。 ※要用到的都有了,不少什么。 ✻应该有的都具备了。

完成 wánchéng ＊完了,作好了。 ※干完;做成。 ✻按照已定的目的做完。

完蛋 wándàn ＊完了。(口)完了,不能"生"了,作不到了。 ※人在思想、行动上都起不来了;没用了。事儿干不成了。人不行了。 ✻不再存在。

完好 wánhǎo ＊完美,很好。没少了什么。 ※没什么问题的,都是好的。 ✻不缺少,完整。

完结 wánjié ＊到最后了,不再作了。 ※进行到最后,不再前进了。 ✻解决了;完了。

完了 wánle ＊作完;不再作了。 ※做完;进行到最后,不再前进了。 ✻事情或动作完结。

完满 wánmǎn ＊很好,都好。 ※没有什么做得不好的,跟人心里想要的一样。 ✻圆满;没有缺少的。

完美 wánměi ＊都很美好,没有不好的。 ※十分美好,没有一点不好的地方。 ✻美好,没有缺点。

完全 wánquán ※1.不少什么。2.都;没有一点不。 ✻1.齐全。2.全部。

完善 wánshàn ＊要有的都有,很好。 ※完美,非常好,什么也不少。 ✻很齐全;美好。

完整 wánzhěng ※事物中什么成分都不少。 ✻没有破坏或缺少的,具有应有的每部分。

玩 wán ＊不是工作,可作的能叫自个儿快乐。 ※1.做一种事儿,不为工作、不为钱,只是为了找乐子。2.用(不正当的方法等)。3.进行(一定的活动来找乐子)。4.不认真。5.给人看的能卖很多钱的东西。 ✻玩儿。

玩具 wánjù ＊孩子喜欢的、不大的东西。 ※给小孩子用的,让他们高兴的东西。 ✻专门为孩子做的玩儿的东西。

玩弄 wánnòng ※1.拿人开心。2.不正当地用(方法等)。 ✻1.用手弄着玩儿。2.拿人开心;戏弄。3.使用(手段等)。

玩儿 wánr ＊不工作时作的,叫自个儿快乐。 ※1.做一种事儿,不为工作、不为钱,只是为了找乐子。2.用(不正当的方法等)。3.进行(一定的活动来找乐子）。 ✲ 1. 做使自己快乐的一些活动。2. 使用(不正当的方法、手段等)。3. 做某种活动。

玩儿命 wánrmìng ✲（口语）行动前不多想想，不把活着当回事；不活了也要做一个事儿。 ✲（口语）不顾一切；不顾死活；把性命当儿戏。

玩笑 wánxiào ✲ 说、作来叫人乐的。 ✲ 1. 不是当真的行动、言语。2. 不当真的行动、说话，只是为了高兴。 ✲ 1. 为了玩儿而笑着闹着。2. 玩的行动或笑的言语。

玩意儿 wányìr ✲（口语）1. 同"玩具"。2. 东西、事物。3. 一些做给人看的很难做的活动。 ✲ 1. 玩具。2. 称杂技等为玩意儿。3.（口语）指东西或事物。

晚 wǎn ✲ 1. 做事儿做在了定好的时间以后。2. 晚上。3. 时间在后的。4. 后来的。 ✲ 1. 晚上。2. 比原定的或合适的时间靠后。

晚安 wǎn'ān ✲ 天黑时和人再见时说的话。 ✲ 晚上跟对方说的祝人家夜晚好的话；晚上跟人道别的话。 ✲ 客气话，用于晚上道别。

晚班 wǎnbān ✲ 天黑时作的工作。 ✲ 晚上的工作。 ✲ 在晚上固定的时间上班。

晚报 wǎnbào ✲ 下午出的报。 ✲ 每天下午印出来的报纸。

晚饭 wǎnfàn ✲ 十八点到二十点吃的饭。 ✲ 晚上吃的饭。 ✲ 晚间吃的饭。

晚会 wǎnhuì ✲ 晚上为了让大家高兴，人们在一起进行的歌唱等文化活动。 ✲ 晚上在家或在外面举行的欢乐的集会。

晚婚 wǎnhūn ✲ 男女比法定的年岁晚成亲。 ✲ 达到结婚年纪之后再推后一些年才结婚。

晚年 wǎnnián ✲ 人一生中年老的时期。 ✲ 老人一生中最后一个时期。 ✲ 指人老的时期。

晚期 wǎnqī ✲ 最后的时间。 ✲ 一个人一生中最后的那些时间，一个时期里最后的时间。 ✲ 最后阶段。

晚上 wǎnshang ✲ 一天中十九点以后的时间。 ✲ 天黑以后；夜里；太阳下山以后的时间。 ✲ 从太阳落下到深夜以前的一段时间。

碗 wǎn ✲ 吃饭的时候用的，饭在里边。 ✲ 吃饭用的东西，口大底小，从口到底有点儿高，它的口儿常常跟茶杯口的样子差不多。 ✲ 放食物的器具，口大底小，一般是圆形的。

万 wàn ✲ 十个一千是一万，一百个一百是一万。 ✲ 1. 十个一千就是一万。2. 有时意为很多。 ✲ 1. 数目，十个千。2. 形容很多。3. 极；很。

万分 wànfēn ✲ 很。 ✲ 非常；很。 ✲ 极。比"十分"的程度更高。

万古长青 wàn gǔ cháng qīng ✲ 说明事物虽然过了千年万年，还是如同春天一样有生机。 ✲ 千年万年总是那么青春；一直存在着并像春天的草木一样有生机。

万民 wànmín ＊ 很多很多的人民。 ※ 广大的人民。 ✲ 指广大的老百姓。

万能 wànnéng ＊ 作用很多，用来作什么都行。 ※ 1.无所不能。2.起多种作用的。 ✲ 1.任何事情都能做到。2.有多种用处。

万事如意 wàn shì rú yì ＊ 作什么都好。 ※ 让心里想的事儿都成为真的。 ✲ 一切事情都很圆满、顺心。

万岁 wànsuì ＊ 祝人千年万年地活下去。 ✲ 是"一万岁"的意思，用来祝愿人活得非常长久。

万一 wànyī ＊ 要是……的话。 ※ 1.万分中的一分，意为非常少的一点儿。2.可能很小；有可能发生的意外，可这种可能很小很小。 ✲ 指可能性极小的意外变化。

万物 wànwù ＊ 地上、天上、水里的东西，很多东西。 ※ 所有事物。 ✲ 世界上的一切事物。

wang

王 wáng ＊ 一个国家最大的人。 ※ 一国中地位最高的人。 ✲ 1.最高统治者。2.一些集团的首领。

王八蛋 wángbādàn ＊ 不好听的话，用来说不好的人。 ※ 一种用来说人的很不好听的话，有时意思是这个人的女人跟别的男人好上了。 ✲ 极难听的对人不友好的话。

王国 wángguó ＊ 国王说话最有用的国家。 ※ 国王主事的国家。 ✲ 1.以国王为国家元首的国家。2.比作某种特色或事物处于主要地位的地方。

往 wǎng ＊ 去。 ※ 1.去。2.往（一处去）。3.过去的。 ✲ 1."去"的意思。2.过去的。3.介词，表示动作的方向。

往常 wǎngcháng ※ 过去的那些常见的日子。 ✲ 过去的一般的日子。

往后 wǎnghòu ＊ 现在以后。 ※ 1.上后边儿。2.从今以后。 ✲ （动作）向后的方向。

往来 wǎnglái ＊ 去和来。 ※ 1.去和来。2.两个人常常到对方那里去，问候对方的活动。 ✲ 来往。

往年 wǎngnián ＊ 过去的几年。 ※ 以往的年头。 ✲ 过去的年头。

往前 wǎngqián ＊ 前行。到前边去。 ※ 上前边儿；往前边儿。 ✲ （动作）向前的方向。

往日 wǎngrì ＊ 过去的日子。 ※ 从前。 ✲ 过去的日子。

往事 wǎngshì　＊过去作的,以前有过的。　＊过去的事。　✱过去的事情。

往往 wǎngwǎng　＊常常,一种事儿常常发生。　＊副词,表示某种情况经常出现或发生。

往下 wǎngxià　＊从一个地方下行。　＊(动作)下行。

忘 wàng　＊没有回想到,回想不到。　＊1.过去知道的事物现在不再知道了;以前在脑中的事儿现在不知道了。2.本来要做和当做的事,因一时的不在意就没去做。　✱1.所经历的事情不存在于记忆中。2.原来准备做的事情因不记得而没做。

忘掉 wàngdiào　＊回想不到以前的人、东西。　＊脑子里没有了发生的事儿;没想起来;想不出来了。　✱忘记。

忘怀 wànghuái　＊(书面语)过去发生的事不在脑子里了,常用在"不能"、"无法"、"难以"后面,说明忘不了。　＊忘记。

忘记 wàngjì　＊脑子里没有了发生的事儿;没想起来;想不出来了。　✱1.经历的事情不再存留在记忆中;不记得。2.应该做的或原来准备做的事情因为忘了而没有做。

忘了 wàngle　＊想不到过去的人、东西了。　＊(口语)脑子里没有了发生的事儿;没想起来;想不出来了。　✱是"不记得了"的意思。

忘却 wàngquè　＊(书面语)过去发生的事不在脑子里了;忘了。　＊忘记。

望 wàng　＊看(很远的地方)。　＊1.往远处看。2.到亲友处问候。3.心里想要的。4.好的名声。5.对着。　✱1.向远处看。2.希望。3.名望。

wei

为 wéi　＊作。是。　＊1.做,干。2.作为。3.当作。4.成为。5.是。　✱1.动词,是"做"的意思。如:为所欲为。2.是"被"的意思。如:为大众所喜欢。3.是"变成"的意思。如:变落后为先进。

为人 wéirén　＊怎样的人,怎样作人。　＊做人,处事。　✱做人的态度。

为首 wéishǒu　＊第一的(人)。　＊当头儿的。　✱作为领头的人。

为止 wéizhǐ　＊时间到了一个点是最后,做到了一个点不再动。　＊指(时间、进度等)终止。

围 wéi　＊叫什么东西在中间。　＊1.把一个地方包起来,让人不能从里到外、也不能从外到里。2.一个地方的旁边、四边。　✱1.把某些东西放在四周,使里外不通。2.周围,四周。

围困 wéikùn　＊把一个地方包起来,让里面的人没有出路。　＊围住对方,使处于困境。

围墙 wéiqiáng　✽ 用来把房子、花园、场院等跟外面分开。　❋ 建在房屋、树林、院子等周围的墙。

委 wěi　✽ 1.把事拿给别人去办。2.不要了。3.把自己做得不好、做错的事说成别人做的。　❋ 1.委任；把事交给别人去办。2.不直。3.推委。4.没有精神。

委派 wěipài　✽ 上边的人叫人去。　❋ 上面让人站到一定的位子上，做要他做的事。　❋ 派人任某职务或完成某任务。

委任 wěirèn　✽ 上边的人叫人作一个工作。　❋ 上面让人站到一定的位子上，做要他做的事。　❋ 派人任某职务。

委托 wěituō　✽ 请别人为自己办事。　❋ 把事情交给别人代办。

委员 wěiyuán　✽ 机关、团(tuán)体等把每个方面主事的人放在一起就成立了一个委员会，它可以就一些大事做出文告。里面的每个人都是委员。　❋ 委员会的成员。

委员会 wěiyuánhuì　✽ 机关、团(tuán)体等把每个方面主事的人放在一起就成立了一个委员会，它可以就一些大事做出文告。里面的每个人都是委员。　❋ 1.政党、团体、机关、学校中的集体领导组织。2.机关、团体、学校为了完成一定的任务而设立的专门组织。

卫 wèi　✽ 1.看住，让人平安过日子。2.姓。　❋ 保卫。

卫队 wèiduì　✽ 在一起的一些人，他们的工作是看房子等，让人平安过日子。　❋ 进行防备和保卫工作的部队。

卫生 wèishēng　✽ 能让人少生病的。　❋ 1.能防止生病，对健康有好处。2.合乎卫生的情况。如：环境卫生。

卫生间 wèishēngjiān　✽ 一种房间，公共场所和个人家里都有，在那里人们可以方便一下。　❋ 住房中有卫生设备的解手的地方。

卫生所 wèishēngsuǒ　✽ 小地方为人医病的场所。　❋ 比医院小的医疗机构。

卫士 wèishì　✽ 一种人，他的工作是给一定的人看家、看楼等。　❋ 做保卫工作的人。

卫星 wèixīng　✽ 人作的，在天上走的星星。　❋ 1.一种天体，以行星为中心，在行星的四面动，本身不发光。2.跟这种天体一样包着中心的。3.人做的跟这种天体差不多的东西。　❋ 1.围着行星运行的不发光的天体。2.像卫星那样围着某个中心的。3.人造卫星。

为 wèi　✽ 1.为了。2.对。3.给。4.因为。　❋ 1.表示行为的对象或有关事物。如：为人民服务。2.表示目的。如：为健康而干杯。3.对；向。

为此 wèicǐ　✽ 为了这个，所以。　❋ 为了这个。

为了 wèile　✽ 说明为一个想法去做事。　❋ 表示目的。

为什么 wèishénme ＊ 怎么会(这样)。 ✲ 提问时用的,问对方做事等的动因。 ✱ 问原因或目的。

位 wèi ✲ 1. 所在的地方。2. 地位。3. 作用同"个",在人前面,用来说人的多少。 ✱ 1. 所在或所有的地方。2. 职位,地位。3. 量词,用于人。

位子 wèizi ＊ 一个坐的地方。 ✲ 人坐下的地方;公共场所给人坐的地方。 ✱ 1. 人所得到的地方。2. 座位。3. 也指职位。

味 wèi ✲ 1. 口中可以动的用来说话的那个东西觉出来的一物体跟他物体不同的东西。2. 头上的气体可以进到人体里的那个东西区别出来的一物跟他物不同的东西。3. 有意思。4. 区别、体会。5. 跟"个、次"作用一样的语言成分,用来说明中药当中的一种。 ✱ 1. 味道。2. 气味。3. 意味;趣味。4. 区别味道。5. 量词,用于中药。一种中药叫一味。

味道 wèidào ✲ 1. 口中可以动的用来说话的那个东西觉出来的一物体跟他物体不同的东西。2. 头上的气体可以进到人体里的那个东西区别出来的一物跟他物不同的东西。 ✱ 物体具有的能使人或一些动物得到某种味觉的特性。

味精 wèijīng ＊ 中国人、日本人作饭的时候,有时候用这个东西,用了会好吃点儿。 ✲ 一种让饭菜更好吃的白色东西。 ✱ 一种细小的调味品,使食物有鲜味。

味觉 wèijué ✲ 人的一种本能,它能区别物体的味道。 ✱ 嘴里的能活动的部分与食物或药等相连时产生的感觉。

wen

温 wēn ＊ 叫东西、人不凉的。 ✲ 1. 不冷不热。2. 物体的冷热。3. 让(水一样的东西)比以前热一点。4. 把学过的东西再学一次。5. 姓。 ✱ 1. 温和;不冷不热。2. 给物体加一点儿热。3. 温习。

温带 wēndài ＊ 大地上南北两边不凉的地方。 ✲ 我们住的天体上的一个地带,南、北都有,不太冷也不太热。 ✱ 南半球和北半球各有一个气候比较温和的地带,叫温带。

温度 wēndù ✲ 物体的冷热。 ✱ 物体冷热的程度。

温度计 wēndùjì ✲ 可以知道天凉不凉的长东西。 ✲ 用来说明物体冷热的东西。 ✱ 量温度的器具。

温故知新 wēn gù zhī xīn ＊ 认识过去可以知道现在;再学过去的知识,能有和以前不一样的认识。 ✲ 再学以前的知识,得到对旧的知识的新看法、认识,多想想过去的事,以认识现在。 ✱ 温习旧的,能够得到新的理解和体会。

温和 wēnhé ＊ 天不凉。(人)叫人喜欢和他在一道儿。 ✲ 1. (气候)不冷不热。

2.(言语)平和。3.(物体)不冷不热。 ✳ 1.气候不冷不热。2.(性情、言语等)平和,亲切。3.(物体)不冷不热。

温课 wēnkè　＊ 再看学过的课。　✳ 把学过的课再学一下。　✸ 温习功课。

温暖 wēnnuǎn　＊ 不凉的。叫人不凉的。　✳ 1.不冷。2.让人觉得不冷。 ✸ 1.暖和。2.使人感到温情。

温情 wēnqíng　＊ 让人觉得安心美好、心里发热的东西。　✸ 温和的态度和感情。

温室 wēnshì　＊ 不凉的地方,里边的东西可以在天凉时也长(zhǎng)得好。 ✳ 冬天用来种那些太冷就不能活的作物的房间。　✸ 人造的温和有光的房间,可以种花、菜等。

温习 wēnxí　＊ 再看学过的课文。　✳ 把学过的再拿来学。　✸ 复习。

文 wén　＊ 用字写下来的话,字。　✳ 1.用字写下来的话。作文。2.文化。3.字。4.文言。5.和气。　✸ 1.文字。2.文言。3.文章。

文才 wéncái　＊ 很会写东西叫有文才。　✳ 作文方面的才能。　✸ 写作诗文的才能。

文法 wénfǎ　＊ 语法。　✳ 语法。　✸ 语言的结构方式,像词的构成和变化、句子的组织等。是"语法"的同义词。

文官 wénguān　＊ 在机关里工作的文人,地位还可以。　✸ 指军队官员以外的官员。

文化 wénhuà　＊ 用文字的水平和日常知识。　✸ 1.人类在社会历史发展过程中所创造的成果的总和。如:文字、艺术、教育、科学等。2.指运用文字的能力和一般知识。

文件 wénjiàn　＊ 工作时写下、用到的文。　✳ 公文、书信等。　✸ 1.公文、信件等。2.指有关政治理论、时政、学术研究等方面的文章。

文静 wénjìng　＊ 人(常常是女孩)文气,不爱动。　✸ (性格、举动)温和安静。

文具 wénjù　＊ 学习、工作时写"文"用的东西。　✳ 书写用的笔等东西,学的时候要用到的东西。　✸ 指笔、纸等跟写字有关的用品。

文科 wénkē　＊ 教学上对文学、语言等学问的叫法。　✸ 教学上对文学、语言、历史、经济等学科的统称。与"理科"相对。

文明 wénmíng　＊ 言语行为很有文化水平。　✸ 1.是"文化1"的意思。2.社会发展到较高阶段和具有较高文化的。

文人 wénrén　＊ 有很多知识和学问的人。　✳ 会写书作文的念书人,旧时为知识分子。　✸ 指会作文章和诗的读书人。

文如其人 wén rú qí rén　＊ 什么样的文是什么样的人写的。　✳ 一个人写的字、作文等体现出他的为人。　✽ 指文章的风格和作者的为人相同。

文物 wénwù　✽ 很久远以前的东西。　✽ 现在人们发现的有文化意义的古时的东西。　✽ 过去留下来的在文化发展史上有价值的东西。

文学 wénxué　✽ 作家写的东西。　✽ 用语言文字生动地写生话中和想像中的人和事的小说等都算作文学。　✽ 以语言文字来反映客观现实的艺术。

文学家 wénxuéjiā　✽ 作家。写文学书的名人。　✽ 文学上很有成就的名人。　✽ 在文学上有成就的人。

文言 wényán　✽ 中国人很久以前说的、写的话，现在用得不多。　✽ 1919年五四以前，大家都用的以古汉语为主的书面语。　✽ 以古汉语表达的书面语。

文艺 wényì　✽ 文学、歌唱、电影、音乐等都算作文艺。　✽ 文学和艺术的总称，有时特指文学或表演艺术。

文艺复兴 wényì fùxīng　✽ 西方国家的一个时期(1300前后—1500前后)。　✽ 西方国家1300到1500年间让文化和思想前进的种种活动，主要思想是以人为本位，让古文化重新兴起。　✽ 指西方国家14世纪到16世纪文化和思想的发展活动和那段时期(主要是意大利)。那时文化的特点和精神是复兴古典文化，主要思想是人文主义，主张以人为本位，反对神本思想，当时文学家所着重描写的是活的人，美术家画的也是普通人物和自然景色。

文艺界 wényìjiè　✽ 从事文学、音乐、画画、电影等活动的人们在一起所成的工作体。　✽ 指从事文艺活动的人的范围。

文章 wénzhāng　✽ 写下来的东西。　✽ 1.写出来的说明一事、一物，告诉人们心声的成文字的东西。2.有关一事的作法。3.(事儿里)有什么意思，可是没有明白说出来。　✽ 1.不很长的单篇作品。2.指著作。3.指暗含的意思。

文字 wénzì　✽ 写后人看的东西。字。　✽ 写在书面上的语言，如汉文、英文等。　✽ 作为语言书面形式的记号。

文字学 wénzìxué　✽ 文字问题的学问。　✽ 语言学中有关文字的一门学问。　✽ 研究文字的学科，是语言学的一个部门。

闻 wén　✽ 1.听。2.不是听，不是看，也不是说。　✽ 1.听见。2.听见的事；信息。3.有名的。4.用人头上的那个气体可以进到人体的东西区别物体的不同。　✽ 1.听见。2.消息,听见的事情。3.有名望的。4.名声。5.用鼻子区别气味。

闻风而动 wén fēng ér dòng　✽ 听到一点儿东西，马上作。　✽ 得到很少一点儿信息就开始行动。　✽ 一听到消息就立刻行动。

闻名 wénmíng　✽ 很有名。　✽ 1.听到名声。2.有名。　✽ 1.听到名声。2.著名；有名。

问 wèn　✽ 有不知道、不明白的事物请人告知。　✽ 请求或要求对方解答。

问答 wèndá　＊一个人说问题,一个人说问的人想知道的。　＊一方提问,一方说出提问人想听到的对的话,可以是一种教学法。　✲发问和回答。

问道 wèndào　＊请教学问高的人一些问题。　✲向别人发问。

问好 wènhǎo　＊问人安好,以说明对人的关心。　✲问人安好,为了表示关切。

问号 wènhào　＊1.书面上用在一个问问题的话后面的东西。2.不一定的事,有问题的事。　✲1.疑问句的标点记号。2.疑问。

问候 wènhòu　＊问好。　＊问好。　✲与"问好"同义。如:向他表示问候。

问候语 wènhòuyǔ　＊"吃啦"是北京人的问候语。　＊只用在问候上的一定的话。　✲表示问候的用语。

问世 wènshì　＊生下来。书什么的第一回叫人看到。　＊写好的书跟很多的看书的人见面。　✲指著作等首次印了出来跟读者见面。

问题 wèntí　＊不懂时问人的东西。不好的地方。　＊1.请人回答、说明白的题。2.不如意的事儿。3.意外。　✲1.要求回答或讲解题目。2.事故或难解决的事。

wo

我 wǒ　＊三人中,不是你,也不是他和她。　＊1.自己。2.叫自己。　✲1.代词,称自己。2.有时用来称"我们",如:我校、我国等。

我的 wǒde　＊是自个儿的。　＊自己所有的,自己所在的。　✲指自己的人或物。

我国 wǒguó　＊我的国家,我们国家。　＊说话人叫自己的国家为我国。　✲指"我们的国家"。

我们 wǒmen　＊你们、他们(她们)以外的自个儿也在里边的人们。　＊连自己也在里边的一些人。　✲代词,称自己及与自己有关的人。

wu

屋 wū　＊人吃饭、工作、上课时在的一个个小地方。　＊1.房子。2.房间。　✲1.房子。2.屋子。

屋子 wūzi　＊同"屋"。　＊1.房子、住房。2.房间。　✲"房间"的同义词。

无 wú　＊没有。　＊1.没有。2.不。　✲1.没有。2.有时与"不"同义。3.不论。

无比 wúbǐ　＊很,最。　＊没有别的能和他(她、它)比(多用在好的方面)。　✲没有别的能够相比(多用于好的方面)。

无不 wúbù　＊没有不,都。　＊都;没有不是的。　✲(书面语)没有一个不;全都。

无从 wúcóng ✽ 没有门路,不知道怎么开始、着手。 ❋ 没有门路,不知如何做起。

无法 wúfǎ ✽ 1.没有法子。2.不知道法,不要法。 ❋ 1.没办法,不能。2.不守法,不按法。 ❋ 没有办法。

无法无天 wú fǎ wú tiān ✽ 想不要法,什么不好的都可以去作。 ❋ 说明人什么不能干的都去干,想干什么就干什么。 ❋ 形容人不顾法规、常规,任意做坏事。

无非 wúfēi ✽ 只是。只;不过。 ❋ 只;不过。 ❋ 不外乎;只;不过。

无故 wúgù ✽ 没有动因的;说不出所以然的。 ❋ 没有原因。

无关 wúguān ✽ 没有关连。 ❋ 没有关系。

无害 wúhài ✽ 没有不好作用的。 ❋ 不对事物、人等起不好的作用。 ❋ 没有害处。

无机界 wújījiè ✽ 非生物的那些东西放在一起的叫法。 ❋ 没有生命的事物统称"无机界",它与"有机界"相对,它们共同构成世界。

无济于事 wú jì yú shì ✽ 对一事没有什么作用、好处。 ❋ 对于事情没有什么帮助。

无际 wújì ✽ 没有边的。 ❋ 没有边儿的。 ❋ 没有界限,没有边际。

无理 wúlǐ ✽ 干的事儿让人觉得不友好,没有好的说法来说明。 ❋ 没有道理。

无力 wúlì ✽ 没有才能,不能够做什么。 ❋ 没有力量。

无论 wúlùn ✽ 放在话的开头,这个话有前后两个成分,说明虽然前面的有所不同,后面的还是那样。 ❋ 连词,表示条件不同而结果不变。

无论如何 wúlùn rúhé ✽ 一定要(做什么);虽然这样,还是要…… ❋ 不管怎样变化,结果始终不变。

无论怎样 wúlùn zěnyàng ✽ 同"无论如何",放在一个话的前面,它后面的话的意思是"虽然怎样,还是要……"。 ❋ 与"无论如何"同义。

无名 wúmíng ✽ 没有名儿,没有名字。 ❋ 1.没有名字的。2.姓名不为人所知的。3.说不出所以然来的(多用在让人不快的事上)。 ❋ 1.姓名不被大家所知道的。是"有名"的反义词。2.没有名称。3.说不出为什么来的。

无名指 wúmíngzhǐ ✽ 手上面有分开的五块长肉,叫"手指",在最小的旁边的那个叫无名指。 ❋ 靠近小指的手指。

无能 wúnéng ✽ 什么也不能作。 ❋ 没有本事。 ❋ 没有能力。

无情 wúqíng ✽ 对人不好,心很硬。 ❋ 1.没有感情。2.不留情。

无穷 wúqióng ✽ 多到用不完的,大到没有边的。 ❋ 用不完的,说不完的,做不完的…… ❋ 没有限度,没有穷尽。

无时 wúshí　＊时时,什么时候都。　＊用在"不"的前面,说明时时、每时每刻。　✱是"时时"的意思。

无事 wúshì　＊没有什么问题。　＊本来没有问题(可是有意做出一些为难人的事),常常说"无事生非"。　✱没有事情。

无视 wúshì　＊看不到,不去看。　＊看见了,可是不看重,认为不重要,不放在心上。　✱不放在眼里;不认真对待。

无条件 wútiáojiàn　＊作什么时,怎样都要作的。　＊没有什么要对方做的;不提什么要对方做的。　✱没有任何条件,不提出任何条件。

无望 wúwàng　＊再不可能作到了。　＊没有什么可以想得到的;不可能做到的。　✱没有希望。

无为 wúwéi　＊什么也不作。　＊中国古时候一种教里的主张,它认为不一定要有所作为,只要走自然的路就行了。　✱顺其自然,不用有所作为,是道家思想。

无味 wúwèi　＊1.没有意思。2.吃的东西不好吃,因为少了点儿什么。　✱1.没有味道。2.没有趣味。

无限 wúxiàn　＊大到没有边的,多到用不完的。　＊不会有完的时候,不会走到最后,不会到头。　✱没有限度,没有穷尽。

无线电 wúxiàndiàn　＊1.收音机。2.给收音机发信息的东西。　✱1.利用电的作用在空中传送信号的技术设备。2.无线电收音机的通称。

无效 wúxiào　＊没有用。　＊不起作用。　✱没有效能,没有效果。

无心 wúxīn　＊没想过的,没有什么想法。　＊1.没有心思。2.不是有意的。　✱1.没有心思。2.不是故意的。

无形 wúxíng　＊看不见的。　＊1.看不见的。2.不知不觉的。　✱1.不具备某种事物的具体形式、名义而有类似的作用。2.无形中,在不知不觉的情况下,不具备名义而实际是这样。

无疑 wúyí　＊真的(是这样),不可不信的。　✱没有疑问。

无意 wúyì　＊不想去作的,没有想法去作的。　＊1.不打算(做什么事)。2.不是有意的。　✱1.没有做某事的愿望。2.不是有意要做的。

无用 wúyòng　＊没有什么用。　＊没有用处。　✱没有用处。

无中生有 wú zhōng shēng yǒu　＊本来没有也要说有。　＊说出一些本来没有的事(用意是不好的)。　✱完全没有这一回事却说成有这么回事。

无足轻重 wú zú qīng zhòng　＊一点儿也不重要。有和没有都不重要。　＊一点都不重要,不起主要作用。　✱无关紧要。

五 wǔ　＊四多一是五,六少一是五,四和六中间的字。　＊比四多一就是五。　✱数目,四加一后所得。

五官 wǔguān　✽ 人体用来认识外在事物的有五种本事的东西,如口、头等。　✽ 通常指脸上的器官:耳、目、口、鼻等。

五色 wǔsè　✽ 1. 五个色儿。2. 很多色。　✽ 本来是黄、白、红等五种色,后来也可以用来说很多种色。　✽ 五彩。

五行 wǔxíng　✽ 金、木、水、火、土五种东西。过去,中国古代思想家就用它们来说明自然万物。中医用五行来说明身体上的种种现象。　✽ 指金、木、水、火、土这五物。

五颜六色 wǔ yán liù sè　✽ 好多样儿色儿。　✽ 很多种色在一起。　✽ 各种各样的颜色。

五月 wǔyuè　✽ 过了四月是五月,五月以后是六月。　✽ 一年中的第五个月份。这时为春天。　✽ 一年的第五个月,是春季的一个月。

午 wǔ　✽ 十二点前后。　✽ 日中的时候,白天十一点到一点。　✽ 指白天十二点钟的时候。

午饭 wǔfàn　✽ 十二点前后吃的饭。　✽ 中午吃的饭。　✽ 中午吃的饭。区别于"早饭"、"晚饭"。

午后 wǔhòu　✽ 十二点以后,十八点以前。　✽ 下午;中午以后。　✽ 与"下午"同义。

午睡 wǔshuì　✽ 十二点的时候人们什么也不作,不说话,不想问题,不听,不看什么。　✽ 1. 午觉。2. 睡午觉。　✽ 睡午觉。

午夜 wǔyè　✽ 零点前后。　✽ 半夜;夜里十二点前后。　✽ 半夜,夜里十二点前后。

武 wǔ　✽ 不是用"文"的。　✽ 跟"文"对立的,文的对立面。　✽ 关于军事的。与"文"相对。

武打 wǔdǎ　✽ 人和人在一起打,这种打的动作很好看。　✽ 在剧中或电影中用的武术表演的形式。

武断 wǔduàn　✽ 不听他人说的。自个儿怎么想,怎么说,也不看看本来是什么样子。　✽ 只从主观出发来认定一事物。　✽ 1. 只靠主观做判断。2. 形容言行太主观片面。

武汉 Wǔhàn　✽ 中国的一个地方,在南京西边。　✽ 中国湖北最大的城市,在长江边上。　✽ 中国湖北省的省会。

武剧 wǔjù　✽ 一种做给人看的活动,它当中打的场面很多。　✽ 以武打为主的剧。

武力 wǔlì　✽ 和对方打时所用的一种不谈不说的方法。　✽ 军事力量。

武器 wǔqì　✽ 用来打对方的东西。　✽ 进行武装活动时所用的器具,具有破坏力。

武生 wǔshēng　✲ 在"武剧"中主要做打的动作的男人。　✲ 在剧中演武打角色的人。

武术 wǔshù　✲ 中国一种很重要的身体活动和进行这种活动的方法，样子多种多样。它一方面可以让身体好，一方面又很好看，还可以不让别人对自己做出不好的行为。　✲ 中国的一种传统的体育项目。

武装 wǔzhuāng　✲ 一个国家为了平安所有的可去打人的东西和人的一体。✲ 用武器来装备；军事装备。

舞 wǔ　✲ 身体做各种美好的动作，体现人的生活、思想等，常在音乐声中进行。✲ 以动作为主的表演形式。

舞会 wǔhuì　✲ 很多人来到一块儿，做各种美好的动作，来体现人跟人的友好和快乐。　✲ 以交际舞的形式组织的集会。

舞剧 wǔjù　✲ 给人看的一种活动，主要用身体动作来讲一些事儿，不说话。✲ 主要用舞的形式表现内容情节的剧。

舞台 wǔtái　✲ 一种场所，人在它上面做种种动作给人看。　✲ 演员表演时用的台子。

务 wù　✲ 1.事。2.从事；做。3.一定要。　✲ 1.事物。2.从事；致力。3.务必。

务必 wùbì　✲ 要。不能不。　✲ 一定要。　✲ 必须，一定要。

务农 wùnóng　✲ 在田间工作。　✲ 干种地等活儿，以种地为生。　✲ 从事农业生产。

务实 wùshí　✲ 不只是想想问题，是一门心思干事儿。　✲ 1.讲究实际。2.从事具体的工作或讨论具体的工作。

物 wù　✲ 东西。　✲ 东西，事物。　✲ 东西、事物的总称。

物极必反 wù jí bì fǎn　✲ 事物行进到最后，再前进就会成为它本身的对立面。✲ 事物发展到了极点一定会向相反方向转化。

物价 wùjià　✲ 买一样儿东西要多少票子。　✲ 定下来的一种东西所卖的钱的多少。　✲ 货物的价格。

物件 wùjiàn　✲ 一个个东西。　✲ 一个一个的东西。　✲ 指成件的东西。

物理 wùlǐ　✲ 一种学问，它的对象是自然物，它的工作是说明事物为什么会这样，比如光学、热学、电学等。　✲ 1.事物的内在道理。2.物理学。3.自然科学中的一科，其中有力学、声学、热学、电学、光学等。

物品 wùpǐn　✲ 用的东西。　✲ 东西（多是日常生活要用的）。　✲（多指日常生活中应用的）东西。

X

xi

西 xī　＊东、南、北以外的那一方。　＊四个主要方位中的一个,太阳下山的一边。　✱四个主要方向之一,是太阳落下去的一边。

西安 Xī'ān　＊中国一个很有名的地方,是过去的"京都(dū)"。　＊中国西北的一个古都,有很多非常有名的文物,过去叫长安。　✱中国靠近西边的一个古老城市。

西北 xīběi　＊西北方。　＊1.在西和北中间的方位。2.中国的一个广大地区。　✱指西和北之间的方向。

西部 xībù　＊西边。　＊中国西北、西南、正西面的广大的地区。　✱西边的地区。

西方 xīfāng　＊四方中不是东方、不是南方、不是北方的一方。　＊1.四个主要方位中的一方,太阳下山的那边。2.美、法、意、比等西方国家,跟"东方"对用。　✱1.是"西边"、"西面"的同义词。2.指位于中国所在洲的西部的洲以及美国。

西服 xīfú　＊西方人的衣服,常用在男子上。　＊西方式样的服装,有时特指男子穿的正式的西方式的服装。

西瓜 xīguā　＊吃的东西。水多,红色,七月到十月时吃最好。　＊一种水果,有皮有子,里面色红子黑,水多,天热时吃很好。　✱一种果肉水分多的瓜,多半儿是球形的。是夏季很好的果品。

西湖 Xīhú　＊中国东边很有名的一个湖。　＊中国南方的一个湖名,这里山水很美,出名茶,出美女。　✱位于中国东南部的一个很漂亮的湖。

西南 xīnán　＊西南方。　＊1.西和南中间的方位。2.中国的一个广大地区。　✱指西和南之间的方向。

西式 xīshì　＊西方国家的。　＊从西方来的衣服、饭菜、楼房等的样子。　✱西方的样式。

西药 xīyào　＊西医所用的药物。　✱指西医的用的药。

西医 xīyī　＊1.从西方国家来到中国的医学。2.用西方医学看病的大夫。　✱1.指西方医学。2.用西方医学给病人治病的大夫。

西装 xīzhuāng　＊西服,本来是西方男子最常用的衣服,后来也有女子用的样子。　✱西式服装。多半儿指男子穿的正式场合的服装。也称"西服"。

希 xī　＊不多;很少见的。　＊事物出现得少;很贵重。　✱1.希望。2.希少。

希奇 xīqí　＊很少见的。　＊事物出现得少,新,跟常见的东西比有不同的地方。

希析息习洗

✱ 希少新奇。

希少 xīshǎo　✱ 很少有的。　✱ 现象、事物等出现得少。　✱ 事物出现得少。

希望 xīwàng　✱ 想有什么。想要作什么。　✱ 想让……出现。　✱ 愿望。愿望某种事物实现。

希有 xīyǒu　✱ 很少有,很少见的。　✱ 很少有的;非常少见的。　✱ 极少见的;很少有的。

析 xī　✱ 1.分开。2.把事物分开来看。　✱ 1.分开。2.分析。

息 xī　✱ 1.从口进出的气。2.信息。3.休息。　✱ 1.生物体与外界进行交换的气体。2."消息"的简单说法。

习 xí　✱ 学。　✱ 1.学。2.常常见到一事物,所以不觉得它怎么样。3.做事、想问题、说话、走路等常用的方法。　✱ 1.学习;复习;练习;温习。2.习惯。3.因某事物常常见到而熟识。

习非成是 xí fēi chéng shì　✱ 不好的看多了,会想不好的也是好的了。　✱ 常常看到错的东西,后来就认为它是对的了。　✱ 对于某些错的事情习惯了,反而认为是对的。

习惯 xíguàn　✱ 在长期的人生中作什么老是一个样子。不同的国家有不同的习惯。　✱ 做事、想问题、说话、走路等常用的方法。　✱ 1.常常遇到某种新的情况而慢慢适应。2.在长时期里慢慢养成的,一时不容易改变的行为、社会习气。

习见 xíjiàn　✱ 老可以见到的。　✱ 常见的。　✱ 经常见到的(指事物,不指人)。

习气 xíqì　✱ (不好的)作法,样子。　✱ 慢慢儿才有的不好的作风、办事方法等。　✱ 慢慢形成的坏习惯或坏作风。

习题 xítí　✱ 教师要学生作的问题。　✱ 教学上给学生用的题。　✱ 学生练习用的题目。

习以为常 xí yǐ wéi cháng　✱ 老是这样作。　✱ 常常做一些事,就成了生活中自然的事了。　✱ 常常做某件事,成了习惯。

习字 xízì　✱ 老在学写字。　✱ 常常学写字。　✱ 练习写字。

洗 xǐ　✱ 衣服用了一些时候,就要用水对它做的事。也可以用在别的东西上。　✱ 1.用水或其它一些流动物体除掉另一物体上的不必要存在的东西。2.洗礼。3.照相的显影定影;冲洗。

洗礼 xǐlǐ　✱ 西方最常见的一种教要认可一个人时进行的一种活动,把水点在人头上,也可以把这个人的身体放到水里,说明这个人过去做的不对的事就没有了。　✱ 1.西方信教的人入教时接受的一种活动,把水点到受洗人的头前方,或让受洗人身体在水中,认为这样可以洗去过去的错。2.经受重大考验。

洗脸 xǐliǎn　✱ 每个人早上起来后都要用水对面孔做的事。　✱ 用水去掉脸上的不卫生的东西。

洗衣机 xǐyījī ✻ 用水和电让用过的衣物去了不好看的东西,再跟以前差不多的电机。 ✻ 自动洗衣服的电动机。

喜 xǐ ✻ 爱。快乐。 ✻ 1.快乐,高兴。2.爱好。 ✻ 1."快乐"、"高兴"的意思。2.可庆祝的,如:喜事、喜酒。3.女人怀上孩子为"有喜"。

喜爱 xǐ'ài ✻ 喜欢。 ✻ 对人、事物喜欢。 ✻ 对人或事物感兴趣并有"爱"的感觉。

喜好 xǐhào ✻ 喜欢。 ✻ 喜欢;爱好。 ✻ 喜欢;爱好。

喜欢 xǐhuān ✻ 爱上。 ✻ 1.觉得人、事物好就爱上了他(她、它)。2.高兴。 ✻ 对人或事物有好感或感兴趣。

喜酒 xǐjiǔ ✻ 人有喜时喝的酒。 ✻ 两个人成家时请亲友来一起喝的酒。 ✻ 指结婚时请客招待人们的酒及饭菜。

喜剧 xǐjù ✻ 一种给人看的能让人乐的活动,有些人物,还有地点、时间,从开头到最后讲的是一个事,这个事最后完的时候大多是好的,让人开心的。 ✻ 剧种的主要类别之一,多用搞笑的手法评价落后现象,突出现象本身的毛病和它与健康事物的冲突,往往引人发笑,结局大多是圆满的。

喜气 xǐqì ✻ 快乐的样子。 ✻ 一个人心里高兴,从面儿上能看出来的样子。 ✻ 喜色;欢喜的环境。

喜庆 xǐqìng ✻ 叫人欢乐的。 ✻ 1.谁出现这种事都要高兴的。2.让人高兴,不能不高兴的事。 ✻ 值得欢喜和庆祝的。

喜色 xǐsè ✻ 人欢喜的样子。 ✻ 欢喜的样子。 ✻ 欢喜的神色。

喜事 xǐshì ✻ 1.让人高兴的事儿。2.两人成家为喜事。 ✻ 1.值得庆祝的使人高兴的事。2.特指结婚的事。

喜笑颜开 xǐ xiào yán kāi ✻ 欢喜的样子。 ✻ 非常高兴,从这个人身上一下就看出来了。 ✻ 心情快乐,满脸笑容。

系 xì ✻ 大学里不同的学问可看作不同的"系"。 ✻ 1.很多有关的成分有机地在一起成为一体。2.从不同的学问出发,把高等院校的房子、人、东西等分成一份一份的,每一份就是一个系。3.有关连。 ✻ 1.系统。2.高等学校中按学科所分的教学行政单位。3.联系。

系里 xìlǐ ✻ 高等院校中从事一门学问的教学的地方。 ✻ 高等学校中按学科所分的教学行政单位的内部。

系统 xìtǒng ✻ 1.有共同点的事物从一定的关连出发连成一体。2.从事物间,一事物不同成分间的关连、作用等方面看问题。 ✻ 同类事物按一定的关系组成的整体。

细 xì　＊小的。　＊1.头发、筷子、笔等的样子。2.两边离得近的。3.很小的立体的样子。4.(声音)小。5.做得认真,花的心思多。6.认真去做,花很多心思。7.非常小的。　✸1.细小。2.精细。3.仔细;周密。4.音量小。

细长 xìcháng　＊又小又长。　✸长条形的又细又长的。

细活 xìhuó　＊1.要认真做的,花很多心思的活儿。2.城市以外把那种用脑子多,用身体少的工作叫做细活儿。　✸细致的技巧性、技术性强的工作。

细节 xìjié　＊一个事、物里每个很小的因子。　✸细小的与其它关联的东西或情节。

细密 xìmì　＊1.(东西)做得很好,每个小地方都不放过。2.不大意,在每个很小的地方都用心。　✸1.仔细,不马虎。2.(布料等)精细而密。

细巧 xìqiǎo　＊小,也好看的。　✸认真地、方法高明地花了很多心思做的又小又好看的(东西)。　✸(技术或艺术)精细,高明。

细细 xìxì　＊一点儿、一点儿地。　✸很小很小。　✸仔细;具体。

细小 xìxiǎo　＊小小的。　✸很小的。　✸(东西、事情、音量等)极小。

细心 xìxīn　＊在每个很小的方面用心。　✸用心细密。

细致 xìzhì　＊可以想到的都想到了,可以做到的都做到了。　✸1.精细周密。2.细密精致。

xia

下 xià　＊下边。　＊1.从离地面远的地方到离地面近的地方。2.离开(车)。3.下面。4.地位、等次不高不中的。5.时间在后的。6.往下面,如下行。7.去一地、到一个处所,如:下馆子。8.放进,如:下饺子。9.动物生子为"下"。　✸1.位于低处的。2.由高处到低处。3.等次或品级低的。4.表示在一定的范围、情况、条件等。5.表示当某个时间或时节。6.用在数目字后面,表示方面或方位。

下班 xiàbān　＊工作完了。回家去。　＊在定好的时间里完成工作回家。　✸每天在工作单位固定的工作时间完结工作。

下边 xiàbian　＊不是上边的那一边。　＊下面。　✸下面。

下层 xiàcéng　＊在下边的。　＊地位、层次等不高;在下的。　✸下面的一层或几层(多指机构、组织、阶层)。

下场 xiàchǎng　＊最后得到的(用来说不好的人)。　＊人的最后所得(多是不好的)。　✸人的结局(多指不好的)。

下次 xiàcì　＊下一回。　＊这次后的又一次。　✸离目前最近的将要重复发生的某情况的时间。

下达 xiàdá　＊上面把事告诉下面的人,让他们知道。　✤向下级发指示。

下等 xiàděng　＊不好的,很不好的,最不好的。　✤差的;不好的;水平不高的。✤等级低的。不太好的。

下级 xiàjí　＊工作中在他人的下边,要听人家的话。　✤两个人有工作上的关连,可这个人地位、等次不如那个人,那么这个人就是那个人的下级。　✤同一组织系统中等级低的组织或成员。与"上级"对应。

下集 xiàjí　＊一本书有两小本,后一本叫下集。　✤把一本书、一场电影分成两三份儿,最后一半叫下集。　✤书或电视剧的最后一部分,与"中集、上集"对应。

下决心 xiàjuéxīn　＊想好了(去作……)。　✤打定主意,一定要做。　✤果断地定下了决心。

下课 xiàkè　＊课上完了。　✤上课时间用完了。　✤指上课时间完结。

下来 xiàlái　＊下行。到下边。　✤从上边往下边说话人的地方走。　✤1.由高处到低处来。2.指水果、菜等熟了或可以收了。3.用在动词后,表示动作由高处向低处来。如:拿下来。4.用在动词后,表示从过去继续到现在或从开始继续到最后。5.用在动词后,表示动作的完成或结果。6.用在形容词后,表示程度继续增加。

下流 xiàliú　＊1.把江河分成三块儿,开始有水的那一块儿叫上流,跟它对立的就是下流。2.说明地位不很高。3.不文明。　✤与"上流"相对。

下去 xiàqù　＊下行。到下边。　✤从上边离开说话人往下走。　✤1.由高处到低处去。2.用在动词后,表示动作由高处向低处去。

下手 xiàshǒu　＊着(zhuó)手,开始干。　✤1.动手。2.助手。

下霜 xiàshuāng　＊冬天时地上的东西。天不凉时是水;天很凉时是霜。　✤夜里的水汽到了地上因为冷就成了非水非气体的白东西。　✤夜里水汽遇冷变成固体结在地面和地面的东西上。

下台 xiàtái　＊1.不在一定的位子上了;不再当头儿了。2.离开让人为难的地方(跟"不"、"没法"等连用)。　✤1.从舞台或讲台上下来。2.不再干公职。3.离开困境(多用于否定式)。

下午 xiàwǔ　＊一天中十二点到十八点的时间。　✤从正午十二点到半夜十一点;也是从正午十二点到太阳下山的时间。　✤指从正午十二点到日落的一段时间。

下乡 xiàxiāng　＊去有田的地方(工作、教学……)　✤到跟城市对立的地方去(工作、教学等)。　✤到农村去。

下星期见 xiàxīngqī jiàn　＊和人再见时说,"下个星期再见到你"。　✤告别语,跟"再见"差不多,常用在这个星期不再见面的人们间。　✤道别时用语,向对方表示下星期再见面。

下学 xiàxué ＊一天的课学完了回家。 ※放学。 ❋放学。学校一天或半天课完结,学生回家。

下雪 xiàxuě ＊冬天时天上飞下来的小东西,不是水。 ※水汽因为冷成了小花样儿的白东西从天上飞下来。 ❋雪从天空中落下。

下雨 xiàyǔ ＊水从天上下来。 ※雨从天上下到地面。 ❋雨从云中落下。

吓 xià ＊同"吓人"。 ※让人觉得心中不安,就跟发生了为难的事、让人觉得不平安的事一样。 ❋使害怕。

吓人 xiàrén ＊叫人吃惊,不知怎么作。 ※让人觉得心中不安,就跟发生了为难的事、让人觉得不平安的事一样。 ❋可怕。

夏 xià ＊中国年的四月、五月、六月。 ※把一年分成四块儿,每块儿三个月,第二块儿是夏天,天气很热。 ❋夏季。

夏季 xiàjì ＊中国年中的四月、五月、六月。 ※一年中,春、秋、冬以外的那个时期。 ❋一年的第二季,是最热的季节。

夏时 xiàshí ※一年中最热的三个月的时间。 ❋夏天的时候。

夏天 xiàtiān ＊中国年中的四月、五月、六月。 ※一年中,春、秋、冬以外的那个时期。 ❋夏季。

xian

先 xiān ＊第一,(时间……)在前的。 ※时间、位次在前的。 ❋时间在前的或排在前的(跟"后"相对)。

先后 xiānhòu ＊前后。 ※先和后;前后连起来。 ❋1.先和后。2.前后相继。

先进 xiānjìn ＊走、作在他人前边,好过他人的。 ※学得比别人快的;水平比别人高的;比别人更有成果的;可以作为别人学的对象的人。 ❋1.进步较快;水平较高。2.先进的人或集体。

先生 xiānshēng ＊用来叫一个男的。 ※1.老师。2.对知识分子的一种叫法。3.见面时对男子的一种叫法。4.对女人的爱人的一种叫法。 ❋1.对男人的称呼。2.称别人的丈夫或对别人称自己的丈夫。

先天 xiāntiān ＊生下来时本有的。 ※人、动物在母体里的时期;生来就有的。 ❋人或动物出生前,在母体内发育的时期。

鲜 xiān ※1.可吃的,吃了不会生病的。2.(花等)活的,有生机。3.很明,用在红色、黄色等上面。4.好吃。5.好吃的东西。6.鱼一样的水生的吃的东西。 ❋1.新鲜。2.鲜明。3.鲜美。4.鲜美的食物。5.特指鱼等水产食物。

鲜红 xiānhóng ＊很红的色儿。 ※很分明、有生机的红色。 ❋鲜明的红色。

鲜花 xiānhuā ✳ 很美的花,不是人作的花。 ✳ 活的,有生机的花。 ✳ 新鲜的花朵。

鲜亮 xiānliàng ✳ 色儿很好看。 ✳ 色分明,很好看。 ✳ 1.明亮。2.漂亮。

鲜美 xiānměi ✳ 很好吃。 ✳ 1.(饭菜或瓜果的)味道好。2.(花儿等)好看。

鲜明 xiānmíng ✳ 1.(红、黄等)分明,不难看到。2.分明,明白。 ✳ 1.(颜色)明亮。2.分明而确定。

显 xiǎn ✳ 外在的,很好看到的。 ✳ 1.外在的、明白的、不难看出来的。2.体现出来,让人知道(自己的本事)。3.有名声、有地位的。 ✳ 1.明显。2.表现。3.旧时称有名声、有地位的。

显出 xiǎnchū ✳ 叫人看得见。 ✳ 让人看到、明白。 ✳ 表现出来。

显得 xiǎnde ✳ 现出(一种样子)。 ✳ 表现出(某种情形)。

显明 xiǎnmíng ✳ (色、样)不平常,好看出来的;明明白白的。 ✳ 清楚明白。

显目 xiǎnmù ✳ (色、样)不平常,不难让人看到。 ✳ 显眼。

显然 xiǎnrán ✳ 不难看出、不难体会;非常明白。 ✳ 非常明显;容易看出或感觉到。

显示 xiǎnshì ✳ 叫人看到,叫人知道。 ✳ 明白地体现出来。 ✳ 明显地表现。

显现 xiǎnxiàn ✳ 本来看不到的现在能看到了。 ✳ 出现;本来看不见的现在能看见了。 ✳ 明显地表现。

显眼 xiǎnyǎn ✳ 很好看到的。 ✳ (色、样)不平常,不难让人看到。 ✳ 明显,容易被看到,让人注目。

显要 xiǎnyào ✳ 很重要的。 ✳ 旧时地位高的贵人。 ✳ 旧时指官职高,气势大。

显著 xiǎnzhù ✳ 大家一下子都能看得到的。 ✳ 非常分明。 ✳ 非常明显。

现 xiàn ✳ 1.现在。2.叫人看得见。 ✳ 1.现在。2.当时。3.当时可以拿出来的。4.出现在外面,让人可以看见。 ✳ 1.现在。2.出现。

现场 xiànchǎng ✳ 正在作什么的那个地方。 ✳ 1.发生不好的事的场所和这一场所在发生这事儿时的样子。2.进行一种活动,做事儿的场所。 ✳ 1.发生事故的场所。2.直接从事生产、演出等的场所。

现成 xiànchéng ✳ 本来有的。 ✳ 本来就有的,不用再找的,不用再做的。 ✳ 1.已经准备好的。2.原有的。

现存 xiàncún ✳ 现有的。 ✳ 现有。 ✳ 现在存留;现有。

现代 xiàndài ✳ 现在这个时期。 ✳ 现在这个时期;在中国多是1919年5月4日以后的时间。 ✳ 现在这个时代。

现代化 xiàndàihuà ✳ 让(生活、工作等)更先进、更方便。 ✳ 具有现代先进科

现金 xiànjīn　✳现有的买东西用的票子。　✳1.现有的钱。2.国家放钱的地方现有的钱。3.在手中可以当时就用的钱。　✽现钱。

现钱 xiànqián　✳现有的买东西用的票子。　✳在手中可以当时就用的钱。✽可以当时给出的钱。区别于"支票"等。

现实 xiànshí　✳1.不会因为人的主观想法不同就有所不同的事物；人处在当中的，所有的外在的都是现实。2.可行的，跟从主观出发对立的。　✽1.客观存在的事物。2.合于客观情况。

现象 xiànxiàng　✳事物在动和不动中出现的种种样子。　✽事物在发展、变化中所表现的外部形态。

现在 xiànzài　✳今天这个时候。　✳这个时候，说话的时候。　✽指说话的时候或说话前后的一段时间。

限 xiàn　✳说好了多少，不能过。　✳1.定好的区间，定好的边儿。2.定出所要的区间；不能多，不能少。　✽1.限度；指定的范围。2.指定范围，不许超过。

限定 xiàndìng　✳说好了多少，不能多，也不能少。　✳定出在多少、大小、场所、时间等方面要做到的。　✽在数量、范围等方面加以规定。

限度 xiàndù　✳多到多少，少到多少；不能多，也不能少。　✳区间的最大处、最小处、两头儿。　✽最高或最低的数量或程度，范围的极限。

限量 xiànliàng　✳说好了多到多少，少到多少。　✳定下、想好事物最后会成什么样子，常跟"不可"连用，说明可以大大地前进。　✽1.限定止境、数量。2.限度。

限期 xiànqī　✳时间不能长，不能过这个时间。　✳1.定下的日期。2.定下日期，不能过期。　✽1.限定的日期。2.限定日期，不许过期。

限于 xiànyú　✳1.在一定区间里看一些问题，区间跟在"限于"后面。2.因为外在的东西，一事物出不了一定的区间。　✽局限于某一范围内；受某些条件或情形的制约。

限制 xiànzhì　✳叫人只能在哪儿，只能作什么。不能多作也不能少作。　✳定下区间，不让出去；不让做一定的事。　✽规定范围。

线 xiàn　✳1.跟头发的样子差不多的东西，长长的，可以用来做衣做鞋。2.从一个点用笔往前画出来的东西。3.在图上用来说明汽车、火车、飞机走的道路。4.一事物和他事物连在一起的地方。　✽1.细长的不硬的东西。2.交通路线。3.交界的地方。4.细长像线的东西。5.线索。6.量词，用于不具体的事物。

线路 xiànlù　✳车什么的走过的道儿。　✳电、动的物体等所走过的路。　✽电流或运动物体所经过的路线。

线索 xiànsuǒ　✳ 一些事物、现象,从中可以发现问题,可以看出事物前进的道路等。❋ 事物发展的路线或解决问题的路线、提示。

线条 xiàntiáo　✳ 画画时用笔画出来的头发一样的东西。　❋ 1. 画画时画的或直,或不直,或细或不细的线。2. 人体或工艺品的外边线的样子。

xiang

乡 xiāng　✳ 1. 城市的对立面。2. 老家所在的地方;出生的地方。3. 把一个国家的地方从大到小往下分,差不多最小的就是乡。　❋ 1. 乡村。与"城"相对。2. 家。

乡村 xiāngcūn　✳ 城市的对立面,那里的人们大多以种地为生。　❋ 村子,人口分布比城市少的地方。

乡间 xiāngjiān　✳ 有很多田地、山水的地方。　✳ 种地的人们生活、常住的地方里。　❋ 乡村。

乡亲 xiāngqīn　✳ 和"我"一个地方来的人。　✳ 1. 老家在同一个地方的人,同一个地方出来的人。2. 对大城市以外地区的当地人的叫法。　❋ 1. 同乡的人。2. 对当地农民的称呼。

乡土 xiāngtǔ　✳ (城市以外的)当地的、本地的。　❋ 原来的生长地;本乡本土。

乡下 xiāngxià　✳ 一个地方,那儿有很多田。　✳ (口语)非城市的地方。　❋ 乡村里;乡间。

相 xiāng　✳ 1. 两个事物有共同的关连。2. 说明一方对他方的动作。3. 自己观看(是不是自己想要的)。　❋ 1. 互相。2. 表示一方对另一方的动作。

相比 xiāngbǐ　✳ 两方面、几方面比。　❋ 互相比较。

相差 xiāngchà　✳ 两方不一样(到多少)。　✳ 两方面、几方面差(多少)。　❋ 相互差别的程度。如:相差很大。

相处 xiāngchǔ　✳ 人和人一同过日子、一道工作什么的。　✳ 共同生活在一起;和对方往来。　❋ 1. 相互生活在一起。2. 互相对待。

相传 xiāngchuán　✳ 以前的人听再以前的人说。　✳ 1. 长期以来大家都那么说,不一定是真的;听人说的。2. 前面的人告知的,给过来的。　❋ 1. 长期以来互相传说。2. 一方交给另一方或一方教另一方。

相当 xiāngdāng　✳ 1. 一样。2. 很。　✳ 1. (年岁、多少等)两方面差不多;比得上。2. 跟"很"差不多,可还不如"很"。　❋ 1. 指两方面(数量、价值、条件、情形等)差不多。2. 表示程度高(但不到"很"的程度)。3. 合适

相等 xiāngděng　✳ 在多少上一样。　✳ 两个以上的东西在多少上一样,没区别。　❋ 两个以上的东西在数目、分量或程度等方面一样。

相对 xiāngduì　✲ 1. "大"跟"小","冷"跟"热"这种对立。2. 看着对方,面对。3. 跟别的比起来是……　❋ 1. 互相对立,如"大"和"小"等。2. 依靠一定条件而存在或变化。与"绝对"相对。

相反 xiāngfǎn　✲ 和前边说的一点儿也不一样。　❋ 1. 事物的两个方面处在对立的关连当中。2. 用在下文开头话当中,说明和上文所说的意思正好不同。　❋ 1.(两个事物、事物的两个方面)互相对立。2. 用在下文的开头,表示跟上文所说的意思没有任何相同之处。

相关 xiāngguān　✲ 两个、几个事物你跟我、我跟你都有关连。　❋ 相互关联。

相互 xiānghù　✲ 两方都平等同样地对对方。　❋ 两相对待的;互相。

相继 xiāngjì　✲ 一个后再有一个。　❋ 一个跟着一个。　❋ 一个接着一个。

相见 xiāngjiàn　✲ 两个人你见我,我见你。　❋ 两方、几方见面。　❋ 相互见到。

相连 xiānglián　✲ 在一道。　❋ 两方、几方连在一起。　❋ 互相连接。

相亲相爱 xiāng qīn xiāng ài　✲ 家人中你爱我,我爱你。　❋ 大家都很友好,关心、喜爱对方。　❋ 家人之间关系密切,互相关爱。

相识 xiāngshí　✲ 两方中,A认识B,B也认识A。　❋ 认识对方;认识的人。　❋ 1. 互相认识。2. 互相认识的人。

相似 xiāngsì　✲ 两方、几方看上去有点儿一样。　❋ 两方、几方有共同点,看起来差不多。　❋ 相像。

相通 xiāngtōng　✲ 事物跟事物有关连,有往来。　❋ 事物之间相互连通。

相同 xiāngtóng　✲ 一样。　❋ 一样,没有什么区别。　❋ 完全一样,没有区别。

相信 xiāngxìn　✲ 认为是对的、真的。　❋ 认为正确或确实而不怀疑。

相应 xiāngyìng　✲ 第一个人有所为,第二个人跟着有所为,就是第二个人跟第一个人相应。　❋ 互相呼应或照应;相适应。

相遇 xiāngyù　✲ 见到。(两个人)你见到我,我见到你。我们相遇了。　❋ 两个人不期然见面。　❋ 事物没有约定而互相见到。

香 xiāng　✲ 东西好吃。　❋ 1. 气味好闻。2. 食物的味道好。

香瓜 xiāngguā　✲ 吃的东西。里边水很多。　❋ 一种水果,皮光,有香气,不大也不小。　❋ 一种有香味的不大的瓜。

香水 xiāngshuǐ　✲ 一样儿水,法国的最有名。　❋ 一种用化学方法做出来的让人身上很香的水一样的东西。　❋ 用香料、酒精制成的物品,放一些在身上,会发出香味。

香油 xiāngyóu　✲ 中国人作饭时用的吃的东西。　❋ 一种一年生的作物长出来的大小跟小米差不多的种子,用这种子可做出跟水一样的可以吃的香东西,放一点在菜中,可让菜更好吃。　❋ 一种做菜用的很香的油。

响 xiǎng　＊声很大。有声了。　＊1.回声。2.发出声音。3.让……发出声音。4.声音大,不难让人听见。　＊1.发出声音;使发出声音。2.响亮。

响亮 xiǎngliàng　＊(声)很大。　＊(声音)大,不难听见。　＊(声音)很大。

响应 xiǎngyìng　＊大家的回声。　＊1.一声音发出以后,它的回声跟着出现。2.一个人提出要做什么,别的人用言行来同意他的意见。　＊1.回声。2.用言语行动表示同意政府或某团体的建议。

想 xiǎng　＊1.动脑子。2.打算。3.认为。4.想念。　＊1.动脑子思考。2.希望;打算。3.想念。

想法 xiǎngfǎ　＊认识,看法。想法子。　＊想完后所得的认识;意见。　＊1.设法;想办法。2.意思,思考后所得的结果。

想方设法 xiǎng fāng shè fǎ　＊想很多不同的方法去作。　＊用出所有能想到的方法,一定要做到什么事。　＊想尽一切办法。

想念 xiǎngniàn　＊很想(什么人)。　＊思念,对离别的人、地方念念不忘,想再次见到。　＊对离别的人或环境不能忘记,想再见到。

想像 xiǎngxiàng　＊想东西的样子。　＊对不在面前的事物想出它的样子。　＊对于不在眼前的事物想出它的具体形象。

想一想 xiǎngyīxiǎng　＊用多一点儿时间想问题。　＊思考一下。

向 xiàng　＊1.东、南、西、北等。2.对着。3.(口语)对有关的两方中的这一方比那一方好。4.从过去到现在。5.说明往哪儿动作。　＊1.脸或正面对着。与"背"相对。2.介词,表示动作的方法。3.方向。

向来 xiànglái　＊过去到现在都。　＊从来;从过去到现在都。　＊从来;一向。

向上 xiàngshàng　＊上行(xíng),走到上边。　＊往上;上进。　＊往好的方向走,上进。

向往 xiàngwǎng　＊很想要、去……　＊因为热爱好的事物,想得到、想去。　＊因热爱某种事物或境界而非常希望得到或达到。

向阳 xiàngyáng　＊正南方的。　＊对着太阳,面对南方。　＊对着太阳,一般指(房屋等)对着南方。

向着 xiàngzhe　＊1.对着。2.(口语)对有关的两方中的这一方比那一方好。　＊1.对着。2.对一方比对其他人要好。

项 xiàng　＊1.跟"个、次"等作用一样的语言成分,在分开来的事物上、文书中常用。2.(书面语)钱。　＊量词,用于分项目的事物。

项目 xiàngmù　＊打算做、正在做的用一定时间、一定人马来完成的大事。　＊事物分成的门类。

相 xiàng　＊样子。　＊1.人、事物的样子出现在片片儿上,叫"相"。2.样子。

相象像消　　　　　　　　　　　　　　　　　　　　　315

　　3. 看事物外在的样子，看它好不好。　　✷ 1. 外表；样子。2. 坐、站等的样子。
　　3. 观察事物的外表，判断它好不好。
相机 xiàngjī　　✷ "画"下人样子的机子。"画"下的样子和人没有什么不同。
　　✷ 里面可以放片子用来得到人、事物的样子的机子。　　✷ 照相用的机器。
相片 xiàngpiān　　✷ 画下来的人的样子。这样子和人没有不同的地方。　　✷ 一种
　　画一样的东西，上面跟真人、真物一样。它有底片。　　✷ 人的照片。
相声 xiàngshēng　　✷ 两个人一道说话，叫人乐。　　✷ 两人(有时是几人)在人们面
　　前说话的一种活动，用有意思的对话让人欢乐。　　✷ 用说笑话、对答、说唱等能
　　使观众发笑的表演。
象 xiàng　　✷ 地上一种最大的动物，很高，生活在中国的西南。　　✷ 鼻子大，耳朵
　　大而且身体特别大的动物。
象形字 xiàngxíngzì　　✷ 画得和东西一样的字。这也是最久远的字。　　✷ 一种文
　　字，它的样子和它说的事物的样子有关连，可以从它的样子想出文字的意思。
　　✷ 与实物形象有关的一类文字。像实物的样子或能从中看出实物的特点。
象牙 xiàngyá　　✷ 大象口中长(zhǎng)的长(cháng)长的东西，又硬又白，能卖很
　　多钱。　　✷ 象的门牙，硬、白、细，可以做工艺品。
像 xiàng　　✷ 长得一样，有很多地方和……一样。　　✷ 1. 样子一样；有很多共同
　　点。2. 跟……一样。3. 比如；如。4. 真人的样子出现在画一样的东西上，叫像。
　　✷ 1. 好像。2. 比照人物制成的形象。3. 在形象上相同或有某些共同点。4. 比
　　如，如(举例等时用)。
像话 xiànghuà　　✷ 行，多用在问话中："像话吗？"　　✷(言语、行动)对，没错，常用
　　在问话中。　　✷(言语行动)合理(多用于反问和否定)。
像……似的 xiàng…shìde　　✷ 和……一样。　　✷ "A像B似的"说明A跟B有
　　一些共同点。　　✷ 表示跟某种事物或情况相似。

　　　　　　　　　　　　　　　　xiao

消 xiāo　　✷ 不见了；不要。　　✷ 1. 没有了。2. 让……不再有。3. 打发时间。
　　4.(方言)常用在"不、只"等后，意思是"不用"、"只用"。　　✷ 1. 不见了。2. 消除。
　　3. 度过(时间)。
消除 xiāochú　　✷ 叫不好的没有。不要。　　✷ 让……没有；让对人不好的事物不
　　再出现。　　✷ 除去(不利的事物)；使不存在。
消防队 xiāofángduì　　✷ 一些人所成的一体，他们的工作是让对人、物不好的很大
　　的火不再着(zháo)下去。　　✷ 救火和防火的集体。
消费 xiāofèi　　✷ 用票子买东西。　　✷ 花钱，买东西。　　✷ 为了生产或生活需要而

用掉东西或钱。

消费品 xiāofèipǐn ✢ 要买的用的东西。 ✢ 人们日常生活中用的东西。 ✢ 通常指人们日常生活中需要的物品。

消费者 xiāofèizhě ✢ 花票子买东西的人。 ✢ 花钱买东西的人,跟做、卖东西的人对着说。 ✢ 指进行消费的人。

消化 xiāohuà ✢ 吃下去的东西在人、动物身体里因为化学作用等,成为别的东西后再出来。 ✢ 1. 食物在人体或动物体内,经过某些物理、化学作用而变成养分的过程。2. 理解所学的知识。

消极 xiāojí ✢ 老想到不好的,不多想想好的一方。 ✢ 1. 不乐天、不上进。2. 对事物前进不好的方面。 ✢ 1. 不求进取的。2. 反面的,影响发展的。是"积极"的反义词。

消息 xiāoxi ✢ 听到的报道。一个人说什么人怎么样了,这是一个消息。 ✢ 1. 有关人、事物的报道。2. 音信。 ✢ 1. 关于人或事物的情况的报道。2. 音信。

小 xiǎo ✢ 不大的。 ✢ 在体、面等方面不如所比的对象,跟"大"对着用。 ✢ 1. 在体积、面积、数量、力量、强度等方面没有其它任何对象大。是"大"的反义词。2. 短时间的。3. 将近。4. 排行在最后的。5. 年纪小的人。6. 称自己或与自己有关的人或事物。

小便 xiǎobiàn ✢ 喝水后从下身出来的一种跟水差不多的东西。 ✢ 人喝水以后排出流动的物体。

小车 xiǎochē ✢ 1. 手动车。2. 汽车中最小的车,最多可坐四五人。 ✢ 小体积的汽车。

小吃 xiǎochī ✢ 1. 饭馆中份儿小,花钱也不多的菜。2. 商店、饭馆里卖的不能作为主饭吃的小东西,都是用面、米做的。 ✢ 1. 饭馆中分量少而价钱低的菜。2. 正式吃饭以外所吃的少量食品。有的很有特色。

小吃部 xiǎochībù ✢ 可以买到小吃这样的饭的不大的地方。 ✢ 卖饭菜以外多种吃的东西的场所。 ✢ 卖小吃(非主食)的店或部门。

小费 xiǎofèi ✢ 到饭馆等地花钱的人多给这里为他工作的人的钱。 ✢ 顾客、旅客另外给服务员的表示感谢的钱。

小鬼 xiǎoguǐ ✢ 说的是小孩儿。 ✢ 大人对小孩的一种可爱的叫法。 ✢ 1. 地位低的鬼。2. 对小孩儿的亲切称呼。

小国 xiǎoguó ✢ 人少,也不大的国家。 ✢ 人口少,地方不大的国家。 ✢ 面积小的国家。也指力量不强的国家。

小姐 xiǎojiě ✢ 1. 还没有爱人的女人。2. 不知道她有没有爱人,年岁不很大也

小　　　　　　　　　　　　　　　　　　　　　　　　　　317

不很小的女人都可以叫"小姐"。　✳ 对年轻的还没成亲的女人的叫法。　✻ 对年轻女子的有礼的称呼。

小看 xiǎokàn　✲（口）不看重。　✳ 认为别人不重要,看不起。　✻ 轻视;看不起。

小李 Xiǎo Lǐ　✲ 叫一个姓李的人时说的。小李是一个姓李的年岁不大的人。　✳ 对一位姓李的年轻人的一种亲热的叫法。　✻ 称呼姓李的年轻人。

小马 Xiǎo Mǎ　✲ 叫姓马的人的叫法,他年岁不大。　✳ 对一位姓马的年轻人的一种亲热的叫法。　✻ 称呼姓马的年轻人。

小卖部 xiǎomàibù　✲ 在这个小地方可以买到用的东西。　✳ 公共场所卖点心、酒等的小地方。　✻ 公共场所里卖零食、汽水、酒等的地方。

小品 xiǎopǐn　✲ 一种给人看的活动,不太长,体现日常生活,常让人乐;一种文体,文字不太长。　✻ 简短的杂文或其他的表现形式。

小气 xiǎoqì　✲ 不大方。　✳ 不大方,很看重钱物。　✻ 1. 不大方,很爱钱。2.（方言）气量小。

小人 xiǎorén　✳ 1. 为人很不好的人。2. 古时是地位不高的人,后来地位不高的人也用它来叫自己。　✻ 1. 称人格极差的人。2. 地位低的人的自称。

小人书 xiǎorénshū　✲ 小孩儿喜欢看的有画儿的书。　✳ 把带有文字说明的很多相关的画儿连在一起所成的书。　✻ 每页都有图画和很短的文字说明的故事书。

小山 xiǎoshān　✲ 不大的山。　✳ 不大不高的山。　✻ 不高的、体积不大的山。

小声 xiǎoshēng　✲ 声儿不大地。　✳ 声音很小地。　✻ 声音很小地。

小时 xiǎoshí　✲ 一天二十四小时,一小时六十分钟。　✻ 时间单位,相当于一个白天及一个黑夜的一整天时间的二十四分之一。

小事 xiǎoshì　✲ 不重大的。　✳ 不难办的事,不重大的事。　✻ 不大的事。

小说 xiǎoshuō　✲ 文学家写的一样儿书。　✳ 文学的一种,里面有人物、事物、处所、时间等,写的是人生。　✻ 一种讲故事的文体,通过人物形象和情节、环境来表现现实生活。

小王 Xiǎo Wáng　✲ 姓王的年岁不大的人。　✳ 对一位姓王的年轻人的一种亲近的叫法。　✻ 称呼姓王的年轻人。

小心 xiǎoxīn　✳ 当心;把心思放到一个点上。　✻ 注意、留神。

小学 xiǎoxué　✲ 七岁到十三岁的孩子上的学。　✳ 小孩子刚开始头几年学习的学校。　✻ 对孩子、少年进行教育的学校。学生的年纪一般在七岁到十三岁之间。

小学生 xiǎoxuéshēng　✲ 小学的学生。　✳ 在小学念书的学生;年岁小的学生。

✻ 指在小学读书的学生。一般年纪在七岁到十三岁之间。

小雨 xiǎoyǔ ＊ 天上下来的“水”,不过不大。 ✳ 下得不大的雨。 ✻ 雨点很小,雨很细。

小指 xiǎozhǐ ✳ 手前面五个分开的肉体中,最边上、最小的一个。 ✻ 手或脚的第五指。

小子 xiǎozi ＊ 男孩子。 ✳ 把对方看得小、不重要时,对对方的叫法(只用在男人身上)。 ✻ 1. 男孩子。2. 对看不起的男人的称呼。

小组 xiǎozǔ ＊ 不多的几个人在一道。 ✳ 因为有共同的爱好、离得近、做共同工作等,人们走到一起连成一体,叫小组。 ✻ 为工作上或学习上的方便而组成的小集体。

校 xiào ＊ 学生上学的地方。 ✳ 学校;学生们上课学习的地方。 ✻ 学校。

校规 xiàoguī ✳ 学校定的法,用来说明学校要学生做什么、不做什么、怎么做。 ✻ 学校制定的学生一定要守的规则。

校友 xiàoyǒu ＊ 在一个小学、中学、大学里一同学过的人们。 ✳ 学校的师生叫在本校上过学的人为校友。 ✻ 在同样的学校读过书的人之间互称“校友”。

校园 xiàoyuán ＊ 学生上学的地方。 ✳ 学校里面的场地;学校所有的地面。 ✻ 学校范围内的地面。

校长 xiàozhǎng ✳ 学校的第一把手;学校里最主事的人;学校里说话最有用的人。 ✻ 一所学校里行政、业务方面的最高领导人。

效 xiào ＊ 1. 作用。2. 学他人的样子。 ✳ 1. 用处、作用。2. 学(别人的做法等)。 ✻ 1. 效果,功用。2. 跟别人学,别人怎么做,自己也怎么做。3. 为别人或集团给出(自己的力量或生命)。

效法 xiàofǎ ＊ 学他人的作法。 ✳ 别人怎么做,我也怎么做;学(别人的长处)。 ✻ 照着别人的做法去做;学习(别人的长处)。

效果 xiàoguǒ ＊ 作用。 ✳ 所起的好的作用。 ✻ 1. 由某种力量,做法等产生的结果(多指好的结果)。2. 舞台上人工造成的音响,指风雨声等。

效力 xiàolì ＊ 有好的作用。 ✳ 1. 为国、为人真心干事。2. 事物所起的好的作用。 ✻ 1. 出力服务;效劳。2. 事物所产生的有利的作用。

效能 xiàonéng ＊ 东西里边有的好的作用。 ✳ 事物所起的作用。 ✻ 事物内在的有利的作用。

效用 xiàoyòng ＊ 作用。 ✳ 作用、用处。 ✻ 效力和作用。

笑 xiào ＊ 快乐的时候人们作的样子。有时没声,有时声小,有时声大。 ✳ 人高兴时,以面、以口作出的欢快的样子。 ✻ 脸上显出快乐的表情,发出欢喜的声音。

笑话 xiàohuà　＊说来叫人乐的长(cháng)话。　✳1.说作笑话儿,说出来的话,讲出来的事儿,它能让人乐得张大口。2.点出别人做过的不怎么样的事、说过的话,让人不好过。　❋1.听起来使人发笑的故事或谈话;给人当作笑料的事情。2.取笑。

笑容 xiàoróng　＊人快乐的样子。　✳人面高兴的样子。　❋含笑的神情。

xie

些 xiē　＊两个以上的。　✳一些,说明事物多少不定。　❋表示不定的数量。

鞋 xié　✳人走路时着(zháo)地的东西,皮的为最贵,也最好。　❋穿在脚上的走路时着(zháo)地的东西。

鞋带儿 xiédàir　✳鞋上面很长的东西,它让鞋和人身不分开。　❋鞋上系的带子。

鞋底 xiédǐ　＊"鞋"的最下边,在地上的那个东西。　✳鞋着地的那面儿。　❋鞋的底部,着(zháo)地的部分。

鞋跟 xiégēn　＊"鞋"的最后边。　✳鞋最后面着(zháo)地那一块儿。　❋鞋的后部。

写 xiě　＊1.用笔在别的东西上做字。2.写作。　❋用笔在纸上或其它东西上做出字形。

写错 xiěcuò　＊字写得不好。　✳写得不对。　❋写得不正确。

写实 xiěshí　＊写的、画的和看到的是一样的。　✳从事物本来的样子出发体现事物,没有想像的成分;写东西、画画时,事物本身是什么样子就写成、画成什么样子。　❋真实地表现(写、画)事物。

写完 xiěwán　＊要写的都写了。　✳要写的都写了。　❋完成所要写的。

写字 xiězì　✳用笔在一些东西上做字。　❋把字写出来的动作。

写字楼 xiězìlóu　✳当今才有的一种高大的办公场所的叫法。　❋是办公楼。

写作 xiězuò　＊用文字写东西。　✳写出成文的许多字,也可以是文学上写出新东西。　❋写文章(有时专指文学创作)。

谢 xiè　✳1.对别人的好意做出的一种亲近行为。2.花开完了。　❋1.感谢。2.认错。3.拒绝。4.(花或叶子)落。5.姓。

谢绝 xièjué　＊不要人家来作……。　✳不同意,不让。　❋客气地拒绝(人拜访、参观)。

谢谢 xièxie　✳别人为你办事、给你好处以后,你当对他说的话。　❋对别人的好意表示感谢。

xin

心 xīn　�֍ 1. 人和高等动物身体中最重要的跟活着有关的地方,常用来说思想等。2. 中心。　✾ 1. 人和高等动物身体内推动血流动的器官。2. 通常指思想的器官和思想感情等。

心爱 xīn'ài　✾ 很喜爱。　✾ 心中十分喜爱。　✾ 出于内心地喜爱。

心计 xīnjì　✾ 不叫人看到的想法。　✾ 心里的打算。　✾ 心里的打算;心思。

心里美 xīnlǐměi　✾ (方言)北方的一种菜,可吃的,长在地下,红心。　✾ (方言)北方的一种菜,可食的部分长在地下,绿皮,红心。

心里有鬼 xīnlǐ yǒu guǐ　✾ 有不好的不叫人知道的想法。　✾ 心里想着一些不好的东西,不想让人知道。　✾ 内心有不可告人的打算。

心理 xīnlǐ　✾ 1. 人的头脑看外在事物的方法等。2. 人所思所想体现出来的。　✾ 1. 人的头脑反映客观现实的过程,如感觉、知觉等。2. 人的思想、感情等内心活动。

心理学 xīnlǐxué　✾ "看"人们是怎么想的学问。　✾ 一种学问,工作对象是人的头脑、想法等。　✾ 研究心理现象的科学。

心目 xīnmù　✾ 1. 想法和看法。2. 过去有的,现在想得到的。　✾ 1. 心、头脑。2. 心、头脑中对人、事物的想法、看法。　✾ 1. 指对人或事物的想法和看法。2. 记忆。

心情 xīnqíng　✾ 一定时期的心思、想法等,比如高兴不高兴什么的。　✾ 某一时期的感情情况。

心事 xīnshì　✾ 想的不大好作的东西。　✾ 心里想着的为难的事。　✾ 心里反复思考的事(多指感到为难的事)。

心思 xīnsī　✾ 要作什么的想法。　✾ 1. 念头。2. 动脑这个事儿。3. 想做一个事的念头。　✾ 1. 念头。2. 脑力。3. 想做某件事的心情。

心疼 xīnténg　✾ 疼爱,很喜爱。　✾ 1. 疼爱。2. (对人或事物)很喜爱,不愿意让离去的感觉。

心愿 xīnyuàn　✾ 要作什么的想法。　✾ 想做什么事的念头。　✾ 心中的愿望;要做某事的想法。

心中 xīnzhōng　✾ 中国人过去说的想东西的地方。　✾ 心里,心底。　✾ 内心深处。

新 xīn　✾ 不是过去的,还没见过、用过的。　✾ 1. 刚出现的;刚体会到的。2. 让旧的成为新的。3. 还没用过的。4. 新的人和事物。5. 刚成亲的。6. 刚。　✾ 1. 刚出现的或刚体验到的(跟"旧"或"老"相对)。2. 没有用过的(跟"旧"相对)。3. 指新的人或事物。4. 刚结婚的,如"新娘子"。5. 新近;刚。

新风 xīnfēng　✲ 新的风气。　✽ 刚出现的好风气;新的风气。

新华社 xīnhuáshè　✳ 中国报道最新信息、时事的最大机关,主要是对本国报道信息。　✽ 中国最大的新闻机构。

新近 xīnjìn　✲ 不久以前的,最近的。　✳ 不久以前的一块儿时间。　✽ 不久以前的一段时间。

新居 xīnjū　✲ 最近有的家,不是过去的家。　✳ 新近才住进去的房子。　✽ 1. 刚建成的居住的房子。2. 刚住进去的住所。

新年 xīnnián　✲ 一年的一月一日。　✳ 每年一月一日和一月一日以后的几天;新的一年开始的那个时期。　✽ 一月一日那天和以后的几天,是一年的开始。

新娘 xīnniáng　✲ 女人第一回是男人的女人时,叫"新娘"。　✳ 成亲时的女子。　✽ 结婚时的女子,也叫"新娘子"。

新奇 xīnqí　✲ 以前没有见过的,很不一样的。　✳ (事物)出现不久少有、少见;和很多事物不同。　✽ 新鲜特别。

新生 xīnshēng　✲ 最近来的学生。　✳ 1. 刚出现的、能成长的(人、事物)。2. 才进学校的学生。　✽ 1. 新的生命。2. 新出现的。3. 新入学的学生。

新式 xīnshì　✲ (样子)以前没见过的。　✳ 样子新的。　✽ 1. 新产生的式样。2. 新的形式。

新闻 xīnwén　✳ 有关新近发生的事的报道。　✽ 1. 报社、电台等报道的国内外消息。2. 指社会上最近发生的新事情。

新鲜 xīnxiān　✳ 1. 还可吃的,不会让人生病的。2. (花儿等)活的,有生机。3. 少见的,和很多事物不同的。　✽ 1. 指水果、菜、肉、花等没变坏或转化。2. 指空气好,经常流通,不含杂类气体。3. 指事物刚出现不久,不太流行。

信 xìn　✲ 去很远的地方时写的东西。朋友、家人在远方时写来的很多文字。　✳ 1. 把要说的话写下来给一定的对象看的东西。2. 心中认为自己的打算、想法一定能做到的活动。3. 信用。4. 认为是真的。　✽ 1. 按照格式把要说的话写下来给对方看的东西。2. "相信"的简单说法。

信封 xìnfēng　✳ 长方的东西,能把信包在里面,上面写收信人的名字、住处等。　✽ 装信的封皮儿。

信号 xìnhào　✲ 叫人们看见后知道是什么、有什么的东西。　✳ 两个离得远的地方给对方发信息时用到的光、声、动作等。　✽ 用来传达消息或命令的光、声音、动作等。

信件 xìnjiàn　✳ 书信和跟书信差不多的从一地带到他地的东西。　✽ 指书信或传达指示信息的文件等。

信念 xìnniàn　＊想法；本人想这个想法是好的。　✲自己认为可信的看法。✱自己认为可以确信的看法。

信任 xìnrèn　＊听他人的话,想"他说的"是。　✲信别人,认为可以让别人去为自己办事。　✱相信某人并敢于托他做事情。

信托 xìntuō　✱1.因为信别人,把事拿给别人去办。2.一种工作,在双方中间为别人办事,如买、卖东西等。　✲信任某人并把事情托给他做。

信息 xìnxī　✱音信,有关人、事物所发生的事的报道。　✲关于人或事物的情况的传布、报道。有时与"消息"的意思一样。

信息学 xìnxīxué　✱有关信息的学问。　✲研究信息的科学。

信心 xìnxīn　＊自个儿想自个儿能作好……叫"有信心"。　✲办事时,自己认为自己能做好,叫有"信心"。　✱相信自己的愿望或想法一定能实现的心理。

信用 xìnyòng　＊说过的都能作到有叫"信用"。　✲1.他做到了跟人家定好的事儿,别人就会信他,再请他做事儿。2.说到又做到了,说明这个人有信用。　✱能够完全按照与别人约定的事情去做,从而取得信任。

信纸 xìnzhǐ　✱用来写信的平面的成张的东西。　✲写信使用的纸。

xing

星 xīng　＊天上的很多小"日"。　✲夜晚,天空发光的小小天体。　✱1.夜晚天空中发亮的天体。2.细小的东西。

星期 xīngqī　✱1.作为工作、学习等作息日期的连起来的七天为一星期。2.跟"日、一、二、三、四、五、六"连用来说一个星期中的一天。　✲把相连排着的七天作为作息日期的计算单位,叫做星期。

星期二 xīngqī'èr　＊一个星期的第二天。　✲星期一的下一天。星期三的头一天。　✱指星期一的下一天。

星期六 xīngqīliù　＊过了星期五是星期六。　✲星期日的前一天。星期五的下一天。是公休日。　✱指星期一的下一天。

星期日 xīngqīrì　＊星期六以后是星期日。这一天人们不工作。　✲星期六的下一天,是公休日,也说星期天、星期。　✱一般定为休息日的那天称为"星期日"。

星期三 xīngqīsān　＊过了星期二是星期三。　✲星期二的下一天。星期四的前一天。　✱指星期二的下一天。

星期四 xīngqīsì　＊星期三以后是星期四。　✲一个星期的第四天。星期三的后一天。　✱指星期三的下一天。

星期天 xīngqītiān　＊同"星期日"　✲星期日。　✱星期日。

星期五 xīngqīwǔ　＊星期四以后是星期五。　✲一个星期的第五天。星期日的

星 行 形

前两天。 ✻ 指星期四的下一天。

星期一 xīngqīyī ✻ 过了星期日是星期一。 ✻ 一个星期中的第一天。 ✻ 星期日后的第一天,换句话说,是再开始工作或学习的第一天。

星星 xīngxīng ✻ (口语)夜晚天上发光的天体,不是月。 ✻ 是"星"的口头说法。

行 xíng ✻ 1.走。2.可以。 ✻ 1.走。2.做。3.可以。4.能干。5.行为。 ✻ 1."走"的书面语。2.是"可以"的意思。

行不行 xíngbuxíng ✻ 问人"可以不可以"。 ✻ 问别人"可以不可以?" ✻ 是"可以不可以?"的意思。问是不是有可能性。

行草 xíngcǎo ✻ 写汉字写得很快时的书法样子。 ✻ 汉字的一种字体,跟行书有一些共同点,一个字中笔画连在一起,字和字不连在一起。 ✻ 指行书与草书之间的字体。

行程 xíngchéng ✻ 走的道的远近。 ✻ 人、物走过了多长的路,就是他(她、它)的行程。 ✻ 1.路程。2.进程。

行进 xíngjìn ✻ 走到前方。 ✻ (很多人在一起)前进,往前走。 ✻ 向前走。

行军 xíngjūn ✻ 走,可不是百姓在走。 ✻ (去打对立方的一些人成为一体后)从一个地方到别的地方。 ✻ 军队行进。

行李 xínglǐ ✻ 去很远的地方时,和人一同上车的东西。里边是人要用的。 ✻ 出门儿所带的包儿和别的放衣物的东西。 ✻ 旅行时所带的较大的提包之类的东西。

行人 xíngrén ✻ 行(xíng)走的人,道上走的人。 ✻ 在路上走的人。 ✻ 在街上行走的人。

行书 xíngshū ✻ 快写的字的样子。 ✻ 一种汉字字体。 ✻ 汉字的一种手写的字体。

行为 xíngwéi ✻ 有了想法以后做出的活动。 ✻ 受思想支使而表现在外面的活动。

行政 xíngzhèng ✻ 国家机关工作的方法、行为等。 ✻ 指机关、团体等内部的管理工作。

形 xíng ✻ 可看见的样子。 ✻ 1.事物的样子。2.非想像出来的、有样子看得见的。3.体现出来让人看到。4.两个东西放在一起来比。 ✻ 1.外表及样子。2.形体;实体。3.表现。4.对照。

形成 xíngchéng ✻ (事物)成为(什么样子),出现(一定的样子)。 ✻ 通过发展变化而成为具有某种特点的事物,或出现某种情形或局面。

形而上学 xíng'érshàngxué ✻ 1.一种观点、方法,主张从个别东西当中找出它们的共同点。2.把事物看作是不和别的事物有关连的、个体的、不动的。 ✤ 与辩证法相对立的世界观或方法论,把客观事物看成相互分立,不发生变化的现象。

形容 xíngróng ✤ 1.人的样子。2.说东西的样子是怎么样的。 ✤ 对事物的样子、不同点等进行说明,让它好懂一些。 ✤ 用语言文字等对事物的形象或特性加以生动的说明。

形容词 xíngróngcí ✤ 主要说明事物的样子、不同点等的语言成分,如"高、长、新、好"。 ✤ 表示人或事物的特性及样子的词。

形声字 xíngshēngzì ✤ 一边儿是声,一边儿说是什么东西、什么样子的字。 ✤ 汉字的一种,一个字由两个成分,一个跟字的意思有关,一个跟字的音有关。 ✤ 汉字的一种,一个字有两部分构成,一个跟字的意思有关,是形旁;一个跟字的音有关,是声旁。

形式 xíngshì ✤ 可看到的样子。 ✤ 事物外在的样子,事物所以成为事物的方法等。 ✤ 事物的样子、结构等。

形势 xíngshì ✤ 1.现在怎么样。2.一个地方大地的样子,有没有山,有没有水什么的。 ✤ 事物当前行进到哪种样子,这种样子就是形势。 ✤ 1.事物发展的情况。2.地势(多指从军事角度看)。

形态 xíngtài ✤ 样子(不是人的)。 ✤ 事物外在的样子。 ✤ 1.事物的外形或表现。2.生物体外部的样子。

形体 xíngtǐ ✤ 人的样子。 ✤ 1.身体(就外在样子来说)。2.外在的样子。 ✤ 1.身体(就外观说)。2.样子和结构。如:文字的形体。

形象 xíngxiàng ✤ 样子。 ✤ 1.人、物外在的样子。2.能让思想活动起来的看得见的东西的样子。 ✤ 1.能使人思考,想象的具体的东西。2.文艺作品中创造出的生动具体的人物。

形形色色 xíngxíngsèsè ✤ 很多样儿。 ✤ 多种多样。 ✤ 各种各样。

醒 xǐng ✤ 有时是睡完要起来时的样子,有时是还没睡着(zháo)时的样子。 ✤ 睡觉完结,大脑重新处于大量活动的情况。

兴 xìng ✤ 欢喜。想去作什么的想法。 ✤ 觉得很有意思就喜欢上了,兴头儿。 ✤ "高兴"、"兴趣"的简单说法。

兴趣 xìngqù ✤ 喜好。爱好。 ✤ 爱好、喜欢做的事。 ✤ 喜好的兴致。

兴致 xìngzhì ✤ 喜欢去作什么的想法。 ✤ 爱好,有想做什么的想法、兴头。 ✤ 兴趣。

幸 xìng ✤ 得到的,见到的正好和自个儿想的很近。 ✤ 1.(生活等)让人觉得如意。2.觉得如意,所以高兴。3.发生的事儿,正好如意。 ✤ 1.幸运。2.幸福。

幸得 xìngdé　　❋ 用在说明动作的语法成分前面,说明发生的事儿正好如意,要不然会有不好的事发生。　　✱ 幸而。

幸而 xìng'ér　　❋ 用在说明动作的语法成分前面,说明发生的事儿,正好如意,要不然会有不好的事发生。　　✱ "不幸"的反义词。副词,表示可以用来除去困难的有利情况。

幸福 xìngfú　　❋ 日子过得好。　　❋ 觉得(生活、工作等)都如意。　　✱ 1. 使人心情快乐的生活和境遇。2.(生活、境遇)快乐满意;称心如意。

幸好 xìnghǎo　　❋ 用在说明动作的语法成分前面,说明发生的事儿正好如意,要不然会有不好的事发生。　　✱ 表示有消除困难的有利情况。与"好在"意思相近。

幸运 xìngyùn　　❋ 1. 工作什么的都很好。2. 得到想要的、没想到的东西。见到没想见的好人、好东西。　　❋ 1. 得到意外的好处,发生意外的好事。2. 觉得(生活、工作等)都如意。　　✱ 1. 好运气。2. 称心如意。

性 xìng　　❋ 男女不同,性也不同。　　❋ 1. 男、女等。2. 一些事物共有的跟别的事物不同的地方。　　✱ 1. 性格。2. 性能。3. 性别。4. 在思想、感情等方面的表现。

性别 xìngbié　　❋ 男的、女的。　　❋ 男的、女的等。　　✱ 男女两性的区别。

性病 xìngbìng　　❋ 一种重病,常跟不正当的男女做爱行为有关。　　✱ 因性交而得的病。

性格 xìnggé　　❋ 每个人都有的看人、看事的方法和行为上有的个人的东西,这些方法、东西在头脑、心里的体现就是性格。　　✱ 对人对事的态度和行为方式上所表现出的心理特点。

性交 xìngjiāo　　❋ 男人、女人一道作的。　　❋ 男女做爱。　　✱ 两性发生性关系。

性命 xìngmìng　　❋ 人在人间都有性命;人不在了,是没有性命了。　　❋ 人活着就有"性命",不在了,就没有了。　　✱ 人和生物的生命。

性能 xìngnéng　　❋ 一种东西有一定的用处、作用,这种东西怎样起这个作用就叫性能。　　✱ 机器或其他工业制品等对设计要求的满足程度。

性情 xìngqíng　　❋ 每个人都有的看人、看事的方法和行为上有的个人的东西,这些方法、东西在头脑、心里的体现就是"性情"。　　✱ 性格。

姓 xìng　　❋ 中国人名字的第一个字(有时是前两个字)。　　❋ 1. 能区别开这一家和那一家的字。2. 姓是……;以……为姓。　　✱ 表明家族的字。中国人把姓放在名字的最前面。

姓名 xìngmíng　　❋ 姓和名字。　　❋ 姓和名字。　　✱ 姓和名字的总称。

姓儿 xìngr　　❋ 口语里说"姓"。　　❋ 就是姓。　　✱ "姓"的口头说法。

xiu

休 xiū　✳ 不工作。　✳ 休息;不再进行。　✻ 1. 休息。2."停止"的书面语。

休假 xiūjià　✳ 有工作时有几天不工作。　✳ 在一定时期里不工作、不上学,休息一些时候,以便更好地工作等。　✻ 按照规定或经过准许后,停止一定时期的工作或学习;放假。

休息 xiūxī　✳ 工作后不工作了,看看书,喝喝茶什么的。　✳ 工作、学习、活动后有些累就不再进行了。　✻ 停止工作、学习或活动的情况。

休息室 xiūxīshì　✳ 可以坐的地方。不工作时在这里。　✳ 休息的房间。　✻ 休息的处所。一般是公共的地方。

修 xiū　✳ 东西不行了,再作好。　✳ 1. 让事物更好、更得体。2. 一种东西不能用了,想办法让它还能起作用。3. 写。4.（学问、行为等方面）学。5. 做出（房子、公路等）。6. 为了好看,让东西少一些。　✻ 1. 使更美。2. 修理;整治。3. 学习。4. 修建;兴建。

修补 xiūbǔ　✳ 东西不好了,再作好。　✳ 让这个东西这方面多点,那方面少点,叫它完好。　✻ 修破的东西,使完好。

修复 xiūfù　✳ 东西不好后,再作好。　✳ 对（房子、公路等）做一些工作,让它们成为完好的。　✻ 通过修理使某物复原、完整。

修改 xiūgǎi　✳ 再作,叫作文中不好的地方好。　✳ 让作文、打算好的东西等里面不好的、不对的地方成为好的、对的。　✻ 改正文章或计划中的错处或缺点。

修建 xiūjiàn　✳ 为了立房子、开道路进行的工作。　✻ 建造（土木工程）。

修理 xiūlǐ　✳ 让不能用了的东西成为还能用的所进行的动作。　✻ 使坏了的东西变为原来完好的样子或作用。

修理部 xiūlǐbù　✳ 东西不好用了,去一个地方叫他再作好,还能用。这个地方叫"修理部"。　✳ 让不能用了的东西成为还能用的东西的地方。　✻ 修理机器及各种制品的部门。

修路 xiūlù　✳ 人、车可以在上边走的道儿不好了,再作好。　✳ 道路不能用了,为了能让它还能用,就对它做种种工作,叫"修路"。　✻ 修建、修理道路。

修养 xiūyǎng　✳ 一定的知识水平等;好的、文明的对人、处事的方法。　✻ 1. 指知识、艺术、思想等方面的一定水平。2. 指养成的正确的待人处事态度。

修正 xiūzhèng　✳ 做一些工作,让错的成为对的。　✻ 修改使正确。

xu

需 xū　✳ 想要。　✳ 1. 想要,一定得有。2. 不能没有,一定得有的东西。

需许续选

✽ 1. 需要。2. 需要的东西。

需求 xūqiú　✽ 想要什么。　✽ 想要什么,想做的事。　✽ 由需要而产生的要求。

需要 xūyào　✽ 想得到什么、作什么要有的。　✽ 1. 想要什么东西,想得到什么东西。2. 因为一些外在的、本身的起因,一定要有。　✽ 对事物的欲望或要求。

许 xǔ　✽ 认可,可以。　✽ 1. 当着大家的面儿,说出谁的好处、长处。2. 同意(给人东西、为人做事)。3. 旧时女子让家长作主,同意跟别人成亲。4. 认为可以(怎么做)。5. 可能。6. 同"很"。　✽ 1. 答应。2. 许可。3. 也许。4. 承认优点。

许多 xǔduō　✽ 很多。　✽ 很多。　✽ 是"很多"的同义词。

许可 xǔkě　✽ 说可以。　✽ 同意;认为可以(怎么做)。　✽ 容许、准许、同意别人去做某事。

续 xù　✽ 和前边一样的;还作下去。　✽ 1. 连在一起,没有分开。2. 连在本来有的东西后头。3. 在本来有的以外,再放些同样的东西。　✽ 1. 接连不断。2. 加。3. 接在原有的后头。

续假 xùjià　✽ 因为有事、生病等请主事的人让自己离开一些时候去办事、医病,可是这期间事没办完,病还没好,所以还要离开一些时候,这叫续假。　✽ 假期满后继续请假。

xuan

选 xuǎn　✽ 1. 从一些同样的东西里拿出最好的,从一些人中找出最好的。2. 找出来的最好的(人、物)。3. 拿出来放在一起的同样的东西(民歌、作文等)。　✽ 1. 从一些人或事物中找出合乎要求的。2. 被选中的。3. 选出来放在一起的作品。

选段 xuǎnduàn　✽ 找出来的唱的歌等中最好的一个。　✽ 从某音乐或剧目中选取的片段。

选民 xuǎnmín　✽ 一种公民,人大等国家机关中工作的人是他们定下了的。　✽ 可以进行选举的公民。

选票 xuǎnpiào　✽ 一种票,上面写人名,这些人就是写这种票的人看中的人。　✽ 选举者用来写或画出被选举人的姓名的票。

选手 xuǎnshǒu　✽ 找出来的比身体活动的人,这种活动要看谁最好,谁差一些。　✽ 被选参加比较体育技术高低的运动员。

选用 xuǎnyòng　✽ 不是都用,只用好的。　✽ 从很多东西中找出一种来用。　✽ 选并使用。

选种 xuǎnzhǒng　✽ 找出动物、作物中最好的一种,以便让这种好的生出很多新的。　✽ 选出动物或农作物的好品种。

xue

学 xué　✲ 念书、听课后得到知识。　✱ 1.见"学习"。2.学问。3.学校。 ✲ "学习"的简单说法。

学报 xuébào　✲ 高等学校定期发行的有关多种学问的书样的东西。 ✱ 高等学校等单位定期印出的学术性的读物。

学费 xuéfèi　✲ 学生上学时听课、买书什么的用去的票子。 ✱ 学生因为从学校、个人那里学到知识,所以给学校、个人的钱。 ✲ 学校规定学生在校学习应交的费用。

学科 xuékē　✲ 1.把学问分成很多种,每一种就是一门学科。2.学校教的课。 ✱ 1.按照学问的特性而划分的门类,如自然科学中的物理学、化学。2.学校教学的科目。

学历 xuélì　✲ 过去在哪个学校学过什么。 ✱ 知识水平;学生过去都在哪些学校学过什么。 ✲ 学习的经历,指过去在哪些学校学习。

学年 xuénián　✲ 学生在学的一年。 ✱ 从秋天开学到七八月份的休息期为一学年,从春天开学到冬天的休息期也为一学年。 ✲ 固定的学习年度,为期一年。有的从秋季开始,有的从春季开始。

学派 xuépài　✲ 同一门学问中,因为学说不同再分化,成为学派。 ✱ 同一学科中由于学说不同而形成的不同派别。

学期 xuéqī　✲ 一个学年的一半。 ✱ 在中国,一学年分为两学期:从秋天开学到一二月和从春天开学到七月分别是一学期。 ✲ 一学年分成的两个或几个学习阶段。

学生 xuéshēng　✲ 上学学知识的人。 ✱ 从别人那里学知识、才能等的人,可在校里,也可在校外。 ✲ 在学校读书的人。与"老师"相对。

学生证 xuéshēngzhèng　✲ 上边写的是学生的东西。 ✱ 说明在校学生身份的小本本儿。 ✲ 证明自己是学生的较硬的小纸片或小本儿。

学士 xuéshì　✲ 上了四年大学的学生是学士。 ✱ 一些国家学位中最下面的一种,上完大学后学校发的。 ✲ 1.指读书人。2.学位中最低的一级。大学毕业时所得的学位是学士。

学术 xuéshù　✲ 学问。 ✱ 自成一体的学问。 ✲ 有系统的较专门的学问。

学术界 xuéshùjiè　✲ 所有做学问的人放在一起可说作"学术界"。 ✱ 指研究学术的一些社会成员的总体。

学说 xuéshuō　✲ 有关学问的主张、看法。 ✱ 学术上有系统的主张或见解。

学位 xuéwèi　✲ 高等院校的学生有几种,有的学四年,有的学七年,有的学十年,那么,他们的知识水平就不同。为了体现出这些不同,就给了他们不同的名字,这些名字,都是学位。 ✽ 根据专业学习水平由高等院校、科研机构等给予的称号,如学士等。

学问 xuéwèn ✽ 知识。 ✽ 学识,知识。 ✽ 1.正确反映客观事物的系统知识。2.知识;学识。

学无止境 xué wú zhǐ jìng ✽ 学知识,一生也学不完。 ✽ 学东西是一生的事,学到一定时候就不学了,这样不行,要把东西进行下去。 ✽ 学习没有尽头;说明应该不断的学习。

学习 xuéxí ✽ 念书、听课、工作后得到知识。 ✽ 从念书、听讲、工作等活动中得到知识、才能。 ✽ 从读、听、研究、实习中获得知识或技能。

学员 xuéyuán ✽ 学生,他们不是在小学、中学、大学里学。 ✽ 上学的人的一种,多是在高等学校、中学、小学以外的学校上学。 ✽ 一般指在大学、中学、小学以外的学校学习的人。

学院 xuéyuàn ✽ 高等学校的一种,往往以一门学问为主,如音乐学院。 ✽ 是高等学校的一种,以某专业教育为主。如:音乐学院。

学者 xuézhě ✽ 作学问作得好的人。 ✽ 在学问的一个方面上有很高才能、很好知识的人。 ✽ 指在学术上有一定成就的人。

雪 xuě ✽ 天冷到0℃以下时,天上的水汽成了白色的小花一样的东西,这种东西叫雪。 ✽ 气候在零度以下时,空气中落下的许多白色的由水气结成的小物体。

雪白 xuěbái ✽ 一样色儿(shǎr),"雪"那样的色儿。 ✽ 雪一样的白。 ✽ 像雪那么白。

雪花 xuěhuā ✽ 天上下来的水汽化成的东西,样子跟小花差不多,所以叫雪花。 ✽ 空中落下的雪,样子像花。

雪亮 xuěliàng ✽ 雪那样明。 ✽ 像雪那么明亮。

雪人 xuěrén ✽ 用雪做成的人。 ✽ 用雪做成的人形。

血 xuè ✽ 人人都有的红的东西,和水有一样的地方,可水没有色儿。 ✽ 人、高等动物身体里水一样的红色的东西。 ✽ 人或高等动物体内红色的可以流动的组织。

血管 xuèguǎn ✽ 血在里边走的东西。 ✽ 人体里的一种长(cháng)长的东西,血从它中间过去,皮上也可看出一点儿。 ✽ 血在全身流动时所经过的管形构造。

血统 xuètǒng ✽ 父母跟子女间,同一父母的子女间,这些子女的孩子间都有关连,算作一个血统。 ✽ 人类因生育而自然形成的关系,如父母与子女之间,同父母的孩子们之间。

血小板 xuèxiǎobǎn ✳ 血的一种成分,作用是让血不再跟水一样。 ✸ 血的组成部分之一,比血球小,样子不规则,能帮助血固化。

xun

寻 xún ✳ 找。 ✸ 是"找"的书面语。

寻常 xúncháng ✳ 人们老可以见到的。 ✳ 平常;常见。 ✸ 是"平常"的同义词。

寻求 xúnqiú ✳ 用行动找和得到。 ✸ "找"的同义词。

寻找 xúnzhǎo ✳ 到处找自己要的人和东西。 ✸ "找"的同义词。

Y

ya

呀 yā ✳ 1. 说明语气的语言成分,是"啊"前面的一字的a、e、i、o等对"啊"起作用后生成的。2. 事物发出的一种声音。 ✸ 1. 表示惊奇。2. 象声词。

牙 yá ✳ 人口中用来吃东西的东西。 ✳ 口中最硬的白东西,用它可以让大块的吃的东西成为很小的东西进入身体里。 ✸ 人类和高等动物嘴里的用来弄碎食物的器官。一般是白颜色。

牙科 yákē ✳ 医院医牙的地方。 ✸ 医治和研究牙的科学;医院里医治和研究牙的一科。

牙医 yáyī ✳ 医院里给人医牙的人。 ✸ 为人整治牙的医生。

yan

言 yán ✳ 人说的话语。 ✳ 1. 人说的话。2. 古汉语的一个字叫一言。3. 说。 ✸ 1. 话。2. 说。3. 汉语里的一个字叫一言。

言必有据 yán bì yǒu jù ✳ 说见到和听到的东西,不说没有的东西。 ✳ 只有这样的话才可以说,这话讲的是真的、对的,有东西可以用来说明它。 ✸ 说话一定要有根据。

言论 yánlùn ✳ 说国家的话。 ✳ 说出来的意见,跟国家、公共的事有关。 ✸ 对政治或一般公共事物所发表的议论。

研 yán ✳ 1. 让东西成为很小很小的。2. 用种种办法,做种种工作找出事物里看不见的有用的东西。 ✸ 研究。

研究 yánjiū ✳ 作学问。 ✳ 用种种办法,做种种工作找出事物里看不见的有用的东西。 ✸ 1. 深入找寻事物的真相、本性等。2. 考虑或商量(意见或问题)。

研究生 yánjiūshēng ＊ 大学里学完四年后还在学、也学作学问的学生。 ＊ 在高等学校、做学问的地方上学的人,他们重在提高,学完后可以得到比大学生高的学位。 ✽ 在高等学校或科学研究机关从事研究的学生。

研究员 yánjiūyuán ＊ 作大学问的人。 ＊ 在做学问的地方做高等研究工作的人。 ✽ 科学研究机关的高级研究人员。

颜 yán ＊ 1. 体面、面子。2. 人头的正面,人头正面的样子。3. 色。4. 姓。 ✽ 1. 脸;脸上的表情。2. 颜色。3. 体面;面子。

颜色 yánsè ＊ 色儿(shǎr)。 ＊ 1. 红色、黄色等。2. 做给人看的不好的样子。 ✽ 1. 指物体在光的作用下通过视觉所产生的印象。2. 指显示给人看的让人怕的脸色或行动。

眼 yǎn ＊ 用来看人看东西的东西。 ＊ 1. 人、动物头上用来看东西的东西。2. 可说作"眼儿",小孔。3. 说作"眼儿",事物的最重要处。 ✽ 人或动物的视觉器官。

眼光 yǎnguāng ＊ 能看到多少,能不能看到最重要的。 ＊ 看问题、事物的才能。 ✽ 1. 视线。2. 观察事物,区别事物好坏的能力。3. 指观点。

眼界 yǎnjiè ＊ 看到的远不远。 ＊ 所见的事物有多广,见识有多广。 ✽ 所见事物的范围。也指见识广度。

眼看 yǎnkàn ＊ 很快,马上。 ＊ 1. 很快,一会儿。2. 不过问,让它进行下去。 ✽ 是"马上"的意思。

眼科 yǎnkē ＊ 医院里医眼病的地方。 ✽ 医治和研究眼的科学;医院中医治和研究眼的一科。

眼力 yǎnlì ＊ 1. 看时看得见看不见。2. 看后知道是好的还是不好的。 ＊ 1. 看东西的本能。2. 区别好不好、对不对的才能。 ✽ 1. 视力。2. 区别事物好坏的能力。

眼明手快 yǎn míng shǒu kuài ＊ 很快。看得快,作得也快。 ＊ 看东西的才能高,动作快。 ✽ 眼力好,动作快。形容反应快。

眼皮 yǎnpí ＊ 眼上可以上下动的皮。 ✽ 眼睛周围能开合的皮。

眼前 yǎnqián ＊ 1. 同"跟前"。2. 现在。 ＊ 1. 当前,现在。2. 跟前,面前。 ✽ 眼睛前面,跟前。

眼神 yǎnshén ＊ 看人、东西时的样子。 ＊ 眼看东西时的样子。 ✽ 眼睛的神态;眼力。

眼熟 yǎnshú ＊ 看来见过,可能认识,可不知叫什么了。 ＊ 看起来认识、见过,可是想不起来在哪儿见过,叫什么。 ✽ 看着好像认识,觉得见过,可是想不起在哪见过。

眼下 yǎnxià　✽ 现在。　✻ 当前,现在。　❋ 目前。

眼中钉 yǎnzhōngdīng　✽ 最最不喜欢的那么个人。　✻ 用来比作心中非常非常不喜欢的人。　❋ 形容心目中最不喜欢的与自己对立的人。

演 yǎn　✽ 作,他人来看,让人快乐。　✻ 1.(事物)一点一点地从这个样子成为那个样子。2. 体现出来。3. 有一定先后地(做题等)。4. 在大家面前做有意思的让人快乐的种种活动。　❋ 1. 演变,演化。2. 表演。3. 依照程式(练习或计算)。

演变 yǎnbiàn　✽ 一点儿一点儿地不同。　✻ 事物用很长时间一点一点地从这个样子成为那个样子。　❋ (较长久的)发展变化。

演唱 yǎnchàng　✽ 在大家面前唱(歌等)。　❋ 表演(歌、剧等)。

演出 yǎnchū　✽ 作,他人来看,让人快乐。　✻ 做有意思的让人快乐的种种活动给大家看,比如唱歌等。　❋ 把剧、舞、杂技等演给观众看。

演讲 yǎnjiǎng　✽ 在很多人前说自个儿的看法,叫人也这样认识。　✻ 把自己对问题的一定的看法和为什么有这种看法说给大家听,说服他们。　❋ 就某问题对听众说明并发表意见。是"演说"的同义词。

演说 yǎnshuō　✽ 在很多人前说自个儿的看法,叫人也这样认识。　✻ 把自己对问题的一定的看法和为什么有这种看法说给大家听,说服他们。　❋ 是"演讲"的同义词。

演员 yǎnyuán　✽ 一种人,他们的工作是做种种又难又有意思的动作给人看,比如电影中的人。　❋ 参加电影、话剧等表演的人。

验 yàn　✽ 1. 好好地看。2. 有想要的作用。　✻ 看(事物等),以便发现问题。　❋ 1. 察看。2. 产生想要的效果。3. 想到的效果。

验光 yànguāng　✽ 人看东西看不太好时,就用电和光等办法看看它出了什么问题,这个活动叫"验光"。　❋ 查眼球的视觉能力。

验货 yànhuò　✽ 看叫人买的东西好不好。　✻ 亲自去看东西好不好。　❋ 查看货物是不是合格。

验收 yànshōu　✽ 认真看过以后,知道要买的东西是好的,就收下。　❋ 按照一定的标准进行查验,然后收下。

验算 yànsuàn　✽ 再算一次,看看有没有错。　❋ 算题算好后,再用另外的方法算一遍,查看结果是不是正确。

验血 yànxuè　✽ 把血从身体里拿出来,用化学方法看看它有没有毛病,以便发现人有没有生病。　❋ 查验血的情况,看人有没有生病。

yang

羊 yáng　✽ 家里的一种动物,常放到山上去,身上多为白毛,头上有一对立起的

羊阳养样 333

硬东西,肉可吃。回民爱吃。 ✱ 动物,一般头上有角一对,回民爱吃它的肉。

羊毛 yángmáo ✳ 羊身上的毛,可用来做毛衣、西服什么的。 ✱ 羊的毛。

羊肉 yángròu ✳ 羊的肉,回民的常用肉,很香。 ✱ 羊的肉。

阳 yáng ✳ 1. 山的南边。2. 男人也可看作"阳"。3. 天上的"日"。 ✳ 1. 所有事物里的两大对立面中的一方。2. 太阳;日光。3. 山的南面;水的北面。 ✱ 1. 中国古代认为存在的一切事物都有两大对立面,其一为"阳"。2. 太阳;日光。3. 山的南面,水的北面。4. 表面的。

阳光 yángguāng ✳ 日光,太阳光。 ✱ "日光"的同义词。

阳历 yánglì ✳ 可以知道今天是哪一年哪一月哪一日的东西。 ✳ 一种算年、月、日的方法,这种方法跟太阳有关。 ✱ 公历的一类,是根据地球环太阳运行的周期制定的,国际通用。

阳台 yángtái ✳ 楼房上每家门外出来的一块地方,那里有风、有阳光。 ✱ 楼房的平台。

阳性 yángxìng ✳ 一些语言里说明人、事物名字的语言成分,分成两、三种,当中的一种叫阳性。 ✱ 人的"男性女性"中的男性,动物的"公母"中的公,都是阳性。

养 yǎng ✳ 1. 拿出生活要用的东西、钱给(一定的人)。2. 种(花)、给(动物)吃的,让它成长。3. 生(孩子)。4. 非亲生的。5. 时时做工作,让(路等)能起作用。6. 从一些小事开始,让(长处和不好的行为、方法等)慢慢地有了。7. 让身心得到一些有用的东西(休息等),以便让人更好和更少生病。 ✱ 1. 养活;给生活资料或生活费用。2. 生育。3. 培养。4. 养护。5. 非亲生的。

养病 yǎngbìng ✳ 一个人生病了,便在家休息、吃好的,让病早点好,叫"养病"。 ✱ 因有病而休养。

养成 yǎngchéng ✳ 从一些小事开始,让(长处和不好的行为、方法等)慢慢地有。 ✱ 1. 培养成。2. 由于长期按一定方法做而形成(习惯、特性等)。

养活 yǎnghuó ✳ 叫一个人有饭吃,可以过日子。 ✳ 1. 拿东西、钱等给人,让他活下去。2. 给(动物)吃的,让它成长。3. 生(孩子),给他生活所要的东西,让他成人。 ✱ 1. 长期给某人生活资料或生活费用。2. 使动物生存,生长下去。3. 生育。

养老院 yǎnglǎoyuàn ✳ 很多年岁大的人的家。 ✳ 公家办的给没子女的老人住的地方。 ✱ 由公家或团体举办的给缺少照看的老人住的机构。

养路 yǎnglù ✳ 时时对路等做一些工作,以便让它常起作用。 ✱ 养护公路或铁路。

样 yàng ✳ 样子;种。 ✱ 1. 样子。2. 量词,表示事物的种类。

样板 yàngbǎn　＊1. 一种人,长处很多,别人可以学他。2. 一种东西,做得很好,别的东西拿它做样子。　✱1. 样品。2. 学习的典范。

样本 yàngběn　＊书报等作为样子的本子,用来作广告和请人提意见。　✱1. 商品图样的印本。2. 书等作为样品的本子。

样品 yàngpǐn　＊用来做样子的东西,常用在卖东西给别人的时候。　✱做样子的物品(多用于商业上或材料实验)。

样子 yàngzǐ　＊长得什么样儿。　✱1. 人长得高、大、美、差等;2. 让人跟着学的事物。　✱1. 外形。2. 人的外表或神情。3. 作为标准或代表的。4.(口语)形势。

yao

要求 yāoqiú　＊要得到什么。　✱提出来要别人做到的事。　✱1. 提出具体的愿望或条件,希望得到满足或实现。2. 所提出的愿望或条件。

药 yào　＊人有问题时吃的东西。　✱1. 可以让病好的东西。2. 一些有化学作用的东西,如火药。　✱1. 药物。2. 某些有化学作用的东西。

药材 yàocái　＊中药。　✱一般指中药的原料或切成的小块。

药店 yàodiàn　＊卖药的商店。　✱卖药品的商店。

药方 yàofāng　＊1. 为了医病,把要用的种种药名、多少、用法等写在一起开给病人。2. 写着药方的东西。　✱1. 医生为治病所写的药名,用法等。2. 写着药方的纸。

药房 yàofáng　＊1. 卖西药的商店,有的也卖些中成药。2. 医院里卖给病人药的房间。　✱1. 卖西药的商店。2. 医院里卖药的部门。

药品 yàopǐn　＊医病的药和化学上用的药。　✱药物的总称。

药水 yàoshuǐ　＊水一样的药。　✱水一样的药。

要 yào　＊想得到。　✱1. 很想得到。2. 因为想得到、想收回就向别人说明。3. 打定主意做什么。4. 就要。5. 点菜。6. 如果。　✱1. 希望得到。2. 因为希望得到而有所表示。3. 请求。4. 表示做某件事的意志。5. 应该。6. 将要。7. 表示比较。

要不 yàobù　＊不这样的话,那么……　✱不这样的话。　✱连词。1. 不然。2. 要么。

要不然 yàobùrán　＊要不。不这样的话,那么……　✱不这样的话,就……　✱要不;不然;或者。

要点 yàodiǎn　＊很重要的几点。　✱从讲话、作文等中提出来的重要的几点。　✱1. 提出具体的愿望或条件,希望得到满足。2. 所提出的具体愿望或条件。

要饭 yàofàn ✳ 没有票子买饭吃,只好和人要。 ※ 跟人说,请人给吃的和钱物。 ✽ 向人要求饭食或钱物。

要害 yàohài ✳ (人、东西)最重要的地方。 ※ 1.人体非常重要的地方,跟人能不能活下去有关。2.(别的东西)非常重要的地方。 ✽ 1.身体上关系性命的最重要的部分。2.军事上的重要地点。

要好 yàohǎo ✳ 1.人和人很好。2.想作得好。 ※ 1.两人、很多人处得很好。2.想要上进,认真学、工作。 ✽ 1.指感情好。2.要求上进。

要紧 yàojǐn ✳ 重要。 ※ 1.重要。2.(病等)很重。 ✽ (口语)重要。

要命 yàomìng ✳ 1.很。2.叫人不能再过下去。 ※ 1.会让人活不了。2.心里不安、不高兴时说的,意思是给人带来的难处太大。3.很,到最大、最远处。 ✽ 1.表示程度达到极点。2.给人造成极大的困难。3.使没命。

要是 yàoshì ✳ 如果。 ✽ 如果;如果是。

ye

爷 yé ✳ 一个人的儿子有了孩子,这个孩子叫他"爷"。 ※ 父亲的父亲。 ✽ 爷爷。

爷爷 yéye ✳ 一个人的儿子有了孩子,这个孩子叫他"爷爷"。 ※ 父亲的父亲。 ✽ 对父亲的父亲的称呼。

也 yě ✳ 同样。 ※ 同样。 ✽ 副词。1.表示同样。2.表示无论这样或那样,不以某种情况为条件。

也许 yěxǔ ✳ 可能。 ※ 可能,不一定。 ✽ 副词,表示不肯定。

业 yè ✳ 一个人从事的工作。 ✽ 1.行业。2.职业。3.事业。4.学业。5.产业。

业务 yèwù ✳ 作什么的。 ※ 一个人、机关所从事的工作。 ✽ 个人或某机构的专业工作。

叶 yè ✳ 地上作物身上的一片一片的东西,它在阳光作用下,得到物体生长所要的成分。 ✽ 1.树、花等的器官之一,大多数是绿色的。2.像叶子的。

叶公好龙 yè gōng hào lóng ※ 古时候有个叫叶公的人,非常喜欢龙这种动物,他的东西上到处都画着龙,真龙知道后就来到他的面前,叶公见后面上没了色儿,跑出家门。后用来说看起来喜好什么事物,可不是真的喜好。 ✽ 这个成语的意思是,口头说爱某事物,其实并不真爱。

叶子 yèzi ✳ 地上作物身上的一片一片的东西,它在阳光作用下,得到物体生长所要的成分。 ✽ 叶的通称。

夜 yè ✳ 天黑到不黑的时间。 ※ 从天黑到天发白的时间。 ✽ 从天黑到天亮的一段时间(同"日"相对)。

夜班 yèbān　＊天黑时上的班。　✴夜里工作的班次。　✳夜里工作的班次。

夜场 yèchǎng　＊晚场,晚上那一场。　✳(剧、电影等)在晚上演出的场次。

夜车 yèchē　＊1.天黑以后叫人坐的车,不是日间车。2.天黑了以后还工作、学习。　✴1.夜里开出,夜里到站,夜里过路的车。2.(平常白天工作、上学的人)在晚上很晚的时候学、工作,这叫"开夜车"。　✳夜间开出、夜间到达、夜间经过的车次。

夜景 yèjǐng　＊天黑了以后人间的样子。　✴夜晚的城市、山川等的样子。　✳晚上的景色。

夜里 yèlǐ　＊天黑以后的时间。　✴从天发黑到天发白的时间。　✳从天黑到天亮的一段时间。

夜色 yèsè　＊天黑了以后人间的样子。　✴夜晚的城市、山川等的样子;夜晚的样子。　✳夜晚的景色。

夜市 yèshì　＊天黑的时候开的可以买东西的地方。　✴夜间做买卖的市场。　✳夜间做买卖的市场。

夜晚 yèwǎn　＊夜间,晚上。　✳夜间,晚上。

夜校 yèxiào　＊天黑了以后上学的地方。　✴夜间上课的学校,多半是给非在校生开的。　✳夜间上课的学校,多半是非正规学校。

yi

一 yī　＊三少二是一,零和二中间的字。　✴三去二所得是一。　✳数目,最小的正整数。

一分为二 yī fēn wéi èr　＊1.把一个物体分成两块儿。2.所有的事物都有好的方面和差的方面。　✳1.把一个事物分为两半儿。2.从好坏两个方面看问题,全面地看问题。

衣 yī　＊1.衣服。2.包在物体外面的东西。3.姓。　✳1.衣服。2.包在物体外面的一层东西。

衣服 yīfu　＊每天用在身上让人不冷又好看的东西。　✳穿上身上的让人不冷又好看的东西。

衣架 yījià　＊放衣服的东西,衣服放在上面就跟在人身上一样。　✳挂衣服的架子。

衣食住行 yī shí zhù xíng　＊过日子都要作的,吃饭,行走……　✴用衣服、吃饭、住房、行路等日常生活的方方面面。　✳指吃、穿、住、走路等生活上的基本需要。

医 yī　✳ 1. 医学。2. 医生。3. 医病。　❊ 1. 医治。2. 医生。3. 医学。

医疗 yīliáo　✳ 给人看病,把病医好。　❊ 病的治疗。

医生 yīshēng　✳ 学有医药知识,给人看病的人。　❊ 有医药知识,以治病为业的人。

医务所 yīwùsuǒ　✳ 医病的地方,比医院小,主要医一些常见病,处在一个机关(如学校)中。　❊ 比医院小的医疗处所。

医学 yīxué　✳ 有关给病人看病和不让人得病的学问。　❊ 以保护和增进人类健康,防病治病为研究内容的科学。

医院 yīyuàn　✳ 病人看病和住院的场所。　❊ 给人治病的机构。

依 yī　✳ 1. 把(别的人、物)看成能为自己做到、得到什么的方法。2. 同意。3. 从……出发,以……为出发点。　❊ 1. 依靠。2. 按照。3. 依从;同意。

依旧 yījiù　✳ 还是和过去一样。　❊ 还是老样子,跟过去一样。　❊ 跟原来一样。

依据 yījù　✳ 1. 以……为出发点。2. 言语行为等的出发点。　❊ 根据。

依靠 yīkào　✳ 1. 想用(别的人、物)让自己的梦想成真。2. 能让自己梦想成真的人、事物。　❊ 1. 指望(某人或某事来达到目的)。2. 可以依靠的人或事物。

依然 yīrán　✳ 跟从前一样。　❊ 照旧,依旧。

依托 yītuō　✳ 1. 能让一事做成的人、事物。2. 以(别的人、事物)为方法,做成一事。　❊ 1. 依靠。2. 为达到一定目的而用某种名义。

依照 yīzhào　✳ 从一定事物出发,找到一定的方法,再跟着去做。　❊ 按照;以某事物为根据照着进行。

一半 yíbàn　✳ 两个"一半儿"是一个。　✳ 两分中的一分。　❊ 二分之一。

一带 yídài　✳ 一个地方和近的地方。　✳ 用在一个地点后,意为这个地点和它的近处。　❊ 表示在一个地点的周围地区。

一定 yídìng　✳ 不这样不行。　✳ 就得这样做的。　❊ 非得这么做不可;不会有其他情况出现。

一概 yígài　✳ 没有在外的,都。　✳ 所有的都。　❊ 副词,表示适用于全体,没有例外。

一共 yígòng　✳ 都算在一起。　❊ 副词,表示合在一起。

一会儿 yíhuìr　✳ 很快。很不长的时间,很不长的时间里。　✳ 不长的时间。　❊ 1. 指很短的时间。2. 指在短时间之内。

一刻钟 yíkèzhōng　✳ 一个小时有四刻钟。　✳ 十五分钟是一刻钟。　❊ 十五分钟。

一块儿 yíkuàir　✳ 1. 同在一个地方。2. 一同。　❊ 1. 一起,一同。2. 同一个处所。 ✱ 1. 同一个处所。2. 一同。

一路平安 yīlù píng'ān ✱ 在外出的路上平安无事。 ✱ 祝在整个行程中平安无事。

一路顺风 yīlù shùnfēng ✱ 在外出的路上平安无事。 ✱（祝人）旅行平安。

一切 yīqiè ✱ 一个不少的,无一不在的。 ✱ 所有的。 ✱ 全部,全部的事物。

一万 yīwàn ✱ 十个一千。 ✱ 十个千是一万。 ✱ 十个千是一万,数字。

一望无际 yī wàng wú jì ✱ 很远,看不到边儿。 ✱ 从一定地点看出去,看不到边儿。 ✱ 眼睛看不到头,形容很远。

一向 yīxiàng ✱ 过去到现在都。 ✱ 1. 过去的一定时期。2. 从过去到现在都。 3. 从上次见面到这次见面的时间。 ✱ 副词。1. 表示从过去到现在。2. 表示从上次见面到现在。

一样 yīyàng ✱ 没有不同。 ✱ 同样,没有差别。 ✱ 相同。

一月 yīyuè ✱ 一年中的第一个月,过了一月是二月。 ✱ 一年中的第一个月,很冷。 ✱ 一年开始的第一个月,是"元月"的同义词。

一致 yīzhì ✱ 大家都这样看,这样想,没有不同。 ✱ 没有不同,都一样。 ✱ 1. 没有分别。如:看法一致。2. 一齐。

疑 yí ✱ 还不知道是不是这样。 ✱ 1. 不信;不知道是不是真的;主意还没定。2. 不能定下来的、还没办好的;还没定下来、还没办好的。 ✱ 1. 怀疑;不能确定是不是真的。2. 不能确定的;不能解决的。

疑虑 yílǜ ✱ 还想有问题,不知道怎么作好。 ✱ 因为不信,拿不定主意,所以不能想到什么说什么,想做什么就做什么。 ✱ 因怀疑而顾虑。

疑难 yínán ✱ 有问题,不知道要怎么作好。 ✱ 因为还不明白,所以很难打定主意怎么干,也很难办好的。 ✱ 有疑问而难于解决。

疑问 yíwèn ✱ 要问人的问题。 ✱ 问题;不能说明,不知道是不是真的事。 ✱ 有怀疑的问题,不能确定或不能解答的事情。

已 yǐ ✱ 作过的,不再作的。 ✱ 1. 不再动,不再做。2. 过去的,完成的。3.（书面语）太,过。 ✱ 1. 已经。2. 停止。

已经 yǐjīng ✱ 过去作完了,不再作的。 ✱ 用在意思是动作的字前面,说明事完成,时间过去。 ✱ 副词,表示事情完成或时间过去。

已知 yǐzhī ✱ 知道了,知道的。 ✱ 知道的。 ✱ 已经知道。

以 yǐ ✱ 用来。 ✱ 用,拿。 ✱ 1. 用,拿。2. 按照。3. 表示目的。如:以待时机。

以后 yǐhòu ✱ 后来。现在说到的时间后边的时期。 ✱ 现在后面的时期;所说的一定时间后的时期。 ✱ 现在或所说的某时之后的时期。

以及 yǐjí　✳ 和。　✸ 和。　✻ 与"及"同义。连词,连接词或词组。

以来 yǐlái　✳ 那以后到现在。　✸ 从过去的一个时间到现在的一个时期。
✻ 表示从过去某时直到现在的一段时期。

以内 yǐnèi　✳ 在什么时间里、什么地方里。　✸ 在一定的时间、处所里面。
✻ 在一定的时间、处所、数量、范围的界限之内。

以前 yǐqián　✳ 过去。现在说到的时间前边的一个时期。　✸ 现在前面的时期;所说的一定时间前的时期。　✻ 现在或所说的某时之前的时期。

以上 yǐshàng　✳ ……上边。　✸ 地位、大小等在一个定点的上面。　✻ 表示位子、位次或数目等在某一点之上。

以身作则 yǐ shēn zuò zé　✳ 叫大家作什么时用自个儿来作样子,自个儿要作得最好。　✸ 要让别人做得好,先得自己做得好。　✻ 用自己的行动做好的样子,让别人也这样做。

以外 yǐwài　✳ 在外边,……的外边。　✸ 在一定的时间、处所外。　✻ 在一定的时间、处所、数量、范围的界线以外。

以为 yǐwéi　✳ 想(是这样的)。　✸ 认为。　✻ 认为。

以……为　yǐ...wéi　✳ 看作是……　✸ 把……当作、作为。　✻ 用……做。如:以这本书为标准。

以下 yǐxià　✳ 在……下边。　✸ 1. 说明位次、年岁等在下。2. 下面的(话)。
✻ 1. 数目、先后、地方等在某一点之下。如:在零度以下。2. 指下面的(话)。

以致 yǐzhì　✳ 用在下面的话的开头,说明下文是上面的起因带来的后果。
✻ 连词,用在下半句的开头,表示下文是上面所说的原因造成的结果。

一般 yībān　✳ 1. 一样,同样。2. 还可以,还很好。　✸ 1. 平常,常见。2. 一样,同样。3. 一种。　✻ 1. 普通;通常。2. 一样;同样。3. 一种。

一般地 yībānde　✳ 大体上。　✸ 大概地;通常情况下。

一般化 yībānhuà　✳ 和大家一样,没有什么不同的。　✸ 让(人、事物)平平常常,跟大家一样。　✻ 普通的情形,不特别。

一般来说 yībān lái shuō　✳ 就大多个人、物来说,大体来说。　✸ 按照通常的情况来看。

一般人 yībānrén　✳ 和很多人一样的人。大家,人们。　✸ 平常人,大家。
✻ 普通的人,平常人。

一边……一边……　yībiān...yībiān...　✳ 同一个时间里,作这个,也作那个。
✸ 两个事物、两个动作同时进行。　✻ 表示两个事情同时进行。

一点点 yìdiǎndiǎn　✳ 很少很小的(地)。　✸ 东西非常地少,非常地小。
✻ 1. 表示极少。2. 慢慢地。

一点儿 yìdiǎnr　＊很少很小的。　＊东西很少,很小。常放在"那么""这么"以后。　✱不多的一部分。

一方面 yìfāngmiàn　＊用来说明是两个平行的事物和一个事物里两个平行的方面。　✱说明复杂事物中的一个方面时用,经常连用。如：一方面……,一方面……

一举两得 yì jǔ liǎng dé　＊作一下子得到两个好儿。　＊做一个事儿,得到两种好处。　✱做一件事,得到两种收获。

一清早 yìqīngzǎo　＊六七点的时候。　＊早上很早的时候,一大早。　✱日出前后的一段时间;早上很早的时候。

一心一意 yì xīn yī yì　＊只想一个(人、东西)。　＊只有一个心思和意念。　✱心思,意念专一。

一言为定 yì yán wéi dìng　＊说什么作什么。　＊话说出了口就定了下来,然后去做。　✱说了算数。

一言一行 yì yán yī xíng　＊说的和作的。　＊一个人的所有言行(xíng)。　✱每句话,每个行动。指一个人的任何行动或言行(xíng)。

一直 yìzhí　＊过去到现在都一样地。　＊1.只往东、西、南、北等当中的一方(前进)。2.还在;还是;说明动作还在做,事物还是本来的样子。　✱1.表示顺着一个方向不变地(前进)。2.表示动作始终不间断或情况始终不变。

义 yì　＊1.对的、公正的。2.意思。3.非亲生的。4.人工做出来的(人体的一份)。　✱1.正义。2.意义。3.合乎正义或公共好处的。4.人工制造的(人体的部分)。5.人与人之间的感情。

义气 yìqì　＊不想得到什么去作朋友要"我"作的。　＊1.认为一定要公正、要对得起朋友等,这种想法叫"义气"。2.有这种要公正、要对得起朋友等的想法的。　✱由于私人关系而情愿做对自己不利的事的气概。

义务 yìwù　＊作工作不要票子。　＊1.一定要做的。2.不收钱的。　✱1.公民或法人按照法的规定应做的事。2.为别人做好事而不要钱的。3.道义上应做的事。

艺 yì　＊1.学来的本事。2.画画、音乐、文学、电影等。　✱1.艺术。2.技能;技术。

艺名 yìmíng　＊从事画画、音乐、文学、电影等工作的人在这些活动中用的别名。　✱艺人演出时用的别名。

艺人 yìrén　＊1.从事画画、音乐、文学、电影等工作的人。2.一些用手工做东西的人。　✱指演剧、杂技等的人;某些手工艺工人。

艺术 yìshù　＊书法、文学、声乐(yuè)、图画什么的都是。　＊1.画画、音乐、文学、电影等。2. 做事的办法很新,很有用处。　✱ 1. 像文学、音乐、舞剧、电影等都是艺术,用形象反映现实。2. 富有创造性的方式、方法。3. 形态独特而美观的。

艺术家 yìshùjiā　✱ 写字、画画儿的名人。　✱ 从事画画、音乐、文学、电影等工作,有一定成就的人。　✱ 指从事艺术创作或表演的有一定成就的人。

忆 yì　✱ 回想。　✱ 回想;还没忘,还想得起来。　✱ 回想;记得。

议 yì　✱ 大家说同一个问题。　✱ 1. 意见,看法。2. 对一个问题提出意见、看法。　✱ 1. 言论,意见。2. 商议。3. 议论。

议会 yìhuì　✱ 一些国家的最高立法机关,商定国家大事的最高机关。　✱ 某些国家的最高立法机关。一般由上、下两院组成。

议论 yìlùn　✱ 大家都说看法。　✱ 就一个问题,提出自己的意见、看法。　✱ 1. 对人或事物的好坏、是非等表示意见。2. 对人或事物的好坏、是非等表示的意见。

议题 yìtí　✱ 大家一同说的问题。　✱ 开会时大家就一个问题,提出自己的意见、看法,这个问题就是议题。　✱ 会议议论的题目。

议员 yìyuán　✱ 在议会中工作,能在立法、商定国家大事中起作用的人。　✱ 在会议中有正式代表资格的成员。

易 yì　✱ 1. 不难。2. 平和。3. 让……有所不同;一事物拿走,再用别的事物。　✱ 1. 做事容易。是"难"的反义词。2. 平和。3. 变换;改变。4. 交换。

易懂 yìdǒng　✱ 好懂,很快能懂的。　✱ 不难明白,好懂。　✱ 很容易明白。

易经 Yìjīng　✱ 中国很久远的时候很有名的五本书里的一本。　✱ 中国很古的时候的一本书,它把所有的事物分为对立的两半,用来说明万事万物、种种现象。　✱ 中国一本古书的名字。

意 yì　✱ 1. 意思,意图。2. 心意。　✱ 1. 意思。2. 心愿、愿望。3. 意料;料想。

意见 yìjiàn　✱ 看法,想法。　✱ 1. 对事物的一定看法和想法。2. 认为人、事不对后所出现的对它不如意的想法。　✱ 1. 对事情的一定的看法或想法。2.(对人、对事)认为不对因而不满意的想法。

意境 yìjìng　✱ 文学当中体现出来的一种只可体会,不能说明的东西。　✱ 文学艺术作品表现出来的境界或情调。

意识 yìshí　✱ 想到的。认识。　✱ 1. 人的头脑对外在事物的知觉、认识等。2. 发现、认识、觉得。　✱ 1. 人的头脑对于客观世界的反映,是心理过程的总和。2. 觉察(常与"到"连用)。

意思 yìsī　✱(话、文中)想要说的,想叫大家知道的。　✱ 1. 语言文字的新意和旧意。2. 意见。3. 心意。　✱ 1. 语言文字的意义。2. 意见;愿望。3. 礼品所代表的心意。4. 表示一点心意。

意图 yìtú ＊ 想要什么的想法。 ✽ 想做什么,想得到什么,这种打算叫意图。 ✲ 希望达到某目的的打算。

意味 yìwèi ＊ 1. 没有明白说出来的意思。2. 有什么意思。 ✲ 1. 含有深入的意思。2. 情趣,情调,趣味。

意义 yìyì ＊ 1. 话语、文字里想叫人知道的。2. 有什么作用。 ✲ 1. 语言文字等的意思。2. 好的作用。 ✽ 1. 语言文字或其他信号等所表示的内容。2. 价值,作用。

意志 yìzhì ＊ 要作到什么的想法。 ✲ 一个人为了他的梦想,自觉地去做,这要有一种动因,这种思想动因叫意志。 ✽ 决定达到某种目的而产生的心理意愿。

意中人 yìzhōngrén ＊ 很喜欢的人。女的只能说一个男的是她的意中人,男的只能说一个女的是他的意中人。 ✲ 女(男)人心里喜爱的男(女)人。 ✽ 女(男)心里所爱的男(女)人。

yin

因 yīn ＊ 让事物发生的起因。 ✲ 1. 原因(跟"果"相对)。2. 因为。

因此 yīncǐ ＊ 放在下面的话的开头,说明"因为上面说的,所以……"。 ✲ 因为这个(指上文所说的)。

因而 yīn'ér ＊ 放在下面的话的开头,说明"因为上面说的,所以……"。 ✲ 连词,表示结果。

因果 yīnguǒ ＊ 起因和后果(不一定是不好的)。 ✲ 原因和结果。

因为 yīnwéi ＊ 用在话的开头,说明为什么做事,为什么会发生事儿。 ✲ 连词,表示原因或理由。

阴 yīn ＊ 1. 无日的天。2. 见不到日的地方。 ✽ 1. 万事万物分成两个对立面,跟"阳"对立的是"阴"。2. 月。3. 看不见太阳的地方。4. 山的北面,水的南面。5.(气象)天上大多地方都有黑色的水汽,看不到太多的光。6. 跟正面对立的一面。7. 外面看不出来的。8. 不光明、不当着人面干的。9. 人、动物不再活着,他们去的地方叫阴。 ✲ 1. 指月亮。与"阳"相对。2. 阴天。3.(阴儿)不见阳光的地方。4. 山的南面,水的北面。5. 背面。6. 不光明正大的。7. 鬼神方面的,阴间的。

阴暗 yīn'àn ＊ 没"日"的。 ✽ 不光明,(人)不快乐。 ✲ 光线很暗。

阴电 yīndiàn ＊ 跟正电对着说的那种电。 ✲ 一种电流。与"阳电"相对。

阴极 yīnjí ＊ 带电的东西的两头儿,有一头儿带正电,是阳的,跟它对立的是"阴极"。 ✲ 1. 直流电的带阴电的一头叫"阴极"。与阳极相对。2. 电子器件中放出电子的一极。

阴间 yīnjiān　　✳ 不是人间,不在了的人去的地方。人们想的,本来没有这个地方。　✳ 人、动物不在了以后,有人认为他们还活着,他们的样子人们看不见,他们所在的地方叫阴间。　❋ 迷信指人死后所在的地方。

阴历 yīnlì　　✳ 中国人过去用来可以知道今天是哪一年哪一月的哪一日的东西。　✳ 跟月的活动有关的一种算年、月、日的方法。中国旧时常用,现在算新年也是用阴历。　❋ 按照月亮围着地球转的周期计算时间而制定的历法。与"阳历"相对。

阴天 yīntiān　　✳ 天上有很多发黑的水汽,看不到太阳,这种天气叫阴天。　❋ 由于云的影响看不见阳光或只看到一点儿阳光的天气。

阴文 yīnwén　　✳ 物体上刻的文字,它的笔画比旁边的地方低。　❋ 印章上或某些器物上所刻的字或图,有文字和图画的地方比印章或器物的表面低。

阴性 yīnxìng　　✳ 和阳不一样的。　✳ 有的语言把说明事物的名字的语言成分一分为三,当中的一种叫阴性。　❋ 与"阳性"相对。

音 yīn　　✳ 声。　✳ 声音。　❋ 1.声音。2.消息。3.指音节。

音量 yīnliàng　　✳ 声的大小。　✳ 声音的大小。　❋ 声音响的程度。

音乐 yīnyuè　　✳ 很好听的"声"。　✳ 用乐音来告诉人们一种思想、说明一种生活的东西,如声乐等。人们每天都可听到。　❋ 用有组织的乐音来表达人们思想感情,反映现实生活的一种艺术。

音乐家 yīnyuèjiā　　✳ 作音乐作得出色的人。　❋ 作音乐有所成就的人。

印 yìn　　✳ 1.叫本子、报上边有图有字。2.上边写有自个儿名字的东西。　✳ 1.把名字、图画等刻在硬的东西上,这个东西叫印。2.(说作"印儿")一物作用在他物上出现的图、样等。3.用机子等让东西上有文字、图画,不是刻,也不是画,这种工作叫"印"。　❋ 1.图章。2.让文字或图画留在纸上或器物上的做法叫"印"。

印度 Yìndù　　✳ 中国南边的一个大国。　✳ 国家名,处在热带,在中国的西南边上,人口只比中国少。　❋ 中国南部的一个国家,人口比较多。

印象 yìnxiàng　　✳ 人脑以外的事物对人的头脑起作用后,在人脑中生成的东西。　❋ 客观事物在人的头脑里留下的形象。

ying

应 yīng　　✳ 得(děi)作的,要有的。　✳ 1.有人叫你,你就说话,说明你听到了,叫"应"。 2.同意。3.当然要做,要有的。　❋ 1.回答。2.容许;满足要求。3.适应;顺应。

应当 yīngdāng　＊要（作，说，有……），不用问的。　＊当然要（做、说、有）。
❋"应该"的同义词。

应得 yīngdé　＊当然要得到的。　❋应该得到。

应该 yīnggāi　＊要（作，说，有……），不用问的。　＊同"应当"。　❋表示理所当然。是"应当"的同义词。

应声 yīngshēng　＊（口语）有人叫你，你听到了就说话叫"应声"。　❋出声回答。

应有 yīngyǒu　＊得到后大家没什么可说的。　＊当然要有的。　❋应该有。

英 yīng　＊1. 头脑、才能过人的人。2.（书面语）花。3. 一个国家的名字。
❋1. 才能比一般人强的。2. 英国。

英国 yīngguó　＊在法国西边大海中的一个国家。　＊国家名，四面都是海水，在法国对面。　❋法国北部的国家。英国人说英语。

英国人 Yīngguórén　＊法国西边大海中的那个国家的人。　＊是英国这个国家的公民。　❋英国的公民，居民。

英明 yīngmíng　＊头脑好，有才干，能做出成果的。　❋头脑比一般人好，做事比一般人高明的。

英文 yīngwén　＊很多国家的人都说的话，是用得最多的语文。　＊一种语言文字，最先是英国用的，现在很多国家的人都用它。　❋英国人使用的语言文字，也是世界上大多数人交流的主要语言文字。

英语 yīngyǔ　＊很多国家的人都说的话，是用得最多的语文。　＊一种语言文字，最先是英国用的，现在很多国家的人都用它。　❋英国人的语言文字。

影 yǐng　＊1. 影子。2. 影片，电影。　❋电影。

影迷 yǐngmí　＊非常喜欢电影、电影明星的人。　❋喜欢看电影而且着（zháo）迷的人。

影片 yǐngpiàn　＊放给人看的电影。　❋用来放映电影的片子。

影评 yǐngpíng　＊把对电影、影星等的看法写下来，就是影评。　❋对电影的评论。

影响 yǐngxiǎng　＊1. 有作用。2. 作用。　＊1. 对别人的思想、行动起作用。2. 对人、事物所起的作用。　❋1. 对人或事物起作用。2. 对人或事物所起的作用。

影院 yǐngyuàn　＊放电影的房子，电影院。　❋电影院。

影子 yǐngzi　＊有日时，老在你后边的地上的样子，是黑的。　＊物体在光下出现在地面和别的物体上的样子。　❋物体使光线不能继续照过去，从而在地面或其它物体上形成的形象。

应 yìng　＊他人问了，我说话（我说"行"），叫"应"。　＊1. 有人叫你，你就说话，说明你听到了。2.同意(去做)。3.跟得上。4.用一定方法对人对事。
✽ 1.应该。2.答应。

应承 yìngchéng ✻ 说"行"。 ✻ 别人请你做什么事,你同意去做。 ✽ 答应(做)。

应考 yìngkǎo ✻ 到一定场所用笔、用口完成很多的问题,有时这样做为的是让对方看重自己,让自己得到工作、上学的机会等。 ✽ 参加招考的考试。

应用 yìngyòng ✻ 用。 ✻ 1.用。2.可以立刻用在生活、工作等方面的。
✽ 1.使用。2.直接用于生活或生产的。

应用文 yìngyòngwén ✻ 一种文体,日常生活、工作中常用,如公文、书信、广告等。 ✽ 指日常生活或工作中经常应用的文体,如公文、书信、广告、收据等。

映 yìng ✻ 因为光的作用,物体的样子出现在别的东西如水等上。 ✽ 因光线照着(zhe)而显出物体的形象。

硬 yìng ✻ 一个物体在他物作用下很难出现别的样子,这时,我们说它硬。
✽ 物体内部的组织紧密,受外力作用后不易变形。

硬件 yìngjiàn ✻ 1.电脑中看不见的,不能动的那些东西。2.学校、机关里所有的房子等看得见的东西。 ✽ 1.电子计算机的一个组成部分,是每个部件的总和。2.生产、科研等过程的机器设备、材料等。

yong

用 yòng ✻ 1.让人、物发生作用。2.用处。 ✽ 1.使用。2.用处。3.需要(多用在"不"的后面)。4.费用。

用处 yòngchù ✻ 可以用到的地方。 ✻ 可以用到的地方;有用的地方。
✽ 应用的方面或范围。

用法 yòngfǎ ✻ 用的方法。 ✻ 用的方法。 ✽ 使用的方法。

用功 yònggōng ✻ 花很多时间学、工作。 ✻ 做事非常认真,用很多时间。
✽ 学习尽力。

用户 yònghù ✻ 用东西的人。 ✻ 定期、长期用水、电、天然气、电脑等的人;跟"卖这些东西的人"对着说的。 ✽ 指某些设备或商品的使用者或消费者。

用尽 yòngjìn ✻ 用完了。 ✻ 用出所有的。 ✽ 使用一切(力量、钱等)。

用具 yòngjù ✻ 用的东西。 ✻ 日常生活、工作中所用的种种东西。 ✽ 日常生活或生产所使用的器具。

用力 yònglì ✻ 干活时从身体里用出看不见的东西。 ✽ 使用较大的力气。

用品 yòngpǐn ✻ 用的东西。 ✻ 用的东西。 ✽ 应用的物品。

用语 yòngyǔ ✻ 只用在一样儿工作上的话语。 ✻ 只用在一定方面的话语;用到的言语。　✸ 某一方面的专用词语。如：外交用语。

you

优 yōu　✳ 好的。　✳ 美好的；好的。　✸ 1.比一般强；美好。2.(生活)富。

优待 yōudài　✳ 1.跟人来往时对人好。2.对人好这一行为。　✸ 1.给以好的待遇。2.好的待遇。

优等 yōuděng　✳ 最好的。　✳ 最好的那一等。　✸ 十分好的等级。

优点 yōudiǎn　✳ 好的地方。　✳ 好处；长处。　✸ 长处；好处(跟"缺点"相对)。

优美 yōuměi　✳ 美好。　✳ 美好。　✸ 美好。

优生学 yōushēngxué　✳ 怎样生一个好孩子的学问。　✳ 从生物学中分出来的一门学问，它的工作是让生出来的孩子更好。　✸ 生物学的一个分支，研究如何改进人的后代的问题。

优势 yōushì　✳ 这一方比那一方更好、更能干等，我们就说这一方有"优势"。　✸ 能使自己比对方强的有利条件。

优先 yōuxiān　✳ (在好的方面、好事上)走在别人前面。　✸ 在待遇上处于第一位。

由 yóu　✳ 1.起因。2.因为。3.走过。4.听从。5.(一事)让(一人去做)。6.从，说明起点。7.姓。　✳ 1.原因。2.介词，表示起点。与"从"同义。3.(某事)让(某人去做)。4.由于。5.顺随；听从。6.经过。

由不得 yóubudé　✳ 不听……的。　✳ 1.不能让……做主。2.不自主地；不自觉地。　✸ 1.不能依从；不能由……做主。2.不由自主地。

由此可见 yóu cǐ kě jiàn　✳ 看这个可以知道……。　✳ 从这些(上面说过的)可以看出。　✸ 从这件事可以看出(从而说出下文)。

由来 yóulái　✳ 1.从发生到现在。2.事物发生的起因。　✸ 1.从发生到现在。2.事物发生的原因。

由于 yóuyú　✳ 因为，放在说明起因的话的开头。　✸ 介词，表示原因或理由。

油 yóu　✳ 作吃的时候要用的，和水有一样的地方。　✳ 一种水一样的吃的东西，可以用来做菜，是从动物、作物中提出来的。　✸ 动物或一些作物所含的一种可以流动的东西(区别于水和血)。一些油可以用来做菜。

油灯 yóudēng　✳ 一种发出火光，能给人带来光明的东西，不是用电的。　✸ 用油来点亮的灯。

油画 yóuhuà　✳ 西方很好见到的画。　✳ 西方常见的一种画，它的色儿光明美好，放很多年都可以跟刚画好时一样。　✸ 用含油的颜色在布上或在木上画的画儿。

油田 yóutián　✳ 汽车走、飞机飞要用到的跟水一样的东西,有很多很多这种东西的地带叫油田。　❋ 油层分布的大面积的地带。

油条 yóutiáo　✳ 一种面做的长长的、黄色的早点。中国人北方很常见的早饭。　❋ 一种放在热油里做成的长条形的食物,多用作早点。

友 yǒu　✳ 朋友。　✳ 1.朋友;2.友好,亲近。　❋ 1.朋友。2.相好;亲近。3.有友好关系的。

友爱 yǒuài　✳ 友好喜爱。　✳ 跟亲人一样爱对方,非常友好。　❋ 友好亲爱。

友好 yǒuhǎo　✳ 1.好朋友。2.人和人很近,很好。　✳ 1.好朋友。2.(国家间、人民间)亲近、和好。　❋ 1.好朋友。2.朋友之间亲近,关系好。

友情 yǒuqíng　✳ 人和人的友爱。友好的。　✳ 朋友间觉得的一种好友,在思想上所给的友好的东西。　❋ 朋友之间的感情。

友人 yǒurén　✳ 朋友。　✳ 朋友。　❋ 朋友。

有 yǒu　✳ 1.跟"无"对着用,说明东西是谁的。2.发生,发现。如他有病了。3.多,大。如有学问。　❋ 1.表示领有(跟"无"或"没"相对)。2.表示存在。3.表示比较。4.表示发生或出现。5.表示多、大。6.同"某"。7.用在"人、时候、地方"前面,表示一部分。

有的 yǒude　✳ 人、事物中的一些。　❋ 人或事物中的一部分。

有底 yǒudǐ　✳ 知道得很多,不再多想。　✳ 对人、事物知道得很多,很明白,所以放心。　❋ 知道内情,心里不急。

有关 yǒuguān　✳ 一人、一事跟别的人、别的事连到一起。　❋ 1.有关系;有关连。2.关系到。

有害 yǒuhài　✳ 有不好作用的。　✳ 会起不好作用的。　❋ 有害处。

有机 yǒujī　✳ 1.(化学)跟生物体有关的,从生物体来的。2.事物的多种成分关连在一起,不可分开,就跟一个生物体一样。　❋ 1.原指跟生物有关或从生物体来的(化合物)。与"无机"相对。2.指事物构成的各个部分所具有的统一性。

有机界 yǒujījiè　✳ 所有的跟生物有关的放在一起就成了有机界。　❋ 指有机物的范围。与"无机界"相对。

有教无类 yǒu jiào wú lèi　✳ 什么样的人都教。　✳ 老师教学生,对不同身份、地位的人都一样。什么人都可以教。　❋ 不论哪一类人都可以教育。

有空儿 yǒukòngr　✳ 有时间。　✳ 有时间;没有事儿干。　❋ 有时间。

有理 yǒulǐ　✳ 对(的);正当(的)。　❋ 合乎道理。

有利 yǒulì　✳ 有好的地方。　✳ 有好处。　❋ 有好处;有帮助。是"不利"的反义词。

有名 yǒumíng　✳ 大家都知道名字的人、东西、地方。　❋ 出名;名字大家都知道。 ✲ 名字为大家所知。

有钱 yǒuqián　✲ 有可以买很多东西的票子。　✲ 钱物很多,有花的。　✲ 很富有。

有求必应 yǒu qiú bì yìng　✲ 他人要我作什么,我去作什么。　✲ 只要有人让干什么,就一定同意去干。　✲ 只要有人请求就一定答应。

有趣 yǒuqù　✲ 有意思,能让人喜爱、关心、起兴头儿。　✲ 能使人好奇或喜爱。

有人 yǒurén　✲ 1. 有的人。2. 有人在一个地方。　✲ 有的人,个别人。　✲ 有的人。

有时 yǒushí　✲ 有时候。　✲ 有的时候。　✲ 有时候。

有时候 yǒushíhou　✲ 不老是。　✲ 不是常常的。　✲ 有的时候,不是常常的。

有事 yǒushì　✲ 1. 没有时间。2. 有问题了。　✲ 1. 正忙着。2. 有问题了。　✲ 1. 正忙着。2. 出问题了。

有无 yǒuwú　✲ 有没有。　✲ 有没有。　✲ 是"有没有"的书面语。

有限 yǒuxiàn　✲ 不是用不完的,会没有的。　✲ 1. 不是用不完的,不是做不完的,不是什么都能做到的,不是什么都要做的。2. 不多,不高。　✲ 1. 有一定限度。2. 数量不多;程度不高。

有效 yǒuxiào　✲ 可行,有作用。　✲ 能够起作用。　✲ 能实现想要达到的目的;有效果。

有心 yǒuxīn　✲ 1. 有一定的心意、想法。2. 有意(干什么事)。　✲ 1. 有某种心意或想法。2. 故意。

有意思 yǒuyìsī　✲ 1. 说的话、做的事儿不平常,可让人从中体会。2. 让人觉得对人、事有兴头儿。　✲ 1. 有意义。2. 有趣。3. 指男女间有了相爱之心。

有用 yǒuyòng　✲ 可以用的。　✲ 有用处。　✲ 有作用,有用处。

又 yòu　✲ 再一回,可"又"和"再"的用法不同。　✲ 事儿不只发生了一次,还有第二次、第三次。　✲ 副词。1. 表示重复或继续。2. 表示几种情况同时存在。

又……又…… yòu...yòu...　✲ 一边……一边……。　✲ 人、事物同时有几个不同的方面。　✲ 表示同时有几个不同方面。

右 yòu　✲ 1. 面对南方时在西方的那一边。2. 西。3. 在高处的,高一等的。4. 对事物的前进不好的。　✲ 1. 面向南时靠西的一边。与"左"相对。2. 西。3. 上。4. 保守的。

右边 yòubian　✲ 面对南方时在西方的那一边。　✲ 靠右的一边。

右面 yòumiàn　✲ 面对南方时在西方的那一边。　✲ 右边。

右派 yòupài　✲ 常常认为事物的前进有问题,对事物的前进起不好作用的一些人所成的一方。　✲ (阶级、政党、集团内)思想保守的一派。与"左派"相对。

yu

于 yú　✳ 1.在,说明时间、处所。2.带出对象。3.给。4.对;在……方面;跟……有关。5.自;从。6.比。7.带出发出动作的人。　❋ 介词,"在"、"向"、"对"都是它的意思。

于是 yúshì　✳ 这样。　✳ 用在后面的话的开头,说明一事发生后,后一事不久就发生了。　❋ 连词,表示后一事紧接着前一事。

鱼 yú　✳ 只能生活在水中的无毛动物,身上很光,不好拿。有很多种,有的大,有的小;有的在小河里,有的在大海里。有很多鱼吃后对身体很好。　❋ 生活在水中的动物,大部分可食用,种类很多。

鱼肉 yúròu　✳ 鱼身上的肉。　❋ 1.鱼的肉。2.(书面话)用强力害人,把人当作鱼、肉一样对待。

鱼子 yúzǐ　✳ 鱼下的子,可以长成小鱼儿。　❋ 鱼在长成小鱼以前的样子。

与 yǔ　✳ 和。　✳ 1.给。2.往来;友好。3.跟。4.和。　❋ 和,跟,给。

与此同时 yǔ cǐ tóng shí　✳ 在同一时间,这个时候。　✳ 在发生一事的同一时候。　❋ 指上文所说的和下文要说的,发生在同一时候。

与众不同 yǔ zhòng bù tóng　✳ 和大家不一样。　✳ 跟大多的人、事物不一样。　❋ 和大多数人都不一样。

雨 yǔ　✳ 天上下来的水。　✳ 从天上下到地面的水。　❋ 从云中下到地面的水。

雨季 yǔjì　✳ 一年中天上下水多的几个月。　✳ 一年中雨水多的几个月。　❋ 雨水多的季节。

雨量 yǔliàng　✳ 天上下来的"水"的多少。　✳ 在一定时间里,下到平地上,没有气化,没有进到地面以下的雨水离地面有多高。　❋ 在一定时间内,落在地上的雨水的多少。

雨水 yǔshuǐ　✳ 天上下来的一点一点的水。　✳ 天上下来的一点一点的水。　❋ 下雨积的水。

雨鞋 yǔxié　✳ 下雨时人走路用的水进不去的着(zháo)地的东西。　❋ 下雨天穿的不进水的鞋。

雨衣 yǔyī　✳ 下雨时用的一种外衣。它可让雨不下在身体上。　❋ 下雨时穿的防水的衣服。

语 yǔ　✳ 话。　✳ 1.话,语言。2.说。3.成语。　❋ 1.话。2.说。3.成语。4.代替语言表示意思的动作或方式。

语法 yǔfǎ　✳ 文法。　✳ 这是有关语言的一门学问,它告诉人怎样用语言的每个成分,哪个先说,哪个后说,哪个不可以说。　❋ 语言的结构方式,包括词的构成和变化、词组和句子的组织。

语感 yǔgǎn　✳ 知道这样说话行不行。　✳ 说一种语言的人,很快就能发现用这种语言说的话是对还是错,这种才能叫语感。　✸ 言语交流中指对词语表达的反映。

语文 yǔwén　✳ 话和文字。　✳ 语言和文字。　✸ 1. 语言和文字。2. 语言和文学。

语系 yǔxì　✳ 很多语言是从一种更早的语言分化来的,它们有很多共同点就可看作一个语系。　✸ 有共同的根的一些语言的总称。

语言 yǔyán　✳ 人们说的话。　✳ 1. 人们用来告诉别人信息、说明自己思想的有意思的声音。2. 话语。　✸ 1. 人类所特有的用来表达意思、交流思想的工具,是一种特别的社会现象。2. 话语。

语言所 yǔyánsuǒ　✳ 以语言学为工作对象的地方。　✸ 研究语言的一个部门。

语言学 yǔyánxué　✳ 人们说的话的学问。　✳ 有关语言的学问。　✸ 研究语言特点、结构、发展的科学。

语言学家 yǔyánxuéjiā　✳ 在语言学方面有成就的人。　✸ 研究语言学有成就的人。

语音 yǔyīn　✳ 叫人听的话,语的"声"。　✳ 语言的声音,就是人说话的声音。　✸ 语言的声音,就是说话的声音。

育 yù　✳ 生孩子。　✳ 1. 生(孩子)。2. 让……成长、长大。3. 教。　✸ 1. 生育。2. 养活。3. 教育。

欲 yù　✳ 想要。　✳ 1. 要什么东西的想法。2. 想要。3. (以后的时间里)要、会。4. 一定要。　✸ 1. 欲望。2. 希望,想要。3. 需要。4. 将要。

欲望 yùwàng　✳ 想要的。　✳ 想得到什么东西,想到什么地方去的想法。　✸ 想达到某种目的,得到某种东西的要求。

遇 yù　✳ 1. 见到。2. 机会。　✳ 1. 同"遇见"。2. 机会。3. 姓。4. 对人的方法。　✸ 1. 事先相互没有约定而突然见到。2. 机会。3. 对待;待遇。

遇到 yùdào　✳ 见到,可本来没想到。　✳ 事先没有想到,可是发生了,见到了。　✸ 事先没有想到而在自己面前发生了。

遇见 yùjiàn　✳ 没想到看见。　✳ 事先没有想到,可是发生了,见到了。　✸ 遇到(某人)。

遇难 yùnàn　✳ 车、飞机有问题了,上边的人也不在人间了。这时,可以说人遇难了。　✳ 有时因别人有意地干不好的事,有时因发生意外,人离开了人间。　✸ 遇到意外事故而死了。

yuan

元 yuán ✳ 1. 本。2. 第一,第一的。 ❋ 1. 中国钱的一种。2. 开始的,第一。3. 主要的,如元音。 ✱ 1. 开始的,第一。2. 为首的。3. 主要;根本。4. 构成一个整体的。

元代 Yuándài ✳ 中国1271年到1368年这个时期。 ❋ 中国古代的一个时期,1271年开始到1368年,那时国家主事的人不是汉人,国名叫元。 ✱ 中国13世纪到14世纪这一时期,在明代之前。

元首 yuánshǒu ✳ 一个国家最最重要的人。 ❋ 国家最高的主事人。 ✱ 国家的最高领导人。

元月 yuányuè ✳ 一月,一年的第一个月。 ❋ 1. 正(zhēng)月。2. 一年中的第一个月。 ✱ 指农历正(zhēng)月。

园 yuán ✳ 一个有花有水的地方。 ❋ 1. 种花、果、菜的地方。2. 人们休息、活动的地方。 ✱ 1. 种菜、花果、树木的地方。2. 给人玩的地方。

园林 yuánlín ✳ 有花有水的地方。 ❋ 一种大的场所,用来种花和种种让人看的作物等,人们可以去那儿看花、休息。 ✱ 有花草树木的风景区,让人在那里休息。

园艺 yuányì ✳ 种菜、种花、种果等的知识、才能等。 ✱ 种菜、花、果树等的技术。

员 yuán ✳ 说的是什么样的人。 ❋ 1. 工作、上学的人,只能用在"教(jiào)、学、店"等后面,本身不能用。2. 连成一体的很多人中的一个,用法上本身不能用。 ✱ 1. 指工作或学习的人。不能单用。2. 团体或组织的成员。3. 量词,用于武将。

原 yuán ✳ 本来的。 ❋ 1. 开始的。2. 本来的。3. 没有对它做过什么工作的。4. 姓。5. 广大的地。6. 对别人做错的事不生气。 ✱ 1. 最初。2. 原来。3. 平原。4. 没加工的。

原本 yuánběn ✳ 本来。 ❋ 1. 本来。2. 底本。 ✱ 1. 最初写好的文章;底本。2. 本来。

原价 yuánjià ✳ 一种东西本来卖多少钱,这个钱的多少叫"原价"。 ✱ 原来的价钱。

原件 yuánjiàn ✳ 开始时做的那个东西,不是后来才做的跟第一个一样的东西。 ✱ 1. 没有经过改动的文件或物件。2. 跟"复印件"相对的文件。

原来 yuánlái ✳ 本来,以前。 ❋ 1. 本来;开始时。2. 说明发现真的(起因、事物等)。 ✱ 1. 起初;没有经过改变的。2. 表示发现了真实情况。如:"原来是你!"

原理 yuánlǐ ✳ 一种告诉人们怎么做才可能有所成的说法,用处广,可以从它得出别的能告诉人们怎么做的东西。 ✳ 带有普遍性的最根本的道理。

原谅 yuánliàng ✳ 不生别人的气了,不再在意别人做错的事。 ✳ 对别人的错表示不计较。

原料 yuánliào ✳ 作东西用的东西。 ✳ 用来做成别的东西的天然的东西。 ✳ 指没有经过加工的材料。

原始 yuánshǐ ✳ 最老的。 ✳ 1. 最开始的;第一手的。2. 最古老的,还没开发的。 ✳ 1. 最初的,第一手的。2. 最古老的,未开发的;未开化的。

原文 yuánwén ✳ 第一回写下的东西。 ✳ 最早写出来的成文的文字;让人用的本来的文字,如让人写进别的书文中,让人用别的语言重写出来。 ✳ 1. 写作时所根据的某文章或某词句。2. 把一种语言文字的意思用另一种语言文字表达出来时所依据的词句或文章。

原先 yuánxiān ✳ 以前。 ✳ 从前;开始时。 ✳ 从前;起初。

原因 yuányīn ✳ 带来一定的成果、后果,让一事发生的起始的东西。 ✳ 造成某种结果或带动另一事件发生的条件。

原则 yuánzé ✳ 人定出的成文的东西,说话、做事都要以它为出发点,跟着它去做。 ✳ 说话或行动所依据的法则或标准。

原著 yuánzhù ✳ 一电影里讲的事来自一本书,这本书就是原著。 ✳ 著作的原本。

原子能 yuánzǐnéng ✳ 一种现在看来最大的能,一种原子成为他种原子时就会生成这种能。 ✳ 某种反应所产生的非常大的能量,用于工业、军事等方面。

圆 yuán ✳ 天上的月的样子(可不是半月时)。 ✳ 1. 跟中国旧历每月十五、十六的明月一样的样子,平面的。2. 跟明月这种天体差不多的立体的样子。 ✳ 1. 圆周的简称。2. 圆周所围成的平面。3. 圆满,周全。4. 使圆满,使周全。5. 中国的钱的单位。

圆规 yuánguī ✳ 画圆用的东西,有两个筷子一样的东西把头儿连在一起,放在上方,下边的不连在一起。 ✳ 画圆的一种用具,有两脚。

圆满 yuánmǎn ✳ 不少什么,什么也都好。 ✳ 什么都不少,没什么错处,让人高兴,让人幸福。 ✳ 没有缺少的地方,使人满意。

圆形 yuánxíng ✳ 样子不是方的。 ✳ 圆的样子。 ✳ 平面是圆的形体。

远 yuǎn ✳ 不近的。 ✳ 时间长,两点中间长,跟"近"对用。 ✳ 1. 空间或时间离得很长(跟"近"相对)。2. (血统关系)不亲近。3. (差别)程度大。4. 不接近。

远程 yuǎnchéng ✳ 两地间路远的。 ✳ 路程远的。

远处 yuǎnchù ✳ 远地方。 ✳ 远的地方。 ✳ 较远的地方。

远大 yuǎndà ✳ 长远和广大,不是当前。 ✳ 长远而且大。

远东 yuǎndōng　✻ 中国,日本……都在远东。　✷ 离法国等国很远的东方地区,比如中国、日本就在远东地区。　✹ 西方人指亚洲东部地区。

远方 yuǎnfāng　✻ 很远的地方。　✷ 远处;很远的地方。　✹ 较远的地方。

远见 yuǎnjiàn　✻ 看得很远很远的想法。　✷ 看问题看得远的那种才能。　✹ 远大的眼光。

远景 yuǎnjǐng　✻ 远方的样子,以后的样子。　✷ 1. 离得远的物体。2. 还没有成真的事物的样子,往往是人们想像的。　✹ 1. 较远的景物。2. 将来的景象。

远离 yuǎnlí　✻ 去一地,很远。　✷ 离得远。　✹ 较远地离开。

院 yuàn　✻ 1. 院子。2. 一些机关和公共处所的名字。　✹ 1. 院子。2. 某些机关或公共处所的名称。3. 指学院。4. 指医院。

院校 yuànxiào　✻ 大学这样的地方。　✷ 高等学校。　✹ 是"大学和专科学院"的简称。

院长 yuànzhǎng　✻ 学院、医院的第一把手。　✹ 学院、医院等的第一管理者。

院子 yuànzi　✻ 房子前后、两旁,用东西跟外面分开的小平地。　✹ 房子前后用墙等围起来的空地。

愿 yuàn　✻ 想要的。　✷ 1. 想要的,想做的。2. 高兴去做的,出自本心的。　✹ 1. 愿望。2. 愿意。

愿望 yuànwàng　✻ 很想要什么的想法。　✷ 想在还没到来的时间里做到什么,得到什么的想法。　✹ 希望将来能达到某种目的的想法。

愿意 yuànyì　✻ 很想要(作)。　✷ 1. 认为跟自己想的一样,同意(做……)。2. 想要(什么发生)。　✹ 1. 同意并乐于(做某事)。2. 希望(发生某种情况)。

yue

约 yuē　✻ 1. 提出、商定(要共同做到的事)。2. 请。3. 定下的事;共同立下的要共同做到的文书等。　✹ 1. 提出或商量(需要共同做到的事)。2. 约定的事;共同定好的条文。3. 大概。4. 限制使不越出范围。5. 节省。

约定 yuēdìng　✻ 两方、几方说好。　✷ 提出、商定(要共同做到的事)。　✹ 1. 经过商量而确定。2. 事先约好的会面。

约会 yuēhuì　✻ 说好和谁在什么地方见。　✷ 先前定下的在什么时间什么地方见面。　✹ 事先约定相会。

约请 yuēqǐng　✻ 叫谁去(什么地方)。　✷ 请人到自己的地方、到定好的地方去。　✹ 请人到自己的地方来或到约定的地方去。

月 yuè　✻ 1. 三十天是一个月。四个多星期是一个月。2. 天上有"日",有星星,也有月。　✷ 1. 一年有十二个月,一个月有三十天。2. 每月的。　✹ 1. 月亮、月球。2. 计时的单位,公历一年分为12个月。3. 每月的。4. 样子像月亮的;圆的。

月报 yuèbào ✳ 一个月见一回的报。 ✳ 一个月出一次的书报,多用作书报名。 ❋ 一个月一次定期出版的书报,多用作书报名。

月初 yuèchū ✳ 一个月的前几天。 ✳ 一个月开头的几天。 ❋ 一个月开头的几天。

月底 yuèdǐ ✳ 一个月最后的几天。 ✳ 一个月最后的几天。 ❋ 一个月的最后几天。

月份 yuèfèn ✳ 十二个月中的一个月。 ✳ 十二个月中的一个月。 ❋ 指某一个月。如:八月份。

月光 yuèguāng ✳ 来自月的光。 ❋ 月亮的光线。

月经 yuèjīng ✳ 女人月月都有的。 ✳ 女人每个月都有的几天,是正常的出红现象。 ❋ 成年女子每个月正常的出血现象。

月亮 yuèliàng ✳ 天上的月。 ✳ 晚上看到的天上最大最明的天体。 ❋ 月球的通称。

月票 yuèpiào ✳ 一个月买一回可以用一个月的票。买了以后,这个月坐车不用再买票了。 ✳ 每个月买一次的坐公共汽车、电车和去公园等用的票。 ❋ 每个月买一次的坐公共汽车、去一定的场所活动等用的票。

月食 yuèshí ✳ 天上没有月了。 ✳ 我们住的天体走到月和日中间,它让太阳的光不能到月上去,所以月上出现黑影,这种现象叫月食。 ❋ 地球运行到太阳和月亮之间,形成月亮上出现黑影的现象。

月牙儿 yuèyár ✳ 天上的月小到一半后的样子。 ✳ 天上的月小到一半后更小时出现的样子。 ❋ 新月。

月中 yuèzhōng ✳ 一个月中间的几天。 ✳ 一个月中间的几天。 ❋ 一个月中间的几天。

月终 yuèzhōng ✳ 一个月最后的几天。 ✳ 月底;一个月快要完的那几天。 ❋ "月底"的同义词。

乐 yuè ✳ 人作的好听的"声"。 ✳ 音乐。 ❋ 音乐。

乐队 yuèduì ✳ 给人带来音乐的几个人所成的一体,每人手里都拿着一个发出乐音的东西。 ❋ 用不同乐器演出的人们组成的集体。

乐器 yuèqì ✳ 能有好听的"声"的东西。 ✳ 可以发出乐音,给人带来音乐时用到的东西。 ❋ 可以发出乐音的器具。

乐团 yuètuán ✳ 给人带来音乐的多人所成的一体,每人手里都拿着一个发出乐音的东西。 ❋ 演出音乐节目的团体。

越 yuè ✳ 过……的上边,到那边去。 ✳ 1. 从……过去。2. 位次在后的出现在前面；里面的到了外面。　✱1.越过。2.不按一定的先后；出了(范围)。

越过 yuèguò　✱过……的上边,到那边去。　✱走过中间的地方,从这边到那边。　✱经过中间的界限等由一边到另一边。

越剧 Yuèjù　✱中国上海一带的一种文化成果,要用当地方言唱,要做动作,是从当地民歌开发中出来的。　✱用上海方言的演唱剧。

越来越…… yuèláiyuè…　✱因为时间往前,(事物、现象)更(怎么样)。　✱表示程度随着时间发展。

越南 Yuènán　✱中国东南边上连着广西的一个国家名,那里是热带。　✱中国南部的一个小国家,曾分成北越和南越。

越……越…… yuè…yuè…　✱用来说明后果跟着前因走,前一事物更怎样,后一事物跟着更怎样。　✱表示程度随着条件的发展而发展。

yun

云 yún　✱天上走的东西,会下水一样的东西。　✱天上的一种物体,有的发黑,可以让人看不见阳光,也会下雨。　✱在空中的由极小的水点集中而形成的物体。

云层 yúncéng　✱天上走的东西,会下水一样的东西。　✱天上很多的大片大片的黑东西,会生成雨水。　✱集成一层的云。

云集 yúnjí　✱很多人从各地来到一起。　✱形容很多人从很多地方来,集合在一起。

云南 Yúnnán　✱中国西南的一块儿地方,在四川边上的热带区,风光很美。　✱中国西南部的一个省。

运 yùn　✱1.把(物体、人)从一处带到别处。2.运气。　✱1.运送。2.运气,命运。3.运用。4.使(物体)改变地方。5.物体所在的地方不断变化的现象。

运动 yùndòng　✱1.跟人的身体有关,对人的身体有好处的种种活动。2.从不动的物体来看,一事物所在的地方不同以前了,到了别处。　✱1.体育活动。2.同一物体所处的地方不断变化的现象。3.政治、文化、生产等方面有组织、有目的而声势较大的很多人参加的活动。

运动会 yùndònghuì　✱有多种身体活动的大会,会上要比谁活动得更好,比出名次。　✱比体育技能的大会。

运动员 yùndòngyuán　✱进行身体活动、还要拿名次的人。　✱参加运动会,比体育技能的人。

运河 yùnhé　✱人工河。　✱用人工在地上开出来的大河。　✱人工造的河。

运气 yùnqì　✱一些事发生在人身上,有好的,也有不好的,说不明白为什么,这叫运气。 ✳ 1. 幸运。2. 命运。

运送 yùnsòng　✳ 用车什么的叫东西、人到一个地方去。　✳ 飞机、车把人、物带到别处。　✳ 用交通工具把物资或人从一处送到另一处。

运算 yùnsuàn　✳ 从一定的方法出发，算出一个题。　✳ 依照数学法则算出算题的结果。

运行 yùnxíng　✳（星星、车……）走。　✳（星体、车）等一遍又一遍地走动。　✳ 指星球、车、船等周而复始地运转。

运用 yùnyòng　✳ 用。　✳ 用。　✳ 根据事物的特性加以利用。

Z

za

杂 zá　✳ 1. 多样的。2. 有很多不一样的东西在一个东西里。　✳ 1. 多种多样的。2. 多种东西在一起的。　✳ 1. 多种多样的。2. 两种或两种以上的不同的东西或人合在一起。

杂感 zágǎn　✳ 很多这样那样的想法。　✳ 1. 星星点点的想法。2. 写星星点点的这些想法的一种文体。　✳ 1. 零星的感想。2. 写零星感想的一种文体。

杂货 záhuò　✳ 什么都有，都是日用的不大的东西。　✳ 多种多样的日用的不大的东西。　✳ 各种日用的零星货物。

杂技 zájì　✳ 做给人看的多种很难做的活动，常常是高难动作。　✳ 各种技艺表演的总称。

杂文 záwén　✳ 当今的一种文体，写法不定，可以讲一些事儿，也可以说出自己的意见、想法，都不太长。　✳ 现代文章的一种，不限形式，可以谈一件事，也可以议论。

杂志 zázhì　✳ 定期出的一种跟书差不多的东西，大多一个月出一期，有的两三个月出一期，里面写的东西多种多样。　✳ 1. 一种印着文章、图片、歌等的定期或不定期出的书。2. 零碎的笔记，多用于书名。

zai

再 zài　✳ 作了还作。第二回作。　✳ 1. 又一次。有时就是第二次。2. 如果做下去就会怎么样。3. 说明一个动作发生在前一个动作以后。　✳ 副词。1. 表示动作将要重复。如：我还要再参观一次。2. 表示更加。如：再高一点儿就更好了。3. 表示一个动作发生在另一个动作之后。如：吃完了饭再走。

再次 zàicì　✳ 再一回。　✳ 又一次。　✳ 又一次。

再会 zàihuì　✳ 再见,下(一)回见。　✲ 下一次见。　✵ 也称"再见",用在分手时。

再婚 zàihūn　✳ 第一个爱人有问题后,和第二个爱人有了第二个家。　✲ 和第一个爱人分手后,又一次成亲。　✵ 离婚或爱人死后再结婚。

再见 zàijiàn　✳ 走的时候和朋友说的话。　✲ 跟人分手时说的话,有"以后再见面"的意思。　✵ 客气话,用于分手时。

再来 zàilái　✳ 以后还来。　✲ 1.以后还来。2.请做第二次。　✵ 表示已来过而将要再一次来。

再说 zàishuō　✳ 1.还说。2.(过几天)再看(这个问题)。3.还有。　✲ 1.现在不办,等以后再办。2.说明因果说到第二点时,可用它开头儿。　✵ 1.表示留待以后再办理或考虑。2.表示推进一层。3.表示把说过的再重复说一遍。

再者 zàizhě　✳ 再说。第二点。　✲ 说明一事说到第二点时,用在开头的话。　✵ 连词,表示进一步说明,有"而且"的意思。

在 zài　✳ 在一个地方,一个时间。正在。　✲ 1.说明人、事物的方位。2.说明事物发生的时间、处所等,如在家里、在地上、在中午等。3.活着。4.正在。　✵ 1.表示人或事物的方位。如:钢笔在书架上。2.介词,表示时间、处所、范围等。如:我在学校开会。3.正在。4.存在;生存。5.参加(某团体)。

在家 zàijiā　✳ 在家里。　✲ 在家里;在工作和住的地方;没有出门。　✵ 指某人在家里,没出去。

在座 zàizuò　✳ 在这儿的人。到会的(人)。　✲ 到会的,在的。　✵ 1.指参加某会(的人)。2.在(集会、晚会等的)座位上,一般指参加集会、晚会。

zan

咱 zán　✳ 我,我和你。　✲ 1.我、你。2.我们和你们;我和你。　✵ 咱们。

咱们 zánmén　✳ 我们,我们和你们。　✲ 1.自己和对方。2.我、你。　✵ 1.代词,己方(我或我们)和对方(你或你们)。2.我或你。

zao

早 zǎo　✳ 五六点到八九点。　✲ 1.很长时间以前。2.早上。3.时间在先的。4.比一定的时间往前。5.早上见面时问候别人的话。　✵ 1."早上"的简称。2.与"早安"同义。3.很久以前。如:他们早商量好了。4.比一定的时间靠前。如:早点儿睡。

早安 zǎo'ān　✳ 你好。八点前后说的。　✲ 早上用的问候语,意为"早上好。"　✵ 问候语,用于早上见面时互打招呼。

早产 zǎochǎn　✳ 孩子还没到生的时候生了。　✴ 还没到出生的时间就出生了。　❋ 怀孩子的妇女提早(足月以前)生出孩子,早产的孩子需要特别护理。

早点 zǎodiǎn　✳ 一天中五六点到八九点时吃的东西。　✴ 早饭;早上吃的点心。　❋ 也称"早饭";早上吃的点心。

早饭 zǎofàn　✳ 早上吃的饭。　✴ 早上吃的饭。也称"早点"。

早婚 zǎohūn　✳ 年岁很小的时候有了爱人。　✴ 身体还没长好就过早地成亲;女子不到二十岁就跟人成亲。　❋ 没有发育成熟或没到法定岁数而结婚。

早上 zǎoshang　✳ 五六点到八九点的时间。　✴ 从天发白到八九点钟的时间。有时是从午夜十二点以后到中午十二点以前。　❋ 从天将亮到八九点的几个钟头的时间。

造 zào　✳ 作(东西)。　✴ 1.前往;到。2.成就。3.教(学生);做(东西);带来(事儿)。　❋ 1.制作。2.建。3.成就。4.培养。5.前往,去。

造成 zàochéng　✳ 带来(后果、事儿等)。　❋ (由于某原因而)形成(后果)。

造船厂 zàochuánchǎng　✳ 船是可以坐人的在水上走的东西,作这东西的地方叫"造船厂"。　✴ 做水上走的把人、物从一地带到一地的东西的场所。　❋ 制造船的工厂。

造反 zàofǎn　✳ 发起跟人、机关作对的行动。　❋ 进行反政府等的行动。

造价 zàojià　✳ 作东西贵不贵。要多少票子。　✴ 做东西时所用的钱。　❋ 房屋、铁路、公路等修建的费用或汽车、船、机器等制造的费用。

造就 zàojiù　✳ 1.教人学,让他有成就。2.(多是年轻人的)成就。　❋ 培养使有成就。

造句 zàojù　✳ 说的话。　✴ 把一个个有关的字放在一起成为能说的话。　❋ 把词组织成句子。

造林 zàolín　✳ 在大片地上种,日后可成片的高大作物,这些作物长成后可以立房子,做家什。　❋ 在大面积的土地上种树,培养成为树林。

造作 zàozuò　✳ 作个样子,叫人看。人们不大喜欢这样子。　✴ 做作,言语动作不自然。　❋ 1.制作,制造。2.做作。

ze

则 zé　✳ 那么;可是。　✴ 1.要人做到的东西。2.(如果怎么样),就(怎么样)。3.说明关连、对比。4.是,说明。　❋ 1.规范。2.连词,与"那么……就"的意思相近。(1)表示两事在时间上相承。(2)表示因果或情理上的联系。(3)用在相同的两个词之间表示让步。3.用在"一、二、三"等后面表示举出原因或理由。

4. 是。

zen

怎 zěn ✳ 怎么。 ✱ 怎么。

怎么 zěnme ✳ 怎样。用在问话中,想知道作的方法。 ✳ 用在问话中,想知道事儿为什么会这样。 ✱ 疑问代词。1. 问情况、原因等。如:他怎么还不来?2. 指情况,方式等。如:想怎么办就怎么办。3. 指一定程度。如:他不怎么会骑马。

怎么办 zěnme bàn ✳ 不知道作的方法时问人的话。 ✳ 不知道做事的办法时问别人的话。 ✱ 问对方解决问题的办法。

怎么样 zěnmeyàng ✳ 怎样。问人的看法和作的方法。 ✳ 1. 怎样。2. 跟"不"连用,意为不好,比直说好听一些。 ✱ 疑问代词。1. 与"怎样"同义。2. 代替某种不容易或不愿意说出来的动作或情况。(只用在"不"后面)如:他说得不怎么样。

怎么回事 zěnme huí shì ✳ 问人"怎么了?" ✳ 对一事的起因发问。 ✱ 用提问方式请对方说出原因。

怎样 zěnyàng ✳ 怎么样。 ✳ 也说"怎么样",问别人的意见,问做事的方法。也可用在非问话中。 ✱ 疑问代词。1. 问情况、方式等。如:你用怎样的方法?(注意:"怎么"的后面不可以直接加"的"及名词。)2. 指情况、方式。如:想想有工作时怎样,没工作时怎样。

zeng

增 zēng ✳ 叫东西多。 ✳ 让东西比本来的更多。 ✱ 增加。

增产 zēngchǎn ✳ 作的东西多了。 ✳ 让做出来的、长出来的东西更多。 ✱ 增加生产。

增光 zēngguāng ✳ 让人、机关等有面子。 ✱ 增加光彩。

增加 zēngjiā ✳ 叫人、东西多。 ✳ 让人、物比本来的更多。 ✱ 在事物发展的起点上加多;在原有的基点上加多。

增进 zēngjìn ✳ 让……更多、更好;让……前进。 ✱ 增加并使发展。

增强 zēngqiáng ✳ 让国家的东西等更多、让身体等更好。 ✱ 加强,增进。

增长 zēngzhǎng ✳ 提高。 ✱ 提高,增加。

zhan

展 zhǎn ✳ (叫……)张开。 ✳ 1. 张开,放开。2. 放在一定的地方给人看。3. 用出。 ✱ 1. 张开;放开。2. 展出,展示。

展出 zhǎnchū ✳ 在一个地方叫大家看(东西)。 ✳ 放在一定的地方给人看。

✳ 把东西展示出来给观众看。

展开 zhǎnkāi ✻ 1. 张开。2.（以前没作,现在）叫人多多地作……。 ✲ 1. 张开。2. 进行（大的活动）。 ✳ 1. 张开。2. 大范围,大声势地进行。

展品 zhǎnpǐn ✻ 在一个地方叫大家看的东西。 ✲ 放在一定的地方给人看的物体。 ✳ 展出的物品。

展示 zhǎnshì ✻ 在一个地方叫大家看（东西）。 ✲ 放在一定的地方给人看;明白地体现出来。 ✳ 明显地表现出来。

展望 zhǎnwàng ✻ 1. 往远处看;往明天看。2. 对事物的明天的想象。 ✲ 1. 往远处看;往将来看。2. 对事物发展前景的料想。

站 zhàn ✻ 上车的地方。 ✲ 1. 身体立在地面上、物体上。2. 人上下车的地方,车站。3. 在行进中不再行进。 ✳ 1. 直着身体,两脚在地上或某物体上。2. 在进行中停下来。如:别走,站住!3. 车站;为了让坐车的人上下车或装放货物而设的停车的地方。4. 为某种业务而设立的机构。如:加油站。

站台 zhàntái ✻ 上火车以前,人在的地方。 ✲ 车站上坐车的人上下车的地方,平的,比路面高。 ✳ 车站上坐车的人上下车的地方所修的高出地面的平台。

站长 zhànzhǎng ✲ 车站的第一把手。 ✳ 在车站上工作的最重要的人。

zhang

张 zhāng ✻ 中国人的一个姓。 ✲ 1. 让收在一起的东西分开、放开。2. 商店开始对外工作,开张。3. 用来说皮子、票等的多少。4. 中国的一个姓。 ✳ 1. 是一个中国姓。2. 量词。如:三张画,一张皮。

张三李四 zhāngsān lǐsì ✻ 用来说这个人,那个人。 ✲ 中国人的名字,用来说一些人。 ✳ 指某人或某些人,但不固定指谁。

张贴 zhāngtiē ✲ 把（广告、画报等）放在立起来的东西上给人看,这里的广告等和立起来的东西不分离。 ✳ 把广告、报纸等放在立起来的东西上给人看。

张嘴 zhāngzuǐ ✻ 开口,多是说话,也可以是要什么东西。 ✲ 1. 张开人头上说话用的那个东西,说话。2. 从别人那里要东西,要别人为自己做事。 ✳ 1. 把嘴张开。多指说话。2. 指对人有所请求。

章 zhāng ✲ 1. 定下来的叫人怎么做的成文字的东西。2. 文字的东西分成很多份,每份有一主题,叫一章。 ✳ 1. 歌、诗、文章等的段落。2. 图章。3. 章程。4. 条理。5. 带在身上的标志。

章法 zhāngfǎ ✻ 写文的方法。 ✲ 1. 把作文的多个成分放在一起的方法。2. 办事的先后、方法等。 ✳ 1. 文章的组织结构。2. 形容办事的规则。

长 zhǎng ✲ 1. 生。2. 生长(zhǎng)、成长(zhǎng)。3. 主事的人。4. 年岁大。

长丈招

✽ 是"生长(zhǎng)","成长(zhǎng)"的意思。

长大 zhǎngdà　✽ 人什么的大了。　✾ (人)成年了,(作物、水果等)可以收了。
✽ 成长中的人或动物变大了。

长得 zhǎngde　✽ 样子看上去……。　✾ 样子看上去(高、大、美、不好等)。
✽ 指某人的样子如何。

长相 zhǎngxiàng　✽ 人本来有的样子。　✾ 口语说"长相儿",人的样子。
✽ 人的面部长的样子。

丈 zhàng　✾ 1.可以用它来说明别的东西有多长(cháng),差不多有三米三长。2.对成过亲的男子的叫法。　✽ 1.丈夫。2.长度单位,一丈等于三米。3.丈量。4.男子称自己爱人的父母亲。

丈夫 zhàngfū　✽ 有了爱人的男子,是爱人的丈夫。　✾ 1.男女两人成亲后,男子是女子的丈夫。2.成年男子。　✽ 1.男女两人结婚后,男子是女子的丈夫。2.成年男子。

丈量 zhàngliáng　✾ 用一定的东西、方法等得出田地等的大小。　✽ 量土地的面积或长度。

zhao

招 zhāo　✽ 叫人过来。　✾ 1.手上下地动,叫人来。2.出个公告让人来。3.带来(不好的事物)。4.(言语、行动)作用在对方身上,带来不好的事。5.(人、事物的不同点)让人喜欢、不喜欢。　✽ 1.举起手来上下动,叫人来。2.带来(不好的事物)。3.用公告方式使人来。

招待 zhāodài　✾ 为了体现对请来的人的好意做出多种多样的事,如请吃饭、给住处等。　✽ 友好地对待客人或顾客,并给以应有的待遇。

招待会 zhāodàihuì　✾ 为了体现对请来的人的好意所办的活动,这种活动有一定的场所,人们在这里唱歌、喝酒、讲话等。　✽ 为招待客人或记者而举行的会。

招待所 zhāodàisuǒ　✾ 机关里给外来人住的房子。　✽ 机关、工厂等单位所设的接待客人的地方,并且设有住处。

招呼 zhāohū　✽ 1.叫人。2.问好。　✾ 1.叫(人做什么事)。2.用语言、动作问候(人)。　✽ 1.叫;呼。2.用语言或动作表示问候。3.叫(人做……)。

招生 zhāoshēng　✽ 要人来上学。　✾ 收新学生。　✽ 招收新学生。

招收 zhāoshōu　✾ 一个地方要(学生,工人……)。　✾ 收新学生时,用一定的办法找出好的来。　✽ 用考试等方法接收(新学生、工作人员等)。

招手 zhāoshǒu　✾ 用手做动作让人来,问候别人。　✽ 举起手来上下地动,表示叫人来或跟人打招呼。

着急 zháojí　✽ 心里不安，想快些把事儿办好。　✽ 想马上达到某种目的而急切不安。

着 zháo　✽ 1. 得到。2. 两个物体连上。　✽ 1. 两个或两个以上的物体接上。如：两脚着地。2. 用在动词后，表示达到了目的或有了结果。如：睡着了。3. 感受；受到。

着凉 zháoliáng　✽ 在凉的地方时间很长以后会着凉。　✽ 人身体因天气太凉病了。　✽ 受凉。指人的身体受到低温度的不利影响而生病。

找 zhǎo　✽ 为了要见到、得到想见的、想要的人和事物做出的一种动作。　✽ 1. 为了要见到或得到所需求的人或事物而行动。2. 把比应收的多了的部分还给对方。如：找钱。

找到 zhǎodào　✽ 看见想要的。　✽ 找以后，见到了自己要见的人，得到了自己要用的东西。　✽ 指找人或事物后达到了需求的结果。

找着 zhǎozháo　✽ 找到。　✽ 找到。多用于口语。

照 zhào　✽ 1. 光来到物体上。2. 从水等东西里看到自己的影子；水等东西把人、物的样子体现出来。3. 关心；为别人做事。4. 告知。5. 知道；明白。6. 对着。7. 从……出发，以……为出发点。　✽ 1. 依照。2. 有反光作用的物体把人或物的形象反映出来。3. 通知。4. 明白。5. 对着；向着。6. 相片。

照办 zhàobàn　✽ 和过去一样地(de)去作。作的和人说好的一样。　✽ 从一定的意见出发办事。　✽ 依照办理。

照常 zhàocháng　✽ 和天天作的一样。　✽ 跟平常一样。　✽ 与平时一样。

照顾 zhàogù　✽ 很关心，对他比对别人好，为他办事。　✽ 1. 关心料理。2. 考虑(到)，注意(到)。3. 特别注意，加以优待。

照旧 zhàojiù　✽ 和过去一样。还是过去的样子。　✽ 跟从前一样。　✽ 跟原来一样。

照看 zhàokàn　✽ 看(kān)人、东西，叫他没问题。　✽ 用心地看(kān)着。　✽ 照料(人或东西)。

照例 zhàolì　✽ 过去怎么作，现在也这么作。　✽ 办事从常用的做法出发。　✽ 按照常情。

照料 zhàoliào　✽ 关心，为……做事。　✽ 关心料理。

照片 zhàopiān　✽ 上边有人、东西，和我们看到的人、东西一样儿。　✽ 一种片子，人、事物的影子因光的作用出现在上面。　✽ 照相后得到的人或物的图片。

照相 zhàoxiàng　✽ 叫人、东西的样子到"画"上去。　✽ 用光和化学作用让人、事物的影子出现在片子上。　✽ 经过片子的感光作用映下实物影相。

照相机 zhàoxiàngjī　✽ 叫人、东西的样子到"画"上去的机子。　✽ 照相用的手动、自动机子。　✲ 照相用的机器。

照样 zhàoyàng　＊ 还是会(怎样)，还是那样。　※ 1.做成一定的样子。2.跟从前一样。　✲ 按照原样。

照应 zhàoyìng　※ 1.关心，为对方做事。2.一事物跟他事物放在一起很得体，很好(常用在作文上)。　✲ 是"照料"的意思。

zhe

者 zhě　＊ ……的人。　※ 1.用在"老、完美、轻"等后面说明有这些不同点的人、事物；用在"作、卖、唱"等后面说明做这个动作的人、事物。2.从事一种工作的人；信一种东西的人。　✲ 助词。(1)用在形容词或动词的后面，或这类特点的词后面，表示具有此特点或做此动作的人或事物。如：老者，前者。(2)用在某某工作、某某主义后面，表示从事某项工作或相信某主义的人。

这 zhè　＊ 用来说近的东西，不是那。　※ 用来说离说话人近的人和事。　✲ 指示比较近的人或事物。与"那"相对。

这里 zhèlǐ　＊ 和自个儿近的这个地方，这儿。　※ 离自己近的处所。　✲ 指示比较近的处所。与"那里"相对。

这么 zhème　＊ 很。　※ 跟"这样"差不多，都可做定语。　✲ 是"这样"的同义词。但"这样"后面可加"的"及名词。而"这么"不可以。如：这样的问题。

这儿 zhèr　＊ 这里。　※ 这里。　✲ (口语)这里。

这样 zhèyàng　＊ 这么。　※ 前面说出了一定的方法、动因、不同点、水平等，后面要再说明就用"这样"放在这些方法、动因、不同点、水平等会出现的地方。　✲ 指示方式、程度、情形等。与"那样"相对。"那样"指较远的事物，"这样"指较近的事物。

着 zhe　※ 说明动作正在进行中的，常跟"正、正在、呢"一起用。　✲ 表示动作接连不断地进行。如：他正干着活儿呢。

zhen

真 zhēn　＊ 和本来的样子是同样的。　※ 跟事物本身一样的。　✲ 是"真实"、"确实"的意思。是"假"的反义词。

真的 zhēnde　＊ 本来正是这样的。　※ 真正的。　✲ 是"真实"、"实在"的意思。

真空 zhēnkōng　＊ 里边什么都没有的地方。　※ 1.里面什么都没有，连人活着要用的气体都没有。2.里面什么都没有的东西、地方。　✲ 1.没有空气或空气极少的情形。2.真空的空间。

真理 zhēnlǐ　※ 事物、事物前进的道路、方法等在人的意识中的真的体现，它常常是对的。 ✲ 真实的道理。

真切 zhēnqiè ✲ 不难看明白,真的可信的。 ✲ 1. 清楚确实。2.(感情)很真很深。

真情 zhēnqíng ✲ 1.(事物)真正的样子。2. 真心。 ✲ 1. 真实的情况。2. 真实的心情或感情。

真实 zhēnshí ✲ 和本来的一样。 ✲ 真的,跟事物本来的样子一样,可信。 ✲ 跟客观事物一致的,不是假的。

真相 zhēnxiàng ✲ (一个事儿)真正的一面,本来的样子。 ✲ 事情的真实情况(区别于表面的或假的情况)。

真心 zhēnxīn ✲ 真的心意。 ✲ 真实的心意。

真正 zhēnzhèng ✲ 真的。 ✲ 1. 确实。2. 实际情况和名义完全一样。

诊 zhěn ✲ 看人怎么不好了。 ✲ 给人看病。 ✲ 为了了解病情而查(病人)。

诊断 zhěnduàn ✲ 看(人)怎么了。 ✲ 看了病人的有关方面后找出病人所得的病。 ✲ 诊察病人后判定病人的病及其发展情况。

诊断书 zhěnduànshū ✲ 说(一个人)怎么了的文字。 ✲ 说明病人得了什么病,病得怎么样的文字。 ✲ 记下对某人的病的诊断结果的纸张。

诊所 zhěnsuǒ ✲ 个人开办的给人看病的场所,比医院小。 ✲ 1. 个人开业的医生给病人治病的地方。2. 比医院小的医疗所。

诊治 zhěnzhì ✲ 说出病人得了什么病和给病人医病。 ✲ 诊察医治。

zheng

正月 zhēngyuè ✲ 中国年的第一个月。过中国年在这个月的前几天。 ✲ 中国旧历的第一个月叫正月。 ✲ 阴历的一月。

整 zhěng ✲ 1. 所有的,不少一点。2. 让……更好;把(东西)收好,放好。 ✲ 1. 完整。2. 整理。3. 整齐。4. 使吃苦头。

整风 zhěngfēng ✲ 用开会等方法让思想作风和工作作风更好。 ✲ 使思想作风和工作作风变好。

整个 zhěnggè ✲ 一点不少的,完好的。 ✲ 一事物的所有成分都在里面的。 ✲ 全部。

整理 zhěnglǐ ✲ 把(东西)收好,放好。 ✲ 使有条理。

整年 zhěngnián ✲ 一年。 ✲ 一年中的所有日子。 ✲ 全年。

整齐 zhěngqí ✲ 都一样长(cháng),都一样大小,一个也不小。 ✲ 东西放在一起很得当,很好看,这种样子叫整齐。 ✲ 1. 有条理,有规则。2. 大小、长短差不多。

整体 zhěngtǐ　＊一个个都。　＊跟"个体"对立,多个个体连成的一体。　✻指整个集体或整个事物的全部。

整天 zhěngtiān　＊一天都……。　＊一天里所有的时间。　✻从早到晚,全天。

整修 zhěngxiū　＊让(不好的、不能用的房子、田地、河道等)比以前好,能用。　✻整理,修理(多用于工程)。

整夜 zhěngyè　＊在天黑的时间里都……。　＊一个晚上的所有时间。　✻完整的一夜。

整整 zhěngzhěng　＊正好是一个整数。　✻达到一个整数的。

正 zhèng　＊1.方位在中间的。2.一点也不差的。3.正好。4.正面。5.为人正直。6.正当。7.主要的,如正文。　✻1.合乎标准方向。如:这张画挂得很正。2.大于零的数。如:二是正数。3."正好"的意思。4.表示动作的进行。如:他正干着活儿呢。

正常 zhèngcháng　＊大多是这样。　＊跟平时出现的一样。　✻合乎一般的情况。如:生活正常

正当 zhèngdāng　＊人很好。正在一个时间。　＊1.正处在(一个时间、一个时期)。2.对的(从法、常识来说)。3.(人)很好。　✻1.合理合法。2.(为人)正直。3.正处在(某个时期或阶段)。

正道 zhèngdào　＊好的道。　＊正路,走对的道路。　✻1.做人做事的正当的路。2.正确的道理。

正规 zhèngguī　＊有公认的做法的。　✻合乎正式规定的或一般公认的标准的。

正好 zhènghǎo　＊不大不小,不多不少。……和想要的一样。　＊1.时间、位子上不前不后,个子上不大不小,多少上不多不少等。2.意外地找到机会。　✻1.正是需要的。如:不大不小,正好。2.很巧遇到某机会。

正面 zhèngmiàn　＊人的前边,前行(xíng)的那一方。　＊1.人体的前面;房子等的前面;前进的那一方。2.成片的东西主要用到的一面。3.好的一面。4.事儿、问题等不难看到的一面。5.当面,要说什么就说,要做什么就做。　✻1.人的身体前部的那一面;前进的方向。2.主要使用的一面。3.好的一面,是"反面"的反义词。4.事情、问题等直接显示的一面。5.直接。

正派 zhèngpài　＊好(人),走正道的(人)。　＊(行为、作风)很好,光明正大。　✻(品行作风)正当,光明正大。

正气 zhèngqì　＊很正很好的作法。　＊光明正大的作风、风气。　✻1.光明正大的作风。2.刚正的气节。

正巧 zhèngqiǎo　＊正好,正是时候。　＊刚好,正好。　✻表示正是时候,正好遇到很希望或很不希望的;刚巧;正好。

正确 zhèngquè　✽ 好的。　✽ 对的,真的。　✽ 合乎事实、道理或某种公认的标准。

正式 zhèngshì　✽ 公认的,有一定方法的。　✽ 合乎一般公认的标准或合乎一定的手续的。

正视 zhèngshì　✽ 好好地想来的问题,不要不看。　✽ 认真地面对。　✽ 用直面的态度对待。

正统 zhèngtǒng　✽ 以前的认识、看法什么的,大家都这样,可看作是"正统"的。　✽ 一种事物从开始以来先后连在一起的思想、看法、行为等,人们不这样做,就会看作"不正统"。　✽ 指党派、学派从创建以来正式的一派。

正义 zhèngyì　✽ 1.公正的,对大家都有好处的。2.公正的东西。　✽ 1.公正的对人民有利的道理。2.公正的,有利于人民的。

正在 zhèngzài　✽ 这个时候在(作什么)。　✽ 动作在进行当中。　✽ 副词,表示动作进行或情况发展。如:温度正在上升。

正直 zhèngzhí　✽ 人很正很好的。　✽ 公正;想到什么就说什么,怎么想就怎么说。　✽ 公正,光明正大。

正中 zhèngzhōng　✽ 正好在中间。　✽ 中心点。　✽ 正好在当中。

证 zhèng　✽ 上面写名字、地点什么的小本本。　✽ 1.用可信的东西来说明人、事物是真的。2.用来说明人、事物是真的的东西。　✽ 1.证明。2.证据;证件。

证件 zhèngjiàn　✽ 有了这个东西,可知道一个人是什么人、作什么的。　✽ 用来说明身份、学问水平等是真的的小本本儿。　✽ 证明某人身份、经历等的文件,如身份证、学生证、工作证等。

证据 zhèngjù　✽ "A"事物能说明"B"事物是真的,"A"事物就是"B"事物的证据。　✽ 能证明某问题的有关事实或材料。A能证明B的真实性,A是B的证据。

证明 zhèngmíng　✽ 1.用可信的东西来说明人、事物是真的。2.可说明人、事物是真的所用的书和信。　✽ 1.用可靠的材料来表明或断定人或事的真实性。2.证明书或证明信。

证人 zhèngrén　✽ 一种人,他能说明一个事儿是真的。　✽ 能为某人或某事作证的人。

证实 zhèngshí　✽ 1.说明一事物是真的这种活动。2.说明了一事物是真的,可信的。　✽ 证明是确实的。

证书 zhèngshū　✽ 小本儿本儿,有了这个东西,可知道一个人作了什么、能作什么。　✽ 机关、学校等发的说明一个人学问水平,有什么本事,可以干什么等的文书。　✽ 由机关、学校、团体等发出的证明某方面资格之类的文件。如:结婚证书。

政 zhèng　✹ 1. 国家最重要的办事机关。2. 国家的主事机关、种种关心国家大事的人在本国和国外所进行的有关国事的活动。　✺ 1. 政府。2. 政治。3. 国家某一部门主管的业务。4. 指家庭或团体的事务。

政变 zhèngbiàn　✹ 因为共同的好处走到一起的一些人不公开地把当时的国家主事人打走，自己来做主。　✺ 统治集团内部的一部分人突然采取军事或政治手段造反。

政党 zhèngdǎng　✹ 一些人因为共同的好处走到一起所成立的东西，叫政党。他们为了共同的好处一起来做很多事，主要是国家大事。　✺ 代表某阶级或某集团并为实现某目的而行动的政治组织。

政府 zhèngfǔ　✹ 国家最重要的办事机关。　✺ 国家行政机关。

政见 zhèngjiàn　✹ 说国家怎样前行(xíng)的看法。　✺ 对国家大事的看法。　✺ 政治见解。

政客 zhèngkè　✹ 为国家做事的人，可是他们的心不好，好(hào)说不做，常为自己的好处着想。　✺ 通过从事政治活动取得私利的人。

政论 zhènglùn　✹ 公开出来的对国家大事的看法。　✺ 对当时政治问题发表的评论。

政体 zhèngtǐ　✹ 国家行事的方法，跟国体有关，中国和西方国家的"政体"不同。　✺ 国家最高领导组织构成的形式。

政治 zhèngzhì　✹ 国家的主事机关、种种关心国家大事的人在本国和国外所进行的有关国事的活动。　✺ 政府、政党、个人等在内政及国际关系方面的活动。

政治家 zhèngzhìjiā　✹ 对国家大事有远见，从事这方面活动，常常能说了算的人。　✺ 从事政治活动的有成就的人。多指国家领导人。

zhi

之 zhī　✹ 过去说的"的"。　✺ 1. 这，用在人、事物本来要出现的地方。2. 的。　✺ 文言中的常用词。1. 有时相当于"的"等助词，有时相当于"他"、"它"等代词。2.（书面语）往；去。3. 这，这个。

之后 zhīhòu　✹ 在这以后。　✺ 以后。1. 说明在一个时间、处所的后面。2. 用在开头，不和别的成分在一起，说明在上文所说的事的后面。　✺ "以后"的同义词。

之间 zhījiān　✹ 在人和人、东西和东西中间。　✺ 在人和人、物和物中间。　✺（两者）中间。

之类 zhīlèi　✹ 这样的。　✺ 这样的，等等。　✺ 同一类别的。

之前 zhīqián　✹ 在这以前。　✺ 以前，说明在一定时间、处所的前面。　✺ 表示在某处或某时间以前。

支 zhī ✽ 1. 一物分成几个,每一个叫一支、分支。2. 让人去做什么。3. 给,拿(钱等)。4. 跟"个、次"作用一样的语言成分,用在长的东西上等。 ✽ 1. 分支。2.(用力量)托。3. 量词。4. 调度;指使。5. 给出或领取(钱)。

支部 zhībù ✽ 一些人为了国家大事上的共同想法在一起成为一体后,为了活动的方便,又把这些人往下分,分出来的有几到十几、二十几个人的这么个东西。 ✽ 某些党派或团体的基层组织。

支出 zhīchū ✽ 1. 用票子,花。2. 用在买东西上的票子。 ✽ 1. 拿出去(钱等)。2. 拿出去的钱。 ✽ 1. 动词,花掉。2. 名词,花掉的钱。

支架 zhījià ✽ 往上起作用让物体下不来的一种东西。 ✽ 支着物体的架子。

支解 zhījiě ✽ 把人体分开,成一份一份的,中国古时候把这种方法用在一定的做错事的人身上。 ✽ 古代去掉人的手脚的做法。

支流 zhīliú ✽ 河水进到大河中的小河,小河就是大河的支流。 ✽ 1. 流入干(gàn)流的河流。2. 随着主要事物出现的次要事物。

支票 zhīpiào ✽ 用来到一个地方去要票子的一张张东西。 ✽ 一种不是现金的票子,可以用它到国家放钱的地方把现金拿出来。 ✽ 代替现金的票据,可以到存钱的地方去取钱。

支取 zhīqǔ ✽ 拿出(钱)来。 ✽ 领取(钱)。

支使 zhīshǐ ✽ 要人去作……。 ✽ 叫人去做事。 ✽ 态度比较强硬地使人做事。

支书 zhīshū ✽ 支部的主事人。 ✽ 支部书记,是党、团支部的主要管事人。

只 zhī ✽ 作用同"个"。 ✽ 量词,作用同"个"。常用来形容小动物,如一只鸟。

知 zhī ✽ 知道。 ✽ 知道,知识。 ✽ 知道。

知道 zhīdào ✽ 认识。懂得是什么、怎么了。 ✽ 懂得,对事物、知识有认识。 ✽ 懂得,对事物、情况等有所了解。

知己 zhījǐ ✽ 最好的朋友。 ✽ 办什么事都让自己放心的、常常懂得自己心里的好朋友;知心朋友。 ✽ 1. 相互了解并有很深的感情的。与"知心"同义。2. 知心的人。

知名度 zhīmíngdù ✽ 有没有名。有多大的名声。 ✽ 一个人、一个事物有多大名气,这就叫知名度。 ✽ 指某人或某事物被社会、公众知道了解的程度。

知青 zhīqīng ✽ 有知识、年岁不大的人,可他们不是孩子。 ✽ 中国有知识的年轻人,他们中的很多人在1964年到以后的一些年去城市以外的地方,从种地的人身上学东西。 ✽ "知识青年"的简称,指受过学校教育,有一定文化知识的青年人。

知情 zhīqíng　✲ 知道人是怎么作的。　✵ 知道事儿的发生到底是怎么回事。
❋ 1. 知道事件的情节。2. 对别人的好意表示感谢。

知识 zhīshí　✲ 工作、上课后得到的东西。学问。　✵ 人们从生活中得到的认识；有关学问和文化的。　❋ 人们在改造世界的过程中所得的认识和经验的总和。

知识分子 zhīshífènzǐ　✲ 有知识、有学问的教师、作家这样的人。　✵ 文化水平高、用脑子进行工作的人，如作家、教师等。　❋ 具有较高文化水平的从事脑力活动的人。

知心 zhīxīn　✲ 知道朋友知道得很多，最懂得自个儿想法的。　✵ 最懂得自己心里的。　❋ 相互了解并有很深的感情的。与"知己"同义。

织 zhī　✲ 一种活动,把头发(fà)那个样子的长长的东西做成成片儿的东西,再把它做成衣服。　❋ 用线等制布、毛衣之类的物品。

织布 zhībù　✲ 一种用来做衣服的东西叫"布"，做布就叫织布。　❋ 用线织成的布之类的料子。

直 zhí　✲ 1. 跟笔、筷子的样子一样，不是茶杯口的样子。2. 让事物成为筷子那样的样子。3. 公正的。4. 从上到下的，从前到后的。5. 想说什么说什么，怎么想就怎么说。6. 从这儿到那儿，中间没有不同的地方。　❋ 1. 用很多点在平面上顺同一个方向连成的线是直的。2. 指一个人"有什么就说什么"的性格。3. 跟地面成直角的。4. 从上到下，从前到后。5. 使笔直。6. 公正的，正义的。7. 一直。8. 不断的。9. 简直；就。表示强调。

直达 zhídá　✲ 坐上火车、飞机以后能一下子到想去的地方的，不用坐了一个再坐一个。　✵ 不用在中间下车再上车就能到的，一下子就到地方的。　❋ 直接到达，不必在行程中换车、船或飞机等。

直观 zhíguān　✲ 一看外边能知道怎样的。　✵ 一看就能看出来。　❋ 直接观察的，用感观直接感受的。

直接 zhíjiē　✲ A 到 B，中间没有什么东西的。　✵ 不用从中间事物上过的。　❋ 不经过中间事物的。与"间接"相对。

值 zhí　✲ 1. 能卖多少钱。2. 能卖到的钱。　❋ 1. 价值。2. 动词，说明货物的价钱。如：这本书值一百元。3. 使有价值或有意义；值得。（多用在"不"后面）。4. 遇到。5. 做一定时间内的工作(互相接替地)。

值班 zhíbān　✲ 在说好的时间去上班，他人可能都不去。　✵ 在定下的时间做定好的工作，过了这个时间就让别人去做。　❋ （互相接替地）在规定的时间工作。

值得 zhídé　✲ 这样做有好处，有所得，上算。　❋ 1. 合算；价钱相当。2. 指这样做有好处，有价值，有意义。

值钱 zhíqián　✲ 东西贵。　✵ 能卖很多钱。　❋ 指价钱高，有价值。

值日 zhírì　✻ 一个星期有那么一两天,自个儿去工作的地方看大家的东西,不叫这儿有问题,他人这回都不去,下回再去。　✻ 在一定的日子里,自己要为所在的地方做一些事,比如看门、打水等;然后让别人也做这样的事儿。　✻（做）该（某人）完成规定的任务。

职 zhí　✻ 1. 在一定位子上要做能做的事。2. 能做、要做一定的事的位子。 ✻ 1. 职务。2. 职位。

职称 zhíchēng　✻ 人们在一定的位子上要做的事、能做的事不同,分很多等,这些都叫职称。　✻ 职务的名称。

职工 zhígōng　✻ 工作的人;工人。　✻ 在一定的场所工作的人;工人。　✻ 职员和工人。

职位 zhíwèi　✻ 工作中是上边还是下边的。　✻ 机关等中能做一定的事、要做一定的事的位子。　✻ 指职务的地位。

职务 zhíwù　✻ 工作中是什么"长"(zhǎng)。　✻ 工作中定好的要做的事、能做的事。　✻ 职位规定应该做的工作。

职业 zhíyè　✻ 个人作的工作。　✻ 个人所做的工作,他要以这个为生。 ✻ 1. 为生活而做的工作。2. 专业的。

职员 zhíyuán　✻ 机关、学校等里面做一定工作的人。　✻ 机关、学校等机构的工作人员。

止 zhǐ　✻ 不走了。　✻ 1. 不动了。2. 让……不再动。3. 只。　✻ 1. 停止。2. 使停止。3. 仅;只。4.(到、至……)为止。为止。

止步 zhǐbù　✻ 不走了。　✻ 不走了。　✻ 停止脚步。不能往前走了。

止境 zhǐjìng　✻ 到了以后不再走的地方。　✻ 一种地方,到了那里就可以不动了。　✻ 尽头。

止痛 zhǐtòng　✻ 让人不再觉得疼。　✻ 不再觉得伤口疼。

止住 zhǐzhù　✻ 让正在动的东西不再动。　✻ 使停止。

只 zhǐ　✻ 只有。　✻ 副词,表示限于某一个范围。

只好 zhǐhǎo　✻ 不得不,只得。　✻ 不得不,只得。　✻ 是"不得不"、"只得"的意思。也就是说,没有别的办法。

只是 zhǐshì　✻ 只。不过是。　✻ 1. 可是,口气轻些。2. 不过是。　✻ 是"仅仅是"、"不过是"的意思。用于限定范围或进一步说明情况。如:这东西是好,只是贵了一点儿。

纸 zhǐ　✻ 人们在上边写字、画画儿的东西。　✻ 写字、画画、包东西等所用的成片的东西。　✻ 写字、画画儿等所用的片形的东西。

纸钱 zhǐqián　✻ 给不在人间了的人用的钱,茶杯口的样子,中间有方孔。　✻ 用普通纸片做成的钱,信鬼神的人把它用火点了,认为可以送给死人。

纸张 zhǐzhāng ✱ 人们在上边写字、画画儿的东西。 ✱ 写字、画画、包东西等所用的成片的东西。 ❋ 纸(总称)。

指 zhǐ ✱ 1.手上面分开的五个长的东西叫指。2.对着。3.说出来,点出来。 ❋ 1.手指。2.(手指头或物体细小的一头)向着;对着。3.说明"意思是……"。4.指点。5.依靠。

指出 zhǐchū ✱ 看后说,叫人知道。 ✱ 说出来,点出来;点明。 ❋ 点明。

指导 zhǐdǎo ✱ 教人作。 ✱ 从思想、行为上教别人,叫指导;教别人的人。 ❋ 指示教导。

指点 zhǐdiǎn ✱ 说什么怎么样,叫人知道。 ✱ 1.说(点)出来让人知道;点明。 2.在旁边说人毛病,不当着人面说人不是。 ❋ 1.指出来使人知道;点明。2.在旁边说毛病;在背后说人不是。

指定 zhǐdìng ✱ 说好了(是谁,什么时候,什么地方……)。点谁(哪儿、什么)是谁(哪儿、什么)。 ✱ 点出和定下(做一定的事、时间、地点等)。 ❋ 确定(人、时间、地点等)。

指东画西 zhǐ dōng huà xī ✱ 看起来说的是这个,可本来是想说那个。 ❋ 没有重点的说来说去。

指教 zhǐjiào ✱ 听你教我。叫他人来说本人的东西好不好,要怎么作。 ✱ 意思是请人对自己的工作等提出看法、意见。 ❋ 指点教导。用于请人对自己的工作、作品作出批判或提出意见。

指名 zhǐmíng ✱ 点名字,说人、东西的名字。 ✱ 说出人、事物的名字。 ❋ 指出人或事物的名字。

指明 zhǐmíng ✱ 说,叫人知道。 ✱ 点出来,说明白。 ❋ 明确指出。

指南 zhǐnán ✱ 叫你知道东南西北,知道怎么走,知道怎么作的东西。 ✱ 告诉人们要怎么做,什么是对的;告诉人们要怎么做,什么是对的的东西。如:人生指南。 ❋ 1.分别方向的依据。有时用于书名,如《旅行指南》。2.一种指示方向的器具。

指使 zhǐshǐ ✱ 叫人来作什么。 ✱ 出主意叫别人去做什么事。 ❋ 出主意叫别人去做某事。

指示 zhǐshì ✱ 上边的人说的叫下边的人去作什么的重要的话。 ✱ 1.点出来给人看。2.位子在上的人告诉在下边的人要怎么做。3.位子在上的人告诉在下边的人要怎么做的话、文字。 ❋ 1.指给别人看。2.上级对下级或家长对子女说明某个问题的原则或方法。3.上级告诉下级或年纪小的人的话或文字。

指事 zhǐshì ✱ 中国作字的一个方法。 ✱ 汉字生成的一种方法。 ❋ 汉字的一种造字方法。

指头 zhǐtou ✻ 手的前面分出来的五个东西。 ✱ 手前面部分的五个分支。

指望 zhǐwàng ✻ 很想要。很想要的。 ✱ 1. 非常想要。2. 说作"指望儿",心中非常想要的;可以得到的。 ✱ 一心期待。

指正 zhǐzhèng ✻ 1. 叫人知道哪儿不好,以后再作好。2. 自个儿工作后,叫人说好不好。 ✱ 1. 说出错处,把它做对。2. 意思是请人说出对自己的工作等的意见、看法。 ✱ 指出错处,使人改正。

至 zhì ✻ 到。 ✱ 1. 到。2. 最。3. 对……来说。 ✱ 1. "到"的书面语。2. 至于。3. 极;最。

至此 zhìcǐ ✻ 到这里,到这时。 ✱ 到这里(这个时候,这个地方)。 ✱ 到这里;到这个时候。

至多 zhìduō ✻ 最多。 ✱ 最多不过。 ✱ 副词,表示最大限度。

至今 zhìjīn ✻ 到现在。 ✱ 到现在这个时候。 ✱ 直到现在。

至少 zhìshǎo ✻ 最少。 ✱ 最少。 ✱ 副词,表示最小的限度。

至于 zhìyú ✻ 说到;到(怎么样)。 ✱ 1. 再说一个别的事时,用在话的开头。2. 到(一定的样子)。 ✱ 1. 表示要提到另一事。2. 表示达到某种程度。

志 zhì ✻ 1. 想要完成的事。2. 把过去发生的事、别处发生的事写下来叫"志"。 ✱ 1. 志愿;志向。2. 方志。3. 记。4. 记号。

志气 zhìqì ✻ 很想上进的想法和意思。 ✱ 求上进的决心和气概;要求做成某件事的气概。

志趣 zhìqù ✻ 爱作什么的想法。想去作什么。 ✱ 爱好;很想在一个方面做出行动。 ✱ 志向和兴趣;行动和意志的取向。

志士 zhìshì ✻ 想做什么事一定要做成的人。 ✱ 有意志和有气节的人。

志向 zhìxiàng ✻ 想以后作什么的想法。 ✱ 有关以后要做什么事和什么人的想法。 ✱ 关于将来要怎么做人的意愿和决心。

志愿 zhìyuàn ✻ 想作什么。要作什么的想法。 ✱ 1. 自己想做。2. 要做成什么事的意思。 ✱ 志向和愿望。

制 zhì ✻ 作东西。 ✱ 1. 做出来。2. 写出来。 ✱ 1. 制造。2. 限定;规定。3. 制度。

制成 zhìchéng ✻ 作好(一个东西)。 ✱ 把东西做出来。 ✱ 制造成为。

制定 zhìdìng ✻ 定出(重要的文书)。 ✱ 定出(法规、计划等)。

制动器 zhìdòngqì ✻ 让车子等慢下来和不动的东西。 ✱ 使交通工具、机器等运行变慢或停止的东西。

制度 zhìdù ✻ 有关机关、学校等做事方法的文书,上面说明哪些不可做。

✲ 1. 要求大家共同按照做的办事规程和行动准则。2. 有关整个社会组织或某一事项的整个行动准则或工作方式（有的有明文规定）。3. 在一定历史条件下形成的政治、经济、文化等方面的体系。

制服 zhìfú　　✲ 在机关等工作的人上班时一定要用的衣服。　✲ 军人、学生或一些工作人员穿的有规定式样的服装。

制革 zhìgé　　✲ 把皮做成……。　✲ 把动物皮加工成可以制造日用品的皮子。

制片人 zhìpiānrén　　✲ 做电影的人。　✲ 制作电影的人。

制造 zhìzào　　✲ 作可用的东西。　✲ 用人工把自然和非自然的东西做成可用的东西。　✲ 1. 制作；用人工使原材料成为可使用的物品。2. 人为地造成某局面或后果等。

制止 zhìzhǐ　　✲ 叫人不要作什么。　✲ 让……不做什么事。　✲ 用强力使停止，不许继续行动。

制作 zhìzuò　　✲ 作可用的东西。　✲ 用人工把自然和非自然的东西做成可用的东西，常用在小的东西上。　✲ 用人工使原料成为可使用的物品。

治 zhì　　✲ 1. 让（国家等）安定太平。2. 医。　✲ 1. 治理。2. 医治。3. 研究。

治安 zhì'ān　　✲ 社会的安定。　✲ 社会的安全。

治病 zhìbìng　　✲ 医病，让病人好起来。　✲ 医治病。

治理 zhìlǐ　　✲ 1. 为了让国家安定太平，做有关国家的工作。2. 为了让什么东西更好，做一些工作。　✲ 1. 统治。2. 处理。

治疗 zhìliáo　　✲ 用药物等让病没有了，让病好了。　✲ 用药物、手术等消除病。

致 zhì　　✲ 1. 给；对对方做。2. 让（钱、病等）来到。3.（才能、意念等）都用在一个方面。　✲ 1. 向对方表示（礼节、情意等）；给与。2. 达到。3. 以致。4. 集中（注意力）于某个方面。5. 招致。6. 情趣。7. 精细，精密。

致电 zhìdiàn　　✲ 发电报给机关、人等。　✲ 向对方发电报。

致敬 zhìjìng　　✲ 让别人知道自己对他的好意。　✲ 向别人表示好意。

致使 zhìshǐ　　✲ 什么事让一定的事儿发生。　✲ 以致，由于某种原因而使得。

致意 zhìyì　　✲ 让别人知道自己对他的问候，问候别人。　✲ 向某人表示问候之意。

zhong

中 zhōng　　✲ 不上不下。中间的，……里的。　✲ 1. 和四个边的远近一样；中心。2. 处在上下、两头儿当中；中间。　✲ 1. 是"中心"的意思。2. 范围内，内部。如：心中。3. "中国"的简称。如：中法关系。4. 位子在两头之间的。5. 适于；合于。

中等 zhōngděng　　✲ 不是好的，也不是不好的，在中间的。　✲ 在上等、下等当中的一个等次。　✼ 等级在上等和下等之间或在高等和低等之间。

中东 Zhōngdōng　✼ 一个地方,有十几个国家。　✼ 地区名,地中海和红海一带的十几个国家。　✼ 指中国所在洲的南部和非洲的东北部。

中断 zhōngduàn　✼ 作到中间不再作了。　✼ 做事做一半就不做了。　✼ 在进行中使停止或断绝。

中法 Zhōng-Fǎ　✼ 中国和法国　✼ 中国和法国。　✼ 指中国与法国。

中饭 zhōngfàn　✼ 十二点前后吃的饭。　✼ 午饭。　✼ 是"午饭"的同义词,中午吃的饭。

中国 Zhōngguó　✼ 一个人口最多的东方国家。　✼ 国家名,是东方最大的国家,有九百六十五万平方公里,这里的人大多说汉语。　✼ 东方一个最大的国家。人口居世界首位。人民讲汉语。

中国话 zhōngguóhuà　✼ 中国人说的汉语。　✼ 1.中国汉人说的话。2.中国人民的语言,多为汉语。　✼ "华语"、"汉语"的意思。

中国人 zhōngguórén　✼ 在中国生、中国长的人。　✼ 在中国出生、生活的人。　✼ 生活在中国的人民及一些住在外国但有生活在中国的人民的血统的人。

中华人民共和国 Zhōnghuá Rénmín Gònghéguó　✼ 现在的中国。　✼ 1949年以后的中国。　✼ 1949年成立的共产党领导的中国。

中级 zhōngjí　✼ 不是好,也不是不好,在中间的。　✼ (水平)中等。　✼ 处于低级与高级之间的等级。

中间 zhōngjiān　✼ 和两边一样远的地方。里边。　✼ 中心;里面。当中。　✼ 1.里面,内部。2.中心。3.在事物的两头之间的地方,一般正好把两段各分为一半。

中立 zhōnglì　✼ 和谁都好。和谁都不近,也不远。　✼ 处在两个对立面中间,离哪一方都不远不近。　✼ 处于两个对立的政治力量之间,不向着任何一方。

中立国 zhōnglìguó　✼ 和哪个国家都没什么大问题的国家。　✼ 中立的国家。　✼ 指国际上采取中立态度的国家。

中年 zhōngnián　✼ 年岁不很大也不小,四五十岁。　✼ 四五十岁的。　✼ 年纪处于青年与老年之间的。

中年人 zhōngniánrén　✼ 四五十岁的人。　✼ 四五十岁的人。　✼ 年纪是中年的人。

中篇小说 zhōngpiān xiǎoshuō　✼ 文字不太多的小说,常常有几万字。　✼ 长短在长篇和中篇之间的小说。

中秋 zhōngqiū　✼ 中国时间八月十五。　✼ 中国的八月十五,跟天上的月有关的一天,一家人坐在一起吃点心、说话、看月。　✼ 农历八月十五。这一天月亮又大

中秋节 Zhōngqiūjié ＊ 中国的八月十五。 ＊ 中国人在秋天过的一个重要的日子,晚上一家人要一起边看月边吃东西。 ✽ 中国传统节日,在阴历八月十五日。人们在中秋节观看圆的月亮,吃一种特别的圆的点心。

中山装 zhōngshānzhuāng ＊ 一种衣服,它的样子是中山先生想出来的。 ✽ 中国的一种服装。最早是孙(Sūn)中山先生穿这种服装。

中式 zhōngshì ＊ 中国样子的。 ＊ 只有中国才有的样子,比如衣服、房子、吃的。 ✽ 中国式样。

中世纪 zhōngshìjì ＊ 西方国家476年到1492年前后的一个时期。 ＊ 西方国家从公元500年前后到公元1500年前后的一个时期。 ✽ 通常指西方的封建时代,约从公元五世纪到十五世纪。

中外 zhōngwài ＊ 中国和外国。 ＊ 中国和外国。 ✽ 中国与外国。

中文 zhōngwén ＊ 中国话、文字。 ＊ 中国的语言文字,多为汉人的语言文字。 ✽ 中国的语言文字,特指汉族的语言文字。

中文书 zhōngwénshū ＊ 用中文写的书。 ✽ 用汉语写的书。

中文系 zhōngwénxì ＊ 大学里教汉语知识、汉文字、文学的地方。 ＊ 大学里学中国语言、文字、文化的地方。 ✽ 大学里学习中国语言、文字、文化的一个系。

中午 zhōngwǔ ＊ 一天中的十二点前后。 ＊ 白天十二点前后的时间。 ✽ 白天十二点左右的那段时间。

中心 zhōngxīn ＊ 1.和四边一样远的点。2.一个大地方里的重要地方。 ＊ 1.跟四边远近一样的点。2.事物的主要方面,如中心议题。3.在一方面有重要地位的城市、地区。 ✽ 1.跟四周相离都相等的地方。2.事物的主要部分。如:中心议题。3.在某方面居重要地位的城市或地区。如:文化中心。4.某些技术、科学机构的名称。如:现代物理研究中心。

中学 zhōngxué ＊ 上完小学上中学,中学以后上大学。 ＊ 对青少年进行中等教学的学校。 ✽ 对青少年进行中等教育的学校。

中学生 zhōngxuéshēng ＊ 在中学念书的学生。 ＊ 中学的学生。 ✽ 指在中学读书的学生。

中药 zhōngyào ＊ 中国医学所用的药物。药物多来自天然的东西。 ✽ 中医所用的药物。药物的成分是天然的东西。

中医 zhōngyī ＊ 中国自古就有的医学。 ✽ 1.中国固有的医学。2.以中国医学理论治病的医生。

中止 zhōngzhǐ ＊ 1.文字的东西不再用了。2.作什么作到中间不再作了。 ＊ 做事做到一半不做了。 ✽ 做了一半,停止了。

中指 zhōngzhǐ　＊ 手上可分开的五份中,中间的那个是中指。　＊ 第三个指头。

终 zhōng　＊ 最后,完。　＊ 1. 最后。2.(人)不在了。3. 到底。4. 从开始到最后。　＊ 1. 最后。2. 指人死。3. 到底。4. 自始至终的整段时间。

终点站 zhōngdiǎnzhàn　＊ 车到这里不走了,大家都得(děi)下车。　＊ 车子最后不走的地方。　＊ 火车、汽车等交通工具开到的最后一站。

终究 zhōngjiū　＊ 最后。说什么也没用,还是……。　＊ 到底。　＊ 到底。

终了 zhōngliǎo　＊ 一个时期完了。　＊ 时期完了。　＊ 完了;(时期)终结。

终年 zhōngnián　＊ 一年,一月到十二月。　＊ 一年到头。　＊ 1. 全年,一年到头。2. 指人去世的年岁。

终日 zhōngrì　＊ 一天。　＊ 从早到晚。　＊ 整天。

终身 zhōngshēn　＊ 一生。　＊ 一生。　＊ "一生"的同义词。

终生 zhōngshēng　＊ 一生。　＊ 一生。　＊ 一生(多指从事的事业)。

终于 zhōngyú　＊ 最后。　＊ 最后;到底;过了一些时间,等了一些时间后最后出现的场面。　＊ 最后。表示经过变化或等待之后出现的情况。

终止 zhōngzhǐ　＊ 完了,不作了。　＊ 不做了,做完了。　＊ 最后停止。

钟 zhōng　＊ 可以看几点了的东西。　＊ 1. 放在一些物体上可以发出声音,告诉人们时间的东西。2. 钟点,时间。　＊ 1. 计时的器具。2. 能发出声音的用铁等东西制成的器具。信教的人进行活动的时候,常使钟响起来。

钟表 zhōngbiǎo　＊ 可以知道现在几点的东西。　＊ 说明时间的东西都叫钟表,样子很多。　＊ 钟和表的总称。

钟楼 zhōnglóu　＊ 可以在很远看上边是几点了的东西。　＊ 上面安有时钟的楼。　＊ 安装钟的较高的楼。

钟头 zhōngtóu　＊ 口语中说的小时。　＊ 小时,口语中常用。　＊ (口语)小时。

种 zhǒng　＊ 1. 在很多人、事物当中,把一样的和差不多的分在一起,这算作一种人、一种事物。2. 人种。　＊ 根据事物本身的特点而分成的类别。

种类 zhǒnglèi　＊ 种,因为事物的不同点,把他们分开,每一份叫一种。　＊ 根据事物本身的特性而分成的门类。

种种 zhǒngzhǒng　＊ 样儿很多。　＊ 很多种。　＊ 多种多样。

种子 zhǒngzi　＊ 作物等开始生长时最早的样子。　＊ 1. 花、草、树等成熟后的"下一代"。通常种子很小。2. 在体育运动较量中,实力较强的叫"种子"。

种族 zhǒngzú　＊ 人种;人皮色不同,常常是人种也不同。　＊ 人种。

种族主义 zhǒngzú zhǔyì　＊ 从人种出发来说明人的好坏、才能等,这种看法叫种族主义。　＊ 主张种族不平等的理论。它认为种族生来就分为优等和差等,前者的使命就是统治后者。

中肯 zhòngkěn ✽ 说到点子上了。说得对。 ✽ （意见）很对，得当。 ✽ （言论）正好讲到重点上。

众 zhòng ✽ 很多。 ✽ 多；很多。 ✽ 许多；许多人。

众多 zhòngduō ✽ （人）很多。 ✽ 很多（人口）。 ✽ 很多（多指人口）。如：人口众多。

众所周知 zhòng suǒ zhōu zhī ✽ 人人都知道。 ✽ 大家都知道。 ✽ 大家全都知道。

种 zhòng ✽ 把种子放在地下面，让它生长。 ✽ 在土地上工作，使花、树、菜等生长起来。

种地 zhòngdì ✽ 在田间工作。 ✽ 从事田里的工作。 ✽ 在田间进行的使花、树、菜等生长的活动。

种田 zhòngtián ✽ 在地里工作。 ✽ 种地。 ✽ 从事田间劳动。

重 zhòng ✽ 1.比重大，不轻。2.重要。 ✽ 指重量大，比重大。是"轻"的反义词。

重大 zhòngdà ✽ 大，也重要。 ✽ 又大又重要，常用在看不见的事物上。 ✽ 大而重要。

重点 zhòngdiǎn ✽ 工作中重要的地方。 ✽ 同一种事物中的重要的、主要的（方面），如重点工作，工作重点。 ✽ 1.同类事物中的重要的或主要的。2.有重点地。

重工业 zhònggōngyè ✽ 国家生活中的一个重要行当，做出的东西不用在日常生活中。 ✽ 以生产生产资料为主的工业。与"轻工业"相对。

重量 zhòngliàng ✽ 东西有多重。 ✽ 东西有多重，就叫它的重量。 ✽ 物体受到的重力的大小。

重任 zhòngrèn ✽ 重要的工作。 ✽ 拿给一个人去完成的重大的事。 ✽ 重要的任务。

重视 zhòngshì ✽ 看……看得很重要。 ✽ 把……看得重要，看重。 ✽ 认为某人或某事重要而认真对待；看重。

重要 zhòngyào ✽ 有重大意义、作用的。 ✽ 具有重大的意义、作用和影响。

重用 zhòngyòng ✽ 叫一个人作很重要的工作。 ✽ 让人去做重要的事。 ✽ 重视某人并给他重要工作。

zhou

州 zhōu ✽ 一个国家里的一个个大地方。美国有五十个州。 ✽ 用在地名中，说明一个地方。 ✽ 1.过去的一种行政区的划分。2.指自治州，少数民族自己治理自己事务的行政区划。

周 zhōu　✳ 星期。七天是一周。　✳ 1.七天。2.都是这样。3.没有口儿的连在一起的东西。　✲ 1.周围。2.普遍；全。3.星期,礼拜。4.周到；完备。

周报 zhōubào　✳ 一个星期见一回的报。　✳ 每七天出一次的报。　✲ 1.每周出一次的杂志,可以用作杂志名的一部分。2.每周一次制定并且送交上级的文字报告。

周代 Zhōudài　✳ 中国在汉以前的时期。　✳ 中国古时候的一个时期,从公元前1056到公元前256年。　✲ 中国古代的一个时期,约在公元前1066—公元前256年。

周到 zhōudào　✳ 什么都想到了,作到了。　✳ 方方面面都想到,方方面面都做到。　✲ 全面照顾到。

周密 zhōumì　✳ 什么都想到,作到。完好。　✳（做事）每个小地方都想到、做到。　✲ 周到,细密。

周年 zhōunián　✳ 正好到一年了。　✳ 到了一年。　✲（纪念某日子）满一年。

周期 zhōuqī　✳ 样子很近的一个个时期。　✳ 一样的事物、现象再出现时所花的时间。　✲ 事物发展变化时某些特点重复出现的每个时期。

周岁 zhōusuì　✳ 一岁。　✳ 过十二个月是一周岁。　✲ 整一岁。

周围 zhōuwéi　✳ 一地的四边是这个地方的"周围"。　✳ 旁边。近处的四边。　✲ 围着中心的部分。

周转 zhōuzhuǎn　✳（一个人、机关）把钱花出去又收回来,一次又一次的,这样的活动叫"周转"。　✲ 1.（经济）资金从进行生产到出售产品得钱,这样重复地进行,叫"周转"。2.指个人或团体的经济开支调度的情况或物品使用的情况。

洲 zhōu　✳ 人间有七个这样的地方。美国在北美洲。　✳ 用水分开的一块一块的地,我们生活的这个天体上有七大"洲"。　✲ 地球上的一块很大的土地及周围的小土地的总称。地球上一共有七大洲。

zhu

竹 zhú　✳ 有时作筷子要用的南方长(zhǎng)的长长(cháng)的东西。　✳ 中国的一种非动物的生物,是中国那种最有名的可爱的动物爱吃的,南方多见。　✲ 竹子。

竹叶 zhúyè　✳ 竹的主干以外的那些跟风动的东西。　✲ 竹子的叶子。

竹子 zhúzǐ　✳ 有时作筷子时要用的长长(cháng)的东西。　✳ 中国的一种非动物的生物,是中国那种最有名的可爱的动物爱吃的,南方多见。　✲ 又长又圆的很直地长在土里的常绿的东西,很硬,一节一节的,中间是空的,可以做书架等。

主 zhǔ ✲ 1.请别人的人。2.钱物的所有人。3.当事人。4.主要的,最重要的。5.主张。 ✱ 1.接待别人的人。2.最重要的;最基本的。3.东西的所有者。4.当事人。5.对事情的确定的见解。6.从自身出发的。7.主张。

主办 zhǔbàn ✲ 办一个事儿,谁主事就是谁主办。 ✱ 主管办理或主管举办。

主动 zhǔdòng ✲ 不用他人说,自个儿去作的。 ✱ 不用别人说,自己就去行动。 ✱ 不需外力推动而行动。是"被动"的反义词。

主妇 zhǔfù ✲ 一家中男人的爱人。 ✱ 一家的女主人。 ✱ 家里的女主人。

主观 zhǔguān ✲ 1.个人想到的。2.只看到个人想到的,不看重东西本来是怎样的。 ✱ 1.自我意识方面的。2.只从自己的个人看法出发(做事)。 ✱ 与"客观"相对。1.不依据实际情况的。2.自我意识方面的。

主管 zhǔguǎn ✲ 在一个地方说了算的人。 ✱ 主要管理的人或部门。

主将 zhǔjiàng ✲ 带着别人干事的主要的人。 ✱ 主要将领。

主角儿 zhǔjuér ✲ 电影、小说里的主要人物。 ✱ 1.戏剧、电影等表演艺术中的主要角色、主要演员。2.主要人物。

主力 zhǔlì ✲ (作什么工作时)最重要的人。 ✱ 主要的做一定事的人。 ✱ 主要力量。

主流 zhǔliú ✲ 很多人都作,也是大家都想的。 ✱ 主要方面。 ✱ 1.与"支流"相对,干(gàn)流。2.指事情发展的主要方面。

主人 zhǔrén ✲ 一个东西、一个家、一个地方是一个人的,那这个人是"主人"。 ✱ 1.钱物的所有人。2.请别人来家中的人。 ✱ 1.接待客人的人。与"客人"相对。2.东西的所有人。

主任 zhǔrèn ✲ 一个机关里说话有用的人。 ✱ 职位名称。是一部门或机构的最主要的管理人。

主食 zhǔshí ✲ 天天吃得最多的东西。 ✱ 主要的吃的东西。 ✱ 主要食物。与"副食"相对。

主题 zhǔtí ✲ 作文、书……中最重要的想法,想说的是什么。 ✱ 作文、电影、活动等的中心意思。 ✱ 1.文学、艺术作品中所表现的中心思想。2.指谈话、文件等的主要内容。

主体 zhǔtǐ ✲ (人、东西中)重要的东西。 ✱ 事物的主干(gàn)。 ✱ 事物的主要部分。

主演 zhǔyǎn ✲ 电影等里面的主要人物。 ✱ 主角儿;演戏剧或电影中的主角。

主要 zhǔyào ✲ 最重要的。 ✱ 有关事物中最重要的。 ✱ 有关事物的最重要的;起决定作用的。

主义 zhǔyì ✲ 很重要的学说。 ✱ 1.思想作风。2.自成一体的主张、看法。

✲ 1. 对客观世界、社会生活以及学术问题等的有系统的理论和主张。2. 思想作风。3. 一定的社会制度;政治经济体系。

主意 zhǔyì　✲ 想法;作……的方法。　✲ 主见;办法。　✲ 1.(对事情的)确定的意见。2. 办法。

主语 zhǔyǔ　✲ 一种语法成分,比如"我打人"、"山很高"中的"我"、"山"是主语。　✲ 句子中主要的名词或词组,指出句子说的是谁或什么。

主张 zhǔzhāng　✲ 看法,想法。　✲ 对怎样行动有自己的看法、意见。　✲ 对于如何行动有某种见解。可做动词,名词。

助 zhù　✲ "A"为"B"做什么事,让"B"做起来没有本来那样难,"A"的这种活动叫"助"。　✲ 帮助。

助词 zhùcí　✲ "呢、吗、啊;的、地、得;了、着、过"等语言成分。　✲ (语言学)独立性最差的意义最不实在的词。

助动词 zhùdòngcí　✲ 可能,可以,要……都是助动词。　✲ "要、能、会、可能、可以"等语言成分,用在说明动作的可能、一定等。　✲ (语言学)动词的一类,表示可能、应该、愿望等意思。如:"可以"、"会"、"能"等,常用在动词或形容词之前。

助教 zhùjiào　✲ 大学里在最下面的教师。　✲ 高等学校中位子在最下面的老师。　✲ 高等学校中职别最低的教师。

助理 zhùlǐ　✲ 办事的(人),他的工作是为主事的人做的。　✲ 帮助主管人办事的(多用于职位名称)。

助跑 zhùpǎo　✲ 人很快地往前动时以前的动作。　✲ 体育运动中有些项目,需要在开始前先跑一段,这叫"助跑"。

助手 zhùshǒu　✲ 一个重要的人下边和他一道工作的那一两个人。　✲ 一个人下面,只为他和别人工作的人。　✲ 不独立完成任务而是帮助别人进行工作的人。

助听 zhùtīng　✲ 用一定方法让听觉不好的人听到。　✲ 帮助耳朵有毛病的人加强听觉的器物。

助学金 zhùxuéjīn　✲ 国家发给学生的钱。　✲ 政府发给经济有困难的学生的补助金。

助长 zhùzhǎng　✲ 叫不好的还要不好。　✲ 让(不好的)更不好。　✲ 帮助增长(多指坏的方面)。

住 zhù　✲ 1. 天黑下来以后在一个地方不走了。2. 长时间地在一个地方。　✲ 1. 长期在一个地方生活。2. 有时睡在一处。　✲ 1. 居住。2. "停止"的意思。

住处 zhùchù　✲ 家。天黑后,人不走,要在的地方。　✲ 住的地方。　✲ 住所;住的地方。

住房 zhùfáng　✲ 有人有家的地方。人的家。　✲ 人住的房子。　✲ 人居住的房屋。

住所 zhùsuǒ　✳ 家。天黑后,人不走,要在的地方。　❈ 住人的处所。　✵ 居住的处所(多指住户的)。

住院 zhùyuàn　✳ 病人住进医院看病。　✵ 病人住进医院诊断医治。

住在 zhùzài　✳ 在什么地方过。　❈ 在一个地方住下。　✵ 居住在(什么地方)。

注 zhù　✳ 1.写下来。2.(什么东西的)文字说明。3.用文字说明。　✵ 1.注解。2.(精神、力量)集中。

注定 zhùdìng　✳ 会,不会不这样。　❈ 先定下来的。　✵ 按照必然性或命运而事先决定。

注解 zhùjiě　✳ 用文字说明(写下来的话)。　✵ 用文字讲解字句;讲解字句的文字。

注明 zhùmíng　✳ 写出,写明白。　✵ 用文字说明。

注目 zhùmù　✳ 长时间地只看一个地方。　❈ 只看一个地方。　✵ 集中目光注意看。

注视 zhùshì　✳ 只看一个地方。　❈ 认真地看。　✵ 注意地看。

注意 zhùyì　✳ 当心;小心。　✵ 把意志集中(到某一方面)。

注音 zhùyīn　✳ 写上什么,叫人知道一个字要怎么念。　❈ 写出文字的读音。　✵ 用字母或记号表明文字的读音。

注重 zhùzhòng　✳ 看得很重要。　❈ 看重。　✵ 注意并且重视。

祝 zhù　✳ 想叫人好,后边说好听的话。　❈ 发自内心地说出、写出让别人以后有好日子的美好想法。　✵ 表示美好的愿望。

祝词 zhùcí　✳ 说的很好听的叫人好的话。　❈ 说出来的话,话的意思是让别人有好日子过。　✵ 举行典礼或集会时表示良好祝愿的话。

祝福 zhùfú　✳ 叫他人以后的日子过得好。　❈ 发自心里的让别人以后过得好的美好想法;说出这种想法。　✵ 祝愿别人幸福、平安。

祝酒 zhùjiǔ　✳ 和人喝酒。要想叫人过得好。　❈ 在酒会上(有时是平常跟人喝酒时),拿起酒杯,对人说出美好的心声,然后大家高兴地喝酒。　✵ 一方向另一方举酒杯,表示祝愿、祝福等。

祝愿 zhùyuàn　✳ 想要他人有好的东西。　❈ 说出自己对别人的美好想法。　✵ 表示很好的愿望。

著 zhù　✳ 1.写作。2.写的东西。　❈ 1.写作。2.很明白,不难看出。3.写出来的书。　✵ 1.显著。2.显出。3.著作。4.写作。

著名 zhùmíng　✳ 有名。　❈ 有名。　✵ "有名"的同义词。

著书立说 zhù shū lì shuō　✳ 写很多书,叫人知道本人的学说。　❈ 写出书来说明自己的看法、主张。 ✵ 从事著作,建立自己的学说。

著者 zhùzhě ✵ 写书、写小说的人。 ✵ 写书作文的人。 ✵ 书或文章的作者。

著作 zhùzuò ✵ 写完的书。 ✵ 写出来的书。 ✵ 1. 写作;用文字表达意见、思想、知识、感情等 2. 写作的成品。

zhuan

专 zhuān ✵ 一个人有的。 ✵ 1. 把(心等)用在一个事儿上。2. 只用在一个方面的。 ✵ 1. 集中在一件事上的。2. 独自有的。

专长 zhuāncháng ✵ 一个人最会作的,作得最好的。 ✵ (一个人)最好的一种才能,这种才能不是人人都有的。 ✵ 专门的学问、技能,特长。

专场 zhuānchǎng ✵ 电影院等只为一定的人做的一场,只给一定的人看的一场。 ✵ 剧场、影院等专为某一部分人演出的一场。

专车 zhuānchē ✵ 只叫那么一个人和要去作什么的那几个人坐的车。 ✵ 在本来有的车次以外,只为一人、一事开行(xíng)的火车、汽车。 ✵ 1. 在班车之外的专为某人某事而特别开的汽车火车等。2. 机关单位的或专为某人用的车。

专机 zhuānjī ✵ 1. 只一个人用的飞机。2. 只叫那一个、几个人坐的飞机。 ✵ 1. 在班机以外只为一定的人、事飞行(xíng)的飞机。2. 只给一个人用的飞机。 ✵ 1. 在班机之外的专为某人某事而特别开的飞机。2. 某人专用的飞机。

专家 zhuānjiā ✵ 只作这个学问的人。作这个学问作得很好的人。 ✵ 在一门学问中知识很多,成就很大,才干很好的人。 ✵ 对某一门学问有专门研究的人;在某项技术上有特长的人。

专科 zhuānkē ✵ 只从事一定方面的工作的。 ✵ 专门科目。

专门 zhuānmén ✵ 只作这个的,不作这以外的。 ✵ 只做一定的事的。 ✵ 1. 特地。2. 集中从事某事的。

专题 zhuāntí ✵ 这回要说、要作的一个题。 ✵ 在一定的地方只说一个问题,这个问题就是专题。 ✵ 专门研究的题目。

专心 zhuānxīn ✵ 只作一个,不是同时作第二个、第三个。 ✵ 把心思放在(一个地方、一个事儿上),认真用心。 ✵ 集中注意力。

专业 zhuānyè ✵ 学的作的是哪行(háng)学的东西。 ✵ 主要干(gàn)的一个行当。 ✵ 1. 高等学校的一个系里或中等专业学校里,根据科学分工或生产部门的分工把学业分成的门类。2. 专门从事某工作或某职业的。

转 zhuǎn ✵ 1. 让方位、所在地等不同以前。2. 把一方的东西、信、意见等给别的方面。 ✵ 1. 改换方向或所处的地方、情况等。2. 把一方的物品、信件、意见等传到另一方。

转变 zhuǎnbiàn ✳ 让人、物和以前不同。 ✱ 由一种情况变到另一种情况。

转车 zhuǎnchē ✳ 上车后下来再坐第二个车。 ✱ 从一辆车上下来再上别的车。 ✱ 换车。

转达 zhuǎndá ✳ 中间人说,第三个人听。 ✱ 把一方的话告诉别的一方。 ✱ 把一方的话转告另一方。

转告 zhuǎngào ✳ 中间人说,第三个人听。 ✱ 为别人把一些话、事儿等告诉一定的人。 ✱ 受人托,把一方的话告诉另一方。

转给 zhuǎngěi ✳ 把东西请别人给(对方)。 ✱ 受人托,把一方的东西送到另一方。

转化 zhuǎnhuà ✳ 对的成为错的,不好的成为好的等都叫转化。 ✱ 转变;改变。

转换 zhuǎnhuàn ✳ 让……不同。 ✱ 改换;改变。

转换期 zhuǎnhuànqī ✳ 从一方到他方,从一物到他物的这一时期。 ✱ 正在改变的时期。

转机 zhuǎnjī ✳ 从不好成为好的可能。 ✱ 1. 好转的可能(多用于病或不好的事情)。2. 换坐另一架飞机。

转交 zhuǎnjiāo ✳ 把一方的东西拿给别人。 ✱ 把一方的东西交给另一方。

转让 zhuǎnràng ✳ "我"的东西,"我"不要了,叫他人要。 ✱ 把自己的东西等让给别人。 ✱ 把自己的产业、东西让给别人。

转身 zhuǎnshēn ✳ 本来面对这一方,要面对他的对方时做的动作叫转身。 ✱ 转过身去;表示时间很短。

转眼 zhuǎnyǎn ✳ 很快地。 ✱ 看一下要用的时间,很少一点儿时间。很快。 ✱ 形容极短的时间。

传记 zhuànjì ✳ 写一个人的一生的书。 ✱ 一种文体,也是一种书,写的是一个有名的人的一生。 ✱ 记某人历史的文字。

转 zhuàn ✳ 包着一个中心,在这个中心的旁边动。 ✱ 围着某物动。

转动 zhuàndòng ✳ 以一个点为中心,跟着这个中心动。 ✱ 物体以一点为中心做圆周运动。

转向 zhuànxiàng ✳ 到了一个地方,不知道东西南北,不知道怎么走了。 ✱ 分不出东南西北,找不到路了。 ✱ 找不到方向。

转转 zhuànzhuàn ✳ 这儿走走,那儿走走。 ✱ 到处走走、看看。 ✱ 随便走走。

zhuang

庄 zhuāng ✳ 一个有山有水有人有田的小地方。 ✱ 很多种田人住在一起的地方。　✳ 村子;农民住的地方。

庄稼 zhuāngjia　✳ 田里长的吃的东西。　✳ 地里长着的大片作物。　✳ 地里生长着的农作物。

庄重 zhuāngzhòng　✳（在重大的活动、重要的地方等）言语、行为等得体、认真。　✳（言行）不随便,态度认真。

庄子 Zhuāngzǐ　✳ 中国很久以前的一个很有名的人。他是道家。　✳ 中国春秋前后一位很有名的思想家、学问家,是道家的主要人物。　✳ 1. 村子。2. 中国古代的大思想家,庄子的另一个名字叫庄周。庄子与老子主张同样的理论,是道家思想的创始人。

装 zhuāng　✳ 1. 作个什么样子叫人看,本来不是这个样子。2. 叫东西到车、飞机里。　✳ 1. 衣服。2. 把东西放到车、飞机等上,把东西放进……里。3. 安上(电等)。4. 做作。　✳ 1. 化装。2. 服装。3. 假装。4. 把东西放在器物等的里面。

装备 zhuāngbèi　✳ 很大的东西。　✳ 一些人、一些物为做一定的事所要用的东西。　✳ 按一定标准安排(武器、军装、技术力量等)。

装出 zhuāngchū　✳ 作个样子叫人看。　✳ 做出一种样子,这种样子不是人、事物本来的样子。　✳ 假装表现出。

装修 zhuāngxiū　✳ 叫家里好看一点,美一点。　✳ 把现有的房子做得更好看,安上水、电、门等,叫"装修",也是这种工作等的成果。　✳ 房屋建成后所做的工作,如把墙弄好看,安装窗,通水电等。

装作 zhuāngzuò　✳ 作个什么样子,本不是这样的。　✳ 有意做出一种样子,不是真的。　✳ 故意表现出不真实的态度或样子。

壮 zhuàng　✳ 很好,大;让人、物更好、更大、更多。　✳ 1. 强壮。2. 加强,使壮大。

壮大 zhuàngdà　✳ 叫……大。　✳ 让人、物更多、更大。　✳ 使强大。

壮观 zhuàngguān　✳ 样子很大、很美。　✳ 大和美的样子;样子又大又美。　✳ 景象很有气势,让人感动。

壮举 zhuàngjǔ　✳ 不同平常的行为,这种行为是好的。　✳ 有气节的壮烈的行动;了不起的举动。

壮丽 zhuànglì　✳ 很美和很大。　✳ 又大又美。　✳ 壮观美丽。

壮年 zhuàngnián　✳ 三四十岁的年岁。　✳ 人三四十岁的时候。　✳ 三四十岁的年纪。

壮士 zhuàngshì　✳ 好汉。　✳ 一心干大事的人,他不在意是活着还是不能再活下去。　✳ 敢于站在最前线的人。

壮阳 zhuàngyáng　✳ 让阳气更重,多用在男人身上。　✳ 使阳气强壮。

zhun

准 zhǔn　✽ 说"可以"。　❋ 1. 同意,让……去做。2. 一点儿不差。3. 一定。
✺ 1. 标准。2. 准许。3. 准确。4. 一定。5. 程度上虽不完全够,但可以作为某一事情来看待。

准备 zhǔnbèi　✽ 作一工作前要作的。　❋ 1. 为做一事,先做别的事。2. 打算。
✺ 1. 事先安排或计划。2. 打算。

准确 zhǔnquè　✽ （想法、打算和得到的东西等）一点儿不差。　✺ 确切,行动的结果完全合乎实际。

准时 zhǔnshí　✽ 和说好的时间一样。　❋ 在定好的时间上不早不晚。　✺ 按规定的时间。

准许 zhǔnxǔ　✽ 说可以作什么。　❋ 同意。　✺ 许可;容许,同意某人的要求。

zi

资 zī　✽ 可以用来买东西、过日子的东西。　❋ 1. 钱。2. 才学、本事等。
✺ 1. 钱,费用。2. 资格。3. 资助。

资本 zīběn　✽ 可以用来买东西,过日子的东西。　❋ 做事的本钱。　✺ 用来生产或做生意等的生产资料及钱。

资本家 zīběnjiā　✽ 可以买很多东西,日子过得很好,叫工人工作,本人得好儿的人。　❋ 有本钱做事的人,他们用钱来让别人为他干活儿,自己得到好处。
✺ 有一定资本利用工人劳动力的人。

资本主义 zīběnzhǔyì　❋ 一些人有钱,他们买下一些能做出新东西的东西,然后给工人钱,让他们为自己做,做出来的东西就是有钱人的了。这种现象叫资本主义。　✺ 以资本家的势力为主的社会制度。

资产 zīchǎn　✽ 国家和个人花的票子和看得见的大东西。　❋ 所有的钱和物。
✺ 产业、资金等。

资方 zīfāng　✽ 有很多花的东西的那一方,不是工人。　❋ 出钱的一方,跟出工的一方——工人对立。　✺ 资本家一方。

资格 zīgé　❋ 1. 从事一定的活动所应有的身份、才能等。2. 因为从事一定的工作、活动时间的长(cháng)不长让人所有的身份。　✺ 1. 从事某种活动所具备的条件、身份等。2. 由从事某种工作或活动的时间长(cháng)短所形成的身份。

资金 zījīn　✽ 买东西用的很多票子。　❋ 用来做一定事的钱。　✺ 1. 国家用于发展经济的物资及钱。2. 从事工商业的本钱。

资历 zīlì　✽ 以前作过什么,上过什么学。　❋ 一种身份、才能,让人可以做一定的事。　✳ 资格和经历。

资料 zīliào　✳ 过日子的东西。书、报……　✳ 1. 生活、做东西时一定要有的东西。2. 用来说明意见、主张等的东西。　✳ 1. 生产、生活中必需的东西。2. 用做参考或依据的材料。

资助 zīzhù　✳ 用钱、物等让别人少一些难事。　✳ 用钱或物帮助。

子 zǐ　✳ 儿子,孩子。　✳ 1. 古时候的意思是儿女,现在的意思是儿子。2. 常出现在一个字的后面,说明这是一个东西的名字。3. 小的,如子鸡。　✳ 1. 古代指儿女,现在专指儿子。2. 人的通称。3. 古代特指有学问的男子,是男子的美称。4. 古代指你。5. 种子。

子女 zǐnǚ　✳ 一个人的男孩子和女孩子。　✳ 儿子和女儿。　✳ 儿子与女儿。

子实 zǐshí　✳ 作物的种子。　✳ 长在农作物上的种子。

仔 zǐ　✳ 很小的(动物)。　✳ 很小的(家养的动物)。

仔细 zǐxì　✳ 1. 用心用到很小的地方。2. 小心、当心。　✳ 1. 细心。2. 小心。

自 zì　✳ 我、你、他(她)说本人时用的。　✳ 1. 自己。2. 自然。3. 从。
✳ 1. 自己。2. 自然。

自此 zìcǐ　✳ 这以后。　✳ 从这里、这时开始。　✳ 是"从这时候起"或"从这件事以后"等意思。

自从 zìcóng　✳ 什么时间以来。　✳ 从(过去的一个时间点)开始。　✳ 介词,表示时间的起点(指过去的时间)。

自动 zìdòng　✳ 不用人作什么,自个儿会走的。　✳ 1. 自己主动。2. 机子不用人工就能走动的。　✳ 1. 自己主动。2. 不用人力而用机器直接运作的。

自发 zìfā　✳ 自己生成的,没有外来作用的;不自觉的。　✳ 自己产生的。

自个儿 zìgěr　✳ 我本人,你本人,他本人。　✳ 同"自己",口语中常用。　✳ 同"自己"。

自己 zìjǐ　✳ 同"自个儿"。　✳ 常连在"你(们)、我(们)、他(们)"后,也可自用,意为自身的,不是别人、别的事物。　✳ 1. 代词,指示前头所说的名词或代词。2. 亲近的,关系密切的。

自给自足 zìjǐzìzú　✳ 自个儿作的自个儿用。　✳ 自己要用的东西自己做出来。　✳ 依靠自己的生产满足自己的需要。

自觉 zìjué　✳ 1. 自个儿(本人)知道。2. 自个儿(本人)认识到了。　✳ 自己有所认识后主动地做;自己有直觉的。　✳ 1. 自己感觉到。2. 自己有所认识而主动(去做)。

自来水 zìláishuǐ　✳ 不是江、河、湖、海里的水,是人们家里天天喝的水。　✳ 自动从水道来到人们家中给人们喝、用的水。　✳ 1. 居民生活、工业生产等方面

自 387

用水的设备。2. 从自来水管道中流出来的水。

自理 zìlǐ　＊自个儿作。　＊自己给自己做。　✳ 自己料理。

自立 zìlì　＊不要他人，自个儿能一个人过日子。　＊用自己的工作来让自己活下去，不要别人为自己做什么。　✳ 不靠别人而只靠自己的能力来生活。

自满 zìmǎn　＊自个儿想自个儿很能，作得很好，不想再作得好一点儿。　＊因为觉得自己很了不起，很有成就，所以不再前进了。　✳ 满足于自己的成就。

自……起 zì...qǐ　＊从一个时间、一个地点开始。　＊是"从……开始"的意思。

自强 zìqiáng　＊想要走最好的道，想要去最好的地方，想叫自个儿是最好的。　＊用种种办法让自己上进。　✳ 自己尽力向上。

自然 zìrán　＊不是人工的。　＊1. 当然的，一定会是这样的。2. 我们生活的所在，有山水，有田地。　✳ 1. 天然存在的整个世界。2. 表示从道理上说，应当这样。如：只要多学习，自然会有进步。3. 自由发展。

自然界 zìránjiè　＊天、地、人、东西。　＊所有的生物和非生物。　✳ 整个大自然的世界，所有生物和非生物的总和。

自杀 zìshā　＊不想过日子了，自个儿叫自个儿不在人间。　＊有意用一定办法让自己不能再活下去。　✳ 自己杀死自己。

自私 zìsī　＊只想"我"个人好，不想叫他人也好。　＊只想到自己的好处，一点儿也不想到别人；为了自己得到好处，会去做对别人不好的事。　✳ 只顾对自己有利，不顾别人和集体。

自习 zìxí　＊学生在课外自个儿学。　＊学生在课外自己学。　✳ 学生在规定时间或课外自己学习。

自信 zìxìn　＊想"我"会作到什么。　＊信自己。　✳ 相信自己。

自行车 zìxíngchē　＊人骑在上面，下身用力后可以在路上往前行进的车子，中国用它的人比哪个国家都多。　✳ 一种一个人使用的交通工具，骑在上面用脚的力量使自行车前进。

自学 zìxué　＊没有教师教，一个人自个儿学。　＊没有教师教，自己学。　✳ 没有教师指导，自己独立学习。

自由 zìyóu　＊想作什么作什么，不想作也可以。　＊想干什么就干什么。　✳ 不受限制。

自在 zìzài　＊欢乐。没有人来教我怎么作，我想怎样，可以怎样。　＊日子过得安心快乐，自己想做什么就做什么。　✳ 自由，不受限制。

自知之明 zì zhī zhī míng　＊本人知道本人怎么样。　＊对自己（不好的地方）知道得很多，很明白，这是一种才能。　✳ 能够了解自己（多指了解自己的缺点）了解得很清楚的那种能力。

自治区 zìzhìqū　✻ 国家下面的一个大地区,这里的一些事本地人说了算。　✼ 国家里的自治形式的地区。

自主 zìzhǔ　✻ 自个儿想作什么可作什么,不听他人的。　✻ 自己做主,不用听别人的。　✼ 自己做主,不靠别人。

自传 zìzhuàn　✻ 自个儿写自个儿一生的书。　✻ 一种文体,自己写自己过去的事。　✼ 讲自己生平经历的书或文章。

字 zì　✻ 写在书本里的东西。　✻ 用来把语言写下来的东西。　✼ 1. 文字。如汉字。2. 字音。3. 字体。4. 字眼;词。5.(多是古人)根据人名中的字义,另取的别名叫"字"。6. 指电表、水表等指示的数量。

字典 zìdiǎn　✻ 人们念书不懂生字时用的书,它叫人知道字的念法和用法。　✻ 一种书,说明字的发音、意思和用法。　✼ 以字为单位,按一定先后排成的,每个字注上音、意思和用法的工具书。

字据 zìjù　✻ 一种写下来的东西,说明两方共同知道的事,为了日后不会忘。　✼ 书面的证据,如合同、收据等。

字母 zìmǔ　✻ 西方文字,看后可以知道怎么念。　✻ 一看就知道怎么发音的一种最小的书写文字。　✼ 一些文字的最小的书写单位。如:拉丁字母。

字母表 zìmǔbiǎo　✻ 西方的"A、B、C……"二十六个"字"都在一个字母表上。　✻ 一种文字所用的字母有前有后地放在一起,就是字母表。　✼ 写明某文字的全部最小的书写单位的表。

字儿 zìr　✻ 汉字。　✻ 中国文字,有时是字音。　✼ 指写出的一个或几个字。也是一种书面证明。如:你收到东西后,应该写个字儿给他。

字体 zìtǐ　✻ 字的不同的样子。　✻ 同一种文字的种种不同的样子。　✼ 1. 同一种文字的种种不同形体。2. 书法的派别。3. 字的形体。

字眼 zìyǎn　✻ 重要的字。　✻ 所用的字。　✼ 用在句子中的字或词。

字样 zìyàng　✻ 叫人学的字的样本。　✻ 给人看、让人学着写的文字。　✼ 1. 文字形体的一定的标准。2. 用在某处的词语或简短的句子。

zong

总 zǒng　✻ 过去到现在都是一个样儿的。　✻ 1. 放在一起。2. 所有的。3. 都是这样。　✼ 1. 全部的;全面的。2. 总是。3. 一直;一向。4. 为首的;领导的;概说全部的。

总而言之 zǒng ér yán zhī　✻ 前边说了那么多,用很少的话说,是……　✻ 上面那么多的话用很少的话来说。　✼ 总之。

总共 zǒnggòng　✻ 都在里边时是(多少)。　✻ 一共。　✼ 一共。

总会 zǒnghuì　✳ 最后能（作、得到……）。　❋ 1.地位在所有分会上面的机关。2.一定会。　✿ 1.分会以上的总的机关。2.最终一定会。

总机 zǒngjī　✳ 机关的一个电话，它下面有不少分机。打这个电话就可以知道这机关里所有的电话。　✿ 机关等内部使用的电话交换机。

总结 zǒngjié　✳ 1.最后得到的看法。2.对过去发生的事儿用少可很有用的话写出来的东西。　✿ 1.研究某时期内的工作、学习或思想中的种种经验或情况，做出有指导性的结论。2.研究做出的结论。

总理 zǒnglǐ　✳ 一个国家第二重要的人。　❋ 最高国家机关里说话最算话，地位最高的人。　✿ 国家领导人名称。

总是 zǒngshì　✳ 过去到现在都是一个样儿的。　❋ 往往是这样。　✿ 是"老是"的同义词。

总书记 zǒngshūjì　✳ 一个"党"里地位最高，说话最算话的人。　✿ 为首的书记。

总算 zǒngsuàn　✳ 最后还是。　❋ 1.过了很长时间以后，一定的梦想成为真的了。2.大体上还过得去。　✿ 表示经过相当长的时间后终于（实现了愿望）。

总统 zǒngtǒng　✳ 有的国家最重要的人。　❋ 共和国家里说话最算话，地位最高的人。　✿ 某些共和国的元首。

总之 zǒngzhī　✳ 同"总而言之"。　❋ 用在一些话后的，说明下文是最后得出的看法。　✿ 由"总之"开始下文，表示下文是上文的总结。

zou

走 zǒu　✳ 人在前行。去。　❋ 人、动物立在地面上向前行进。　✿ 1.人或动物用脚前行。2.车、船或某些机器运行。如：钟不走了。3.离开；去。4.（亲友之间）来往。5.通过。6.改变或不再是原来的样子。

走访 zǒufǎng　✳ 去一个地方看一看，问一问。　❋ 去一个地方见一些人，问一些事。　✿ 去访问。

走狗 zǒugǒu　✳ 一个不好的人下边听他话的不好的人。　❋ 吃人家的饭，为人家做不好的事的人。　✿ 形容受人养而帮人做坏事的人。

走后门 zǒu hòumén　✳ 在人后，用不好的方法去得到什么。　❋ 意思是用请人吃饭、送东西等不正当的方法来办事。　✿ 形容用钱或私请等不正当的手段，通过内部关系达到某种目的。

走马观花 zǒu mǎ guān huā　✳ 同"走马看花"。　❋ 意思是不认真地很快地看过事物。　✿ 形容观察事物不仔细。这里的"走"是跑的意思。同"走马看花"。

走马看花 zǒu mǎ kàn huā　✳ 看得很快，没好好看。　❋ 意思是不认真地很快地看过事物。　✿ 形容观察事物不仔细。

走私 zǒusī ✱ 进口、买卖东西，本来要给国家钱，可是有意不给，都自己要了，这种活动叫"走私"。 ✱ 不合乎海关规定，非法运货，进出国境。

zu

租 zū ✱ 出钱用别人的东西，最后再还给人家的行为。 ✱ 1.使用别人的东西或房屋，但要还(huán)给原主并给一定的钱。2.出租所收的钱或实物。

租金 zūjīn ✱ 因为用别人的房子、东西给别人的钱。 ✱ 租房屋或物品的钱。

足 zú ✱ 想有的都有了。不能再多了。 ✱ 1.人光着身走路时着(zháo)地的东西。2.要有的都有了。 ✱ 1.脚。2.足够。3.够得上某种数量或程度。4.足以(多用于"不"之后)。

足够 zúgòu ✱ 要用的都有了。不能再多了。 ✱ 要有的都有了。 ✱ 达到应有的或能满足需要的程度。

足球 zúqiú ✱ 1.一种活动，每方十一个人，一个人看着门，用足让一个东西进到门里算得分，很多国家的很多男人都喜欢。2.前面说的那种活动中用到的东西叫"足球"。 ✱ 1.球类运动的一种，运动时用脚。2.足球运动使用的球。

足以 zúyǐ ✱ 很可以。 ✱ 一定可以。 ✱ 完全可以；够得上。

族 zú ✱ 1.人种。2.一家人为一族。3.(事物、动物的)种。 ✱ 1.家族。2.种族。3.民族。4.事物有某种共同特性的一大类。

组 zǔ ✱ 1.一些人所成的一体。2.让一些人、物成为一体。 ✱ 1.组织。2.由不多的人员合成的单位。3.量词，用于事物的集体。4.合成一组的。

组成 zǔchéng ✱ 把人、物放在一起，让它成为…… ✱ (部分、个体)组织成为(整体)。

组合 zǔhé ✱ 让多人、多物成为一体。 ✱ 1.组织成为整体。2.组织起来的整体。

组长 zǔzhǎng ✱ 一些人的头儿，差不多是最小的头儿。 ✱ 一组人的领导者。

组织 zǔzhī ✱ 1.一些人在一起所成的一体。2.让一些人成为一体。 ✱ 1.安排人或事物，使有一定的系统性或整体性。2.按照一定的系统建立起来的集体。3.系统，组合关系。

zui

嘴 zuǐ ✱ 口。说话、吃饭用的东西。 ✱ 人头上用来说话、吃饭的东西。 ✱ 1.口的通称。2.样子或作用像嘴的东西。

嘴脸 zuǐliǎn ✱ 不好看的样子，用来说不好的人。 ✱ 不好的人的样子。 ✱ 脸的样子；表情或脸色(多含不好的意思)。

最 zuì　＊第一的。　＊第一位的；无比的；没有能比得上的。　�֍1.副词，表示某种特性比所有同类的人或事物都强或都差的。2.位于首位的。

最初 zuìchū　＊作第一回的时候。　＊开始的时候，最早的时期。　✶最早的时候，开始的时候。

最大 zuìdà　＊第一大的，不能再大了。　＊比所有别的都大的，第一大的。　✶在同类中比其它所有的都大。

最多 zuìduō　＊没有再多的了，不能再多了。　＊比所有别的都多的，第一多的。　✶在同类中比其它所有的都多。

最好 zuìhǎo　＊第一好的，没有再好的了，不能再好了。　＊比所有别的都好的，第一好的。　✶在同类中比其它所有的都好。

最后 zuìhòu　＊在时间、前后上后边没有什么了。　＊在时间、名次上处在所有的以后。　✶在时间上或在安排的各个事情中，处于所有的之后。

最近 zuìjìn　＊说话前后不长的时间。　＊说话前后不长时间的日子。　✶1.在比较的所有对象中，与被比较的目标相离最短的。2.指说话前或说话后的不久的日子。

最小 zuìxiǎo　＊没有再小的了，不能再小了。　＊比所有别的都小。　✶在同类中比其它所有的都小。

zuo

昨 zuó　＊今天的前一天，过去的一天。　＊昨天。　✶1.昨天。2.指过去。

昨日 zuórì　＊今天的前一天。　＊今天的前一天。　✶是"昨天"的书面表达法。

昨天 zuótiān　＊今天的前一天，过去的一天。　＊今天的前一天。　✶指"今天"的前一天。

作料 zuóliào　＊作饭时要用的，能叫饭好吃点。　＊放在菜中，让菜更好吃的小东西。　✶做菜的时候用来增加味道的各种材料。如做菜用的油、味精就是作料。

左 zuǒ　＊面对南时在东的一边。　✶1.与"右"相对，面向南的时候在东的一边。2.不正常。3.相反。4.进步的；革命的。

左边 zuǒbian　＊面对南时在东的一边。　✶与"右边"相对，面向南的时候在东的一边。

左右 zuǒyòu　＊1.人的两边。2.一个人下边的两三个人。3.在"两点左右"中，是"前后"；在"二十岁左右"中，是"上下"。　＊前后、上下。　✶1.左和右两方面。2.用在数目字后面表示概数；大约；上下。如：二十岁左右、三年左右。3.身边跟随的人。4.控制。

作 zuò　＊1. 用人工叫东西可以有用。2. 写。　※1. 用人工让一定的物体成为可以用的东西。2. 从事一种活动、一种工作。3. 起。4. 写作。5. 当作；作为。　❋1. 从事某种活动。2. 写作。3. 作品。4. 当作；作为。5. 发作。

作保 zuòbǎo　＊说一个人不会不怎么样，叫第三个人知道"没有问题"。　※"A"对"B"说"C"一定要做到什么事，如果"C"做不到，这个事儿就得"A"来做，"A"的这种活动叫"作保"。　❋当保证人。

作法 zuòfǎ　＊做法。办事、作东西的方法。　❋1. 作文的方法。2. 处理事情或制作物品的方法。

作风 zuòfēng　＊人在思想上、工作上和生活上所有的行为、看法等。　❋1.（思想上、工作上、生活上）人所表现出来的态度、行为。2. 风格。

作怪 zuòguài　＊在人后边作叫人不好的东西。　※让人为难，给人带来不好的事。　❋1. 鬼神跟人为难。2. 指坏人或坏事影响事情顺利进行。

作官 zuòguān　＊可以在很多人上边叫人作这作那了。　※在国家机关里做重要的事，当头儿。　❋当官。

作家 zuòjiā　＊写小说的人。　※从事文学活动，比如写小说等十分出色的人。　❋从事文学创作并有成就的人。

作客 zuòkè　＊去他人的家里。　※住在家乡以外的地方。　❋（书面语）居住在别处，不在自己的家乡。

作品 zuòpǐn　＊文学上写作的东西和画的画儿什么的。　※文学等方面完成了的东西，如小说、画儿等。　❋指文学艺术方面的成品。

作为 zuòwéi　＊1. 所作所为，行为；做出成就；可以做的事儿。2. 就人的一定的身分来说，就事物、事物的一个方面来说。　❋1. 指行为。2. 把一件事看成是另一件事，认为与另一件事等同。是"当做"的同义词。3. 做出成就。如：有所作为。4. 就人的某种身份或事物的某种特性来说。

作业 zuòyè　＊老师叫学生下学后在家里要作的题。　※老师让学生做的题。　❋1. 教师给学生留的功课。2. 从事某种军事活动或生产活动。

作用 zuòyòng　＊用一定方法让事物和以前不一样的活动。　❋1. 对事物产生影响。可做名词，动词。2. 对事物产生某种影响的活动。

作者 zuòzhě　＊写书、小说……的人。　※写东西的人。　❋写文章的人或艺术作品的创造者。

作证 zuòzhèng　＊说一个人作了什么，没作什么，第三个人听后说有没有那样。　※为了说明一个问题，说出发生的有关的事儿。　❋以某事或某人来证明。

坐 zuò　＊人体在睡觉、站立、走路以外，白天常有的一种样子，上半身立在别的物体上。　❋1. 把人体中间的某部分放在物体上。与"站"相对。2. 用交通工具替代步行。如:坐火车。3.(房屋)背对着某一方向。

坐视不救 zuò shì bú jiù　✽ 看着发生了不好的事,不过问,让它去。　✾ 坐着看,不去救。形容对该管的事故意不管或不关心。

坐位 zuòwèi　✽ 人坐的地方。　✽ 给人坐的位子。　✾ 公共场所或汽车、飞机上人们坐的位子。

座 zuò　✽ 用来坐的东西。　✽ 用来坐的东西。　✾ 座位。

座次 zuòcì　✽ 坐的地方在前还是在后。　✽ 人所坐的位子的前后。　✾ 座位的先后。

座钟 zuòzhōng　✽ 在家可以叫人看时间,也可以自个儿报时间的一个东西。　✽ 一种时钟,放在平的东西上。　✾ 放在物体上的时钟。

座子 zuòzi　✽ 车子上人坐的东西。　✽ 1.上面可放东西的东西。2.自行车等上面给人坐的东西。　✾ 1.口语中常说成"座儿"。放在器物下支这器物的东西。2.自行车等上面给人坐的部分。

做 zuò　✽ 1.用人工叫现有的东西有用。2.工作。　✽ 1.把……完成。2.从事一种工作、一种活动。3.写作。　✾ 1.从事某种工作或活动。如:做买卖。2.制造。如:做衣服。3.写作。4.用作。5.结成(关系)。

做成 zuòchéng　✽ 完成。　✽ 完成。　✾ 把一种或几种东西制成另一种人所需的东西。

做工 zuògōng　✽ 从事工场、田间、饭馆、商店等处不大用脑子的工作。　✾ 1.指从事体力工作。2.指制作的技术。

做梦 zuòmèng　✽ 睡着了时,脑中出现的事。　✾ 睡觉时因大脑活动而产生的形象或故事。

做人 zuòrén　✽ 和人一道工作、说话的方法。作一个什么样的人。　✽ 为人、生活的方法,跟人共处的方法。　✾ 1.跟人相处。2.做正派的人。

做主 zuòzhǔ　✽ 一人、一方对怎么行动说了算,能拿定主意,作出主张。　✾ 对某事完全管,而做出决定。

后 记

一

　　1996年10月,我通过当时国家教委的考试,受派到法国巴黎第七大学任教,在这里有幸结识了白乐桑先生,也才有了《说字解词》这本书的合作。

　　记得那是在我刚到巴黎不到一个月,有天中午,一个半小时的课刚结束,在走廊里碰见了也刚下课的白先生。他像见到老友一样说了句:"咱们到外边撮一顿吧。"于是我们来到了"七大"东边植物园附近的饭馆聊起来。我们三句话不离本行,谈得最多的自然是汉语教学,自然是"字"跟汉语教学的关系。这也是我第一次面对面地听他讲"字本位"的教学思想,听一位外国专家对汉语和汉字的直接感受。在随后的两年里,因我们用的教材是白先生和张朋朋先生的《汉语语言文字启蒙》,便常有机会向他请教,获益良多,尤其是《启蒙》中"滚雪球"(boule de neige)部分,作为一种技能训练手段,将"字"与"口语表达"联系起来,还是对学生满有吸引力。白先生对《启蒙》中的这部分内容也相当重视,总觉得这里面还有文章可作,于是他继续高举"字本位"的旗帜,开始策划本书的编写工作。当他跟我谈及此书的编写计划时,我很快联想到几个事实,便觉得这的确是一件很有意义的工作:

　　——据说,在美国曾经出版过一本汉语自学读物,名字叫《画上的美人》,作者用有限的几百个字编了一个很好听的故事,既使学习者学习、复习了汉字,又使他们说出成句成段的话,很受读者欢迎。原因是显而易见的,对于初学者来说,学了不多的汉字,就能说出那么多有用的话,学生就会有成就感,也带来了自信心,怎能不学下去呢?

　　——英语教学专家为了提高学生的学习效率,就先选定一定量的英语常用词,然后用这有限的词去解释生词,在循环解词中叫词活起来,达到用的目的,使学习者在用中不断地复习旧词,学习新词和语法。而汉语还没有类似的书问世。现在任何一本纯中文工具书在释字解词时,都不是针对外国学生实际水平的,一古脑儿地解释下来,学生还是不清楚,甚至《新华字典》也难以派上用场。

　　——"直接法"教学是人们至今仍比较喜欢的教学法之一,老师总试图摆脱学生母语这一拐杖,而尽可能直接用目的语——汉语授课。可在讲解生词时,受词汇量的限制就不得不花费时间去苦想,或苦于时间不够而放弃努力,转用"翻译法"等;而学生想摆脱母语拐杖时,常常不知怎样把学过的字或词连起来,正确地表达他想说的意思。我们在给学生做猜字猜词游戏时,就常常出现这样的情形。

——汉字在汉语习得过程中究竟起什么作用,起多大作用,人们意见不一,但谁都不可否认,一定数量汉字的积累是汉语词汇习得的必要基础。我们在读、写课中常常自觉不自觉地要求学生多写汉字,一是培养学生的正字法的敏感性,二是通过正确字形的掌握,记忆词语。那么,能不能在字跟口语表达上建立一种紧密的联系呢?汉字的特殊性鼓励我们这样去尝试。字义有时表现为一个词义,有时则是一个词义的主要负载者,老师便可将认知型的字直接放在句子中而自动转为或组成主动型的词语来表达一定的内容,使学生在这种直接运用中逐渐建立起一种新的字成词、词成句的语言习惯。而《说字解词》正是通过对一定范围内的词语的模糊界定这样一种方法接近上述教学目标的。

综上,《说字解词》一书的编写,应该说是一个具有开拓性的项目,自然得到了我们的积极响应。于是,白先生跟刘嘉玲女士编写900字级,我编写400字和200字级,最后再由白先生统稿,工作很快就开展起来了。

二

当我为编写本书而第一次细心观察《启蒙》词汇表时,脑中出现了问号:

第一,这6000多个条目中怎么有好些个看起来不是词?暂不说"不三不四,张三李四,古今中外,万事如意,车水马龙"这类成语、习用语了,有不少都是可分可合的词组,"放火、画画、没有意见、下面、要饭"等都是述宾词组,"找到、飞来、做成"等是述补词组,"中国人、不贵、不怎么样,更好、最好、难听、难看,休息室"等等都是偏正词组,"他的、我的、你的、真的"等等都是"的"字结构,"等等、天天"等是重叠词组,还有的就是独用语"是不是,是吗,晚安,贵姓"等。

第二,这里面怎么有好多别的词典或教材中不大单列为独立条目的词?比如专有名词和术语有几十个,从地名到人名、国名,从名胜古迹到饮食都有;带前后缀的词也不少,像"老王、老大、老二、小王、地儿、头儿、子儿、字儿"等等,带儿化音的口语词"对半儿、哥们儿"等。

作为一本写作严谨的教材,这样处理自有其道理,仔细品读《启蒙》,终于发现,这完全来自白先生对汉语和汉字的直觉,是以一个外国专家对汉语的独特语感来开辟一条适合西方人学汉语的新路。他说:"汉语的一个重要特点是,其汉字是表意文字,个体突出,以单个字为基础,可以层层构词。"这完全跳出了我们心目中的语言学所圈定的框框。他的"字"不是人们常说的"字"或"Morpheme",他的"词"也非通常意义上的"词"或"Word",《启蒙》赋予了"字"和"词"独特而重于实用的含义。这样,他在词表中的条目就不再受现行观念的限制,而是尽可能和教学挂钩,以一个字为基础能动扩展至两个字、三个字、四个字,扩展一次就产生了一个新词。这个过程也是教学生从记字到记词的主动性过程。与此同时,《启蒙》词汇表也兼顾中国文化和中国国情知识,考虑到了法汉对译时给学生记忆带来的方便,比如"你好,晚安、住在,找到,中国人,什么时候"等等在法文中都分别是一个词。

汉人对汉语的语感可以肯定地告诉人们哪个说得对,哪个说得不对;而外国专家对汉语的语感却可以发现汉人习焉不察的细微之处,尤其是在教学活动中善于根据外国人的需要抓住主要矛盾,找方法解决它,这反过来也会加深我们对汉语本质的认识,比如重新思考:"汉字是否可以纳入汉语系统中?""语素有无存在的必要?""基本词汇这一说法在汉语中是否有实际意义?""在新词产生过程中,基本字和基本词哪个更有作用?"等等。

三

如果用"戴着镣铐跳舞"来形容编写这本书,可以说是不为过的。一方面要在限定的几百字内组成常用词,再写出各式各样的正确语句;另一方面又要抓住被释词语的主要义素或义元,说出完整的话,使句义基本符合被释词语的本义。这样,解释起每个词来都叫人颇费一番脑筋:写完了总觉得左也不是,右也不是,就推翻再写;过后,反过来读还没说到点子上的话,就再作补充,一直做到没办法再说什么了。不说别的,光用去的A4稿纸就有一米高。所以,大家在承担繁重的教学任务情况下,最后写成这样一本几十万字的书着实不易。但是,我们也的确为有这样一次艰辛的旅行而兴奋、而快乐,因为我们毕竟在一块处女地上进行了一次很有益的探索——试图在书写的"字"和口说的"话"之间建立起一种联系。而且,我们是有收获的,以四百字为例,由它们所组成的句子覆盖了汉语语法的大部分语法项目,掌握了这些句子,用汉语进行交际应该说是不成问题的;那九百字就更不用说了,从基本句式到特殊句式,从实词到虚词……我们在编写过程中也发现了一些问题:汉字的多义性可能会给初学者在运用本书时带来麻烦,那就是当一个字跟其他字组成词时取的是哪个义项,这需要老师在释字时给予引导;本书分出的字数级别并非尽善尽美,一个字级内的字在使用率和组词能力上有区别,需在进一步调研后做出调整,还可考虑设不设六百字级等。

探索的路刚刚走了一段,以后的路还很长很长。带着思索走下去,会有新天地的。

四

《说字解词》能最后付梓,与大家见面,是跟学术界一些专家、同行们的关怀和编写人员的同心协力分不开的。

吕必松先生在百忙之中为本书写序,给予鼓励,为本书增色不少;胡双宝教授担任本书的责任编辑,从书名、体例到内容都提出过不少中肯的意见,使本书在编写过程中不断得到充实与提高;郭力女士及出版社领导也给予了很大的支持,使本书在北京大学出版社顺利出版。我们在此向他们致以深深的谢意。

由于在编写过程中内容有了增加,除前述分工外,以下同志也参加了进来:李宇凤编写了六万字左右的初稿,张文贤编写了五万五千字左右的初稿,她们二人还承担了全书的一次核校工作。孙光兴编写了两万字的初稿,汲传波、刘芳芳和李伟一同编写了四百字级中的一万六千字的初稿。然后,崔建新对所有初稿进行了增删、修改。此外,法国留学生 Arnaud Arslangul 为 200 字级提供了不少词条,莫修云、陈宏曾在本书编写之初做过一些试写,因故没再参加编写组的齐冲先生为本书的编写做过一些工作,韩国留学生崔凤娘女士、日本留学生宗我、玛德华小姐为本书的前言分别做了韩文、日文翻译,在此也向他们致以谢意。

我的妻子陈着一直鼓励我执著于学术,坚持走自己的路,并为本书的前言作了英文翻译,还分担了我的一些事务性工作,我也向她表示感谢。

崔建新
2001 年 10 月